21世纪法学系列教材

刑事法系列

中国刑法论

（第七版）

郭自力 主编

图书在版编目(CIP)数据

中国刑法论/郭自力主编. —7 版. —北京：北京大学出版社，2022.10
21 世纪法学系列教材
ISBN 978 - 7 - 301 - 33511 - 6

Ⅰ.①中⋯ Ⅱ.①郭⋯ Ⅲ.①刑法—研究—中国—高等学校—教材 Ⅳ.①D924.04

中国版本图书馆 CIP 数据核字（2022）第 192167 号

书　　　名	中国刑法论（第七版）
	ZHONGGUO XINGFA LUN（DI-QI BAN）
著作责任者	郭自力　主编
责 任 编 辑	许心晴　王 晶
标 准 书 号	ISBN 978 - 7 - 301 - 33511 - 6
出 版 发 行	北京大学出版社
地　　　址	北京市海淀区成府路 205 号　100871
网　　　址	http://www.pup.cn
电 子 信 箱	law@ pup.pku.edu.cn
新 浪 微 博	@北京大学出版社　@北大出版社法律图书
电　　　话	邮购部 010 - 62752015　发行部 010 - 62750672　编辑部 010 - 62752027
印 刷 者	天津中印联印务有限公司
经 销 者	新华书店
	730 毫米×980 毫米　16 开本　40 印张　783 千字
	1994 年第 1 版　1998 年第 2 版
	2001 年 1 月第 2 版重排本　2005 年 11 月第 3 版
	2008 年 5 月第 4 版　2011 年 7 月第 5 版
	2016 年 5 月第 6 版
	2022 年 10 月第 7 版　2022 年 10 月第 1 次印刷
定　　　价	88.00 元

未经许可，不得以任何方式复制或抄袭本书之部分或全部内容。
版权所有，侵权必究
举报电话：010 - 62752024　电子信箱：fd@pup.pku.edu.cn
图书如有印装质量问题，请与出版部联系，电话：010 - 62756370

作者简介

郭自力,北京大学教授、博士生导师。1978年7月,本科毕业于北京大学法律系。1978年7月至1981年7月,任中华人民共和国最高人民法院办公厅研究室干部。1978年9月以后,在北京大学法律系带薪留职攻读硕士研究生学位,毕业后留校任教,主要从事中国刑法、英美刑法的教学和研究工作。1984年至1986年,美国纽约大学法学院访问学者。1986年回国以后,开始研究生物医学法,并相继发表有关研究成果。1997年以后,担任北京大学法学院刑法教研室主任和刑法学科召集人。个人著述及主编作品有:《中国刑法论》《英美刑法》《生物医学的法律和伦理问题》《生物医学法律关系的刑法调整》《现代医疗技术中的生命伦理和法律问题研究》《危害国家安全罪研究》等。

第七版前言

2020年12月26日，全国人大常委会审议通过了《中华人民共和国刑法修正案(十一)》。此次修改除了对刑事责任年龄的调整以外，还新增及修改了刑法分则的具体罪名，涉及的内容有安全生产犯罪、食品药品犯罪、证券犯罪、非法集资犯罪、洗钱犯罪、知识产权犯罪、假冒注册商标犯罪、侵害未成年人犯罪、侵害英雄烈士名誉犯罪、环境污染犯罪等。同时，结合生物医学的发展和我国的具体情况，还增设了非法采集人类遗传资源、走私人类遗传资源材料犯罪和非法植入基因编辑、克隆胚胎犯罪。此外，考虑到新型冠状病毒的大流行，为防范公共卫生领域里的风险，保障人民群众的生命和健康，立法机关还增设了非法猎捕、收购、运输、出售陆生野生动物犯罪，非法引进、释放、丢弃外来入侵物种犯罪等。总之，涉及的领域比较广泛，反映了刑法的最新发展。

《刑法修正案(十一)》已经于2021年3月1日起开始施行，最高人民法院、最高人民检察院也发布了关于执行《中华人民共和国刑法》确定罪名的补充规定(七)，为了方便广大读者，特别是本科学生的学习，本书第七版也进行了相应的修改和补充，增加了大约8万字的内容。本次修改，除了对新增设罪名的概念、构成条件、刑事责任等进行了详细的解释以外，还对立法背景、立法理由等进行了说明，以有利于所有的读者准确把握立法精神和适用法律。本书自1994年出版以来，受到广大读者的欢迎，曾先后获得国家教委优秀教材二等奖，北京市精品教材和北京大学优秀教材奖，相信本书对司法工作人员以及有志于参加研究生考试和司法考试的同学，也会有所帮助。

在本书第七版的修改过程中，得到了北京大学出版社许心晴编辑的大力支持和热心帮助。她工作细致耐心，通读了全部书稿，指出了多处需要更新和修改的地方，使本书避免了许多不必要的问题，没有她的不懈努力和出色工作，本书第七版也不可能在这么短的时间内顺利面世。在本书再版之际，谨向许心晴编辑和北京大学出版社表示最诚挚的谢意。

郭自力
2022年2月19日
北京大学蓝旗营

第六版前言

2015年8月29日,第12届全国人大常委会第16次会议通过了《中华人民共和国刑法修正案(九)》。《刑法修正案(九)》根据我国的刑事政策,针对最近几年司法实践中出现的一些新问题和新情况,对刑法的相关规定作出了重要补充和修改,以适应变化了的新形势。这些修改主要体现在以下几点:(1)调整刑罚结构,减少适用死刑的罪名;(2)加大对恐怖主义、极端主义犯罪的惩治力度,将资助恐怖活动培训的行为、为实施恐怖活动而准备凶器或者危险品的行为,为组织或者积极参加恐怖活动培训,与境外恐怖活动组织、人员联系以及为实施恐怖活动进行策划或者其他准备等行为,都明确规定为犯罪;(3)完善惩处网络犯罪的法律规定,增加了拒不履行信息网络安全管理义务罪、非法利用信息网络罪和帮助信息网络犯罪活动罪等罪名;(4)加强对公民人身权利的保护,对绑架罪、虐待罪作了相应的修改,对虐待罪告诉才处理的例外情形作了新规定,并且增加了虐待被监护、看护人员罪;(5)加大了腐败犯罪的惩处力度,修改了贪污受贿犯罪的定罪量刑标准,取消了具体的数额标准,采用数额加情节的标准,同时增加了罚金刑,并且明确规定,对犯贪污、受贿罪,被判处死刑缓期执行的,人民法院根据犯罪的情节可以同时决定在其死刑缓期执行二年期满依法减为无期徒刑后,终身监禁,不得减刑、假释;(6)维护社会诚信,惩治失信、背信行为;(7)加强社会治理,维护社会秩序等等。

《刑法修正案(九)》已于2015年11月1日起正式施行。为了方便广大读者了解《刑法修正案(九)》的主要内容,本书第六版也及时进行了相应的调整和修改,对刑法修正案的立法背景、立法理由以及条文主旨进行了详细的注解和说明,对于读者准确把握法律精神、正确适用《刑法》的规定,有一定的理论意义和现实意义。

本书第六版的顺利出版和发行,得益于北京大学出版社法律事业部郭瑞洁编辑一如既往的倾力帮助和支持,正是在她的关心和一再督促下,本书才得以尽快地与广大读者见面。借此机会,再一次向北京大学出版社和郭瑞洁老师表示由衷的谢意,并预祝以后的合作更加圆满顺利!

郭自力

2016年1月29日

北京大学蓝旗营

第五版前言

自 2008 年 4 月出版第四版以后,又过去了三年。这期间,我国的刑事立法情况有了新的变化和发展。2009 年,全国人大常委会颁布了《刑法修正案(七)》,对刑法进行了一些修改。2011 年 2 月第 11 届全国人民代表大会常务委员会第 19 次会议,又通过了《中华人民共和国刑法修正案(八)》。《刑法修正案(八)》根据我国的实际情况和宽严相济的刑事政策,对现行刑法进行了重大修改,进一步完善了我国的刑事法律体系,体现了人道主义精神,并且力图在打击犯罪和保障基本人权方面保持平衡,这是社会文明进步的重要体现!

《刑法修正案(八)》的修改,主要体现在以下方面:取消了 13 个经济性非暴力犯罪的死刑,完善了对未成年人和老年人从轻处理的法律规定,完善了非监禁刑的执行方式,进一步明确了盗窃罪、敲诈勒索罪和组织、领导、参加黑社会性质组织等犯罪的基本构成要件。特别是针对我国社会不断变化的新情况,增加了危险驾驶罪,对外国公职人员、国际公共组织官员行贿罪,虚开发票罪,持有伪造的发票罪,组织出卖人体器官罪,拒不支付劳动报酬罪,食品监管渎职罪等。并且将"强迫职工劳动罪"修改为"强迫劳动罪";将"重大环境污染事故罪"修改为"污染环境罪"。

针对以上情况,本书第五版也进行了必要修改和完善,以适应刑法的变化和发展。众所周知,刑法是我国的基本法律之一,表达了在特定时期我们国家公认的基本价值。这些基本价值应得到充分保护和遵守,违反了刑法的规定就应受到惩罚。在保持刑法连续性和稳定性的前提条件下,根据社会政治、经济生活的变化,适当地作出一些调整,这种变化中的连续性,体现了积极稳妥的立法意图,必将产生良好的社会效果。

本书第五版的出版,得益于北京大学出版社郭瑞洁女士的大力帮助和支持,没有她的努力,本书不可能在这么短的时间内问世。值此机会,谨向她表示衷心的感谢和敬意。相信本书的出版,对于法学院的学生和司法工作者正确理解刑法的规定和基本精神会有所帮助。

郭自力
2011 年 5 月 6 日
北京大学蓝旗营

第四版前言

岁月流逝,自2005年11月第三版发行以后,两年多的时间就这样过去了。在此期间,全国人大常委会又颁布了《中华人民共和国刑法修正案(六)》,对刑法中二十个左右的条文进行了修改和补充。与此同时,最高人民法院、最高人民检察院也在2007年10月25日公布了《关于执行〈中华人民共和国刑法〉确定罪名的补充规定(三)》,共确定罪名22个,其中新增加罪名14个,修改原有罪名8个。这一规定,对于统一《中华人民共和国刑法修正案(五)》和《中华人民共和国刑法修正案(六)》的罪名适用,具有重要的指导意义。

由于出现的这些新情况,本书不得不进行新的修改和调整,变化仍然集中在刑法分则部分,主要表现在以下几点:

第一,对最高人民法院、最高人民检察院《关于执行〈中华人民共和国刑法〉确定罪名的补充规定(三)》中新确立的22个罪名进行解释,其中新增加的罪名14个,即"强令违章冒险作业罪"(《刑法》第134条第2款)、"大型群众性活动重大安全事故罪"(《刑法》第135条之一)、"不报、谎报安全事故罪"(《刑法》第139条之一)、"虚假破产罪"(《刑法》第162条之二)、"背信损害上市公司利益罪"(《刑法》第169条之一)、"骗取贷款、票据承兑、金融票证罪"(《刑法》第175条之一)、"妨害信用卡管理罪"(《刑法》第177条之一第1款)、"窃取、收买、非法提供信用卡信息罪"(《刑法》第177条之一第2款)、"背信运用受托财产罪"(《刑法》第185条之一第1款)、"违法运用资金罪"(《刑法》第185条之一第2款)、"组织残疾人、儿童乞讨罪"(《刑法》第262条之一)、"开设赌场罪"(《刑法》第303条第2款)、"过失损坏武器装备、军事设施、军事通信罪"(《刑法》第369条第2款)、"枉法仲裁罪"(《刑法》第399条之一)。修改原罪名8个,即"违规披露、不披露重要信息罪"(《刑法》第161条)、"非国家工作人员受贿罪"(《刑法》第163条)、"对非国家工作人员行贿罪"(《刑法》第164条)、"操纵证券、期货市场罪"(《刑法》第182条)、"违法发放贷款罪"(《刑法》第186条)、"吸收客户资金不入账罪"(《刑法》第187条)、"违规出具金融票证罪"(《刑法》第188条)、"掩饰、隐瞒犯罪所得、犯罪所得收益罪"(《刑法》第312条)。

第二,对前三版中,写得比较简单的罪名,进行了一些补充,增写了所有罪名的法定刑,使本书的体系显得更加完整,也为读者了解刑法条文提供了方便。

第三,对本书中出现的一些不确切之处进行了修改和完善,注意反映第三版以后刑法发展的新动向。

学习刑法最困难的地方在于如何正确把握不断变化的情况,以及针对这些变化而采取的新措施。修改中,我们尽可能地注意这些问题,以通俗易懂、简明扼要的语言,介绍我国刑法的基本原则和具体规定,希望能受到读者的欢迎。

本次修订得到北京大学出版社法律图书事业部主任李霞编审和冯益娜编审等的大力协助,谨向她们表示衷心的感谢。

郭自力

2008 年 4 月 26 日

北京大学蓝旗营

第三版前言

《中国刑法论》一书自1994年第一版问世以来，受到了广大读者的热烈欢迎。1997年新《刑法》颁布以后，在杨春洗、杨敦先两位老师的主持下，曾对本书进行了全面修订，吸收了当时的最新研究成果。

刑法作为一个国家的基本法律，应当具有相当的稳定性，一经制定就不轻言修改。但是，考虑到我国正处于一个急剧变化的年代，新生事物不断涌现，有些问题是前所未见的。为了适应这种变化，刑法作出一定的变动和修改，也是可以理解的。新《刑法》施行以来，针对司法实践中出现的一些问题，全国人大常委会又陆续颁布了几个刑法修正案，最高人民法院和最高人民检察院也作出了一系列司法解释。这些刑法修正案和司法解释，为正确适用《刑法》提供了法律和理论依据，反映了刑法的最新发展。

由于上述情况，《中国刑法论》一书也应作出相应的调整和修改。去年本书重印时，我和王新老师曾对个别地方进行了小幅度的修改，但显然不能令人满意。经北京大学出版社冯益娜副编审的多次敦促和杨敦先老师的同意，我利用今年暑假对本书作出了一些修改和补充，总则部分的变动不大，主要变化都集中在分则部分。特别是对危害公共安全罪，破坏社会主义市场经济秩序罪，侵犯公民人身权利、民主权利罪，侵犯财产罪，妨害社会管理秩序罪，贪污贿赂罪中的一些具体罪名，进行了较大幅度的修改。尽管如此，此次的修改版本至多是一个增订本。我想，如果可能的话，在不远的将来能完成真正意义上的修订本。

在本书的编写和出版过程中，得益于北京大学出版社法律图书事业部主任李霞副编审、冯益娜副编审和责任编辑陈新旺的关心和帮助。他们每个人的贡献都极大地促成了本书的完成。

最后，谨以此书第三版纪念我的老师甘雨沛教授和杨春洗教授。

郭自力
2005年8月26日
北京大学蓝旗营

修 订 说 明

第八届全国人民代表大会第五次会议通过修订的《中华人民共和国刑法》，已于1997年3月14日公布，自1997年10月1日起施行。这是新中国刑法发展史上的又一里程碑，昭示着我国刑事法制建设步入一个新的、成熟的阶段。

1979年《刑法》施行十七年有余，对于打击犯罪，保护人民，维护国家的统一和安全，保证人民民主专政的政权和社会主义制度，维护社会秩序，保障社会主义建设事业的顺利进行，发挥了重要的、积极的作用。但是我国的社会由高度集中的计划经济体制逐步向社会主义市场经济体制过渡，出现了许多需要用刑法来解决的新问题、新情况，因此全国人大常委会陆续颁布了22个补充修改刑法的条例、决定或补充规定，并在一些民事、经济、行政法律中规定了"依照""比照"刑法的有关规定追究刑事责任的条款达一百三十多条。这些规定都是刑法的组成部分，不仅及时解决了司法实践中的新问题，也为刑法修订积累了经验，但这毕竟是权宜之计，刑法典之外存在诸多单行刑事法律和附属刑事法律规范，显得分散，难免有不协调不统一之处，且仍有一些新问题未能解决；同时原刑法条文有的规定过于笼统，实践中不便掌握和运用，有的规定已经过时，需要删除。为此，立法机关从1982年开始酝酿刑法修改工作，其间经历了几个集中研究的阶段，并广泛征求刑事法学专家学者和司法实践部门的意见，总结多方面的经验，最终形成了现行的一部统一的比较完备的刑法典，并于1997年10月1日起施行。

1997年修订的《刑法》条文达452条，较1979年《刑法》增加了260条，内容变化较多，概括起来主要有以下几个方面：

（1）明确规定了刑法的基本原则。1979年《刑法》没有规定刑法的基本原则，且考虑到分则只有103条，可能有些犯罪行为必须追究，法律又没有明文规定，因而规定了有悖于罪刑法定原则精神的类推制度。新修订的《刑法》取消了类推制度，并在第3条、第4条、第5条规定了罪刑法定、适用刑法一律平等、罪刑相适应三项基本原则，分则条文增加到350条，对各种犯罪进一步作了明确、具体的规定，并对罪与罪之间的法定刑作了综合平衡。

（2）对刑法总则有关规定的完善。扩大了我国公民在领域外犯罪适用我国刑法的范围；确立了普遍管辖原则；进一步明确了正当防卫的范围，强化了刑法对公民正当防卫权的保护；设专节规定了单位犯罪及其处罚原则；对共同犯罪、刑罚种类、酌情减轻处罚、累犯以及自首、缓刑、减刑、假释制度等都进行了必要的修改。

（3）对刑法分则结构的调整。新修订的《刑法》沿用1979年《刑法》的大章制，总计10章，将第一章"反革命罪"改为"危害国家安全罪"；将第三章"破坏社会主义经济秩序罪"改为"破坏社会主义市场经济秩序罪"；将1979年《刑法》中妨害婚姻家庭罪并入第四章侵犯公民人身权利、民主权利罪；增加规定了危害国防利益罪；将贪污贿赂罪独立成章；将军人违反职责罪暂行条例修改为分则一章等。

（4）对刑法分则条文规定的完善和补充。新修订的《刑法》更为科学地设计了具体的罪状和法定刑，且为适应新形势下同犯罪作斗争的需要，严密刑事法网，增加了许多犯罪，如组织、领导、参加恐怖组织罪，消防责任事故罪，组织、领导、参加黑社会性质组织罪，破坏监管秩序罪，非法组织卖血罪，非法行医罪，医疗事故罪，非法侵入计算机信息系统罪，破坏计算机信息系统罪，等等。

刑法理论来源于司法实践，又服务于司法实践。20世纪80年代以来，我国刑法理论研究呈现了百家争鸣、十分繁荣的局面，基础理论朝纵深方向发展，同时刑法理论亦不断地运用于司法实践。新修订的刑法在许多方面也吸收了刑法理论研究的成果，然而它的公布施行，会给刑法理论研究带来什么影响？这是一个需要解决的现实问题。当前注释新刑法的版本达百余种，是普及刑法所必需，这在一定程度上吸引了人们的注意力，影响了刑法基本理论研究，但是我们希望借新刑法施行的时机，使刑法理论研究再上一个台阶，不要使刑法理论成为刑事立法被动的追随者。

编　者
1998年4月

重 印 说 明

本书重印时，个别处由作者郭自力、王新作了必要的修正。

2003年4月10日

序

《中国刑法论》分上编总论和下编各论两部分，由北京大学法律学系杨春洗教授和杨敦先教授主编，是具有较为丰富的教学、科研经验的五位教授、三位副教授和刑法学专业新秀组成的一个实力雄厚的集体共同编写的。

这个写作集体有较强的组织力和较大的凝结力，把所有的执笔成员的积极因素调动起来，并通过"集成"功能的凝结、升华进程，写出了比散在的个数相加更高档次的"结晶品"。因此，《中国刑法论》这一著述的写作方法正是现代科学中的"智能结晶论"的科学方法的具体体现，它充分发挥了组织力和凝结力的优势。

这一著述的体系结构是总论、各论合而为一的体系。它具有着多方面的妥当的地方。在编写进程中，容易掌握总论、各论两者篇幅的匀称和均衡性。

总论、各论结合体系，在编写中，通过"潜在比较"作用，容易明确掌握总论和各论之间的界限，并容易理解两者间的内在的或法意的融合性。

尤为重要的是，在结合编写过程中，易于深刻体会总论和各论两者的内在相关性。这种密切相关性在两论编写的比较中，会鲜明地、突出地体现出来。

这部著述的基本和主要的内容，一方面是关于刑法规范的叙述和阐明，这主要是关于刑法学总论的范畴；另一方面是关于刑法专条及其罪状的文理解释，这主要是关于刑法各论的范畴。只有这两方面才构成刑法论结构的整体，没有刑法规范解释就不能称为刑法论。正因为如此，当今刑法学界有个极为普遍的论证是，刑法专条是刑法规范的命题。这一论证正蕴涵着刑法与刑法学的鲜明差异。

这部著述，从整体说，是中国现行刑法的适用解释论。对刑事法律、犯罪、刑罚、行刑措施以至各种主要犯罪及其刑罚等诸多必要序列都严肃地作了明确的适用解释，但并不烦琐。

在适用解释过程中，对理论联系实践的重要性给予应有的重视。在刑法理论方面大多是当今刑法学界所共识或绝大多数学者所倡导的基本理论，对重大的学说、学派不开辟争鸣园地。

在实践方面，大多是属于广义司法、行刑的具体序列活动，并不把侦查、庭审等实际过程的全部记录原封搬在著述中。

这部著述在题材的选择上，紧密围绕着现行刑法适用这一中心，不多涉及刑事立法和现行刑法的修改建议方面的材料，而把编写的主力放在现行刑法适用序列的叙述和阐明方面。

这部著述在古今、中外的借鉴方面,在掌握的程度上,是恰如其分的。稽古而不尽信,借鉴西方而不照搬。严格掌握了古为今用,西为中用的宝贵要略。

这部著述在编写过程中,广开眼界,破除传统的陈旧观念,广泛借鉴、吸取其他刑法学著述的优点,并特别重视刑法学研究领域出现的创新和刑法学文章中所披露的新理论观点。在这方面可说是具有鲜明的博采众长的写作风格。

这部著述,在编写过程中,始终坚持中国现行刑法的适用解释原则。

在著述编写中,鲜明体现了近代法治国度的罪刑法定原则。这就是通常所称的法无明文规定不为罪的原则。它是针对封建专制、刑罚专擅而提出的近代刑法制度。罪刑法定原则是近代刑法的基本原则,从它派生的还有罪刑相适应的量刑原则,罪及个人等下位种属原则。这些是属于法制方面的原则。还有法意方面的法治原则。法治原则的内涵很广泛,从中国现实情况看,这一内涵的核心部分是,要有法可依、有法必依、执法必严、违法必究。这些要求落到实处,还须有法的稳定性和普遍性。稳定性是不言而喻的,无须赘释。而普遍性具有实质性的意义。就是说,法无例外,其约束力是普遍的。换成通俗的说法,即法律面前人人平等。从刑法所保护的合法利益而言,即或是罪犯也同样接受这种保护,如出入人罪、轻刑重判、罪及无辜等都是违法的。罪犯应得到合法的保护。西方有"刑法是犯罪者的大宪章"的法律谚语。此语的蕴涵意义是清楚的,即罪犯不仅仅是惩办对象,同时也是刑法保护的对象。当今,大多刑法学者不把这句话单纯当做"有利被告论"来论证。这一观点在法治原则中具有一定的重要意义。

这部著述的编写中,始终贯穿着为具有中国特色的社会主义建设事业服务,为改革开放中作为头等任务的发展经济服务,在各论编特别把经济犯罪重视起来,即是实例。

这部著述的编写,也注意到"刑法国际"的宏观导向。如严格控制适用死刑,争取尽早废除死刑,禁止侮辱人格的残酷刑,减少重罪条,多以罚款代替短期徒刑等,都是宏观导向的不同角度的体现。

从上下两编的表述文体来看,在叙述、解释中,语言通畅易懂,无辞不达意,或以辞害意之处。简赅无废辞,颇具可读性。

本来,著述的序言是编写内容的全貌概括,跋是作为一种书后而出现,重点是关于著述内容的价值论断。以上所谈是以序为题,实则序、跋兼而有之。总之,我欣赏这部著述,愿为作序,预祝早日与广大读者见面,以取得广泛的社会教益。

甘雨沛识
1994年2月26日于北京大学法律学系

目　录

上编　刑法总论编

第一章　刑法学和刑法概述 ……………………………………………（1）
　第一节　刑法学的研究对象和方法……………………………………（1）
　第二节　刑法的概念……………………………………………………（4）
　第三节　刑法的目的和任务 …………………………………………（7）
第二章　刑法的基本原则 ……………………………………………（11）
　第一节　刑法基本原则概述…………………………………………（11）
　第二节　刑法基本原则分述…………………………………………（12）
第三章　刑法的适用范围 ……………………………………………（21）
　第一节　刑法适用范围的概念………………………………………（21）
　第二节　我国刑法的空间适用范围…………………………………（23）
　第三节　我国刑法的时间适用范围…………………………………（27）
第四章　犯罪的概念和特征 …………………………………………（30）
　第一节　犯罪的概念…………………………………………………（30）
　第二节　犯罪的基本特征……………………………………………（32）
　第三节　犯罪的分类…………………………………………………（35）
　第四节　区分罪与非罪的界限………………………………………（38）
第五章　犯罪构成 ……………………………………………………（41）
　第一节　犯罪构成概述………………………………………………（41）
　第二节　犯罪客体……………………………………………………（46）
　第三节　犯罪客观方面………………………………………………（51）
　第四节　犯罪主体……………………………………………………（60）
　第五节　犯罪主观方面………………………………………………（66）
第六章　犯罪的预备、未遂和中止 …………………………………（76）
　第一节　故意犯罪过程中犯罪形态概述……………………………（76）
　第二节　犯罪的预备…………………………………………………（78）

第三节　犯罪的未遂 …………………………………………………（80）
　　第四节　犯罪的中止 …………………………………………………（84）
第七章　排除社会危害性的行为 ……………………………………………（86）
　　第一节　排除社会危害性的行为概述 ………………………………（86）
　　第二节　正当防卫 ……………………………………………………（87）
　　第三节　紧急避险 ……………………………………………………（94）
第八章　共同犯罪 ……………………………………………………………（97）
　　第一节　共同犯罪的构成要件 ………………………………………（97）
　　第二节　共同犯罪的形式 ……………………………………………（99）
　　第三节　共同犯罪人种类及其刑事责任 ……………………………（102）
第九章　罪数形态 ……………………………………………………………（108）
　　第一节　罪数的概念和研究意义 ……………………………………（108）
　　第二节　罪数不典型的种类 …………………………………………（110）
第十章　刑事责任 ……………………………………………………………（116）
　　第一节　刑事责任概念 ………………………………………………（116）
　　第二节　刑事责任的归责基础和归责要素 …………………………（119）
　　第三节　刑事责任的发展过程 ………………………………………（124）
　　第四节　刑事责任的承担方式 ………………………………………（126）
第十一章　刑罚的概念与目的 ………………………………………………（128）
　　第一节　刑罚权与刑罚概述 …………………………………………（128）
　　第二节　刑罚功能 ……………………………………………………（133）
　　第三节　刑罚目的 ……………………………………………………（137）
第十二章　刑罚的体系和种类 ………………………………………………（141）
　　第一节　刑罚体系和种类概述 ………………………………………（141）
　　第二节　主刑 …………………………………………………………（142）
　　第三节　附加刑 ………………………………………………………（150）
　　第四节　非刑罚处理方法 ……………………………………………（155）
第十三章　量刑 ………………………………………………………………（157）
　　第一节　量刑的概念和一般原则 ……………………………………（157）
　　第二节　量刑的情节 …………………………………………………（162）
　　第三节　累犯与自首和立功 …………………………………………（168）
第十四章　数罪并罚 …………………………………………………………（176）
　　第一节　数罪并罚概说 ………………………………………………（176）
　　第二节　数罪并罚的原则 ……………………………………………（178）

第三节 适用数罪并罚原则的方法及其相应的情形……………………（182）

第十五章 缓刑、减刑和假释……………………………………（187）
  第一节 缓刑………………………………………………………（187）
  第二节 减刑………………………………………………………（191）
  第三节 假释………………………………………………………（194）

第十六章 时效和赦免……………………………………………（198）
  第一节 时效………………………………………………………（198）
  第二节 赦免………………………………………………………（202）

下编 罪刑各论编

第十七章 罪刑各论概述…………………………………………（205）
  第一节 罪刑各论的研究对象和体系……………………………（205）
  第二节 罪状和罪名………………………………………………（208）
  第三节 法定刑……………………………………………………（213）

第十八章 危害国家安全罪………………………………………（215）
  第一节 危害国家安全罪的概念与特征…………………………（215）
  第二节 分裂国家罪和煽动分裂国家罪…………………………（216）
  第三节 颠覆国家政权罪和煽动颠覆国家政权罪………………（218）
  第四节 投敌叛变罪和叛逃罪……………………………………（220）
  第五节 间谍罪……………………………………………………（221）
  第六节 本章其他犯罪……………………………………………（222）

第十九章 危害公共安全罪………………………………………（225）
  第一节 危害公共安全罪的概念与特征…………………………（225）
  第二节 放火罪和失火罪…………………………………………（227）
  第三节 爆炸罪……………………………………………………（229）
  第四节 投放危险物质罪…………………………………………（231）
  第五节 以危险方法危害公共安全罪……………………………（232）
  第六节 破坏交通工具罪、破坏交通设施罪……………………（233）
  第七节 组织、领导、参加恐怖组织罪…………………………（236）
  第八节 劫持航空器罪……………………………………………（237）
  第九节 盗窃、抢夺枪支、弹药、爆炸物、危险物质罪和抢劫枪支、弹药、爆炸物、危险物质罪……………………………………………………（239）
  第十节 交通肇事罪………………………………………………（241）
  第十一节 危险驾驶罪……………………………………………（244）

第十二节　妨害安全驾驶罪 ·· (245)
　　第十三节　重大责任事故罪 ·· (247)
　　第十四节　强令、组织他人违章冒险作业罪 ······················· (250)
　　第十五节　危险作业罪 ·· (252)
　　第十六节　本章其他犯罪 ··· (254)
第二十章　破坏社会主义市场经济秩序罪 ································ (266)
　　第一节　破坏社会主义市场经济秩序罪概述 ······················· (266)
　　第二节　生产、销售伪劣产品罪 ······································ (267)
　　第三节　走私罪 ·· (273)
　　第四节　妨害对公司、企业的管理秩序罪 ··························· (277)
　　第五节　破坏金融管理秩序罪 ··· (284)
　　第六节　金融诈骗罪 ·· (292)
　　第七节　危害税收征管罪 ·· (299)
　　第八节　侵犯知识产权罪 ·· (304)
　　第九节　扰乱市场秩序罪 ·· (308)
　　第十节　本章其他犯罪 ·· (313)
第二十一章　侵犯公民人身权利、民主权利罪 ·························· (357)
　　第一节　侵犯公民人身权利、民主权利罪的概念和特征 ········· (357)
　　第二节　侵犯他人生命权、健康权的犯罪 ··························· (358)
　　第三节　侵犯妇女性的不可侵犯的权利和身心健康的犯罪 ······ (367)
　　第四节　侵犯他人人身自由、人格尊严的犯罪 ····················· (373)
　　第五节　借国家机关权力侵犯他人权利的犯罪 ····················· (383)
　　第六节　妨害婚姻家庭罪 ·· (388)
　　第七节　本章其他犯罪 ·· (394)
第二十二章　侵犯财产罪 ··· (404)
　　第一节　侵犯财产罪的概念和特征 ··································· (404)
　　第二节　抢劫罪和抢夺罪 ·· (406)
　　第三节　盗窃罪和诈骗罪 ·· (414)
　　第四节　侵占罪和职务侵占罪 ··· (420)
　　第五节　本章其他犯罪 ·· (423)
第二十三章　妨害社会管理秩序罪 ·· (429)
　　第一节　妨害社会管理秩序罪的概念和特征 ······················· (429)
　　第二节　扰乱公共秩序罪 ·· (430)
　　第三节　妨害司法罪 ·· (448)

第四节　妨害国(边)境管理罪 …………………………………………（456）
　　第五节　妨害文物管理罪 ……………………………………………（458）
　　第六节　危害公共卫生罪 ……………………………………………（459）
　　第七节　破坏环境资源保护罪 ………………………………………（462）
　　第八节　走私、贩卖、运输、制造毒品罪 ……………………………（471）
　　第九节　组织、强迫、引诱、容留、介绍卖淫罪 ……………………（477）
　　第十节　制作、贩卖、传播淫秽物品罪 ……………………………（479）
　　第十一节　本章其他犯罪 ……………………………………………（483）
第二十四章　危害国防利益罪 ……………………………………………（530）
　　第一节　危害国防利益罪的概念和特征 ……………………………（530）
　　第二节　阻碍军人执行职务罪 ………………………………………（531）
　　第三节　阻碍军事行动罪 ……………………………………………（532）
　　第四节　破坏武器装备、军事设施、军事通信罪 …………………（534）
　　第五节　冒充军人招摇撞骗罪 ………………………………………（535）
　　第六节　接送不合格兵员罪 …………………………………………（536）
　　第七节　伪造、变造、买卖武装部队公文、证件、印章罪 …………（538）
　　第八节　战时拒绝、逃避征召、军事训练罪 ………………………（539）
　　第九节　本章其他犯罪 ………………………………………………（540）
第二十五章　贪污贿赂罪 …………………………………………………（547）
　　第一节　贪污贿赂罪的概念和特征 …………………………………（547）
　　第二节　贪污罪 ………………………………………………………（548）
　　第三节　挪用公款罪 …………………………………………………（551）
　　第四节　受贿方面的犯罪 ……………………………………………（554）
　　第五节　行贿方面的犯罪 ……………………………………………（558）
　　第六节　介绍贿赂罪 …………………………………………………（562）
　　第七节　本章其他犯罪 ………………………………………………（564）
第二十六章　渎职罪 ………………………………………………………（567）
　　第一节　渎职罪的概念和特征 ………………………………………（567）
　　第二节　滥用职权罪 …………………………………………………（568）
　　第三节　玩忽职守罪 …………………………………………………（570）
　　第四节　故意泄露国家秘密罪 ………………………………………（572）
　　第五节　徇私枉法罪 …………………………………………………（574）
　　第六节　本章其他犯罪 ………………………………………………（576）

第二十七章 军人违反职责罪 …………………………………………（591）
- 第一节 军人违反职责罪概述 ………………………………………（591）
- 第二节 危害作战方面的犯罪 ………………………………………（594）
- 第三节 违反部队管理制度的犯罪……………………………………（598）
- 第四节 危害军事秘密的犯罪 ………………………………………（602）
- 第五节 破坏作战装备、物资方面的犯罪 ……………………………（604）
- 第六节 侵犯部属、伤病军人、平民、战俘利益的犯罪 ………………（607）
- 第七节 本章其他犯罪 ………………………………………………（610）

附录 最高人民法院 最高人民检察院 公安部 司法部关于适用
《中华人民共和国刑法修正案（十一）》有关问题的通知 …………（615）

上编 刑法总论编

第一章 刑法学和刑法概述

第一节 刑法学的研究对象和方法

一、刑法学的研究对象

刑法学是法学中的一门重要学科。每门学科都有其特定的研究对象。如何确立刑法学的研究对象,在刑法学界曾有不同意见,如有的从广义刑法角度研究刑法学,即把刑事法律以及刑事政策等都包括在内;有的则从狭义刑法角度研究刑法学,即把刑法局限在研究犯罪与刑罚的范围内。一般地讲,多数人是把狭义刑法作为刑法学的研究对象,称其为狭义刑法学。对于狭义刑法学的研究对象,也有不同的观点,如称:刑法学是研究刑法的科学;是研究犯罪与刑罚的一般规律;是研究犯罪与刑罚的理论;是研究犯罪与刑罚以及刑事立法和刑事司法;等等。虽然这些不同观点中有许多共同之处,都承认刑法学是研究犯罪与刑罚的学科,但其视角与确定的研究范围显然是不同的。明确刑法学的研究对象,不仅涉及刑法学学科体系的确立,也将影响刑法学及其相近学科的发展。

刑法学研究对象的确立,在不同国家和各国不同历史时期,是有发展变化的。在英美等国,往往把实体刑法与刑事诉讼法统称为刑法,因而其刑法学涵盖实体刑法、刑事诉讼法、证据和刑事判例的研究。在我国历史上,清末以前基本上是以刑为主,诸法合一,刑法不是一个独立的法律部门,刑法学未成为一门独立学科。从清末有了《大清新刑律》以后,近现代才有了作为独立学科的刑法学研究。新中国成立前出版的刑法学论著中,多数论者把实体刑法作为其研究对象,有的把犯罪学也列为研究内容之一。[①] 新中国成立后我国的刑法学教材等论著中,多数都从狭义刑法角度研究刑法学,基本上不涉及刑事诉讼法学问题,但有

---

① 参见郗朝俊:《刑法原理》,商务印书馆1930年版,第17—23页。

的论著中也曾涉及犯罪学、刑事政策学等方面的内容,如研究犯罪原因等。① 随着学科分工的发展,许多刑法学教材已不再把犯罪原因等问题列为其研究范围。

确立刑法学的研究对象,实际上也是回答什么是刑法学。我国刑法学是法学中的一个部门法学,它是以我国刑法及其规定的犯罪与刑罚为其研究对象的一个学科。这样概括我国刑法学的研究对象,与有些刑法学论著(包括我们过去编写的教材)的提法不完全一致,但没有原则差别。这里主要强调两点:一是强调我国刑法是刑法学的研究对象,而不是简单地仅指犯罪与刑罚。因为虽然犯罪与刑罚是刑法学的研究重点,但是刑法本身有许多其他问题,如从理论上研究刑法的本质、刑法的基本原则、刑法的任务、分类、刑法的解释与适用等。二是强调研究刑法规定的犯罪与刑罚问题。由于刑法学研究的犯罪与刑罚并不是指犯罪与刑罚的一切方面,还有许多学科研究犯罪与刑罚,如犯罪学、刑事社会学、刑事政策学、刑事侦查学、行刑学、劳改学等等。刑法学所研究的是刑法规定的犯罪与刑罚,其中包括犯罪及其构成条件、犯罪形态、刑事责任、刑罚及其种类、刑罚的具体适用以及各种具体犯罪等问题,刑法规定的刑罚执行中的缓刑、减刑、假释等制度,也应属于刑法学研究的范围。

根据研究角度的不同,刑法学可以被分为如下几种类型:一是从历史发展角度研究刑法的发展、变化和历代的刑法制度,称其为沿革刑法学或者刑法史学;二是从国内外刑法比较或者古今比较乃至古今中外综合比较的角度研究刑法,称其为比较刑法学;三是从理论高度系统研究刑法的一般原理、原则,不对具体犯罪进行研究,称其为理论刑法学或者刑法原理;四是主要以现行刑法规范逐项分析研究,并从理论上加以解释,称其为注释刑法学或者规范刑法学。此外,从刑法学学科的发展和同某类犯罪斗争的需要出发,有的还从某方面或某类犯罪角度研究刑法,如行政刑法学、经济刑法学、军事刑法学、国际刑法学,等等。

从上述对我国刑法学研究对象的概括中可以看出,我国刑法学不是简单地属于某种分类,其侧重点主要是从理论与注释角度研究我国的刑法。

刑法学与有些学科相近,有的是从刑法学中分立出去的独立学科或边缘学科,它们相互之间有密切联系甚至相互交叉。这些学科主要有:犯罪学、监狱法学、刑事诉讼法学、刑事侦查学、刑事政策学,等等。② 它们均有各自的研究领域,研究刑法学应注意与这些学科的联系与区别。

二、刑法学的体系与研究方法

刑法学的体系是回答以什么样的结构科学地表述刑法学的内容,正确解决

---

① 参见杨春洗等主编:《刑法总论》,北京大学出版社1981年版,第94页。
② 参见杨春洗等主编:《刑事法学大辞书》,南京出版社1991年版,第144、573、297、577、587页。

各项内容的内在联系和相互关系,使之成为一个系统的有机整体。对我国刑法学体系的研究(指狭义刑法学),虽然经常有些人提出新的创见和不同的排列结构,但总的认识是一致或相似的。我们认为,确立刑法学的科学体系,第一,应当明确体系与对象的关系,体系的内容决定于研究对象;第二,应当明确刑法学体系与刑法体系的关系,二者既有密切联系,又有不同。刑法学体系既不能脱离刑法,又不是刑法条文的简单注释,而是按照理论的内在联系,确立科学的结构。目前所确立的我国刑法学体系,还不能说已经很完善,可以成为一个普遍公认的模式。相信随着刑事立法的发展和刑法学研究的深入,崭新的具有中国特色的刑法学科学体系,会得到不断的充实与完善。

本教材的体系也就是我们对我国刑法学体系的认识。但由于全书的字数所限,有些内容在其他课程中可以基本解决的,在本教材中则予以从略,有些章节的排列也作了必要的调整。

本书分为刑法总论和罪刑各论上下两编,上编实际包括三部分:一是刑法论,即刑法的概念、任务、基本原则、适用范围等;二是犯罪论,即犯罪概念、犯罪构成、犯罪形态等;三是刑罚论,即刑罚权、刑罚及其种类、刑罚的具体运用等。下编实际上包括两部分:一是罪刑各论概述,即罪名、法定刑等;二是各类具体犯罪及其刑罚,即按我国刑法分则的规定,论述十大类各种具体犯罪及其刑罚。1979年7月1日第五届全国人民代表大会第二次会议通过的《中华人民共和国刑法》(以下简称1979年《刑法》)经1997年3月14日第八届全国人民代表大会第五次会议修订,同日公布,并于1997年10月1日起施行。1979年《刑法》施行之后,1997年修订的《中华人民共和国刑法》(以下简称《刑法》或新《刑法》、新修订的《刑法》)公布施行之前,全国人民代表大会常务委员会陆续颁布了22个补充规定或决定,1个暂行条例,此次修订《刑法》将这些单行刑事法律有的纳入《刑法》,有的不再适用,有的关于刑事责任的规定纳入《刑法》,故自修订的《中华人民共和国刑法》施行之日起,这些条例、补充规定或决定中的有关刑事责任的规定不再适用。

研究刑法学的方法,主要是解决以什么思想为指导的问题。一定的方法论总是以一定的世界观为基础的。辩证唯物主义和历史唯物主义是无产阶级世界观,也是从事科学研究的正确方法。研究刑法学应当以此为指导思想和最基本的研究方法。

基于这一指导思想,研究刑法学必须特别强调:(1)坚持理论联系实际的原则。研究刑法学必须紧密结合刑事立法和刑事司法实践,从实践中来,到实践中去,对新的历史条件下出现的各种犯罪现象和刑罚运用等问题,进行系统、深入地调查研究,从理论上解决实践中提出的问题。(2)坚持辩证的发展的观点。刑法不是一成不变的,刑法学的研究也不是僵死凝固的。研究刑法学必须不断地有所发现,有所发展,有所前进。从我国现实情况出发,善于总结司法实践经验,勇于摒弃那些陈腐、错误的观点,充实和发展刑法学研究。(3)坚持全面、系统的观点并从比较中研究。刑法学不是一个孤立的学科,其与法学乃至其他许多学科有密切联系,刑法学作为整个法学领域中的一部分,必须在全面、系统了解相关学科的基础上,吸收其他学科的研究成果,并从比较中研究。比较研究也包括古今比较和中外比较,还包括区际比较,如内地与香港、澳门地区的法律比较。对历史上和外国的刑法学研究成果,应坚持取其精华、弃其糟粕,古为今用、洋为中用的原则,借鉴吸取一切于我有用之科学成果。

研究刑法学的方法,是一个很大的研究课题,远不止上述几点。这里只能简要地提出值得特别强调的几个方面。

第二节 刑法的概念

研究刑法学,必须了解作为刑法学研究对象的刑法的概念和特征。

一、刑法的概念

刑法的概念主要回答什么是刑法及其本质属性。

刑法是国家的一项重要法律,在我国将其称为基本法律之一。由于在国家法律体系中的地位和各自调整的对象不同,国家法律分为许多法律部门,如有规定国家社会制度和国家制度、具有最高法律效力的根本法——宪法;有规定调整民事法律关系的民法;有规定诉讼程序的刑事诉讼法、民事诉讼法、行政诉讼法,等等。从调整对象角度观察,刑法是规定犯罪和刑罚的法律规范的总和。这是最一般的、为多数人可以接受的所谓刑法的形式定义。

由于时代不同,法律思想和观点不同,也由于各国在刑法中规定的内容和适用范围不同,对刑法的定义又有各式各样的表述。中国古代,刑与法是不分的,诸如"法者,刑也"(《说文解字》),"刑,常也,法也"(《尔雅·释诂》),"刑法者,所以威不行德法者也"(《大戴礼·盛德》)等等,这也是对刑与法不分的解释。把刑与法也主要解释为刑罚、死刑,《说文解字》"刑,到也",即杀头的刑罚。刑民不分,诸法合体,以刑为主是中国古代法律的一个特征。近现代以来,在法律体系中,刑法成为一个独立的部门法,统称为刑法,与中国古代的刑或法已有根本性的变化。刑法主要是指规定犯罪与刑罚的法律规范的总和。但是在英美法系与大陆法系国家对刑法的表述是有差异的,如英美法系国家用的 criminal law 也可译为"犯罪法";德法等国家的 Strafrecht, droit penal,可译为"刑罚法"或"刑法"①。表述不同,含义则基本一致,故现在大家通称其为刑法。在解释什么是刑法时,过去有些人从不同角度强调刑法某一侧面,如称刑法为国内公法,这是与称民商法等为私法相对应的;有的称刑法为实体法,这是与程序法相对应的;或者称刑法为成文法、强行法,与习惯法、听任法规相对应,等等。② 这些提法虽然对确立刑法定义、研究刑法特点有一定意义,但是不能称其为刑法的定义。定义是事物本质的思维表达形式,上述某一个侧面或综合在一起,都不能揭示刑法区别于其他部门法的本质特征。

刑法的定义除了上述的形式定义之外,根据马列主义观点,还要求在定义中揭示其阶级实质,即通常所说的实质定义。从一般意义上讲,刑法是掌握国家政权的统治阶级,为了维护其政治上、经济上的统治,以国家的名义规定什么行为是犯罪并应给予什么样的刑罚惩罚的法律规范的总和。我国刑法是社会主义刑法,体现以工人阶级为领导的广大人民的意志,是以马列主义毛泽东思想为指导,以宪法为根据,总结我国的具体经验和实际情况,规定犯罪与刑罚的法律规范的总和。

刑法亦有广义刑法和狭义刑法之分。所谓广义刑法是指规定犯罪与刑罚的一切形式的法律规定。其中包括:(1)刑法典,即具有统一体例、全面系统规定犯罪与刑罚的法律,有的国家明确称"刑法典",有的国家不加"典"字,也与刑法典性质相同,如我国 1979 年《刑法》和 1997 年新修订的《刑法》。(2)单行刑事法规,即对某种或几种犯罪和刑罚单独制定刑事法律,如我国的《惩治军人违反职责罪暂行条例》以及其他如《关于严惩严重破坏经济的罪犯的决定》《关于禁毒的决定》等,既是单行刑事法律,又是对我国 1979 年《刑法》的补充与修改。随着新修订的《刑法》的颁布施行,这些单行刑事法律中有关刑事责任的规定不再适用,而适用 1997 年新修订《刑法》的规定。(3)其他非刑事法规中有关犯罪、刑事责任或刑罚的规定,如我国的《食品卫生法》《专利法》《兵役法》《森林法》《选举法》《会计法》等,都有关于犯罪、刑事责任的规定,通称其为附属刑法(与单一刑法相对应)。1997 年新修订的《刑法》吸收了附属刑法中一些有关刑事责任的规定。附属刑法是否包括在广义刑法之内,理论界有不同主张。③ 我们认为,广义刑法应包括附属刑法。对广义刑法,有的还把刑事诉讼法、刑事政策等也涵盖其中,称其为最广义的刑法。这超出刑法自身的特点,是不可取的。所谓狭义刑法仅指刑法典。即国家最高立法机关颁布的完整、系统的有关犯罪、刑事责任与刑罚的规定,既包括犯罪与刑罚的一般原理、原则,又包括各种具体

---

① 参见韩忠谟:《刑法原理》,北京大学出版社 2009 年版,第 1—2 页。
② 参见郗朝俊:《刑法原理》,商务印书馆 1930 年版,第 60—64 页。
③ 参见赵廷光主编:《中国刑法原理》(总论卷),武汉大学出版社 1992 年版,第 2 页。

犯罪及其刑罚。如前所述我国1979年《刑法》与1997年新修订的《刑法》即为狭义的刑法。当然各国刑法典的模式有很大差别,有的分为总则与分则,有的则不分,甚至直接规定具体犯罪与刑罚,亦称其为刑法典。

二、刑法的属性和特征

马克思主义法律观认为,法律是阶级社会的产物,是掌握国家政权的阶级的意志的表现。刑法从其产生就是同阶级与阶级斗争联系在一起的,社会上有了统治阶级与被统治阶级之后,才有所谓反对统治关系的犯罪。掌握国家政权的统治阶级,为了维护自己的统治,以国家的名义制定法律,把那些严重破坏统治秩序的行为规定为犯罪,并用各种刑罚予以惩罚。从这一观点出发,历史上的刑法可以概括为两大类,一是建立在私有制经济基础之上,由国家制定、体现少数剥削者意志的刑法,其中又可以分为奴隶制国家的刑法、封建制国家的刑法和资本主义国家的刑法;二是社会主义国家的刑法,即建立在公有制经济基础之上、体现以工人阶级为领导的广大人民意志的社会主义国家刑法。从不同历史时期的刑法特征中可以深刻地揭示刑法的本质属性。[①] 由于刑法是反映掌握国家政权的统治阶级的意志,是规定什么样的行为是犯罪,应给予什么刑罚处罚的法律,因此它的阶级性表现得最为鲜明。但是应当指出,刑法是掌握国家政权的统治阶级意志的表现,是一种国家意志,因此,任何国家刑法中惩治个别统治者的犯罪行为都是屡见不鲜的,这是为维护本阶级整体的根本利益服务的,它并不改变刑法的阶级性。

刑法除具有阶级性这一本质属性之外,还具有社会性、文化共同性、规范性、强制性等非本质的其他属性。所谓社会性,是指刑法在主要反映掌握国家政权的统治阶级意志的同时,又在一定范围内、一定程度上反映了社会各阶级的某些共同利益和要求,具有共同意志性。如各国刑法普遍规定惩治杀人、伤害、强奸以及放火、抢劫、严重危害环境等犯罪;在国际社会各国共同签订协议惩治种族灭绝、劫持航空器、贩毒、海盗等国际犯罪,都程度不同地反映了统治阶级和其他阶级(包括被统治阶级)的共同利益和要求。关于刑法的文化共同性,主要是指在广义上法律观点及与其相适应的法律形式,也属于社会文化范畴,统称为法律文化。法律文化是人类共同的文化财富,并不是哪一个人、哪一个阶级所独有。不同历史时期、不同国家的法律形式、法律体系、法律语言,相互影响、相互吸收和继承。刑法也不例外。诸如,人们世世代代通过对犯罪现象的观察与研究,概括出在客观方面的犯罪行为有作为与不作为;在主观方面有故意与过失;在形态方面其发展过程有预备、未遂、中止、既遂;在组成上有个人犯罪与共同犯罪;等

[①] 参见杨春洗等主编:《刑法总论》,北京大学出版社1981年版,第9—14页。

等。在我国史书、典籍中对这些问题就有各种描述,只不过后人作了更加科学的概括罢了。显然,这些都体现了刑法文化的共同性。承认刑法的社会性和文化共同性,并不排斥其本质上的阶级性。至于刑法的规范性、强制性等属性则为大家所公认,无须论证。[①]

从上述刑法的概念和本质的论述中可以看出,刑法作为法律中的一个部门,同其他法律部门相比,主要有以下几个特点:

第一,调整的对象和范围的特殊性。刑法所保护的是受犯罪侵害的各方面的社会关系,调整的是由于犯罪而引起的各种社会关系,范围较广;其他法律主要是保护和调整某一方面特定的社会关系,范围较窄,如民法主要是调整财产关系以及与财产关系相联系的人身非财产关系。

第二,任务和实现任务方法的特殊性。刑法主要是用刑罚方法同犯罪行为作斗争,其他法律,则有其各自的任务和方法,如民法的任务是调整民事法律关系,由于当事人在法律上权利平等,当事人任何一方不得限制、侵害另一方的权利,不得对另一方强迫命令,对违反民事法律行为不构成犯罪的,不能用刑罚方法解决等。

第三,强制程度的严厉性。所有法律都具有强制力,违法者将承担相应的法律责任。违反民法的,承担民事责任;违反行政法规,如违反治安管理处罚条例的,承担行政责任,最长时间可以行政拘留15日。而刑法的强制力则大大超过一切其他违法者所承担的处罚,对违反刑法的人不仅可以剥夺财产、自由,还可以剥夺生命。这种强制力,是其他任何法律所没有的。

第三节 刑法的目的和任务

一、刑法制定的目的和根据

(一) 刑法制定的目的

刑法制定的目的,是指国家立法机关通过制定刑法和实施刑法所期望达到的目标,或者说是刑法实现的价值。而制定刑法的目的是由刑法的性质所决定的。

我国《刑法》第1条开宗明义地指出制定刑法是"为了惩罚犯罪,保护人民"的目的。刑法通过惩罚犯罪以达到保护人民的目的,应该明确在我国惩罚犯罪只是一种手段。刑法是规定犯罪和刑罚的法律,而刑罚则又是和平时期国家政

[①] 参见张国华主编:《中国社会主义法制建设的理论与实践》一书中的《从刑法的属性看法的本质》一文,鹭江出版社1986年版,第62—74页。

权最集中的表现①,任何统治阶级都要制定和运用刑法来维护和巩固自己的统治秩序,建立起符合统治阶级需要的社会秩序。没有法制,尤其是没有刑法,社会就不可能形成有组织的力量,有效地实现国家的职能。我国是社会主义国家,制定刑法的目的是惩罚犯罪,保护人民,实质上也就是保卫人民民主专政的政权,维护社会秩序、经济秩序,保障公民权利。当前,我国社会尚处于社会主义初级阶段,还存在着各种不稳定因素,境内外的敌对势力还在对我国进行旨在分裂国家、颠覆政府、危害国家安全的各种阴谋活动,影响着我国的政治和社会稳定。暴力犯罪、贪污贿赂、走私贩私、骗税逃税、毒品犯罪等严重危害社会治安、严重破坏经济的犯罪大量存在,阻碍着我国社会主义市场经济体制的建立和完善。因此,通过刑法惩罚犯罪,一方面可以使犯罪人得到教育改造,复归社会;另一方面可以震慑和教育思想不稳定分子悬崖勒马,从而达到保护人民,也就是保卫社会的目的。

(二) 刑法制定的根据

刑法制定的根据包括两个方面,一是宪法根据,二是事实根据,二者是统一的。

根据《刑法》第1条的规定,制定刑法是根据宪法、结合我国同犯罪作斗争的具体经验及实际情况。宪法是国家的根本大法,是我国一切立法的根据,也是制定刑法的根据。我国刑法的内容符合宪法总的精神和原则,在自己领域内贯彻了宪法的指导思想,宪法指导刑法的制定和实施,刑法的制定和实施又为宪法的贯彻实施提供了有力的保障。宪法规定了国家制度、社会制度、国家机构的组织与活动原则,以及公民的基本权利、基本义务等等,刑法中具体制定的一系列关于犯罪、刑事责任与刑罚的规范是宪法规定在刑法领域的具体化。可以说,刑法的权威性,正是因为它的法律效力来源于宪法。《宪法》第62条、第67条还分别规定了制定、修改、解释刑法的机关。宪法作为制定刑法的根据,其主要含义是:(1) 刑事立法必须根据宪法所规定的立法权限和立法程序进行,否则就是违宪行为;(2) 刑法中一系列具体的罪刑规范,必须遵循宪法的指导思想,符合宪法的精神,否则即为违宪;(3) 刑法的解释、修改和补充不能违背宪法的精神,否则便没有法律效力。

我国的实际情况和司法实践经验,是我国刑法制定的事实根据。法律是建立在一定社会经济基础之上的上层建筑的组成部分,法律的制定和实施决定于一国的社会经济基础,反之其也对一国的社会经济基础产生作用。刑法作为法律的一个部门,同样如此。刑法的制定有其自身的发展规律,为此必须实事求是,深入实际调查研究,总结我国刑事司法实践中同犯罪作斗争的经验以及我国

---

① 参见储槐植:《美国刑法》(第二版),北京大学出版社1996年版,第5页。

刑事立法经验,结合我国社会经济、政治状况,制定刑法才会达到良好的效果。在我国现行《刑法》的修订过程中,立法机关会同司法机关以及有关方面的专家、学者,系统地总结了1979年《刑法》颁行以来的有关刑法修改、完善的资料以及大量的实际案例,总结了司法实践中取得的经验及存在的问题。当然,立足于我国的刑事司法和刑事立法实际情况,并不排除借鉴古代的和外国的刑法中有用的东西,例如故意、过失的规定,正当防卫、紧急避险的规定,共同犯罪人的分类等,我们都在一定程度上借鉴了古今中外刑法中有益的经验。

二、刑法的任务

所谓任务是指承担一定的责任。刑法的任务也就是指在各个法律部门的分工中刑法承担什么责任。有些论著往往将刑法的任务与刑法的目的、刑法的功能相混用。① 其实,三者虽有相当密切的关系,但又有各自的特定含义。目的,是指在主观上想要达到的境地或想要得到的结果。刑法本身没有什么目的,只有制定和运用刑法所要追求的结果。功能,是指效能,指事物或方法所发挥的有利的作用。② 刑法的功能当为刑法在同犯罪作斗争中可能发挥的效能。可见刑法的任务、目的、功能不可混用。

各国的历代刑法都承担着惩罚犯罪、维护统治秩序的任务,但在刑法中明确规定任务的,我国刑法尚属首例。这一方面反映了我国刑法体系具有自己的特色,另一方面也说明我们社会主义刑法无须掩饰其打击的锋芒和承担的任务。

我国《刑法》第2条规定:"中华人民共和国刑法的任务,是用刑罚同一切犯罪行为作斗争,以保卫国家安全,保卫人民民主专政的政权和社会主义制度,保护国有财产和劳动群众集体所有的财产,保护公民私人所有的财产,保护公民的人身权利、民主权利和其他权利,维护社会秩序、经济秩序,保障社会主义建设事业的顺利进行。"

这一规定首先以总的方面概括地指出我国刑法的任务就是用刑罚同一切犯罪行为作斗争。这里强调的是实现刑法任务的手段是用刑罚,而不是用一般意义上的教育、行政、经济手段。我们知道,承担与犯罪作斗争的任务,不是刑法所独有的,但用刑罚手段与犯罪作斗争,却是区别于实现其他任务的特点。其次,这一规定从五个方面指明我国刑法的五项具体任务。

第一,保卫国家安全。所谓国家安全,实质上是国家独立、国家团结统一、国家领土完整和安全以及国家其他基本利益安全的总和,亦即国家赖以生存、运行和发展的政治基础和物质基础的安全。中华人民共和国的国家安全主要包括:

---

① 参见杨春洗等主编:《刑事法学大辞书》,南京大学出版社1990年版,第561—562页。
② 参见《辞源》,第373页;《现代汉语词典》(第5版),商务印书馆2005年版,第955页。

国家的主权独立;国家的团结统一;国家的领土完整和安全以及国家其他基本利益的安全。可以说刑事司法权是国家主权派生的权利,新中国成立前我国处于半封建半殖民地社会时期,饱受了主权不独立情况下司法权被蹂躏、践踏的痛苦,因此,毫无疑问刑法要把保卫国家安全作为重要任务,国家安全没有,刑法亦不复存在。

第二,保卫人民民主专政的政权和社会主义制度。这里包括相互紧密联系的两个方面,一是人民民主专政即无产阶级专政的政权,二是社会主义制度。这是我们国家的政权和基本制度,是我国人民的根本利益所在,是涉及国家生死存亡的大问题,同时如前所述,刑罚权是和平时期国家政权最基本的体现,刑法责无旁贷地要运用刑罚保卫国家政权和国家基本制度。

第三,保护社会主义公共财产和公民私人所有的财产。社会主义公共财产包括国有和集体所有的财产,是我国社会主义社会的经济基础;个人财产是公民正常生活和从事生产所必不可少的物质条件,也是公有制经济的必要补充。刑法必须同一切破坏社会主义经济、分割公共财产和私人所有财产的犯罪行为作斗争,以保护社会主义经济基础和公民享有的合法财产的权利。

第四,保护公民的人身权利、民主权利和其他权利。侵犯公民权利的犯罪,在刑事犯罪中占有相当大的比重,侵犯人身权利如杀人、伤害等犯罪,侵犯民主权利如破坏选举等犯罪,侵害其他权利如非法剥夺公民宗教信仰自由、侵犯少数民族风俗习惯、暴力干涉婚姻自由等犯罪。同这些犯罪作斗争,保护公民享有的广泛的基本权利,历来是刑法的重要任务。

第五,维护社会秩序、经济秩序。正常的社会秩序、经济秩序,是社会主义建设事业顺利进行的环境和载体,没有正常的社会秩序,社会不得安宁,人民群众无法正常地进行工作、生产和生活;没有正常的经济秩序,社会生产力将得不到发展甚至遭到破坏。因此,同严重危害社会治安、严重破坏社会经济的犯罪作斗争,以维护社会秩序、经济秩序,是刑法的另一个重要任务。

刑法的任务是受国家同时期的总任务制约的,刑法必须为实现国家总任务服务。以上刑法任务的五个方面互相联系而形成一个有机的整体,不可偏废理解。

第二章 刑法的基本原则

第一节 刑法基本原则概述

一、刑法基本原则的概念

刑法的基本原则问题,是刑法理论中一个重大的带有根本性的问题。将刑法基本原则作为一个理论范畴专门进行研究,是社会主义国家刑法理论的特色之一,资本主义国家刑法理论中虽然早就提出了刑法三大原则:罪刑法定主义、罪刑等价主义和刑罚人道主义,但是其只对这三大原则分别进行研究,尤其重视罪刑法定主义原则。

在我国刑法学界,早在20世纪50年代就对刑法的基本原则进行了研究。当时认为,我国刑法的基本原则就是中华人民共和国刑法中的犯罪、刑罚、犯罪与刑罚的关系等方面的概念、制度赖以确立的原则。1979年《刑法》颁行以后,刑法学界对刑法基本原则作了较为深入的探讨,但最终未能就刑法基本原则概念表述形成共识。大致有以下几种表述:(1)刑法的基本原则,是指我国刑法中的犯罪与刑事责任、刑罚的种类和具体运用、罪名的分类、分则的体系等问题所据以确定的原则。① (2)刑法的基本原则,是以调整犯罪与刑罚的关系为己任的,确切地说,是调整刑法中的报应与功利的关系的基本准则。② (3)刑法的基本原则,是指刑法本身所固有的、贯穿刑法始终并在适用刑法时必须严格遵守的、具有全局性、根本性意义的原则。以上对刑法基本原则的表述各有其长,但是又都显得不规范。我们认为,刑法的基本原则,是指体现刑法的性质和任务,贯穿于刑法始终的指导刑事立法和刑事司法的基本准则。

二、刑法基本原则的内容

有些国家把最基本的原则,如罪刑法定原则写入刑法条文;有的则写入宪法性法律中;也有的国家不在刑法中明确规定,而是在理论上根据其刑法的指导思想、特点和各项规定概括出其基本原则。

---

① 参见杨春洗等主编:《刑法总论》,北京大学出版社1981年版,第24页。
② 参见高铭暄主编:《刑法学原理》(第一卷),中国人民大学出版社1993年版,第163页。

刑法中有多种具体原则，如刑法适用方面的属地或属人原则，在溯及效力上的从旧或从新原则，定罪上的主客观相统一的原则，数罪并罚中的相加或限制加重原则，刑罚执行中的废止肉刑原则，等等，这些原则都是刑法中某一方面的原则，受基本原则的制约与指导。因此，我国刑法学界大多论著都承认刑法的基本原则是我国刑法所特有的，贯穿于全部刑法内容的，对定罪量刑和刑罚的执行具有直接指导作用的准则。

我国1979年《刑法》和以往的刑事法律中皆未明文规定刑法的基本原则，因而1997年修订的《刑法》通过之前，刑法学界提出的所谓刑法基本原则达十几条，例如：国家主权原则、法律面前人人平等原则、民主原则、罪刑法定原则、罪刑相适应原则、刑罚轻重必须依法适时的原则、罪及个人原则、社会主义人道主义原则、惩罚与改造相结合的原则、主客观相统一原则、区分两类不同性质的犯罪的原则、刑罚公正原则、刑事法制的统一原则，等等。因而众说纷纭，莫衷一是。

1997年修订的《刑法》结合我国同犯罪作斗争的具体经验和实际情况，在总则第3条、第4条、第5条分别规定了罪刑法定原则、适用刑法平等原则和罪刑相适应原则，因而在刑事立法上规定刑法的基本原则，反映了我国立法观念的更新和立法技术的进步，同时也使得人们关于刑法基本原则的争论告一段落，便于深入理解刑法各项基本原则的内容。

第二节　刑法基本原则分述

一、罪刑法定原则

（一）罪刑法定原则的渊源

罪刑法定原则的思想可以追溯至古罗马时代。古罗马刑法就有"适用刑罚必须根据法律"的规定[①]，只不过当时未涉及犯罪构成要件问题，尚不能称之为罪刑法定原则。确切地说，罪刑法定原则是适应刑事司法实践的需要而产生的一项刑事立法和刑事司法原则，是资产阶级为反对封建特权和司法擅断提出的具有划时代意义的刑法原则。罪刑法定首先起源于程序法定的思想，进而又在实体立法规范罪与刑之法律中明文规定。从可考的法律文献来看，1215年英王约翰签署的《大宪章》第39条规定："凡是自由民除经其同级贵族依法判决或遵照国内法律之规定外，不得加以扣留、监禁，没收其财产，剥夺其法律保护权，或加以放逐、伤害、搜索或逮捕"。它的基本思想是"due process of law"，而process

---

[①] 参见杨春洗等主编：《刑法总论》，北京大学出版社1981年版，第308页。

即是程序之意,全词可译为"正当的法定程序"。

17—18 世纪,资产阶级的先驱者,围绕着自由、民主、人权、平等提出了许多学说,其中著名的有资产阶级思想家洛克等人提出的天赋人权学说、孟德斯鸠提出的三权分立论和费尔巴哈的心理强制说,分别从社会、政治、人性等方面为罪刑法定原则的诞生奠定了基础。① 受这些思想的影响,意大利刑法学家贝卡利亚在《论犯罪与刑罚》一书中率先较为明确地阐述了罪刑法定主义:"只有法律才能规定惩治犯罪的刑罚……超出法律范围的刑罚是不公正的,因为它是法律没有规定的另一种刑罚。"②贝卡利亚的著作《论犯罪与刑罚》得益于法国的社会政治理论,却又在 1766 年译成法文时引起法国社会的轰动,这种迂回式的理论发展,终于促成了罪刑法定从思想学说到法律原则的质的飞跃。在 1789 年法国《人权宣言》的指导下,1791 年法国制定了一部刑法草案,对各种犯罪都规定了具体的犯罪构成的罪刑法定主义在防止司法擅断方面根本无法实行。具有开拓意义的是近代刑法学家费尔巴哈第一次在《刑法教科书》(1801)中使用"罪刑法定原则"这一概念,并极力倡导罪刑法定应成为刑法的基本原则。

1810 年《法国刑法典》堪称资本主义国家刑法的蓝本,其在第 4 条明确规定:"没有在犯罪行为时以明文规定刑罚的法律,对任何人不得处以违警罪、轻罪和重罪。"此后世界上大多数国家都把罪刑法定原则载入法律条文,只不过表述略有不同而已。1994 年生效的《法国刑法典》第 3 条规定:"构成要件未经法律明确规定之重罪或轻罪,不得以其处罚任何人;或者构成要件未经条例明确规定之违警罪,不得以其处罚任何人。""如犯罪系重罪或轻罪,法律无规定之列,不得以其处罚任何人。"③

罪刑法定原则在我国最早见之于刑律的,是清末《大清新刑律》第 10 条:"法无正条者,不论何者行为不为罪"。所谓正条,即指明文规定。民国时期 1911 年《暂行新刑律》、1928 年《刑法》、1935 年《刑法》中也有类似规定。当然,虽然其在法律中标榜罪刑法定,实际上从未执行。尤其是国民党反动政府实行封建法西斯统治,迫害共产党人,草菅人命,根本没有什么罪刑法定可言。1979 年《刑法》虽没有明确规定罪刑法定原则,而且规定了类推制度,但是刑法学界大多学者认为这部刑法典是实行以有限类推为补充的罪刑法定原则。1997 年修订的《刑法》在第 3 条规定:"法律明文规定为犯罪行为的,依照法律定罪处刑;法律没有明文规定为犯罪行为的,不得定罪处刑。"这在我国刑事法律发展史上具有里程碑意义。

---

① 参见《略论我国罪刑法定原则立法化》,载《公安大学学报》1997 年第 1 期,第 44 页。
② 〔意〕贝卡利亚:《论犯罪与刑罚》,黄风译,中国大百科全书出版社 1993 年版,第 11 页。
③ 《法国刑法典》,罗结珍译,中国人民公安大学出版社 1995 年版。

由上可知，罪刑法定原则诞生与发展经历了一个漫长的过程，由程序法定思想至罪刑法定思想，由思想学说至法律原则，从形式上的罪刑法定到实质上的罪刑法定，从立法规范中的罪刑法定到司法实践中的罪刑法定，并且及至现代其法律规定与理论内涵仍处于发展、完善之中。

(二) 罪刑法定原则的内涵

罪刑法定原则的基本含义来源于拉丁文"nullum crimen sine lege, nullum poena sine lege"，即"法无明文规定不为罪，法无明文规定不处罚"。

罪刑法定原则发展初期，它的宗旨是限制司法权的滥用和保障人权，在司法实践中适用要求表现为：第一排斥习惯法；第二否定不定期刑；第三禁止事后法（即刑法效力不溯及既往）；第四禁止类推和扩张解释。有的论著也称这些是罪刑法定原则的派生原则，这些要求或称派生原则适应了自由竞争资本主义时期经济、政治发展的需要，保障自由的人身权利、经济权利、政治权利，重视立法，注重抽象的思辨，而缺乏司法实践的可操作性。随着自由竞争资本主义发展到垄断资本主义阶段，经济上垄断要求法律制度予以保障，罪刑法定原则的价值观念由保障人权向保护社会嬗变。罪刑法定原则在司法实践中的要求也出现了新的发展：由完全排除习惯法到在刑法理论中关于自然犯、故意与过失内容的理解，间接正犯认定都吸收了习惯法的因素；由绝对禁止事后法到实行从旧兼从轻的追诉效力；由否定不定期刑到允许适用相对不定期刑；由禁止类推解释到允许实行有利于被告人的类推解释。

罪刑法定原则在我国刑法中的最终确立，适应了我国社会实际和司法实践的需要，也是我国刑法学界大多数学者力倡的结果。围绕着与罪刑法定原则相冲突的类推制度存废问题，在修订《刑法》之前存在着两种截然相反的观点，一种为"保留说"，另一种为"取消说"。"保留说"认为：(1) 我国刑事立法经验不足；(2) 罪刑法定在实践中行不通；(3) 我国市场经济刚起步；(4) 用"扩大解释"或其他办法对法无明文规定的犯罪追究刑事责任不如有类推制度；(5) 罪刑法定原则的衰落和类推制度重新引起世界各国重视。"取消说"认为：(1) 司法实践中适用类推的案件极少，据统计1980年至1993年，我国最高人民法院一共核准了73件类推案件，占全部已决刑事案件的0.2‰左右；(2) 类推是封建罪刑擅断主义的表现形式；(3) 类推与罪刑法定原则相抵触，有悖于世界刑法发展潮流；(4) 类推不利于对人权的保护；(5) 类推容易招致国际批评，有损我国刑法在国际上的形象。我国1979年《刑法》中规定的类推在当时的立法条件下具有必要性，但是随着司法经验的积累和立法技术的提高，1997年修订的《刑法》取消类推制度完全正确。

(三) 罪刑法定原则的立法体现

我国《刑法》不仅从形式上规定了罪刑法定原则，而且在实质上贯彻了罪刑法定原则,其立法主要表现在罪之法定和刑之法定两个方面。

其一,罪之法定。罪之法定是刑之法定的前提,也是罪刑法定原则在刑事立法中的首要条件。我国刑法中的罪之法定,主要是通过以下三个层次的内容体现出来:(1) 对犯罪概念的规定,《刑法》第 13 条从形式与实质相结合的角度给犯罪作了完整、科学的定义,为划定罪与非罪的界限提供了原则性的标准。(2) 对犯罪构成要件的规定。《刑法》第 14 条、第 15 条规定了故意犯罪和过失犯罪,第 17 条、第 18 条规定了刑事责任能力,等等,这为认定犯罪提供了一般的标准。(3) 对具体犯罪的规定,刑法分则条文对每一犯罪的具体构成特征都作了必要的明确规定,从而为司法实践中的定罪工作提供了具体的标准。

其二,刑之法定。刑之法定是罪之法定的后续和自然延伸,也是罪刑法定原则在刑事立法中的重要内容。我国刑法中的刑之法定主要表现在以下三个方面:(1) 总则中对刑罚种类的规定。刑罚分为主刑和附加刑,主刑包括管制、拘役、有期徒刑、无期徒刑和死刑;附加刑包括罚金、剥夺政治权利和没收财产。(2) 总则中对量刑原则的规定。《刑法》第 61 条规定:"对于犯罪分子决定刑罚的时候,应当根据犯罪的事实、犯罪的性质、情节和对于社会的危害程度,依照本法的有关规定判处。"(3) 刑法分则中明确规定了各种具体犯罪的刑种和刑度。

(四) 罪刑法定原则的司法适用

罪刑法定原则的意义不仅在于立法,而且在于司法实践中如何贯彻罪刑法定原则的立法精神。从我国司法实践来看,需要从以下两个方面引起重视:

其一,正确解释法律。尽管罪刑法定原则要求立法时要以明确为限,但是法律毕竟是从大量法律事实中抽象出来的,再适用到具体的条件中去,需要一个还原的过程,正因为如此,需要对法律作出解释,它分为立法解释和司法解释。立法解释和司法解释都应当严格依据法律规定的内容,寻求立法者的本意,而不能随意进行扩张解释或限制解释。

其二,正确认定犯罪。罪之法定是指法律事先规定哪些行为是犯罪,对于具体案件的定性首要问题就是定罪。定罪,是司法机关依法认定被审理行为是否构成犯罪以及构成何种犯罪的活动。定罪应当遵循定罪原则,即依法定罪原则,同时要坚持以事实为根据,以法律为准绳,最后要正确确定罪名。

二、适用刑法平等原则

(一) 适用刑法平等原则的渊源

适用刑法平等原则,是法律面前人人平等原则在刑事法律领域的具体化。

从奴隶制到封建制社会的发展历程中,无论是古代的神权统治,还是中世纪的君权人治,法律都维护公开的社会不平等,平等只能作为人们追求的美好理想,存在于人们的思想观念之中,无法真正实现。我国古代,法律上人人平等的观念产生较早,如"王子犯法,与庶民同罪"。春秋战国时期的百家争鸣中,法家主张厉行法治,罚有正断,法的制定者亦受法律的约束。古希腊哲学家亚里士多德提出了法律的两种正义观,一是"平均正义",一是"分配正义",即所谓平等有两类,一类为其数量相等,另一类为比值相等,虽然其未明确提出法律面前人人平等原则,但是却论述了实现平等的两种方式。总之,无论在奴隶制社会还是在封建制社会,没有也不可能实现法律面前人人平等。

近代资产阶级思想启蒙先驱们,为反对封建制社会的等级森严,从政治上提出了"平等"的口号,反映在法律适用上就是要求人人平等。其作为一项原则,最早记载在法国1789年的《人权宣言》里,该《宣言》第6条规定:"法律对于所有的人,无论是施行保护或处罚都是一样的。在法律面前,所有的公民都是平等的。"因此资产阶级提出"法律面前人人平等"是对封建法律维护的等级与特权的直接否定,具有巨大的历史进步性。但是资产阶级的法律平等建立在财产的不平等基础之上,其所谓的法律面前人人平等也只是形式上平等,而实质上不平等。

新中国成立后废除了生产资料私有制,建立了公有制,实行按劳分配的原则,这必然要求上层建筑的法律适用时人人平等。我国《宪法》第33条规定:"中华人民共和国公民在法律面前一律平等。"《刑法》第4条规定:"对任何人犯罪,在适用法律上一律平等。不允许任何人有超越法律的特权。"这是宪法确定的原则在刑法中的具体体现。有论者将这两个原则不加区分,一概而论,应属不妥。因为:(1)二者适用的领域不同。宪法确立的法律面前人人平等原则是对任何部门法都适用的,而刑法确立的适用刑法平等原则仅适用于刑事法律领域。(2)二者适用的对象不同。法律面前人人平等原则适用的对象是中华人民共和国全体公民,而适用刑法平等原则是针对实施犯罪行为的人,可以包括根据国际条约或刑法属于我国管辖的外国犯罪人。(3)从文字表述上,《宪法》第33条和《刑法》第4条所称之"法律"内涵不同,后者指对犯罪人适用的法律,当然是刑法,是广义刑法,而前者之法律则涵盖一切法律。

当前,我国刑事司法实践中个别地方存在着诸多干扰审判机关独立办案的因素,以至于出现一些定罪偏差和量刑畸轻畸重情形,事实上存在着因个人情况不同,而同罪异罚的情形,在一定程度上破坏了社会主义刑事法制建设,影响了党群和干群关系,削弱了法律的权威性。为此,新修订的《刑法》将适用刑法平等原则具体化,是宪法中法律面前人人平等原则在刑法中的体现,具有很强的现实意义,即对于任何人犯罪,在适用法律上一律平等,不允许任何人有超越法律的特权。正如彭真同志在第五届全国人民代表大会第二次会议上所作的"关于七个法律草案的说明"中所说的:"对于违法犯罪的人,不管他资格多老,地位多高,功劳多大,都不能加以纵容和包庇,都应当依法制裁。"

第二章　刑法的基本原则

（二）适用刑法平等原则的内涵

适用刑法平等原则的内涵应从两个方面来理解：一方面，指对任何人，只要他没有违反刑法，没有构成犯罪，都应当平等地受到刑法的保护；另一方面，指对具体人，只要他违反刑法，构成犯罪，就应当平等地适用刑法，依法追究其刑事责任，而不允许任何人违法犯罪而不受法律追究。具体而言，是指司法机关对一切犯罪人，不分性别、职业、家庭出身、宗教信仰、教育程度、财产状况、职位高低、功劳大小等，都应当追究刑事责任，一律平等地定罪、量刑和行刑。

适用刑法平等原则保护无辜的人不受刑法追究，同时对犯罪的人又平等地适用刑法，体现了刑法对人权的保障，其中包括刑法对犯罪人人权的保障，这是我国刑法的又一重要进步。刑法正是通过对人权的保障进而达到保护全体社会之目的。

（三）适用刑法平等原则的立法体现

我国不仅将适用刑法平等原则设专条载入刑法典，而且在法律规范设置上也体现了这一原则。

（1）总则中明确规定了刑法的适用范围。《刑法》第6条至第12条分别对刑法的空间效力、时间效力等作了明确规定，进一步限制了受刑事法律追究的犯罪人的范围。

（2）总则中第二章第四节明确规定了单位犯罪的概念和处罚原则。

（3）《刑法》第63条将酌情减轻处罚规定为最高人民法院核准权，以防止此项规定的权利被滥用。

（4）刑法分则中针对一般主体规定了众多犯罪，同时针对特殊主体，如国家工作人员和军职人员犯罪，同样要受到惩罚，表明公职人员并非享有国家特权，而是因为其特殊身份承担相应的法律义务，以及其他等等。

（四）适用刑法平等原则的司法适用

根据法律面前人人平等原则的基本要求，结合我国刑事司法实践，贯彻适用刑法平等原则应注意以下几个方面：

（1）定罪上一律平等，指任何人犯罪，只要其符合刑法分则某一罪的具体构成要求，都定同样的罪名，不因被告人的地位不同而定不同的罪名。我国有几千年的封建社会历史，特权思想在一些人头脑中依然存在，他们总想千方百计凭借其经济地位和政治地位逍遥法外，这是与适用刑法平等原则格格不入的。

（2）量刑上的平等，是指除法定的从重、从轻、减轻或者免除处罚的情节以外，对任何人犯罪，应当做到同罪同罚。实践中不存在两起一模一样的犯罪案件，同一犯罪的不同案件之间某些犯罪情节是有区别的，如何做到量刑上的平等，这就要求法官在裁量刑罚时掌握一个标准，不受法定情节以外主观因素的干扰。

（3）行刑上的平等，是指在刑罚执行过程中，对所有的受刑人平等地处遇。我国刑罚的目的不仅是处罚犯罪，而且要教育和改造罪犯，使其拥有健全的人格复归社会，在刑罚执行过程中，存在着缓刑、减刑、假释等制度的运用，对此也必须符合法定条件，不允许在刑罚执行过程中因受刑人的身份、地位不同而刑罚执行方式不同。定罪、量刑的平等是适用刑法平等原则的前提，行刑是适用刑法平等原则的保证。

三、罪刑相适应原则

（一）罪刑相适应原则的渊源

罪刑相适应的思想古已有之，最早可以追溯到原始社会的同态复仇。我国古代思想家墨子主张"罚必当暴"（《墨子·尚同》），荀子坚持要"刑当罪"，并指出了"刑称罪则治、不称罪则乱"的道理（《荀子·正论》）。古罗马哲学家西塞罗在《法律篇》中指出："对于违犯任何法律的惩罚应与犯法行为相符合。"[①]这里明确表达了罪刑相适应的思想。这些思想并没有为奴隶社会和封建社会统治者接受形成刑事立法与刑事司法的原则。

罪刑相适应成为刑法基本原则同样是17、18世纪资产阶级启蒙思想家倡导的结果，孟德斯鸠在其《论法的精神》中指出："惩罚应有程度之分，按罪大小，定惩罚轻重。"[②]贝卡利亚最为系统地阐述了罪刑相适应的思想，在《论犯罪与刑罚》中指出："如果说，对于无穷无尽、暗淡模糊的人类行为组合可以应用几何学的话，那么也很需要有一个相应的、由最强到最弱的刑罚阶梯。"[③]他还为具体设计罪刑之间关系的阶梯提供了方案，不过贝卡利亚主张的是刑罚与犯罪对社会的客观危害性相适应。

启蒙思想家所倡导的罪刑相适应的思想在资产阶级刑事立法中得到充分体现，如1793年法国宪法所附的《人权宣言》第15条规定："刑罚应与犯法行为相适应，并应有益于社会。"1810年的《法国刑法典》虽然采用相对确定的法定刑，但因其贯彻了罪刑相适应的原则，而成为资本主义国家刑法的蓝本。西方国家保安处分制度的盛行、不定期刑的引入，使罪刑相适应原则受到冲击，但并没有动摇其作为刑法基本原则的地位。

罪刑相适应原则也是社会主义国家刑法的一项基本原则。马克思说："如果犯罪的概念要有惩罚，那么实际的罪行就要有一定的惩罚尺度。"[④]我国1979

---

① 参见《西方法律思想史资料选编》，北京大学出版社1983年版，第32页。
② 〔法〕孟德斯鸠：《波斯人信札》，梁镛译，商务印书馆1962年版，第141页。
③ 〔意〕贝卡利亚：《论犯罪与刑罚》，黄风译，中国大百科全书出版社1993年版，第66页。
④ 《马克思恩格斯全集》第1卷，人民出版社1956年版，第140页。

年《刑法》虽没有明文规定罪刑相适应原则,但是对罪刑关系的设置基本上是以该原则为指导的,此后颁布的一些单行刑事法规、附属刑法在极个别罪刑的设置可能出现了罪刑失当的问题,新修订的《刑法》都对其作了调整,使得整个刑法的罪与刑相适应,并且在第 5 条规定:"刑罚的轻重,应当与犯罪分子所犯罪行和承担的刑事责任相适应。"

(二) 罪刑相适应原则的内涵

罪刑相适应原则是指对犯罪分子量刑时,应与其所犯罪行和承担的刑事责任大小相适应,是表明犯罪与刑罚之间相互关系的一个原则。

最早倡导罪刑相适应的西方刑事古典学派,主张以行为的危害为标准,使刑罚与犯罪行为相适应;而后来的刑事人类学派与刑事社会学派强调刑罚与犯罪人的人身危险性相适应。各派偏执一端,在以后的资产阶级刑事法学理论发展中,又有趋同的倾向。①

刑法学界普遍认为罪刑相适应是我国刑法一项基本原则,其具体内容包括:(1) 重罪规定重刑,重罚;轻罪规定轻刑,轻罚;(2) 重罪的刑罚不得低于轻罪的刑罚,轻罪的刑罚不得重于重罪的刑罚;(3) 有罪必罚,无罪不罚;(4) 一罪一罚,数罪并罚;(5) 同罪同罚,罪罚适应;(6) 刑罚的性质与犯罪的性质相适应。

对于我国《刑法》第 5 条中"刑事责任"的概念,以及"刑事责任"与"罪行""刑罚"之间的关系,我们认为刑事责任同犯罪和刑罚紧密相联,是联结犯罪和刑罚的纽带,它对调节罚、刑关系起到重要作用。所谓刑事责任,是指在刑事法律关系中,国家依法强制犯罪人(自然人和单位)对其犯罪所承担的刑事义务。因后面有专章论述,故不作赘述。

罪行的大小,在我国历来主张主客观相统一的定罪原则,即以犯罪的社会危害性为基础,同时也适当考虑行为人的人身危险性,即主观恶性程度。犯罪人的人身危险性通常是再犯可能性。所谓以社会危害性为基础,主要是按照刑法以行为危害性大小和行为方式所规定的罪名与刑罚,依法惩处。与此同时,还要考虑行为人的人身危险性,包括犯罪动机、手段、一贯表现以及犯罪人的基本情况,犯罪实行中的情况和犯罪后的认罪态度等。

(三) 罪刑相适应原则的立法体现

立法上的罪刑相适应是罪刑相适应原则实现的前提。我国《刑法》无论在总则还是分则中都较好地体现了罪刑相适应原则。首先,在《刑法》总则中确立了一个科学的刑罚体系,各种刑罚方法由轻及重按次序排列,并且各个刑罚方法既互相区别又互相衔接,结构严谨,主附配合。其次,《刑法》总则规定了刑事责任年龄和刑事责任能力,还根据各种犯罪形态的社会危害性不同规定了轻重不

---

① 参见杨春洗等主编:《刑法总论》,北京大学出版社 1981 年版,第 329—336 页。

同的处罚原则,如关于犯罪的预备、未遂、中止的处罚原则的规定,关于防卫过当、避险过当的处罚原则的规定,各共同犯罪的处罚原则规定等等。最后,《刑法》总则还根据犯罪人的主观恶性规定了一系列刑罚制度,如累犯制度,自首、立功制度,缓刑制度,减刑制度,假释制度,等等。

《刑法》分则关于各种犯罪不同刑种和量刑幅度的规定等,都贯彻并体现了罪刑相适应原则。如我国《刑法》第232条故意杀人罪的法定刑,最低为3年有期徒刑,最高为死刑。对能明确数额幅度和情节轻重表现的犯罪都作了具体规定,并设置相应的法定刑,如贪污罪根据贪污数额和情节轻重程度不同,规定了四个不同的法定刑幅度。此外,罪刑相适应原则还是建立刑法分则体系的根据之一,各类罪的排列和各类罪名的排列,基本上是按照犯罪的社会危害性大小、罪行的轻重、法定刑的轻重决定的。

(四) 罪刑相适应原则的司法适用

司法中贯彻罪刑相适应原则是立法中罪刑相适应原则的目的和归宿,同时又是实现我国刑罚目的的必然要求。

(1) 定罪准确问题。罪刑相适应原则首先要求对行为人的犯罪行为定性准确,如果在定罪问题上不搞清楚,而是以司法人员的主观臆断代替了客观的证据事实,错误地给被告人定了罪,这不仅影响定罪,而且影响量刑。正确的量刑建立在正确的定罪基础之上。定罪准确还要求使用罪名准确统一,最高人民法院审判委员会1997年12月9日通过的《关于执行〈中华人民共和国刑法〉确定罪名的决定》为此提供了依据。

(2) 量刑适当问题。司法实践中往往重视定罪而轻视量刑。我们认为量刑与定罪具有同等重要的意义。量刑时一定要根据《刑法》第61条规定的量刑原则进行,不能偏轻偏重。二审法院在审理上诉案件过程中不仅要注意定性准确问题,而且要纠正量刑失当的问题。刑法分则对每一种罪基本上都根据其情节轻重不同设置了几个量刑幅度,这样司法机关在审理案件时,完全可以根据行为人的罪行大小和主观恶性大小选择相应的刑罚。

(3) 刑罚适用问题。在司法实践中要贯彻罪刑相适应原则,必须正确适用刑罚制度。我国刑法总则中设立的一系列刑罚制度,诸如累犯、自首、立功等,都是以犯罪人的人身危险性为根据的,在对犯罪分子决定刑罚时既要考虑犯罪事实、犯罪性质、情节和对于社会的危害,又要考虑犯罪人的犯罪动机、手段、犯罪后的态度等主观因素,从而决定刑罚及其执行方式。

总之,我国将罪刑法定原则、适用刑法平等原则、罪刑相适应原则明确规定在刑法典中,是刑事立法方面的一大进步,也是刑事司法中切实遵循的原则。这三个基本原则互相联系,各有侧重,互相制约,互相作用形成一个有机的整体,而罪刑法定原则在刑法基本原则之中处于核心地位。

第三章 刑法的适用范围

第一节 刑法适用范围的概念

刑法的适用范围也称刑法的效力范围,是指刑法在空间、时间上的羁束力。其中刑法的空间效力是指刑法在空间上对哪些人、哪些地域适用;刑法的时间效力是指刑法何时生效、失效以及对其生效前的行为是否有溯及力。

刑法效力问题是刑事法律和刑法理论中的一个重要问题,是事关维护国家主权,涉及罪与非罪、刑罚轻重的问题。一个国家的刑法在什么领域里适用,对哪些人适用,与维护国家主权有密切关系。半殖民地的旧中国,不仅外国租界地相当于"国中之国",帝国主义国家享有治外法权,中国当局不能行使司法裁判权,而且在中国境内的帝国主义国家的国民,也享有种种特权,在刑法适用上反映了当时中国主权受侵害的情形。刑法的时间效力范围问题则涉及新法规定的犯罪和刑罚是否适用于此前的行为,某种行为是否构成犯罪及适用哪项法律规定的刑罚,这就涉及刑法的保障功能能否实现的问题。因此,刑法适用范围历来为刑法学界所重视,曾提出各种主张。各国刑法典对此有较为详细的规定。尤其是当前国际交往密切,人员流动性大,国际性和跨国性犯罪增多,研究刑法适用范围,确定刑法适用范围的原则,显得更为重要。

刑法在空间上适用范围的原则,学术界有各种不同主张,各国刑法规定也不尽一致,概括起来主要有以下几种:

(1)属地原则,亦称属地主义。主张不论犯罪人属于何国国籍,只要在该国领域内犯罪,都适用其刑法。这一原则体现了对国家主权的维护,为绝大多数国家所采用。由于犯罪地有行为地与结果地之分,因而可分为行为地主义、结果地主义,或行为地兼结果地原则。

(2)属人原则,亦称属人主义。主张凡是本国公民,不论在其领域内或者领域外犯罪,均适用本国刑法。但由于这一原则与国家主权原则有冲突,因而几乎没有一个国家单纯采用这一原则。

(3)保护原则,亦称保护主义。主张不论犯罪人是本国人还是外国人,也不论犯罪发生在本国领域内还是领域外,只要侵害了本国或本国公民的利益,都适用本国刑法。现在许多国家刑法或刑事诉讼法对适用范围的规定都有保护原则的体现,并且得到了国际法学界一些学者的赞同①。但是,由于按这一原则将刑法适用于在国外犯罪的本国人或外国人,涉及国与国之间的关系,实现这一原则有诸多困难与不便。

(4) 世界原则,亦称普遍原则。主张不论犯罪人的国籍,不论犯罪地点在哪一个国家的领域内,逮捕地国家根据刑法有责任加以处罚。这一原则最初是欧亚地中海沿岸少数国家,如土耳其、意大利等国的传统理论。但大多数国家对不加限制地实行普遍管辖持否定态度。随着国际社会交往的发展,有些国际条约签字国承担普遍刑事管辖义务,但对没有参与的国家则没有约束力。我国全国人大常委会1987年6月23日通过决定,对于我国缔结或参加的国际条约所规定的罪行,我国在承担条约义务的范围内行使刑事管辖权。

对于普遍管辖权的行使,一般认为应以不因此而导致犯罪人受两次或两次以上刑罚处罚为限。即一旦有管辖权的国家对犯罪人进行了刑事追究,则其他国家不得再以享有普遍管辖权为由对其进行刑事追究。

(5) 折中原则,亦称折中主义。主张以属地原则为基础,有限制地兼采属人原则、保护原则和普遍原则,当前大多数国家采取这一原则。

刑法在时间上的适用范围,主要涉及刑法的生效、失效时间和对生效前的行为有无溯及力等问题。

关于刑法的生效时间,各国的做法大致有两种,一是刑法自公布之日起生效,二是公布一段时间后生效。而刑法的失效时间,通常也有两种情况,一是由立法机关明确宣布废止,二是在新法生效后旧法自然失效。

刑法的溯及力问题在各国刑法的规定上或在刑法理论中,曾经有过各种不同的原则,归纳起来主要有以下几种:

(1) 从旧原则,即新法不具有追溯既往的效力。追究犯罪人的刑事责任,一律适用行为时的法律。

(2) 从新原则,即新法具有溯及既往的效力,对新法生效前的行为,凡未经审判或者判决未确定的,都适用新法。

(3) 从轻原则,即视新法与旧法哪个规定的处罚较轻(当然包括不认为犯罪的行为),择轻适用。如果新法规定的较轻,则新法具有溯及既往的效力。

(4) 从旧兼从轻原则。即新法原则上不具有追溯既往的效力,但新法规定处刑较轻时,则适用新法。

(5) 从新兼从轻原则,即新法原则上具有追溯既往的效力,但旧法规定处刑较轻时,则适用旧法。

---

① 参见〔英〕劳特派特:《奥本海国际法》(上卷第一分册),王铁崖、陈体强译,商务印书馆1981年版,第147页。

从表面上看,上述(4)、(5)与从轻原则无区别,但实际上如果新旧法在处刑上无变化,但在其他方面,如犯罪构成条件、累犯条件等,若有变化,是适用旧法或者适用新法,采取不同的原则,则是有区别的。有的刑法对于从轻原则作了更为广泛的规定,即规定新旧法相比较,哪项法律对行为人最有利即适用哪项法律。有利与否范围较宽,不只限于最主要的刑罚轻重问题,而其他方面,如责任能力条件变更、违法阻却理由变更、时效变更等,都涉及对犯罪人是否有利问题,采用从轻原则,均属考虑根据。

当前世界各国刑法单纯采取从新或从旧原则的国家甚少,许多国家都采取从旧兼从轻原则。

第二节　我国刑法的空间适用范围

我国刑法的空间适用范围包括对地域和对人适用范围两个方面:

一、对地域的适用范围

地域适用范围是指在哪些领域内适用。现行《刑法》第6条规定:"凡在中华人民共和国领域内犯罪的,除法律有特别规定的以外,都适用本法。""凡在中华人民共和国船舶或者航空器内犯罪的,也适用本法。""犯罪的行为或者结果有一项发生在中华人民共和国领域内的,就认为是在中华人民共和国领域内犯罪。"

这里有几个基本概念问题,一是对领域的理解。所谓领域包括领陆、领水、领陆和领水的底土和领空。领陆包括边界以内的陆地领土和岛屿;领水包括领海和内水;领空是领陆和领水的上空,只及空气空间,不包括外层空间。领空的最高限度是一个迄今尚未解决的问题,一般都认为其极限由空气空间与外层空间的分界来定。二是所谓"除法律有特别规定的以外"如何理解。所谓特别规定主要是指:(1)享有外交特权和豁免权的外国人的刑事责任问题,现行《刑法》第11条规定,对其刑事责任通过外交途径解决。(2)民族自治地方的特别规定,即现行《刑法》第90条规定的"民族自治地方不能全部适用本法规定的,可以由自治区或者省的人民代表大会根据当地民族的政治、经济、文化的特点和本法规定的基本原则,制定变通或者补充的规定,报请全国人民代表大会常务委员会批准施行"。(3)刑法实施中,新制定的刑事法规另有特别规定。我国1997年修订的《刑法》刚施行不久,短期内不会制定新单行刑事法规,但长时间内还有可能制定补充规定等,一旦有此种情况,那么这些新制定的刑事法规规定亦属于特别规定之列。(4)根据《香港特别行政区基本法》,香港地区自1997年7月1日回归祖国后,不适用我国刑法典,而仍沿用其过去的刑事法律。根据该基本法的规定,内地各级政府驻香港办事机构人员及在香港的驻军亦有义务遵守香港的法律。澳门回归后的刑事法律适用问题与香港相同。三是在船舶或航空器内犯罪问题,按照现行《刑法》第6条第2款的规定,只要在我国船舶或者航空器内犯罪,无论是在航行过程中(包括在公海上和公海上空),或者停留在外国领域内,均受我国刑法管辖。按照国际惯例,这种情况通常称其为"拟制领土",过去也有人称"浮动领土"。实际上并不属于领土主权范围,而是法律上的拟制。在我国船舶或航空器停留在外国领域内时,在我国航空器或船舶上发生犯罪问题,可能与外国法律规定有冲突,即两国刑法均有管辖权,遇此情况则应协商解决。① 四是行为地与结果地问题,如前所述,各国刑法规定和刑法理论上有行为地主义、结果地主义或行为地兼结果地主义。我国现行《刑法》第6条第3款就是采取行为地兼结果地原则。犯罪行为与结果多数发生在同一地域内,但行为与结果分别发生于异国者,也不乏其例。我国刑法采取这一原则,有利于打击犯罪,维护国家主权。

二、对人的适用范围

刑法对人的适用,属于刑法空间效力的一个方面,即在空间范围内,刑法对哪些人适用。在总体上可以分为对本国人和对外国人适用两种情况。

一般地讲,本国公民在本国领域内犯罪,适用本国的刑法,是理所当然的。但是殖民地国家或地区适用宗主国法律的先例也不是没有过的。我国现行《刑法》第6条规定,涵盖了我国公民在我国领域内犯罪均适用我国刑法,而且,按照我国《宪法》第33条第2款确定的中华人民共和国公民在法律面前一律平等的原则,任何公民,不论地位高低、资历深浅,过去功劳大小,凡是构成犯罪的,都适用我国刑法,不允许有超越法律、凌驾于法律之上的特权人物。但是对于我国公民在我国领域外犯罪的,《刑法》第7条、第10条作了特别规定,体现了原则性与灵活性相结合、权利与义务相一致的原则。首先,在我国领域外的我国公民,由于他们所处的社会环境和接受的法制教育与国内不同,其居住国的社会制度与法律制度往往与国内有很大差异,因此在解决我国公民在我国领域外犯罪的适用问题上,应当从这一实际情况出发,要与国内公民有所区别;其次,我国公民虽然身居国外,但仍享有受我国法律保护的权利,仍属于中国公民,应有遵守我国法律的义务,同时也应当遵守居住国的法律;再次,对于特殊主体如国家工作人员和军人在域外犯罪,由于身份特殊性,应适用我国法律。因此,我国《刑法》第7条第1款规定:"中华人民共和国公民在中华人民共和国领域外犯本法规定之罪的,适用本法,但是按本法规定的最高刑为3年以下有期徒刑的,可以

---

① 详见甘雨沛等主编:《犯罪与刑罚新论》,北京大学出版社1991年版,第33—36页。

不予追究。"第 2 款规定："中华人民共和国国家工作人员和军人在中华人民共和国领域外犯本法规定之罪的,适用本法。"

关于我国刑法对外国人犯罪的适用问题,首先应当明确,这里所说的外国人是指一切不具有中国国籍的人,包括外国国籍和无国籍的人。

对犯罪的外国人的刑法适用问题,有两种情况：

一是外国人在中国领域内犯罪适用刑法问题。基于国际法上的领土主权原则,外国人在进入一国家时立即受该国的属地优越权的约束。因此,在我国领域内的外国人,其合法权益受我国法律保护,同时也应遵守我国法律,在我国领域内犯罪,适用我国刑法。但是,根据国际惯例和有关国际条约,享有外交特权与豁免权的人不受接受国的刑事管辖。所谓"享有外交特权和豁免权的外国人",根据我国参加的 1961 年《维也纳外交关系公约》及 1986 年 9 月 5 日第六届全国人民代表大会常务委员会第十七次会议通过的《中华人民共和国外交特权与豁免条例》的有关规定,主要是指外交代表、使馆行政技术人员及与他们共同生活的配偶、未成年子女;来访的外国国家元首、政府首脑、外交部长及其他同等身份的官员等。至于参加联合国及其专门机构召开的国际会议的外国代表,临时来中国的联合国及其专门机构的官员和专家、联合国及其专门机构的代表机构和人员,按中国加入的有关国际公约和签订的有关协议,事实上也享有外交特权和豁免。上述我国的《外交特权和豁免条例》,对外交特权和豁免的内容以及外交代表、使馆行政技术人员、使馆服务人员,享受的外交特权和豁免的条件都作了详细的规定,条例中的用语含义,例如"外交代表""使馆行使技术人员""使馆服务人员"等,在第 28 条中也作了解释。① 外交特权和豁免与刑法适用有关的主要内容有：人身不受侵犯;寓所不受侵犯;财产不受侵犯;享有刑事管辖豁免;无向驻在国司法机关提供证据的义务;等等。外交人员享受外交特权与豁免,并不是指他们可以不遵守或不尊重驻在国的法律,可以为所欲为,如果他们的行为按照法律规定已经构成犯罪,我国现行《刑法》第 11 条规定,其刑事责任问题通过外交途径解决。按照国际法一般原则,享有外交特权与豁免权的人员犯罪,驻在国可以宣布其为"不受欢迎的人",派遣国应当予以惩办,向驻在国表示道歉或遗憾,或赔偿损失。

二是外国人在中国领域外犯罪适用刑法问题。我国现行《刑法》第 8 条规定："外国人在中华人民共和国领域外对中华人民共和国国家或者公民犯罪,而按本法规定的最低刑为三年以上有期徒刑的,可以适用本法,但是按照犯罪地的法律不受处罚的除外。"这一规定表明外国人在我国领域外对我国和我国公民犯罪,可以适用我国刑法,但有限制。其限制条件有：(1) 犯罪行为侵害了我国

---

① 参见王怀安等主编：《中华人民共和国法律全书》,吉林人民出版社 1989 年版,第 1495—1498 页。

或者我国公民的利益;(2)按我国刑法规定最低刑必须是3年以上有期徒刑;(3)按犯罪地的法律规定也应受处罚的行为。

刑法上述规定的具体适用,由于受国家主权的制约,实施起来面临许多困难。按国际惯例,遇此情况主要通过两种途径:一是犯罪人自行来到中国领域内而加追诉;二是通过外交途径解决,例如根据双边引渡条约予以引渡。擅自到他国领域内逮捕犯罪人,是严重侵犯他国主权的行为。1935年德国反对希特勒的新闻记者杰考博在瑞士被德国盖世太保绑架。瑞士政府即向德国提出强烈抗议,希特勒政府向瑞士致歉后送还了杰考博。1960年纳粹军官艾希曼在阿根廷被以色列特工人员绑架后送回以色列审判,阿政府立即提出抗议,并将该问题提交联合国安理会。安理会谴责了以色列的行动,于是以色列向阿政府赔礼道歉并赔偿了损失。[1]

我国刑法对人的适用范围,还有两个特殊问题:其一,是关于我国现行《刑法》第10条规定的"凡在中华人民共和国领域外犯罪,依照本法应当负刑事责任的,虽然经过外国审判,仍然可以依照本法追究,但是在外国已经受过刑罚处罚的,可以免除或者减轻处罚"。这里涉及的是所谓双重管辖和双重处罚问题。双重管辖是犯罪地的法律与我国法律都认为是犯罪的,都有权处理。从形式上看所谓"双重处罚",有悖于一事不再罚的原则。但由于司法管辖权是国家主权的有机组成部分,国家主权原则是上位原则,所以外国已经审判并判处刑罚的,本国基于主权原则不能承认其效力及于本国。目前,欧洲许多国家对他国刑事判决采取积极承认的态度,对在他国已经受过刑事处罚的人,则在本国不再追究。但世界上大部分国家仍坚持外国的刑事判决不制约本国刑罚权的实现。[2]因此,我国刑法规定对应负刑事责任的,"虽然经过外国审判,仍然可以依照本法追究",体现了国家主权原则。但是把犯罪人在外国所受处罚作为一种事实因素,量刑时可以作为免除或减轻处罚情节予以考虑。这样,既维护了国家主权原则,又体现了实事求是的刑罚人道主义精神。其二,是关于单位犯罪的适用范围问题,1979年通过的我国刑法中没有有关单位犯罪的规定,后来全国人大常委会公布的一些新的法律和补充规定中,例如1987年1月通过的《中华人民共和国海关法》,1988年1月通过的《关于惩治贪污罪贿赂罪的补充规定》等,确认构成某些犯罪的单位、机关、团体可以作为犯罪主体,现行《刑法》在总则第二章第四节中专门规定了单位犯罪及其处罚原则,这就提出了刑法中对人的适用范围是否包括单位的问题。应当明确,现行刑法中没有关于单位犯罪管辖范围的规定,一般理解对自然人犯罪适用范围的规定,也适用于单位犯罪。

---

[1] 参见〔韩〕柳炳华:《国际法》,朴国哲等译,中国政法大学出版社1996年版,第277页。
[2] 参见张明楷:《刑法学》,法律出版社1997年版,第67页。

第三节 我国刑法的时间适用范围

一、刑法的生效时间

刑法的生效时间,是立法机关根据其重要性、普及性和紧迫性等条件确定的。从我国立法实践来看,确定生效时间基本上有两种情况:一是公布法律即同时生效。属于这种情况的,多为与某种犯罪斗争的需要,并且其行为的犯罪性质早已为多数人所了解。例如,我国1951年的《惩治反革命条例》,1990年12月18日全国人大常委会通过的《关于禁毒的决定》都是从公布之日起生效。二是公布法律后经过一段时间生效。属于这种情况的,往往是立法机关考虑给执法部门和人民群众一个熟悉、掌握、准备的时间。例如1979年7月1日第五届全国人民代表大会第二次会议通过的《中华人民共和国刑法》,1979年7月6日公布,1980年1月1日生效;《关于惩治假冒注册商标犯罪的补充规定》,1993年2月22日第七届全国人民代表大会常委会第三十次会议通过并公布,1993年7月1日起施行;1997年3月14日第八届全国人民代表大会第五次会议修订的《中华人民共和国刑法》同日公布,1997年10月1日施行。

二、刑法的失效时间

刑法效力的终止时间,主要有两种情况:一是由立法机关明文宣布某项现行法规效力终止,可称为明示废止,从宣布之日起该法律不再适用。这种情况,有的是新法规公布的同时,新法规定某项旧法规效力终止;有的是由相应的国家机关颁布专门的法令,宣布废除某项法规,其效力当然终止。二是某项法律实际上效力终止,可称默示终止。这种情况,有的是新的法规当然代替了同样内容的原有法规,则原有法规自然失去效力;有的是原有法规发挥作用的特殊条件已消失,原有法规已无法适用而失去效力。

三、刑法的溯及力

刑法溯及力问题,是个比较复杂的刑法及刑法理论问题。它涉及罪与非罪和判刑轻重问题,即旧的法律认为某种行为不是犯罪,而新法认为是犯罪,或者提高了法定刑,是否适用新的法律,是刑法中一个重要的原则问题。在通常情况下,刑法不具有溯及既往的效力,即不能用事后的法律规范约束没有此规范前的行为,要求人们遵守没有实施的法律,这样有悖于法治原则,也有失司法公平。但是刑法不溯及既往也不是绝对的,在特殊情况下,为了国家的安全,人民的利益,也可以规定具有溯及既往效力的刑事法规,如1951年我国的《惩治反革命条例》就明确规定了具有溯及既往的效力。这一规定对于在当时建立革命秩序、巩固人民民主专政的新政权,起了重大作用。此外,旧法认为是犯罪或法定刑较重,而新法不认为犯罪或法定刑较轻,凡未经审判的,通常适用新法,这种情况也是新法具有溯及既往的效力。

我国现行《刑法》第 12 条规定:"中华人民共和国成立以后本法施行以前的行为,如果当时的法律不认为是犯罪的,适用当时的法律;如果当时的法律认为是犯罪的,依照本法总则第四章第八节的规定应当追诉的,按照当时的法律追究刑事责任,但是如果本法不认为是犯罪或者处刑较轻的,适用本法。"从这一规定中可以看出,我国刑法对新中国成立以后至新刑法实施前未经审判的行为,是采取从旧兼从轻的原则。具体地讲,有以下三种情况:

第一,行为时的法律不认为犯罪的,如果现行刑法认为是犯罪,不能根据新实施的刑法追究行为人的刑事责任。

第二,行为时的法律认为是犯罪,现行刑法也认为是犯罪,并且在追诉时效之内的,适用当时的法律,但如果现行刑法对这一行为规定的法定刑比当时法律规定的法定刑较轻时,则适用新实施的刑法。

第三,行为时的法律认为是犯罪,而新实施的现行刑法不认为是犯罪的,适用新刑法,不能认定为犯罪,不追究行为人的刑事责任。

根据《刑法》第 12 条的有关规定,新公布的法律生效前,根据当时的法律已经作出的生效判决,继续有效,也就是从旧兼从轻原则不及于本法生效前已经根据当时法律作出的生效判决,这是从维护判决既判力的角度出发作出的规定。目前世界上有一些国家的刑法典规定从旧兼从轻原则同样适用于已经判决的行为,这种规定则是从有利犯罪人的角度出发的。

为了正确适用 1997 年修订的刑法,最高人民法院于 1997 年 9 月 25 日公布了《关于适用刑法时间效力规定若干问题的解释》,根据这一解释,有以下几个问题应当注意:

(1) 对于行为人 1997 年 9 月 30 日以前实施的犯罪行为,在司法机关立案后,行为人逃避侦查或者审判,超过追诉期限或者被害人在追诉期限内提出控告,司法机关应当立案而不立案,超过追诉期限的,是否追究行为人的刑事责任,适用修订前的《刑法》第 77 条的规定。

(2) 犯罪人 1997 年 9 月 30 日以前犯罪,不具有法定减轻处罚情节,但是根据案件具体情况需要在法定刑以下判处刑罚的,适用修订前的《刑法》第 59 条第 2 款的规定。

(3) 前罪判处的刑罚已经执行完毕或者赦免,在 1997 年 9 月 30 日以前又犯应当判处有期徒刑以上刑罚之罪,是否构成累犯,适用修订前的《刑法》第 61 条的规定;1997 年 10 月 1 日以后又犯应当判处有期徒刑以上刑罚之罪的,是否构成累犯,适用《刑法》第65条的规定。

(4) 1997年9月30日以前被采取强制措施的人或者1997年9月30日以前犯罪,1997年10月1日以后仍在服刑的罪犯,如实供述司法机关未掌握的本人其他罪行的,适用《刑法》第67条第2款的规定。

(5) 1997年9月30日以前犯罪的人,有揭发他人犯罪行为,或者提供重要线索,从而得以侦破其他案件等立功表现的,适用《刑法》第68条的规定。

(6) 1997年9月30日以前犯罪被宣告缓刑的人,在1997年10月1日以后的考验期内又犯新罪,被发现漏罪或者违反法律、行政法规或者国务院公安部门有关缓刑的监督管理规定,情节严重的,适用《刑法》第77条的规定,撤销缓刑。

(7) 1997年9月30日以前犯罪,1997年10月1日以后仍在服刑的累犯以及因杀人、爆炸、抢劫等暴力性犯罪被判处10年以上有期徒刑、无期徒刑的犯罪人,适用修订前的《刑法》第73条的规定,可以假释。

(8) 1997年9月30日以前被假释的犯罪人,在1997年10月1日以后的考验期内,又犯新罪、被发现漏罪或者违反法律、行政法规或者国务院公安部门有关假释的规定的,适用《刑法》第86条的规定,撤销假释。

第四章 犯罪的概念和特征

第一节 犯罪的概念

一、犯罪的本质属性

犯罪问题是刑法理论的核心问题。无论是定罪还是量刑,都与刑法理论有着密切的联系。因此只有科学地分析犯罪的本质属性,认识犯罪产生的根源以及犯罪的概念、特征等一系列问题,才能为正确地理解和应用刑法奠定良好的理论基础。犯罪的本质属性包括犯罪的阶级性、犯罪的社会性以及二者之间的对立统一关系几方面的问题。

(1)犯罪的阶级性。马克思主义认为,犯罪不是自古就有和永恒存在的,而是属于一定历史范畴的社会现象,犯罪与国家和法紧密联系,是人类进入阶级社会以后,伴随着国家和法的产生而产生的。马克思、恩格斯指出:"犯罪——孤立的个人反对统治关系的斗争,和法一样,也不是随心所欲地产生的。相反地,犯罪与现行的统治都产生于相同的条件。"[①]在人类的原始社会,劳动生产力非常低下,没有私有制,没有阶级和阶级矛盾,因此,也不存在国家和法产生的基础。原始社会中人们之间存在的争端与纠纷,通过原始社会的习惯、习俗加以调整。之后,随着人类生产力的提高,私有制逐步取代公有制,社会分化为不同阶级,出现了阶级统治的机器——国家。掌握着国家统治权力的阶级,便借助于法律来调整社会中的争端与纠纷。统治阶级通过立法程序,将那些严重违反社会伦理道德的行为,特别是威胁到自己统治下的政治、经济以及社会秩序的行为规定或者认定为犯罪,并使用刑事强制手段加以制裁,于是便产生了刑法规范与犯罪。

犯罪虽然也表现为对某一统治秩序下社会各阶层利益的威胁,但从根本上来看是威胁着该社会统治阶级的政治、经济利益,危害着该阶级统治秩序的行为。国家运用刑事法律制度,并以预防犯罪为目标,对犯罪人加以惩处和矫治,以期遏制犯罪,维护统治秩序。由此可见,犯罪是对国家统治秩序的直接或间接的破坏,马克思、恩格斯将犯罪称为反对统治关系的斗争,就是揭示了犯罪这一本质属性——犯罪的阶级性。

[①] 《马克思恩格斯全集》第3卷,人民出版社1960年版,第379页。

由于统治阶级的政治背景、经济地位不同,所处的社会制度不同,因而决定了其犯罪观也不同,在犯罪概念方面也大相径庭。而即使是同一社会形态下的各个阶层,对于什么是犯罪的理解,也不尽一致。在奴隶社会,奴隶主可以任意地处置奴隶,奴隶主杀死奴隶,被认为是合法地毁坏自己的财产;而奴隶的反抗,被认为是最严重的犯罪。在封建社会,封建主往往依靠封建特权不受法律制裁;而农民的反抗或者任何违背封建道德礼仪的行为则要受到最为严厉的惩处。在资本主义社会,虽然以自由、平等为旗帜,犯罪概念在表面上趋于社会化、合理化,但资产阶级刑法与资产阶级其他法律一样,在根本上是保护资产阶级利益,维护资产阶级统治的,刑事立法司法中的阶级偏见也是显而易见的。在社会主义制度下,无产阶级的犯罪观体现了广泛的人民意志,无产阶级利益与人民利益的一致性,使犯罪的阶级性与社会性得以有机地统一,社会主义的犯罪概念也就成为了最为科学的犯罪概念。

(2) 犯罪的社会性。犯罪不仅具有阶级性,也具有社会性特征。犯罪的社会性表现在:第一,由于社会中各阶层在对立性之外还存在着广泛的联系性,犯罪行为表现为对社会统治秩序破坏的同时,也表现为破坏了社会各阶层利益的依从关系。社会各阶层利益间的平衡、稳定关系一旦被破坏,社会生活中各个阶层的利益就会受到不同程度的破坏和影响,不仅涉及统治阶级的利益,也会涉及被统治阶级的利益。第二,由于人类社会生活在许多方面具有共性,涉及这方面的一些犯罪,如暴力犯罪、性犯罪、财产犯罪、破坏交通秩序犯罪等,在无政治背景,也不以特定阶层的人物、财产为目标的情况下,社会性就表现得更为明显和直接,以致有人认为某些犯罪仅具有社会性而不具有阶级性。

(3) 犯罪的阶级性和社会性的统一。犯罪是阶级性与社会性的有机统一。虽然在现代社会中,随着人类文明和科学的进步,社会各阶层之间的利益联系更为紧密,犯罪的社会性一面会表现得更为突出,然而,犯罪的社会性始终受制于犯罪的阶级性。这是因为,犯罪本身是产生和存在于阶级社会中的,犯罪不可能脱离阶级背景独立存在。某一阶级社会形态下的犯罪,尽管可能会有这样、那样或者程度不同的社会属性,但归根结蒂还是从根本上破坏了该社会的统治秩序和社会秩序。

二、犯罪的定义

犯罪的定义是对犯罪的各种内在外在特征的高度概括。犯罪的定义虽然是一个理论概念,但在许多国家的刑法典或者刑法条文中有明确的规定,然而也有一些国家在刑法中没有明文规定。从现行各国的刑事立法情况看,关于犯罪的定义可以归纳为三种类型:

(1) 形式定义。从法律特征上给犯罪定义,而不涉及犯罪的阶级性或者社会性特征。例如,1810 年《法国刑法典》规定:"法律以违警罪处罚之犯罪,称为违警罪。法律以惩治刑所处罚之犯罪,称轻罪。"1944 年公布,1977 年第三次修订的《西班牙刑法典》规定:"依自由意志及疏忽之行为而为法律所处罚者谓之犯罪及过失罪。"

(2) 实质定义。从犯罪的阶级性或者社会性特征上给犯罪下定义,不涉及犯罪的法律特征。例如,1922 年《苏俄刑法典》规定:"威胁苏维埃制度基础及工农政权向共产主义过渡时期所建立的法律秩序的一切危害社会的作为和不作为,都认为是犯罪。"

(3) 实质与形式相统一的定义。由于犯罪的实质定义与形式定义只表述了犯罪的某一个或者某些方面的特征,单纯地以此为一般犯罪的特征,未免带有片面性。为在犯罪的定义中准确地表述犯罪的全面特征,避免由此引起刑事立法司法方面的逻辑混乱,出现了法律特征和阶级性社会性特征相统一的犯罪定义。例如,1960 年《苏俄刑法典》规定:"凡本法典分则所规定的侵害苏维埃的社会制度,侵害社会主义经济体系和社会主义所有制,侵害公民的人身、政治权、劳动权、财产权以及其他权利的危害社会行为(作为和不作为),以及本法典规定的其他各种侵害社会主义法律秩序的危害社会的行为,都认为是犯罪。"这一定义,既揭示了犯罪的阶级性、社会性特征,也揭示了犯罪的法律特征,对于我国和东欧等国刑法中犯罪定义的确立,具有重要的影响。

我国刑法在借鉴国外立法经验的基础上,从我国的实际情况出发,在第 13 条中规定了如下的犯罪定义:"一切危害国家主权、领土完整和安全,分裂国家、颠覆人民民主专政的政权和推翻社会主义制度,破坏社会秩序和经济秩序,侵犯国有财产或者劳动群众集体所有的财产,侵犯公民私人所有的财产,侵犯公民的人身权利、民主权利和其他权利,以及其他危害社会的行为,依照法律应当受刑罚处罚的,都是犯罪,但是情节显著轻微、危害不大的,不认为是犯罪。"大家认为,这一定义不仅较为详细地揭示了我国现阶段犯罪的阶级性、社会性特征和法律特征,同时也通过规定但书条款,将犯罪行为与尚不构成犯罪的一般违法行为区别开来。从立法学的角度上看,这是一个较为完备、科学的犯罪定义。

第二节 犯罪的基本特征

犯罪的基本特征是指犯罪行为区别于非犯罪行为的基本要素。犯罪行为是一种人的不良的、反社会的违法行为,但并不是所有的上述行为都是犯罪,上述行为还要具备特定的法律特征和事实特征,才能被认为是犯罪。这些特征是:

一、严重的社会危害性

社会危害性是指犯罪行为对于某一社会形态中各种利益以及整体利益的危害的特性。这一特性同时也是一切不良行为,包括犯罪行为、一般违法行为以及不道德行为所共有的。犯罪行为是不良行为中的最严重部分,其社会危害性自然要重于一般违法行为和不道德行为。因此,严重的社会危害性是犯罪的基本特征之一。

犯罪的严重的社会危害性特征,可以分解为犯罪行为的侵害性以及与社会主体意志(即统治意志)的不相容性。犯罪行为的侵害性,既可以表现为对一定客体造成实际危害的实害性,也可以表现为尚未对一定客体造成实际危害的后果,但已具备了足以产生这类危害后果的危险性。

某种行为在具有了侵害性之后,还不能说即具有了严重的社会危害性。该行为只有进而与该社会形态的主体意志不相容时,才能肯定其社会危害性,否则不能认定其社会危害性。例如,正当防卫行为、紧急避险行为以及依法执行职务的行为,虽然也会对他人的人身、财产造成一定的损害,但由于与社会的主体意志相一致,因此不具有社会危害性。某一行为是否与其所在的社会的主体意志相一致,与决定该社会主体意志的政治、经济、文化以及历史传统等有着密切的联系,也与该社会的容忍度以及一般公众的心理承受力相关。例如,"安乐死""被害人同意"等,在一些国家可以作为合法辩护的理由,在另一些国家则不允许。而通奸、法人犯罪在一些国家以犯罪处理,而在另一些国家则不认为是犯罪,由行政规范或者道德规范去调整。再如,经济犯罪、财产犯罪,各国由于经济发展的不平衡,在认定罪与非罪的数额方面差别很大。特别是,涉及有关国家安全、国际社会秩序方面的犯罪,无论在罪名方面还是在罪状或者法定刑方面,不同意识形态与社会制度的国家之间更是大不相同。由此可见,严重社会危害性的成立,要求同时具备行为的侵害性以及与该社会主体意志的不相容性。

二、刑事违法性

刑事违法性是指犯罪行为违反刑法规范的特征。刑事违法性不仅表现为行为人违反了外在的刑法规范,同时也表现为行为人对于人们内在的刑法观和刑法意识的背离。而且,刑法规范的内容本身,也要受到该社会形态中的政治、经济、文化等因素的制约。在我国,刑法规范的外在方面以成文法为主,包括刑法典、单行刑事法规和附属刑法法规。与此相适应,在良好文化传统、社会风范的基础上,我国已经初步形成本民族的刑法观和刑法意识。上述属于我国刑法规范的内容,尽管还有许多需要进一步完善的地方,但总的说来还是与我国现阶段的国情以及改革开放的实践相适应的。

刑事违法性与严重的社会危害性具有内在的联系。凡是具有严重社会危害性的行为，也必然具有刑事违法性。刑法规范之所以要将某一行为认定为犯罪，就是因为该行为具有严重的社会危害性，超出了社会的容忍度。而在刑法规范确立后，衡量某一行为是否具有严重的社会危害性，最直观的外在标准就是看其是否违反该规范。虽然从根本上看，严重的社会危害性是刑法规范确定犯罪的依据，但在刑事司法中，是否违反刑法规范，往往是衡量罪与非罪的标准。"法无明文规定不为罪，法无明文规定不处罚"，这一在现代刑法中被认为是首要的刑法原则，在我国刑事立法中被确立为刑法基本原则之一。① 罪刑法定原则的确立，对于提高定罪量刑的准确性，防止罪刑擅断以及执法者滥用职权，保障司法公正，进入规范化、标准化执法，具有重要的意义。

刑事违法不同于一般违法，如民事违法、经济违法、行政违法等。但刑事违法与一般违法有密切的联系。前者是由后者发展而来的，刑事违法必然也是行政违法。刑事违法与一般违法不同的是：其一，刑事违法涉及面更广。一般违法如民事、经济或者行政违法，只涉及社会生活的某一个或者某几个方面；而刑事违法几乎涉及社会生活的各个方面。其二，违法的程度更严重。当民事、经济、行政等一般违法达到一定的严重程度后，便超出了这些法律规范的调整范围，于是便被纳入了刑法规范，成为刑法调整的对象。刑法手段被作为最后手段，用来对付社会生活中各种严重的违法行为——犯罪。

三、应受刑事处罚性

应受刑事处罚性是指犯罪行为应受刑事处罚的特征。这一特征具有两层含义：其一，刑事处罚是犯罪的必然后果，某种行为一旦被认为是犯罪，国家就要把刑事责任加诸行为人，刑事处罚是刑事责任实现的一个重要方式。通过刑事处罚，防止行为人重新犯罪，同时警戒社会上的不稳定分子。黑格尔曾经说过："犯罪行为不是最初的东西、肯定的东西，刑罚是作为否定加之于它的，相反地，它是否定的东西，所以刑罚不过是否定的否定。"其寓意也在于此。其二，刑事处罚只能加诸犯罪。刑事处罚是国家各种制裁手段中最为严厉的，其处治的效力也是最强的，然而刑事处罚绝不可以滥用于其他违法行为，否则将失去刑事处罚的合理性、严肃性和有效性。

现代意义上的刑事处罚已不是单纯的刑罚，而包括刑罚和非刑罚处罚。各国关于刑罚种类设置的差异很大，但总的趋势是限制和消除生命刑，自由刑趋于

---

① 我国1979年《刑法》没有规定罪刑法定的原则，在第79条中规定了类推制度。我国刑法理论认为，这种类推是严格限制下的类推，只是为了补充刑法法规的某些不足。1997年修订的《刑法》，在第3条规定了罪刑法定原则的同时，删除了类推的条文。

轻刑化,大量适用财产刑和非刑罚处罚。非刑罚处罚以保安处分或者司法行政处分为主要内容,在各国刑事处分体系中占有越来越重要的位置,成为刑事处罚的必要补充。因此,对于受刑事处罚性这一特征,不能理解为单一的刑罚处罚,而应理解为刑罚之外还包括非刑罚处罚,即虽属犯罪,但由于法定的原因予以保安处分或者其他司法行政处分。

由于司法实践中"犯罪黑数"的存在,并不是所有的犯罪都实际受到刑事处罚。一些未被揭露出来或者未被发现的犯罪,实际上逃脱了刑事处罚,然而一旦犯罪被确认,受刑事处罚是其必然的后果。从犯罪的发生到实际受到刑事处罚,有一个刑事诉讼过程。一些犯罪由于隐蔽较深或者被害人不愿、不敢揭露,不能被刑事司法机关发现,从而成为犯罪黑数。理论上一般认为,"犯罪黑数"的存在是难以避免的,但可以通过提高全民的法律意识,提高刑事诉讼的质量,使"犯罪黑数"下降到最低的程度,使尽可能多的犯罪被揭露,受到刑事处罚。因此,从严格的意义上看,犯罪的应受刑事处罚性具有两重意义:其一,是泛指一切犯罪都要受到刑事处罚,体现了对一般犯罪的否定评价;其二,是特指确认了的犯罪必然要受到刑事处罚,体现了对具体犯罪的否定的法律后果。

犯罪的上述三个基本特征紧密联系,不可分割。严重的社会危害性,是后两个特征的基础,缺乏这一基础,刑事违法性和应受刑事处罚性便不存在。但如果没有刑事违法性,严重的社会危害性就失去了准绳,司法机关就难以认定罪与非罪的界限。而如果没有应受刑事处罚性的特征,前两个特征便失去了最终的归宿,难以显示犯罪行为与其他社会行为在法律后果方面的区别。由此可见,犯罪的上述三个特征,标志着犯罪不同于其他非犯罪行为的三个基本特点,缺一不可。

第三节　犯罪的分类

犯罪是一种严重的危害社会而又极其复杂的社会现象。在刑法理论和刑事司法实践中,为研究和惩处犯罪的需要,对犯罪进行分类。

一、各国刑法中犯罪的分类

西方最早的犯罪分类可见之于罗马法,该法以受侵犯法益为标准,将犯罪分类为公罪与私罪。1810年的《法国刑法典》则以犯罪的社会危害性为标准,将其分类为违警罪、轻罪、重罪。法国刑法的这种分类方法为许多国家所效仿,也有的国家只将犯罪划分为重罪和轻罪两类。我国古代也有公罪和私罪之分。近代西方刑法学者对犯罪的分类,较为完备和有影响的,当推德国的李斯特和意大利的菲利。李斯特将犯罪人分为八类:欠缺抑制侵害他人法益行为的意识或者意志薄弱者;同情、从属、怜悯、爱情犯;紧急犯;性欲犯;激情犯;虚荣、妒嫉犯;依主义主张犯;自利、贪欲、吝啬犯。菲利将犯罪从犯罪学角度分为五类:天生犯;习惯犯;机会犯;错误犯;激情犯。

在现代刑法与刑法理论中,由于与犯罪行为作斗争的复杂化和研究领域的不断开拓,对犯罪的分类也趋多元化,以适应不同的要求。现代各国的刑事立法与刑法理论研究中,从不同角度对犯罪进行分类,概括起来包括如下几种:

1. 国事犯罪和普通刑事犯罪

以是否侵害国家安全为依据,分为国事犯罪和普通犯罪。国事犯罪是指对国家的社会制度、国家的主权和领土完整等利益造成危害的犯罪。普通犯罪是指国事犯罪以外的犯罪,所危害的是公共安全、经济秩序、社会秩序以及公民的人身、自由或者公私财产的权利等。

2. 重罪与轻罪

以一定的判刑期限为依据(一般为1年或者2年监禁刑),在此之上者为重罪,之下者为轻罪。重罪与轻罪在矫治方法、矫治中的待遇方面,均有差别。

3. 亲告罪与非亲告罪

以是否为告诉才处理的案件为依据,分为亲告罪与非亲告罪。亲告罪是指法律明文规定的告诉才处理的案件,也称自诉案件;非亲告罪是指不需要告诉由国家直接追诉的案件,也称公诉案件。

4. 初犯、再犯和累犯

以犯罪的次数或者其他法定的条件为依据,分为初次犯罪、再次犯罪和累次犯罪。初犯即行为人初次实施的犯罪;再犯即行为人重复犯罪或者多次犯罪但尚不符合累犯条件者;累犯即多次犯罪且符合法定的累犯条件者。

5. 白领犯罪与蓝领犯罪

以犯罪人的职业类型为依据,分为白领犯罪与蓝领犯罪。白领犯罪是指国家公务人员、职员、企业管理人员、科学技术人员等实施的犯罪;蓝领犯罪是指白领犯罪之外的其他人员犯罪,一般的观念上认为是指社会上的体力劳动者阶层的犯罪。

6. 常业犯罪、习惯犯罪与普通犯罪

以犯罪人犯罪的习性或者是否有职业性特征为依据,分为常业犯罪(或者职业犯罪)、习惯犯罪与普通犯罪。以犯罪为谋生手段,或者以犯罪所得为主要生活来源的犯罪,为常业犯;长期养成某些犯罪癖好,难以悔改的为习惯犯;常业犯、习惯犯以外的犯罪为普通犯。

二、我国刑法中犯罪的分类

我国刑法理论和实践中对于犯罪的分类,基本上与上述分类相吻合。但在不少地方有自己的特色。

（一）危害国家安全犯罪和普通刑事犯罪

危害国家安全犯罪是指危害国家主权、领土完整和安全，分裂国家、颠覆人民民主专政的政权和推翻社会主义制度的行为。普通刑事犯罪是指危害国家安全犯罪之外的其他犯罪。危害国家安全罪由于是危害我国的国体、政体和国家的主权、安全，因而是社会危害性最大的一类犯罪。将危害国家安全罪与普通刑事犯罪区别开来，有助于司法中采取不同的刑事对策，准确、有力地打击犯罪。

（二）经济犯罪与职务犯罪

我国经济犯罪的内涵比较广泛，不仅包括国民经济运行中的种种严重经济违法行为，也包括以获取非法经济利益为目的的各种严重违法行为。随着我国的计划经济向市场经济转轨，经济犯罪上升幅度较大，打击经济犯罪成为我国刑事司法的重点之一。由于经济犯罪本身有许多不同于其他犯罪的特点，因此，对经济犯罪进行专门研究，采取特殊的刑事司法对策，是非常必要的。

职务犯罪是指行为人利用所从事职业的便利实施的犯罪。职务犯罪侵犯了公职活动的廉洁性，属于特殊主体的犯罪。行为人除了应具备犯罪构成要件中的一般主体应具备的条件之外，还应具备刑法分则条文具体规定的职务身份。这种职务身份一般是指国家工作人员、国家机关工作人员。职务犯罪由于是利用公职便利进行犯罪，因此具有更大的欺骗性。针对其利用职务便利的特点进行防治，是这种分类的目的所在。

（三）自然人犯罪与单位犯罪

自然人犯罪即我国传统意义上的犯罪，包括一般主体的自然人犯罪和特殊主体的自然人犯罪。单位犯罪即我国的法人犯罪，我国的单位犯罪是指法律规定为犯罪的公司、企业、事业单位、机关、团体实施的危害社会的行为。我国刑法总则中规定了单位犯罪的概念和处罚原则；刑法分则中规定的单位犯罪包括两种类型，其一是既可以由单位，也可以由自然人构成的犯罪，其二是只能由单位构成的犯罪。我国对于单位犯罪的刑事司法处于起步阶段，有许多疑难问题需要加以解决，理论上对其进行分类研究是必要的。

（四）危害国家、社会权益的犯罪和危害个人权益的犯罪

我国古代有公罪与私罪之分，其标准也是以该被害人被侵犯的权益的归属关系为依据的。在社会主义法制之下，刑法不会在处理侵犯国家、社会权益的犯罪和处理侵犯个人权益的犯罪方面厚此薄彼，但侵害国家、社会权益的犯罪与侵害个人权益的犯罪具有许多各自的特点，对此进行分类研究，针对不同的特点采取不同的刑事对策，也是很必要的。

第四节 区分罪与非罪的界限

一、区分罪与非罪的意义

区分罪与非罪,首先是一个严肃的刑事司法问题。为准确地打击犯罪,保障无罪的人不受刑事追究,要求严格地把握这一界限。由于刑法规范的相对稳定性,犯罪行为的绝对变化性,加之其他可变因素的影响,往往使刑事司法人员在认定犯罪时困难重重。而罪与非罪又关系重大,差之毫厘,失之千里,或是造成冤假错案,或是使犯罪分子逍遥法外。非但使国家和人民的利益得不到保护,法律的尊严也无法建立。

区分罪与非罪的界限,也是一个重要的刑法理论问题。意义在于:其一,有助于指导刑事司法实践。目前我国刑法中有关罪与非罪的界限一般只规定"情节""危害"的轻重或者大小,只有少数犯罪规定有具体的构成犯罪数额。这就需要在理论上进一步研究和解释,分析其立法原意,结合对于典型案例的评价,为司法解释提供依据,帮助司法人员客观公正地把握罪与非罪的界限。其二,有助于刑法理论研究的繁荣和深入。区分罪与非罪是一个实践性很强的重要理论课题,刑法理论有必要对此进行深入的探讨。加强对这一课题的研究,无疑会丰富和深化我国的刑法理论。

二、各国刑法中的罪与非罪的界限

各国刑法中罪与非罪界限的差别很大,归纳起来有三个标准:

(1) 违警即犯罪说。这一标准将违警与犯罪等同起来,一切违警行为均被认为是犯罪。例如有的国家把违章停车、偷窃少量物品都认为是犯罪。由于实践中存在大量的违警行为,甚至很少有人在一生中完全不违警。因此采用这一标准的国家的犯罪率一直很高。采用这一标准的好处是较容易区别罪与非罪的界限,违警即犯罪,略去了一般违警行为与犯罪行为的界限;其缺点就是犯罪面过宽,如果社会上一大部分人都有犯罪记录的话,法律的严肃性以及人们对于犯罪的憎恶程度就会降低。

(2) 刑事违法即犯罪说。这一标准将刑事违法与犯罪等同了起来,一切触犯刑法规范的行为均被认为是犯罪。如果某一行为虽然构成了一般违警,但没有发展到触犯刑法规范的严重程度,则不认为是犯罪,由行政法律规范或者其他法律规范去调整,而不诉诸刑法。采用该标准的国家,由于视一般违警与犯罪有别,因而在区分罪与非罪的界限时,就更为复杂和困难一些。然而采用这一标准后,由于把大量的一般违警行为排除于犯罪之外,犯罪率较低。

（3）严重的刑事违法即犯罪说。这一标准是上述第二标准的修正形式。即原则上认为触犯刑法规范即构成犯罪，同时将虽然触犯刑法规范，但情节显著轻微，危害不大的行为排除出犯罪之外。因此，犯罪率比前两种更低一些。但由于在刑事违法行为之中还要进一步区分罪与非罪，因而掌握罪与非罪的界限就更为困难一些。

由于各国犯罪状况和法律文化传统的不同，各国应根据自己的国情选择适当的罪与非罪的标准，而没有必要盲目效仿。我国目前适用的标准属于第三种，即严重的刑事违法即犯罪，这是符合我国的国情的。适用这一标准，首先将犯罪同一般违法行为区别开来，然后再将"情节显著轻微，危害不大"的轻微刑事违法排除出犯罪之外，既有利于对症下药，对犯罪行为和非犯罪行为采取不同的处置对策；也有利于集中司法力量，重点打击和惩处犯罪。

三、我国刑法中罪与非罪的界限

我国刑事立法中关于罪与非罪的界限，主要从以下几个方面加以原则规定：

（1）在犯罪定义里加以规定。我国《刑法》第13条规定了犯罪的定义，之后又在但书中明确规定："但情节显著轻微危害不大的，不认为是犯罪。"这一但书把虽然具有刑事违法性，但情节显著轻微危害不大的行为排除出犯罪之外。对于立法中这一原则规定，在实践中如何理解，是把握罪与非罪界限的关键之一。对此的一般认识是：应把情节与危害结果结合起来考虑，情节与危害不可分，不存在情节显著轻微而危害很大的情况，也不存在危害很大而情节显著轻微的情况。所谓"不认为是犯罪"，即不构成犯罪，而不应理解为不以犯罪处理或者免予刑事处罚。

（2）在刑法总则的其他条文中，通过犯罪构成的一般要件和排除犯罪性行为加以规定。在第13条规定的犯罪定义之外，刑法总则对于罪与非罪界限的规定还见之于犯罪构成的一般要件方面和排除犯罪性方面。在犯罪构成的一般要件方面，总则的规定包括：第一，主观罪过。第14条、第15条、第16条规定了犯罪故意与过失的概念、种类。行为在客观上虽然造成了危害后果，但不是出于故意或者过失，而是由于不能抗拒或者不能预见的原因造成的，不构成犯罪。过失行为，只有法律有明文规定才负刑事责任。第二，犯罪主体。规定自然人的刑事责任年龄和刑事责任能力。自然人的刑事责任年龄为三种情况：一是完全无刑事责任年龄，即未满14周岁；二是相对刑事责任年龄，即已满14周岁未满16周岁的人只对故意杀人等九种犯罪负刑事责任；三是已满12周岁不满14周岁的人，犯故意杀人、故意伤害罪，致人死亡或者以特别残忍手段致人重伤造成严重残疾，情节恶劣，经最高人民检察院核准追诉的，应当负刑事责任；四是完全刑事责任年龄，即已满16周岁。精神病人在不能辨认或者不能控制自己行为的时候造成的危害后果不负刑事责任。规定单位犯罪的主体为:实施了法律规定为单位犯罪的危害社会行为的公司、企业、事业单位、机关、团体。第三,排除犯罪性。规定正当防卫和紧急避险不负刑事责任,但防卫过当或者紧急避险超过必要限度的,仍应负刑事责任。此外,因执行公务或者实施其他合法行为造成的损害,虽然立法没有明文规定,也不认为是犯罪。第四,特殊形态犯罪的构成要件。一是未完成形态犯罪,即犯罪的预备、未遂和中止,犯罪构成方面不同于一般刑事犯罪,承担刑事责任也相对较轻。二是共同犯罪,即二人以上共同故意犯罪,作为犯罪构成要件的主体、主观方面、客观方面以及因果关系方面都有许多特点。

(3) 在刑法分则的具体犯罪构成要件中加以规定。分则条文根据各种具体犯罪的不同情况,在一般构成要件的基础上,规定了各种具体犯罪的特殊要件,作为具体犯罪的罪与非罪的界限:第一,在犯罪主体方面。规定有些犯罪行为人须具备的特定身份条件,如贪污罪主体的国家工作人员身份,渎职罪主体的国家机关工作人员身份,军人违反职责罪主体的军人或者军内在编职工身份等。有些犯罪主体以行为人是否为组织者或首要分子为条件,如组织和利用会道门、邪教组织、利用迷信破坏法律实施罪,聚众斗殴罪,聚众扰乱公共场所秩序罪等。有些犯罪以主体是否为单位为条件,如违规制造、销售枪支罪,单位行贿罪,单位受贿罪等。第二,在犯罪主观要件方面,有些犯罪规定以行为人是否出于故意为罪与非罪的界限,凡过失实施的,均不构成犯罪,如非法收购、运输盗伐、滥伐的林木,破坏国家边境的界碑、界桩或者永久性测量标志,毁坏公私财物等。有些犯罪规定行为人要有特定的目的,否则不构成犯罪,如走私淫秽物品、合同诈骗、赌博、倒卖文物等。有些犯罪规定行为人在实施行为时明知某些情况,否则不构成犯罪,如传播性病罪,需要明知自己患有梅毒、淋病等严重性病而卖淫或者嫖娼;包庇罪,需要明知是犯罪人而实施包庇行为;遗弃武器装备罪,需要明知是武器装备而遗弃。第三,在客观要件方面,规定有些行为只有具备严重情节才能构成犯罪,如虚假广告罪、扰乱市场秩序罪、强迫交易罪等。有些行为要求具备恶劣情节才能构成犯罪,如寻衅滋事罪、虐待罪、遗弃罪等。有些行为要求造成严重后果才能构成犯罪,如交通肇事罪、铁路运营安全事故罪、危险物品肇事罪等。有些行为要求涉及犯罪的数额或者金额大到一定程度才能构成犯罪,如贪污罪、挪用公款罪、受贿罪及生产、销售伪劣产品罪等。

我国刑法的上述规定,为区分罪与非罪的界限提供了立法依据。然而在司法实践的操作中,还需要以事实为依据,以法律为准绳,运用辩证唯物主义的方法,具体情况具体分析。

第五章 犯罪构成

第一节 犯罪构成概述

一、犯罪构成的概念

犯罪构成的概念与犯罪的概念是两个既有联系又有区别的概念。犯罪的概念依据我国《刑法》第 13 条的规定,揭示了犯罪是对我国社会主义社会具有危害性的行为,从本质上说明了犯罪的社会政治特征和法律特征。犯罪构成的概念以犯罪概念为基础,通过总结我国刑法的具体规定,为犯罪的成立确立具体规格和标准。犯罪概念与犯罪构成的关系,可以说是本质与现象的关系,犯罪概念通过回答"什么是犯罪"这个问题,为我国刑事司法实践提供了划清罪与非罪的基本标准。而犯罪构成通过回答"犯罪的成立必须具备哪些要件"这样的问题,将犯罪概念具体化,使罪与非罪、此罪与彼罪、罪重与罪轻等方面问题的解决都有了明确与具体的标准。作为研究犯罪的具体规格和标准的犯罪构成理论,在犯罪中居于核心地位。但是,犯罪构成是以犯罪的概念为基础的,离开犯罪的概念,否认犯罪的实质特征和法律特征,犯罪构成也就无从谈起。

现代大陆法系国家中流行的犯罪构成理论,主要是德国刑法学家贝林(E. Beling)和迈耶(M. E. Mayer)在 20 世纪初期创立的。在他们之前,刑法虽然也谈"犯罪构成""构成犯罪的因素""成立犯罪必须考虑的因素",然而,那时的"犯罪构成",只是从刑罚、诉讼程序,或者刑法分则的角度和方面使用这个概念的。例如,古代日耳曼习惯法在确定犯罪及其等级时,要求考察被害人的荣誉是否遭到损害,被害人受伤部位的重要性,以及被害人的身份等级。中世纪意大利的诉讼制度中规定了一般纠问和特殊纠问两道程序,只有在一般纠问中能够确证有某种犯罪事实的存在,才能进行特殊纠问。现代英美法系国家的刑法理论,也以自己的独特方式研究犯罪的"要素"或者"构成因素"。例如,英国学者史密斯(J. C. Smith)和霍根(Brian Hogan)认为,"犯罪的要素"由"行为"和"罪过"两大部分组成。美国学者拉费弗(R. Lafave)和斯科特(W. Scott)认为,犯罪的"基本条件"是:(1) 构成犯罪行为的动作;(2) 犯罪的主观心理状态;(3) 行为和主观心理状态的一致性;(4) 犯罪造成的危害结果;(5) 行为与结果之间必须具有合法的因果关系;(6) 犯罪人是可以受到刑罚惩罚的人;(7) 行为必须是刑法事先公开宣布禁止的犯罪行为。列宁、斯大林领导时期的苏联刑法学者对社会主义刑法中的犯罪构成理论进行了比较系统的研究,其中以特拉依宁(A. N. Trainin)及其《犯罪构成的一般学说》影响最大。总之,刑法史的发展和现代世界各国的情况都表明,犯罪构成虽然在社会发展的不同阶段表示了不同的意义,在不同的国家表现为不同的形式,在不同的学者中表现出不同的观点,然而,作为研究构成犯罪的规格和标准的犯罪构成理论,已经成为现代刑法学的基石。

那么,什么是我国刑法所指的犯罪构成呢?

我国刑法中的犯罪构成,是指我国刑法规定的某种行为构成犯罪所必须具备的主观要件和客观要件的总和。

首先,犯罪构成所要求的主观要件和客观要件,都必须是我国刑法所规定的。这是罪刑法定原则的基本要求和具体体现,任何犯罪都必须是违反刑法规定的行为。如果某种行为在刑法上没有规定的话,那么,对这个行为就不能作为犯罪来惩罚。刑法中所禁止的各种犯罪行为的要件,都是立法机关慎重选择的结果。因此,违反刑法规定与具备犯罪构成是完全一致的。我国刑法根据犯罪的不同特点,分别在刑法总则和刑法分则中,对各种犯罪所必须具备的要件作了明确的规定。例如,《刑法》第 262 条拐骗儿童罪要求的犯罪构成要件是:(1) 犯罪客体是他人的家庭关系和儿童的合法权益;(2) 在客观方面,表现为拐骗不满 14 周岁的儿童脱离家庭或者监护人的行为;(3) 主观方面是直接故意;(4) 主体方面是一般主体。在这些要件中,犯罪客体和客观方面的要件主要是由刑法分则详细描述的,而犯罪主观方面和主体的要件,则需要根据刑法总则的有关规定,才能完整地加以确定。

其次,犯罪构成是我国刑法的主观要件和客观要件的总和。这是我国刑法主客观相统一原则的要求。我国刑法既反对只根据客观危害,不考虑主观罪过的"客观归罪",也反对只根据主观罪过,不考虑实际危害的"主观归罪"。我国刑法强调,犯罪的成立,必须是符合刑法规定的主观要件和客观要件的有机统一。所谓"有机统一",说明犯罪的主观要件与犯罪的客观要件是相互依存、互为前提、缺一不可的。犯罪的客观要件,即犯罪的客体和犯罪的客观方面,一般要在案件发生后才会引起人们的注意。然而,犯罪的主客观两大方面的要件,从其对犯罪能否构成所具有的意义来说,是同样重要的。缺乏犯罪客观要件,犯罪的主观要件就不能成立;反之也一样,缺乏犯罪的主观要件,犯罪的客观要件也不能成立。只有在主客观两方面要件同时具备,并且同时互为另一方面的内容时,犯罪才能成立。也只有在这个时候,我们才有可能依法确定犯罪的社会危害性质和程度。坚持主客观相统一的犯罪构成理论,是我国坚持刑事司法实践长期经验和教训的总结,也是我国马克思列宁主义、毛泽东思想为指导的社会主义刑法学中最重要的理论特征之一。

最后,犯罪构成主观要件和客观要件说明的是犯罪成立所要求的基本事实特征,而不是一般的事实描述,更不是案件全部事实与情节不加选择的堆砌。任何一个犯罪,都可以用许多事实特征来加以说明。然而,只有那些为构成犯罪所必须具备的、对行为的社会危害性及其程度有决定意义的事实特征,才能成为犯罪构成的要件。例如:一个19岁的青年学徒,为了赶时髦买一辆高级自行车,在火车站盗窃了一位外出做生意的个体户的一只小皮箱,内有人民币2万余元,后在亲友的规劝下,主动向派出所投案自首,交出全部赃款。在这个案件中,可以说明犯罪的事实特征很多,但是,能够成为犯罪构成要件的只有:(1)该学徒是达到法定责任年龄,具有刑事责任能力的自然人;(2)故意窃取,目的是占有他人的财产的心理态度;(3)采取了秘密窃取的手段,实施了盗窃行为;(4)被盗的是装有2万余元人民币的一只皮箱。只要这几个要件的确具备,那么,该学徒所犯的盗窃罪就可以成立。至于其他事实特征,比如该被告是第一次作案,在黄昏时刻作案,被害人是因为要上厕所才将皮箱交被告保管的,被告主动投案自首,那个皮箱是旧的,等等,都不是盗窃罪的构成要件。这些事实有的可以作为公安侦查工作中的案件线索,有的可以作为法庭审理中的证据,还有的是法院对被告量刑时应当考虑的情节。但是,这些事实都不能成为影响该盗窃罪成立的基本要件。紧紧把握犯罪构成的基本要件,或者说紧紧抓住犯罪的基本事实特征,才能正确地认定某种行为是不是我国刑法所禁止的行为。离开犯罪构成,就是离开认定犯罪的尺度和标准,就不可能从纷繁复杂的犯罪事实中,把握住犯罪的性质与特征。

应当指出,犯罪构成要件是说明案件情况的最重要的事实特征,然而,注意和强调犯罪构成要件,必须在查明案件的全部事实和全部情节的基础上进行。实践证明,在具体案件中,其他事实情况的变化,不仅可能影响犯罪构成要件对危害社会程度的说明,而且可能影响犯罪构成要件本身性质的变化。例如,在上面那个例子中,如果该学徒是偶然提了一只与那个个体户相似的皮箱,因为错误而误取了别人的皮箱,那么,该学徒就可能无罪。如果该学徒故意偷的是一位解放军军官的皮箱,皮箱里有一支手枪和若干发子弹,而该学徒竟将手枪私自藏匿,那么他就可能构成私藏枪支弹药罪。因此,查清案件的全部事实与情节,仔细分析可能影响犯罪构成要件基本性质的一切细节和关键点,是准确认定犯罪构成要件的前提条件。

二、犯罪构成的共同要件

在实际生活中,一切犯罪都是具体的。我国刑法分则规定了四百多种犯罪,每一种犯罪都有特殊的构成要件。例如,抢劫罪具有抢劫罪的构成要件,盗窃罪具有盗窃罪的构成要件,等等。在实践中,抽象的犯罪和抽象的犯罪构成都是不存在的。然而,刑法理论通过对全部犯罪的研究,从各种具体的犯罪构成中概括出犯罪构成的一般规律,总结出犯罪构成的共同要件。首先学习和掌握这些共同要件,能够帮助我们由一般到具体地系统掌握全部犯罪构成理论。

关于犯罪构成的共同要件,在我国刑法界主要有三要件说、四要件和五要件说:

三要件说认为,"可以把我国刑法中的一般的犯罪构成要件归纳为三个,即犯罪客观要件,犯罪主观要件,犯罪主体"。①

四要件说认为,犯罪构成共同要件是犯罪客体,犯罪的客观方面,犯罪主体和犯罪的主观方面。

五要件说认为,犯罪构成的共同要件应当分为五个方面,即危害社会的行为,危害行为的客体,危害社会的结果及其与危害行为之间的因果关系,危害行为的主体条件,行为人的主观罪过。②

其中,四要件说是我国刑法界普遍接受的观点,我们在这里采取通说。

我们认为,按照我国犯罪构成的一般理论,我国刑法规定的犯罪都必须具备犯罪客体、犯罪的客观方面、犯罪主体和犯罪的主观方面这四个共同要件。

(1) 犯罪客体,是指我国刑法所保护的,而为犯罪所侵害的社会主义社会关系。我国《刑法》第13条和分则的规定,具体指明了刑法所保护的社会关系的种类。例如,《刑法》第133条规定的交通肇事罪,侵害的是交通方面的公共安全;《刑法》第178条规定的伪造、变造国家有价证券罪,侵害的是国家对有价证券的管理制度;《刑法》第258条规定的重婚罪,侵害的是我国婚姻法规定的一夫一妻制的婚姻关系。任何犯罪都一定是危害了我国社会中某一方面的社会关系,都一定具有某种犯罪客体。缺少犯罪客体就不能构成犯罪。

(2) 犯罪的客观方面,是指刑法所规定的、构成犯罪在客观上必须具备的危害社会的行为和由这种行为所引起的危害社会的结果。这方面的要件说明了犯罪客体在什么样的条件下,通过什么样的危害行为而受到什么样的侵害。因此,犯罪客观方面也是犯罪构成不可缺少的要件。

(3) 犯罪主体,是指实施了犯罪行为,依法应当承担刑事责任的人。我国刑法对犯罪主体的规定包含了两种人。一种是达到刑事责任年龄,具有刑事责任能力,实施了犯罪行为的自然人,另一种是实施了犯罪行为的企业、事业单位、国家机关、社会团体等单位。符合法定条件的自然人,可以成为任何犯罪的主体,但是,单位目前只能成为某些犯罪的主体。如果缺乏犯罪主体,危害社会的行为就不可能被宣布为犯罪,也不可能受到惩罚。

---

① 张文:《犯罪构成初探》,载《北京大学学报》1984年第5期。
② 参见周密:《论证犯罪学》,群众出版社1991年版。

(4) 犯罪的主观要件,是指犯罪主体对自己实施的危害社会行为及其结果所持的心理态度。我国刑法规定,一个人只有在故意或过失地实施某种危害社会的行为时,才负刑事责任。所以,故意和过失作为犯罪的主观要件,也是构成犯罪必不可少的要件之一。

这四个要件是任何一个犯罪都必须具备的。在我国刑法分则中,有一些条文对犯罪构成的要件描述得比较全面,例如,《刑法》第305条对伪证罪的构成要求是在侦查、审判中,"证人、鉴定人、记录人、翻译人对与案件有重要关系的情节,故意作虚假证明、鉴定、记录、翻译,意图陷害他人或者隐匿罪证的";《刑法》第254条规定报复陷害罪的构成是"国家机关工作人员滥用职权、假公济私,对控告人、申诉人、批评人、举报人实行报复陷害的"。但是,有相当一部分条文写得比较概括,没有详细列举犯罪构成,例如,《刑法》第232条对故意杀人罪的规定是"故意杀人的",《刑法》第238条对非法拘禁罪的规定是"非法拘禁他人",等等。简单概括的条文并不意味着这些犯罪就不要求具备这四个方面的要件。在这种情况下,我们就必须根据犯罪构成共同要件的原理,才能准确地解决这些具体犯罪的构成要件。

三、研究犯罪构成的意义

犯罪构成理论在我国刑法学中处于十分重要的位置。它从根本上说明了犯罪成立的基础条件,对刑法理论和刑事司法实践都具有重大的意义。

研究犯罪构成的意义主要有以下几点:

第一,只有研究和掌握犯罪构成理论,才能正确地理解和掌握我国刑法关于犯罪的基本规定。例如,故意犯罪过程中的各种犯罪形态问题,即犯罪预备、犯罪未遂和犯罪中止,以及共同犯罪、数罪并罚问题,刑法分则的体系和具体犯罪种类的划分问题,都需要以犯罪构成理论为基础,才有可能比较完整和准确地加以理解和掌握。

第二,只有研究和掌握犯罪构成理论,才能准确地把握住我国刑法规定的各种犯罪的罪与非罪界限,才能更准确地区别此罪与彼罪的界限。毛泽东同志在谈到镇反工作时曾经指出,要注意讲规格,没有规格那是很危险的,要合乎标准才叫反革命。根据这个思想,我国1979年《刑法》不仅对反革命罪规定了严格的标准,对其他各种刑事犯罪也都规定了各种具体标准,不符合这些标准的,就不能构成犯罪。符合这种标准而不符合那种标准,就只能构成这种罪,而不能构成那种罪。这些标准在刑法理论上就表现为犯罪构成的各个要件。掌握这些犯罪构成要件,对于认定犯罪的成立与否,以及分清各种犯罪的区别,都是至关重要的。例如,《刑法》第303条规定,赌博罪是以营利为目的聚众赌博或者以赌博为业的行为。如果不是以营利为目的,或者不是聚众赌博或者以赌博为业的

"赌头"和"赌棍",就不能构成犯罪,而只能根据情况依据《治安管理处罚条例》的有关规定处理。又如,在区分犯罪主体、犯罪客体和犯罪主观方面都极其相似的盗窃罪、诈骗罪和抢夺罪时,我们只有根据犯罪客观方面的特征,才能区别这三种犯罪:使用秘密窃取行为的是盗窃罪,采用欺诈手段骗取的是诈骗罪,乘人不备公然夺取的是抢夺罪。运用犯罪构成理论可以使我们比较准确地掌握刑法规定的各种犯罪的界限。

第三,犯罪构成理论是保障公民免受非法追究的重要手段。我国刑法学对犯罪构成理论早在新中国成立初期就有了一定的研究。当时,广大司法干部运用这一理论分析和解决各类案件,在正确适用法律和政策方面,起了积极的作用。后来由于"左"的思想影响,特别是在"文化大革命"中,由于不讲犯罪构成理论,不讲犯罪的规格和标准,造成了大批冤、假、错案。这惨痛的教训从反面说明,坚持犯罪构成理论,有利于我们健全社会主义法治,有利于稳准狠地同犯罪作斗争,有利于保护公民的合法利益免受非法的刑事追究。

总之,我国社会主义刑法学中的犯罪构成理论,是以马克思列宁主义毛泽东思想为指导,在总结同犯罪作斗争的经验基础上建立和发展起来的。研究犯罪构成理论,对于推动我国刑法学的研究,为司法实践提供可靠的同犯罪作斗争的工具,都有极其重要的意义。

第二节 犯罪客体

一、犯罪客体的概念

客体,从最广泛的意义上说,是指相对于主体,被主体作用的对象。在不同的学科或研究领域中,客体的概念会具有不同的含义,例如,在哲学中,客体是指与主体相对立的客观世界,是主体的认识和活动的对象。在民法中,客体是指民事法律关系中权利和义务所共同指向的对象。在刑事侦查中有时也讲客体,如相对于痕迹的造型主体的造型客体。在刑法中研究客体问题,首先是为了解决犯罪侵害了什么这一问题,因此,客体在刑法学中必然具有自身独特的意义。

一般认为,任何一种犯罪,不论其表现形式如何,都会侵害一定的客体。如果某种行为没有或者不可能侵害任何客体,就不能构成犯罪。

犯罪构成中必须包含犯罪客体的内容,是我国刑法学界的多数赞同的意见。但是应当如何表述这一内容,有以下几种主张:

(1)犯罪客体应当"解释为犯罪对象",即是指"犯罪行为所具体作用的人和物"①。

（2）犯罪客体是指一种社会利益。在我国,把犯罪客体表述为社会主义社会利益即国家和人民的利益是恰当的。

我们认为,具体犯罪侵害的虽然是具体的人和物,危害的虽然的确是国家和人民的利益,然而,从根本上说,它侵害的还是统治阶级所赖以生存的社会关系。正是这种社会关系的破坏,使犯罪具有应当用刑法规定的刑罚加以制止的社会危害性。因此,犯罪客体是指我国刑法所保护的,而为犯罪行为所侵害的社会主义社会关系。根据这一概念,我国刑法理论中的犯罪客体包括以下内容：

第一,犯罪客体是指我国社会主义社会关系。所谓社会关系,是指人们在共同生产和生活中所形成的人与人之间的相互关系。列宁曾经把社会关系分为物质社会关系和思想社会关系两种,指出："思想的社会关系不过是物质的社会关系的上层建筑,而物质的社会关系是不以人的意志和意识为转移而形成的,是人维持生存的活动的(结果)形式。"②我国是人民民主专政的社会主义国家,因此,我国刑法保护的社会关系具有鲜明的社会主义性质。正如董必武同志所说的："一切犯罪行为都是侵害我们国家和人民利益的,都是侵犯我国正在发展中的社会主义社会关系的,它不仅是单纯犯罪者同被害人间的矛盾问题,而是同国家和人民的利益相矛盾的、是同社会主义社会关系相矛盾的。"③我国刑法的根本任务,就是运用刑罚这个武器,同一切危害国家安全的刑事犯罪行为作斗争,来保护社会主义的社会关系。

第二,犯罪客体是我国刑法所保护的社会关系。社会主义社会关系是多方面的,它可能表现为物质性的,如公私财产的所有权;也可能表现为非物质性的,如公民的人格或名誉。在我国社会里,政治、经济、思想、道德、文化等方面都有人与人之间的关系。但是,我国的社会主义社会关系并不是都由刑法来保护和调整的。我国的其他法律部门,如民法、经济法、婚姻法、行政法等,也都是以各自的方式保护和调整一定的社会关系。另外,还有一些社会关系,如友谊关系、师生关系、干群关系、长幼关系等,是由道德规范或者纪律规范来调整的。不是刑法保护的社会关系,就不能成为犯罪客体。

我国刑法保护的社会关系,只能是我国社会主义社会赖以存在、对顺利发展有至关重要意义的那些关系,是用其他法律手段无法妥善保护和调整的那些关系。这些关系在我国《刑法》第2条和第13条以及分则中,有着明确的规定。

---

① 张文：《犯罪构成初探》,载《北京大学学报》1984年第5期。
② 《列宁选集》第1卷,人民出版社1995年版,第19页。
③ 董必武：《论社会主义民主与法制》,人民出版社1979年版,第165页。

实践证明,这些社会关系代表了我国最大多数人民的最大利益,因此,必须用刑法来加以保护。

第三,犯罪客体是犯罪行为所侵害的社会关系。我国刑法所保护的社会关系,不论是物质关系还是思想关系,就其内容来说,都是客观存在的具体的关系。这些社会关系本身不能叫作犯罪客体,只有当它受到犯罪的侵害时,才能成为犯罪客体。例如,公民对自己的合法财产拥有所有权,这种所有权关系在受到犯罪侵害以前就是客观存在的。这时候,我们不能说公民对自己合法财产的所有权是一种犯罪客体。但是,当公民的财产被其他人盗窃、骗取或者毁坏时,这个所有权就受到侵害了,公民对自己的财产的所有权关系就成为犯罪的客体。所以,犯罪客体总是同犯罪的其他要件紧密联系着的,在客观上表现为直接受危害行为的侵害,在主观上表现为犯罪人罪过的重要内容。没有犯罪的其他要件就谈不上什么犯罪客体,而只有其他要件没有犯罪客体当然也不能构成犯罪。

犯罪客体是构成犯罪的必备要件,因此,在司法实践中准确地把握犯罪客体的性质,就具有至关重要的意义。我国刑法在一些法律条文中直接对犯罪客体作了明确规定。例如,《刑法》第420条规定了军人违反职责罪的客体是国家的军事利益;《刑法》第251条明确指出,非法剥夺公民宗教信仰自由罪和侵犯少数民族风俗习惯罪侵犯的客体是宗教信仰自由和少数民族的风俗习惯。然而,我国刑法在多数条文中,是采取其他一些方式来表示犯罪客体的。

(1) 有的条文通过一定的物质表现来指明犯罪客体。例如,《刑法》第170条伪造货币罪,通过货币这一物质表现,说明了该罪的客体是国家货币管理制度。

(2) 有些条文通过指出被侵犯的社会关系的主体来表明犯罪客体。例如《刑法》第236条强奸罪的规定,通过指出被侵害的对象是妇女,说明该罪的客体是妇女的性的不可侵犯的权利。

(3) 有些条文通过指明对调整一定社会关系的法律规范的违反来说明犯罪客体。例如,《刑法》第128条规定:违反枪支管理法规,非法持有、私藏枪支、弹药的,构成非法持有、私藏枪支、弹药罪。枪支管理法规并不是犯罪客体,它所调整的国家对枪支、弹药的正常管理,才是该罪的犯罪客体。

(4) 有些条文通过对某种危害行为的描述来表明犯罪客体。例如,《刑法》第359条规定的引诱、容留、介绍卖淫罪,通过对引诱、容留、介绍卖淫这种行为的描述,来表示该罪的客体是社会管理秩序中的社会风尚。

从上述所见,在刑法分则没有明确规定犯罪客体的条文中,并不是没有犯罪客体,只要我们认真分析各种犯罪的社会政治内容和法律特征,就能对犯罪客体作出准确的理解。

研究犯罪客体,对于理解和掌握刑法有着重要的意义。犯罪客体揭示了犯罪所侵害的社会主义社会关系的具体性质与种类,是决定犯罪的社会危害性的首要因素。没有犯罪客体就没有犯罪,犯罪客体的社会政治意义越大,犯罪的社会危害性也就越大。因此,犯罪客体对于帮助我们认识与犯罪作斗争的意义,帮助我们确定犯罪的性质,分清各种犯罪的界限,衡量各种犯罪的社会危害性程度,从而做到正确地定罪量刑,都是十分重要的。

二、犯罪客体的种类

为了深入分析和理解犯罪客体的作用和意义,根据犯罪所侵害的社会关系范围的不同,可以将犯罪客体分为一般客体、同类客体和直接客体。

(1) 一般客体,亦称共同客体。这是指一切犯罪所共同侵害的客体。在我国,犯罪的一般客体,就是刑法所保护的作为整体的社会主义社会关系。每一种具体的犯罪所侵犯的具体社会关系的内容虽然有不同,但是,从整体上说,它们都是对我国的社会主义社会关系造成了危害。犯罪的一般客体揭示了一切犯罪的共同本质,说明了犯罪的社会危害性的社会政治属性以及我国刑法同犯罪斗争的必要性。

(2) 同类客体,亦称分类客体。这是指某一类犯罪所共同侵犯的客体,也就是刑法所保护的社会主义社会关系的某一部分或者某一方面。同类客体说明了某一类犯罪所侵犯的社会关系的某种共同特点。例如,危害国家安全罪侵害的各种社会关系都具有危害国家安全的共同特点,渎职罪侵害的各种社会关系都具有危害国家机关正常管理活动的共同特点,等等。具有共同特点的这些社会关系,就是这一类犯罪所侵害的同类客体。

研究犯罪同类客体有两个重要意义:第一,犯罪同类客体原理是建立我国刑法分则体系的重要理论根据。我国刑法分则就是根据犯罪侵犯的同类客体,将犯罪归纳为十类,从而形成了完整的刑法分则的科学体系。第二,犯罪同类客体原理能够帮助司法工作人员,把各式各样的犯罪行为,从性质上和社会危害程度上互相区分开来,从而有助于正确地定罪和适用刑罚。

(3) 直接客体。这是指某一具体犯罪直接侵害的客体,也就是指刑法所保护的社会主义社会关系的具体部分。实际案件中的犯罪都是具体的,一个犯罪行为不可能使社会关系的各个方面都受到侵害,而只能侵害某一或某些具体的社会关系。这种具体犯罪侵害了什么具体的社会关系,就是由犯罪直接客体所揭示的。例如,伪造公文罪的直接客体是国家机关的正常活动,故意杀人罪的直接客体是人的生命权利,盗窃罪的直接客体是公私财产所有权,等等。犯罪的直接客体往往能够直接地揭示出犯罪的性质和特征,直接为划清几种相似的犯罪提供准确的界限。例如,欺骗这种方法是许多种犯罪都能使用的。《刑法》第266条的诈骗罪,第279条的招摇撞骗罪,第372条的冒充军人招摇撞骗罪,就是因为它们各自侵犯的直接客体不同,而规定在不同的罪章和条款之中。诈骗罪侵犯的直接客体是公私财产所有权,属于侵犯财产罪;招摇撞骗罪与冒充军人招摇撞骗罪虽然使用的都是招摇撞骗的手段,但是,招摇撞骗罪冒充的是国家工作人员和人民警察,侵犯的直接客体是国家机关的威信及其正常管理活动,冒充军人招摇撞骗罪侵犯的主要是国家的军事利益,因此,这两种罪属于不同的刑法条款。不了解直接客体,就不能划清各罪之间的界限,就不可能正确地定罪量刑。在一些特殊的情况下,犯罪的直接客体与同类客体具有极其相似的性质,例如,盗窃罪、诈骗罪、抢夺罪等,其直接客体和同类客体都是公共财物所有权。在这些犯罪中,掌握了同类客体以后,认定直接客体就比较容易了。

犯罪现象是十分复杂的。一个犯罪所能够直接侵犯的具体社会关系,也呈现出十分复杂的情况。为了深入研究我国刑法对犯罪的规定,准确认定犯罪,我们根据犯罪所直接侵犯的具体社会关系的个数,可以把犯罪客体分为简单客体和复杂客体。

简单客体,又称单一客体,是指一种犯罪直接侵犯的客体中只包括了一种具体的社会关系。例如故意伤害罪,直接侵犯的只是他人的健康权利;非法狩猎罪,直接侵犯的是国家的野生动物资源管理制度。

复杂客体,是指一种犯罪直接侵犯的客体包括了两种以上的具体社会关系。例如抢劫罪,不仅直接侵犯公私财产所有权,也直接侵犯他人的人身权利。又如,刑讯逼供罪,不仅侵犯了公民的人身权利,而且危害了司法机关的正常活动。在复杂客体中,立法机关会根据国家的具体国情,将被侵害的各种社会关系分为主要客体与次要客体,然后根据主要客体的性质进行分类,将该种犯罪列入有关的罪章中。例如,我国刑法将抢劫罪列入侵犯财产罪中,而不是列入侵犯公民人身权利、民主权利罪之中;把刑讯逼供罪列入侵犯公民人身权利罪之中,而不是列入渎职罪之中。

研究犯罪的简单客体和复杂客体,认识犯罪客体的多样性与复杂性,对于我们理解刑法对各种犯罪的具体规定,分析研究直接客体,以便更准确地确定犯罪的性质,分清此罪与彼罪,都有重要意义。

三、犯罪客体与犯罪对象

犯罪客体是我国刑法所保护的,而为犯罪行为所侵害的社会主义社会关系。犯罪对象是危害社会行为所直接作用的物或者人。其中物是具体社会关系的物质表现;人是社会关系的主体。犯罪客体与犯罪对象是两个既有联系又有区别的概念。犯罪客体与犯罪对象的联系主要表现在两个方面:

第一,犯罪对象是社会关系存在的前提和条件,是犯罪客体的物质载体或者主体承担者。例如,盗窃犯窃得他人的录像机,这台录像机作为一种物由他人手中转移到盗窃犯手中,说明了这台录像机体现的社会关系——他人的财产所有权,受到了侵害。正如马克思在《关于林木盗窃法的辩论》一文中所指出的,盗窃林木"犯罪行为的实质并不在于侵害了作为某种物质的树木,而在于侵害了林木的国家神经——所有权本身"。

第二,犯罪对象在不同的场合会表现为不同的犯罪客体。例如,邮电通讯用的铜质电话线,当存放在仓库里时,体现的是国有的财产所有权;当架设在电线杆上被使用时,体现的是公共安全。不同的犯罪对象在一定的场合也可能表现为相同的犯罪客体。例如,仓库里的各种物品,不管是电线还是钢轨,各种各样的物品在这时体现的都是国家的财产所有权。

犯罪客体与犯罪对象的区别,主要有以下两点:

第一,犯罪客体是任何犯罪构成的必要要件,能够决定犯罪的性质,而犯罪对象则不一定具有这种法律属性。例如偷越国(边)境罪、脱逃罪、妨害国境卫生检疫罪等,就很难说有什么犯罪对象了。

第二,任何犯罪都要使一定的犯罪客体受到侵害,而犯罪对象则不一定受到损害。例如,盗窃犯窃得某个个体户的一辆摩托车,他一定侵害了这辆摩托车所体现的公民对自己合法财产的所有权这一犯罪客体,但是,摩托车本身不一定会受到损害,破案以后,赃物可以完璧归赵。又比如,罪犯在举刀砍杀群众时,被民警及时制服,群众虽然未损一根毫毛,但他的生命权利由于受到严重威胁,这一客体也受到了侵害。

实践证明,正确认识犯罪对象和犯罪客体的联系与区别,有助于我们分清各种犯罪对象中体现的犯罪客体的性质,这对于我们防止将犯罪对象误认为犯罪客体,混淆各种犯罪的区别,都有重要意义。

第三节 犯罪客观方面

一、犯罪客观方面概述

犯罪客观方面,亦称犯罪客观要件,是指刑法规定的构成犯罪在客观活动方面所必须具备的条件。

犯罪客观方面是与犯罪客体紧密联系着的,在犯罪构成中,犯罪客体回答的是犯罪行为所侵害的是什么样的社会关系,而犯罪客观方面则是回答了这一客体在什么样的条件下,通过什么样的行为受到侵害,并且造成了什么样的危害结果。因此,犯罪的客观方面是犯罪构成的基本要件之一。没有客观方面的事实存在,那么就意味着我国刑法所保护的社会关系没有受到实际的侵害,犯罪就不可能存在。只有当一个人的犯罪意图已经通过具体行为表现出来,并且在客观上已经造成或者可能造成危害社会的结果的情况下才能构成犯罪。犯罪的客观方面与犯罪客体结合,共同构成使人负担刑事责任的客观基础。

在实践中,能够说明犯罪的客观事实是多种多样的。我国立法机关并不是把一切客观事实都作为犯罪的客观要件,而是把那些最基本的、足以表明社会危害性质及其程度的客观事实,在刑法中规定为犯罪的客观要件。根据这些要件是否为犯罪构成所必需,可以分成两类:第一类是必要要件,它包括危害行为、危害结果,以及危害行为与危害结果之间的因果关系。每一个犯罪构成都必须具备这些因素,否则犯罪不能成立。第二类是选择要件,它包括犯罪的时间、地点、方法等。这些要件并不是每一个犯罪构成都必须具备的,只是对于那些法律上有特别规定的犯罪,才是构成犯罪的必要要件。例如,《刑法》第 340 条规定"违反保护水产资源法规,在禁渔区、禁渔期或者使用禁用的工具、方法捕捞水产品,情节严重的"构成非法捕捞水产品罪。这里,时间、地点、方法就是构成犯罪的必要条件。

研究犯罪客观方面具有重要意义:

第一,犯罪的客观方面是划分罪与非罪的重要客观标准。我国刑法为了保护一定的社会关系,在规定各种犯罪的构成要件时,在大部分条文中都是通过对犯罪客观方面的具体特征的详细描述,来说明犯罪的客观表现的。例如,《刑法》第 134 条规定,在生产、作业中违反有关安全管理规定,因而发生重大伤亡事故或者造成其他严重后果的,构成重大责任事故罪。很明显,不具有违反有关安全管理规定的行为,没有发生重大伤亡事故或者造成其他严重后果的,就不能构成这种犯罪。因此,掌握了犯罪的客观方面,就掌握了区分大部分犯罪的罪与非罪的客观标准。

第二,犯罪的客观方面是区分此罪与彼罪的重要依据之一。危害行为及其所造成的危害结果是多种多样的。犯罪客观方面的这种多种多样的性质,往往可以作为区分各种犯罪之间的界限的客观依据。有些犯罪,从其犯罪构成要件来看,是很难加以区分的。例如,盗窃、抢夺和诈骗罪,它们侵害的客体都是公私财物的所有权,主观上都具有将公私财产非法据为己有的犯罪故意。对这些犯罪就只能通过犯罪客观方面的不同形式加以区分。

第三,研究犯罪的客观要件,对于正确分析和认定犯罪的主观方面也有重要意义。人的行为是在人的思想支配下进行的,犯罪也一样,一个人的犯罪总是在一定的心理态度支配下实施的。犯罪客观方面作为犯罪在客观活动方面的表现,其实就是行为人犯罪主观要件在客观上的外在表现。根据这个原理,我们在分析认定犯罪人主观方面的状态时,不能只听他自己的表白,而必须通过对其全部客观活动进行科学的分析,其中特别是对表现犯罪客观方面的客观事实的分析,才能准确地判明行为人的主观心理状态。当然,这不是不加分析地由客观逆

二、危害社会的行为

任何一种犯罪都必须有人的行为,没有行为就没有犯罪。马克思曾经说过:"我只是由于表现自己,只是由于踏入现实的领域,我才进入受立法者支配的范围。对于法律来说,除了我的行为以外,我是根本不存在的,我根本不是法律的对象。"[①]这就说明了行为在法律上的重要性。我国刑法所禁止的犯罪,都首先表现为一种危害社会的行为。因此,危害社会的行为是犯罪客观方面不可缺少的要素。

从一般意义上说,人的行为是指表现人的主观心理状态的外部动作。例如,教师教书、学生学习、工人做工、农民种地等等,都是行为。但是刑法所讲的行为,不是一般的行为,而是具有特殊含义的危害行为。它是指表现人的犯罪心理态度,为刑法所禁止的危害社会的行为。危害社会的行为具有以下几个特征:

(1)必须是对社会有危害性的,为刑法所禁止的行为。没有社会危害性的行为是不具有刑法学意义的行为。虽然具有一定的危害性,但是不是刑法所禁止的,也不是犯罪客观方面所要求的行为要素。犯罪构成中的危害社会的行为,不仅必须具备犯罪的一般特征,而且必须具备刑法分则规定的某种具体表现形式,如抢劫行为、贪污行为、诬告行为等。不具有社会危害性或者不具有具体表现形式的行为,都不是危害社会的行为。

(2)必须是表现人的犯罪心理态度的行为。有的行为虽然在客观上造成了某种危害结果,但不是在自己的心理支配下进行的,就只能属于无意识行为。无意识行为也不是刑法意义上的危害行为。无意识行为主要有以下几种:

第一,无意识的动作或言论。例如人在睡梦中或者精神病患者在不能辨认或者不能控制自己行为的时候发生的举动。

第二,人在身体受到外力强制下形成的动作。例如,客车司机某甲,在遭歹徒袭击时被击昏,致使汽车失控撞死行人某乙,某甲不负刑事责任。

第三,由于不能抗拒的原因,行为人无法履行其义务。例如,银行职员因被抢劫犯捆绑,眼看柜台上的现金被抢而无法报警,该职员不负刑事责任。

这三种情况,由于缺少人的心理因素,都不能认为是危害社会的行为。但是,当行为人不是身体被强制,而是精神被强制,即受到恫吓或威胁时,所实施的行为是不是属于危害社会的行为,应不应当承担刑事责任,需要具体分析。一般说,如果精神受强制时实施的行为不符合紧急避险的条件,这种行为就是应当承

---

① 《马克思恩格斯全集》第1卷,人民出版社1956年版,第16—17页。

担刑事责任的危害行为。因为在这种情况下,行为人并没有丧失支配自己行动的自由,他的行为并没有离开自己的主观心理的支配。考虑到这种行为人本身也是受害者,实践中通常可以适当给予从轻、减轻或者酌情免除处罚。

刑法中规定的危害社会行为,有着多种多样的表现形式。但是归纳起来,可以分为作为与不作为这两大类:

所谓作为,就是指行为人用积极的动作来实施的危害社会的行为。作为是犯罪中最常见的一种形式,许多犯罪也只能表现为作为的形式。例如,抢劫罪、盗窃罪、强奸罪、贪污罪等。在这些犯罪中,如果行为人不采取积极的行为,那么犯罪意图就不可能实现。

所谓不作为,就是指行为人有义务并且能够实行某种行为,消极地不去履行这种义务,因而造成严重的危害后果的行为。所以,不作为是人的一种消极行为。刑法上的不作为,必须具备以下条件:

(1) 行为人负有实施某种行为的特定义务。这是构成不作为危害行为的前提。刑法中所讲的特定义务,不是一般的道德意义上的义务,而是行为人在特定的社会关系领域内,基于特定的事实和条件而产生的法律上的义务。一般来说,这种义务是根据以下几个方面具体确定的:

第一,法律明文规定的义务。例如,我国婚姻法规定,父母子女之间有相互扶养的义务,如果对年老、年幼、患病或者其他没有独立生活能力的人,负有扶养义务而拒绝扶养、情节严重的,就构成《刑法》第261条规定的遗弃罪。

第二,职务上或者业务上要求履行的义务。例如,值班锅炉工有注意锅炉压力变化的义务;上级机关的领导有监督下属机关和人员的义务,不履行这种义务,造成重大损害后果的,就可能构成不作为犯罪。

第三,由行为人已经实施的行为所产生的责任。这主要是指行为人由于自己的行为,而使法律所保护的某种利益处于危险状态时,负有防止危害结果发生的义务。例如,驾驶员在交通肇事撞伤人以后,就负有立即救护伤员的义务,如果他不履行这种义务,以致造成严重后果的,就要负不作为的责任。

(2) 行为人有可能履行这种特定义务。如果行为人虽然具有实施某种行为的义务,但是由于某种原因使履行这种义务根本不可能,则不构成刑法上的不作为。例如,消防队员在火灾现场灭火时,因为水源枯竭,因而不能继续扑灭大火,造成了严重损失,消防队员的行为不属于刑法上的不作为。

(3) 行为人不履行特定义务而引起危害社会的结果。

在认定不作为时,关键是要判明行为人有无实施某种行为的特定义务。如果仅仅是违反一般的道德义务,例如,一般人看见有人落水而不设法予以抢救,看见罪犯行凶而袖手旁观,那么,他只能受到道德谴责或者纪律处分,而不能构成犯罪。

以不作为形式构成犯罪,在司法实践中比较少见,在刑法分则中,只能以不作为形式构成犯罪的,只有少数几种。司法理论中称为纯正的不作为。另外,有的犯罪既可以由作为形式构成,又可以由不作为形式构成,例如,故意杀人罪、爆炸罪等,司法理论中称为不纯正的不作为。

不过,在司法实践中还要注意纯正的不作为犯罪与不纯正的不作为犯罪的区分。纯正的不作为犯罪是指那种根据法律规定只能由行为人以不作为形式来实施的犯罪,例如,《刑法》第 395 条第 2 款中规定的隐瞒境外存款罪。国家工作人员在境外的存款,数额较大,隐瞒不报的,就构成犯罪。不纯正的不作为犯罪是指那种根据法律规定既可以由行为人以不作为形式来实施,也可以由行为人以作为形式来实施的犯罪,例如,故意杀人罪,可以使用刀劈斧砍等作为形式来实施,也可以使用不给食物,将其饿毙的不作为形式来实施。区分纯正的不作为和不纯正的不作为犯罪的意义在于:在不纯正的不作为犯罪中,不作为形式实施的危害行为,一般可以作为从轻处罚的情节考虑,因为不作为所体现的主观恶性一般比作为行为要轻一些。但是,在纯正的不作为犯罪中,不作为形式实施的危害行为就不能作为从轻情节来考虑了。

危害社会的行为在认定犯罪时有着重要的意义。单纯的思想不是行为,没有行为就不能构成犯罪。惩罚只有思想而没有行为的"思想犯罪",是同我国社会主义法制和社会主义刑法学理论格格不入的。

三、危害社会的结果

关于危害社会的结果的概念,我国刑法学界存在以下两种观点:

(1)危害社会的结果就是犯罪行为已经造成的实际损害结果或者具体的物质性的损害结果。

(2)危害社会的结果就是指犯罪行为对刑法保护的客体(社会主义社会关系)所造成的损害。

由这种分歧出发,在危害社会的结果是否是犯罪构成的必备要件上,存在着两种观点:

第一种观点因为危害结果必须是实际损害结果或者具体的物质性损害结果,因此主张,在不可能具有这种结果的犯罪中,就不可能以这一因素为必备要件,例如,有些行为一经实施即构成完整的犯罪(如侮辱罪、诽谤罪等);有些犯罪的情况,如犯罪的预备、未遂和中止,这些犯罪中都没有实际损害结果或者具体的物质性损害结果,因此,就不能以危害结果作为构成要件。

第二种观点因为任何犯罪都必然对刑法保护的社会主义社会关系造成损害,因此认为,危害社会的结果是一切犯罪构成都必须具备的要件。

我们主张第二种观点。

我们认为,危害社会的结果,是指危害社会的行为对我国刑法所保护的社会关系所造成的损害。

危害社会的结果同犯罪客体有着内在的有机联系。我们之所以说犯罪行为是具有社会危害性的行为,就是因为它能给刑法所保护的客体已经造成或者可能造成一定的损害。例如,盗窃分子将他人财产盗走,就使他人的财产所有权受到损害;杀人行为,已经将人杀死,就是剥夺了他人的生命;各种未遂犯罪或者预备犯罪,可能给犯罪客体造成一定的损害。如果某种行为没有对客体造成损害,而且也不可能对客体造成损害,就意味着这种行为没有社会危害性,当然不可能认为是犯罪。所以,危害结果是每一个犯罪构成都必须具备的条件,缺少这个条件,犯罪的客观方面就是不完全的,犯罪就不能成立。

犯罪客体有物质性与非物质性之分,危害结果因此也可以表现为物质性和非物质性两种情况。物质性的结果通常可以直接根据数量、重量、状态或价值直接计量出来,例如,盗窃数额、伤害程度、破坏的状态,等等。非物质性的结果往往是无形的、抽象的,一般不能计量,例如,侮辱、诽谤、伪造公文印章的结果,等等。但是根据案件的全部事实和情节,对非物质性的结果仍然可以确定危害的严重程度。

我国《刑法》对危害结果作了种种规定,这些规定反映出在不同犯罪中危害结果的不同意义。

第一,在过失犯罪中,将实际造成一定程度的物质性危害结果作为构成犯罪的必要条件。例如,《刑法》第 235 条规定的过失致人重伤罪,必须以重伤为前提;《刑法》第 133 条规定的交通肇事罪,必须以发生重大事故为前提;等等。是否具有一定的物质性危害结果,是区分这些罪的罪与非罪的界限。

第二,在故意犯罪中,以发生严重物质性危害结果的可能性,作为构成犯罪的必要条件。例如,《刑法》第 116 条规定的破坏交通工具罪和第 117 条规定的破坏交通设施罪,就是以大型交通工具"发生倾覆、毁坏危险,尚未造成严重后果"为条件的。

第三,对危害结果未作任何规定的。这是指危害结果是非物质性的犯罪的情况。例如,《刑法》第 280 条规定的伪造公文印章罪,第 243 条规定的诬告陷害罪。

第四,绝大多数的故意犯罪中要求一定的物质性危害结果。如果该种危害结果没有完全发生,那么,这种犯罪就没有既遂。例如,故意杀人罪,如果没有杀死被害人,就不能构成故意杀人既遂。

第五,在一部分故意犯罪中,将某种特定的物质性危害结果是否发生,作为构成此罪和彼罪的界限,以及从重处罚的条件。例如,《刑法》第 264 条规定的盗窃罪,只有在盗窃"数额较大"时,才构成犯罪;当盗窃"数额巨大"时,就要适用较重的法定刑。

总之,正确理解和掌握危害社会的结果,对于正确分析行为的社会危害程度,区分罪与非罪,从而保证正确地适用刑罚,都有重要意义。

四、刑法上的因果关系

刑法上的因果关系是指人的危害社会的行为与危害结果之间存在的引起与被引起的关系。

我国刑法的罪及个人原则要求:一个人只能对自己行为所造成的危害结果负责任。因此,当某种危害社会的结果已经发生,要使行为人对这一结果负责,就必须查明这一结果是由该人的行为所造成的,也就是说,要确定行为人的行为与危害结果之间存在着刑法上所要求的因果关系。如果缺少这种因果关系,就不能使行为人对这一结果负担刑事责任。

从辩证唯物主义的观点看,因果关系是现象之间的一种客观联系,表现为前一现象引起后一现象。前一现象称为原因,后一现象称为结果。作为原因的现象与作为结果的现象的这种联系,就称为因果关系。刑法学研究因果关系,必须在辩证唯物主义的因果关系学说下,来解决自身的特殊问题,这就是,刑法学要通过危害行为与危害结果之间的因果联系,来解决行为人的刑事责任问题。

在通常情况下,行为与结果的因果关系是不难确定的。例如,某甲偷走了某乙的录像机,那么,某乙的盗窃行为与某甲财产所有权的被侵害之间,就存在着因果关系。但是,实际案件并不都那么简单,有时是几个人的行为交叉引起了某种危害结果,有时是某人的危害行为再加上自然的作用,或者甚至是被害人自己的行为,而引起了某种危害结果,如此等等,情况就要复杂得多了。

为了解决实际案件中复杂的因果关系问题,我们必须在辩证唯物主义的一般原理指导下,结合研究犯罪问题,才能科学地解决刑法中的因果关系问题。

在以辩证唯物主义为指导解决刑法中的因果关系问题时,应当注意掌握以下几点:

第一,因果关系的客观性。辩证唯物主义认为,因果关系是客观事物普遍联系和相互作用的一种形式,是不以人们的主观意志为转移的客观存在。同样,刑法中的危害社会行为同危害社会结果之间的因果关系也是客观存在,不以人们的主观意志为转移。因此在司法实践中判断危害行为与危害结果之间是否存在因果关系,一定要从客观实际出发,深入到客观事物本身中去调查研究,必要时,还要依靠科学鉴定,才能作出正确的判断。有无因果关系,决不能以行为人是否认识到自己的行为可能造成某种结果为标准,更不能以司法工作人员缺乏根据的主观推断为定论。例如,某体育教师因学生上课调皮,经教育仍在课上胡闹,就顺手打了学生一拳,后该生死亡,经过尸体检验,发现死者脾脏比常人的大,一拳正好打中脾脏,脾脏破裂造成死亡。在这里,我们不能因为老师没有预见,或者这种危害结果在一般情况下不会发生,就否定因果关系的客观存在。在特殊情况下可能发生的因果关系,也是事物的客观存在。我们必须坚持唯物论的反映论,全面认识因果关系的客观性。

第二,因果关系的相对性。辩证唯物主义认为,原因和结果是两个相对的概念。正如恩格斯指出的:"原因和结果这两个概念,只有应用于个别场合时才适用;可是,只要我们把这种个别场合放到它同宇宙的总联系中来考察,这两个概念就联结起来,消失在关于普遍相互作用的观念中,而在这种相互作用中,原因和结果经常交换位置:在此时或此地是结果,在彼时或彼地就成了原因,反之亦然。""为了了解单个的现象,我们就必须把它们从普遍的联系中抽出来,孤立地考察它们,而且在这里不断更替的运动就显现出来,一个为原因,另一个为结果。"[①]刑法的因果关系也是这样,为了解决行为人的刑事责任问题,必须把一定的因果关系从现象的普遍的相互联系中抽出来加以研究。在选择作为原因的危害行为和作为结果的危害结果时,应当注意两点:一是因果关系在时间上的继起性。作为原因的现象必须是先于作为结果的现象出现的。如果某个危害行为是在危害结果出现之后才发生,那么,该行为就不能成为该结果的原因了。二是因果关系的目的性。刑法研究因果关系有自身的目的,因此,在从复杂的社会现象抽取特定的环节时,要服务于刑法解决行为人刑事责任这个目的。如果查明一个人的行为不是危害社会的行为,而是在当时应当实施的合法行为,就没有必要再研究这个行为同危害结果之间的刑法因果关系了。

第三,因果关系的必然性。社会现象或自然现象之间的联系是多种多样的,有的是内在联系,有的是外表联系,有的是必然联系,有的是偶然联系。现在,我国刑法学界对于刑法因果关系必须包含内在的、必然的因果关系没有异议。一般来说,只有在危害行为与危害结果之间存在着内在的、必然的因果关系时,行为人的刑事责任才能具有客观基础。然而,偶然的因果关系是否也是包含在刑法因果关系之中呢?这在刑法学界有很大争论。例如,甲轻伤了乙,在医院就诊过程中,由于医生丙没能很好地消毒医疗器械,致使乙得了败血症,导致死亡。乙的死亡和医生丙的玩忽职守行为有因果关系,这是没有疑问的,但是,甲的伤害行为与死亡结果是否也有因果关系,就有不同看法了。否认其因果关系的人认为,二者之间没有因果关系,伤害行为只是死亡结果的条件而不是原因。肯定其因果关系的人认为,二者之间也有因果关系,只不过不是必然因果关系,而是偶然因果关系。所谓偶然因果关系,是指一种因果关系在发展过程中与另一因果现象纠在一起,而产生另一种结果,这种结果尽管不是前一种行为所必然导

---

① 《马克思恩格斯选集》第3卷,人民出版社1995年版,第361页。

致的,而是可能发生或可能不发生,可能这样发生也可能那样发生的,但是,终于这样发生了。对于因果关系的必然性与偶然性之争,不仅有待于刑法学从理论与实践的结合上,进一步探讨解决,而且有待于哲学理论对必然性与偶然性这对范畴的深入研究。但是我们应当明确:我国刑法因果关系原则上要求必然因果关系,偶然因果关系只有在极特殊的案件中,作为必然因果关系的补充,才有存在的意义。不恰当地夸大偶然因果关系和作用,不仅有悖于辩证唯物主义的基本原理,而且不利于准确地确定行为人的刑事责任,不利于同犯罪作斗争。

第四,因果关系的复杂性。因果关系有时会表现出"一果多因"或"一因多果"的复杂情况。"一果多因"是指一种危害结果是由数个危害行为造成的。例如,共同犯罪中数个共同犯罪人,通过各自的危害行为,共同造成某一种危害结果。在"一果多因"的情况下,应当注意分析各种原因,或者说各个共同犯罪人的危害行为,对危害结果所起的作用大小,确定各个共犯的刑事责任。"一因多果"是指一个危害行为造成多种危害结果的情况。例如,某甲在下夜班路上遭歹徒强奸,由于受到精神刺激,造成精神分裂,长期医治无效。在"一因多果"的情况下,应当注意分析主要结果和次要结果,以便正确解决刑事责任。在实际案件中,因果关系还可能表现为更为复杂的多因多果的情况。例如,流氓集团的犯罪分子,多人多次犯罪,造成多种危害结果,那就更需要仔细分析,以确定各个犯罪人的刑事责任。

第五,要注意不作为犯罪中因果关系的特殊性。不作为犯罪中也存在因果关系。然而,在不作为犯罪中,危害行为是以不作为形式表现出来的,它虽然不是主动地促使危害结果发生的原因,却是使防止危害结果发生的措施失败的原因,因此,危害社会的不作为是以行为人具有实施某种行为的义务为条件的。如果查明行为人不具有特定义务,那就没有必要去研究他的不作为与某一危害结果之间有无因果关系的问题。

第六,因果关系与刑事责任是既有联系又有区别的两个问题。因果关系问题的解决,仅仅解决了使行为人负刑事责任的客观基础,要使行为人对自己的行为造成的危害结果负刑事责任,还必须全面地分析犯罪构成的其他条件,特别要查明,行为人主观上是否具有故意或者过失。如果行为人主观上缺乏犯罪的故意或者过失,即使他的行为与结果之间存在因果关系,也不应负刑事责任。把因果关系与刑事责任混为一谈,片面夸大因果关系的作用,是不可能正确解决行为人的刑事责任问题的。

五、犯罪的时间、地点和方法

犯罪的时间、地点和方法,都是犯罪客观方面的选择要件。

任何犯罪都是在一定时间和地点,采取一定的方法实施的。但是,我国刑法分则规定的大部分犯罪都不以一定的时间、地点和手段为要件。例如,故意杀人罪、盗窃罪、走私罪,不论实施的时间在白天还是黑夜,在繁华地区还是穷乡僻壤,都不影响犯罪的性质。但是,在法律明文规定的条件下,是否具有法律要求的时间、地点和方法,是划分罪与非罪的重要标准。例如,《刑法》第 341 条非法狩猎罪对时间、地点和方法的要求是"禁猎区、禁猎期或者使用禁用的工具、方法进行狩猎"的;又比如《刑法》第 277 条规定的妨害公务罪,要求"以暴力、威胁方法阻碍国家机关工作人员依法执行职务"。

在法律对犯罪时间、地点和方法没有明确要求的案件中,由于犯罪在不同的时间、地点,采用不同的方法,对社会产生的震动和危害有不同,例如,在城市商业区大街上公然抢劫、杀人,与在僻静小巷子里实施同样的犯罪产生的社会效果就有很大不同,因此,这些案件中犯罪的时间、地点和方法,对于确定犯罪的危害程度,会有一定的意义。

第四节 犯罪主体

一、犯罪主体概述

犯罪主体是指实施了危害社会的行为,依法应负刑事责任的人。这包括实施了危害社会的行为,达到刑事责任年龄,具有刑事责任能力的自然人,以及实施了危害社会的行为,依法应当承担刑事责任的企业事业单位、国家机关、社会团体等单位。

任何犯罪行为,都是一定的犯罪主体实施的,没有犯罪主体,就不可能发生应受刑罚惩罚的危害社会的行为,从而就不会有犯罪。所以,犯罪主体是犯罪构成不可缺少的要件。在犯罪主体中,自然人可以成为各种犯罪的主体,但是,根据我国刑法目前的规定,单位只能成为特定犯罪的主体。

根据我国刑法规定,自然人成为犯罪主体必须具备以下条件:

第一,是实施了危害社会行为的自然人;

第二,是达到法定刑事责任年龄的人;

第三,是具有刑事责任能力的人。

这三个条件必须同时具备,缺一不可。例如,只有自然人,即有生命的人才有可能成为犯罪主体。因此,任何自然现象、动物、物品,甚至尸体,都不可能具有成为犯罪主体的资格。

除了这三个条件之外,我国刑法规定的某些犯罪,还要求行为人具有一定的身份,才能构成这些犯罪的犯罪主体。根据犯罪主体是否要求一定的身份,可以把犯罪主体分为一般主体和特殊主体。具有上面所讲的三个条件的主体就是一般主体。一般主体可以成为我国刑法分则规定的大部分犯罪的主体。对于要求特殊主体的犯罪来说，一般主体所要求的条件是特殊主体成立的前提条件或基础条件。特殊主体是指具有我国刑法分则某些犯罪所要求的特定身份的犯罪主体。这里所说的身份，是指行为人在实施犯罪时所必须具有的特定职务、资格或者情况。这种身份，有的是由于犯罪的性质自然要求的，例如，强奸罪要求犯罪主体是男子；有的是刑法直接明确要求的，例如，贪污罪要求的犯罪主体是国家工作人员；还有的必须由其他法律和行政法规加以明确，例如，内幕交易罪要求的犯罪主体"知情人员"的范围，就必须依照法律、行政法规的规定确定。

研究一般主体和特殊主体对于划清罪与非罪、此罪与彼罪、重罪与轻罪，都有重要意义。在我国刑法分则明确要求特殊主体的那些犯罪中，如果行为人不具有特定的身份，就不能构成这些犯罪。例如，《刑法》第 305 条规定的伪证罪要求的犯罪主体，必须是在侦查、审判活动中具有证人、鉴定人、记录人或者翻译人身份。不具有这种身份的人就不能构成此种犯罪。在司法实践中，具有不同主体资格的人，实施了同一类危害社会的行为，就要构成不同的犯罪。例如，盗窃罪是以秘密窃取的方法将公私财物非法据为己有的行为；如果是国家工作人员利用职务上的便利盗取公共财物的行为，就不是盗窃罪，而是贪污罪。另外，有些要求一般主体的犯罪，如果行为人具有特定身份，就要依法从重处罚。例如，《刑法》第 245 条非法搜查罪、非法侵入他人住宅罪规定："司法工作人员滥用职权，犯前款罪的，从重处罚。"

单位犯罪，在刑法理论上通常也称作法人犯罪。必须注意，法人犯罪并不等于共同犯罪或者犯罪集团。在法人犯罪的情况下，法人是依法成立，有着合法的经营目的和经营范围的实体。法人犯罪是这种有着合法"身份"的实体违反法律规定实施了危害社会的行为。共同犯罪，尤其是犯罪集团，一般都不是依法成立的合法实体，也没有合法的经营目的和经营范围。另外，构成法人犯罪必须符合法律规定的法人犯罪的条件，构成共同犯罪或者犯罪集团，必须符合刑法的有关规定。

大陆法系刑法在传统上是不承认法人犯罪的，认为：法人没有肉体，没有精神，缺乏是非观念，没有犯罪故意，不能受监禁，因此，规定法人犯罪是不可思议的。但是，在第二次世界大战之后，一些大陆法系国家，如日本、法国，都开始在个别经济法规中规定法人的刑事责任。最引人注目的是法国 1992 年 7 月 22 日通过，1993 年 9 月 1 日生效的新刑法典。该法在刑法总则中对法人的刑事责任作了完整的规定。大陆法系国家在法人犯罪的刑事立法和理论研究方面的新动向，值得我们特别注意。英美法系刑法从 17 世纪就开始了追究法人犯罪的司法实践活动，到 19 世纪末 20 世纪初，美国刑法就在理论和实践中确立了完全的法人犯罪概念。在研究我国刑法中的单位和组织犯罪的问题时，我们应当注意借鉴国外的经验。

单位和组织,长期以来一直不能成为我国刑法的犯罪主体。我国刑法学理论也一直反对将非自然人的法人规定为犯罪主体。这种情况,与我国长期实行计划经济,单位、法人和组织没有完全的权利能力和行为能力,没有自己独立的经济利益有关。我国实行改革、开放、搞活的政策以后,单位、法人和各种组织,逐渐获得了越来越多的自主经营权,有了自己小集团的利益,因此,以单位和组织名义进行犯罪的状况也逐渐严重起来。为了适应新的形势,解决同犯罪作斗争面临的新问题,国家立法机关开始重视单位犯罪问题。1987年1月22日全国人大常委会公布了《中华人民共和国海关法》。该法第47条第4款规定:"企业事业单位、国家机关、社会团体犯走私罪的,由司法机关对其主管人员和直接责任人员依法追究刑事责任;对该单位判处罚金,判处没收走私货物、物品、走私运输工具和违法所得。"以后,全国人大常委会又在《关于惩治走私罪的补充规定》和《关于惩治贪污罪贿赂罪的补充规定》中再次明确单位和组织可以成为走私罪、逃套外汇罪、非法倒卖外汇牟利的投机倒把罪、受贿罪和行贿罪的主体。从此,单位和组织成为我国单行刑事法规规定的某些犯罪的主体。

在我国1997年修订后的刑法典中,国家立法机关在总结了近十年来同单位犯罪作斗争的经验基础上,充分吸收了我国刑法理论界十多年来在单位犯罪即法人犯罪问题上的学术研究成果,借鉴了国外在这方面的经验与发展趋势,第一次在中国的刑法总则中对单位犯罪作了规定。

根据我国《刑法》第30条的规定,单位犯罪是指公司、企业、事业单位、机关、团体实施的法律规定为单位犯罪的危害社会的行为。根据刑法规定,单位犯罪必须具备以下条件:

第一,单位实施的犯罪行为必须是我国法律明文禁止单位实施的那些危害社会的行为。我国目前仍然处于改革开放不断深入,经济不断发展的时期,有些界限的划分还有待进一步明确,与单位犯罪有关的问题仍然十分复杂,因此,我国刑法只针对那些实践中比较突出,社会危害比较大,罪与非罪的界限比较容易划清的单位危害社会的行为,在刑法分则中作了规定。单位还不能成为刑法规定的所有犯罪的主体。

第二,单位犯罪的主体,必须是公司、企业、事业单位、机关和团体。公司、企业、事业单位、机关和团体既包括各种国有的、集体所有的、合资的公司、企业、事业单位,也包括各级国家权力机关、行政机关和司法机关,以及各种人民团体和社会团体。虽然,根据我国《民法典》和其他法律法规的有关规定,这些单位通常都是法人或者具有法人资格,但是,我国刑法并没有要求单位犯罪的主体必须是法人或者具有法人资格。

第三,单位犯罪,目的是为该单位谋取非法利益,并且单位犯罪行为的实施必须与单位的工作或业务相联系。如果以单位名义进行犯罪,实际上是为了个人的利益,就不是单位犯罪,而是单位内部成员个人的犯罪。如果单位犯罪行为的实施没有与单位的工作或业务相联系,就无法认定这种犯罪行为与单位之间的关系。目前,我国司法实践中常见的单位犯罪,主要是那种由单位集体决定或者由单位的领导人员决定,而由单位内部人员具体实施的犯罪。

《刑法》第 31 条规定,单位犯罪的,对单位判处罚金,并对其直接负责的主管人员和其他直接责任人员判处刑罚。刑法分则和其他法律另有规定的,依照规定。

二、刑事责任年龄

刑事责任年龄,也称责任年龄,是指刑法规定的应当对自己实施的危害社会行为负刑事责任的年龄。一个人对事物的理解、判断、分析与其年龄有着密切联系。年龄幼小的儿童,还不能清楚地认识周围的事物,也不能真正了解自己行为的性质和意义。只有达到一定年龄,才能具备识别是非、善恶和在行动中自觉控制自己行为的能力。这种一定年龄就是开始负刑事责任的年龄。因此,刑事责任年龄是自然人成为犯罪主体的必要条件之一。

关于刑事责任年龄的法律规定,各个国家刑事立法往往根据本国的政治、经济、文化教育、历史传统等不同情况,作若干阶段的划分。概括起来,有以下几种:(1) 四分法,即把刑事责任年龄分为绝对无责任、相对无责任、减轻责任和刑事成年四个时期;(2) 三分法,即把刑事责任年龄分为绝对无责任、相对无责任或减轻责任,以及完全责任三个时期;(3) 二分法,这种分法有相对无责任和刑事成年,绝对无责任和刑事成年这样两种分法。

我国《刑法》总结了新中国成立以来同犯罪作斗争的经验,并吸收了外国刑事立法中的一些有益的经验,对刑事责任年龄作了具有我国特色的四分法规定:

(1) 不满 14 周岁的人,完全不负刑事责任。这是以 14 周岁为标志,作为有无刑事责任的界限。我国刑法对年龄的计算采用周年计算法。14 周岁是一个法定界限,不满 14 周岁的人即使仅仅差几天,无论其实施了什么样的危害社会的行为,都不能追究刑事责任。不满 14 周岁的儿童,属于年幼时期,由于身心发育尚不成熟,一般来说,他们对自己行为的性质和法律后果是不明确的,他们如果做出危害社会的事情,主要是由于幼稚无知和是非观念不清。对此,主要应加强教育,正面引导,而不能作为犯罪加以惩罚。

(2) 已满 14 周岁不满 16 周岁的人,只对犯故意杀人、故意伤害致人重伤或者死亡、强奸、抢劫、贩卖毒品、放火、爆炸、投毒罪,承担刑事责任。① 这是相对

---

① 最高人民法院、最高人民检察院根据《中华人民共和国刑法修正案(三)》将投毒罪修改为投放危险物质罪。

刑事责任时期。这个年龄段的少年,一般来说,已经具有了一定的认识能力,能够辨别大是大非和控制自己重大的行为。因此,刑法仅仅要求他们对少数几种容易识别的社会危害性比较严重的犯罪承担刑事责任。除此以外,不能让这个年龄段的少年承担其他犯罪的刑事责任。

(3) 但是,随着社会的发展,低龄未成年人实施严重犯罪的情况时有发生,引起了社会各界的广泛关注和讨论。2020 年 12 月通过的《刑法修正案(十一)》第 1 条对刑法第 17 条进行了修改,增加了一款规定(第 3 款),即已满 12 周岁不满 14 周岁的人,犯故意杀人、故意伤害罪,致人死亡或者以特别残忍手段致人重伤造成严重残疾,情节恶劣,经最高人民检察院核准追诉的,应当负刑事责任。

(4) 不满 18 周岁的人犯罪,依照《刑法》第 17 条前 3 款追究刑事责任的,应当从轻或者减轻处罚。这是减轻刑事责任时期。不满 18 周岁的人,虽然有一定的辨认和控制自己行为的能力,但毕竟还未成年,思想还没有完全成熟,容易接受外界的不良影响,但是,他们的可塑性很大,容易接受教育和改造,因而对他们的犯罪,应当从轻或者减轻处罚。

以前,我国刑法对于老年人犯罪,没有从轻或者减轻处罚的规定。2011 年修改刑法,立法机关经过广泛征求社会各界的意见,在深入调查论证的基础上,增加了老年人犯罪从宽处罚的规定。在讨论中,对于如何界定老年人的年龄,存在着一些争议。有的人提出 60 周岁以上的均为老年人,有的则认为 70 周岁或者 80 周岁以上的为老年人。立法机关综合考虑了各种意见,最后将老年人的年龄确定为 75 周岁,并作出了区别对待的规定,即根据《刑法修正案(八)》第 1 条的规定:"已满七十五周岁的人故意犯罪的,可以从轻或者减轻处罚;过失犯罪的,应当从轻或者减轻处罚。"这一修改,既照顾到老年人的生理特点,又体现了宽严相济的刑事政策,对于进一步完善我国的刑法体系具有积极意义。

(5) 已满 16 周岁的人,对一切犯罪行为都应负刑事责任。这是完全刑事责任时期。已满 16 周岁的人,体力和智力已有相当的发展,对事物的是非善恶已经有了完全的辨认能力,对自己的行为也有了完全的控制能力,因此应当对自己实施的一切犯罪行为承担刑事责任。

刑法虽然因不满 16 周岁而不处罚,但在行为人实施危害社会的行为之后,并不是完全放任不管。《刑法》第 17 条第 4 款规定:"因不满十六周岁不予刑事处罚的,责令他的家长或者监护人加以管教;在必要的时候,也可以由政府收容教养。"这是一种社会保护措施。通过这种措施,有助于防止他们再危害社会,有助于他们的教育改造,有助于保护青少年的健康成长。

同时,考虑到和《预防未成年人犯罪法》衔接的问题,《刑法修正案(十一)》,将刑法规定的"在必要的时候,也可以由政府收容教养"修改为"在必要的时候,依法进行专门矫治教育"。将"责令他的家长或者监护人加以管教"修改为"责令其父母或者其他监护人加以管教"。

另外,2001年的《刑法修正案(三)》已经将刑法分则第114条和第115条中的"投毒"改为"投放毒害性、放射性、传染病病原体等物质",考虑到刑法总则条文和分则条文的衔接,将刑法第17条的"投毒罪"修改为"投放危险物质罪"。

三、刑事责任能力

刑事责任能力,也称责任能力,是指一个人能够理解自己行为的性质、后果和社会政治意义,并且能够控制自己行为的能力。这种能力是构成犯罪主体的必要条件之一。无责任能力的人实施了危害社会的行为,不负刑事责任。

责任能力的有无是和责任年龄紧密相关的。在通常情况下,达到法定责任年龄的人就意味着他具有必要的识别和控制自己行为的能力。但是,人的这种能力可能因为精神病而受到影响,甚至完全丧失。

精神病是一种大脑神经功能紊乱的疾病,它的种类和对人脑机能损害的程度都是十分复杂的。因此,精神病对人的责任能力的影响也是十分复杂的,有的能够使人完全丧失责任能力,有的仅能使人减弱责任能力,还有的是使人在一定时间内丧失责任能力,但在另外的时间内恢复责任能力。因此我国《刑法》第18条规定:精神病人在不能辨认或者不能控制自己行为的时候造成危害结果,经法定程序鉴定确认的,不负刑事责任,但是应当责令他的家属或者监护人严加看管和医疗;在必要的时候,由政府加强医疗。间歇性的精神病人在精神正常的时候犯罪,应当负刑事责任。尚未完全丧失辨认或者控制自己行为能力的精神病人犯罪的,应当负刑事责任,但是可以从轻或者减轻处罚。我国刑法关于精神病人刑事责任的规定,具有充分的医学科学根据,完全符合对行为人刑事责任能力的要求。

在实践中,在确定行为人精神是否正常,是否具有刑事责任能力时,应当注意从两个方面进行考察:第一,确定行为人在实施犯罪时,是不是处在精神失常的状态中;第二,确定这种病症是不是已经使行为人达到不能辨认和控制自己行为的程度。只有在这两个方面同时都得到肯定的结论时,才能确认行为人是没有刑事责任能力的人。如果确定行为人虽然患有精神病,但没有完全丧失只是显著减弱了辨认或控制自己行为的能力,那就不能认为是无责任能力人。对这种情况要具体分析,在追究刑事责任时酌情予以从轻或者减轻处罚。要注意:无论是精神病的有无还是程度,都只能根据刑事诉讼法规定的对精神病人进行鉴定的程序,由省级人民政府指定的医院进行。鉴定人进行鉴定后,应当写出鉴定结论,并且由鉴定人签名,医院加盖公章。精神病医学鉴定不能由侦查、检察或者审判人员自行认定。对于精神病医学鉴定,人民法院应当慎重审查判断,必要时,可以依法重新予以鉴定。

与精神病人不同,醉酒的人不属于无责任能力的人。我国《刑法》第18条第4款规定:"醉酒的人犯罪,应当负刑事责任。"这是因为醉酒是人为造成的,是完全可以防止的,同时,在醉酒的状态下,一般只能减弱人的辨认能力和控制能力,而不能使其完全丧失这种能力。另外,在醉酒之前,行为人应当预见到或者已经预见到自己醉酒后可能实施的危害社会的行为,即醉酒人犯罪主观上有罪过。如果免除或者从轻、减轻醉酒人的刑事责任,那就容易给犯罪分子一个十分方便的逃避刑事责任的借口,因此,我国刑法规定醉酒的人犯罪,一律要负刑事责任。

我国《刑法》第19条规定:"又聋又哑的人或者盲人犯罪,可以从轻、减轻或者免除处罚。"又聋又哑的人或者盲人不属于无责任能力的人,他们虽然有严重的生理缺陷,但并没有丧失辨认和控制自己行为的能力,所以不能免除应负的刑事责任。但是,由于他们的生理缺陷,他们接受社会教育的条件和对是非的辨别力都要受到限制,因此,从人道主义的角度出发,对于这些人犯罪,可以根据具体情况从轻、减轻或者免除处罚。

第五节 犯罪主观方面

一、犯罪主观方面概述

犯罪主观方面,亦称犯罪主观要件或者罪过,是指行为人对自己的危害社会的行为及其危害社会的结果所抱的故意或过失的心理态度。人的行为是受思想支配的。任何犯罪行为都是在一定的犯罪心理支配下实施的。在人的行为中,如果缺乏故意或者过失这种犯罪心理态度,就不能构成犯罪,也不能使其负担刑事责任。因此,犯罪的主观方面是构成犯罪的必要条件之一。

人在实施犯罪时的心理状态是十分复杂的,概括起来有故意和过失这两种基本形式,以及犯罪目的和犯罪动机这两种心理要素。犯罪的故意和犯罪的过失可以单独完整地表现犯罪的主观方面,说明某一种犯罪主观要件的情况,是犯罪构成主观方面的必要要件;犯罪目的只存在于犯罪故意之中,它只能进一步说明某一种犯罪在主观方面的状况,是某些犯罪的选择要件。犯罪动机不是犯罪构成必备的要件,它不能影响犯罪主观方面的成立,但是对于确定罪行的程度,能够起一定的作用。

犯罪主观方面是一种以一定的心理过程为特征的刑法学中的概念。从心理学的角度看,犯罪主观方面作为行为人支配危害行为的主观心理态度,与一般行为所具有的主观心理态度一样,都具有两个基本心理因素,这就是:认识和分辨事物的意识因素;决定和控制自己行为的意志因素。缺少这种心理学的内容,罪过就不具有"心理态度"的主观性质。然而仅仅从心理特征上是不能说明犯罪主观方面的本质的。人的心理活动过程同人脑的机械的、物理的、生理的过程是密切联系的,但是不能把心理活动仅仅归结为这种过程。人的心理活动是人脑反映外部世界的一种特殊的机能和作用,是社会的产物,人的主观心理态度必然要带上社会政治的烙印。犯罪主观方面这种由刑法规定的主观心理态度,更带有深刻的社会政治内容,即刑法学的内容。只有当行为人的主观心理态度表现为支配危害社会的行为并构成犯罪时,这样的主观心理态度才是刑法意义上的罪过。如果行为缺乏社会危害性,那么支配这种行为的故意或者过失,就不会成为刑法学上的罪过。

犯罪的主观方面与危害行为及其结果的发生和存在为共存条件,它总是要表现在一定的危害社会的行为之中,如果只是单纯的心理态度,而不是通过一定的危害社会的行为表现出来,那就不能成为犯罪的主观方面。因此,犯罪的主观方面,对于行为人来说是主观的,但是对于司法工作人员来说,则是客观存在的,可以认识的事实。列宁说:"我们应该按哪些标志来判断真实的个人的真实'思想和感情'呢?显然,这样的标志只能有一个,就是这些个人的活动。"[①]我国司法实践证明,只要认真地、深入地进行调查研究,全面地、历史地、辩证地分析案件的具体情况,就能够透过现象认识事物的本质,查清行为人主观上是否有罪过,从而做到正确定罪和量刑。

二、犯罪主观方面的内容

犯罪主观方面的内容,或者说罪过的内容,是指我国刑法规定的行为人实施犯罪时,必须认识的事实内容和必须具有的意志状态。

人的不同的行为受不同的思想指导,不同的思想内容指导着不同的行为。在犯罪中也一样。当犯罪发生之后,要使行为人对所实施的危害行为及其危害结果负责,必须查明该行为和该结果是在他的罪过指导下造成的,否则,不能使他对此负刑事责任。例如,某甲仅仅想要伤害某乙,刺伤了某乙的小腿,但是,由于耽搁的时间太长没能及时救治,造成失血过多和破伤风感染,致使某乙死亡。某甲主观上只具有故意伤害的罪过,而不具有故意杀人的罪过,因此,某甲只应负伤害致死的责任,不应对某乙的死亡负责。

犯罪主观方面的内容,是由意识因素和意志因素这两大部分内容构成的。

(1) 意识因素。这是指行为人对事物及其性质的认识和分辨情况。我国《刑法》第 14 条规定的"明知自己的行为会发生危害社会的结果",第 15 条规定

[①] 《列宁全集》第 1 卷,人民出版社 1984 年版,第 367 页。

的"应当预见自己的行为可能发生危害社会的结果",以及第219条第2款规定的"明知或者应知前款所列行为,获取、披露、使用或允许他人使用该商业秘密的,以侵犯商业秘密论",明确要求了罪过的成立必须认识或者应当认识关于犯罪构成的客观事实及其性质。虽然,根据我国刑法规定,行为人对事物的认识可以通过有认识、无认识以及推定认识这三种形式表现出来,但是,认识的内容,只能包括以下两方面的内容:

第一,行为人对自己行为及其结果的社会危害性的认识,或者说对与犯罪客体有关的事实及性质的认识。社会危害性是犯罪最本质的、具有决定意义的特征,要求行为人认识社会危害性,就把作为罪过的心理态度与一般的心理态度区分开来了。在我国,通常每一个公民,只要达到法定年龄和具有责任能力,通过对犯罪对象以及行为时的各种事实情况的认识,一般都能辨认自己行为的是非善恶,认识什么行为是具有社会危害性的。只有在特殊的情况下,行为人由于对事物的认识有错误,可能导致对自己行为的危害性的认识发生错误,从而影响罪过的成立。例如,盗窃枪支弹药罪在罪过方面要求行为人认识盗窃的对象是枪支弹药。如果行为人不知道盗窃的对象是枪支弹药,而认为是一般财物,那么,其盗窃行为就只能构成盗窃罪,而不是盗窃枪支弹药罪。

第二,行为人对犯罪的基本事实情况的认识,或者说对犯罪客观方面有关的事实的认识。犯罪的基本事实情况,就是那些对行为的社会危害性及其程度具有决定意义的,该行为成立犯罪所必须具备的事实情况。这就是能够说明犯罪客观方面的事实情况。因为危害社会的行为、危害社会的结果以及它们之间的因果关系是犯罪客观方面的必要要件,因此,行为人对犯罪基本事实情况的认识首先包括了对危害行为、危害结果和两者之间的因果关系的认识。例如,《刑法》第258条规定的重婚罪,要求行为人"明知他人有配偶而与之结婚"。如果行为人不知道对方有配偶而与之结婚,或者明知对方有配偶,但只是与之通奸或姘居,并没有形成婚姻关系,那么,就不具有重婚罪的罪过。只有当刑法分则明确要求行为人对犯罪的时间、地点和方法等事实也要有认识时,犯罪客观方面中的选择要件,才能构成特定犯罪罪过的内容。

除了以上两大方面的内容之外,我国刑法对犯罪主观方面的意识因素,没有再作任何要求。我国刑法并没有要求行为人认识自己的行为是违反刑事法律规定的行为,即不要求认识刑事违法性。这是因为,刑事违法性就是社会危害性在刑法上的表现,是否认识刑法对某种危害社会的行为所作的法律评价,并不能改变行为人意识的社会危害性。刑法公布生效以后,就作为我国全体公民都必须遵守的行为规范发生作用,不管人们认识与否,它都是认定犯罪和确定刑罚的准绳。如果不认识行为的刑事违法性就不能构成罪过,不负刑事责任的话,那么就容易使有些人借口不懂法律逃避应负的刑事责任。当然,在现实生活中,确实有少数人因为各种复杂的情况,不知法律而犯罪,对于这种情况,人民法院应具体分析,如果确有情有可原的一面,法院可以作为从宽处理的情节考虑。

(2) 意志因素。这是指行为人根据对事物的认识,决定和控制自己行为的心理因素。根据我国刑法的规定,意志对于危害行为和危害结果的支配和控制作用,表现为四种形式,即:希望、放任、疏忽、轻信。

希望是指行为人积极地有目的地追求危害结果发生的意志状态。

放任是指行为人对自己的行为所引起的危害结果,听之任之,不加控制和干涉的意志状态。

疏忽是指行为人粗心大意、松懈麻痹,因而没有预见本来应当预见和可能预见的危害结果,以致发生危害结果的意志状态。

轻信是指行为人盲目自信,过于轻率地选择和支配自己和行为,以致发生危害结果的意志状态。

我国刑法要求,任何犯罪的主观方面,都是有着具体内容的意识因素与这四种意志形式之一结合组成的,缺乏意识因素和缺乏意志因素,罪过都不能成立。我国《刑法》第16条规定:"行为人在客观上虽然造成了损害结果,但是不是出于故意或者过失,而是由于不能抗拒或者不能预见的原因所引起的,不是犯罪。"在这里,不能预见的原因是缺乏意识因素的情况,不能抗拒的原因是缺乏意志因素的情况,两种情况都不能形成罪过,也就没有犯罪可言。

应当注意,意识因素与意志因素,绝不可能是随意排列组合的结果。在这两种心理因素之间,存在着相互依存、相互制约的关系。例如,在意识因素中,行为人如果是应当认识危害社会的行为而没有认识的话,那么在意志因素中绝不可能同时表现为希望这种意志状态。我国刑法对罪过中意识因素与意志因素之间结合关系的规定,是与人的心理活动规律相一致的,是与犯罪和刑罚的规律相一致的。正确认识与把握意识因素和意志因素之间的这种有机联系,对正确认定罪过形式有着十分重要的意义。

三、犯罪故意

犯罪故意是我国刑法确定的罪过形式之一。根据《刑法》第14条的规定,犯罪故意是指行为人明知自己的行为会发生危害社会的结果,并且希望或者放任这种结果发生的主观心理态度。从罪过内容上看,犯罪故意具有两方面特征:其一,在意识因素上,行为人明知自己的行为会发生危害社会的结果;其二,在意志因素上,行为人对危害结果的发生抱着希望或放任的态度。根据意识和意志方面的不同情况,刑法理论将犯罪故意分为直接故意和间接故意。

直接故意是指行为人明知自己的行为会发生危害社会的结果,并且希望这种结果发生的心理态度。直接故意可以发生在直接追求危害结果发生的各种犯罪中。例如，某甲为了骗取钢材采购员某乙的巨额现款，谎称自己是钢铁厂供销科长，通过与某乙签订假合同的手段，将钱骗到手后潜逃。这就是直接故意构成的诈骗罪。我国刑法规定的大部分犯罪都可以由直接故意构成。

间接故意，是指行为人明知自己的行为可能发生危害社会的结果，并且放任这种结果发生的心理态度。间接故意只能发生在以下两种情况下：一种是行为人追求某一个犯罪目的而放任了另一个危害结果发生的情况。例如，某甲因为和婆婆不和，就在饭里下毒，想要毒死婆婆。她明知姑嫂也可能吃这锅饭，但杀婆婆心切，对其他人的死活就抱着听之任之的态度，结果造成姑嫂中毒死亡的结果。某甲对姑嫂的死，就是间接故意。另一种情况是行为人追求一个非犯罪目的而放任了另一个危害结果的发生。例如，某甲在学校门口用气枪打鸟，不顾进出校门学生的安全，结果打瞎了一名学生的眼睛。某甲对学生的伤害，就是出于间接故意。其他情况，都能够归入这两种情况之中。

直接故意和间接故意，虽然同属犯罪故意，都对行为的社会危害性和犯罪的基本事实情况有认识，危害结果的发生都没有超出行为人之预料，都不违背行为人的意愿，但是，这两种故意形式还存在着重要的区别：

第一，在意识因素方面，行为人对危害行为发生危害结果的确定性认识不同。直接故意既可以包括认识危害结果的必然发生，也可以包括认识危害结果的可能发生；间接故意只能包括认识危害结果的可能发生，不可能包括认识危害结果的必然发生。"明知危害结果必然发生，并且放任这种结果发生"的说法，不符合人的心理规律，违反了意识与意志因素之间相互依存、相互制约的关系，在实践中，只能使意志因素变成一种不可捉摸的因素，因而是不可取的。

第二，在意志因素方面，直接故意对危害结果抱着希望发生的态度，间接故意表现为放任的态度。间接故意虽然不是积极主动地追求危害结果，但也丝毫没有采取措施来防止结果的发生。希望和放任这两种意志状态一般是比较容易辨认的，因此，意志状态是区分这两种犯罪故意的主要标志。

第三，从这两种故意发生的情况看，直接故意直接存在于追求危害结果的犯罪行为之中，因此，具有直接追求性的特点。间接故意则必须以追求其他某种目的的行为为前提，因此，具有伴随性的特点。也就是说，间接故意不能单独产生和存在，只能伴随着行为人的其他行为和其他心理状态而出现。

《刑法》第14条第2款规定："故意犯罪，应当负刑事责任。"研究犯罪故意的概念、内容及其形式，有助于我们正确地掌握和认定故意犯罪在主观方面的要求和条件，以便正确地定罪和量刑。一般来说，直接故意的社会危害性较之间接故意要大一些，因此，对直接故意犯罪的量刑会比间接故意犯罪重一些。当然，由于具体案件其他方面的情况不同，间接故意犯罪所受的刑罚，并非都要比直接故意犯罪为轻。

四、犯罪过失

犯罪过失是我国刑法规定的另一种罪过形式。我国《刑法》第 15 条第 2 款规定:"过失犯罪,法律有规定的才负刑事责任。"我国刑法分则规定的过失犯罪,都要求造成严重的危害结果。例如,过失致人重伤罪、交通肇事罪等。因此,犯罪过失不是一种普通的心理态度,而总是同严重的危害结果的发生联系在一起的。没有法定的严重危害结果的发生,就谈不到犯罪过失的存在。根据《刑法》第 15 条的规定,犯罪过失是指行为人应当预见自己的行为可能发生危害社会的结果,因为疏忽大意而没有预见,或者已经预见而轻信能够避免,以致发生了危害社会的结果的主观心理态度。从罪过内容上看,犯罪过失具有两方面特征:其一,在意识因素上,行为人应当预见自己的行为可能发生危害社会的结果,但是疏忽大意而没有预见;或者已经预见但是轻信能够避免。其二,在意志因素上,行为人对危害结果的发生是持根本否定态度的。根据罪过内容方面的特点,刑法理论将犯罪过失分为疏忽大意的过失和过于自信的过失。

疏忽大意的过失是指行为人应当预见自己的行为可能发生危害社会的结果,因为疏忽大意而没有预见,以致发生这种结果的主观心理态度。例如,某矿的爆破工经常把装雷管的铝盒当饭盒用,有一天,某甲把一个装着雷管的铝盒,误认为是同事的饭盒,放在火炉上烘烤,结果发生爆炸事故。某甲虽然没有预见到自己行为的危害结果,但作为爆破工,是应当并且能够预见的,因此,应负过失犯罪的责任。疏忽大意的过失具有两个特点:第一,"应当预见"而"没有预见";第二,对危害结果的发生是根本反对的。其中第一个特点"没有预见"是划分疏忽大意的过失与其他罪过形式的主要界限。

很明显,疏忽大意的过失是以行为人应当预见自己的行为可能发生危害社会的结果为前提条件的。如果在当时的情况下,行为人根本不可能预见危害结果的发生,那就不存在过失问题。因此,判定应当预见的标准问题,是确定是否构成疏忽大意过失的关键。关于这一点,刑法理论历来有主观说与客观说两种标准,客观说主张以普通人的智能水平为标准,即:凡是一般人能够预见的,就应认为应当预见。主观说主张根据行为人本身的智能水平,具体地确定能否预见,即:根据行为人本身的主观条件,包括知识程度、智力状况、工作能力、业务水平,等等,如果是有可能预见到所发生的危害结果的,就应认为是应当预见。客观说的缺陷有两个:一是标准不明确,不能从法律上为"一般人的一般水平"提供一个明确的界限;二是以一般代替个别,这必然导致智能水平高的罪犯逃避惩罚,而使智能水平低的人承担不必要的刑事责任。主观说的缺陷主要是没有考虑到危害行为发生时的具体环境和条件,因此,也可能使人承担不应有的责任。

在确定行为人的认识标准时,我们赞成主观说。但是,在采取主观说时,必须注意行为时的客观情况的影响,以克服主观说的缺陷。这样,才能准确地认定行为人当时是否应当、是否可能认识到危害结果的发生。例如,汽车驾驶员王某,驾驶一辆满载乘客的客车,在超越一辆拖拉机时,方向盘往左打过去后卡死,致使汽车冲入沿街民房内,造成撞毁房屋三间、一人死亡、四人受伤的严重后果。案件发生后,司法部门多次组织技术人员对该车进行检查鉴定,发现该车虽然刹车总泵横柱螺丝掉落一只,另一只用捆绑代替,有刹车进气不足、制动不灵的毛病,但更重要的是该车方向机内蜗杆轴承弹子已损坏,致使方向机卡死的机械故障。王某身为驾驶员,对车辆状况应当是十分熟悉的,但是,该车的机械故障,尤其是方向机内部的故障,是他所不知道的,出车前,车队领导试车时也没有发现,王某行车途中也未见异常情况,因此,王某对危害结果的发生是根本不可能预见的。随着科学技术的日益进步,社会生活、经济生活日益复杂,人们承担的认识义务会越来越广泛,也会越来越受到客观条件的限制。因此,在司法实践中,必须注意综合分析主观条件和客观情况,具体问题具体分析,才能正确认识罪过。当然,客观说的主张在司法实践中也不是一点用处都没有。用客观说的标准,能够迅速解脱一批智能水平比较低下的行为人,这样有助于司法人员减少一些无效的工作。

过于自信的过失是指行为人已经预见到自己的行为可能发生危害社会的结果,但是轻信能够避免,以致发生这种结果的主观心理态度。例如,汽车驾驶员李某,运送某乡干部到县城开会,途经一个渡口时,自恃技术高超,违反渡口人、车分渡的规定,借口赶时间送人开会,不顾劝阻,坚持人和车一起渡,结果汽车上船时,造成渡船倾覆、人员伤亡、财产严重损失的恶果。过于自信的过失具有两个特点:第一,"已经预见"而"轻信能够避免";第二,对危害结果的发生也是根本反对的。

在理论上和实践中,过于自信的过失与间接故意是一对经常容易混淆的罪过形式。由于过失犯罪与故意犯罪有着根本区别,因此,区分两种罪过形式在理论和实践上都有重要意义。

过于自信的过失与间接故意有许多相似之处:在意识方面,两者都认识到自己行为的危害结果,并且都只预见到这种结果发生的可能;在意志方面,两者都不希望结果的发生。

然而,过于自信的过失与间接故意在罪过内容方面存在着原则区别:

在意识方面,间接故意仅仅认识了与犯罪有关的事实,而对那些确实可能防止危害结果发生的事实和条件没有认识或者不予关心。过于自信的过失不仅对行为的社会危害性和犯罪的基本事实都有认识,而且对其他可能防止危害结果发生的事实和条件也有一定程度的认识。这些事实和条件,一般包括行为人自己具有的熟练技术、敏捷动作、高超技能,以及丰富的经验、一定的预防措施、其他人的帮助和某种有利的客观条件。在通常情况下,这些事实和条件是确实能够防止犯罪的发生的。然而,由于行为人对这些事实和条件在当时所能起的作用估计太高,才导致了危害结果的真正发生。正是由于这两种罪过对危害结果的确会发生的认识有不同,因此,当危害结果真正发生时,间接故意认为是预料之中的事,而过于自信的过失则认为是出乎意料。

在意志方面,间接故意对于危害结果的发生除了具有"不希望"的一面之外,同时还存在着"如果发生也不违背自己的意愿"这一面。这种"发生不发生都行"的心理,表现了对危害结果的放任态度。过于自信的过失对于危害结果的发生,除了"不希望"还是"不希望",就是说,过于自信的过失对危害结果是持根本否定态度的。

通过仔细考察行为人主观方面意识与意志两方面因素的具体内容,我们是可以分清这两种不同的罪过形式的。

研究犯罪过失的概念、种类以及与其他罪过形式之间的区别,对于我们准确把握罪过的内容和形式,准确定罪量刑,都有极大的帮助。

五、犯罪目的与犯罪动机

犯罪目的是指行为人通过实施危害社会的行为所希望达到的结果。例如,实施盗窃行为,就希望达到非法占有公私财物的结果;变造货币,就希望达到谋取非法利益的结果;等等。犯罪目的对犯罪目标的直接指向性,说明了具有犯罪目的的罪过必须具有直接追求性。很明显,间接故意只具有伴随性,犯罪过失对危害结果具有否定性,都不可能具有犯罪目的,只有直接故意,才能具有犯罪目的。

犯罪目的直接指出了行为人追求的目标,这个目标往往直接体现了犯罪行为所侵害的犯罪客体,或者集中体现了该行为的社会危害性。例如,在盗窃罪的目的中,公私财物直接表现为财产所有权的物质载体;在变造货币罪中,非法营利的状况,集中体现了该行为的社会危害性,营利多少直接说明了社会危害性的程度。因此,犯罪目的经常可以直接说明犯罪在主观方面的状况。犯罪目的虽然不是犯罪主观方面的全部内容,但是经常能够单独地说明某种犯罪心理态度的性质。因此,它经常是实践中查明行为人主观方面状态首先要解决的对象。

在刑法分则中,有些条文明确要求犯罪目的作为犯罪构成的必要要件,例如,集资诈骗罪(以非法占有为目的)、绑架罪(以勒索财物为目的)、伪证罪(意图陷害他人或者隐匿罪证)等许多犯罪。在这些犯罪中,是否具有法律所要求的犯罪目的,是这些犯罪能否成立的必要条件之一。犯罪目的的内容是说明此罪与彼罪的重要标准。例如,绑架罪和拐卖妇女、儿童罪,形式上都可以是绑架行为。但是,绑架罪是以勒索财物为目的,绑架妇女、儿童如果以出卖为目的就构成拐卖妇女、儿童罪。由于犯罪目的的不同,同一种行为就构成不同的犯罪。因此,搞清犯罪目的,对于正确地认定犯罪和适用刑罚都有重要意义。

犯罪动机是指行为人实施犯罪的内心起因。心理学认为,动机来自人的需要,它激励人确定行动的目的,推动人将内心的愿望变成客观的现实。犯罪动机当然也具有心理学上的动机的特点,只不过它激励人实施的是危害社会的行为,要达到的是犯罪目的。我国刑法对犯罪动机没有明文规定,因此,它不是犯罪构成的必备要件。但是,我国刑法分则不少条文规定了情节严重、情节恶劣或情节轻微,犯罪动机无疑是能说明情节的重要因素之一。

犯罪动机在人的犯罪心理中属于比较深层次的因素,它是连接行为人的需要和目的的重要心理因素,因此,能够直接反映行为人主观恶性程度和行为的社会危害性程度。例如,同样是故意杀人罪,一个出于贪财的动机,另一个是出于义愤的动机,很明显,后者的主观恶性程度和社会危害性程度都要比前者小。因此,这种情况在确定罪行的严重程度,判处适当刑罚时就应当区别对待。

犯罪动机和犯罪目的是既有密切联系,又有原则区别的两种心理因素。在司法实践中必须注意区别,不能混淆,否则,就可能搞错犯罪的性质。掌握犯罪目的与犯罪动机的联系与区别,对于正确认定罪过,区分罪与非罪、此罪与彼罪、罪重与罪轻,都有重要意义。

六、刑法上的认识错误

刑法上的认识错误,是指行为人对自己行为的法律性质和事实的认识错误。这属于犯罪主观方面的特殊问题,主要是解决行为人主观上对自己行为的法律性质和事实情况发生误解时的刑事责任。

刑法上的认识错误可以分为法律上的认识错误和事实上的认识错误两大类。

(1) 法律上的认识错误

所谓法律上的认识错误,是指行为人对自己行为的法律性质有不正确的理解。行为的违法性是构成犯罪的基本特征之一。哪些行为属于犯罪行为,哪些行为不属于犯罪行为,对什么样的犯罪应当处以什么样的刑罚,都必须以刑法为准绳来进行判断。行为不触犯刑法的,不能认为是犯罪;行为如果触犯刑法,也不能因为行为人主观上的错误认识,而不适用刑法。因此,处理法律上的认识错误的总原则是:行为人的刑事责任依刑法判定,不因主观上的认识错误而发生变化。具体说,有以下几种情况:

第一,某种行为在刑法上并不认为是犯罪,而行为人由于误解法律而认为是犯罪。例如,实施正当防卫杀死了侵害人,防卫人以为是犯罪,但实际上是刑法允许的行为,没有超过必要限度,不是犯罪。

第二,行为人认为自己的行为并不构成犯罪,但实际上是刑法所禁止的犯罪行为。例如,某甲的妻子与某乙通奸,某甲就强奸了某乙的妻子,他认为自己没有犯罪,实际上犯了强奸罪。

第三,行为人对自己的犯罪行为在犯罪性质和刑罚轻重上有不正确的认识。例如,张某偷割了国防通信线 1500 米,他以为自己犯的是盗窃罪,最多不过判 5 年有期徒刑。实际上,他的犯罪行为给战备工作造成极大的困难,依法最轻应判 10 年有期徒刑。

(2) 事实上的认识错误

所谓事实上的认识错误,是指行为人对自己行为时的事实情况有不正确的理解。行为人对犯罪客体和犯罪客观方面事实的认识,是罪过的重要内容。因此,行为人对自己行为时的事实情况,尤其是对表明犯罪客观要件方面事实情况的认识错误,可能对其刑事责任发生影响。具体说,这包括以下的内容:

第一,行为人对目标的错误认识,即行为人对自己行为所指向的事物的性质和种类的认识错误。这方面的问题比较复杂:如果行为人对自己行为的社会危害性没有认识,例如,误人为兽加以杀伤的,根据实际情况应当构成过失犯罪或者意外事件;如果行为人对犯罪对象认识有错误,但是对犯罪客体认识没有错误,例如,误甲为乙加以杀伤的,则对刑事责任不发生任何影响;如果行为人对犯罪客体的种类认识有错误,例如,误枪支弹药为普通财物而加以窃取,则依行为人主观认识的客体种类定盗窃罪,不能定盗窃枪支弹药罪。

第二,行为人对犯罪手段的错误认识,即行为人对其选择的犯罪手段的性质的认识错误。例如,错把酵母片当作安眠药去毒杀人。这种情况不影响罪过的成立。但是由于死亡结果没有发生,行为人只负犯罪未遂的刑事责任。

第三,行为人对因果关系的错误认识,即行为人对其所实施的行为和所造成的结果之间的因果关系的实际发展有错误认识。例如,某甲只想轻伤某乙,不料某乙因未能得到治疗,失血过多死亡。某甲只能负故意伤害致死的刑事责任。

第四,行为差误问题。这是指行为人在实施某种危害行为时,由于客观条件的限制,发生了并不是行为人所期望的结果。例如,某甲用枪向某乙射击,想杀死某乙,但由于技术太差,没能打着,某甲仍要负故意杀人未遂的刑事责任。严格地说,行为差误不属于认识上的错误,但由于它与认识上的错误在观念上有许多相似之处,我们才把它放在一起研究。

第六章 犯罪的预备、未遂和中止

第一节 故意犯罪过程中犯罪形态概述

犯罪的预备、未遂和中止,是故意犯罪行为发展中可能出现的几个不同的形态,有的刑法理论称为故意犯罪的发展阶段或停顿阶段,也有的称为停止形态。

故意犯罪过程是行为人的主观至客观的发展过程,这一过程存在因主客观原因停止下来的各种犯罪形态,可以分为犯罪预备、犯罪未遂、犯罪既遂三种形态。犯罪的中止,可能发生在犯罪预备中,也可能发生在犯罪未遂中,也就是说,它本身不是一个独立的犯罪阶段。但是,犯罪的中止也是故意犯罪发展过程中出现的形态(有的称中断状态),所以,在刑法理论中,有人把犯罪的中止包括在故意犯罪的发展状态中。我国刑法把犯罪的预备、未遂和中止规定在一节里,所以,我们也把它们称为故意犯罪发展过程中可能停顿的几个不同的形态。

在通常的情况下,一个意图犯罪的人,往往要进行一些必要的准备,然后才着手实施,最后完成预期的犯罪。但是,犯罪是极其复杂的社会现象,它不同于数学公式的推导,一定要经过几个步骤。

对各种不同的犯罪案件来说,并非每个犯罪者都一定经过上述的几个不同的形态来达到自己的目的。有的犯罪经过准备,有的犯罪则不经过准备,在产生了犯罪意图以后,就立即着手实行,而且也不是每个犯罪人都能顺利地完成他所预期的犯罪。在有的案件中,在犯罪人着手实行犯罪以后,由于犯罪人意志以外的原因,例如,被害人的防卫或躲避、第三者的干预、自然力的影响等,没有完成犯罪人所预期的犯罪。还有的案件,犯罪人在做好犯罪的准备以后,或者在实施犯罪的过程中,又自动放弃了犯罪的意图,因而避免了危害社会结果的发生。这些情况,就是犯罪的预备、未遂和中止的情况。

犯罪的预备、未遂和中止都是相对犯罪的既遂而言的,并且与犯罪的既遂有着重要区别。因此,在对犯罪的预备、未遂和中止进行研究时,必须先对犯罪的既遂作一简要的分析。

所谓犯罪的既遂,是指犯罪人所实施的行为,已经具备了构成某一犯罪的一切要件。是否完全具备了犯罪构成的主客观要件,是认定既遂犯的唯一标准。但是犯罪行为复杂多样,而且法律条文对具体罪的规定基于刑事政策的考虑也可能从不同角度、不同程度上对社会利益进行保护,因此,对各种不同类型的犯罪,在认定其犯罪既遂的标准上,必然表现出各自不同的特点。根据我国刑法分

则对各种故意犯罪构成要件的不同规定,犯罪既遂主要可以分为以下三种类型:

(1) 结果犯的既遂。结果犯,是指以法定的危害结果作为犯罪构成客观方面的必要条件的犯罪。简言之,其既遂只有在犯罪行为已导致法定危害结果的发生时才能构成。例如,故意杀人行为,被害人已经死亡;盗窃行为,财物已被窃为己有等。

(2) 行为犯的既遂。行为犯,是指以实行法定的犯罪行为作为犯罪构成必要条件的犯罪。对于这些犯罪,只要行为人实施了法律规定的行为,就构成了既遂,无需造成物质性的和有形的犯罪结果。例如,脱逃罪、诽谤罪、伪证罪等。

(3) 危险犯的既遂。危险犯,是指实施了刑法分则所规定的足以发生某种严重危害后果危险的犯罪。这种犯罪,即使严重危害后果尚未发生,也构成犯罪既遂。危险犯主要是一些危害公共安全的犯罪,如《刑法》第114条、第116条、第117条、第118条所规定的放火、决水、爆炸、投放危险物质、以危险方法危害公共安全、破坏交通工具、破坏交通设施、破坏电力设备、破坏易燃易爆设备等犯罪。这种犯罪行为,一旦实施,就足以严重威胁到不特定多数人的生命、健康安全和重大公私财产安全,故刑法条文明确将严重后果的发生排除在构成要件之外。因而,依照刑法规定,该种后果虽尚未发生,也要以犯罪既遂论处。

总之,区分犯罪既遂与否,应以行为人所实施的行为是否具备了刑法分则所规定的某一犯罪的全部构成要件为标准。

我国《刑法》第22条至第24条对犯罪的预备、未遂和中止的概念、处罚原则都作了明确规定。从我国刑法的规定来看,犯罪行为不只是在既遂的时候才具有社会危害性,在犯罪的预备、未遂和中止的情况下也具有危害性,均是可罚的行为。当然,由于犯罪行为所停顿的状态不同,表明犯罪人的意图实现的程度不同,因而反映出社会危害性的程度就不同,所担负的刑事责任也不同。从我国刑法的规定来看,在同一种犯罪中,犯罪的预备、未遂和中止行为同犯罪的既遂比较起来,所担负的刑事责任一般相对要轻。而就犯罪的预备、未遂和中止三者比较起来,犯罪的未遂行为所担负的刑事责任最重;犯罪的预备行为比犯罪的未遂要轻;犯罪的中止行为比犯罪的未遂也要轻。因此,研究犯罪的预备、未遂和中止的概念,它们之间的区别,以及对它们的处罚原则,对分清轻重,区别对待,实行"惩办与宽大相结合"的政策,具有重要意义。

犯罪的预备、未遂和中止,都只存在于故意犯罪的情况之下,都是在实现犯罪目的的过程中发生的。在过失犯罪的情况下,犯罪人虽然有责任预见到自己的行为会发生危害社会的结果,但犯罪人并没有犯罪意图。因此在过失犯罪中谈不上犯罪的预备和中止的问题。同时,过失行为如果没有引起刑法所规定的危害社会结果,就不能构成犯罪。这就决定了过失犯罪也不存在犯罪的未遂问题。间接故意犯罪也不存在犯罪的预备、未遂和中止。因为,在犯罪的主观方面,间接故意犯罪主观要件的特点,表现为行为人对自己行为所可能造成的一定危害结果的发生与否持"放任"态度,即听之任之,发生与否都可以。这说明,行为人没有明确要追求的犯罪意图,这种放任心理与犯罪停顿的主观特征不相符合;在犯罪的客观方面,犯罪停顿的形态表现为行为人开始犯罪的预备行为或着手实行犯罪行为以后,因为行为人意志以外的原因或己意而使犯罪停止在预备、未遂和中止状态。间接故意犯罪由其"放任"心理所支配,在客观方面此种状态和彼种状态都符合其放任心理,其定罪以行为实际结局来决定,不可能存在预备、未遂和中止的停顿形态。

第二节 犯罪的预备

我国《刑法》第 22 条第 1 款规定:"为了犯罪,准备工具、制造条件的,是犯罪预备。"犯罪的预备,是着手犯罪前的一种准备活动,是犯罪的最初阶段。

犯罪的预备行为,是犯罪人全部犯罪活动的一个组成部分。有些犯罪,如果不经过必要的准备活动,就不能实现其犯罪意图。例如,要伪造货币、票证,就必须准备纸张、油墨和犯罪工具等。

从犯罪的预备的概念中可以看出,犯罪的预备行为,一种是为了准备犯罪工具,这是最常见的。所谓犯罪工具,是指在实施犯罪过程中所利用的各种物品。例如,为了实施杀人的犯罪行为而准备的凶器、毒药;为了实施盗窃行为而准备的钥匙、撬锁工具;为了实施放火而准备的火种;等等。总之,一切能够帮助犯罪人实现犯罪的物品,都可以成为犯罪工具。准备犯罪工具的方式,可能是自己购买,也可能是向他人求借,还可能是盗窃或自己制造等。准备的方式如何,对于犯罪预备行为的成立,没有什么关系。犯罪预备的另一种行为是为犯罪制造条件,这是对其他方法的概括。也就是说,除去准备工具之外,任何为实施犯罪而事先制造条件的行为,都属于犯罪的预备行为。例如,拟定犯罪计划,事先调查犯罪的场所和被害人的行踪,为实施特定犯罪学习技术,排除实施犯罪的障碍,前往犯罪场所守候或诱骗被害人赴犯罪的预定地点,勾引、集结共同犯罪人,进行共同预谋等。

尽管犯罪的预备行为多种多样,但是,无论是准备工具或者是制造条件,都是为实施犯罪做准备。只要完成了必要的准备,犯罪人便可以付诸实际行动,实现犯罪的意图。所以,我国刑法理论普遍认为,虽然还只是处于着手实施犯罪以前的阶段,还没有实际引起危害社会结果的发生,但是,这种行为对社会存在着严重的威胁,如果不是及时被检举、揭发或由于其他行为人意志以外的原因,使之没有或不可能进一步着手实施犯罪,则必然要造成危害社会的结果。所以,我国刑法规定,对于这种包含着严重社会危害性的犯罪预备行为,要予以必要的处罚。国外的刑法理论则因其是立足于主观主义立场还是客观主义立场而有所不同。主观主义者认为,犯罪的预备行为已经表现出行为人的社会危险性,已具有可罚性。客观主义者则认为,犯罪预备行为虽有危险性,但它如果没有发展到"着手实行"的程度就不会发生侵害,因此,这种侵害的危险性只不过是间接的、不太现实的,原则上不予处罚。

关于犯罪的预备行为如何处罚问题,各国刑法的立法精神不完全相同。主要有三种规定:一是规定预备行为完全不予处罚,如1940年的《巴西刑法典》和1954年的《格陵兰刑法典》;二是规定预备行为只在刑法分则条文上有特别规定应予处罚时才予以处罚,这是绝大多数国家采用的立法,例如,现行《日本刑法》等;三是规定一切犯罪的预备行为都应处罚。我国刑法对预备行为处罚的规定,属于第三种情况。

在刑法上规定要处罚预备行为的国家里,对预备行为的处罚方法主要有两种:一种是必减主义,即对预备行为必须比照既遂罪减轻处罚;另一种是得减主义,认为预备行为可以比照既遂行为减轻处罚,也可以不减轻处罚,是否减轻,由法院酌情决定。我国《刑法》规定:"对于预备犯,可以比照既遂犯从轻、减轻处罚或者免除处罚。"从法律规定的精神来看,预备犯一般应比照既遂犯从轻、减轻处罚或免除处罚,但对少数情节恶劣的,也可以不从轻、减轻处罚。

在确定犯罪预备行为的刑事责任时,应当根据预备实施的犯罪的性质、预备程度、犯罪没有进行到底的原因与行为人人身危险程度等,分别轻重、区别对待,按照罪刑相适应原则确定是否从轻、减轻或者免除处罚。只有这样,才能正确解决犯罪预备行为的责任问题。

在预备犯罪过程中单独构成另一种犯罪时,应如何处理,刑法理论上存在争议。例如,盗窃枪支,准备实施杀人的犯罪,虽然杀人行为还没有实行,但盗窃枪支行为本身已经构成独立犯罪。对于这种情况,有的主张按盗窃枪支和杀人罪预备数罪并罚,有的主张按牵连犯对待,按其中最重的一个罪处罚。我们持第二种意见。

在考察犯罪的预备行为及决定对它处理的时候,必须注意把它同犯意表示严格区别开来。所谓犯意表示,就是行为人通过口头或书面的方式,把自己的犯罪意图表达出来。例如,某甲在给朋友某丙的信中说,他打算去偷某乙家的东西,这就是犯意表示,其仅仅是犯罪意图的流露。假设某甲给某丙写信要求合伙盗窃,或者要求给予工具或者其他帮助,则属犯罪预备了。

犯意表示与犯罪的预备行为,表面上有相同之处:第一,它反映出了一个人的主观上的犯罪意图;第二,它们都是通过一定的行为表现出来的。但犯意表示与犯罪的预备行为,刑法上的意义完全不同,犯意表示没有为实施犯罪创造条件,离"着手实行"的距离比犯罪预备行为要远,对社会的危害性要更间接,我国刑法没有规定要予以处罚。

第三节 犯罪的未遂

一、犯罪未遂的概念和种类

对于犯罪未遂问题,各国刑法的规定和刑法理论上的见解,历来都不完全一致。关于犯罪未遂的概念,主要有两种规定和主张,一是认为,犯罪未遂是指行为人已经着手实行犯罪,但由于其意志以外的原因或障碍,而使犯罪未达既遂的情况。这种主张区分了犯罪未遂与犯罪中止、不能犯。二是认为,犯罪未遂是指行为人已开始实施犯罪而未达到犯罪既遂的情况。这种主张将犯罪中止、不能犯也列为犯罪未遂形态,如德国刑法的规定。

我国刑法采取了上述第一种规定方式,规定:"已经着手实施犯罪,由于犯罪分子意志以外的原因而未得逞的,是犯罪未遂。"

犯罪未遂以犯罪行为实行终结与否,可分为未实行终了的未遂与实行终了的未遂。未实行终了的未遂是指因为行为人尚未完全完成其认为实现犯罪意图所必要的犯罪行为。例如,某甲持刀想杀死某乙,仅砍了一刀,因警察走近,只好持刀逃跑,未完成实现犯罪意图所必要的全部行为。实行终了的未遂是指因为行为人已完全实施了其认为实现犯罪意图所必要的全部行为,只是由于某种客观原因,没有发生行为人预期达到的危害结果。例如,某甲要烧毁某乙的住房,将已燃烧的稻草放在屋内,然后走开,他相信房屋即将烧毁。可是被人发现扑灭了,房屋因而未被烧毁。

犯罪未遂根据未遂的原因不同,可以分为能犯未遂与不能犯未遂。由于行为的性质,本质上不可能达到既遂状态而成立犯罪未遂的,叫不能犯未遂。

二、犯罪未遂的成立要件

根据我国刑法的规定,犯罪未遂的成立必须具备三个要件:其一,是行为人已着手实行犯罪;其二,是犯罪未得逞;其三,是犯罪未得逞,是由于客观原因,即行为人意志以外的原因。

(1) 行为人已着手实行犯罪。

这一要件是犯罪的未遂行为和犯罪的预备行为之间的主要区别。因为,"行为人已着手实行犯罪",说明犯罪人已经不是准备犯罪工具、制造犯罪条件,而是着手实行他意图实施的犯罪行为。

这里所说的"着手",我国刑法理论普遍认为应理解为行为人已经开始实行刑法所规定的具体犯罪构成客观要件的行为。例如,杀人罪中的杀人行为,抢劫罪中的抢劫行为,诈骗罪中的诈骗行为等。这些行为都是犯罪构成中作为构成要件的行为。至于如何判断某人的行为是否属于犯罪构成要件的行为,争论很大,基本上可以分为两种观点:一种观点认为,当某种行为的客观发展,已经达到了开始直接实施犯罪的程度时,就可以认为是"着手",具体确定还必须综合具体犯罪构成的特点具体研究。另一种观点认为,应借助犯罪预备行为,从犯罪预备行为与实行行为的区别来正确认定着手实行犯罪与否。

将"着手实行犯罪"作为未遂的标准始于1810年《法国刑法典》,1871年《德意志刑法典》及近代各国刑法典均相继采用了这一观念。

国外刑法理论为了解决认定是否已着手实行犯罪的标准问题,提出了不少理论,主要有:

第一,形式客观理论:这是早期的通说,认为行为人惟有已开始实行严格意义上的构成要件该当行为,才可认定为着手实行。

第二,实质客观理论:实质客观理论又有两种相类似的见解:一说认为行为人必须已开始实行依据客观见解可认为与构成要件具有必要关联性,而可视为构成要件部分的行为,才可认定为着手实行。另一说认为行为人必须开始实行足以对于构成要件所保护的行为实体(也称犯罪对象)构成直接危险的行为,才可认定为着手实行。

第三,主观理论:主观理论认为是否已达到着手实行的阶段,应根据行为人的主观意思来判断,如果依行为人的犯罪意图及其犯罪计划可以认为已开始实行的,即为着手实行。

第四,综合理论:综合理论的提出,是考虑到上述理论的欠缺。形式客观理论只限于严格意义上构成要件该当行为,使一些实质上可以认定为已达到着手阶段的行为,仍只认定在预备阶段。实质客观理论忽略了行为人的主观方面,而且"必要关联性"或"直接危险"在实践中也缺乏认定的客观标准。主观理论则忽略了客观方面,使预备行为与构成要件该当行为界限模糊。综合理论认为,行为人直接依其对于行为的认识,而开始实行足以实现构成要件的行为,才可认定行为已达着手实行阶段。

我们认为,犯罪未遂是指行为没有满足刑法规定的具体罪的构成要件。而犯罪形态多种多样,刑法的规定很难将所有罪的构成要件都规定得具体、明确、全面。在具体罪的构成要件本身不很具体、明确、全面的情况下,要判断行为是否已属犯罪构成客观要件的行为就很困难。因此,要准备解决具体犯罪未遂行为的起点,必须具体情况具体分析。我们认为当某种行为的客观发展,已经达到了开始直接实施犯罪的程度时,就可以认为是着手,具体确定还必须综合具体犯罪构成的特点具体研究。

(2)犯罪未得逞。

犯罪未得逞是指行为人的行为在着手实行犯罪以后未达既遂状态而停顿下

来。这是犯罪未遂的又一要件,是犯罪未遂区别于犯罪既遂的主要标志,因为犯罪未得逞说明行为没有满足具体犯罪构成的全部要件。犯罪未得逞有三种表现形式:一是法定的犯罪结果没有发生。例如,某甲要杀死某乙,砍了几刀,某乙并没有死。二是确定的犯罪行为没有完成。例如,想从监狱逃脱的犯人未逃出警戒线就被抓回。三是法定的危险状态没有具备。例如,行为人在油库放火,火种还未点燃时被捕获。

(3) 犯罪未得逞,是由于行为人意志以外的原因。

犯罪没有既遂,不是行为人的愿望,而是由于着手实行犯罪后,遇到了"意志以外的原因",才没有能够实现犯罪人的犯罪意图。反过来说,如果行为人着手实行犯罪后,没有遇到"意志以外的原因",犯罪就可能得逞。正是这一特征说明了犯罪未遂的严重危害性。因此,在刑事审判工作中,要解决某种着手实行后的犯罪行为中断是否是"未遂",就必须查明这种中断是否是行为人意志以外的原因所致。

造成犯罪未遂的原因是多种多样的,大致可以分为自身的原因与外界的原因两大类。自身的原因包括:行为人自身能力有欠缺,例如,犯罪过程中突然休克;行为人主观认识错误,例如,将人打成昏迷误认为打死;等等。外界的原因包括:被害人的躲避、反抗、阻止;第三者的阻止,例如,杀人过程中遭公安人员抓获;物与自然力的阻碍,例如,杀人用的瞄准器损坏,以致瞄得不准,投毒时所用毒药已失去效用,放火时因暴雨浇灭火种未得逞;等等。总之,由于种种原因,行为人的行为没有完成具体犯罪构成的全部要件。

犯罪未完成的情况下,正确认定行为人犯罪停止下来的原因究竟是否属于"意志以外的原因",对于区分犯罪未遂与犯罪中止具有重要意义。司法实践中,有些使犯罪停止下来的原因,是否属于"意志以外的原因",不易认定,常引起争论。例如,被害人的轻微反抗、哭泣、哀求,第三人的劝告、斥责,等等。对这类情况的认定,应根据行为人的主观心理活动和案件具体情况,具体分析。

三、不能犯

不能犯是指由于事实上或法律上的原因,行为人的行为在本质上就不能实现具体犯罪构成的客观要件的未遂犯,包括由于行为主体、犯罪对象、行为手段等方面的不能,而成立犯罪未遂。行为主体不能,例如,误以为具有国家工作人员身份,而着手实行渎职罪。犯罪对象不能犯,是指行为人实施犯罪行为时,该种犯罪对象实际上不存在,例如,误认为被害人在房内朝房内蜡像开枪,等等。行为手段不能,是指行为人实施犯罪行为时,所使用的工具或方法不可能达到既遂,例如,误将砂糖当作砒霜杀人,或用已经失效的毒药杀人等等。

不能犯与迷信犯是有区别的。迷信犯,又称愚昧犯,是指行为人采用人类根本不可能支配或不可能产生实际危害结果的迷信、愚昧的手段、方法来实现其犯罪意图。例如,采用诅咒的方法,或针扎纸人的方法杀人。这类情况不属于不能犯未遂。区分不能犯未遂与能犯未遂的总的标准,是未遂行为除不能发生危害结果外,还必须不具有实际危险性,才能够成立不能犯。不能犯与能犯未遂相比,其社会危险性相对地要小一些,处理时应当考虑这一特性。

四、犯罪未遂的处罚理由与处罚原则

我国刑法理论认为行为人的行为本身是为了完成某种预定的犯罪,犯罪未得逞只是由于行为人意志以外的原因,因此,犯罪未遂行为具有可罚性。还有观点认为,我国刑法之所以追究犯罪未遂的刑事责任,是因为犯罪未遂具备了与既遂形态的基本犯罪构成有所不同的修正的犯罪构成诸要件,具备了主观犯罪故意与客观危害行为的有机结合,也就是说,具备了应负刑事责任最基本的主客观相统一的根据。

关于犯罪未遂的可罚理论,国外刑法理论有若干观点,主要有:客观理论、主观理论与综合理论。

客观理论认为未遂犯的可罚理由在于未遂行为对于构成要件所保护的对象形成的危险,在故意行为的各个阶段,均是一样的。其可罚理由并不在于行为人的意志,而是在于实现构成要件结果的危险,这种危险的概率很高,应予以刑罚制裁。

主观理论认为未遂犯的可罚理由在于行为人以其未遂行为显露了其主观恶性,因此应予以刑罚制裁。

客观理论不承认不能犯未遂的可罚性,而主观理论则承认。但主观理论又容易扩张未遂犯的处罚范围。

综合理论认为主、客观理论均有欠缺,应综合主客观两方面。认为未遂犯的可罚性在于行为人因其未遂行为显露了在主观上与行为规范相违背的主观恶性,使客观可见的未遂行为足以破坏法律的权威与法律秩序,应予以刑罚制裁。

我们也认为,未遂犯的可罚性在于未遂行为的主客观两个方面,缺少任何一点都不足以说明未遂行为应予以刑罚制裁。

对犯罪未遂行为的刑事责任问题,各国刑法典主要有两种规定方法:(1)规定一切犯罪的未遂都同既遂一样负责任。(2)规定某些犯罪的未遂应负责任,刑法理论称之为列举规定。这是比较常用的方法。

各国刑法的规定和刑法理论上对未遂犯的处罚问题,主要有三种主张:(1)必减主义(也称客观主义),认为刑罚的轻重应以实害的大小为准,未遂的实害较既遂小,因而未遂必须比照既遂减轻处罚。(2)同等主义(也称主观主义),认为刑罚应注重犯罪人的主观恶性大小,未遂犯与既遂犯的恶性没有差异,因而对未遂犯应处以与既遂犯同等的刑罚。(3)得减主义(也称折中主义),认为对未遂犯可以比照既遂犯减轻处罚,也可以不减轻处罚。是否减轻,由审判机关酌定。

我国刑法规定,对未遂犯可以比照既遂犯从轻或减轻处罚。一般地说,未遂犯要比照既遂犯从轻或减轻处罚,但也不是绝对的。对于极少数犯罪危害严重、情节恶劣的未遂犯,可以不从轻或减轻处罚,即与既遂犯处同样的刑罚。

第四节 犯罪的中止

我国刑法规定的犯罪的中止,是指在犯罪过程中,自动放弃犯罪或者自动有效地防止犯罪结果发生的行为。这里有两种情况,一是在犯罪过程中自动放弃犯罪,二是在犯罪过程中自动有效地防止犯罪结果发生。前者如,某甲要将某乙毒死,当买了毒药,正要放入某乙食物内时,又自动打消了原来的犯罪念头;后者如把毒药放入食物内,某乙吃了以后,毒性尚未发作,某甲又积极找医生解毒,经过抢救,防止了死亡结果的发生。

从犯罪中止的概念中,可以看出,犯罪的中止必须具备以下的条件:

(1)犯罪的中止不是犯罪的终止,它必须是出现在犯罪过程当中,如果预定的犯罪已经完成,当然就谈不到中止的问题。例如,放火的犯罪分子已把他人的房屋烧着,就应对放火罪负既遂的责任。犯罪中止的实质,在于不使危害社会的结果发生。因此,犯罪的中止行为,只能发生在犯罪的预备和着手实行犯罪过程中,可分为预备中止、未实行终了中止与实行终了中止。根据这些特征,以下两种情况就不能认为是犯罪的中止:(1)犯罪已经既遂以后,又自动恢复原状或赔偿损害的行为。例如,某甲偷了某乙的财物以后,某乙进行查找,某甲怕被发现,又将财物送还某乙,或者在用了之后又赔偿某乙的损失。(2)中止可能重复实施的侵害行为。例如,在故意杀人罪中,行为人对被害人开枪射击,第一枪没有击中,不再开第二枪、第三枪。这种情况不能消除行为人已经实施的未遂行为所应负的刑事责任,而只能作为证明行为人社会危害性较小的一个情节,在量刑时予以考虑。

(2)必须是自动中止。中止的自动性,是犯罪中止的本质特征。这里所说的"自动",是指行为人在犯罪过程中,自愿放弃犯罪意图,从而中止犯罪行为继续实行,或防止犯罪结果发生。也就是说,在犯罪既遂以前,行为人自己认为有可能把犯罪完成使之既遂,但出于己意中止实行犯罪行为或防止结果发生。

犯罪中止必须是行为人在自由情况下,出于自我意愿。如果是出于外力的强制,或因外界直接压力而形成内心压力的情况下,被迫停止其实行行为的,是犯罪未遂。至于行为人出于什么动机而形成自动中止的意愿,与犯罪中止的成立无关。行为人可能出于良心责备,真诚悔悟,也可能出于同情被害人,也可能害怕犯罪行为被人察觉等等。

在犯罪过程中要做到不使危害结果发生,通常只要求犯罪行为人消极地放弃犯罪活动就可以了。但是,如果是在犯罪行为实施完毕以后,还需要一段时间才能发生危害结果的情况下,就必须要求行为人用积极的行动,有效地阻止危害结果发生。如果不是有效地阻止危害结果发生,即行为人虽已阻止但危害结果仍然发生的话,行为人仍要负犯罪既遂的刑事责任。

(3)必须是彻底中止。这里所说的彻底中止,是指行为人彻底放弃原来的犯罪意图。如果行为人因某种原因(如认为环境不利或时机不成熟等)暂时放弃某种犯罪,等到认为时机适当时再干,例如,放火犯正在点火时,见有人从远处走来,于是将刚刚点着的火熄灭,打算待人过去后再继续干,以免被发现,这是犯罪的中断进行,是行为人自我保护的一种伎俩,不是犯罪的中止。

彻底中止必须是指行为人彻底放弃原来的某种犯罪意图,不能把彻底中止理解为行为人保证以后不再犯其他罪行或者同类罪行。也就是说,不能以行为人以后不犯其他罪行或同类罪行作为认定犯罪中止的附加条件。

以上三个条件必须同时具备,缺少其中任何一个,都不能认为是犯罪的中止。

关于对中止犯的处罚问题,各国刑法主要有三种规定:(1)规定自动中止犯,不给予处罚,如德国、奥地利。(2)规定自动中止是未遂的一种,称为中止未遂,按犯罪未遂来处罚,如日本。(3)一般的中止犯不予处罚,但法律规定某些罪的中止犯仍应处罚。

在对中止犯给予处罚的国家里,其处罚方法,普遍规定为应当减轻或免除处罚。我国《刑法》第 24 条第 2 款规定:"对于中止犯,没有造成损害的,应当免除处罚;造成损害的,应当减轻处罚。"对中止犯应当减轻或免除处罚,国外刑法理论普遍认为是基于刑事政策的考虑,鼓励行为人自动放弃犯罪或防止犯罪结果发生。我国刑法理论界有人认为,中止犯的社会危害性与人身危险性比未遂犯、预备犯要轻,因此规定比未遂犯、预备犯要轻的刑罚,符合主客观相统一的刑事责任原则和罪刑相适应的要求。我们认为,对中止犯应当减轻或免除处罚,主要是从刑事政策上考虑,因为这种处罚原则,对于鼓励犯罪人中止已经开始的犯罪活动,有效防止犯罪结果发生,促使犯罪人悔过自新和预防犯罪等方面,具有重要意义。

第七章 排除社会危害性的行为

第一节 排除社会危害性的行为概述

社会危害性是犯罪最本质的特征。区分一个行为罪与非罪的基本标准,即视其是否具有社会危害性。但是现实社会是纷繁复杂的,常常出现一个行为,从表面上看,似乎具有社会危害性,具备了刑法分则规定的某一犯罪构成的要件,而实际上该行为由于存在特殊的条件,不但不具有社会危害性,相反,是对国家、社会和公民有益的行为;不但不是违法的,而且是完全合法的,符合社会道德要求的。这类行为即是刑法理论上所谓的排除社会危害性的行为,如正当防卫行为、紧急避险行为等。

大多数国家的刑事立法对正当防卫和紧急避险行为都有规定,认为在正当防卫和紧急避险情况下实施的行为应免除刑事责任。至于对这个原理的论证,西方学者主张"违法阻却"说,把"违法阻却"即行为缺乏违法性,看作免除刑事责任的唯一根据。我们认为,犯罪是对抗统治关系的斗争,统治阶级为了维护其统治,把危害其阶级利益和统治秩序的行为规定为犯罪,并予以刑罚处罚。所以,社会危害性是犯罪最本质的特征,如果某种行为对于统治阶级的利益和统治秩序不具有任何危害性,就不能认为是违法的,当然也不能构成犯罪。而在正当防卫和紧急避险情况下实施的行为,正是"排除社会危害性的行为",应当免除刑事责任。除正当防卫、紧急避险以外,被害人同意的行为、执行命令的行为、正当业务行为等,一般也认为属于有条件的排除社会危害性的行为。对此,我国刑法中没有具体规定。这里只作简要介绍:

被害人承诺的行为,是指行为人在被害人承诺的前提下损害其利益的行为。此种行为必须具备一定条件才属于排除社会危害性的行为:第一,被害人承诺的必须是被害人有权支配的权益。目前世界各国对一个人是否有权支配自己的生命,诸如"安乐死"问题争论激烈。在我国,一般认为一个人的生命,自己是没有权利让他人予以剥夺的。第二,被害人的承诺必须符合法律和社会主义道德原则,是对社会没有危害的。第三,被害人承诺必须是有责任能力的人事先自愿作出的承诺。

执行命令的行为,是指部属根据上级国家工作人员的命令实施的行为。根据我国的法律和司法实践,只要是执行了合乎法定程序的命令,造成了对社会的损害的,执行命令的人主观上没有罪过,就不能追究其刑事责任。行为的责任由发布命令的人承担。执行命令的行为必须具备下列条件才能排除社会危害性：第一，执行命令的行为必须是在直属上级工作人员职权范围内发布的；第二，执行的命令是依照法律要求以适当形式发布的；第三，命令看不出明显的犯罪意图。

正当业务行为，是指业务人员正当执行自己业务的行为。同样必须具备下列条件才可以认为是排除社会危害性的行为：第一，所进行的必须是正当业务；第二，执行正当业务的行为人，须是具有一定业务知识和一定业务能力的专业人员；第三，所实施的行为必须遵守该项业务的规章制度。

我国刑法规定排除社会危害性的行为，有利于鼓励和支持广大公民同违法犯罪行为和自然灾害作斗争，保护国家和人民的合法权益不受侵害；有利于树立良好的社会道德风尚，增强公民同犯罪作斗争的道德义务和法律义务观念；对于减少犯罪、预防犯罪、巩固人民民主专政的政权和社会主义制度也具有深远的意义。

第二节　正当防卫

关于正当防卫的最早成文法规定，据认为是16世纪神圣罗马帝国的《卡洛林纳刑法典》，不过它还只是分则性规定，仅限于人身防卫。1810年《法国刑法典》继承了这种观点。1871年《德国刑法典》扩大了正当防卫的范围，第53条规定，为自卫或防卫他人所实施的任何必要行为都不是犯罪，行为人由于惊恐、害怕、恐怖而超过正当防卫限度的行为不予处罚。

我国刑法一向重视公民的正当防卫权利，《刑法》第20条第1款明确规定："为了使国家、公共利益、本人或者他人的人身、财产和其他权利免受正在进行的不法侵害，而采取的制止不法侵害的行为，对不法侵害人造成损害的，属于正当防卫，不负刑事责任。"根据这一规定，所谓正当防卫，就是指为了使国家、公共利益、本人或者他人的合法权益免受正在进行的不法侵害，而对不法侵害者实施一定限度损害的防卫行为。

上述规定表明，我国刑法上的正当防卫具有两个鲜明的特点：首先，在客观上它是同违法犯罪作斗争，保护国家、公共利益、本人或他人合法权益的正当行为，也就是说，这种行为本身并不具有社会危害性，而是对社会有益的行为；其次，在主观上，实施这种行为的动机和目的，是为了保护国家利益、公共利益、本人或他人的合法权益，而采取的一种抵抗或制止正在进行的不法侵害发生的防卫行为。因此，正当防卫和犯罪有着本质的区别，它不仅不构成犯罪，而且实际上是法律赋予公民同违法犯罪行为作斗争的一种正当的合法的防卫权利。正当防卫从某种意义上讲，是国家把一部分刑罚权赋予紧迫情况下来不及诉诸国家司法机关的防卫人。例如,某甲为了保卫自己的生命,与持刀杀人犯某乙搏斗,在搏斗中将某乙打死;某妇女为了抵御强奸而重伤罪犯的身体;等等。这些行为从表面上来看,很像是杀人和伤害他人身体的犯罪行为,但实际上,应该认为是与犯罪作斗争的排除社会危害性的行为,这正是正当防卫不负刑事责任的根据,同时也是正当防卫受到提倡和鼓励的原因。我国刑法规定正当防卫制度的意义主要在于:

第一,在刑法上明确公民对于正在进行的不法侵害有权采取正当防卫的行为,并对由此而造成的必要损害不负刑事责任,这就在法律上明确了公民面对正在进行的不法侵害时的权利,对于鼓励、教育和支持广大群众积极勇敢地同违法犯罪作斗争,保护国家、人民的利益和本人或他人的合法权益,维护社会主义法制和培养社会主义道德风尚有积极作用。

第二,刑法关于正当防卫的规定,可以对犯罪分子起到一定的威慑作用,这对于减少犯罪和预防犯罪有一定的作用。

第三,正当防卫制度体现并贯彻了专门机关与群众相结合的方针,一方面充分发挥了公检法等专门机关的职能作用,另一方面又充分运用了法律赋予公民正当防卫的权利,更好地同犯罪作斗争。

正当防卫作为国家赋予公民的一项合法权利,既不是一种报复,也不是一种惩罚,更不是一种私刑,而是在紧急关头为了制止正在进行的不法侵害,通过对不法侵害者造成一定损害来同违法犯罪作斗争,以保护国家和人民的合法权益的一种手段。因此,行使这种权利,必须符合一定的条件,不能任意滥用,否则,就可能给社会带来危害,使合法行为转化为非法行为,甚至破坏社会主义法制。同时也要明确正当防卫还是我国公民应尽的道义上的义务。有条件进行正当防卫而不实行正当防卫,逃避同正在进行的违法犯罪行为作斗争,放任违法犯罪分子胡作非为,致使国家和人民利益受侵害的人,应当受到道义上的谴责。具有特定义务的人,如人民警察,逃避同犯罪作斗争,构成不作为形式犯罪的,还应当追究其刑事责任。

根据《刑法》的有关规定,构成正当防卫必须符合下列相互统一、相互联系的五个条件:

(1)必须是为了保卫国家、公共利益、本人或者他人的人身、财产和其他权利免受不法侵害才能实行正当防卫。即防卫的目的必须正当。

无论是国家利益、公共利益还是公民的合法权益,当受到不法侵害时,每个公民都有权实行正当防卫。保护合法权益,表明防卫目的的正当性,是成立正当防卫的首要条件,也是刑法规定正当防卫不负刑事责任的根据。只有防卫目的的正当性,才能保证行为对社会的有益性和排除行为对社会的危害性。根据行为人防卫目的是否正当,下列情况即可排除在正当防卫之外:

第一,防卫挑拨。这是指行为人为达到某种目的,故意挑起对方先对自己进行侵害然后借口实施"正当防卫"来侵害对方的行为。在防卫挑拨中,挑拨者实施的行为,表面上似乎符合正当防卫的客观条件,但由于对方的不法侵害是挑拨者故意引起的,挑拨者主观上不但不具备正当防卫的意图,反而有加害对方的意图,客观上实施了不法侵害行为,因此,防卫挑拨具有社会危害性,如果构成犯罪,应当按照故意犯罪追究其刑事责任。

第二,互相斗殴。这是指双方主观上都有加害对方的故意,所以不存在侵害者与防卫者之分,都不属于正当防卫行为。但应注意的是如果互殴双方有一方停止斗殴,另一方却继续追打进攻,一方在迫不得已的情况下,为了保护自己的合法权益被迫进行防卫而造成一定损害的,应视为正当防卫。

第三,为了保护非法利益而实行的防卫,由于不具有防卫目的的正当性,因而也不是正当防卫行为。例如,走私犯为了保护走私物品而将盗窃走私物品者打死,盗窃犯为了保护窃得的财物而将抢劫其赃物的人打伤或者打死,赌博犯为了保护赌资而将另一行抢的赌徒打伤或者打死等行为,都是为了保护其非法利益,并不是为了保护合法财产权利和社会利益,因而并不是排除社会危害性的行为,不能成立正当防卫。

(2) 必须是对不法侵害行为才能实施正当防卫。

所谓不法侵害行为,就是危害社会的行为,包括对国家利益、公共利益、本人或者他人的人身和其他权利的侵害。具体地说,不法侵害行为通常指犯罪行为,但也包括某些一般违法侵害行为,如违反治安管理处罚条例的某些行为。不法侵害行为的存在,是正当防卫的起因条件。只要法律保护的国家利益、公共利益、本人或他人的合法权益受到不法侵害,任何公民都有权实施正当防卫,以制止危害后果的发生。

必须注意的是,我国刑法的规定和司法实践均表明,并不是对任何犯罪行为和一般违法侵害行为都可以实行正当防卫。由于不法侵害行为的种类、情节极为复杂,必须具体问题具体分析。一般说来,只有对那些带有一定紧迫性的不法侵害行为才可以实行正当防卫。这里所谓带有紧迫性的侵害,是指迫在眉睫的或正在进行的而且往往是带有暴力性、破坏性的,形成防卫紧迫感的侵害。以犯罪行为为例,通常对那些带有一定紧迫性的直接侵犯公民人身权利、公私财产所有权和严重危害公共安全和社会主义建设的犯罪行为,可以实行正当防卫。例如,对杀人、抢劫、伤害、强奸、投毒、爆炸、决水等故意犯罪,能够对其进行正当防卫,对贪污、贿赂、侮辱、伪证等故意犯罪,则不宜用正当防卫的手段去制止,因为这些犯罪通常不会形成防卫紧迫感,并且也不可能用对侵害人造成人身、财产等损害的方法来保卫合法利益,所以对待这些犯罪只能用检举、揭发、扭送等方法,请求有关部门采取相应措施解决,至于不作为形式实施的侵害,由于不能形成防卫的紧迫感，所以在其危害后果尚未发生时，不能实行正当防卫；而当危害后果已经发生，构成过失犯罪时，又失去了正当防卫的必要性，因此，对过失犯罪，在通常情况下不存在正当防卫问题。

正当防卫既然起因于不法侵害行为，那么，对于合法行为，诸如执行命令行为、正当业务行为、依照法令的行为、正当防卫行为以及紧急避险行为，当然不能实施正当防卫。例如，根据人民法院的决定或者经人民检察院的批准，司法人员逮捕犯罪嫌疑人和搜查、扣押物品，是依法执行职务的行为，被逮捕人或第三者不能以其人身自由或者财产权益受到侵害为借口，实施正当防卫。

(3) 必须是对正在进行的不法侵害行为才能实行正当防卫。

一是客观实际存在的侵害，而不是主观想象的或者推测的侵害；二是已经着手实施或者直接面临的侵害，而不是尚未开始或者已经结束了的侵害。

针对真实的并且正在进行的不法侵害，是正当防卫成立的前提条件，这是因为，不法侵害行为已经开始或者直接面临这一事实的存在，就使法律所保护的国家、公共利益或公民的人身或其他权益处于被直接威胁的状态之中。只有在这种情况下防卫，才是正当防卫。

所谓想象或推测的侵害，是指不法侵害行为并不存在，只是由于防卫人主观上认为发生了某种不法侵害行为，因而对"侵害人"实行了"正当防卫"，在刑法理论上称为假想防卫。这种防卫不能称为正当防卫。假想防卫，可能发生在两种场合：一种是发生在根本不存在不法侵害的场合，例如夜间误认来访的客人为盗贼对其棒击而造成客人重伤；另一种是发生在对不法侵害实施正当防卫的过程中，对与不法侵害人无关的人实施了所谓正当防卫，例如在王某刺伤民警黄某一案中，王某当时正处于反击几个不法侵害人的紧急情况下，民警在当时既未着装，又未表明身份的情况下，突然从背后抓住王某的肩膀，王某由于不可能预见对方是民警而将民警刺伤，就属于这类情况。假想防卫给他人造成损害的，其刑事责任适用事实认识错误的处理原则。就是说，在假想防卫的情况下，防卫人的行为可能是过失犯罪，也有可能是意外事件，但是应该排除行为人故意犯罪的可能性。所谓尚未开始的侵害，是指侵害人尚未着手，还不存在侵害的直接威胁。着手不法侵害的开始，具体说，一是不法侵害意图已经表现为一定的客观行为；二是这种行为属某种犯罪构成客观要件要求的行为。应当明确，着手是不法侵害开始的标志，也是一般情况下判断能否实行正当防卫的时间标准。在某些情况下，当合法权益已经处于紧急威胁的危险状态时，也应认为是不法侵害已经着手，这时对不法侵害实行正当防卫，也是适时的，如果对只是流露了犯罪意图或者处于犯罪预备阶段，尚未构成实际威胁的人进行防卫，被称为事先防卫。

所谓已经结束了的侵害，通常包括下面三种情况：

第一，侵害结果已经造成，侵害者也没有实施进一步侵害的明显意图。例如甲用刀将乙杀伤后,虽未离去,但已停止进一步侵害。

第二,侵害行为已被制止或者侵害者已丧失了继续侵害的能力。例如,侵害者已被抓获或者已被打昏。

第三,侵害者自动中止了侵害。例如,甲男劫持了乙女,意欲强奸乙女,在乙女的哀求和劝告下,甲男放弃了强奸意图,停止了犯罪活动,并把乙女送回家。

以上三种情况都属于已经结束了的侵害行为,都已失去了对其进行正当防卫的前提。这是因为正当防卫的目的是使合法权益免受正在进行的不法侵害。既然不法侵害已经结束,直接威胁已经消失,或者侵害结果已经造成,防卫的必要性和紧迫性也就不再存在。这时需要解决的问题,是依法追究侵害者的责任问题,而不是正当防卫问题。如果这时再给侵害者造成损害,就不属正当防卫了,而是所谓的"事后防卫"。但是在刑法理论界有人主张,财产权益被损害的,在特殊情况下,不法侵害虽已既遂,若能及时挽回财产损失的,仍可以实行正当防卫。这也主要是从最大限度保护合法权益的精神出发的。例如,一个盗窃犯窃得财物后被失主和其他人发现了,失主和其他人一同去追赶正在逃跑的盗窃犯,目的是夺回被盗的财物。在夺回被盗财物的过程中,把盗窃犯打伤,这种情况可以认定为正当防卫。我们认为这是有道理的。当然,如果采取了过分的行为,如把被盗的财物夺回来后,再采取侵害盗窃犯身体的行为,就不是正当防卫了。

(4)必须是针对实施不法侵害的人实行防卫。

正当防卫的目的是要排除和制止不法侵害,而不法侵害的行为来自侵害者,只有对不法侵害者本人的人身或财产及其他权益造成某种损害,才能有效地制止不法侵害。这是正当防卫的对象问题。

正当防卫的对象只能是不法侵害者本人,但如果在对不法侵害者进行防卫反击的同时,又对第三者的合法权益造成损害的,并不影响正当防卫的成立。至于在正当防卫的过程中损害了第三者的合法权益的行为,应作具体分析,可能是正当防卫,也可能是紧急避险,还可能是过失行为或意外事件。

(5)正当防卫不能明显超过必要限度造成重大损害。

我国《刑法》第20条第2款规定:"正当防卫明显超过必要限度造成重大损害的,应当负刑事责任,但是应当减轻或者免除处罚。"这说明,正当防卫不能明显超过必要限度,给不法侵害人造成重大损害,否则就失去了防卫的适当性,从而成为对社会有害的行为,属于防卫过当,应当负刑事责任。因此,是否超过必要限度,就成为正当防卫中的一个关键问题。

那么,如何确定正当防卫的必要限度呢?在我国以往的刑法理论和司法实践中,曾有不同的看法,大体有以下三种主张:

第一,基本相适应说。认为所谓必要限度,就是防卫行为与侵害行为应当基本相适应(不是完全等同),即防卫行为的性质、手段、强度和后果,要与不法侵害行为的性质、手段和后果基本相适应,才能成立正当防卫。两者不是基本相适应,防卫行为明显超过侵害行为,造成不应有危害的,就是超过了正当防卫的必要限度。

第二,必要说。认为制止不法侵害行为所必要的限度,就是正当防卫的必要限度。具体说,就是防卫者所采取的行为和所造成的损害,只要是制止不法侵害行为所必要的,不论造成的损害是轻是重,都成立正当防卫。如果不是非此不能制止不法侵害,造成不应有的危害的,就应认为是防卫过当。

第三,基本相适应说与必要说的统一说。就是在总的方面,应以能有效制止不法侵害所必需为正当防卫的必要限度,而要具体衡量防卫手段及后果是否制止不法侵害所必需时,应从侵害的手段、强度、缓急程度以及防卫的权益性质等方面考察侵害行为与防卫行为是否大体相适应。即在一般情况下,凡是较轻的防卫强度即可制止不法侵害的话,就不允许采取激烈的防卫手段;凡是使用较缓的手段足以制止不法侵害时,就不允许采取激烈的防卫手段;凡是为了保护较小的权益,就不允许给侵害者造成重大损害。一般认为,符合上述要求,就属于正当防卫,否则就属于防卫过当。

我们认为,基本相适应说把防卫行为与侵害行为基本相适应作为一般要求,有其合理之处,为具体确定必要限度提供了一个一般的衡量标准,对实践有一定的参考价值。但是,过分强调防卫行为与侵害行为基本相适应,而不是以制止不法侵害行为的必要为前提,这实际上是以不法侵害行为来限制防卫行为,与正当防卫的立法精神和防卫目的相悖,可能影响公民对不法侵害进行正当防卫的积极性。此外,所谓"基本相适应"实际上很难把握。实践中,被保护的利益和性质与所损害的利益和性质,往往难以比较。从防卫方面看,防卫手段与侵害手段怎样才算基本适应,也很难作出一个绝对统一的标准。不能说只有刀对刀,枪对枪,棍棒对棍棒,赤手空拳对赤手空拳才算手段适应。

从必要说讲,以制止不法侵害所必需的限度为标准,有利于鼓励公民实行正当防卫的积极性,而且在多数情况下是适当的。但如果片面强调,也可能给人以借口,即为一个较小的合法权益,而给对方造成重大损害,从而任意扩大防卫限度,导致滥用防卫权。

所以,我们同意将基本相适应说与必要说有机结合起来作为正当防卫必要限度的主张。即原则上应以防卫行为是否能制止正在进行的不法侵害行为为限度,同时考虑所保护的利益的性质和可能遭受的损害的程度,不法侵害者造成损害的性质和程度大体相适应。

我国《刑法》第20条第2款关于防卫限度的原则规定,基本上也是采纳这一主张的,但从立法精神上看,它将制止不法侵害所必需的判断标准放在了主导地位。此款所谓"明显超过必要限度造成重大损害",为判断正当防卫必要限度设置了两个相辅相成的标准,即从防卫强度与不法侵害强度上说,二者不是简单机械的绝对等同,而"明显"地超过了必要限度才算是防卫过当;从后果上说,防卫行为当是"明显"的"重大"损害后果。如此规定,一方面,有利于鼓励公民根据防卫的必要实施正当防卫行为,另一方面也不能无节制地滥施防卫。

值得一提的是,我国《刑法》为鼓励和保障公民对某些特定的严重暴力犯罪实行正当防卫,还特别在第20条第3款规定:"对正在进行行凶、杀人、抢劫、强奸、绑架以及其他严重危及人身安全的暴力犯罪,采取防卫行为,造成不法侵害人伤亡的,不属于防卫过当,不负刑事责任。"那么,如何理解和适用这一规定呢?对于该款规定的行凶、杀人、抢劫、强奸、绑架以及其他严重危及人身安全的暴力犯罪的防卫限度的判断,我们认为,应坚持以下两点:第一,从罪行程度上说,所谓"行凶"及"其他严重危及人身安全的暴力犯罪",应当与杀人、抢劫、强奸、绑架大致相当。如对正在实施爆炸、放火、劫持航空器等行为的人,因其暴力程度及危害程度均不亚于杀人、抢劫、强奸、绑架犯罪,故可以进行无限防卫。第二,从防卫程度上说,对正在进行行凶、杀人、抢劫、强奸、绑架以及其他严重危及人身安全的暴力犯罪实施防卫行为,应受同条第2款关于正当防卫必要限度的一般性规定的制约。首先应当说明的是,第20条第3款规定的所谓"无限防卫权"是一种相对的无限防卫权。对于正在进行行凶、杀人、抢劫、强奸、绑架的不法侵害人采取防卫行为,直至造成不法侵害人伤亡,新刑法之所以规定防卫人不负刑事责任,从本质上说还是因为此类防卫行为与不法侵害行为相比较而言,并没有超出第2款所规定的正当防卫的必要限度。同样,对"正在行凶"以及"其他严重危及人身安全的暴力犯罪"采取防卫行为并造成不法侵害人伤亡的,在确定其是否应负刑事责任,亦即是否防卫过当、应否定罪时,除了应作上述第一方面的衡量与比较外,更主要的是应从正当防卫必要限度实质标准上去把握,也就是应当考察防卫人的防卫行为是否"明显超过必要限度造成重大损害"。

另外,在实践中考虑必要限度的时候,除了应当坚持以上标准外,还应当坚持以下几点:

第一,从有利于鼓励和支持公民同不法侵害行为作斗争出发。对于防卫行为没有明显超过必要限度,没有造成重大损害的,即应认定为正当防卫。

第二,从主、客观相统一出发,以防卫行为在客观上是否为制止不法侵害所必需为标准,又不能完全不考虑防卫人在紧迫情况下的主观心理状态。因为不法侵害往往是突然袭击,防卫人在一瞬间很难准确地判断侵害行为的性质和危害程度等,更难恰如其分地选择适当的手段和强度,所以,对正当防卫的限度不宜过于苛求,只要没有造成明显超出必要限度的重大损害,就不能以犯罪论处。

第三,从实际出发,对案件的时间、地点、环境和双方的体力和智力状况以及手段、强度、后果等因素,进行全面的、实事求是的具体分析。正当防卫超过必要限度,是否应当负刑事责任,各国刑法规定不尽相同,有的国家刑法规定对于防卫过当免除刑事责任。我国刑法规定,防卫行为明显超过必要限度,造成重大损害的,应当负刑事责任,但由于它是在实行正当防卫的前提下的一种过当行为,和一般犯罪行为相比较,其主观恶性和社会危害性都较小,故应当酌情减轻或者免除处罚。这一规定充分体现了我国刑法中的罪刑相适应原则。

关于防卫过当的罪过形式,我国刑法学界一般认为防卫过当在主观方面,一般属于过失,但在个别情况下也不排除有故意的可能。就是说,防卫人在实行正当防卫过程中,对自己的防卫行为可能明显超出必要限度造成重大损害,一般情况下是因为疏忽大意没有预见,或者已经预见而轻信能够避免,但在个别情况下,对明显超出必要限度的重大损害,也可能采取放任甚至希望态度,以致发生了不应有的危害结果。

第三节 紧急避险

我国《刑法》第21条第1款规定:"为了使国家、公共利益、本人或者他人的人身、财产和其他权利免受正在发生的危险,不得已采取的紧急避险行为,造成损害的,不负刑事责任。"这条规定表明,紧急避险是人们在遇到某种危险时,为了防止国家利益、公共利益、本人或他人的合法权益遭受损害,在没有其他方法能够排除的情况下,不得已而采取的损害另一较小合法利益来保护较大的合法利益的行为。例如,海船在航行中遇到台风,在无任何别的抢救措施的情况下,不得已将船上的货物抛掉,以避免船毁人亡。

紧急避险行为从客观上讲是有益于社会的行为,因为它是在两个合法权益发生冲突,只能保存其中一个合法权益的紧急情况下,保护较大的权益牺牲较小的权益。从主观上讲,行为人是迫不得已才实施危害一定利益的行为,其目的是保护更大的利益,因此行为人在主观上没有犯罪的故意或过失。总之,紧急避险是一种排除社会危害性的行为,和正当防卫一样,也是一种合法行为。

紧急避险是我国刑法规定的一项制度,也是公民的一项合法权利和道义上应尽的义务,是建立在国家利益、集体利益和公民个人利益根本一致的基础之上的,具有重大的现实意义:

(1) 有利于公民在同违法犯罪和各种危险斗争中,运用紧急避险法律手段,保护国家、集体和人民的最大利益,使社会可能遭受的损失减少到最低限度。

(2) 有利于培养公民识大体、顾大局的集体主义精神,发扬社会主义道德风尚。

紧急避险是用损害一种合法权益的方法来保全另一种遭遇危险的合法权

益。因此,必须符合一定条件,才能认为是排除社会危害性的行为。根据我国刑法的规定,实施紧急避险必须符合下列条件:

(1) 必须是国家、公共利益、本人或者他人的人身和其他权利受到危险时,才能实施紧急避险。

危及合法权益的危险的来源大致如下:

第一,自然的力量,如火灾、洪水、地震、台风等。

第二,动物的侵袭,如猛兽的追赶、狂犬扑咬,或者受惊的牲畜给人们的人身和财产带来的危险。

第三,来源于疾病、饥饿等造成的危险。例如,家长为了急救生命垂危的儿童,私开别人的汽车将病儿送往医院,就属紧急避险。

第四,来源于人的危害社会的行为。不管是对有责任能力的人,还是对无责任能力的人的侵害行为,都可以进行紧急避险。如为了避免犯罪分子的侵害而破门进入他人的住宅就属于紧急避险行为。

总之,凡是合法权益面临上述危险时,都可以实行紧急避险,以便将公共利益和公民个人的合法利益从危险状态中拯救出来。

此外,《刑法》第 21 条第 3 款有关于"避免本人危险的规定,不适用于职务上、业务上负有特定责任的人"的规定。这是因为这种人负有同某种危险作斗争的义务,他们的职务和业务责任要求他们牺牲个人的利益,以保护国家和人民的利益。故当他们本人遇到上述危险情况时,不能以保全个人的人身或其他权利为理由,而逃避履行自己应尽的义务。

(2) 必须是正在发生的危险。

所谓正在发生,也就是说,这种危险不是想象的、推测的,也不是尚未到来的或者已经过去的,而是正在发生的或直接面临的危险,如果是对想象的、推测的危险进行所谓紧急避险,行为人所造成的损害,应当按照事实认识错误的处理原则进行处理;如果对没有到来的危险或已经过去的危险,实行所谓紧急避险,称为避险不适时,对其所造成的损害,应当按照其行为性质追究责任。

(3) 必须是在迫不得已的情况下,才能实行紧急避险。

所谓迫不得已,是指没有其他方法可以排除危险的情况。即不采取损害其他合法利益的方法,就不能避免危险。如果在当时情况下,采取别的不损害合法利益的方法可以排除危险,那么就不能实施紧急避险的行为。例如,船遇到台风的袭击,如果来得及驶进附近港口躲避,就不允许采取抛掉船上货物避免船毁人亡的方法。可见,为保护较大的合法利益,在迫不得已的情况下实施的避险行为才属于排除社会危害性的行为。

(4) 紧急避险不能超过必要的限度,造成不应有的损害。

这里的必要限度是指紧急避险所造成的损害,必须小于所要避免的损害,而不能等同,更不允许大于所避免的损害。因为紧急避险时存在两个合法权益的冲突,只有牺牲较小的权益保全较大的权益,才符合紧急避险的目的,对社会、国家和人民才是有利的。反之,如果保全的利益与损害的利益相等或小于损害的利益时,就是避险超过了必要限度而成为对社会有害的行为。至于两种利益孰轻孰重,很难有一个统一的尺度,只有从实际出发,具体问题具体分析。但通常情况下应是:第一,人身权益大于财产权益;第二,在人身权益中,以生命权为最高,但不允许为保全自己生命而牺牲他人的生命,更不允许为了保护一个人的健康,而用另一个人的生命换取;第三,在财产权益中,财产价值高的利益高于价值低的利益,公共利益重于个人利益,但在实践中允许为了保全较重的个人利益,损害较轻的公共利益。

根据我国《刑法》第 21 条第 2 款的规定,紧急避险超过必要限度造成不应有的损害的,应当负刑事责任,但是应当减轻或者免除处罚。由于避险过当是超过必要限度而造成了一定的损害,其罪过形式通常是疏忽大意的过失,在某些情况下也可能是过于自信的过失或间接故意。因此,在追究避险过当的行为人的刑事责任时,只有在确定其罪过形式的基础上,按其行为所侵害的客体来定罪,再减轻或者免除处罚。

正当防卫与紧急避险的目的都是为了保护公共利益、本人或他人的合法权益,成立的前提都必须是合法权益正在受到威胁,而且都应当对超过一定限度造成的不应有的危害负刑事责任。总之,正当防卫与紧急避险都不是犯罪行为,而是排除社会危害性的行为。

正当防卫与紧急避险也具有明显的区别:第一,正当防卫的危害来源只能是人的不法侵害;而紧急避险的危险来源不仅可能是人的不法侵害,还可能是自然界的力量和动物的侵袭等。第二,正当防卫直接对不法侵害者本人实施,紧急避险是对第三者实施。第三,在正当防卫情况下,即使能够用其他方法避免危害,也可以实施防卫;紧急避险则要求必须在迫不得已的情况下作为排除危险的唯一方法才能实施。第四,正当防卫所引起的损害,只需是没有明显超过必要限度、造成重大损害;而紧急避险所造成的损害,只能小于危险造成的损害。第五,对实施行为的主体要求不完全相同,正当防卫对防卫人一般没有特殊要求,只要符合正当防卫条件都可以实行防卫;紧急避险则不适用于职务上、业务上负有特定责任的人避免本人危险。

第八章 共同犯罪

第一节 共同犯罪的构成要件

共同犯罪是单独犯罪的相对称谓,它具有比单独犯罪更大的社会危害性,为刑法打击重点。对其主犯从严惩处,这是刑法规定共同犯罪制度的政策意义所在。对教唆或帮助他人犯罪但本身没有亲自实施刑法分则犯罪构成客观要件的行为的人,总则规定应按分则条款定罪处罚,以体现罪刑法定原则,这是刑法规定共同犯罪制度的法律价值所在。

1997年修订的《刑法》(新《刑法》)与1979年制定的《刑法》(原《刑法》)相比,关于共同犯罪的规定,主要作了三点修改:一是明确规定了犯罪集团概念;二是主犯处罚原则的变动;三是删去了被诱骗参加犯罪的胁从犯。

新《刑法》第25条第1款规定:"共同犯罪是指二人以上共同故意犯罪。"这一定义表明,共同犯罪成立必须同时具备以下三个要件:

(1) 犯罪主体要件:"二人以上"。

这里的"人"是指达到法定年龄、具有责任能力的自然人,通常不包括单位。单位犯罪常有两个以上自然人卷入,但它不是共同犯罪。单位犯罪不同于仅由自然人构成的共同犯罪的首要特点在于主体结构。单位犯罪主体是由两部分彼此异质但相互合力的主体(法人团体和作为团体构成因素的自然人)组成的一个复合体(这是对单位犯罪实行双罚制的主要根据)。共同犯罪的主体结构是同质的单一体,即都是自然人。在法律中规定有单位犯罪的情况下,一个单位犯罪仍不属于共同犯罪的范畴。但两个以上单位共同犯罪,在理论上可以成立单位共同犯罪。

二人以上共同实施危害行为,如果其中只有一人达到法定年龄、具有责任能力,其余人缺乏这种条件,也不构成共同犯罪。

主体身份与共同犯罪的关系主要有两种情况。一是行为人具有特殊主体身份,犯罪才能成立,不具有该种身份的人不可能单独构成该种犯罪;但是没有该身份的人与特殊主体共同实施同一犯罪,可构成共同犯罪。例如,1984年4月26日最高人民法院、最高人民检察院、公安部《关于当前办理强奸案件中具体应用法律的若干问题的解答》指出:"妇女教唆或帮助男子实施强奸犯罪的,是共同犯罪。"二是指身份影响犯罪的性质和刑罚的轻重,例如,公司、企业中不具有国家工作人员身份的人员与具有国家工作人员身份的人员共同侵占本单位财物

(如果前者没有特别利用后者的身份),按新《刑法》第271条的规定,前者构成职务侵占罪,最高法定刑为无期徒刑;后者构成贪污罪,最高法定刑为死刑。

(2) 犯罪客观条件:共同的犯罪行为(作为或不作为)。这是共同犯罪人承担刑事责任的客观基础。

共同的犯罪行为未必是相同的犯罪行为。共同犯罪参与人的行为既可以都是实行行为,即具体犯罪构成客观要件行为,也可以有的是实行行为,有的是教唆行为,有的是帮助行为。

行为的共同性有两层含义:一是诸行为指向相同的犯罪客体,相同客体是诸行为相互联系的纽带,是共同犯罪人以相同罪名定罪的客观基础;二是诸行为合成犯罪发生的原因,这是共同犯罪人共同对发生的犯罪负刑事责任的根据。

共同犯罪行为与犯罪结果的因果关系不同于单独犯罪中的因果关系的特点在于原因力结构的复杂性。从行为与危害结果之间的距离看,实行行为是直接的原因力,教唆行为和帮助行为是间接的原因力;从行为对危害结果发生的功效看,实行行为是决定性的原因力,教唆行为和帮助行为是非决定性(影响性)原因力;但就行为与行为之间的关联角度来观察因果关系,则教唆行为对实行行为具有决定性原因力,帮助行为对实行行为属影响性原因力。相比而言,单独犯罪中因果关系的特点是原因力结构的单一性。简要说来,共同犯罪中因果关系可以概括为:诸行为总和是犯罪结果发生的原因,即整体因果关系。

(3) 犯罪主观要件:共同的犯罪故意。这是共同犯罪人承担刑事责任的主观基础。共同故意有以下两方面含义。

第一,共同的认识——认识到自己与他人共同实施故意犯罪。下列几种情况缺乏共同认识,所以都不构成共同犯罪:一个犯罪结果由几个人的过失行为共同造成;两人行为,其中一人为明知行为,一人为过失行为;几人均故意侵犯同一客体,但在实施过程中彼此不知情。

刑法理论中一个有争论的问题即所谓片面共犯(潜在共犯)问题。片面共犯一般被认为只发生在这样的场合,帮助者明知自己在协助他人犯罪,但被帮助的实行犯不知情,即所谓片面从犯。西方学者对此问题虽有争论,多数人承认有片面从犯,否则就会放纵这种既有犯罪心意又有犯罪行为的作恶者。由于片面共犯实际是"一人共犯",而一人无法构成共同犯罪,因此有人提出补救办法,将被帮助的实行者"视为正犯"(或称准正犯),这样便成为"二人"共同犯罪。承认片面共犯的主张在我国刑法界近年来渐趋优势,在理论上对"共同认识"这一概念作变通解释,以期达到不放纵罪犯的目的。这在功利上虽然有可取的一面,但同时会产生不合理的另一面。承认片面共犯,因为有帮助者"从犯"的存在,被帮助的犯罪实行者便"成为主犯",按照我国1979年《刑法》的规定,主犯"应当从重处罚";如不成立共犯,单独犯就不存在从重处罚的问题。所以承认片面共犯,进而成立"共同犯罪",对犯罪行为实行者的处罚有失公正。由于西方大多数国家的刑法没有主犯(正犯)从重处罚的规定,所以不会产生这一不合理的情况。1997 年修订的《刑法》删去了主犯从重处罚的笼统措词,因而为理论上承认"片面共犯"扫除了立法障碍。

共同认识的内容,只要求共同的概括认识,认识到行为性质和行为指向,不必要求认识到具体的行为方式和引起的具体结果。

第二,共同的意向——对行为和结果持共同的态度。共同意向可能存在下列三种情况:

① 共同犯罪人对犯罪行为和结果均抱希望心态。这是最通常的情形。

② 共同犯罪人对犯罪结果均持放任态度。例如,司机甲行车过程中出车祸将丙撞成重伤后正欲开车逃跑附近的丙父见状随即跳上驾驶室外踏板,双手紧紧抓住车门,不让司机逃跑。此时,甲的朋友搭车人乙从车内用力向外推丙父,甲同时加速开车,乙继续推丙父,几分钟后丙父体力不支从车上摔下当即死亡。甲乙二人有共同行为,是丙父死亡的共同原因;也有共同故意,对死亡结果均持放任心态。

③ 共同犯罪人中有的抱希望态度,有的抱放任态度。这种情况偶尔发生在有帮助者作为胁从犯的共同犯罪案件中,主犯持希望态度,胁从犯往往持放任态度。

关于共同故意还有两个特殊问题。一是实行改变,即实行行为改变了原先的共谋。例如,甲乙二人共谋盗窃丙家,乙负责提供破门入室工具,甲亲自入丙家,见丙女后中止盗窃,但强奸了丙女。二人成立盗窃共同犯罪,甲为中止犯,乙为未遂犯;甲另构成强奸罪。另一是实行过限,即实行行为超出了原先的共谋。例如,甲乙二人共谋盗窃丙家,乙负责提供盗窃开门用的钥匙,甲赴丙家,在盗窃过程中被人发现,为抗拒被捉而当场使用了暴力,甲乙二人构成共同盗窃罪,但甲的盗窃行为已转化为抢劫罪,所以应定抢劫罪。

第二节 共同犯罪的形式

共同犯罪的形式是指共同犯罪的组合(形成)方式。共同犯罪的形式不同,其社会危害程度也有差异。这是研究共同犯罪形式的意义所在。从不同角度,以不同标准,可将共同犯罪划分为下列几类:

(1) 以共同犯罪能否任意形成为标准,可分为任意共同犯罪和必要共同犯罪。

任意共同犯罪,是指刑法分则规定由一人或二人以上均可构成的犯罪,在二人以上共同故意实施该罪时所成立的共同犯罪。刑法中的大多数罪都属于这种情形。

必要共同犯罪,是指刑法分则规定必须二人以上共同故意实施才能构成的犯罪。依据我国刑法,这类共同犯罪有两种:一种是对合性共同犯罪,指基于双方的对向行为合力才能完成犯罪。例如,受贿罪行贿罪,行贿人和受贿人各自实施自己的行为,罪名不同,但任何一罪的完成均以对应之罪的完成为条件。另一种是集合性共同犯罪,指不特定多人行为集合而构成的犯罪,例如聚众持械劫狱罪、组织越狱罪等。因刑法分则已有具体规定,对必要的共同犯罪定罪量刑时,无需再适用刑法总则关于共犯的规定。

(2) 以共同犯罪故意形成时间为标准,可分为有预谋的共同犯罪和无预谋的共同犯罪。

有预谋的共同犯罪,是指共同犯罪人在着手实行刑法分则规定的犯罪构成要件行为之前已经形成共同故意的共同犯罪。共谋是共犯人彼此之间关于犯罪意思(诸如犯什么罪、达到什么目的、侵害什么对象、运用什么方法、在什么时间地点实施、如何防止被发现等等事项的认识和设想)的事先通谋。有预谋共同犯罪是共同犯罪的通常形式。这种共同犯罪形式,由于增大了犯罪完成的可能性和易于使更多人卷入犯罪,减少了犯罪被侦破的可能性而增加了再犯的可能性,所以有预谋共同犯罪比无预谋共同犯罪具有更大的社会危害性。

无预谋的共同犯罪,是指共同犯罪人的共同故意是在犯罪构成要件行为刚开始实行时或在实行犯罪过程中形成的共同犯罪。无预谋不等于无犯意联络。这种形式的共同犯罪发生在几个人偶尔纠集在一起共同实施犯罪的场合,在实践中比较少见。

我国刑法中,有的共同犯罪以预谋为必要条件。例如,《刑法》第310条规定,窝藏或包庇犯罪分子,"事前通谋的,以共同犯罪论处"。否则,不构成共同犯罪。

(3) 以共同犯罪人之间有无分工为标准,可分为简单共同犯罪和复杂共同犯罪。

简单共同犯罪,是指各共同犯罪人都实行了具体犯罪构成要件的行为。这种形式的共同犯罪,每个共犯人都是实行犯,不存在教唆犯和帮助犯的分工。共同的实行行为,可能是完全相同的行为,例如,二人入室盗窃,共同拿走一台录像机。也可能是不相同的行为,但同属于犯罪构成要件的行为。例如,甲乙二人共同抢劫,甲殴打被害人,乙从被害人手中抢走财物。简单共同犯罪在实践中并不少见。各共同犯罪人虽然都是实行犯,但他们的刑事责任并不全都等同,除主犯外也可能有从犯和胁从犯。

复杂共同犯罪,是指共同犯罪人之间存在某种具体犯罪构成要件行为内外分工的共同犯罪。换言之,即有的共犯人实施构成要件的行为,有的共犯人实施非具体犯罪构成要件的行为,例如教唆行为或帮助行为。这也是较常见的一种共同犯罪形式。

（4）以共同犯罪人之间结合的疏密程度为标准,可分为一般的共同犯罪和有组织的共同犯罪,即犯罪集团。

一般的共同犯罪,是指共同犯罪人结合松散,不存在组织形式的共同犯罪。其特点是,共犯人为了实施某种犯罪暂时勾结起来,在完成一次或数次犯罪后,这种犯罪的结合便告终止。一般的共同犯罪,既可以是有预谋的共同犯罪,也可以是无预谋的共同犯罪;既可以是简单共同犯罪,也可以是复杂共同犯罪。

犯罪集团是多人为了实施某种或多种犯罪而紧密纠集起来的犯罪组织。犯罪集团是有预谋的共同犯罪中的一种特殊形式,主要特点是其组织性。它是社会危害性最大的一种共同犯罪,历来是刑法打击的重点。新《刑法》第26条规定:"三人以上为共同实施犯罪而组成的较为固定的犯罪组织,是犯罪集团。"犯罪集团一般具备以下基本特征:(1)人数较多(三人以上),重要成员固定或基本固定。(2)经常纠集在一起进行一种或数种严重的犯罪活动。(3)有明显的首要分子。有的首要分子是在纠集过程中形成的,有的首要分子在纠集开始时,就是组织者和领导者。(4)有预谋地实行犯罪活动。(5)不论作案次数多少,对社会造成的危害或其具有的危险性都很严重。我国刑法中规定的作为法定加重处罚情节的犯罪集团有走私、贩卖、运输、制造毒品集团,拐卖妇女、儿童集团等。在司法实践中,除法律明文规定的犯罪集团以外,还存在其他犯罪集团,例如贪污集团等,作为酌定从重处罚情节。

在犯罪集团中各个犯罪人之间的关系,既不同于简单共同犯罪,与复杂共犯也有区别。在犯罪集团中,通常不再区分教唆犯、实行犯和帮助犯,但也不是所有共犯人都是实行犯。他们之间是组织者、领导者与一般成员的关系。

近年来,犯罪集团出现了值得引起高度注意的一些新趋势,例如,装备现代化工具的犯罪集团增多,犯罪集团呈现职业化和国际化趋势,带有黑社会性质的犯罪集团的数量上升并有向典型的黑社会组织演化的趋势。据此,新《刑法》作出反应,分则中规定了两种类型的犯罪集团:一是作为共同犯罪形式的犯罪集团,具有法定加重处罚意义,但不是独立罪名;二是作为单独构成犯罪的犯罪集团,例如,《刑法》第120条组织、领导、参加恐怖活动组织罪,第294条组织、领导、参加黑社会性质组织罪。由于这类(即单独构成罪名的)犯罪集团具有特殊的危险性,刑法规定,组织、领导或者参加此种犯罪集团的行为本身便构成了独立的既遂犯罪;如果这个集团又进行了其他犯罪活动,则应按数罪并罚的规定处罚。

第三节 共同犯罪人种类及其刑事责任

对共同犯罪人(简称共犯人)进行分类,以期正确反映他们在共同犯罪中不同的分工和作用,说明他们不同程度的社会危害性和危险性,从而恰当地确定其刑事责任。关于共犯人的分类,各国刑事立法大致有以下几种:

二分法。将共犯人分为主犯和从犯;或正犯和从犯两种。[①]

三分法。将共犯人分为正犯、教唆犯和从犯;或实行犯、教唆犯、帮助犯三种。

四分法。将共犯人分为组织犯、实行犯、教唆犯和帮助犯四种。

上述二分法是以共犯人在共同犯罪中的作用为标准进行分类;四分法是以共犯人在共同犯罪中的分工为标准进行分类;三分法中的后者也是以分工为标准,前者是按分工和作用双重标准进行的分类。

我国刑法将共同犯罪人分为主犯、从犯、胁从犯、教唆犯。基本上是以共犯人在共同犯罪中的作用分类,并适当照顾到分工。这种分类方法比较适合我国法律文化传统,也较好地体现了区别对待的策略思想,尽管在理论上有双重标准之嫌。

解决共同犯罪人的刑事责任,核心问题是如何分析共犯人之间的内部关系。对此,国外主要有两种理论,即共犯从属性理论和共犯独立性理论。[②]

共犯从属性理论认为,共同犯罪以正犯即实施犯罪构成要件行为的犯罪人为主,因为只有他的行为才直接侵害了法律保护的利益,其他共犯人(教唆犯和帮助犯)的行为仅对正犯行为起加工助力作用,而不直接作用于犯罪客体,可见其他共犯人的行为从属于正犯行为。所以,其他共犯人的刑事责任以正犯的刑事责任为转移:正犯成立犯罪,其他共犯人才成立犯罪;正犯不处罚,其他共犯人也不处罚;正犯既遂,其他共犯人也既遂;正犯未遂,其他共犯人也未遂;正犯中止,其他共犯人也属中止。共犯从属性理论建立在"行为中心"论基础上,属客观主义责任理论。其价值取向强调公正,有利于贯彻罪刑法定和罪刑相适应原则。其缺点是没有给予行为人应有的注意,只看到行为的犯罪性而没有看到行为人的危险性;重视惩罚犯罪,忽略预防犯罪,犯罪是人实施的,预防犯罪必须着眼于人。再者,共犯人刑事责任采从属理论,在有些情况下也显然不当。例如,(1)共同犯罪过程中,构成要件行为实行者(正犯)自动中止,其他共犯人一般应负犯罪未遂的刑事责任,如果均按中止论处则明显放纵罪犯。(2)行为实行

[①] 正犯和主犯,是外国刑法中一种术语的两种汉译,实际内涵没有多大差异。
[②] 此处的"共犯"是指正犯(主犯)以外的其他共犯人,即教唆犯和帮助犯。

者如因享有外交豁免权而不罚,其他共犯人仍应负刑事责任。(3) 行为实行者虽有责任能力但因特殊情况而不为罪,教唆者和帮助者仍应有罪,例如自杀不为罪,但教唆自杀和帮助自杀仍然是犯罪。

由于从属性理论本身存在缺陷,学者提出了共犯独立性理论。这种理论认为,共同犯罪虽然在客观行为上有共同连结,但是否共犯人都有独立人格(个人的道德品质和气质、能力、性格等特征的总称),行为仅是人格的一种外表征状,各共犯人的反社会性(主观恶性)各不相同,因此在刑事责任上彼此并不从属。这种理论建立在"行为人中心"论基础上,属主观主义责任理论。其价值取向强调功利,着眼于预防犯罪,这是共犯独立性理论积极的一面。这一理论最早被《挪威刑法典》(1902)采纳,二次大战后有些国家的刑事立法也体现了这种主张。例如,美国《联邦法典》(1981年版)第18篇"犯罪和刑事诉讼"第2条规定:"凡实施侵害联邦的犯罪或者帮助、教唆、劝告、命令、引诱或促使犯罪实施的,均按主犯处罚。"《奥地利刑法》(1974年2月修正公布)规定"行为参与人皆为正犯","参与人之独立可罚性——数人参与犯罪行为时依各人之责任处罚之"。共犯独立性理论也有短处,由于其缺乏相对可操作的统一标准,在司法实践中必然导致量刑轻重悬殊,有失公正。

共犯从属性理论和共犯独立性理论各有所长。两者各有一定的合理性,又都有偏颇。共同犯罪是复杂的社会现象,对其只用一支标尺——行为中心或者行为人中心是无法做到衡量公允的。体现在我国刑法中的共犯人刑事责任原则是行为与行为人相结合,主客观统一原则,其他共犯人具有两重性,即对主犯既有一定的从属性,又有相对的独立性。教唆犯的刑事责任,独立性明显。"教唆他人犯罪的,应当按照他在共同犯罪中所起的作用处罚。"教唆犯也有从属性,首先表现在教唆犯适用主犯的罪名;再如,主犯未遂时教唆犯的刑事责任通常轻于主犯既遂时的责任。帮助犯罪者(从犯)的刑事责任,从属性明显。"对于从犯,应当从轻、减轻处罚或者免除处罚。"从犯也有独立性,例如主犯个人自动中止,从犯不能免除刑事责任。从犯独立性还表现在一些严重犯罪中刑法对从犯的法定刑作出专门规定,排斥适用刑法总则关于从犯应当从轻、减轻或免除处罚的规定。例如,《刑法》第358条第3款协助组织卖淫罪的规定。下面具体分析我国刑法中四种共同犯罪人的概念和刑事责任。

一、主犯

依据《刑法》第26条第1款的规定并结合第97条的内容,主犯是指在犯罪集团或者聚众犯罪中起组织、策划、指挥作用的或者在共同犯罪中起主要作用的人。据此,主犯有三类:

(1) 在犯罪集团中起组织、领导作用的首要分子。他们发起组织犯罪集团,领导指挥其他成员进行犯罪活动,没有他们就没有犯罪集团的存在。一个犯罪集团可能有一名或多名首要分子。

(2) 在聚众犯罪中起组织、策划、指挥作用的首要分子。聚众犯罪和由犯罪集团实行的集团犯罪是社会危害性极大的两类犯罪,但它们各有特点。犯罪集团具有严密的组织性和相对的稳定性。聚众犯罪具有突发性,涉及面广,参与人多,情况复杂,只要发生,就会产生轰动效应,如处理不当,会留下诸多后患,影响社会安定。因此对聚众犯罪的立法必然具有很强的政策性。我国刑法中有两种聚众犯罪,一种是矛头指向国家安全和公共秩序的聚众犯罪,如《刑法》第103条分裂国家罪,第105条颠覆国家政权罪,以及第290条聚众扰乱社会秩序罪等,在同一法条中不仅规定了对"首要分子"的法定刑,而且对"积极参加"者也规定了具体刑罚。另一种聚众犯罪,如《刑法》第291条聚众扰乱公共场所秩序、交通秩序罪,刑法只规定对首要分子判处刑罚,非首要分子不构成犯罪。我国刑法学界对前一种聚众犯罪中的首要分子一致认为是共同犯罪的主犯;对后一种聚众犯罪中的首要分子是否为共同犯罪的主犯观点不一,有的认为首要分子不是共同犯罪的主犯,[①]有的认为这种聚众犯罪中的首要分子也是共同犯罪的主犯。[②] 其实这个问题不能一概而论,依首要分子的数量而定,存在两种情形。如果在这种聚众犯罪案件中只有一名"首要分子"即只有一名犯罪主体,则不成立共同犯罪,当然就不是共同犯罪的主犯。这里说的聚众犯罪实际上是聚众者的犯罪,而不是聚合的众人犯罪。如果有两名以上首要分子,则他们成为共同犯罪的主犯。一案中,有两个以上犯罪主体,他们有共同犯罪行为,又有共同故意,当然构成共同犯罪。这种共同犯罪的特点在于只有主犯而没有从犯和胁从犯。主犯是共同犯罪中的核心人物,没有主犯不可能成立共同犯罪,只有主犯(须二人以上)没有从犯可以成立共同犯罪。

(3) 其他在犯罪集团或一般共同犯罪中起主要作用的犯罪人。这种主犯虽不起组织、策划、指挥作用,但他们积极参与实施犯罪构成要件的行为,或者在共同犯罪活动中罪恶重大。认定共同犯罪人是否起了主要作用,应当根据他在共同犯罪活动中所处的实际地位、参与程度,对造成危害结果的原因力等情节进行具体分析而作出综合判断。一个共同犯罪案件中可能有多名主犯,主犯与主犯之间在罪恶大小上并非完全等同,不能因为有差别就把主犯降格为从犯。

在造成的客观物质损害等同的情形下,共同犯罪的社会危害性大于单独犯

[①] 参见高铭暄主编:《中国刑法学》,中国人民大学出版社1989年版,第196页;马克昌主编:《犯罪通论》,武汉大学出版社1991年版,第541页。

[②] 参见高铭暄主编:《刑法学》,北京大学出版社1989年版,第235页;何秉松主编:《刑法教科书》,中国法制出版社1993年版,第302页。

罪,因为它增大了国家司法力量的投入,增加了侦查起诉机关、审判机关和罪犯矫治机关的负担。主犯是共同犯罪的核心人物,人身危险性较大。因此,我国刑法对主犯刑事责任的规定体现了从严惩处和罪刑相当的政策精神。《刑法》第26条第3款和第4款作出了明确规定。第3款规定:"对组织、领导犯罪集团的首要分子,按照集团所犯的全部罪行处罚。"这是因为整个犯罪集团都是在其组织、指挥下进行犯罪活动的,首要分子在犯罪集团中既可以是幕前指挥,也可以是幕后操纵。总之,首要分子的犯罪行为制约着在其领导下的犯罪集团的全部罪行。因此,集团的首要分子当然应对集团的全部罪行(首要分子自己直接实施的和其他成员按该集团犯罪计划所实施的一切罪行)负刑事责任。第4款规定对犯罪集团首要分子以外的其他主犯"应当按照其所参与的或者组织、指挥的全部犯罪处罚"。这类主犯,如果是一般的实行犯,按其所参与的全部犯罪处罚;如果是组织、指挥者,则应对其组织、指挥的全部犯罪负刑事责任。① 这类主犯,只对亲自参与的或者组织、指挥的全部犯罪承担全部责任,而不像犯罪集团的首要分子那样要对集团所有的犯罪活动承担责任。新《刑法》对主犯刑事责任的上述规定,既体现了对主犯从严惩处的精神,又符合个人责任原则,较之原《刑法》规定的"对于主犯,应当从重处罚",更为具体,更具操作性,也更合理。②

二、从犯

我国《刑法》第27条第1款规定:"在共同犯罪中起次要或者辅助作用的,是从犯。"从犯有两种情况:

(1)在共同犯罪中起辅助作用的犯罪人。辅助作用是指帮助其他共同犯罪人实施犯罪,而非直接参与实行犯罪构成要件的行为。其他共同犯罪人多半指主犯,少数情况是教唆犯或从犯。帮助行为表现为,提供犯罪工具、引示犯罪目标、排除犯罪障碍、协助藏匿罪犯、毁灭罪证,或者介绍他人参加共同犯罪等。这种从犯属于帮助犯。

(2)在共同犯罪中起次要作用的犯罪人。一般说来,辅助作用当然也是次要作用。这里的次要作用主要指直接参加犯罪构成要件行为的实行,但仅起次要作用,这种从犯属于次要的实行犯。起次要作用的从犯,在犯罪集团和一般共同犯

---

① 在《刑法》分则已有明定的聚众犯罪中,例如,第292条(聚众斗殴罪)等,量刑时应以分则对首要分子规定了较重的法定刑为依据,不必再适用总则关于主犯的规定。

② 笼统规定主犯从重处罚,并不合理。从犯从轻通常是相对同案主犯而言,有可比性。主犯从重相对于谁来定? 通常认为其参照系是单独犯。共同犯罪比单独犯罪危害性大,《刑法》对主犯处罚的规定(第26条第3款、第4款)和惩罚未实施分则行为的教唆犯和帮助犯在总体上已体现了从严惩处政策精神。就具体的人而言,在客观情形相同条件下,共同犯罪的主犯与不同案的单独犯在主观恶性(量刑考虑因素)上,则很难概括地说谁轻谁重,因此无法笼统相比。

罪中都可能存在。在处理具体案件时，特别要注意将这种从犯与主犯区别开。

由于从犯在共同犯罪中只起辅助作用或次要作用，因此，《刑法》第27条第2款规定："对于从犯，应当从轻、减轻处罚或者免除处罚。"一般说来，从犯比主犯应受到的刑罚处罚要轻。但并非所有的从犯实际受到的处罚必定轻于主犯，因为主犯可能具有从轻或者减轻甚至免除处罚的情节（例如自首），当从犯没有这样的情节时，当然不应当随主犯同处。新《刑法》对从犯处罚的规定，删去了"比照主犯"的措词，表明在从犯的处罚上较为强调其相对独立性。

三、胁从犯

依据《刑法》第28条的规定，胁从犯是指被胁迫参加犯罪的人。胁从犯参加犯罪的原因是被胁迫。所谓被胁迫是指因受到暴力威胁等精神强制而被迫参加犯罪活动。从心理分析看，精神强制并不完全丧失意志自由，它不同于意志失去自由的身体强制。有无意志自由与有无责任相对应，意志自由程度与责任的程度相对应，这是近代法律的通则。

被胁迫是犯罪的原因，它在犯罪过程中表现为胁从犯的消极性、被动性。被胁迫与消极被动性之间存在因与果的联系。如果犯罪人在参加犯罪过程中，由消极变为积极，由被动转为主动，那便不再是胁从犯。

犯罪过程中表现出来的消极性、被动性这一事实决定了胁从犯的主观恶性（人身危险性）小于其他共同犯罪人，同时也决定了他在共同犯罪中的客观实害也相对较小。所以《刑法》第28条规定："应当按照他的犯罪情节减轻处罚或者免除处罚。"应注意的是，我国刑法规定的四种共犯人，其中三种即主犯、从犯、教唆犯都指明"在共同犯罪中"的"作用"，惟独对胁从犯另有规定"犯罪情节"。这里犯罪情节是个综合概念，包括上述三部分内涵：犯罪原因；犯罪中的表现状态和客观作用；犯罪人的主观恶性程度。可见，我国刑法中共同犯罪人的分类标准，除作用（为主）和分工外，还有与犯罪原因密切相关的主观性状。胁从犯是独立的一个分类标准，不宜将其归入从犯范畴。

由于被诱骗的情况在司法实践中较为复杂，理论上分歧较大。为此，新《刑法》删去了原《刑法》将被诱骗参加犯罪的作为胁从犯一种情形的规定。

在西方刑法中，共犯人中通常没有胁从犯。英美刑法将被胁迫作为一种独立的合法辩护理由。大陆法系刑法一般将被胁迫作为紧急避险的一种情形，即阻却责任的紧急避险（危难来自于自然力的称阻却违法的紧急避险）。

四、教唆犯

依据《刑法》第29条的规定，"教唆他人犯罪的"是教唆犯，应具备以下要件：
（1）客观方面，须有教唆他人犯罪的行为。教唆行为应是积极的行为，不作为不能构成教唆行为。教唆行为的方式可能是多种多样的,如威逼、利诱、收买、命令、请求、煽动、劝说、暗示等。教唆行为应是具体的,教唆对象是明确的,可能教唆一个人也可能教唆几个人,但不能是不特定多人。教唆实施什么罪应是明确的,可以是一个罪也可以是几个罪,或者提出几项内容供被教唆人选择,或者暗示某些犯罪范围。被教唆人实际犯罪与教唆行为之间有因果关系。

(2) 主观方面,须有教唆他人实施犯罪的故意。无意的言行引起他人产生犯意,不构成教唆犯。教唆故意包括两方面因素:认识自己的教唆行为会引起被教唆人产生犯罪意图或坚定(强化)其犯罪决心;希望被教唆人实施犯罪,或者放任这种结果发生(间接故意是极个别情形)。

《刑法》第29条对教唆犯的处罚规定了三种情况:

(1) 被教唆人犯了被教唆的罪的,对教唆犯应当按照他在共同犯罪中所起的作用处罚。犯了被教唆的罪是指被教唆人实施了犯罪预备,或者已经着手实行犯罪而未遂,或者已经既遂。对教唆犯的处罚,我国《刑法》没有像有些外国刑法那样规定"处以正犯(主犯)之刑",这是因为教唆犯在共同犯罪中所起实际作用的情况比较复杂。教唆犯虽没有直接实施犯罪构成要件行为,但实行犯的犯罪决意是他挑起的,一般情况下教唆犯在共同犯罪中起主要作用,应按处罚主犯的原则处罚。少数情况下教唆犯在共同犯罪中起次要作用,如教唆他人帮助别人犯罪,被他人教唆后又教唆别人犯罪等。对教唆犯应按其所教唆的罪确定罪名。

(2) 教唆不满18周岁的人犯罪的,应当从重处罚。未成年人健康成长是国家昌盛和社会发展的保证,教唆未成年人犯罪对未成年人的思想意识有极大腐蚀作用,经验表明,在未成年时期犯过罪的,成年以后再犯罪的比例相对较高。教唆未成年人犯罪,社会危害性大,从重处罚理所当然。

(3) 如果被教唆的人没有犯被教唆的罪的,对于教唆犯,可以从轻或者减轻处罚。被教唆人没有犯被教唆的罪,既指被教唆人拒绝教唆,也指被教唆人当时接受教唆但没有进行任何犯罪活动或者实施的不是教唆犯所教唆的罪。无论哪种情形,都不存在共同犯罪关系,在理论上将这种教唆犯称为独立教唆犯,负教唆未遂的刑事责任,所以刑法规定"可以从轻或者减轻处罚"。

如果被教唆人实行的犯罪超出了教唆范围,是"实行过限",教唆犯对超出教唆范围的罪行不负刑事责任。

如果教唆内容是给被教唆人暗示某些犯罪范围,只要被教唆人实行的犯罪没有超出暗示范围,教唆犯均应负刑事责任。

教唆犯罪与传授犯罪方法的关系。以传授犯罪方法的方式教唆他人犯罪的,属于想象竞合犯罪形态,应在两罪名中以重者论处。在教唆他人犯甲罪后又传授犯甲罪的方法的,按吸收犯以高度行为吸收低度行为的原则处罚;如果在教唆他人犯甲罪后又传授犯乙罪的方法的,则两罪并罚。

第九章 罪数形态

第一节 罪数的概念和研究意义

一、一罪与数罪的标准

在1979年《刑法》颁行以前，我国司法实践中对数罪通常采用"估堆"量刑方法，因而在客观上没有向刑法理论提出研究一罪与数罪即罪数问题的要求。现行刑法规定了数罪并罚制度，对所犯数罪应首先分别定罪量刑，然后按一定规则决定执行的刑罚。在这种背景下，区分一罪与数罪便成为正确适用数罪并罚制度的前提。当对罪数问题研究逐步深化时，便发现它不单纯是数罪并罚的一个附带问题，它的研究重心是以适用刑法为出发点研究犯罪构成的数量形态。所以将罪数问题归入犯罪论是恰当的。

大陆法系刑法理论著作对罪数问题有许多论述，在一罪与数罪的区分标准上存在以下不同学术观点：

犯意标准说，认为犯罪心意（故意或过失）是刑事责任的核心，行为仅是犯意的外化，犯意才是犯罪的本质。所以犯罪个数取决于犯意个数。

行为标准说，认为犯罪的本质是行为，只有行为才能影响客观世界，仅有犯罪心意还不能构成犯罪。所以，应以行为的单复数作为区分犯罪单复数的标准。

法益标准说，又称结果标准说，认为所有犯罪都直接或间接地程度不等地侵害刑事法律保护的利益（法益），这是犯罪的本质。所以侵害法益的个数是区分犯罪个数的标准。

构成要件标准说，认为构成要件是决定罪数的标准。具体地说，如果行为人出于一个犯意，实施一种犯罪行为，侵害一个法益，则构成一罪；如果行为人出于数个犯意，实施数种犯罪行为，侵害数个法益，则构成数罪。这是当今通说。提出这个观点的目的是纠正上述诸说的片面性。

依据构成要件标准说可以进而认为，凡各构成要件（犯意、行为、结果）数均为一个时便是典型一罪；凡各构成要件数均为复数且各罪彼此独立的（即并非基于一个动机引发的同一行为过程）便是典型数罪，实行并罚。典型一罪和典型数罪的共同点是犯罪要件组成数内部的对称性，它们是刑法分则罪状规定和总则数罪并罚制度最具代表性的标准形态。标准形态即为典型。

二、罪数不典型的概念和特征

上述典型一罪和典型数罪在刑法适用(定罪和量刑)上都不会发生问题,因而也不是本章要研究的问题。但是现实生活中犯罪现象千变万化,错综复杂,许多犯罪行为既不像典型一罪也不是典型数罪。例如,行为人出于一个对象不特定的故意,实施了一连串(几个)犯罪行为,各个行为都可以独立成罪,但罪名都同一,是否作为数罪实行并罚?再如,一个行为产生两个以上结果,触犯了两个以上罪名,算作一罪还是数罪?又如,行为人实施了刑法上规定的两个罪,一轻一重,从主观上考察,其中一个(轻的或者重的)是手段而另一个(重的或者轻的)是目的,这属数罪并罚还是视为一罪处理?等等。诸如此类现象正是本章所要讨论的重点。对这类现象如把目光投放在"一罪还是数罪"的归属问题上,似将劳而无功。因为究竟是一罪还是数罪,由于学术论著从不同角度引进甚或照搬国外说法而使问题人为地复杂化,在这样的条件下进行讨论未必有助于深化认识。不如转换思路,避开一罪与数罪的争论纠葛,在现有以典型一罪为思维起点的种种具体分类(如单纯一罪,包括一罪、处断上一罪;实质竞合、想象竞合;理论上的一罪、处断上的一罪;等等)之上从我国实际出发,建立一个上位概念"罪数不典型",将讨论重心放在犯罪构成特殊数量形态上,将利于简化条理,走出罪数问题的迷茫丛林。

罪数不典型,是指犯罪要件组合数的不标准形态。在内涵上,罪数不典型就是既非典型一罪也非典型数罪而被视为(立法规定为或司法认定为)一罪的犯罪构成形态。在外延上,罪数不典型包括两大类:一类是一行为因行为延展性而形成的罪数不典型,表现为一行为先后或同时产生两个以上结果、触犯两个以上罪名(想象竞合犯),或者是一行为在发展过程中出现性质转化从而改变行为起初实行时的罪名(转化犯)。另一类是数行为因行为整合性而形成的罪数不典型,整合性表现为行为的惯常性,或者表现为行为的连续性,或者表现在行为之间的吸收关系上。整合功能是将数个犯罪构成组合成一个整体,原先各犯罪构成便成为整体的组成部分,从而失去独立性,这是不实行并罚的犯罪论根据。如果不存在这种内在整合性,各犯罪构成彼此独立,即为典型数罪,实行并罚。这类罪数不典型主要有惯犯、连续犯和吸收犯。

罪数不典型的基本特征是,犯罪构成数量形态的不典型性。上文对典型一罪和典型数罪已有界定,因此所谓不典型性,就是与这种界定相比较而获得的不相符合性的观念。建立罪数不典型概念的价值在于:以否定式的比较替代肯定式的论证。具体说,无需正面论证某个不典型犯罪构成形态究竟属于一罪还是数罪,而只需否定它属于一罪或是数罪。在关系复杂的条件下,否定一事要比肯定一事方便,而且现象的比较要比理论和论证省力。罪数不典型概念将作为对本章后面具体问题进行论述的理论基础。

三、研究罪数的意义

（1）司法指导意义。在司法实践中，由于罪数认定有误，该并罚的没有并罚，不该并罚的实行了并罚，这种情形时有发生。造成这种现象的重要原因之一便是刑法理论对罪数问题尚缺乏全面深入研究。法律上写的犯罪构成，是立法者对现实中形式多样的具体犯罪现象加以筛选和抽象而组合成的特定行为模式，它具有典型性、静态性和孤立性特征。刑法学犯罪构成论以法律上写的犯罪特征为研究对象。而司法实践中遇到的犯罪案件常有不典型性、动态性和连带性的特点，在适用刑法时常常会出现"不对应"的情况，即案件中的具体犯罪行为与法律上的抽象犯罪构成"有距离"。假定刑法规定合理，无需修改和补充，也无需进行司法解释，再假定案件的具体罪行没有超出刑法规定范围，在这种情况下如何"对应"，使具体犯罪符合法律上的犯罪构成，这就是犯罪构成解释论的任务。犯罪构成解释论的基本内容是按一定原则用一定方法来确认具体罪案与法定犯罪构成相符合，实际也就是定罪问题。犯罪论的定罪论与犯罪构成解释论在实质内涵上大体一致，在价值目标上相同。罪数问题除少数已有法律规定外基本上是解释论问题，将其上升到犯罪构成数量形态的高度便成为犯罪构成解释论，具有了理论指导意义。

（2）立法参考意义。如上所述，罪数问题基本上是解释论问题。刑事立法关于具体罪一般不涉及罪数问题，但在某种情形下可能与罪数有关，例如需要关注犯罪行为发展过程对社会造成的重大危害时，可能涉及结果加重犯（典型一罪）、转化犯或者数罪并罚等不同罪数形态。例如"致人重伤、死亡"这一多种犯罪过程中发生概率较高的情节，刑法反应具有多样性：有的作为基本犯罪构成要件，有的成为转化犯根据，多数作为加重（结果加重或者情节加重）处罚情节。立法规范追求尽善尽美，需要借助理论上的深入研究。

第二节　罪数不典型的种类

本节内容限于罪数不典型的几种犯罪形态，罪数典型的情况不在讨论之列。例如"继续犯"，应是典型一罪，司法实践中适用刑法定罪时不会产生任何问题。非法拘禁一周与非法拘禁一月，罪名相同，这无需讨论。又如"牵连犯"（世界上有此规定的只有极少数几个国家和地区，而且正议论取消这种规定），刑法上没有明文规定，却有实质上不承认这一概念的法律条文，所以性质基本属于注释刑法学的教科书不必讨论牵连犯。《刑法》第157条第2款规定："以暴力、威胁方法抗拒缉私的，以走私罪和……阻碍国家机关工作人员依法执行职务罪，依照数罪并罚的规定处罚。"显然,这两罪行在实际上存在着所谓牵连关系。实践中有些做法,例如伪造公章进行诈骗通常只定诈骗一罪,这在理论上可用吸收犯或想象竞合犯进行解释,而无需借助牵连犯概念。① 再如结合犯(法律上将数个原本独立的犯罪行为结合成为一个新罪),我国刑法没有规定典型的结合犯,司法实践中通常也不遇这类问题。刑法教科书不必讨论此问题。

罪数不典型,依刑法分则性条文有无规定为准,可分为法律规定的和处理认定的两类。前一类有惯犯、转化犯。后一类有想象竞合犯、连续犯、吸收犯。以下分别叙述。

一、惯犯

惯犯是指在较长时间内反复多次实施某种危害行为触犯同一罪名的犯罪形态。惯犯有两种类型,常习惯犯和常业惯犯。其共同特征是惯常性:犯罪次数多且经历时间长,通过行为习性反映出罪犯深重的主观恶性。从犯罪构成上看,惯犯是一种特殊的犯罪形态;在刑事责任上强调惯犯是一种特殊的犯罪分子。

常习惯犯的主要特征是,实施某种犯罪已成习惯,从心理学分析,行为人具有某种程度的人格异常,其犯罪行为的矫正难度加大,因而对其判处较重刑罚是必要的。新《刑法》第264条规定的"多次盗窃",将原《刑法》中的"惯窃"纳入其中("多次盗窃"的外延大于"惯窃"),这是一种独立的盗窃犯罪构成。相近似的但作为加重处罚情节规定的有:第263条"多次抢劫",第292条"多次聚众斗殴"等,但多次未必均为惯常。因此从严格意义上说,新《刑法》没有规定常习惯犯。

常业惯犯的主要特征是,以某种犯罪为职业,即以犯罪所得为其生活主要来源。一般都是有关财产和经济方面的犯罪。生活需要成为犯罪动力,其犯罪行为的控制难度增加,社会危害性增大,处以较重刑罚是必要的。《刑法》第303条规定的"以赌博为业的",即为这种形式的惯犯。

惯犯,从形式上看,是以多个犯罪故意,实施多次同种犯罪行为,如果将各个行为孤立起来看,是(同种)数罪。但为什么刑法把它规定为一罪?理由之一是,惯犯的社会危害性主要是通过犯罪行为的惯常性表现出的人身危险性,假定不是将长期反复多次行为综合起来考察,而是一次一次进行孤立分割评定,则不能反映其人身危险性。理由之二是,法律规定为一罪加重法定刑而不实行数罪并罚,不仅方便司法操作,而且一般说来处罚比数罪并罚更重。由于我国刑法中犯罪概念具有定量因素,在某些情况下如果"一行为一评定"可能不构成任何犯罪,但是,综合起来评定,不仅构成了犯罪,而且应处以较重刑罚。因此,刑法对

---

① 参见储槐植、孟庆华:《论有牵连关系的两罪也应实行并罚》,载《中外法学》1990年第5期。

惯犯作出专门规定是必要的。

惯犯是由刑法规定的,不能将法无明文规定的那些形式上具有行为多次性并触犯同一罪名的犯罪当作惯犯处理。

二、转化犯

转化犯是指行为人出于一犯罪故意,行为实施过程中发生性质转化而改变罪名的犯罪形态。例如,我国《刑法》第269条规定,在实行盗窃、诈骗、抢夺过程中,"为窝藏赃物、抗拒抓捕或者毁灭罪证而当场使用暴力或者以暴力相威胁的",依照抢劫罪处罚;第247条规定,司法工作人员对人犯实行刑讯逼供,"致人伤残、死亡的",依照故意伤害罪、故意杀人罪从重处罚;第292条规定,"聚众斗殴,致人重伤、死亡的",依照故意伤害罪、故意杀人罪处罚;等等。转化犯成立的条件是:

(1) 转化犯只限于故意犯罪,并且在着手犯罪时只有一个犯罪故意。

(2) 改变罪名,指犯罪行为完成时改变了行为着手时的罪名。罪名的改变应由法律明文规定,否则不是转化犯。

(3) 改变罪名的原因在于行为实施过程中发生性质转化。性质转化,指行为性质转化,或者是行为性质与故意内容同时发生转化。性质转化的条件,可能有两种情况:一种是原先行为实施过程中又附加进他种行为(作为或者不作为),例如非法拘禁行为实施过程中又"使用暴力致人伤残、死亡的"(《刑法》第238条第2款);另一种是原先行为实行过限,是否"过限"由法律确认。过限行为并未超出故意范围,这是与加重结果的主要区别。

行为实行过限的转化犯具有重大的立法方法论价值。以刑事立法中出现频率较高的犯罪情节"致人重伤或者死亡"为例,通常有两类情形,一类是单一行为犯罪产生的后果,例如非法拘禁致人重伤或死亡;另一类是复合行为(手段行为加目的行为)犯罪中手段行为过限的表现,例如,抢劫、强奸、绑架以及某些经济犯罪中出现的重伤或死亡。重伤或死亡作为单一行为犯罪后果的,行为人对此一般没有故意,应列入加重结果范畴(刑罚加重,但罪数形态仍为典型一罪)。重伤或死亡作为复合行为犯罪的手段行为过限的,并未超出行为人的故意范围,应列入转化犯范畴。按照转化犯立法思路,复合行为犯罪的基本构成即本罪名(如聚众斗殴,等等)均无需规定死刑,只要在基本犯罪构成之后另加转化犯条款(写"以××罪论处"或"以××罪从重处罚"字样,而不必明示刑罚)。如果这样,我国刑法中可以减少十多个死刑罪名,而实际上不致出现放纵罪犯的结果。①

---

① 参见储槐植:《刑事一体化与关系刑法论》,北京大学出版社1997年版,第390—391页。

在立法用语上,转化犯应当有统一规范化表述,一般写为"以××罪论处"(或者"依照×××罪定罪处罚")。需要注意的是,法律上写有"以××(罪)论处"字样的并非均为转化犯,例如,《刑法》第155条规定的三类行为"以走私罪论处",第388条规定的"以受贿论处"(即所谓斡旋受贿),第239条规定的以勒索财物为目的偷盗婴幼儿的,依照绑架罪处罚,以及第236条第2款"以强奸论"(奸淫幼女)的措词,等等。这是立法技术上采用的援引罪状方式而来的"准用罪名",并不具有转化犯的基本特征。

转化犯不是典型一罪,其基本特征是,犯罪构成要件行为在开始实行时与最后完成时的不同一性,表现为刑法确认的性质转化。

转化犯在我国关于罪数问题的论著中尚少正面论及,这是一个缺陷。转化犯具有重要的立法意义和司法意义,刑法理论界开展对转化犯的研究是十分必要的。

三、想象竞合犯

想象竞合犯,或称想象并合罪,是指出于一个犯罪心意(故意或过失),实施一个危害行为,产生数危害结果,触犯数个罪名而只按最重一罪处罚的犯罪形态。例如,行为人出于杀人故意开了一枪,杀死1人,同时打伤1人,触犯了杀人罪和伤害罪两个罪名。想象竞合犯不是我国刑事立法予以规定的,但为司法实践所认可。对这种现象的理论分析有分歧,有的认为是一罪,有的认为是数罪。主张是一罪的,也承认它与法规竞合不同。法规竞合也是一行为触犯数罪名,但只有一个危害结果,是典型一罪,不发生罪数问题,仅仅是法律适用时选择一罪名而排斥其他罪名的问题。而想象竞合犯是一行为产生了数结果,侵害数客体,法律适用不是选择罪名的问题,数个罪名应同时认定,只是量刑时选择最重一罪来确定刑罚的问题。主张是数罪的,也承认数犯罪构成之间有交叉,即数罪共出于一行为。可见,不同观点也有共识,即想象竞合犯既非典型一罪也非典型数罪。

对想象竞合犯在刑事责任上采取从一重罪处断的原则,就是从所触犯的数罪中确定最重的一罪处刑。比较轻重的标准是法定刑而不是宣告刑,法定刑上限高者为较重。如果数个罪的法定刑上限相同,则以法定刑下限较重者为重。

采取从一重罪处刑而不实行并罚的主要理由是数个罪只有一个行为,与典型数罪的数个行为相比,行为人的主观恶性相对要小。

四、连续犯

连续犯是指基于连续的同一犯罪故意,连续实施数个独立的犯罪行为,触犯同一罪名的犯罪形态。例如,某人乘邻居都去看电影的机会,一个晚上接连盗窃五家,每家都被偷走数额较大的财物。孤立分析,五个盗窃行为均构成犯罪,但只出于同一故意,触犯一个相同的罪名,所以司法实践只定一个盗窃罪,而不实行数罪并罚,按一罪从重处罚。连续犯不是法律规定的,而是司法实践认定的,目的为了简化诉讼程序,同时又不能轻纵罪犯。从这个价值目标出发,对连续犯的解释论应严格控制其适用范围。在司法实践中认定连续犯应掌握以下标准,即连续犯的成立条件如下:

(1) 故意连续性。有三层含义:一是有数个犯罪故意。二是数个故意内涵相同。三是数个故意之间有连续关系,指相同故意之间存在密切联系,反映在行为人主观上只有一个明显的犯罪动机,在这一动机驱动下出现几个故意行为。犯罪故意的连续性在行为人内心便是犯罪故意整体性,其内在联结纽带是单一犯罪动机。这是连续犯被视为罪数不典型的主观根据。

(2) 行为连续性。有三层含义:一是有数个行为。二是数个行为分开看均为独立的犯罪行为,如果数行为都不构成犯罪或者只有一行为构成犯罪而其他行为不构成犯罪的,则不成立连续犯;如果行为人以数个连续动作组成一个行为来完成犯罪的,也不是连续犯,而是所谓"徐行犯"(或称接续犯),属典型一罪。三是数个犯罪行为须连续实施。行为连续实施是指行为之间有时间上的分割,如果是单一的行为发展过程,中间没有时间上的分割,则是所谓"继续犯"(或称持续犯),属典型一罪。但时间上的间隔不能过长,如果行为之间相隔较长时间,则不存在连续性。至于多长时间算作"较长时间",没有固定尺度,需依具体案情综合考虑而定。行为连续性是犯罪连续性的外在反映,是连续犯被视为罪数不典型的客观依据。

(3) 罪名同一性。它是指犯罪性质相同。刑法分则中规定的选择性罪名是性质相同的犯罪,属罪名同一性范畴,如《刑法》第280条"伪造、变造、买卖或者盗窃、抢夺、毁灭……公文、证件、印章的……"

由于连续犯是司法实践认定的,如果法律规定了对犯罪的加重处罚条款,即使实际上符合连续的特征,也不能按连续犯实行"一罪从重处罚",而应依法适用加重刑罚。例如《刑法》第263条对"多次抢劫"规定了比一般抢劫罪更重的刑罚,如果案情符合此规定,应按法律规定处理,不再视为解释论上的连续犯。

五、吸收犯

吸收犯是指一个犯罪行为被另一犯罪行为吸收而仅以吸收的一罪定罪处罚的犯罪形态。例如,非法侵入他人住宅实行盗窃,又如伪造证件实行诈骗,对这类案件司法实践中通常只定一个罪。吸收犯的特点在于,在某种犯罪过程中,数个犯罪行为密切相关,有的行为以不同形式依附于另一行为,从而失去独立性,包含在另一行为之中。吸收犯的构成特征如下:

（1）吸收与被吸收的是两个刑法上的犯罪行为，这是吸收犯成立的前提。所谓刑法上的犯罪行为，既包括分则中规定的犯罪，也包括总则中规定的犯罪行为，例如犯罪预备行为、帮助行为、教唆行为。如果吸收与被吸收的其中只有一个是刑法上的犯罪行为，不构成吸收犯。由于一罪被另一罪吸收而失去独立性，所以吸收犯不是典型一罪，而是罪数不典型。

（2）罪与罚之间的吸收关系是吸收犯成立的前提。吸收关系，有三层含义：

第一，吸收关系的规则——重罪吸收轻罪。罪的轻重以法定刑轻重为准。这一规则适用于所有吸收犯。

第二，吸收关系的内容：① 手段与目的的关系。如果目的比手段重，则目的罪吸收手段罪，如果手段比目的重，则手段罪吸收目的罪。② 原因与结果的关系，例如盗窃犯将窃得财物自行销售出去，盗窃与销赃是原因与结果的关系。③ 危险与实害的关系，实害犯吸收危险犯。④ 主干与从属关系，主行为吸收从行为，实行行为吸收预备行为。

第三，吸收关系的形式：① 作为与不作为的关系，作为吸收不作为。② 作为与持有的关系，作为吸收持有。"非法持有毒品"是一个独立的犯罪；走私、贩卖、运输、制造毒品等罪中实际上不可能不包含"持有"毒品，可实践中处理这几种由积极作为构成的毒品犯罪案件时，非法持有毒品罪均被吸收。③ 作为与作为的关系，如盗窃与销赃。

（3）刑法上没有阻止吸收的规定，是吸收犯成立的充足条件。即使两罪之间存在上述吸收关系的内容，但法律明文规定实行并罚的，则不成立吸收犯。例如《刑法》第157条第2款的规定，"以暴力、威胁方法抗拒缉私的，以走私罪和……阻碍国家机关工作人员依法执行职务罪，依照数罪并罚的规定处罚"。又如第294条第3款规定，犯组织、领导、参加黑社会性质组织罪又有其他犯罪行为的，依照数罪并罚的规定处罚。

吸收犯是司法实践中常遇的犯罪形态，把握吸收犯的成立条件是正确适用刑法的需要。

刑事实体法承认吸收犯，主要是为了方便诉讼，同时也符合刑法目的。刑罚追求的价值目标是公正（有罪必罚，罚当其罪）与功利（一般预防和特殊预防）的结合，主权（国家行使刑罚权惩罚犯罪）与人权（刑罚人道，保障罪犯合法权益）的结合。刑法中的吸收犯乃至整个罪数不典型概念和规则是争取实现上述两种结合的努力的组成部分。

第十章 刑事责任

第一节 刑事责任概念

刑事责任(criminal responsibility)是法律责任之一种,它在刑法中占有重要地位。我国1997年修订的《刑法》中有13条、21处使用了"刑事责任"一词,总则第二章第一节的标题即为"犯罪和刑事责任"。在刑事司法中,刑事责任问题亦具有十分重要的意义。

犯罪与刑事责任是刑法的两块基石。二者密切相关,是引起与被引起的关系,具有质和量的同一性,即无罪无责、有罪有责;罪重责必重、罪轻责必轻,罪、责相当。而刑罚则是犯罪人承担刑事责任的一种方式。尽管它是基本的、主要的方式,但并不是唯一的方式,如免除刑罚处罚等,亦是承担刑事责任的一种方式。因此,相对于刑事责任而言,刑罚是下位的概念。

对于什么是刑事责任,我国学者有不同的见解。其中主要有:(1)"法律后果"说,认为刑事责任是"犯罪主体实施刑事法律禁止的行为所必须承担的法律后果"[1]。(2)"否定性评价和谴责"说,认为"所谓刑事责任,就是犯罪人因其实施犯罪行为而应当承担的国家司法机关依照刑事法律对其犯罪行为及其本人所作的否定性评价和谴责"[2]。(3)"刑事法律关系"说,认为"刑事责任是国家与犯罪人之间的一种刑事法律关系"[3]。(4)"刑事义务"说,认为"刑事责任是指在犯罪人与国家之间因犯罪行为而产生的刑法关系中,犯罪人所必须承担的实体性的刑事义务的总和"[4]。此外,还有"法律责任"说,认为刑事责任是国家依照法律规定,强制犯罪人担负的法律责任;"刑罚处罚"说,认为刑事责任是触犯刑事法规的人,受到公安、司法机关依法追究,承担刑罚处罚;"心理状态"说,认为刑事责任是犯罪人应受社会谴责和法律制裁的一种心理状态及与其相适应的法律地位;等等。

上述各种见解,相比较而言,"刑事义务"说从国家与犯罪人之间的刑事法律关系角度,去揭示刑事责任的本质,抓住了问题的要害。我们认为,此说的基

---

[1] 《中国大百科全书·法学》,中国大百科全书出版社1984年版,第668页。
[2] 何秉松主编:《刑法教科书》,中国法制出版社1993年版,第353页。
[3] 曲新久:《论刑事责任的根据》,载《河北法学》1987年第4期。
[4] 徐斌:《论刑事责任的概念和特征》,载《吉林大学社会科学学报》1987年第3期。

本观点是可取的。因为它不仅在词义理解上是正确的,而且从深层次上揭示了刑事责任的最基本内涵。但是,尚有待于进一步论证和展开。

在现代汉语中,"责任"一词有两种含义:其一,指分内应做的事,如"尽责任";其二,指没有做好分内应做的事,因而应当承担的过失,如"追究责任"。① 前者,是积极意义的责任;后者,是消极意义的责任。但是,无论哪一种责任,都与"义务"一词相通。因为,"义务"在现代汉语中,或者指"公民或法人按法律规定应尽的责任",或者指"道德上应尽的责任"。② 在法学理论中,法律义务一般亦解释为"法律规定人们应履行的某种责任"。③ 法律义务有两种:履行法律规定的应做之事(积极法律责任),如抚养好未成年子女,是第一性法律义务;不履行或未完全履行法律规定的应做之事(即第一性法律义务),如虐待、遗弃未成年子女,而应承担的法律义务(消极法律责任),是第二性法律义务。人们通常所讲的法律责任,就是指这种第二性的法律义务的承担。可见,将刑事责任界定为刑事法律义务,无论从词义上讲还是从法理上讲,都是恰当的。

此外,在界定刑事责任概念时,应当反映它的最基本特征。刑事责任作为法律责任的一种,除了与其他类型的法律责任存在共性以外,还有其自身的特性。概括而言,刑事责任的主要特性有:

第一,法律关系的特定性。

法律责任同法律关系密不可分,任何一种法律责任都存在于某种法律关系之中。刑事责任从属于刑事法律关系,是它的重要内容之一。一般认为,刑事法律关系是基于犯罪事实而产生的、由刑事法律规范调整的国家与犯罪人之间的权利、义务关系。④ 刑事法律关系产生于犯罪事实的出现。因为任何一种犯罪行为都严重破坏了正常的社会关系,所以这种情形一旦出现,就被纳入了刑事法律的调整范围,就产生了刑事法律关系。刑事法律关系的主体是国家和犯罪人。⑤ 国家作为法律关系主体,通过国家司法机关来实现其权利,履行其义务;犯罪人作为刑事法律关系主体,既包括已达到刑事责任年龄、具有刑事责任能力的自然人,也包括实施犯罪行为的法人(我国现行刑法称单位)。刑事法律关系的内容,是国家与犯罪人的权利、义务关系。国家对犯罪人有依法追究和实现刑事责任的权利,如对犯罪人依法采用刑事强制措施、起诉、审判(定罪、量刑)、强

---

① 《现代汉语词典》(第 5 版),商务印书馆 2005 年版,第 1702 页。
② 同上书,第 1612 页。
③ 《法学词典》,上海辞书出版社 1980 年版,第 40 页。
④ 刑事法律关系有广义、狭义之分。前者,包括刑事诉讼法律关系、刑法法律关系、行刑法律关系,后者,仅指刑法法律关系。本书采广义解释。
⑤ 有的学者认为,刑事法律关系主体还应包括被害人,尤其在自诉案件中,本书采用通说。因为被害人只有通过国家司法机关,才能实现其权利。

制执行刑罚等惩罚措施。同时,国家要承担保护犯罪人合法权利的义务。犯罪人的义务是对其犯罪行为依法承担刑事责任,如接受刑事追究、审判、刑事制裁等。同时,犯罪人享有法定的辩护权、上诉权、申诉权、不受虐待权等。可见,在刑事法律关系中,国家与犯罪人之间的权利、义务关系,其核心内容是刑事责任问题,即国家有权利依法追究和实现犯罪人的刑事责任,而犯罪人有义务承担刑事责任。除此之外的国家义务和犯罪人权利,主要是为了正确追究和实现刑事责任而履行或行使。

刑事责任是犯罪人对其犯罪行为所引起的刑事法律义务的承担。这种义务相对于第一性法律义务,如不侵犯他人权利而言,是第二性法律义务,即由于不履行第一性义务而产生的义务。如由于实施非法杀人行为,而产生的承担国家刑事制裁的义务。对这种义务的承担,即是刑事责任。

第二,专属性。

刑事责任只能由犯罪者本人承担,即罪责自负。这是近代以来世界各国普遍采用的原则。根据我国刑法的规定,只能由犯罪者本人对其犯罪行为承担刑事责任,不得株连未参与其犯罪的人,也不得将犯罪人应承担的刑事责任转嫁给任何人,包括罪犯的亲属。即使罪犯未被抓获或死亡,也不得以任何理由,将罪犯的刑事责任转嫁给别人。这同民事责任有所不同。在民事责任中,当被监护人造成他人损害时,监护人有赔偿损失的责任;遗产继承人有偿还被继承人的债务的责任等。在法人犯罪时,只能由该法人承担刑事责任。在追究法人刑事责任的同时,之所以还追究法人成员中的责任人员的刑事责任,是因为他们应对法人犯罪负责,他们的行为已依法构成犯罪。这里,既不存在罪及无辜的问题,也不存在刑事责任的转嫁问题,同样也体现了刑事责任的专属性。

第三,必然性。

犯罪与刑事责任之间存在着必然的因果关系,犯罪是因,刑事责任是果。无罪无责,有罪必有责。二者的关系说明了犯罪对刑事责任的决定性,以及刑事责任的不可避免性。

刑事责任的必然性,是指无论什么人犯罪,无论犯了什么罪,国家依据刑事法律,都必定要追究刑事责任。

《刑法》第4条规定:"对任何人犯罪,在适用法律上一律平等。不允许任何人有超越法律的特权。"也就是说,任何人犯罪都应当依法承担刑事责任,不应有超越法律的特权存在。在刑法面前人人平等,是我国刑法的社会主义本质决定的。贯彻刑法面前人人平等的原则,就必须坚持刑事责任的必然性,坚决摒除封建特权思想,以实现社会的公平和刑法的社会保护功能。

任何罪行都会引起刑事责任,有罪便有责,罪与责相当。这是由我国社会主义法制的基本要求所决定的,也是当今社会主义原则的基本要求。如果犯罪发生之后,犯罪人可以不承担刑事责任,或者承担畸轻、畸重的责任,那就会造成社会秩序紊乱,社会正义难以实现。要想避免上述情况出现,要想有效地保卫全社会的利益,就必须坚持刑事责任的不可避免性。

第四,严厉性。

任何一种法律责任都具有国家制裁性。但是,刑事责任是最严厉的法律责任。这是由犯罪行为的严重的社会危害性所决定的。刑事责任的严厉性,主要表现在承担刑事责任的方式上。其中,最基本的方式是刑罚。它不仅可以剥夺犯罪人的财产权、政治权、人身自由权,甚至可以剥夺其生命权。这是其他任何一种法律责任无法与之相比的。即使刑事责任通过非刑罚方式实现,或者法院宣告犯罪人有罪后而免予刑事处罚,其法律后果也定比其他法律责任严重。它不仅使犯罪人在政治上、道义上受到国家的否定评价或严厉谴责,而且会给犯罪人在社会生活中带来许多不利后果,如不能从事某种职业和工作等。

第五,法定性。

刑事责任的法定性表现为,一方面,犯什么罪,承担什么性质、多大的刑事责任,应当依法论定,即有法可依;另一方面,国家司法机关应严格依照法定程序追究和实现犯罪人的刑事责任,即依法办案。以上两个方面体现了罪刑法定原则的基本要求。此外,刑事责任一经得到国家的确定,犯罪人和被害人之间即不得协商变通。即使在刑事自诉案件中,一旦法院判决确定刑事责任后,自诉人也无权变更犯罪人的刑事责任。

上述刑事责任的几个特性是有机联系的统一整体,反映了刑事责任与其他法律责任的主要区别。

基于上述认识,刑事责任的概念可以界定为:刑事责任是在刑事法律关系中,犯罪人(自然人或法人)对其犯罪行为,依法必然应当承担的国家严厉惩罚的义务。

第二节 刑事责任的归责基础和归责要素

一、刑事责任的归责基础

刑事责任的归责基础①,是回答刑事责任的本源问题,即犯罪人承担刑事责任的根本理由是什么?或者,国家追究犯罪人的刑事责任的根本理由是什么?二者是从不同角度提出的一个问题。

---

① 过去通常将"刑事责任的归责基础"称为"刑事责任的根据"。这里,为保持部门法学与法理学的术语使用上的一致性,将刑事责任产生的根本依据,称为"刑事责任的基础"。

西方国家刑法学者对刑事责任的归责基础，在不同时期提出过不同学说。[①]主要有：(1)"道义责任论"认为，刑事责任的本质在于行为者出于自由意志，选择实施犯罪行为，应受道义、伦理的谴责。它主张应以各个具体犯罪行为为根据，寻找犯罪者的主观恶意，并以此作为归责的基础。因此，这种理论也被称为"行为责任论"，或"意思责任论"。(2)"社会责任论"认为，人的意志是不自由的，犯罪行为是犯罪人危险性格的表现，而这种危险性格是由社会原因和个人原因交互作用而形成的。社会为谋求自身安全，有权对具有社会危险性的人采用刑罚或保安处分等防卫措施。行为人的社会危险性格，是刑事责任的归责基础。因此，这种理论也被称为"性格责任论"，或"行为人责任论"。(3)"心理责任论"认为，行为人对其犯罪行为之所以应负刑事责任，是因为主观上存在故意或过失的心理态度。因此，刑事责任的实质在于行为人的本身的心理关系或心理状态。(4)"规范责任论"将违反应为规范和义务规范作为刑事责任的本质属性，认为责任应包括心理事实、规范评价和期待可能性三个方面。其中，心理事实指行为主体的故意或过失的心理状态；规范评价指行为人违反遵守法律的义务，而实施了违法行为，应当受到责难，它是责任的核心；期待可能性指行为人实施犯罪行为时，存在着期待其实施合法行为的可能性，而竟然违反这种期待，故应受到责难。(5)"人格责任论"认为，人的具体行为寓于人格之中，犯罪行为是犯罪人的人格暴露。因此，犯罪行为背后潜在的人格体系，是刑事责任的核心，应该通过具体犯罪行为责任，论及人格责任。

上述西方学者关于刑事责任的归责基础的各种学说，反映了19世纪以来西方学者对刑事责任本质的认识过程，均有其历史价值。在当代，尤其是"规范责任论"和"人格责任论"，更受刑法学者青睐。但是，由于历史或价值观的局限性，上述各种学说，不同程度地存在着片面性：或者只着眼于犯罪行为、犯罪的客观危害，而忽视犯罪人的主观罪过、犯罪人格；或者只着眼于犯罪人的罪过、犯罪人的性格或人格(即人身社会危险性)，而轻视犯罪行为、犯罪的客观危害。因此，从整体上看，它们存在着主观与客观相分离的形而上学的理论倾向。

苏联刑法学者对于刑事责任的归责基础，也有不同的学说。(1)"犯罪构成说"认为，"犯罪构成是刑事责任的唯一根据，如果某人的行为中具备犯罪构成，那么便有根据对他适用刑罚；如果缺乏犯罪构成，那么便免除刑事责任"。[②] (2)"罪过说"认为，刑事责任的唯一根据不是犯罪构成，而是广义的罪过。"罪过作为刑事责任的一般根据，其概念较之罪过作为犯罪构成主观方面

[①] 参见张文等：《刑事责任要义》，北京大学出版社1997年版，第22—50页。
[②] 〔苏〕A. H. 特拉伊宁：《犯罪构成的一般学说》，薛秉忠等译，中国人民大学出版社1958年版，第81页。

的概念所包含的内容要广泛、丰富得多。"①（3）"犯罪行为说"认为，"刑事责任的根据不是犯罪构成，而是犯罪行为的本身。因为犯罪构成是个抽象的科学概念，而抽象的科学概念不能作为刑事责任的根据"。② 上述各种学说对我国刑法学者，均有较大的影响。③ 其中，"犯罪构成说"的影响最大，为许多刑法教科书所采纳。④ 但是，这种学说也受到我国一些学者的非议，认为它夸大了犯罪构成对刑事责任的决定作用，不能解决刑事责任的所有问题。⑤

我们认为，刑事责任的归责基础既非犯罪构成或行为符合犯罪构成，也不是犯罪行为或犯罪人的罪过，而应当是犯罪的严重社会危害性。

首先，犯罪的严重社会危害性是犯罪人承担刑事责任的主观基础与客观基础的有机统一体。

恩格斯说："如果不谈所谓自由意志、人的责任、必然和自由的关系等问题，就不能很好地讨论道德和法的问题。"⑥因为，犯罪人承担刑事责任的前提条件是主观上具有可归责性。

如前所述，西方学者或者从人的绝对自由意志，或者从非自由意志出发，提出过多种刑事责任学说，长期论战不休。马克思主义既反对非决定论的绝对自由意志论，也反对机械决定论的非自由意志论。马克思主义认为，客观物质世界决定人的意识，物质第一，意识第二；但是，人的意识、意志具有相对的独立性，它对客观世界具有能动的反作用。人不同于其他动物，不仅能适应客观环境，而且能发挥主观能动性，改造客观环境。因此，人的意识、意志既来自客观世界，又能动地反作用于客观世界，即具有相对的自由。同样，犯罪人实施犯罪行为时，其主观意志也有相对自由，这是其承担刑事责任的主观前提，也是国家对其谴责和惩罚的重要根据。

犯罪人之所以应当承担刑事责任，除了主观条件外，还必须有客观前提条件，即有犯罪行为及其引起的危害社会的结果存在。否则，缺少任何一个方面，都难以全面说明刑事责任存在的合理性。

根据马克思主义刑事责任观，犯罪所具有的严重社会危害性从根本上科学地回答了刑事责任的归责基础问题。因为这里所讲的社会危害性，既不同于西方刑事古典学派的客观归责理论，也不同于刑事社会学派的主观归责理论（即以行为人的人身社会危险性作为追究刑事责任的根据），而是主观归责条件（即

---

① ［苏］皮昂特科夫斯基等：《苏联刑法科学史》，曹子丹等译，法律出版社1984年版，第45—46页。
② 同上书，第48页。
③ 参见张文等：《刑事责任要义》，北京大学出版社1997年版，第151—156页。
④ 见高铭暄主编：《中国刑法学》，中国人民大学出版社1989年版，第81页。
⑤ 刘德法：《论刑事责任的事实根据》，载《法学研究》1988年第4期，第30页。
⑥ 恩格斯：《反杜林论》，人民出版社1993年版，第115页。

有罪过)与客观归责条件(即有犯罪行为及其危害结果)的有机统一体。主、客观两方面不是孤立存在的,而是有着因果联系,统一存在于犯罪所具有的严重社会危害性之中。

其次,刑事责任的归责基础与犯罪的本质特征是一致的。

国家之所以有权追究犯罪人的刑事责任,或者说犯罪人之所以应当承担刑事责任,最根本的理由是犯罪对社会的严重危害性。早在18世纪,意大利刑法学家贝卡利亚就说过:"我们已经看到,什么是衡量犯罪的真正标尺,即犯罪对社会的危害。这是一条显而易见的真理。"[①]在19世纪,马克思、恩格斯又进一步从阶段本质上揭示了犯罪。他们指出,犯罪是"孤立的个人反对统治关系的斗争",是"蔑视社会秩序最明显最极端的表现"。正因为犯罪是严重破坏统治秩序、社会秩序的行为,所以掌握国家政权的阶级,为了维护自身的统治和正常的社会秩序,就必须用包括刑罚在内的各种惩罚手段,追究犯罪人的刑事责任,同犯罪做斗争。但是,在不同的社会制度下,由于掌握国家政权的阶级不同,所维护的利益有所不同,因此追究刑事责任的理由的具体阶级内容也有所不同。但无论怎样,犯罪所具有的对社会(无论哪一种阶级社会)的严重危害性,则是追究(或承担)刑事责任的最根本理由。在我国,犯罪对社会主义社会秩序和广大人民群众利益的严重侵害性,是刑事责任的归责基础。

二、刑事责任的归责要素

刑事责任的归责基础是回答刑事责任的产生和存在的根本理由问题,刑事责任的归责要素是解决刑事责任的构成要素以及刑事责任的程度问题。二者是本质与现象的关系。只有通过对归责要素的研究,才能具体认定刑事责任。

所谓刑事责任的归责要素,是指刑事法律规定的认定刑事责任所必备的主观与客观事实条件。

归纳起来刑事责任的归责要素有以下三个方面:

(1) 主观恶性。

犯罪是一种"蔑视社会"的行为,它表现了犯罪人的恶劣思想意识和意志。因此,犯罪人应当对其犯罪行为承担道义上和法律上的责任,应当受到国家的谴责和制裁。否则,即使行为人的行为在客观上造成了危害社会的结果,如果行为人主观上没有罪过,那就是意外事件或者是法律允许的正当行为(如正当防卫、紧急避险等),而不是犯罪,行为人不承担刑事责任。不仅如此,犯罪人的主观恶性的大小,对犯罪人承担刑事责任的轻重,会产生直接影响,即主观恶性大的,其所承担的刑事责任重;反之亦然。

---

① 〔意〕贝卡利亚:《论犯罪与刑罚》,黄风译,中国大百科全书出版社1993年版,第67页。

判断犯罪人主观恶性的大小,应考虑以下因素:

一是罪前因素,即犯罪人实行犯罪行为前所表现出来的主观恶性。例如,犯罪人的一贯表现如何,有无因违法而受行政处分或刑事处分的记录等。

二是罪中因素,即犯罪人在实施犯罪过程中所表现出来的主观恶性。例如,犯罪人的刑事责任能力和大小,犯罪动机,犯罪的罪过形式,对犯罪对象、犯罪方法及犯罪时间、地点的选择,是否中止犯罪等。

三是罪后因素,即犯罪人实施犯罪后的态度。例如,是否有自首、立功表现,是否认罪、悔改,有无隐匿、毁灭罪证、订立攻守同盟等情况。

上述三个方面的因素,都不同程度地反映了犯罪人的主观恶性。其中,罪中因素,尤其是犯罪人的罪过形式即故意、过失,是决定主观恶性大小的最基本因素。但是,它不是唯一因素。因此,在分析主观恶性时,除了罪过形式外,还应考虑其他各种罪前、罪中、罪后的因素。只有这样,才能准确认定犯罪人的刑事责任。

(2) 客观危害。

犯罪的客观危害,是犯罪人的犯罪行为及其对社会已经造成或可能造成的损害。它是犯罪人的主观恶性的外化,是犯罪人承担刑事责任的必备条件之一。

一个人只能对其行为及造成的危害结果负责;如果只有犯罪意图,而没有通过外在行为表现出来,则不能令其承担刑事责任。这是马克思主义刑法学基本原理之一。

犯罪的客观危害大小,由以下因素决定:

一是犯罪行为所侵害的社会关系的性质。

二是犯罪行为的表现形式。例如,是作为还是不作为,是犯罪既遂还是预备、未遂。

三是犯罪的手段、时间、地点等。

四是犯罪的社会危害结果。例如,是实害还是危险,是物质损害还是精神损害,是大还是小。

五是犯罪行为对犯罪结果发生所起的作用。例如,是直接作用还是间接作用,是主要作用还是次要作用等。

六是犯罪后犯罪人对犯罪结果的补偿或减轻程度。例如,退赃、赔偿损失等。

在认定犯罪人的刑事责任时,只有综合分析上列各种因素,才能准确确定犯罪行为的客观危害的大小。

(3) 刑事违法。

刑事违法,是犯罪行为的严重社会危害性在法律上的体现,是犯罪和刑事责任的法律特征。

我国刑法已实行罪刑法定原则:"法律明文规定为犯罪行为的,依照法律定罪处刑;法律没有明文规定为犯罪行为的,不得定罪处刑。"①根据这一原则,行为人的行为具备刑事违法性,也是承担刑事责任的必备条件之一。

在我国,刑事违法不仅指违反刑法典——《中华人民共和国刑法》,而且包括违反单行刑事法规,以及在行政、经济、民事法规中包含的附属刑法规范。此外还应包括全国人大常委会对刑法的立法解释,以及最高人民法院、最高人民检察院所作的刑法司法解释。因为这种立法解释或司法解释,对司法机关具有约束力,对追究刑事责任亦能起到依据作用。

刑事责任的归责三要素,即主观恶性、客观危害、刑事违法,是有机联系的整体。主观恶性与客观危害有机统一于犯罪的严重社会危害性之中,二者相互联系、相互印证。通常,主观恶性大时,客观危害就严重;反之亦然。刑事违法,是对犯罪的严重社会危害性在法律上的认定,它确立了犯罪的主观恶性和客观危害的法律特征。

我国刑法既反对"主观归罪",又反对"客观归罪",只有当一个人存在主观恶性,并将其外化为行为,产生客观危害时,才有对行为人追究刑事责任之可能。但是,仅此,仍然不具备充足条件。只有当刑事法律明文规定此种行为是犯罪时,才能依法追究刑事责任。总之,在认定刑事责任时,主观恶性、客观危害、刑事违法三者,缺一不可。

第三节 刑事责任的发展过程

刑事责任从产生到终结,有一个不断发展的过程。

一、刑事责任的产生

刑事责任与刑事法律关系同时产生。刑事法律关系依据犯罪事实的出现而发生,没有出现犯罪,就没有刑事法律关系,也就谈不上刑事责任问题。因此,刑事责任产生于犯罪出现之时。

对于故意犯罪而言,因为我国刑法规定,犯罪预备行为也应承担刑事责任。因此,故意犯罪的刑事责任,产生于实施犯罪预备行为之时。但是,过失犯罪则不同,它的刑事责任产生于法定的实际危害结果出现之时。

---

① 见《中华人民共和国刑法》(1997年)第3条。

二、刑事责任的潜伏

从犯罪人犯罪时起,到司法机关立案时止,是刑事责任的潜伏期。其特点是,虽然犯罪人在客观上已经有刑事责任,但是并未受到实际追究。这种潜伏期,时间长短不一,也有些案件几乎不存在这一时期,如将正在犯罪的人当场抓获,立即送交司法机关。

按照刑事责任的及时性要求,刑事责任的潜伏期愈短愈好。这不仅可以及时恢复被犯罪所破坏的社会秩序,挽回或减轻犯罪损失,而且有利于惩罚和预防犯罪。因为,惩罚犯罪越是迅速和及时,越有利于罪犯认罪伏法,越有利于发挥人民群众同犯罪作斗争的积极性。

三、刑事责任的确认

从司法机关立案,到法院的有罪判决生效时止,是刑事责任的确认期。在这一期间,要确认犯罪人有罪以及犯罪性质、犯罪情节、社会危害程度等,要依法确定犯罪人应当承担什么样的刑事责任。

刑事责任的确认,是个复杂的过程。它无论是对于司法工作人员来说,还是对于犯罪嫌疑人或被告人来说,都是非常严重的:司法工作人员必须十分严谨,严格依法办案;犯罪嫌疑人或被告人必须履行法定的义务,接受侦查和审判。同时,也必须切实保证他们的法定权利的行使。只有这样,才能及时地、准确地确定犯罪人的刑事责任,才能有效地保护国家和公民的利益。

四、刑事责任的承担

从法院的有罪判决生效时起,到所决定的刑罚执行完毕(或赦免),或者非刑罚方法执行完毕时止,是犯罪人的刑事责任承担期。

这一时期的中心任务,是保障上一阶段所确认的刑事责任的实现。对于国家来说,只有犯罪人受到了应有的处罚,才能达到惩罚犯罪、保护人民的刑法目的。对于犯罪人来说,只有通过实际承担刑事责任,才能使他们悔过自新,成为新人。

刑事责任的承担也是一个复杂的过程。在此期间,可以根据犯罪人的认罪、悔罪表现,依法适当变动以前确定的刑事责任。例如,依法赦免、假释、减刑;或者依法撤销缓刑,执行原判刑罚;撤销"死缓",执行死刑;等等。

五、刑事责任的终结

刑事责任终结有两种情况:

一是刑事责任自行消失。它是指刑事责任产生后,由于出现某些法定事由,使刑事责任不复存在、国家不能再追究犯罪人的刑事责任。

根据我国法律规定,刑事责任自行消失的法定事由有:

(1) 犯罪已过追诉时效;

(2) 刑法规定告诉才处理的犯罪,被害人没有告诉或者撤回告诉;

(3) 被告人或犯罪人已经死亡。

二是刑事责任承担完毕。它主要是指以下情形:

(1) 法院判处的刑罚已经执行完毕或者已被赦免;

(2) 法院判处的非刑罚制裁措施,如训诫等,已经执行完毕;

(3) 法院作出的免予刑事处分的判决,已经生效。

从刑事责任产生到终结,是一个动态的运动过程,同时也是国家司法机关的运作过程。它对于揭示刑事责任的特征、根据、原则和目的等问题,有着重要意义。

第四节　刑事责任的承担方式

刑事责任的承担方式,是指国家对犯罪人的刑事制裁措施。它是刑事责任的表现形式。国家不实施一定的制裁措施,犯罪人的刑事责任就无法实现。

在历史上,刑事责任的承担方式经历了由单一向多样的发展过程。在古代,刑事责任与刑罚等同,即刑罚是承担刑事责任的唯一方式。到了19世纪以后,刑事社会学派从社会责任论出发,主张刑事责任承担方式的多样化,即除了刑罚外,各种保安处分措施也作为承担刑事责任的方式。从现代发展情况看,刑事责任承担方式的多样化,是一个世界性的发展趋势。

在我国,承担刑事责任的方式有以下三类:

(1) 基本方式。

刑罚是犯罪人承担刑事责任的基本的、主要的方式。迄今为止,古今中外,概无例外。

刑罚是一种最严厉的承担刑事责任的方式。它不仅是国家对犯罪人的最严厉谴责,而且是对其财产权、政治权或者人身权以至生命权的剥夺。无论是我国刑法规定的主刑还是附加刑,都具有这种最严厉的制裁性质。对于绝大多数犯罪人来说,只有通过这类承担刑事责任的方式,才能达到遏制犯罪、预防犯罪、改造罪犯的目的。

(2) 辅助方式。

用非刑罚方法承担刑事责任,是辅助的、次要的方式。这类方式,在世界上有逐渐扩大的趋势。

我国《刑法》第37条规定:"对于犯罪情节轻微不需要判处刑罚的,可以免予刑事处罚,但是可以根据案件的不同情况,予以训诫或者责令具结悔过、赔礼道歉、赔偿损失,或者由主管部门予以行政处罚或者行政处分。"这里规定的各种方式,是我国目前采用的承担刑事责任的主要的辅助方式。它适用于犯罪情节轻微的犯罪人。

犯罪人以非刑罚方法承担刑事责任,不同于行政的、经济的、民事的处罚方法。因为它是以行为人有罪为前提,只能对罪犯适用;只能由司法机关代表国家适用。

(3) 特殊方式。

在我国司法实践中,除了上述两类承担刑事责任的方式外,还有一种特殊的承担刑事责任方式,即通过外交途径解决。我国《刑法》第 11 条规定:"享有外交特权和豁免权的外国人的刑事责任,通过外交途径解决。"这是国际惯例,是实现刑事责任的一种特殊方式。

上述承担刑事责任的三类方式,司法机关在处理刑事案件时酌情适用,取决于犯罪人的犯罪事实、犯罪性质、社会危害程度,以及国家的刑事政策和追究刑事责任的目的。

第十一章　刑罚的概念与目的

第一节　刑罚权与刑罚概述

一、刑罚权的概念与根据

犯罪作为社会中一种"恶"的现象,破坏了现存的社会关系和社会秩序,危及了既存的统治关系和统治秩序。作为国家的统治者来说,它必然会凭借自己掌握的国家权力,对犯罪采取相应的措施,以维护现实统治利益。统治者针对犯罪而运用的这种权力便是刑罚权。刑罚权的具体含义是什么？理论界有几种概括:第一种,"刑罚权是国家对于犯罪的人处以刑罚的资格"。① 第二种,"刑罚权是国家对犯罪人处以刑罚的权力。刑罚权是国家权力的一部分,行使刑罚权是行使国家职能的一种表现"。② 第三种,刑罚权是国家对犯罪分子科处刑罚的权利。任何国家对犯有罪行的人有权依法科以刑罚,而不顾犯人是否愿意服从,均强制执行。第四种,刑罚权是由实行统治权的机关来行使的,具体的组织机构有近代刑法的侦查、起诉、检察、审判和行刑机关。这些机关指向犯罪现象的一切活动,为刑罚权的客观体现。从这一点考虑,刑罚权有两种意义:一种是国家对犯罪者实行处罚的权利。一般所称的刑罚权,就是从这个意义来理解的。另外一种是具体犯罪者的被害人,有要求国家机关对犯罪者实行处罚的权利,这意味着刑罚请求权。③ 第五种,"有刑罚便会有运用刑罚的权力。国家的这种运用刑罚的权力,便是我们这里所要考虑的刑罚权。以国家运用刑罚的刑事活动的特点及刑罚之运用的特有的逻辑为根据,刑罚权可分为制刑权、求刑权、量刑权和行刑权四个方面的内容"。④

我们认为,刑罚权作为国家制裁犯罪人的一种权力,是国家的一种统治权,是国家基于其主权地位所拥有的确认犯罪行为范围、制裁犯罪行为以及执行这种制裁的权力。它不仅仅是一种适用刑罚的权力,实际上是决定、支配整个刑法的权力;无此权力,则整个刑法为无源之水、无本之木。其特征:(1) 权力不等于

---

① 《法学词典》编辑委员会编:《法学词典》(增订版),上海辞书出版社1984年版,第288页。
② 孙膂杰、吴振兴主编:《刑事法学大辞典》,延边人民出版社1989年版,第49页。
③ 参见甘雨沛、何鹏:《外国刑法学》(上册),北京大学出版社1984年版,第472—473页。
④ 邱兴隆、许章润:《刑罚学》,群众出版社1988年版,第61页。

权利。权力是政治学上或者说是国家学说上的概念,而不是法律学中的概念,而权利是法律所确认的、受法律规范的概念;权力是权利的上位概念,而权利是权力的下位概念;刑罚权是一种权力,而不是一种权利。(2) 制刑权是刑罚权中最重要的或者说是首要的内容,是国家在整个刑事诉讼过程中其他各种刑罚权形式的源泉。(3) 刑罚权不等于刑罚,刑罚权是国家的一种权力,而刑罚权仅是国家行使刑罚权的一种表现形式或种类。

关于刑罚权的形成与根据,中外刑法理论界曾出现了否定派与肯定派之争。否定派认为,国家不应该拥有刑罚权,或者说,国家没有根据或理由拥有刑罚权。从立论来看,否定派又可分为犯罪病变论和刑罚无效论。犯罪病变论认为,犯罪是生理、自然的或社会的原因造成的一种病态,而不是行为人自由意志的产物,因此,国家只有承担治疗或矫正行为人的义务,而没有制裁行为人的权力。刑罚无效论认为,国家自始掌握着刑罚权,可是,犯罪却从未停止过,而且呈上升的趋势。既然以遏制犯罪为天职的刑罚无法抑制犯罪,那么,国家又有什么根据拥有刑罚权呢?相反,肯定派认为,国家应该拥有刑罚权,并且有根据享有刑罚权:(1) 神授论。该论认为,国家拥有刑罚权是神的旨意,是上帝的安排,所谓"替天行罚""恭行天罚"即是这种学说的反映。而德国刑法学家斯塔尔(Stahl)阐述得更明确:"神明对此破坏秩序的人,命令俗界之权力代表(国家),加之以刑罚,是即国家刑罚权之所由来。"① (2) 社会契约论。此论源于资产阶级启蒙时代的自然法学派,它认为社会是其成员通过签订契约组成的,而国家刑罚权就是社会成员在这份契约上以割让自己的一部分权利而组合成的。(3) 社会必要论。此论认为,国家的基本职能在于维护社会秩序,保证社会生活的正常运行,而犯罪却是对社会秩序的破坏,因此,为了维持自身的生存条件,国家对那些犯罪现象就不可能听之任之,而有必要采取一定的遏制措施,这样,国家刑罚权便产生了。(4) 惩前毖后说。该说认为,国家的刑罚权一方面导源于报应,一方面导源于功利,"总之,一言以蔽之,国家刑罚权的正当根据就在于惩前毖后"。② 此外,也有论者认为国家刑罚权的根据即是刑罚适用的根据,并在此基点上提出了五条根据。③

我们认为,国家自产生之日起就理所当然地行使着刑罚权,否定派不承认国家有根据拥有刑罚权,显然是毫无意义的,也是违背历史、回避现实的;而肯定派虽然有其正确的结论,但有的立论是建立在不现实的臆断上(如神授论、社会契约论),有的立论不是回答刑罚权的根据,而是说明刑罚的存在理由或者是刑罚

---

① 转引自王觐:《中华刑法论》(中册),中华书局1936年版,第3页。
② 邱光隆、许章润:《刑罚学》,群众出版社1988年版,第66—68页。
③ 周振想:《刑罚适用论》,法律出版社1990年版,第90页。

的目的。

分析国家刑罚权的根据,必须从刑罚权的性质和产生着手。如前所述,刑罚权是一种制裁犯罪人的权力。对犯罪人适用刑罚以及执行刑罚是一种制裁,是行使刑罚权的一种表现,而确定或宣布某种行为构成犯罪,也是行使刑罚权的一种表现,因此,刑罚权不是法律规范上所确认的一种权利,而是位于刑法规范之上并支配刑法规范的一种权力范畴。它首先是一种客观事实,而不是一种法律现象,孕育这种事实的标志是国家的产生,因此,刑罚权是一种国家的权力,是一种特权,是伴随着私有制产生、发展、变化的一种维护现实利益(最早是对奴隶、财产占有利益)的一种特权,是具有独立主权地位的国家的职能表现。在原始氏族社会,制裁那些破坏部落、氏族共同生存条件的人的"权力"是由部落的强者或者是氏族中的旺族掌握的,但是,这一时期的此种制裁权力带有明显的本能暴力自救性质,属于一种"私刑权"。随着私有制、阶级的出现以及社会文明程度的提高,出现了以国家的形式来组织社会的情形。而国家与氏族组织的自发管理不同,它设置了公共权力,恩格斯说:"这种公共权力已经不再直接就是自己组织为武装力量的居民了。这个特殊的公共权力之所以需要,是因为自从社会分裂为阶级以后,居民的自动的武装组织已经成为不可能了"①。这种凌驾于社会之上的"公共权力"中就包含了刑罚权,也就是说,掌握这种公共权力的统治阶级为了实现其统治,维护统治秩序,防止"以牙还牙"的私刑的恶性循环,保持对社会财产(包括人)的支配地位,国家需要绝对的支配权力,其中就包含了对人进行处罚的刑罚权。显然,刑罚权不是国家的一般权力,而是经济上占优势地位的集团支配另一个集团的统治权,并且只能由国家统一掌握。总而言之,国家刑罚权是一种国家权力,其根据就在于国家的统治权;没有国家,没有国家的统治权,也就无所谓刑罚权。统治权是刑罚权之源,刑罚权是统治权之流。

我国是人民民主专政的国家,人民是国家的主人,是国家的统治者,行使着国家的统治权(当然包括其中的刑罚权)。例如,《中华人民共和国宪法》第2条规定:"中华人民共和国的一切权力属于人民。人民行使国家权力的机关是全国人民代表大会和地方各级人民代表大会。……"第62条规定:"全国人民代表大会行使下列职权……(三)制定和修改刑事、民事、国家机构的和其他的基本法律……"这就是说,作为记载人民革命胜利成果的根本大法宪法以法律形式表达了如下客观事实,即人民主权。而全国人民代表大会则根据人民主权原则,为了维护人民的既存利益,保卫人民已获得的权力,保障国家的"生存条件",就必须对犯罪人实施制裁。因此,我国刑罚权作为国家权力,它属于人民,其根据就在于人民主权。

---

① 《马克思恩格斯选集》第4卷,人民出版社1995年版,第171页。

二、刑罚权的制约

尽管从根据上讲刑罚权是一种国家统治权,但是,在现代文明社会里,这种权力并不意味着可以主宰一切,它蕴含着制约、抑制的特征,即是说,刑罚权必须法律化,必须受到法律的制约。不受制约的刑罚权是对刑罚权的滥用,并构成对社会公民权益的威胁和损害。

在历史上,擅立罪名,任意处断,动辄剥夺公民的生命、自由、财产、名誉,一直是专制统治的方便工具。无论是否已有定法,也不管这些法律、法规原是皇帝主持制定的,皇帝、官吏们常常以各种理由不加实行。我国汉代的酷吏杜周在审案决狱中专以皇帝的意旨是从,有人责备他说:你代表皇上来审理案件,不遵从法律,专以皇上的意向为准则,难道这应是执法者所为的吗?杜周振振有词地反驳说:什么是法律?皇上的旨意就是法律。皇上认为该判罪的,何必再去找什么法律依据?从秦以后直到清末,刑罚权始终将侵犯皇帝特权的言行当成惩罚的对象,最令人生畏的是"大不敬"罪。正如法国近代启蒙思想家孟德斯鸠曾评论:"中国的法律规定,任何人对皇帝不敬就要处死刑。因为法律没有明确规定什么叫不敬,所以任何事情都可拿来作借口去剥夺任何人的生命,去灭绝任何人的家族"①,"如果大逆罪含义不明,便足以使一个政府堕落到专制主义中去"。②与"大不敬"罪有同工异曲之妙的还有"腹非"罪、"文字狱"。这种恶习在"十年浩劫"中重新泛滥,之所以发生这种历史性悲剧,就是因为刑罚权不受制约,而被异化为侵犯公民利益的工具。

刑罚权作为国家统治权的一种,是国家统治权中最为严厉的权力之一,其直接对立的权力是公民人权,因此,国家行使刑罚权应极为慎重。用之得当,确能减少犯罪,保护社会利益,保障公民权益;用之不当,则不但收不到减少犯罪的效果,有时甚至侵犯公民的权利,造成社会秩序的混乱。因此,正确运用刑罚权,必须按照有效的程序在合理、合法的范围内行使,必须按照一定原则加以制约:

第一,宪法制约原则。宪法是国家的根本大法,它规定了公民的基本权利,公民在行使这些权利时,受到宪法的保护;国家保障公民的基本权利,即是对刑罚权的制约,因而,国家在行使刑罚权时必须以宪法为依据,不得侵犯宪法确认的公民的基本权利,并且有责任实现对这些权利的保护。任何与公民基本权利相抵触的刑罚权都是违宪的,都是对公民人权的侵犯。这就是宪法从实质内容上对刑罚权的制约。从效力形式上看,宪法具有最高法律效力,任何其他法律、法令的制定都必须符合宪法精神,不得超越宪法规定的权限范围。刑罚权的宪

---

① 〔法〕孟德斯鸠:《论法的精神》,张雁深译,商务印书馆1978年版,第194页。
② 同上书,第194页。

法制约原则是防止刑罚权被滥用的基本原则。

第二,罪刑法定制约原则。我国《刑法》第 3 条明确宣布实行罪刑法定原则,法律规定:"法律明文规定为犯罪行为的,依照法律定罪处刑;法律没有明文规定为犯罪行为的,不得定罪处刑。"而且,我国《刑法》第 13 条明确规定了犯罪的概念,这些都是启动国家刑罚权的概念,是制约刑罚权的重要原则。为了更加具体地限制刑罚权,刑法具体规定了构成犯罪所必须符合的条件或要件,同时,还明确规定了具体刑种以及适用的条件和原则,即规定了各种具体犯罪和刑罚。这些从法律上严格限制了刑罚权的任意使用,有助于保障人权。

此外,为了防止滥用刑罚权,有论者还从五个方面具体阐述了刑罚权法律制度化的措施,这也是对刑罚权的制约,即:(1) 刑罚权主体的法律化,即要求国家通过法律来规定刑罚权的掌握者和实施者,使其依法行使刑罚权;(2) 刑罚权客体的法律化,即对犯罪的认定,其中包括犯罪概念的法律规定和刑事责任的法律规定;(3) 刑罚权手段的法律化,包括各种刑事强制措施的法律规定;(4) 刑罚权程序的法律化,即刑罚权行使程序上的法律化;(5) 刑罚权目的的法律化,表现在不同的法律形式上。①

三、刑罚的概念及其特征

刑罚与刑罚权是两个不同概念。刑罚权是国家基于其主权地位所拥有的界定犯罪范围、制裁犯罪行为以及执行制裁的权力;而刑罚则仅仅是国家行使刑罚权的一种形式,是制裁犯罪的一种措施,但不是唯一措施。因为,在现代各国刑法典中,除了规定刑罚体系外,许多国家刑法还规定了一系列非刑罚方法,如具结悔过、赔礼道歉、赔偿损失以及保安处分等。尽管并不能排除或否定其他非刑罚方法对行使刑罚权的重要性,但刑罚是最能体现刑罚权的国家统治的方法,是国家行使刑罚权最主要和最基本的方法。

所谓刑罚是掌握国家刑罚权的统治者用以惩罚犯罪的最为严厉的制裁措施,是统治阶级为了维护自己的统治,以国家的名义,强制剥夺犯罪人的人身自由、财产、生命或其他权利的强制方法。对犯罪者判处刑罚,是行使国家统治权的重要组成部分,也是国家赖以存在的重要条件。正如马克思所说:"刑罚不外是社会对付违犯它的生存条件(不管这是些什么样的条件)的行为的一种自卫手段。"②因此,刑罚作为国家暴力机器的一部分,具有如下法律特征:

第一,刑罚是与国家刑罚权紧密相关的制裁措施。如前所述,刑罚权是决

---

① 参见孙成建:《论刑罚权》,载《刑法若干理论问题研究》,四川大学出版社 1992 年版,第 260—267 页。

② 《马克思恩格斯全集》第 8 卷,人民出版社 1974 年版,第 579 页。

定、支配整个刑法的权力,而作为刑法重要组成部分的刑罚,当然受制于刑罚权。当今世界上,任何刑罚制裁措施都是国家刑罚权的产物。没有刑罚权,也就没有刑罚可言,刑罚是刑罚权的下位概念。由于各国司法体制以及国家体制的差异,各个国家支配、决定刑罚的具体方式是不同的。在我国,只有全国人民代表大会及其常委会才能制定、修改刑法,也只有人民法院才能行使审判权,决定判处刑罚。

第二,刑罚是与犯罪现象相联系的制裁措施。刑罚与犯罪是刑法中必要的组成部分,没有犯罪,也就无所谓刑罚;没有刑罚的规定,也就不成其为刑法。犯罪是适用刑罚的必要条件,而刑罚则是由于犯罪而产生的法律后果(但不是必然后果)。因此,任何受到刑罚制裁的人,都是因为他实施了犯罪行为;相反,如果行为人没有犯罪,没有触犯刑法,那么,无论其违反其他何种法律,都不能对其实施刑罚。例如,对于违反党纪、政纪、民法、行政法的人,只可以采取相应的党纪处分、政纪处分、民事制裁或行政制裁,但决不能对其动用刑罚。

第三,刑罚是一种以剥夺特定权益为内容的制裁措施。刑罚作为各种法律制裁措施中最为严厉的一种,其严厉性表现为对犯罪人特定权益的剥夺,如死刑使犯罪人丧失生命,自由刑使犯罪人丧失人身自由或者人身自由受到限制,财产刑使犯罪人丧失一部或全部财产所有权,资格刑剥夺了犯罪人从事某种活动的权利;而且,刑罚还表现为国家、社会甚至亲朋好友给犯罪人在政治上、人格上的否定或道义上的谴责。因此,剥夺犯罪人的特定权益(从名誉到生命)是刑罚的本质特征,而其他法律制裁措施在内容上远远不如刑罚。比如尽管行政制裁中的拘留以及诉讼程序中的拘留等强制措施也关系到人身自由,但它们与刑罚在内容、性质及法律后果上完全不同。

第二节 刑罚功能

功能即机能、效能、效用,是事物所孕育的作用。刑罚功能则是指刑罚在社会生活中可能发挥的积极作用。

刑罚功能不同于刑罚目的。刑罚功能是刑罚客观属性的表现,只要刑罚的客观属性不变,就必然存在着以这种客观属性表现出来的刑罚功能。刑罚功能不依赖于刑罚权主体或刑罚适用主体的主观评价而转移,而刑罚目的则是刑罚权主体或刑罚适用者设定、适用、执行刑罚所希望达到的目标。刑罚功能与刑罚目的之间存在着手段的客观效能与希望达到的目的的关系:当我们选定了刑罚目的,那么,就应该选择或创制那些能够实现刑罚目的的刑罚手段;而当我们确定了刑罚方法,就应该根据这些刑罚方法所具有的功能来确定刑罚目的。不顾刑罚功能的刑罚目的是不现实的,而如果用刑罚目的代替刑罚功能,实际上就是用主观愿望代替客观现实。因此,必须认识到刑罚功能的客观性。

而刑罚功能与刑罚效果也是两个不同的范畴。刑罚功能是刑罚所具有的可能性作用,而刑罚效果则是刑罚已发挥出来的现实作用,或者说,刑罚功能是尚待实现的刑罚效果,而刑罚效果是已实现了的刑罚功能。只有刑罚具备了某种功能,则有可能产生某种刑罚效果;如果刑罚不具有某种功能,就不可能产生某种刑罚效果。刑罚功能与刑罚效果是可能性与现实性的关系,因而刑罚功能向刑罚效果方向转化,必须具备一定的条件;如果不具备相应的条件,那么,刑罚功能则永远处于一种可能状态之中,而不可能成为现实。不能把刑罚功能与刑罚效果相混同。

关于刑罚功能的范围,刑法学界见解不一,目前,在西方刑法学界主要存在以下两种分类:(1)三功能说。该说认为刑罚功能包括三个方面的内容:一是对于罪犯而言的,刑罚具有预防其再次犯罪的功能,刑法学上称之为特殊预防功能(或个别预防功能);二是对于潜在犯罪人而言的,刑罚具有警戒社会上有犯罪倾向的人,使之有所恐而不敢以身试法的功能,刑法学称之为一般预防功能(或普遍预防功能);三是对于行为规范评价而言的,通过适用刑罚,表明国家对某种禁止行为的非难,以引导人们正确地行为,即是说,刑罚具有规范、指导人们行为方式的功能,这在刑法学上称之为规范评价功能。(2)四功能说。[①] 该说认为刑罚功能包括如下四个方面内容:一是报复感情绥靖功能,即刑罚具有缓和并满足被害人及其家属、进而缓和并满足社会一般成员的报复感情的作用;二是保安功能,即通过实施刑罚,将罪犯与社会隔离,使社会免遭犯罪之害,这就是刑罚所具有的保障社会安全的功能;三是赎罪功能,即通过给予罪犯一定的惩罚,使具有悔改表现的罪犯有助于减轻或赎免其犯罪所造成的罪孽感;四是预防功能,即通过刑罚的颁布、宣告、适用和执行,可以防止罪犯本人重新犯罪,并警戒社会一般成员实施犯罪行为,这就是刑法上所划分的一般预防功能与特殊预防功能。

我国刑法学界关于刑罚功能内容的划分有两种:(1)按照刑罚作用或影响的不同对象,划分为一般预防功能与特殊预防功能,或者划分为对犯罪人的功能、对被害人的功能与对社会一般成员的功能;(2)按照刑罚功能的性质,将刑罚功能划分为基本功能(报应功能和威慑功能)与附加功能(主要是指矫正功能),或者将刑罚功能划分为剥夺功能(也称惩罚功能)、改造功能、感化功能、教育功能、威慑功能、安抚功能、鼓励功能和保障功能。虽然大家对刑罚功能内容划分不同,但我国刑罚具有以下几项功能则为多数人所承认:

[①] 参见〔日〕西原春夫:《刑法的根基与哲学》,顾肖荣等译,上海三联书店1991年版,第30—31页。

一、剥夺功能

剥夺功能又称惩罚功能。从本质上讲,刑罚意味着对犯罪人某种权益的剥夺,如剥夺生命、剥夺自由、剥夺财产等,这种剥夺是对罪犯的惩罚,必然对罪犯造成生理上和精神上的痛苦。痛苦是刑罚的固有属性,而当这种惩罚的痛苦性表现出来时,刑罚的剥夺功能就产生了。因此,刑罚的剥夺功能是刑罚固有属性的外在表现,是刑罚的基本功能,它从刑罚产生之日起就客观存在着。

二、威慑功能

威慑功能又称威吓功能,或称恐吓功能,是指一个人因恐惧刑罚制裁而不敢实施犯罪行为。刑罚的威慑功能实际上是恐惧心理作用问题,因而对未来刑罚制裁的恐惧心理构成了威慑的基本机制。根据威慑对象的不同,可分为一般威慑功能和特殊威慑功能。所谓一般威慑功能是指因恐惧被逮捕、被起诉以及受到刑罚制裁而不致从事刑法所禁止的行为,所以,也称一般预防。所谓特殊威慑,又称个别威慑或特别威慑,是指那些已经受过刑罚制裁的人因恐惧再次受到已经历过的刑罚惩罚而不敢实施犯罪行为,它与个别预防略有不同。在现代刑事政策学看来,个别预防(或特殊预防)意味着根据行为人的心理、生理等特征而有针对性地采取各种防止其重新犯罪的措施,这种措施的重点不以恐惧为特征,而是以感化教育为中心。

有论者将刑罚的个别威慑又划分为行刑前的威慑、行刑时的威慑和行刑后的威慑。所谓行刑前的威慑是指罪犯在正式受到刑事审判之前,基于对刑罚的恐惧,而放弃犯罪或争取宽大处理,如我国刑法规定的中止犯、自首犯即属此类。所谓行刑时的威慑是指罪犯在受到刑罚的实际制裁时,通过亲身体会受刑的痛苦而对刑罚产生的恐惧心理。所谓行刑后的威慑是指刑罚执行完毕后对曾经受刑者所产生的威慑作用。而一般威慑又可划分为立法威慑和司法威慑。立法威慑是指国家以立法形式将罪与刑的关系确定下来,使潜在犯罪人不敢犯罪,立法威慑的实现是以行为人知法懂法为条件的。司法威慑是指通过司法机关对犯罪人适用和执行刑罚,使意欲犯罪者因目睹或耳闻他人受刑之苦,而从中得到警戒。

刑罚的威慑功能是一个有争议的命题。赞同者认为:(1)如果没有刑罚威慑,那么,犯罪率可能比现在更高,社会比现在更紊乱;(2)威慑功能是客观存在的,问题是在什么条件下和什么程序上才可以实现威慑功能;(3)威慑功能符合人的心理规律。反对者认为:(1)实践上无法界定威慑对象,因而也难以证明威慑功能具有现实性;(2)威慑功能有走向重刑主义的倾向,甚至严重侵犯公民权利;(3)威慑功能的心理测试不具有普遍性。

我们认为,刑罚具有威慑功能,这是不可否认的事实,但威慑功能是有限度的,也是需要具备一定的条件的,关键是如何采取避免侵犯公民权利或重刑主义的政策来实现刑罚的威慑功能。

三、改造功能

改造功能又称回归(复归)功能或称矫正(矫治)功能,主要是自由刑的功能,是指刑罚具有改变犯罪人的价值观念和行为方式,使其成为对社会有用之人的作用。改造功能是近代刑法思想发展的产物,是与近代意义的监狱制度相联系的刑罚功能。

我国刑罚的改造功能的理论依据有两条:一是基于无产阶级改造社会、改造人类的历史使命。这一使命的完成不仅意味着要消灭一切剥削制度,消除一切不合理的现象,而且意味着改造作为社会主体的人。正如毛泽东同志指出:"无产阶级和革命人民改造世界的斗争,包括实现下述任务:改造客观世界、也改造自己的主观世界……所谓被改造的客观世界,其中包括了一切反对改造的人们,他们的被改造,须要通过强迫的阶段,然后才能进入自觉的阶段。"[1]二是基于历史唯物主义认识论。历史唯物主义认识论认为,人的思想意识并非与生俱来的,而是社会环境影响的结果,社会存在决定社会意识。同样,驱使人犯罪的思想动因也不是天生固有的,而是社会消极因素在主体头脑中的表现。因而,只要采取正确的政策,适用适当方法,同时努力消除社会消极因素,改善社会环境,便可以矫正犯罪意识。正如毛泽东同志指出的:在一定条件下,在无产阶级专政的条件下,一般是可以把人改造过来的。

四、安抚功能

刑罚的安抚功能是指国家通过对犯罪适用和执行刑罚,能够在一定程度上满足受害人及其家属要求惩罚罪犯的强烈报复愿望,可以平息或缓和犯罪给被害人以及社会其他成员造成的激愤情绪,使他们在心理上、精神上得到安抚。

刑罚的安抚功能也是刑罚的基本功能之一。从刑罚史来看,在原始时代,实行以眼还眼、以牙还牙的同态复仇,而当国家统一掌握刑罚权后,被害人的复仇权利就由国家行使刑罚权取代了。

刑罚的安抚功能具有积极的社会意义。它一方面在被害人及其亲属以及社会成员中树立了刑罚公平正义的形象,使社会各方面将刑罚作为公平解决犯罪问题的重要措施,防止了私刑的发生;另一方面,它强化了社会公众对刑罚权威的信任和对国家司法机关的支持,有助于恢复、保持社会心理的平衡秩序。

---

[1] 《毛泽东选集》第1卷,人民出版社1991年版,第296页。

以上诸种刑罚功能,其核心都是预防犯罪,即将刑罚的功能定位在预防犯罪上,这实质上是刑罚功利性的表现,将刑罚视为维护统治秩序、社会秩序的工具,换句话讲,国家是否使用刑罚以及如何使用刑罚,都取决于国家对刑罚的功利态度——预防犯罪。

所以,有学者①认为,只强调刑罚的功利性是不够的。刑罚除了具有保卫国家、社会利益,维护被害人权益的作用外,还具有保障犯罪人合法权益的功能,以防止国家权力的滥用。刑罚的保障功能在刑事诉讼方面的体现主要是保障被告人充分行使辩护权和其他法定权利。在刑事实体法方面的体现主要是坚持罪刑法定原则以及罪刑相适应原则。对犯罪人合法权益的保障,其主旨是维护公正,而公正则是文明社会的基本标志。也就是说,刑罚功能应该是刑罚的功利性与公正性的统一。

第三节 刑罚目的

刑罚作为国家用以惩罚犯罪的制裁措施,其本身并没有什么目的可言。这里所说的刑罚目的,实际上是指国家运用刑罚的目的,即国家通过制定、运用、执行刑罚所期望达到的目的。

刑罚目的是整个刑罚理论体系的基础,是整个刑罚制度的精髓。它作为掌握国家刑罚权的统治者制定刑罚、适用刑罚、执行刑罚的指导思想,直接关系着刑事立法的方向,制约着各种刑罚制度、行刑制度以及罪犯的处遇。因此,任何时代、任何国家的统治者和法学家都十分重视刑罚目的问题。中国古代曾先后产生了诸如威吓主义、报应主义(天罚主义)、教化主义等思想内容的刑罚目的的构想;在西方社会,也曾先后产生过诸如自然报应主义、预防与改善主义、早期综合主义、神意报应主义以及相对主义、绝对主义和折中主义的刑罚目的观。

关于我国刑罚目的的问题,理论界尚有争议。首先,关于如何确立我国刑罚目的,理论界提出如下论点:(1)根据刑事政策的要求②,认为确立我国刑罚目的应遵循两项基本原则:一是刑罚现实主义原则,即应该客观地估计刑罚的预防功能,既不能对刑罚的预防作用估计过高或抱有幻想,也不能忽视或否认刑罚的预防功能;二是刑罚经济原则,即慎重使用刑罚权,以最小的刑罚量,获取最大的预防犯罪效果。(2)以刑罚的作用为依据,确立我国刑罚的目的。③ (3)根据制

---

① 参见储槐植:《市场经济与刑法》,载《中外法学》1993年第3期。
② 张文、钟安惠:《论我国刑法典应明确规定刑罚目的》,载《廉政建设与刑法功能》,法律出版社1991年版,第323—332页。
③ 邱兴隆、许章润:《刑罚学》,群众出版社1988年版,第114—117页。

约刑罚目的的内外因素的要求,认为在本体论方面,设计刑罚目的必须坚持阶级性原则、合理性原则、现实性原则和必要性原则,在方法论上,设计刑罚目的必须坚持系统分析法和多层次分析法。①

其次,关于我国刑罚的具体目的,理论界提出了如下主张:(1) 惩罚说,认为我国刑罚的目的就在于剥夺犯罪人的某种权益,给犯罪人以痛苦的教训。(2) 改造说,即认为我们是社会主义国家,我国刑罚是社会主义性质的,因此,我国刑罚的目的不是为了单纯地报复罪犯、惩罚罪犯,而是通过惩罚犯罪分子的手段去努力教育、挽救、改造罪犯,使之重新做人。(3) 惩罚与改造说,此说认为我国刑罚目的既是为了惩罚罪犯,又是为了改造罪犯。(4) 三目的说,即包括惩罚、改造罪犯,使之不再重新犯罪;威慑、警戒社会上的"潜在"犯罪人,使之不至于走上犯罪道路;增强公民的法治观念。(5) 根本目的与直接目的说,该说认为我国刑罚的直接目的在于制止犯罪行为、排除犯罪侵害;安抚受害人、伸张社会正义,恢复社会心理秩序平衡;特殊预防、一般预防;教育、鼓励公民自觉守法。我国刑罚的根本目的在于巩固和发展有利于社会主义的社会秩序和法律秩序,保障和促进社会主义建设的顺利进行。(6) 预防犯罪与消灭犯罪说,即认为我国刑罚的目的在于预防罪犯重新犯罪以及预防其他人走向犯罪道路,以致终于消灭犯罪的产生。(7) 公平与预防说,即认为我国适用刑罚是为了维护社会公平正义及预防犯罪。

尽管理论上刑罚目的多种多样,但我国大多数学者在如下三个方面取得基本共识:

(1) 基本上否认惩罚是我国刑罚的目的。惩罚是刑罚所固有的属性,是刑罚自身的内容和基本的、不可分离的特征。立法者在选择、制定刑罚时,只会选择那些具有惩罚属性的手段作为刑罚方法,不具有惩罚属性的手段,在任何时候都不可能成为刑罚方法。如果进一步从刑罚的具体种类来分析,这种惩罚性就更加明显了:死刑是剥夺罪犯生命的刑罚,是对罪犯最严厉的惩罚;自由刑是使罪犯丧失人身自由,或者是对罪犯人身自由的限制;财产刑是对罪犯财产利益的惩罚;资格刑使罪犯的名誉、政治权利、择职权利受到限制或剥夺。总之,这些刑罚方法无不包含着给罪犯带来惩罚的后果。惩罚,作为刑罚的属性,是刑罚的同一语,不可能又成为刑罚的目的,它与刑罚目的是两个不同的概念。

(2) 刑罚不再以消灭犯罪为目的。长期以来,我国司法界(包括政界)和理论界都将消灭犯罪作为我国刑罚的目的,但是,近些年来,随着犯罪学和刑事政策学的深入研究,人们逐渐认识到,犯罪作为一种社会现象,其产生的原因极其复杂,既有个人的生理、心理原因,又有社会文化、价值观念、政治、经济等原因,

---

① 梁根林、张文:《论刑罚目的》,载《刑法学专论》,北京大学出版社1989年版,第251—318页。

而刑罚作为控制犯罪的一种手段,其作用是极其有限度的,将消灭犯罪作为刑罚目的,是对刑罚期望值过高的表现,是不现实的。当然,也有学者认为,如果把犯罪作为一种历史范畴的社会现象,它也有一个产生、发展、变化的过程,最终也将会被消灭,而且,当国家与法消灭了,那么国家法律规定的那种犯罪也就不存在了,尽管那时也许还存在某种危害社会的行为,但已不是现在意义上的犯罪了,从这个意义上讲,刑罚的最终目的即是消灭犯罪。

(3)预防犯罪是我国刑罚的目的。预防犯罪包括特殊预防和一般预防两个方面。

所谓特殊预防,就是对已然的犯罪人适用刑罚使其不再重新犯罪。人民法院通过对罪犯适用刑罚,除对极个别罪大恶极、不杀不足以平民愤的严重罪犯判处死刑立即执行外,对大多数罪犯主要还是利用刑罚的惩罚、威慑功能,对罪犯进行劳动改造,使其认识到必须遵守国家的法律、法令,做一个无害于社会的公民。也就是说,刑罚的特殊预防目的,主要是通过刑罚的惩罚功能、威慑功能以及行刑过程中的矫正功能得以实现的。不实施必要的刑罚惩罚和威慑,罪犯是不可能接受劳动改造的。因此,企图抛弃惩罚功能和威慑功能而施以"纯粹"的矫正教育措施,是不符合犯罪人心理的客观规律的;同时,刑罚的惩罚、威慑功能,只有与行刑过程中的改造教育措施相结合,才能实现刑罚的特殊预防目的。

我国刑罚的特殊预防目的,贯穿于我国刑事立法、刑事审判以及刑罚执行的全过程。在刑罚制度上,管制刑以及"死缓"制度的确立不仅仅是我国刑事立法的创举,而且是实现特殊预防的一项重要刑罚制度。此外,我国刑法还规定了缓刑制度、减刑制度、假释制度、累犯制度、自首制度、立功制度等,这些都充分体现了我国刑罚的特殊预防目的。在刑事审判过程中,人民法院遵循《刑法》第61条的规定:"对于犯罪分子决定刑罚的时候,应当根据犯罪的事实、犯罪的性质、情节和对于社会的危害程度,依照本法的有关规定判处。"这就是刑罚个别化原则的具体规定,它是最适合于特殊预防目的的量刑原则。在刑罚执行过程中,我国行刑机关始终贯彻着"惩罚管制与思想改造相结合""劳动生产与政治教育相结合"以及"改造第一、生产第二"的劳改方针,根据罪犯的不同特点采取不同的管教方法,针对罪犯改过自新的程度,有针对性地采取减刑、假释等行之有效的特殊预防措施。

应该提到的是,死刑立即执行作为一种特殊形式的特殊预防方法,它不是通过矫正改造手段,而是通过剥夺罪犯生命,将其从社会上加以彻底淘汰,使其永远不可能再实施危害社会的罪行。但这不是我国刑罚特殊预防目的的主要内容。改造罪犯,使之不再危害社会,才是我国刑罚特殊预防的主要内容。

所谓一般预防,即通过对已然的罪犯适用刑罚,威慑、警戒、防止可能走上犯罪道路的人犯罪。也就是说,人民法院通过对罪犯适用刑罚,用事实表明了国家对犯罪行为的否定评价和严厉谴责,这除了可以直接惩罚、威慑已然的罪犯外,还可以警戒、威慑可能犯罪的人,使他们有所畏惧、不敢以身试法。因为,在社会生活中,存在着准备铤而走险、实施犯罪的不稳定分子;当国家具体适用刑罚时,就可能促使他们及早醒悟,不敢危害社会,这样,就达到了一般预防的刑罚目的。

不过,刑罚的一般预防目的一直是一个极有争议的命题。

赞成者认为,社会上确实存在着一些可能走上犯罪道路的人,他们一般都是根据其本身的最大利益行事,而且力求避免遭受损失、避免刑罚之苦,所以,在实施犯罪之前,一方面具有恐惧的心理,害怕犯罪被败露而受罚,另一方面又具有侥幸的心理,以为犯罪之后可以逃避追究。根据这一犯罪心理原理,赞成者认为,只要在其犯罪之后,及时地、严厉地制裁犯罪,就能使刑罚的威慑力大于犯罪的侥幸心理,从而阻止犯罪的发生。

而反对者则认为,如果将一般预防作为我国刑罚的目的,则可能在司法实践中产生意想不到的严重后果,因为,惩罚一个人是为了警戒社会上其他可能犯罪的人以身试法,那么,在审判过程中,该罪犯所受的惩罚就不是根据其行为所承担的刑罚,而是依据防止他人模仿他而承担的刑罚。特别是在我们这样一个义务本位、国家本位意识较浓厚的国度里,如果将一般预防作为国家的刑罚目的,那么,司法实践(包括立法实践和审判实践)会自觉或不自觉地过分强调刑罚的威慑作用,导致重刑主义倾向,破坏了刑罚的公平性。马克思曾尖锐地指出过:"一般说来,刑罚应该是一种感化或恫吓的手段。可是,有什么权利用惩罚一个人来感化或恫吓其他的人呢?况且历史和统计科学非常清楚地证明,从该隐以来,利用刑罚来感化或恫吓世界就从来没有成功过。"[①]

我国刑法理论界一般还是赞成刑罚具有一般预防的目的,并且认为它是通过特殊预防发挥其作用的,只不过不应将一般预防提到不应有的位置,不应过分提高一般预防的期望值。

另外,需要指出的是,在我国,人民群众,包括被害人,只是预防犯罪的主体,而绝不是预防犯罪的对象。

[①] 《马克思恩格斯全集》第8卷,人民出版社1974年版,第578页。

第十二章 刑罚的体系和种类

第一节 刑罚体系和种类概述

一、刑罚体系

大家都知道,刑罚是统治阶级以国家的名义惩治危害统治关系的犯罪行为的一种法律强制方法,而且是国家强制中最严厉的一种强制。但是刑罚这种国家强制又有轻重之分,这是由犯罪及其危害程度的不同而决定的。这种重罪重惩、轻罪轻罚的制度,在中国刑法史上称作"刑罚不怒罪"①,即所谓"刑法有等,莫不称罪"②。原因是"刑称罪,则治;不称罪,则乱"③,或者叫"刑当罪则威,不当罪则侮"④。在现代刑法理论上叫"法的原则限制",或者称"罪刑相适应"或"罪刑相当"。其之所以有这些限制,都是国内外实践经验的历史总结,有着重要的社会实践价值。正因为如此,历代各国都根据其当时的犯罪的性质、特点和情节,对社会造成的危害程度以及犯罪人的认罪服法的不同态度,在刑事立法上制定出与其社会性质和生产力发展水平相适应的轻重不同的刑罚方法。这些不同刑罚方法的确立并按照一定顺序由轻到重或由重到轻有机地安排在一个完整系统的体系里,即谓刑罚体系。

不同社会制度的不同国家,刑罚体系是各不相同的。以我们中国为例,奴隶社会以墨刑、劓刑、剕(刖)刑、宫刑和大辟为基本刑罚体系;封建社会则以笞刑、杖刑、徒刑、流刑和死刑为其基本刑罚体系;半殖民地半封建社会的旧中国同近、现代各国的刑罚体系基本相一致,即死刑、无期徒刑、有期徒刑、拘留(役)和罚金,除此五种主刑外,还有褫夺公权和没收财产为附加刑。

根据中华人民共和国现行《刑法》的规定,我国现阶段社会主义社会的主刑的刑罚体系为:管制、拘役、有期徒刑、无期徒刑和死刑;除此五种主刑外,还有罚金、剥夺政治权利和没收财产三种附加刑。

由上不难看出,不同时代的刑罚体系,不仅反映出各个时代生产力发展水平

---

① 《荀子·君子》。
② 《荀子·礼论》。
③ 《荀子·正论》。
④ 《荀子·君子》。

和人们文明程度的高低,而且还表明其政权性质和用刑目的与重点的不同;同时又可以看出刑罚制度发展、变化的趋势和规律。中国如此,外国也不例外。这就是历史的辩证法。

从中华人民共和国刑罚体系来讲,它主刑和附加刑配合,轻重衔接,疏而不漏,充分反映出刑罚种类的多样性、层次性和体系结构的完整性、合理性,进而有利于在适用刑罚时贯彻执行惩办与宽大相结合、惩罚与改造相结合的刑事政策。

二、刑罚种类

刑罚种类,简称刑种。

关于刑罚种类的划分,一般有两种方法:其一,是法律规定上的分类法,标准是根据刑罚方法的严厉程度的不同,首先把刑罚分为主刑和附加刑,然后再依其轻重或重轻次序,从方法上把刑罚分为若干种。我国现行刑法规定的刑罚种类有:主刑五种,即管制、拘役、有期徒刑、无期徒刑和死刑;附加刑三种,即罚金、剥夺政治权利和没收财产;还有只对犯罪的外国人或无国籍人适用的驱逐出境,总共有九种。

其二,是刑法理论上的分类法,即根据刑罚方法的不同性质和特点的分类。国内外学者在刑法理论上通常把刑罚分成五大类:生命刑、身体刑、自由刑、财产刑和名誉刑(也称资格刑)。依此标准分类,我国刑法规定的刑种,可以分为:自由刑(管制、拘役、有期徒刑和无期徒刑)、生命刑(死刑,其中包括死缓)、财产刑(罚金和没收财产)、权利刑(剥夺政治权利、驱逐出境),总共四大类。

第二节 主 刑

所谓主刑,是对犯罪分子依其罪行性质、情节和危害以及认罪服法情况只能独立适用的刑罚方法,不能附加于其他主刑刑罚方法适用的刑罚,即对于一种犯罪行为或同一犯罪人,只能判处一种主刑,而不能同时判处两个或两个以上的主刑,故而也称主要刑罚或基本刑罚。按照前述刑罚理论分析,我国现行刑法规定的五种主刑,又可分为两大类:自由刑和生命刑。自由刑包括管制、拘役、有期徒刑和无期徒刑;生命刑,即死刑,包括死刑立即执行和死缓,即判处死刑同时宣告缓期二年执行。

一、自由刑

依照刑法规定,自由刑是依法剥夺或限制犯罪人的一定时间和一定范围的人身自由权利的刑罚方法,通称为自由刑。中国《周礼·秋官司寇·司圜》记有:"司圜掌收教罢(pí)民,凡害人者,弗使冠饰而加明刑焉,任之以事而收教之,能改者,上罪三年而舍,中罪二年而舍,下罪一年而舍。"晚间拘禁土坑里,白天出来劳作,可称"自由刑"之渊源。徒刑之名,在中国始于南北朝,那是公元五六世纪的事情。在西方,1552年英国在其布莱韦尔的一个城堡里首先采用自由刑,强制犯人在工作场所里劳动。逮及18世纪末叶和19世纪初,所谓自由刑才逐步在西方国家适用。但在中国历史上一直称徒刑,以后又逐渐增加了拘役(留)和管制等刑种。根据《唐律疏议》解释:"徒者,奴也,盖奴辱之","此并徒刑也"。

按照自由刑是以剥夺或限制人身自由权利为特征的通行解释,我国刑法中规定的管制、拘役、有期徒刑和无期徒刑,都应归属于自由刑这一类刑罚。

(一) 管制

管制是由人民法院对犯罪分子依法判处,不予关押,限制一定自由,在群众监督下,依法实行社区矫正的刑罚方法。其特点有:

(1) 由人民法院依法对犯罪分子判处,其他任何机关或任何个人都无权适用这种国家强制方法;

(2) 被判处管制的犯罪分子并不关押,只限制其一定活动的自由;

(3) 管制刑是在人民群众监督下,依法实行社区矫正;

(4) 被判处管制的犯罪分子,在管制期间应当遵守下列规定(《刑法》第39条和《刑法修正案(八)》第2条):

① 遵守法律、行政法规,服从监督;

② 未经执行机关批准,不得行使言论、出版、集会、结社、游行、示威自由的权利;

③ 按照执行机关规定报告自己的活动情况;

④ 遵守执行机关关于会客的规定;

⑤ 离开所居住的市、县或者迁居,应当报经执行机关批准;

⑥ 可以根据犯罪情况,同时禁止犯罪分子在执行期间从事特定活动,进入特定区域、场所,接触特定的人。

很显然,这是限制被管制犯罪分子一定自由权利的一种强制措施,也是我们把管制这种刑罚方法归入自由刑的理论和事实根据。

依照《刑法》第38条、第40条、第41条、第69条和《刑法修正案(八)》第2条的规定,管制期限,为3个月以上2年以下,数罪并罚不超过3年。管制的刑期,从判决执行之日起计算;判决执行以前先行羁押的,羁押1日折抵刑期2日。管制期满,执行机关应即向本人和其所在单位或者居住地的群众宣布解除管制。违反禁止令的,由公安机关依照《中华人民共和国治安管理处罚法》的规定处罚。

《刑法修正案(八)》第2条规定,可以禁止被管制的人从事特定活动,进入特定区域、场所，接触特定的人。何为"特定"，法律未作具体规定，人民法院可以视犯罪的性质、情节、行为人犯罪的原因以及预防行为人再犯罪的需要等情况，作出具体的禁止性规定。人民法院作出禁止令，既可以涉及其中一个事项，如只禁止行为人从事特定活动，也可以同时涉及三个方面的事项，即同时禁止其从事特定活动，进入特定区域、场所，接触特定的人。

《刑法修正案（八）》第2条还规定，对于被判处管制的犯罪分子，依法实行社区矫正。所谓社区矫正，是指将符合法定条件的罪犯置于社区内，由专门的国家机关在相关社会团体、民间组织和社会志愿者的协助下，在判决、裁定或决定确定的期限内，矫正其犯罪心理和行为恶习，促使其回归社会的非监禁刑罚执行方式。虽然《刑法修正案（八）》将"由公安机关执行"修改为"依法实行社区矫正"，但在司法实践中，公安机关仍将承担相应的职责，发挥重要的作用。

（二）拘役

拘役，是人民法院依法判处剥夺犯罪分子短期人身自由权利，由公安机关就近拘禁、教育改造的一种刑罚方法，它的期限是1个月以上6个月以下的短期拘禁。它同管制的不同之处在于短期失去自由，同时也不同于行政拘留，行政拘留是行政处罚，拘役是刑罚处罚中的一种。拘役犯在执行期间应当参加劳动，并可酌量发给报酬，每月可以回家1天至2天。

拘役刑在我国刑罚体系中轻于有期徒刑，重于管制刑，使我国治理违法犯罪措施配套成龙，有效运行。这样承上启下，浑然一体，使我国刑罚体系疏而不失，环环相扣。

依据刑法规定，就近由公安机关执行，系指由犯罪分子生活居住的县、市或市辖区公安机关设置的看守所里执行。

依法判处拘役的刑期，从判决执行之日起计算；判决执行前先行羁押的，羁押1日折抵刑期1日。期满开释，恢复其自由权利。

（三）有期徒刑

有期徒刑是指人民法院依法判处剥夺犯罪分子一定时间内的人身自由权利，并在监狱或其他劳动场所实行劳动改造的一种刑罚方法。

徒刑这种刑制，在中国历史上有一个演变和发展的过程。据《南北朝刑法志》记载，南朝宋仍沿用晋朝"刑名之制"，髡刑有四：一曰髡钳五岁刑，笞二百；二曰四岁刑；三曰三岁刑；四曰二岁刑。但无一岁刑。南宋文帝刘义隆元嘉三年（公元426年），"皇生子，赦系囚徒"，说明有关押的囚徒。这是"徒"之用于刑罚之初称。北朝后魏"世祖始光四年十月，诏司徒崔浩改定律令，二次定律，除五岁、四岁刑，增一年刑"。孝文帝（元宏）太和"四年，幸廷尉籍坊二狱，引见诸囚，随轻重决遣以赴耕耘。又幸兽圈，录囚徒，轻者免之"。逮及北朝齐，以年分等，又称年刑或者叫刑罪，又叫耐。直至北朝周，才最终称谓徒刑。由此可见，它初称囚徒,再称岁刑,又次叫耐刑,后又更称年刑,最后才称徒刑,仍无明确的定义。逮及唐朝,长孙无忌在其所著《唐律疏议》里才把它界定为"徒者,奴也,盖奴辱之"。

现代意义上的徒刑,有的国家则称之为监禁,统称为自由刑,起始于西方国家。公元1550年英国设立伦敦惩治场,应当说是执行徒刑的初始场所。直到18世纪以后,由于资本主义制发展的需要和自由资产阶级学者倡导人权运动的影响,对以剥夺犯人人身自由为主要内容并强制犯人进行劳动的刑罚方法,才被称为"自由刑"。这里包括了惩役即徒刑,又包括监禁等刑罚方法,先后被世界各国所采用。至于我们中国称自由刑,则更晚些,开始于20世纪初叶。

中英鸦片战争以后,西方资产阶级的刑法思想和理论相继传入中国,沈家本等在进呈刑律的奏折中主设"更定刑名",提出自隋朝开皇定律,均以笞、杖、徒、流、死为五刑。现因交通日便,流刑逐渐失去效应。至于笞、杖,也只能用作惩戒儿童的工具。因而现实各国刑法规定的刑种,多为死刑、自由刑和罚金;自由刑又分为徒刑和拘役。笞、杖拟改为罚金,军、遣、流拟改作工艺。故新刑律更定刑名为:死刑、徒刑、拘役和罚金四种,其中徒刑又分为无期徒刑和有期徒刑。实际依旧定为五刑,即死刑、无期徒刑、有期徒刑、拘留和罚金。

我国《刑法》第45条规定:"有期徒刑的期限,除本法第五十条、第六十九条规定外,为六个月以上十五年以下"。同时第46条又规定:"被判处有期徒刑……的犯罪分子,在监狱或者其他执行场所执行;凡有劳动能力的,都应当参加劳动,接受教育和改造。"接着第47条进一步规定:"有期徒刑的刑期,从判决执行之日起计算;判决执行以前先行羁押的,羁押一日折抵刑期一日。"

总上可见,我国有期徒刑的刑期幅度为6个月以上15年以下,因而在刑法分则中:凡是规定几年以上有期徒刑而未标明上限的,其最高刑期就只能是15年;凡是规定判处几年以下有期徒刑而又未标明下限的,其最低刑期不能少于6个月。这是一般的科刑规则,必须明确,并切实掌握。

前述有期徒刑的例外情况,主要是指在数罪并罚和死缓减为有期徒刑时,刑期可以超过15年而不得超过20年。

(四)无期徒刑

无期徒刑是人民法院依法判处剥夺犯罪分子终身自由,并在监狱或者其他执行场所实行劳动改造的一种刑罚方法。当然,这是以有劳动能力为限,若无劳动能力,则也要接受思想改造。无期徒刑不同于有期徒刑的主要特点,是剥夺犯罪分子人身自由的时间没有上限,直至其终身,故外国又称其为终身监禁,其严厉性仅次于死刑,故而只适用于某些相当严重的犯罪分子。

这种刑罚方法在我国刑罚发展史上比之有期徒刑更晚一些。根据《南北朝刑法志》记载:"劫身皆斩,妻子补兵,遇赦降死者,黥面为'劫'字,髡钳补冶,锁士终身"。这是说犯抢劫罪的一律处死,刑前遇赦减死时,还要在面上刺"劫"字,剃光头戴上刑具钳,充作冶炼劳动,直至终身而后已。这是我国无期徒刑最早的称谓。到了辽代,"其制刑之凡有四:曰死,曰流,曰徒,曰杖";"徒刑一曰终身,二曰五年,三曰一年半;终身者决五百,其次递减百"。可见,辽代徒终身即无期徒刑,判此刑者还要加杖或棰楚,而黥其面,是一种仅次于死刑的重刑。金用辽制,宋、元、明、清未见徒终身的刑制,清末戊戌变法改制,在沈家本制定的《大清新刑律》中始有无期徒刑之刑制。

无期徒刑在外国究竟起于何时,未曾考证,但在理论上长期以来对终身监禁刑,一直存在存续论和废除论两种对立主张。废除论者认为:无期徒刑过于残酷、无差别性,难以适应罪刑相等原则,人寿还有长短之分,但终身监禁在执行上无法区分,显得不公正,这种不给出路的刑罚方法,不利于改造罪犯。存续论者则认为:人都乐生恶死,无期徒刑用于减死之罪,显有积极意义,且其本身罪与刑就是相适应的,人的寿命长短不齐,有期徒刑与无期徒刑都一样,没有什么公正与不公正的问题。同时还有减刑与假释制度相配合,又给被判处无期徒刑者留有出路,可以促其改造,争取出狱。

根据现行《刑法》规定,被判处无期徒刑的犯罪分子,在执行无期徒刑期间,如果认真遵守监规,接受教育改造,确有悔改表现的,或者有立功表现的,可以减刑;有下列重大立功表现之一的,应当减刑:

(1) 阻止他人重大犯罪活动的;
(2) 检举狱内外重大犯罪活动,经查证属实的;
(3) 有发明创造或者重大技术革新的;
(4) 在日常生产、生活中舍己救人的;
(5) 在抗御自然灾害或者排除重大责任事故中,有突出表现的;
(6) 对国家和社会有重大贡献的。

上述减刑条件当然也适用于被判处其他自由刑的犯罪分子。

同时我国刑法还规定有假释制度,被判处无期徒刑的犯罪分子,实际执行13年以上,如果认真遵守监规,接受教育改造,确有悔改表现,没有再犯罪的危险的,可以假释。如果有特殊情况,经最高人民法院核准,可以不受上述执行刑期的限制。但是对于累犯以及因故意杀人、强奸、抢劫、绑架、放火、爆炸、投放危险物质或者有组织的暴力性犯罪被判处10年以上有期徒刑、无期徒刑的犯罪分子,不得假释。对犯罪分子决定假释时,应当考虑其假释后对所居住社区的影响。

二、生命刑

生命刑也就是死刑。

死刑是人民法院依法判处剥夺犯罪分子生命的刑罚方法。这是最严厉的刑罚,所以也称为极刑。

死刑的历史最为悠久,在中国原始社会末期有"刑"之初就有"贼刑""殛刑"之称谓的原始死刑。其之所以称为"原始死刑",意在说明其本质并非同阶级社会的死刑一样。也就是说它不是阶级专政的工具,当时只是维护社会公共秩序的手段。

我国第一个奴隶制国家政权是夏朝,史称"夏后肉辟三千"①,或者"夏刑三千"②,这里边就包括死刑。夏书曰:"昏、墨、贼、杀。"③这里的"贼"就不是原始刑名"贼杀"了,而是杀伤人命的罪名了。这里的"杀",则是奴隶制社会初期的刑名即死刑了。

死刑的执行方法尤为复杂,虽多样化,各个时代又有所不同,仅以秦朝而论,据统计,它的死刑执行方法就有19种之多,故而它又分等,历朝相沿,但多少却并不一样。

司法审判机关依法判处剥夺犯人生命之刑称作死刑,则是我国刑罚发展史上一种较晚的称谓。据史书记载,黄帝时代(约公元前2600年)"死刑"称"斩",如黄帝斩蚩尤,虞舜时代称"贼"或"殛",大禹时代称"杀",到了阶级社会,如夏、商、西周时代,初时也称"杀",后通称"大辟"。春秋战国不仅刑法异制,死刑之名称又以其执行方法的不同而直呼其名,如斩、绞、车裂、戮、夷、族、凿颠、镬烹、五马分尸等等。封建社会的死刑开始时只称死,到了南北朝时才统一称死刑,隋唐因之,一直迄清。但死刑又分等,如凌迟、车裂、弃市、绞、斩、枭首等。

在中国刑法史上死刑的执行方法向来为人们所重视,从形式上区分其轻重。因此,才有枭首、斩、绞、弃市之别。晋朝明法掾张斐在其《注律表》中称:"枭首者恶之长,斩刑者罪之大,弃市者死之下。"斩刑之施,受刑人身首异处;绞刑之施,受刑人可保有个全尸;炮烙活活烧死;凌迟千刀万剐。这些都是以依法剥夺人生命权利的残酷程度来区分死刑的轻重的,表现形式主义的刑罚观,如若从剥夺生命权利看,死刑本身是没有什么轻重之区分的。各种执行方法对死刑犯并没有什么本质区别,只是威慑他人可能有所不同。中国古代这种刑罚是不科学的,引起的争论也是没有实际意义的。所以现代人都不采取这种刑罚观,称之为"死刑唯一"。

死刑作为依法剥夺犯罪分子生命的国家强制方法,是除了军事镇压以外最为严厉的国家强制,它在巩固阶级专政上是一个极具威慑力的重要手段,向来都

---

① 杨雄:《法言》。
② 《尚书大传》。
③ 《左传》昭公十四年。

为统治者所重视。但是，不管是死刑适用的范围，还是死刑本身的存废，都是争论的热点问题。

死刑存留论者认为：一是阶级专政的需要，否则无法对付你死我活的阶级斗争；二是不以死刑对付残杀人命的犯罪分子，社会秩序既无法维持，也缺乏人道；三是对罪大恶极的谋杀犯处以死刑，也符合罪刑相适应的原则；四是人都是喜生恶死的，政府可以借此遏制犯罪等。

死刑废除论者则认为：一是死刑违背社会契约，谁也不会把生命权交给国家；二是死刑不人道；三是死刑断绝了犯人改过自新的道路，有悖于罪刑等价原则；四是有的亡命之徒是不怕死的，死刑的威慑力不足以遏制犯罪。此外，还有人认为，废除死刑有利于保护劳力，错判的死刑无法改正，等等。

我们认为，死刑的存废，应以对生产力发展和社会进步是否有利来评断。在残暴和严重危害人们生存的犯罪还存在的条件下，保留死刑不仅是必要的，而且也是合理的。否则，让残暴的、失却人性的罪犯任意残害无辜，使善良的人们处于无法保护自己安全的状态下，那将是既不公正也不人道、有悖社会伦理的。绝不能只从主观愿望去争论死刑的存留问题。马克思曾经指出："刑罚不外是社会对付违反它的生存条件（不管这是些什么样的条件）的行为的一种自卫手段。"① 不难理解，在犯罪仍然严重威胁着社会生存的情况下，正直的人们如不采取有效对策制裁犯罪人，又如何保障善良人们的生存权利呢？当然，从人类发展史来看，总有一天是要废除死刑的。

正因为如此，自1764年意大利刑法学家贝卡利亚首倡废除死刑以来，迄今已有二百多年的历史了。据有关国际组织提供的统计资料，截至2010年，全世界废除死刑的国家和地区情况分别如下：（1）对一切犯罪废除死刑的国家有95个；（2）仅对普通犯罪废除死刑的国家有9个；（3）实践中在一定时间（10年或更长些）从未执行死刑的国家和地区有35个。这三种情况加起来有139个国家和地区。但是值得注意的是，世界上有影响力的大国，包括中国、美国、俄罗斯、日本、印度等，都未废除死刑。甚至还有些国家，一度或几度废除死刑，以后又恢复了死刑或者正在争论恢复死刑。这清楚地说明废除死刑的道路漫长而遥远。

众所周知，我国刑法还规定有死刑，这是由我国刑法的性质和现实犯罪状况所决定的。就是说在社会上仍然有各种各样的残暴犯罪的客观形势下，为了保卫人民民主专政的政权和社会主义制度，我国现在还不能放弃惩治严重犯罪的最严厉的国家强制方法——死刑。我们保留死刑，是同严重刑事犯罪作斗争的客观需要；同时又要在司法实践中贯彻坚持少杀、坚决反对滥杀的政策。必须慎重从事，严格控制死刑，因为人死了是不能复生的，杀错了不能改正。

---

① 《马克思恩格斯全集》第8卷，人民出版社1974年版，第579页。

我国既保留死刑又坚持少杀的刑事政策是具有深远的社会政治意义的:一方面它可以对付那些怙恶不悛、罪大恶极的犯罪分子,威慑不法,安定社会,保护国家和人民的安全;另一方面又可以获得广大人民群众的支持和同情,缩小打击面,扩大团结面。坚持少杀政策,以免诛及无辜,保存社会劳动力,促进社会主义现代化建设,保留活证据,有利于侦查和审理集团犯罪案件,为逐步减少死刑和最终废除死刑创造条件。

我国《刑法》第49条第1款规定:"犯罪的时候不满十八周岁的人和审判的时候怀孕的妇女,不适用死刑。"这是由于未满18周岁的未成年人智力发育尚不成熟,辨别是非和控制自己行为的能力还较差;同时思想也还不固定,可塑性尚大,相对地容易接受改造;审判时怀孕的犯罪妇女,其胎儿是无辜的,从人道主义出发,也不应诛及无辜,所以刑法明确规定,对她们不适用死刑,给以改过自新的机会,于情于理都是科学的。但该明确的一点是:这里所规定的"不适用死刑"是绝对的,绝不是说等到他(她)年满18周岁或者等她分娩以后再执行死刑。

《刑法修正案(八)》第3条规定,在刑法第49条中增加1款作为第2款:"审判的时候已满七十五周岁的人,不适用死刑,但以特别残忍手段致人死亡的除外。"这是关于对老年人不适用死刑的规定。所谓老年人,是指审判时已经年满75周岁的被告人;所谓"以特别残忍手段致人死亡",是指犯罪手段令人发指,例如以肢解、残酷折磨、毁人容貌等手段致人死亡。在实际执行时应当注意,只要被告人在人民法院作出判决前已年满75周岁的,都不得判处死刑,包括不得判处死刑缓期2年执行。

至于死刑的执行方法,在当今世界各国是各不相同的,但大致上有五种:枪决、斩首、绞杀、电击或注射。我国《刑法》没作明文规定,实际上一般是枪决,现在也有采用注射方法执行的。

为了保证正确地慎重适用死刑,我国现行《刑法》第48条第2款明确规定:"死刑除依法由最高人民法院判决的以外,都应当报请最高人民法院核准。死刑缓期执行的,可以由高级人民法院判决或者核准。"

我国刑种中的死刑,还包括死缓。它说明死缓并不是一个独立的刑种,实际上是死刑的一项执行制度,类似于我国明、清两朝的"斩监候"和"绞监候",待一定时间后再行决定是否执行死刑。

故此我国《刑法》第48条第1款规定:"对于应当判处死刑的犯罪分子,如果不是必须立即执行的,可以判处死刑同时宣告缓期二年执行。"

《刑法修正案(九)》第2条将《刑法》第50条第1款修改为:"判处死刑缓期执行的,在死刑缓期执行期间,如果没有故意犯罪,二年期满以后,减为无期徒刑;如果确有重大立功表现,二年期满以后,减为二十五年有期徒刑;如果故意犯罪,情节恶劣的,报请最高人民法院核准后,执行死刑;对于故意犯罪未执行死刑的,死刑缓期执行的期间重新计算,并报最高人民法院备案。"

对被判处死刑缓期执行的累犯以及因故意杀人、强奸、抢劫、绑架、放火、爆炸、投放危险物质或者有组织的暴力性犯罪被判处死刑缓期执行的犯罪分子,人民法院根据犯罪情节等情况可以同时决定对其限制减刑。

需要指出的是,上述规定只是划定了一个可以限制减刑的范围,并不是说上述九类罪犯都要限制减刑,是否限制减刑,应由人民法院综合案件的具体情况来决定。同时,根据《刑法》第78条的规定,人民法院依照《刑法》第50条第2款规定限制减刑的死刑缓期执行的犯罪分子,缓期执行期满后依法减为无期徒刑的,其实际执行刑期不能少于25年,缓期执行期满后依法减为25年有期徒刑的,其实际执行不能少于20年。

《刑法》第51条规定:"死刑缓期执行的期间,从判决确定之日起计算。死刑缓期执行减为有期徒刑的刑期,从死刑缓期执行期满之日起计算。"

依照新《刑法》的规定,对于"判处死刑缓期执行的,在死刑缓期执行期间……如果故意犯罪,查证属实,由最高人民法院核准,执行死刑"。比之旧《刑法》"如果抗拒改造情节恶劣的,查证属实的,由最高人民法院判决或者核准,执行死刑"的可操作性大多了;同时也取消了"已满十六周岁不满十八周岁的,如果所犯罪行特别严重,可以判处死刑缓期二年执行"的复杂条款。这是我国刑事立法技术成熟的具体表现。

第三节 附 加 刑

所谓"附加刑"是"主刑"的对称。在中国古代或外国则称为"从刑",但根据我国刑法的明确规定,附加刑可以附属于主刑并用,也可以独立适用。这又是"附加刑"和"从刑"的一个重要区别。但是无论附加适用或独立适用,均应以刑法分则有明文规定为准,凡未规定可以适用附加刑的,则不能附加或独立适用附加刑。

根据我国《刑法》第34条的规定,附加刑有三种:(1) 罚金;(2) 剥夺政治权利;(3) 没收财产。其(1)和(3)项为财产刑;第(2)项为权利刑。

一、财产刑

在我国财产刑有两种:

1. 罚金

罚金是人民法院依法判处犯罪分子向国家缴纳一定数额金钱的刑罚方法。它不同于行政罚款。罚金是人民法院依照刑法对犯罪分子作出的刑事惩罚;而行政罚款则是行政机关依照行政法规对违法行为人所作的行政处罚。罚金同刑事案件中的损失赔偿也不同,后者尽管也是由人民法院判决的,但其并非刑事处罚,而是给予遭受经济损失的刑事被害人的民事补偿。赔偿金交付受害人,而罚金则上缴国库。

我国《刑法》第34条第2款规定,"附加刑也可以独立适用",就是说罚金主要是用作附加刑。在世界范围来讲,附加刑适用范围是不尽相同的。有的国家把罚金刑定为"主刑",有的国家则将罚金刑规定为只作附加刑与主刑并处,实际成为绝对的附加刑,名副其实的"从刑"。

罚金刑实际上是一种经济制裁,故而它主要适用于经济犯罪、财产犯罪和其他牟利性犯罪。应该看到这些犯罪本身都是为了获取非法利益,除了刑事惩处外并处罚金或单处罚金是可以收到遏制这类犯罪的实际效果的。随着社会主义市场经济体制的建立,经济活动纵横交错,利欲驱动,必然使更多的人犯下这类罪行。所以新修订的我国刑法,不仅扩大了罚金刑的适用范围,而且提高了罚金刑的科处幅度,由一倍两倍到五倍重罚科处,应当说是十分切合需要的。"以其人之道,还治其人之身",从犯罪经济学的角度讲,也会使犯罪人收敛一些。

《刑法》第52条规定:"判处罚金,应当根据犯罪情节决定罚金数额。"表述上与1979年《刑法》无异,但实际上内容发生了重大变化。1979年《刑法》只作罚款的原则规定,并无具体数额。新《刑法》在分则中有的不仅规定有具体数额,对国家经济危害严重的还规定了罚金数额由50%到2倍至5倍的重罚。这样的高额罚金对经济牟利犯罪人就不再是"隔靴搔痒",这次赔点下次赚回,而可能是得不偿失,亏了老本,甚至倾家荡产。他们想犯也不敢或不能再犯了。

《刑法修正案(九)》第3条将《刑法》第53条修改为:"罚金在判决指定的期限内一次或者分期缴纳。期满不缴纳的,强制缴纳。对于不能全部缴纳罚金的,人民法院在任何时候发现被执行人有可以执行的财产,应当随时追缴。由于遭遇不可抗拒的灾祸等原因缴纳确实有困难的,经人民法院裁定,可以延期缴纳、酌情减少或者免除。"这比旧《刑法》也有了明显的进步,将罚金刑规定为相对的必须执行的刑罚。就是说"对于不能全部缴纳罚金的,人民法院在任何时候发现被执行人有可以执行的财产,应当随时追缴"。这样狡诈的犯罪人虽可能逃避一时,一旦被人民法院发现就不能逃脱其应缴纳的罚金了。

2. 没收财产

没收财产是人民法院依法判处将犯罪分子个人所有财产的一部分或者全部强制无偿地收归国家所有的刑罚方法。

没收财产也是一种经济制裁手段,对于某些严重犯罪,既可以是附加适用,也可以独立适用。这就要看犯罪性质及其具体情节。比如说"危害国家安全罪",都"可以并处没收财产"。这不仅从政治上予以严惩,同时又给以严厉的经济制裁,以威慑这类严重的刑事犯罪。再如,走私、贩毒、破坏金融管理秩序、金融诈骗等,他们往往以财产作为犯罪的资本,或者作为其谋取非法利益的手段。因此,以没收财产的刑罚方法,惩罚犯罪,这对遏制这些犯罪利用其财产实施犯罪,是一项行之有效的手段和措施。

我国《刑法》第59条规定:"没收财产是没收犯罪分子个人所有财产的一部或者全部。没收全部财产的,应当对犯罪分子个人及其扶养的家属保留必需的生活费用。""在判处没收财产的时候,不得没收属于犯罪分子家属所有或者应有的财产。"这就非常明确、合理地划清了没收的范围。但还应注意:(1) 是没收犯罪分子所有财产的一部或全部应以犯罪性质、轻重、情节和条件的具体情况而定,"全部""一部"和一部中的"哪一部分"都必须在判决中明确界定;(2) 对犯罪分子家属的合法财产必须切实保护,不能随意侵犯,罪及无辜,必要时还要给其家属留下必要的生活资料和生产资料,以维持其生计;(3) 犯罪分子家属所有的财产即其个人财产,而犯罪分子家属应有的财产指其家中财产应得的部分,必须划清。当然我们这里所讲的犯罪分子家属都是专指没有参与犯罪分子犯罪活动的家属;同时他们也不能以家属关系隐匿属于犯罪分子个人财产而免于没收。

《刑法》第64条规定:"犯罪分子违法所得的一切财物,应当予以追缴或者责令退赔;对被害人的合法财产,应当及时返还;违禁品和供犯罪所用的本人财物,应当予以没收。没收的财物和罚金,一律上缴国库,不得挪用和自行处理。"这里也必须明确几个界限:犯罪分子违法所得的一切财物,违禁物品及供犯罪使用的本人财物,都应追缴或退赔或者没收。前二类财物原本就不是犯罪分子所有或者应有财物;第三类财物虽是他的,但因其用以犯罪而成为工具或赃物,故都应予以追缴、退赔或没收,但不在没收财产刑罚之列,而是强制收缴。至于犯罪被害人的合法财产,应当及时返还,这是保护公民合法财产的具体体现,不能与上述三类财物类同看待和处理。

《刑法》第60条又规定:"没收财物以前犯罪分子所负的正当债务,需要以没收的财产偿还的,经债权人请求,应当偿还。"这里明确了从没收财产中偿还正当债务的三项原则:一是犯罪分子财产被没收前的债务;二是债务是正当的;三是经债权人请求;四是以没收的财产为限偿还,如若债权人多的情况下,还应依《民法典》规定的顺序偿还。

二、权利刑

权利刑在我国也有两种:

1. 剥夺政治权利

剥夺政治权利是指人民法院依法判处剥夺犯罪分子参与国家管理和社会政

治活动权利的刑罚方法。

根据《刑法》第54条的规定,剥夺政治权利是剥夺下列权利:

(1) 选举权和被选举权;

(2) 言论、出版、集会、结社、游行、示威自由的权利;

(3) 担任国家机关职务的权利;

(4) 担任国有公司、企业、事业单位和人民团体领导职务的权利。

剥夺政治权利,既是附加刑的一种,当然它可以附加适用,同时又可以独立适用。

剥夺政治权利附加刑适用的范围,依照《刑法》第56条和第57条的规定,计有三大类:一为危害国家安全的犯罪分子应当附加剥夺政治权利;二为被判处死刑、无期徒刑的犯罪分子,应当剥夺政治权利终身;三为故意杀人、强奸、放火、爆炸、投毒、抢劫等严重破坏社会秩序的犯罪分子,可以附加剥夺政治权利。前两类是必须附加剥夺政治权利,而第三类则是可以附加剥夺政治权利,是否剥夺由人民法院酌情科处。这是必须从思想认识上加以明确的。

剥夺政治权利的刑期,除《刑法》第57条规定外,为1年以上5年以下,只有第57条规定的被判处死刑、无期徒刑的罪犯,应剥夺政治权利终身;在死刑缓期执行减为有期徒刑或者无期徒刑减为有期徒刑的时候,应当把附加剥夺政治权利的期限改为3年以上10年以下。

对于判处死刑、无期徒刑的犯罪分子还要剥夺其政治权利有无实际意义的问题,答案是肯定的,应当说是有意义的,其理由如下:

(1) 这些犯罪分子罪行极为严重,国家业已决定剥夺其生命或者终身自由,其政治权利也应当予以剥夺,以示国家在政治上对其彻底的否定和评价,使法律与政治保持高度一致。

(2) 国家宪法规定有特赦制度,刑法中又规定有假释制度,判处死刑在其未被执行前可能会遇到特赦而不执行死刑;判处无期徒刑的在执行无期徒刑期间更可能遇到特赦而出狱或者执行到一定时间而被假释出狱;如不在判处死刑或者无期徒刑的同时宣告剥夺其政治权利终身,遇到特赦或者假释,又得另行宣告,不如一并宣告,以免以后旧话重提,招致麻烦。

(3) 公民政治权利中包括出版自由等权利,犯罪分子被判处死刑虽已处决或被判处无期徒刑,如不同时宣告剥夺其政治权利终身,其著作仍有被出版的可能性,故判决同时宣告剥夺,以免日后发生纠纷或周折。

根据我国《刑法》的有关规定,剥夺政治权利的期限以其刑种的不同有以下四种不同情况:

(1) 判处管制刑附加剥夺政治权利的,剥夺政治权利的期限与管制的期限相等,同时执行;

（2）判处拘役、有期徒刑附加剥夺政治权利的，其剥夺政治权利的期限，为1年以上5年以下；

（3）判处无期徒刑和死刑附加剥夺政治权利的，其剥夺政治权利的期限为终身；

（4）判处死刑缓期执行而减为有期徒刑或者判处无期徒刑而减为有期徒刑的，其剥夺政治权利的期限为3年以上10年以下。

剥夺政治权利刑期的起算时间有以下两种不同情况：（1）独立适用剥夺政治权利的刑期从判决确定之日起计算；（2）附加适用剥夺政治权利的刑期起算又有两种不同情况：主刑是管制的，附加剥夺政治权利的期限与管制刑期同时起算；主刑是拘役或有期徒刑的，附加剥夺政治权利的刑期，从拘役或有期徒刑执行完毕之日或者从假释之日起算；剥夺政治权利的刑罚效力当然施用于主刑执行期间。

判处管制、拘役或者有期徒刑没有附加剥夺政治权利的，在主刑执行期间，依照《关于县级以下人民代表大会代表直接选举的若干规定》，应"准予行使选举权利"。

剥夺政治权利的刑罚由当地公安机关执行。对于剥夺政治权利期满的人员，应当及时通知本人，并向有关群众公开宣布恢复其政治权利，以保护公民的正当权利不受影响。

2. 驱逐出境

驱逐出境，也称逐出国境，是专门对外国人或无国籍人在中国犯罪的刑罚方法。

驱逐出境就是人民法院依法判处强制犯罪的外国人或无国籍人限期离开中国国（边）境的刑罚方法。它只适用于那些在我们国家犯了罪，且其继续留住我国有害于国家和人民利益的外国人或无国籍人，即依法剥夺其在中国的居留权，故我们把它也列为权利刑。它既可以独立适用，也可以附加适用，依案件的性质和犯罪人的具体情况而定。

中华人民共和国是一个独立自主的社会主义主权国家，除了依法对享有外交特权和豁免权的外国人的刑事责任，通过外交途径解决外，对于在我国犯罪的外国人和无国籍人一律适用我国刑法追究其刑事责任。如若根据其犯罪性质和情节，认定该外国人或无国籍人继续留居我国将有害于我们国家和人民的利益时，我国人民法院可以适用驱逐出境的刑罚方法将其逐出我国国境或边境。因此，我国《刑法》第35条明确规定："对于犯罪的外国人，可以独立适用或者附加适用驱逐出境。"

驱逐出境独立适用于犯罪行为不很严重的外国人或者无国籍人；附加适用于罪行比较严重的外国人或者无国籍人。前者在判决确定后立即执行；后者则在其主刑执行完毕后执行。驱逐出境的外国人不但是适用我国刑罚的问题,往往还会涉及我国与犯罪人所属国家之间的关系,更应慎重从事,应当与外交部门取得联系。

第四节　非刑罚处理方法

非刑罚处理方法,就是人民法院依法对犯罪人犯罪行为轻微不需要判处刑罚,但可以根据案件不同情况予以非刑事处罚的处理结果。

社会生活实践告诉我们,犯罪这种社会现象是极其复杂的,严重程度千差万别,在处理上绝不可一概而论。重者有非杀不足以惩其恶,轻者也有不需要判处刑罚的。既已犯罪又不能不予处理,否则会影响刑法的严肃性。故我国刑法对于后者也作出了实事求是的处理规定。

我国《刑法》第37条明确规定:"对于犯罪情节轻微不需要判处刑罚的,可以免予刑事处罚,但是可以根据案件的不同情况,予以训诫或者责令具结悔过、赔礼道歉、赔偿损失,或者由主管部门予以行政处罚或者行政处分。"

根据2015年8月29日第十二届全国人民代表大会常务委员会第十六次会议通过的《刑法修正案(九)》第1条的规定,在《刑法》第37条后增加一条,作为第37条之一:"因利用职业便利实施犯罪,或者实施违背职业要求的特定义务的犯罪被判处刑罚的,人民法院可以根据犯罪情况和预防再犯罪的需要,禁止其自刑罚执行完毕之日或者假释之日起从事相关职业,期限为三年至五年。""被禁止从事相关职业的人违反人民法院依照前款规定作出的决定的,由公安机关依法给予处罚;情节严重的,依照本法第三百一十三条的规定定罪处罚。""其他法律、行政法规对其从事相关职业另有禁止或者限制性规定的,从其规定。"

所谓训诫,就是指人民法院对情节轻微的犯罪分子当庭进行公开谴责或批评的一种教育方法;责令具结悔过,则是人民法院责令犯罪分子用书面方式承认罪错,保证悔改的一种教育方法;赔礼道歉,又是人民法院责令犯罪分子向犯罪被害人承认罪错,表示歉意的一种礼谢方式;赔偿损失,乃人民法院根据犯罪行为对被害人所造成的精神伤害,酌情责令犯罪人给予被害人一定的经济补偿。至于主管部门予以行政处罚,则是人民法院依据案件和犯罪人的具体情况免予刑事处罚,建议其所在单位或部门依据《中华人民共和国行政处罚法》给予行政罚款等的处理方法;行政处分,则是人民法院根据案件和犯罪人的具体情况做出免予刑事处罚的同时,建议犯罪人所在单位或部门,给予犯罪分子以行政处分的处理办法,教育犯罪人,以免再犯。

尚须明确一个法理界限。这就是这些非刑事处罚方法,都是以构成犯罪为前提的,只是由于犯罪的复杂情况,在刑事惩办的同时或犯罪情节轻微不需要判处刑罚、免予刑事处罚时而采取的非刑罚处理的适当方法。因此,必须划清它同我国《刑法》第 13 条"但书"所指"情节显著轻微危害不大的"违法行为的原则界限。前者是犯罪情节不严重或情节轻微不需要判处刑罚而免予刑事处罚,后者则是"情节显著轻微危害不大的,不认为是犯罪"的违法行为。二者在性质上有原则区别,实有罪与非罪的不同,决不能相互混淆。否则,要么会罪及无辜,要么会放纵罪犯,这二种倾向都是必须严加防止的。

第十三章 量　　刑

第一节　量刑的概念和一般原则

量刑,是指人民法院在认定犯罪事实和犯罪性质的基础上,依法决定对犯罪分子是否判处刑罚,判处何种刑罚以及是否立即执行该刑罚的一种审判活动。量刑主要有如下特征:其一,人民法院的刑事审判活动主要有两个基本环节,即定罪和量刑。定罪是判明被告人的行为是否构成犯罪、构成什么罪;量刑则是在定罪的基础上,进一步决定对犯罪分子是否判处刑罚、判处何种刑罚。定罪与量刑都是刑法适用于具体案件的关键环节,定罪是量刑活动的基础和前提;量刑是定罪的必然司法后果。定罪与量刑常常被喻为医生对病人的病情作出诊断和开具对症的药方进行治疗的两个过程。其二,在定罪的基础上,量刑首先要解决的是对犯罪分子是否判处刑罚的问题。倘若犯罪分子的"犯罪情节轻微"而符合《刑法》第37条的规定,可以对其适用相应的非刑罚的处理方法。倘若犯罪分子具备"应当免除处罚"的情节,则不能对其适用刑罚;倘若具备"可以免除处罚"的情节,也可以不对其适用刑罚。当然,对具有免除处罚情节的犯罪分子,也可以适用非刑罚的处罚方法。但是,倘若犯罪分子不具有免除刑罚的情况,就应当依法决定对其所适用的刑种及其刑期。

正确量刑有着极为重要的意义。其一,我国的量刑,是人民法院把刑法适用于具体的案件,通过司法程序,从刑法的角度给予犯罪行为以否定评价和谴责,以刑罚的方法使犯罪人受到应有的惩罚和教育;并且通过适用刑罚,达到一般预防、减少和控制犯罪的目的。可见,只有正确量刑,才能推进刑罚特殊预防和一般预防目的的实现。否则,量刑不当或者应判不判,不仅不能使犯罪分子得到应有的惩罚,反而会增加其对社会的抵触情绪,容易导致其再次犯罪,同时也不利于警诫社会上的不安定分子,防止他们走上犯罪的道路。其二,刑事法律活动,从动态上来看,可以分为立法、定罪、量刑与行刑四个阶段,刑法的基本原则,是指导并贯穿于这四个阶段的根本准则,刑法基本原则的实现也离不开这四个阶段的有机运行。因此,正确量刑,是最终使罪刑法定、罪刑相适应、适用刑法一律平等的刑法基本原则得以实现的保证。首先,正确量刑贯彻了罪刑法定原则。要正确量刑,就必须做到严格依法办事,排斥法外用刑、罪刑擅断,而这也正是罪刑法定原则的基本要求。其次,正确量刑贯彻了罪刑相适应原则。从罪刑关系上来说,正确量刑就是在对犯罪分子决定具体刑罚时,既要根据犯罪行为的性质和对社会的危害性程度,又要考虑到犯罪分子的主观恶性和改造的难易程度。而这就是对罪刑相适应原则的具体贯彻。罪刑相适应,就是指在确定犯罪与刑罚的关系时,一方面刑罚与已然的犯罪的社会危害性程度相适应,另一方面刑罚与未然的犯罪的可能性大小相适应。最后,正确量刑贯彻了适用刑法一律平等的原则。从刑罚适用到具体的犯罪人来说,正确量刑就是不能因为犯罪人的特殊身份、地位或权势、金钱而同罪异罚,对于违法犯罪的人,不管他的资格多老,地位多高,功劳多大,在适用刑罚时一律平等。这就是对适用刑法一律平等原则的遵循。

量刑作为人民法院适用刑罚的重要活动,是一项非常复杂细致的工作,必须有严谨的态度和科学的方法,遵循一定的基本原则,即量刑的一般原则,以保证合法、正确地将刑罚运用到性质、情节各有差异的具体犯罪案件中去。我国《刑法》第61条规定:"对于犯罪分子决定刑罚的时候,应当根据犯罪的事实、犯罪的性质、情节和对于社会的危害程度,依照本法的有关规定判处。"这是总结我国人民法院数十年来量刑工作的经验而规定的量刑的基本原则,其内容体现了"以犯罪事实为依据,以刑事法律为准绳"。

(一) 量刑必须以犯罪事实为根据

量刑必须以犯罪事实为根据,就是刑罚只能加之于犯罪,刑罚的轻重决定于犯罪的轻重。具体地说,就是无罪不罚,有罪才罚,重罪重罚,轻罪轻罚,罚当其罪。

以犯罪事实为根据的量刑原则,要求做到以下几个方面:

(1) 查清犯罪事实真相。对犯罪事实有广义和狭义两种解释。广义上的犯罪事实,是指客观存在的刑事案件的一切实际情况的总和。它具体可以分为作为犯罪构成要件的事实、犯罪性质、犯罪情节、犯罪对社会的危害性程度等几个方面。狭义上的犯罪事实,又称基本的犯罪事实,仅指作为犯罪构成要件所必备的事实,例如,某种危害社会行为侵犯了什么样的社会关系,行为人主观上有无故意与过失,行为人是否具备刑事责任能力等。没有犯罪事实就无所谓犯罪,更谈不上量刑;犯罪事实不清或不真,量刑也只能是主观的臆断,难免出现冤、假、错案。因此,犯罪事实是正确量刑的客观事实基础,要正确量刑就首先必须以实事求是的科学态度,深入实际调查研究,搞清楚犯罪的事实真相,由此为正确适用刑罚提供一个可靠的客观基础。

(2) 确定犯罪性质。确定犯罪性质,就是认定行为人的犯罪行为构成什么罪。我国刑法将犯罪分十大类,具体罪名达487个之多,各种犯罪的性质不同,反映了行为的社会危害性程度的差异,从而法定刑的轻重也不一样。例如,故意杀人罪与故意伤害罪就是两个性质不同的罪,通常情况下,前者的社会危害性比后者大,处刑也比后者重。有些犯罪从行为和后果上看可能很相似,但性质却不一样。以故意杀人和过失杀人为例,二者都是杀人,都造成了被害人的死亡,但由于主观上一个是故意,一个是过失,因而是两种不同性质的犯罪。故意杀人罪的社会危害性重于过失杀人,处刑也重。因此,人民法院在量刑时,必须在查清犯罪事实的基础上,准确地认定犯罪性质。只有正确地定性,才会有正确的量刑,定性出错,量刑必然有误。

(3) 分析犯罪情节。犯罪情节,是指刑事案件中能够说明某种行为的社会危害性程度,包括行为人的主观恶性大小的各种具体事实情况。主要有:犯罪构成事实的详情细节;犯罪的构成事实以外的其他各种具体事实情况,例如犯罪的间接损害后果、犯罪的动机、手段、现场环境、犯罪人的一贯表现、犯罪后的态度;等等。可见,犯罪情节的范围大于犯罪构成事实或狭义的犯罪事实的范围,因而在考察整个案件事实情节时应特别注意全面性。犯罪情节的意义还在于,从案件事实情况的具体细节上说明行为对社会的危害性程度,包括行为人的主观恶性大小,从而为区别罪与非罪、此罪与彼罪、重罪与轻罪,进而为正确量刑提供具体细化了的事实依据。

(4) 判断犯罪的社会危害性程度。犯罪的社会危害性程度,是指犯罪行为对社会造成或可能造成损害的大小。对犯罪的社会危害性程度作这样的理解,在我国刑法学界基本上是一致的。因为行为的社会危害性及其程度是犯罪的最本质的特征,而任何犯罪又都是主观和客观的统一,所以社会危害性及其程度也必然是主观和客观的统一。从实际具体犯罪案件来看,行为的社会危害性程度也不只是由行为客观上所造成的损害结果来表现,行为人主观上的故意与过失、行为的动机、目的、行为人的个人情况、一贯表现和犯罪后的态度等因素也是说明社会危害性程度的一个方面。众所周知,同等情况下,故意犯罪的社会危害性要大于过失犯罪。刑法上也对处罚未成年人、又聋又哑的人、盲人、累犯、犯罪以后自首、立功等作了特别的规定。行为的社会危害性及其程度,是犯罪的最本质的、具有决定意义的特征,也是区分罪与非罪、重罪与轻罪的综合性指标。人民法院要做到正确量刑,就必须在查清犯罪事实的基础上,准确地衡量犯罪的客观危害程度和犯罪人的主观恶性大小,从而正确地判断犯罪的社会危害程度。

(二) 量刑必须以刑事法律为准绳

量刑中应遵守罪刑法定、罪刑相适应以及适用刑法一律平等的原则,也就是量刑要以刑事法律为准绳,以刑事法律为尺度来对犯罪人的犯罪行为加以衡量、评价,并以此尺度对照犯罪人应承担的刑事责任,确定是否适用刑罚、适用何种适当的刑罚等。这一原则是我国社会主义法制原则对量刑工作的必然要求。

我国《刑法》第61条规定,对于犯罪分子决定刑罚的时候,应"依照本法的有关规定判处"。这里所讲的"本法",是指广义上的刑法,即国家立法机关制定的规定犯罪及其法律效果的一切法律规范,不仅包括修订后的《中华人民共和国刑法》，而且包括在刑法典颁布实施以后，立法机关为了修改或者补充该刑法典的规定，以及其他行政、经济等法规中附带规定犯罪及其法律效果的刑法规范。

具体来说，量刑必须以刑事法律为准绳包括以下内容：

（1）依照刑法总则的规定量刑。刑法总则规定了刑法与犯罪的一般原理原则、各种刑罚方法的适用条件、刑罚制度等，量刑时必须严格遵守。例如，《刑法》规定犯罪的行为或者结果有一项发生在中华人民共和国领域内的，就认为是中华人民共和国领域内犯罪；故意犯罪应当负刑事责任，过失犯罪法律有规定的才负刑事责任；死刑只适用于罪行极严重的犯罪分子，对于判处死刑的犯罪分子，如果不是必须立即执行的，可以判处死刑同时缓期 2 年执行；被判处管制、拘役、有期徒刑、无期徒刑的犯罪分子，在执行期间，如果认真遵守监规，接受教育改造，确有悔改表现的，可以减刑。

（2）依照刑法分则的规定量刑。我国刑法分则规定了各种具体犯罪应当适用的刑种及其量刑幅度。在量刑的时候，必须根据犯罪的具体情况，对照相应的分则条文，准确确定犯罪分子应当适用的刑种和刑种内的刑度，进而决定适当的刑罚。例如，《刑法》分则第 232 条规定："故意杀人的，处死刑、无期徒刑或者十年以上有期徒刑；情节较轻的，处三年以上十年以下有期徒刑。"在对杀人罪的犯罪分子量刑时，首先应当在"死刑""无期徒刑""十年以上有期徒刑""三年以上十年以下有期徒刑"四种法定刑中选择适当的刑种或者有期徒刑的适当刑度；如果选择了"三年以上十年以下有期徒刑"，则应再在这一刑种的刑度内选择适当的刑期作为最后的宣告刑。除了有法定的或者酌定的减轻、免除情节以外，不得任意突破法定的刑种和刑度。

（3）依照刑法总则、分则的规定量刑，还应注意到严格执行刑法中有关从重、从轻、减轻、免除以及免予刑事处罚的规定，决定刑罚的轻重或者免除。我国刑法总则在刑法与犯罪的一般原理原则、各种刑罚方法的适用条件、刑罚制度中，规定了具有某些犯罪情节时应当或者可以从重、从轻、减轻、免除以及免予刑事处罚；刑法分则在规定具体犯罪和法定刑时也针对某些情节规定了从重、从轻、减轻、免除以及免予刑事处罚。例如，《刑法》总则第 10 条规定："凡在中华人民共和国领域外犯罪，依照本法应当负刑事责任的，虽然经过外国审判，仍然可以依照本法追究，但是在外国已经受过刑罚处罚的，可以免除或者减轻处罚"；第 17 条第 3 款规定："已满十四周岁不满十八周岁的人犯罪，应当从轻或者减轻处罚"；第 67 条规定："对于自首的犯罪分子，可以从轻或者减轻处罚。其中，犯罪较轻的，可以免除处罚"；《刑法》分则第 157 条规定："武装掩护走私的，依照本法第一百五十一条第一款、第四款的规定从重处罚"；第 164 条第 3 款规定："行贿人在被追诉前主动交待行贿行为的，可以减轻处罚或者免除处罚"；第 347 条规定："利用、教唆未成年人走私、贩卖、运输、制造毒品，或者向未成年人出售毒品的,从重处罚"。人民法院在量刑时,对这些规定应充分注意,严格遵循。

从重处罚,是指在法定刑的限度以内,对具有从重处罚情节的犯罪人比对没有这种情节的犯罪人适用较重的刑种或者较长的刑期。对于从重处罚要把握两点:第一,根据《刑法》第62条的规定,"从重处罚……应当在法定刑的限度以内判处刑罚",不能在法定最高刑之上判处刑罚;第二,所谓从重,是指对具有从重情节的犯罪人所判处的刑罚比对不具有该从重情节时所应判处的刑罚要相对重些,而不是一律判处法定最高刑或者一律适用较重的刑种、较长的刑期或者一律在法定刑的平均刑期以上考虑判处刑罚。

从轻处罚,是指在法定刑的限度以内,对具有从轻处罚情节的犯罪人比对没有这种情节的犯罪人适用较轻的刑种或者较短的刑期。对于从轻处罚要把握两点:第一,根据《刑法》第62条的规定,"从轻处罚……应当在法定刑的限度以内判处刑罚",不允许在法定最低刑之下判处刑罚;第二,所谓从轻,是指对具有从轻情节的犯罪人所判处的刑罚比对不具有该从轻情节时所应判处的刑罚要相对轻些,而不是一律判处法定最低刑或者一律适用较轻的刑种、较短的刑期或者一律在法定刑的平均刑期以下考虑判处刑罚。

减轻处罚,是指判处低于法定最低刑的刑罚。减轻处罚有两种情况:第一,法定减轻处罚,是指犯罪人具有法律规定的减轻处罚情节的减轻处罚。其法律依据是我国《刑法》第63条第1款的规定:"犯罪分子具有本法规定的减轻处罚情节的,应当在法定刑以下判处刑罚。"第二,酌定减轻处罚,是指犯罪分子虽不具有法律规定的减轻处罚情节,但根据案件的特殊情况,判处法定最低刑还是过重的,经最高人民法院核准,也可以减轻处罚。其法律依据是我国《刑法》第63条第2款的规定,即:"犯罪分子虽然不具有本法规定的减轻处罚情节,但是根据案件的特殊情况,经最高人民法院核准,也可以在法定刑以下判处刑罚。"这里的特殊情况,主要是指涉及政治、国防和外交等特殊情况。如何掌握减轻处罚的最大限度? 我们认为,应当在法定最低刑以下一格判处刑罚,可以是刑期的减轻,也可以是刑种的减轻,但不能减至免除处罚。因为在我国刑法中,减轻处罚不同于免除处罚。

这种观点在《刑法修正案(八)》第5条中得到运用。修改后的《刑法》第63条第1款的条文为:"犯罪分子具有本法规定的减轻处罚情节的,应当在法定刑以下判处刑罚;本法规定有数个量刑幅度的,应当在法定量刑幅度的下一个量刑幅度内判处刑罚。"这就是说,凡刑法规定两个以上量刑幅度的,减轻处罚只能在法定量刑幅度紧接着的下一个量刑幅度内判处刑罚,而不能跨越一个量刑幅度去判处刑罚。如果法定量刑幅度已经是最轻的一个量刑幅度,则只能在此幅度内判处较轻或最轻的刑罚;对于刑法只规定了一个量刑幅度的,减轻处罚也只能在此量刑幅度内判处较轻或最轻的刑罚。

免除处罚,是指对犯罪人作有罪宣告,但是免予其刑罚,当然也可以根据案件的具体情况给予适当的非刑罚处罚,包括两种情况:(1)免予刑罚处罚并免予非刑罚处罚;(2)免予刑罚处罚但予以适当的非刑罚处罚。

第二节 量刑的情节

量刑情节是犯罪情节的一个方面。犯罪情节,根据其在定罪量刑中的意义和作用的不同,在逻辑上可以分为定罪情节和量刑情节。定罪情节,就是决定性地影响行为的社会危害性程度,从而作为是否构成犯罪或者构成何种具体犯罪的标准的具体事实情况。例如,《刑法》总则第13条但书规定的"情节显著轻微危害不大的,不认为是犯罪",《刑法》第17条第1款规定的"已满十六周岁的人犯罪,应当负刑事责任";《刑法》分则规定的对各种具体犯罪追究刑事责任的数额标准或者其他情节标准。量刑情节,是影响行为的社会危害性程度,作为决定处刑轻重或者免除处罚的依据的各种具体事实情况。例如,《刑法》规定的各种从轻、减轻、从重或者免予处罚的情节。定罪情节与量刑情节两概念在外延上有交叉,有些情节,既具有定罪情节属性,又具有量刑情节的特征。尽管如此,它们毕竟是从定罪与量刑两个不同的角度对犯罪情节的认识,我们应当意识到其意义和价值的差异,在量刑过程中恰当地加以运用。

以刑法是否对量刑情节作出明确规定为标准,量刑情节分为法定情节与酌定情节两种情况:

一、法定情节

法定情节,是法律明文规定在量刑时必须予以考虑,作出特定处理的情节。法定情节的内容,都是对于所有的犯罪或者某几类的犯罪或者某一性质的犯罪的社会危害性程度具有决定意义的一般情况而规定的。例如,行为人的个人情况、社会特殊身份、在共同犯罪中的地位作用、犯罪行为造成的危害结果、犯罪对象、犯罪后的态度,等等。

从不同的角度可以对法定情节进行多种分类:(1)根据规定法定情节的刑法规范的性质和法定情节适用范围的不同,可以将其分为总则性情节和分则性情节;(2)根据法定情节的法定处理结果的不同,可以将其分为从严处罚情节和从宽处罚情节;(3)根据法定情节是否必然对量刑结果产生影响的不同,可以将其分为应当情节和可以情节。

由于案件情节在实践中具有复杂性,因而刑法规范在规定法定情节时,并非绝对地单纯规定哪种情况为哪种情节,而是将某种情况分别列为多种量刑情节,以给人民法院针对案件具体情况裁判留有一定的余地。具体说来,我国《刑法》对情节的规定,有以下 12 种形式:(1) 应当从重处罚的情节;(2) 应当从轻或者减轻处罚的情节;(3) 应当减轻处罚的情节;(4) 应当减轻或者免除处罚的情节;(5) 应当免除处罚的情节;(6) 应当从轻、减轻或者免除处罚的情节;(7) 可以从轻或者减轻处罚的情节;(8) 可以减轻或者免除处罚的情节;(9) 可以减轻或者免予刑事处罚的情节;(10) 可以免除处罚的情节;(11) 可以免予刑事处罚的情节;(12) 可以从轻、减轻或者免除处罚的情节。现按这 12 种形式,将我国《刑法》中的法定情节列举如下:

(一) 应当从重处罚的情节

(1) 教唆不满 18 周岁的人犯罪的(《刑法》第 29 条);

(2) 累犯(《刑法》第 65 条);

(3) 策动、胁迫、勾引、收买国家机关工作人员、武装部队人员、人民警察、民兵进行武装叛乱或者武装暴乱的(《刑法》第 104 条);

(4) 与境外机构、组织、个人相勾结,实施《刑法》第 103 条、第 104 条、第 105 条规定之罪的(《刑法》第 106 条);

(5) 掌握国家秘密的国家工作人员在履行公务期间,擅离岗位,叛逃境外或者在境外叛逃,危害中华人民共和国国家安全的(《刑法》第 109 条);

(6) 武装掩护走私的(《刑法》第 157 条);

(7) 伪造货币并出售或者运输伪造的货币的(《刑法》第 171 条);

(8) 奸淫不满 14 周岁的幼女的(《刑法》第 236 条);

(9) 非法拘禁他人或者以其他方法非法剥夺他人人身自由具有殴打、侮辱情节的(《刑法》第 238 条);

(10) 国家机关工作人员利用职权犯非法拘禁罪的(《刑法》第 238 条);

(11) 国家机关工作人员犯诬告陷害罪的(《刑法》第 243 条);

(12) 司法工作人员滥用职权,非法搜查他人身体、住宅,或者非法侵入他人住宅的(《刑法》第 245 条);

(13) 司法工作人员对犯罪嫌疑人、被告人实行刑讯逼供或者使用暴力逼取证人证言致人伤残、死亡的(《刑法》第 247 条);

(14) 监狱、拘留所、看守所等监管机构的监管人员对被监管人进行殴打或者体罚虐待,致人伤残、死亡的(《刑法》第 248 条);

(15) 邮政工作人员私自开拆或者隐匿、毁弃邮件、电报而窃取财物的(《刑法》第 253 条);

(16) 冒充人民警察招摇撞骗的(《刑法》第 279 条);

(17) 司法工作人员以暴力、威胁、贿买等方法阻止证人作证或者指使他人作伪证,或者帮助当事人毁灭、伪造证据的(《刑法》第 307 条);

(18) 盗伐、滥伐国家级自然保护区的森林或者其他林木的(《刑法》第345条);

(19) 利用、教唆未成年人走私、贩卖、运输、制造毒品,或者向未成年人出售毒品的(《刑法》第347条);

(20) 缉毒人员或者其他国家机关工作人员掩护、包庇走私、贩卖、运输、制造毒品的犯罪分子的(《刑法》第349条);

(21) 引诱、教唆、欺骗或者强迫未成年人吸食、注射毒品的(《刑法》第353条);

(22) 因走私、贩卖、运输、制造、非法持有毒品罪被判过刑,又犯刑法规定的毒品犯罪的(《刑法》第356条);

(23) 旅馆业、饮食服务业、文化娱乐业、出租汽车业等单位的主要负责人,利用本单位的条件,组织、强迫、引诱、容留、介绍他人卖淫的(《刑法》第361条);

(24) 制作、复制淫秽的电影、录像等音像制品组织播放的(《刑法》第364条);

(25) 向不满18周岁的未成年人传播淫秽物品的(《刑法》第364条);

(26) 战时破坏武器装备、军事设施、军事通信的;或者战时破坏重要武器装备、军事设施、军事通信的;或者战时破坏武器装备、军事设施、军事通信情节特别严重的(《刑法》第369条);

(27) 挪用用于救灾、抢险、防汛、优抚、扶贫、移民、救济款物归个人使用的(《刑法》第384条);

(28) 索贿的(《刑法》第386条);

(29) 战时以暴力、威胁方法,阻碍指挥人员或者值班、值勤人员执行职务的;或者战时以暴力、威胁方法,阻碍指挥人员或者值班、值勤人员执行职务情节严重的;或者战时以暴力、威胁方法,阻碍指挥人员或者值班、值勤人员执行职务情节特别严重的(《刑法》第426条)。

(二) 应当从轻或者减轻处罚的情节

追究刑事责任的不满18周岁的人犯罪(《刑法》第17条)。

(三) 应当减轻处罚的情节

中止犯造成损害的(《刑法》第24条)。

(四) 应当减轻或者免除处罚的情节

(1) 正当防卫明显超过必要限度造成重大损害的(《刑法》第20条);

(2) 紧急避险超过必要限度造成不应有的损害的(《刑法》第21条);

(3) 被胁迫参加犯罪的(《刑法》第28条)。

(五) 应当免除处罚的情节

中止犯没有造成损害的(《刑法》第24条)。

（六）应当从轻、减轻或者免除处罚的情节

从犯(《刑法》第27条)。

（七）可以从轻处罚的情节

贪污数额巨大或者有其他严重情节的,贪污数额特别巨大或者有其他特别严重情节的,在提起公诉前如实供述自己罪行、真诚悔罪、积极退赃,避免、减少损害结果的发生的(《刑法》第383条)。

（八）可以从轻或者减轻处罚的情节

(1) 尚未完全丧失辨认或者控制自己行为能力的精神病人犯罪的(《刑法》第18条)；

(2) 未遂犯(《刑法》第23条)；

(3) 被教唆的人没有犯被教唆的罪的教唆犯(《刑法》第29条)；

(4) 自首犯(《刑法》第67条)；

(5) 有揭发他人犯罪行为,查证属实的,或者提供重要线索,从而得以侦破其他案件等立功表现的(《刑法》第68条)。

（九）可以减轻或者免除处罚的情节

(1) 在中华人民共和国领域外犯罪,依照我国刑法应当负刑事责任,并且在外国已经受过刑罚处罚的(《刑法》第10条)；

(2) 有重大立功表现的(《刑法》第68条)；

(3) (商业)行贿人在被追诉前主动交待行贿行为的(《刑法》第164条)；

(4) 行贿人在被追诉前主动交待行贿行为的(《刑法》第390条)；

(5) 介绍贿赂人在被追诉前主动交待介绍贿赂行为的(《刑法》第392条)。

（十）可以免除处罚的情节

(1) 犯罪较轻的自首犯(《刑法》第67条)；

(2) 非法种植罂粟或者其他毒品原植物,在收获前自动铲除的(《刑法》第351条)。

（十一）可以免予刑事处罚的情节

犯罪情节轻微不需要判处刑罚的(《刑法》第37条)。

（十二）可以从轻、减轻或者免除处罚的情节

(1) 又聋又哑的人或者盲人犯罪(《刑法》第19条)；

(2) 预备犯(《刑法》第22条)；

(3) 贪污数额较大或有其他较重情节的,在提起公诉前如实供述自己的罪行、真诚悔罪、积极退赃,避免、减少损害结果的发生(《刑法》第383条)。

在司法实践中,具体案件的情况往往是复杂的。有的案件既有法定的从重处罚情节,又有法定的从轻处罚情节；有的案件有几个法定的从重或者从轻处罚情节；有的案件既有应当从重处罚的情节,又有可以免除处罚的情节；等等。在

量刑的时候,要根据案件的具体情况作具体分析,综合考察各种情节,全面衡量情节的主与次,适当裁量刑罚。不能仅根据其中某一个法定从重或从轻情节来判处刑罚。如果整个案件数情节中从宽情节居于主导地位,就不能因为具有某一个从重情节而判处较重刑罚;反之,如果整个案件数情节中从严情节居于主导地位,也不能因为具有某一个从轻情节而判处较轻的刑罚。

二、酌定情节

酌定情节,又称审定情节,是指刑法没有明文规定,而从审判实践经验中总结出来的,在审理具体案件时认定的,反映行为的社会危害性程度及行为人的主观恶性程度,在量刑时灵活掌握、酌情适用的情节。

酌定情节是法定情节的必要补充。法定量刑情节是根据普遍的、具有一般意义的一些情况作出的统一性的规定,往往比较抽象、概括、原则,其轻重的幅度也是相对的。而实际的审判结果必须求得一个具体的宣告刑或者免予处罚的结论,因此,人民法院在量刑时不得不考虑酌定情节,不得不考虑各个案件千差万别的具体情况,具体细节和背景等。同时,当案件不具有法定情节,或者法定的从重、从轻、减轻、免除处罚等情节重叠交叉时,酌定情节更发挥着重要的、甚至决定性的作用。可见,酌定情节是法定情节的重要补充,对量刑起着直接的作用。

在审判实践中,酌定情节主要有以下几个方面:

(1) 犯罪的动机。犯罪的动机,反映了犯罪分子的主观恶性程度。犯罪动机不影响定罪,但却影响量刑。对于不同动机引起的犯罪,在量刑时应当考虑予以区别对待。例如,同是故意杀人,有的是图财害命,有的是奸情杀人,有的是报复行凶,有的是义愤杀人。一般说来,出于图财害命等卑劣动机的杀人,较之出于义愤动机的杀人要严重。对于前者的量刑应重于后者。

(2) 犯罪的手段。犯罪的手段,反映了犯罪的社会危害性程度,而且直接反映了犯罪分子的主观恶性程度。在刑法未将犯罪手段规定为犯罪构成必备要件的情况下,犯罪手段虽不影响定罪,但对量刑有意义。因此,对不同的犯罪手段,在量刑时也应当加以考虑。例如,有的犯罪分子,经过长期处心积虑的谋划,采取复杂"高明"的技术手段作案,伪造现场,逃避侦察;有的犯罪分子,犯罪手段野蛮残酷,将被害人四肢捆绑,嘴上贴上胶纸,拳击腹部活活打死,尔后碎尸。这样的情节,说明犯罪的社会危害性大,犯罪分子的主观恶性也大。

(3) 犯罪的时间、地点等当时的环境和条件。犯罪的时间、地点和犯罪时的政治、经济和社会治安背景,对犯罪的社会危害性程度包括犯罪分子的主观恶性程度有着影响。尽管对绝大多数犯罪,刑法并未将特定的犯罪时间、地点等作为犯罪构成的必备要件,但是犯罪的时间、地点等对量刑却有着意义。例如,在自然灾害发生时盗窃救灾物资,其社会危害性比平时盗窃要大。对这些情况在量刑时应当加以考虑。

(4) 犯罪的损害结果。犯罪的损害结果,有三种理解:其一,认为犯罪的损害结果,是指犯罪行为对社会所造成的一切损害,包括直接损害结果和间接损害结果;其二,认为犯罪的损害结果,是指犯罪行为对犯罪客体所造成的直接损害,包括有形的物质性的损害结果和无形的非物质性的损害结果;其三,认为犯罪的损害结果,是指犯罪行为对犯罪客体所造成的有形的物质性的损害结果。这三种理解的犯罪损害结果,在我国刑法上的意义有所不同:对于第一种理解来说,由于犯罪的损害结果,无论是直接的损害结果还是间接的损害结果,物质性的损害结果还是非物质性的损害结果,都直接反映了犯罪的社会危害性,因此尽管其不作为犯罪构成的一个必备要件,但是对量刑却有着影响;对于第二种理解来说,犯罪的损害结果,是犯罪构成的一个必备要件,当然也是影响量刑的一个重要因素;对于第三种理解来说,犯罪损害结果,是区分结果犯与行为犯、结果犯中犯罪的既遂与未遂、结果加重犯与基本犯的标志,在某些情况下,其还是区分此罪与彼罪的一个标志。例如,根据《刑法》第247条的规定,"司法工作人员对犯罪嫌疑人、被告人实行刑讯逼供或者使用暴力逼取证人证言的",一般情况下构成刑讯逼供罪,但是倘若造成"伤残、死亡"结果的,则应定故意伤害罪、故意杀人罪从重处罚。可见,这第三种理解的犯罪损害结果影响着定罪,并通过定罪影响着量刑,从这个意义上说,其主要是法定情节。但是在这种"法定情节"之内也有着量的区别,它同样影响着该"法定情节"所决定的法定刑幅度内的量刑轻重。从这个意义上说,其仍然是量刑的一个酌定情节。例如,尽管3次聚众斗殴与6次聚众斗殴同属于"多次聚众斗殴"的情节加重的聚众斗殴犯罪,根据《刑法》第292条的明文规定,对这种具体的聚众斗殴犯罪均应在3年以上10年以下有期徒刑的法定刑幅度内判处刑罚,但是具体判处何种宣告刑? 在该"多次聚众斗殴"范围内的具体次数多少仍然是据以决定的一个因素,6次聚众斗殴的处刑就应比3次聚众斗殴的重。

(5) 犯罪侵害的对象。犯罪侵害的对象,也反映了犯罪的社会危害性程度。有的犯罪必须是侵害特定的犯罪对象才能构成,有的则不一定,但是不管怎样,犯罪对象是影响量刑的一个重要的因素,量刑时必须予以充分考虑。例如,侵害病人、残疾人、未成年人、老人、孕妇的犯罪行为比侵犯健壮的人的犯罪行为更恶劣。

(6) 犯罪分子的个人情况和一贯表现。犯罪分子的个人情况,是指犯罪分子的生理状况、家境状况、文化素养、生活经历等等。犯罪分子的个人情况和一贯表现,在一定程度上反映了犯罪的社会危害性程度,尤其是犯罪分子的主观恶性程度。犯罪分子的个人情况和一贯表现,有的是作为定罪或者量刑的法定情节,例如,《刑法》总则规定的"已满十四周岁不满十八周岁的人""尚未完全丧失辨认或者控制自己行为能力的精神病人""又聋又哑的人或者盲人""累犯",《刑法》分则规定的"国家机关工作人员""司法工作人员""监管人员""邮政工作人员""以赌博为业",等等。但是,在相当多的情况下,犯罪分子的个人情况和一贯表现是作为量刑的一个酌定情节,例如,犯罪分子生活在破损的家庭,或者成长于完整的家庭;犯罪分子受到过良好的家庭、学校、社会教育,或者没有机会受到应有的教育;犯罪分子有没有违法劣迹;等等。

(7) 犯罪分子在犯罪以后的态度。犯罪分子犯罪以后或者被司法机关采取强制措施后,是否如实交待罪行,是否有悔罪表现,是否采取积极的措施消除或者减轻由其犯罪所造成的危害结果,等等,反映出犯罪分子的主观恶性程度的不同,当然也影响到犯罪的社会危害性程度。对此,在量刑时应予以区别对待。犯罪分子在犯罪以后的态度,有的是作为法定情节,例如,《刑法》总则规定的"自首""立功",《刑法》分则规定的"行贿人在被追诉前主动交待行贿行为的"(《刑法》第164条第4款)等等。但在多数情况下,犯罪分子在犯罪以后的态度,是作为量刑的一个酌定情节。例如,坦白、积极退赃、协助抢救被害人、主动给被害人一定的经济资助,或者拒绝认罪、订立攻守同盟、有赃不退、毁灭罪证等等。

第三节 累犯与自首和立功

累犯与自首和立功是量刑的法定情节,其中累犯是法定的从严情节,自首和立功是法定的从宽情节。由于其重要性,《刑法》总则在第四章中设第二节、第三节两个专节分别对累犯与自首和立功作了专门的规定,形成了累犯制度与自首和立功制度。

一、累犯

在刑法学意义上,累犯是指因犯罪受过一定的刑罚处罚,在该刑罚执行完毕或者赦免以后,在法定期限内又犯一定之罪的罪犯。

受过刑罚处罚的大多数刑满释放人员或者受赦免者,都能够改恶从善,较顺利地实现回归社会目标,接受正常的守法生活方式。但是,也有一些刑满释放人员或者受赦免者,在刑罚执行完毕或者赦免以后一定时期内再犯比较严重的犯罪。显然,这些人的主观恶性较深,人身危险性较大,如果对他们施以和初犯同样的刑罚,就很难收到改造、教育的效果。因此,我国刑法规定对累犯应当从重处罚。对累犯从严处罚,也是当今世界各国通行的做法。

(一) 一般累犯

一般累犯又称普通累犯。根据《刑法修正案(八)》修改后的《刑法》第65条的规定,一般累犯是指故意犯罪被判处有期徒刑以上刑罚,在刑罚执行完毕或赦免以后5年内,再犯应当判处有期徒刑以上刑罚之故意犯罪的犯罪分子。过失犯罪和不满18周岁的人犯罪的除外。

一般累犯的构成条件是:

(1)前罪和后罪都必须是故意犯罪。这是构成累犯的主观条件。一般说来,故意犯罪犯罪分子的主观恶性比过失犯罪要深,犯罪的社会危害性也大,因此故意犯罪是刑法打击的重点。而累犯是从重处罚的情节,于是我国刑法将过失犯罪排除在累犯之外。如果前罪和后罪中有一个是过失犯罪或者两个都是过失犯罪,均不构成累犯。当然,在这一问题上,各国的做法不一。德国、泰国、罗马尼亚与我国相类似;但是,巴西、瑞士、西班牙、日本、韩国刑法对构成累犯的前罪和后罪的罪过类型则没有限制,也就是说,前罪和后罪不论是故意犯罪还是过失犯罪,均可成立累犯。

(2)前罪被判处的刑罚和后罪应当被判处的刑罚均是有期徒刑以上。这是构成累犯的客观方面的罪质条件,即前罪与后罪都是较重的罪。前罪被判处有期徒刑以上的刑罚,是指前罪经人民法院审理判决,宣告的刑罚是有期徒刑以上的刑罚。后罪应当被判处有期徒刑以上的刑罚,是指根据后罪的性质、情节、社会危害性程度,实际上本来应当判处有期徒刑以上的刑罚,而不是说该罪的法定刑包含有期徒刑以上的刑罚。

(3)后罪发生在前罪刑罚执行完毕或者赦免之后5年以内。这是构成累犯的客观方面的时间条件,在累犯成立中具有重要地位,倘若后罪所发生的时间超过法定时间,则不构成累犯,也就不是从重处罚的法定情节。

(4)犯罪分子在犯前罪和后罪时都必须是年满18周岁的人。如果犯前罪时是不满18周岁的未成年人,即使犯后罪时年满18周岁,也不构成累犯。这样规定,主要是考虑到未成年人身心发育尚未成熟,应以教育挽救为主,以利于他们以后更顺利地融入社会,成为一个对社会和国家有用的人。

刑罚执行完毕,是指主刑执行完毕,不包括附加刑在内。主刑执行完毕附加刑尚在执行的犯罪分子又犯新罪的,只要符合其他条件就可以构成累犯。被假释的犯罪分子,如果在假释考验期内没有发生法律规定应当撤销假释的事由,则假释考验期满应当视为原判刑罚执行完毕,其后又犯新罪的,只要符合其他条件同样可以构成累犯。但是,被判处有期徒刑宣告缓刑的犯罪分子,缓刑考验期满没有发生法定应当撤销缓刑的情形,其原判刑罚即不再执行,而不是执行完毕;

因此,缓刑考验期满后又犯罪的不构成累犯。① 这里所谓的赦免,实际上就是特赦。因为尽管赦免包括大赦和特赦,但是我国宪法仅仅规定了特赦,没有规定大赦。

对前后两罪之间的时间间隔,各国刑法规定不一。有的规定为5年,例如英国、瑞士、日本等国的刑法;有的规定为10年,例如瑞典、埃及等国的刑法;有的规定为3年,例如韩国等国的刑法。我国1979年《刑法》规定为3年,鉴于累犯的主观恶性较深,犯罪的社会危害性大,应充分体现累犯从严的精神,1997年《刑法》修订为5年,即凡在刑罚执行完毕或者赦免以后5年以内再犯一定之罪的,均可以构成累犯。关于5年以内期限的计算,已经被执行刑罚或者赦免的犯罪分子,从刑罚执行完毕之日或者赦免之日起计算;被假释的犯罪分子,从假释考验期满之日起计算。

(二) 特殊累犯

根据《刑法修正案(八)》,修改后的《刑法》第66条的规定,"危害国家安全犯罪、恐怖活动犯罪、黑社会性质的组织犯罪的犯罪分子,在刑罚执行完毕或者赦免以后,在任何时候再犯上述任一类罪的,都以累犯论处"。

特殊累犯的构成条件是:

(1) 前罪和后罪都是危害国家安全犯罪、恐怖活动犯罪、黑社会性质的组织犯罪。前罪或者后罪中一罪不属于上述犯罪范围的,不能构成特殊累犯。根据本条规定,犯上述三种罪的人,只要再犯其中的任何一类犯罪的,都是累犯。这也就是说,前罪和后罪不需要同属一类犯罪,例如,犯危害国家安全罪的人,再犯恐怖活动罪的,也构成特殊累犯。

(2) 前罪被判处的刑罚和后罪应当被判处的刑罚,其种类和轻重不受限制。即使前后两罪或者其中一罪被判处了管制、拘役甚至单处附加刑,也可以构成特殊累犯。

(3) 后罪与前罪相隔的时间不受限制。后罪发生在前罪刑罚执行完毕或者赦免以后的任何时候,均可以构成累犯。

此外,对累犯的处罚等问题,还应注意:

《刑法》第74条明确规定:"对于累犯和犯罪集团的首要分子,不适用缓刑。"之所以对累犯不适用缓刑,是因为缓刑的适用是以"犯罪情节较轻、有悔罪表现、没有再犯罪的危险、宣告缓刑对所居住社区没有重大不良影响"(《刑法》

---

① 缓刑考验期满后又犯罪的,是否构成累犯?对这一问题刑法理论界有不同的意见。有人认为被判缓刑的犯罪分子,在缓刑考验期满后又犯罪的,可以构成累犯。但也有人持不同意见,认为根据《刑法》第76条的规定,"缓刑考验期满,原判刑罚就不再执行",既然"不再执行",也就不发生"刑罚执行完毕"的情况,进而也就不存在累犯的问题。我们赞同后一观点。

第72条）为条件的。而累犯则是屡教不改，具有较大的主观恶性和人身危险。对累犯适用缓刑，既不利于社会的安全，也不利于对其的改造。

《刑法》第81条第2款规定，对累犯"不得假释"。这是1997年修订的《刑法》增加的规定。累犯不得假释，是因为累犯的主观恶性深，社会危害性大，改造起来比较困难，且放之于社会，也难以保证其不致再危害社会，所以对累犯不宜提前释放。

累犯与惯犯在主观上都是故意，在客观上都是多次实施犯罪行为。但是，累犯与惯犯有着很大的差别：其一，累犯只能由受过有期徒刑以上刑罚的犯罪分子构成，而惯犯则无此限制；其二，累犯一般是在前罪刑罚执行完毕或者赦免以后5年内又犯一定之罪，而惯犯则是长时期内反复实施同种性质的犯罪；其三，累犯是法定应当从重处罚的情节，对累犯从重处罚是针对其后罪而言的，而惯犯则不是从重处罚的情节，刑法分则有关条文已根据惯犯的特征和社会危害性程度专门规定了较重的法定刑。

二、自首与立功

自首与立功，是我国刑罚适用中两项从宽处罚的制度，也是量刑的两个从宽情节。自首与立功制度的规定，在感召犯罪分子主动认罪，分化瓦解犯罪势力，及时破案，有效教育、惩治犯罪等方面，发挥了重大的作用。

（一）自首

自首，是指犯罪分子在犯罪以后，自动投案，如实供述自己罪行的行为。

我国1979年《刑法》第63条对自首作了原则性的规定。鉴于当时的立法宗旨等具体情况，规定中对自首的含义和成立条件未予明确，造成了自首认定问题的刑法理论纷争与司法实践的做法不一。1997年修订的《刑法》在总结多年来对自首制度的研究成果与司法经验的基础上，在第67条对自首作了较为详尽的规定。

1. 自首成立的条件

自首成立必须具备以下两个条件：

其一，犯罪以后自动投案。自动投案，是指犯罪分子犯罪以后归案以前，主动向有关机关或者人员投案，承认自己实施了犯罪，并将自己置于有关机关的控制之下，等候处理的行为。

在时间上，自动投案一般是在犯罪发生以后犯罪分子归案以前，具体说来有以下几种情况：（1）犯罪事实和犯罪分子均未被司法机关发觉；（2）犯罪事实已被司法机关发现，但犯罪分子尚未被发现；（3）犯罪事实和犯罪分子均已被发觉，但是司法机关尚未对犯罪分子进行讯问或者采取强制措施；（4）犯罪分子犯罪后逃跑，在被通缉、追捕的过程中；（5）经查实犯罪分子确已准备去投案，或者正在去投案的途中,被逮捕的。

在意志上,自动投案要求犯罪分子具有一定的主动性,是其自愿的行为。在家长、监护人或者亲友的陪同下投案,即使并非完全出于犯罪分子的主动,只要其能如实交待罪行,并接受司法机关的审查和裁判,应视为自动投案;犯罪分子的罪行尚未被司法机关发觉,仅因形迹可疑被有关组织查询、教育后投案的,也应视为自动投案。至于投案的动机,不论是主动认罪真诚悔悟,还是慑于国家法律争取宽大,乃至被迫无奈,均不影响自动投案的成立。

在形式上,自动投案一般没有什么限制,犯罪分子因病、因伤或者为了减轻犯罪后果等其他特殊原因,而暂时不能本人亲自投案的,可以委托他人代为投案,或者先以信电投案。除直接向司法机关投案以外,犯罪分子也可以就近向所在单位、城乡基层组织或者其他有关负责人员投案。

其二,如实供述自己的罪行。如实供述自己的罪行,是指犯罪分子按照实际情况实事求是地供述自己的罪行,这是自首的本质特征。

如实交待自己的罪行,主要有以下几层含义:(1)犯罪分子所交待的必须是罪行,而不是违反道德的行为或者一般违法行为。(2)犯罪分子所交待的罪行必须真实。这里的真实,是指犯罪分子所交待的罪行与客观存在的罪行基本一致。由于人的认识能力的局限性,犯罪分子对自己的罪行往往只有近似的或者相对的认识。只要犯罪分子不是故意歪曲事实、隐瞒真相,即使其交待的罪行与客观事实在具体细节上有一定的出入,仍可构成自首。但是,如果犯罪分子为了逃避罪责,有意编造、隐瞒情节,作虚假的交待,或者共同犯罪人为了庇护同伙,包揽罪责,将共同犯罪交待为单独犯罪,就不是如实交待,不能视为自首。(3)犯罪分子所交待的是主要的罪行。只要犯罪分子的交待,能够据以确定犯罪的性质和主要情节即可,而不一定强求犯罪分子交待罪行的全部细节。由于主客观原因的影响,有时犯罪分子交待罪行的犯罪事实,而无法交待具体细节。但是,如果犯罪分子为了避重就轻,故意只交待次要的罪行而不交待主要的罪行,尽管其交待的具有一定的真实性,也不能认为是自首。(4)犯罪分子所交待的必须是由自己实施并承担刑事责任的罪行。如果交待的是他人的罪行,则属于检举、揭发,经查证属实的构成立功,而不是自首。但是,在共同犯罪中,犯罪分子自首,除了交待自己的罪行以外,还应当交待出所知道的同案犯及其罪行,主犯则必须揭发同案犯罪的罪行,把整个共同犯罪所实施的罪行交待清楚。

犯罪分子在投案、交待自己的罪行以后,应当听候、接受司法机关的侦查、起诉和审判,将自己置于司法机关的直接控制之下。诸如犯罪分子投案后又畏罪潜逃、躲避制裁的,或者委托他人代为投案,或者自己以书信、电报、电话等方式投案,但本人拒不到案的等情形,不能视为自首。犯罪嫌疑人自动投案并如实供述自己的罪行后又翻供的,也不能认定为自首;但在一审判决前又能如实供述的,应当认定为自首。犯罪分子在自动投案、如实交待罪行后,更正、补充某些情节,或者为自己进行辩护、提出上诉,属于依法行使自己的诉讼权利,应予尊重,而不能视为没有如实供述自己的罪行。

关于归案后的自首,《刑法》第67条第2款规定:"被采取强制措施的犯罪嫌疑人、被告人和正在服刑的罪犯,如实供述司法机关还未掌握的本人其他罪行的,以自首论。"这里的"其他罪行",是相对于已被查获的罪行而言的,即是指犯罪嫌疑人、被告人和正在服刑的罪犯所犯的被指控、处理的罪行以外的罪行。例如,犯罪嫌疑人犯盗窃罪被司法机关采取了强制措施,在预审阶段供述了司法机关尚未掌握的杀人和抢劫的犯罪事实,对杀人罪和抢劫罪就应以自首论。按照最高人民法院处理自首问题的司法解释,"被采取强制措施的犯罪嫌疑人、被告人和已宣判的罪犯,如实供述司法机关尚未掌握的罪行,与司法机关已掌握的或者判决确定的罪行属同种罪行的,可以酌情从轻处罚;如实供述的同种罪行较重的,一般应当从轻处罚。"

《刑法修正案(八)》第8条规定,在《刑法》第67条中增加1款作为第3款:"犯罪嫌疑人虽不具有前两款规定的自首情节,但是如实供述自己罪行,可以从轻处罚;因其如实供述自己罪行,避免特别严重后果发生的,可以减轻处罚。"这是对不具有前两款规定的情节,但是如实供述自己罪行的,可以从轻或者减轻处罚的规定。本款规定中包括两种情况,在从宽处罚的幅度上有所不同。第一,对一般的如实供述自己罪行的,可以从轻处罚;第二,对如实供述自己罪行,从而避免特别严重后果发生的,可以减轻处罚。这里的"如实供述自己罪行",是指如实供述自己犯罪的主要事实或者基本事实;而"因其如实供述自己罪行,避免特别严重后果发生的",是指行为人的行为已经实施,但犯罪结果还没有发生或者没有全部发生,由于行为人的供述,使得有关方面能够采取措施避免了特别严重后果发生的情况。

2. 对自首犯的量刑原则

我国1979年《刑法》对自首犯的量刑,采取的是相对从宽的原则,即"犯罪以后自首的,可以从轻处罚。其中犯罪较轻的,可以减轻或者免除处罚;犯罪较重的,如果有立功表现,也可以减轻或者免除处罚"。1997年修改的《刑法》,对于一般的自首犯仍采取相对从宽的原则,但是对于重大立功表现的自首犯,则采取绝对从宽的原则。《刑法》第67条第1款中段和后段规定:"对于自首的犯罪分子,可以从轻或者减轻处罚。其中,犯罪较轻的,可以免除处罚。"《刑法》第68条第2款规定:"犯罪后自首又有重大立功表现的,应当减轻或者免除处罚。"但是,《刑法修正案(八)》第9条又删去了这一规定。因此,根据刑法和《刑法修正案(八)》的规定,对自首犯的处罚有以下三种情况:

其一,对于自首犯,"可以从轻或者减轻处罚"。这里有两层含义:其一,自首犯是法定"可以"的量刑情节;其二,自首犯是法定"从轻""减轻"的量刑情节。统而言之,对自首犯采取的是相对从宽的量刑原则。对自首犯的处罚采取这一原则,可以防止犯罪分子钻法律的空子,借"自首"之名行逃避法律惩罚之实。

1979年《刑法》规定,对自首犯仅可以"从轻"处罚,而根据1997年修订的《刑法》的规定,对自首犯不仅可以"从轻"处罚,而且可以"减轻"处罚。这就比原《刑法》扩大了一个从宽处罚的幅度,更体现了自首从宽的精神,有利于同犯罪作斗争。

犯罪分子犯有数罪,只对其自首的罪从轻处罚;共同犯罪中,只对自首的犯罪分子从轻处罚。

其二,对于犯罪较轻的自首犯,"可以免除处罚"。这就是说,对于犯罪较轻的自首犯,不仅可以从轻或者减轻处罚,而且可以免除处罚。

对于因自首而被免除处罚的犯罪分子又重新犯罪的,可以不再追究其已自首的前罪,但是对其后罪则应依法严肃处理。

其三,对于不具有前两款规定的自首情节,但是如实供述自己罪行的,可以从轻处罚;因如实供述自己罪行,避免特别严重后果发生的,可以减轻处罚。

自首与坦白。坦白与自首,既有一定的联系又有相当的区别。广义上的坦白包括自首,自首是最好的坦白。狭义上的坦白不包括自首,其是指犯罪事实和犯罪分子均已被有关组织或者司法机关发觉,在司法机关对犯罪分子进行询问、传讯或者采取强制措施以后,犯罪分子如实交待这些罪行的行为。坦白与在确凿证据面前被迫招供是不同的。前者是主动的,后者是被动的。自首是法定从宽处罚的情节,而坦白是酌定从宽处罚的情节。

(二) 立功

根据《刑法》第68条的规定,立功是指犯罪分子揭发他人的犯罪行为经查证属实,或者提供重要线索从而使其他案件得以侦破等行为。

刑法中的立功,根据对其适用的阶段不同,可以分为两种。一种是在刑罚裁量过程中适用的立功,其是指发生于法院对犯罪分子的犯罪作出判决以前的行为,其所形成的制度是属于量刑制度下的立功制度,与自首制度、累犯制度并列;另一种是在刑罚执行过程中适用的立功,其是指发生于法院对犯罪分子的犯罪作出判决以后刑罚执行过程中的行为,包括死刑缓期执行期间的立功和管制、拘役、有期徒刑、无期徒刑执行过程中的立功,是死刑执行制度、减刑制度中的一个内容。这里所讲的立功,是指第一种意义上的立功。

1979年《刑法》对立功未设专条规定,仅将其和自首一起合并规定在第63条中。1997年修订的《刑法》将1979年《刑法》第63条中的立功分离出来,并设专条第68条单独规定了立功,形成了相对独立的立功制度。这一新的制度明确了立功的含义和表现,将立功分为一般立功与重大立功两个档次,加大了对立功从宽处罚的幅度,由此提高了立功在同犯罪分子作斗争中的地位,增强了其作用。

从不同的角度可以对立功进行多种分类:(1) 从立功的表现形式来分:① 揭发他人犯罪行为并且经查证属实。倘若揭发他人犯罪行为,但是查无实据的,不构成立功。② 提供重要线索,使司法机关得以侦破其他案件。倘若提供重要线索,但是对侦破其他案件没有帮助的,不能视为立功。③ 其他立功表现,例如,协助司法机关缉捕同案犯或者其他罪犯归案;制止其他犯罪嫌疑人、被告人脱逃、行凶、破坏等犯罪活动;等等。(2) 从立功的程度来分,有一般立功和重大立功:一般立功,是指犯罪分子所揭发的并经查证属实的他人的罪行属于一般犯罪,或者经犯罪分子提供线索而侦破的案件属于一般案件。重大立功,是指犯罪分子提供线索而侦破的案件属于重大案件。(3) 以立功的主体来分,有自首犯的立功和非自首犯的立功:自首犯的立功,是指犯罪分子犯罪以后自首又有立功表现的情形。非自首犯的行为,是指犯罪分子没有自首情节,仅有立功表现的情形。

对立功的量刑原则。根据《刑法》第 68 条的规定,立功是法定从宽处罚的情节。分情况的不同,既可以是"可以"情节,也可以是"应当"情节;既可以是"从轻或者减轻"情节,也可以是"减轻或者免除"的情节。具体说来:(1) 对于具有一般立功情节的犯罪分子,"可以从轻或者减轻处罚";(2) 对于具有重大立功情节的犯罪分子,可以减轻或者免除处罚。《刑法修正案(八)》第 9 条删去了《刑法》第 68 条第 2 款"犯罪后自首又有重大立功表现的,应当减轻或者免除处罚"的规定。这主要是司法实践中出现了一些问题,例如有的刑法条款规定:"处 10 年以上有期徒刑、无期徒刑或者死刑",有的犯罪分子本来应当判处死刑或者无期徒刑,由于同时具有自首和重大立功表现,就必须在法定最低刑以下减轻处罚,只能判处 10 年以下有期徒刑,导致同一案件中不同犯罪分子刑罚幅度相差过大的现象。因此,立法机关经过研究,决定删去第 68 条第 2 款的规定。尽管如此,考虑到这类犯罪分子具有明显的悔罪表现,人身危险性有所降低,原则上还是应当结合案件的具体情况,减轻或者免除处罚;其中,对于罪该判处死刑立即执行的,可以根据情节判处死刑缓期 2 年执行或者无期徒刑。

第十四章 数罪并罚

第一节 数罪并罚概说

数罪并罚,是指人民法院对同一犯罪分子所犯的数罪分别定罪量刑,然后根据法定的原则和方法决定合并以后应当执行的刑罚。数罪并罚是当代世界各国刑法中的重要内容。我国1979年制定的《刑法》在第四章"刑罚的具体运用"中,以第64条、第65条和第66条三个条文具体规定了这一制度,并以第70条和第75条分别对缓刑和假释考验期内再犯罪新罪的并罚方法作了规定。1997年修改的《刑法》以第69条、第70条和第71条分别沿用了1979年《刑法》第64条、第65条和第66条的规定。同时还以第77条第1款,专门规定了缓刑考验期内再犯新罪或者发现漏罪的并罚方法;以第86条第1款和第2款,分别专门规定了假释考验期内再犯新罪和发现漏罪的并罚方法。

数罪并罚制度有其重要的意义:其一,数罪并罚制度是处理数罪问题所必须。一个犯罪分子犯有数罪,其每个罪与刑之间具有相对的独立性,而不受其他罪与刑的影响。人民法院应分别对每个罪定罪量刑。但是,对同一个犯罪分子却不可能同时执行几个刑罚。这就需要根据数罪并罚的原则和方法对几个刑罚进行合并,以最终决定执行一个合并的刑罚。有时数罪不是同时被发现或者在前罪刑罚的执行过程中犯罪分子又犯新罪,在这种情况下,对新发现的罪以及新罪应当依法予以处理,同样需要根据数罪并罚的原则和方法,对原判决结果和新发现的罪或新罪所判处的刑罚进行合并。其二,数罪并罚制度是实现刑罚目的的需要。以法定的原则和方法,针对数罪的不同情况,区别对待和处理数罪问题,这不仅维护了法制的统一,也体现了法律的尊严。在没有健全的数罪并罚制度以前,司法实践中对一个犯罪分子所犯数罪的处罚,通常是采取"估堆"的办法。这样容易造成量刑的失衡,有损于刑法的公正。对于特殊预防来说,容易使犯罪分子产生抵触情绪,不利于对其的改造;对于一般预防来说,难以起到警诫社会不稳定分子的作用;也无以鼓励守法公民同犯罪作斗争。刑罚的目的就无从实现。其三,数罪并罚制度,使数罪情况下的处罚明确化。这样不仅为人民法院处理数罪问题提供了一个具体的标准,而且使得上级法院审查下级法院的数罪审判工作有了一定的依据,同时也有利于被告人认清自己的罪行及相应的刑事责任,依法保障自己的合法权益。

根据我国《刑法》的规定,适用数罪并罚必须符合以下三个条件:

（1）数罪并罚的前提是一个犯罪分子犯有数罪。数罪有同种数罪与不同种数罪两种情况。同种数罪,是指性质相同的数罪。应特别指出的是,同种数罪不同于连续犯:同种数罪各罪行之间是相对独立的;而连续犯的数个犯罪行为之间具有连续性,并且是出自于一个概括的故意。不同种数罪,是指性质不同的数罪。对不同种数罪,以及判决宣告以后刑罚执行完毕以前发现同种漏罪和又犯同种新罪,应当实行数罪并罚,这在刑法理论界没有争议。但是,对于判决宣告以前的同种数罪是否应当实行并罚,却有不同的观点。第一,部分论者认为,对同种数罪应当数罪并罚。主要理由是:刑法只规定了对数罪要进行数罪并罚,而并没有说对同种数罪可以不数罪并罚;同种数罪的社会危害性不一定就小于不同种数罪,既然对不同种数罪要实行数罪并罚,那么对同种数罪也应当实行数罪并罚;对同种数罪不实行数罪并罚难以做到罪刑相适应,尤其是对有些罪刑法只规定了一个量刑幅度,如果犯罪分子犯了数个这种性质的罪,其中一罪已达到应当判处最高法定刑的程度,不实行并罚就等于其余的犯罪不受处罚。第二,一些论者认为,对同种数罪应区别两种情况作不同的处理。一般情况下可以不数罪并罚,而作为一罪从重处罚。因为刑法上多数条文都有两个以上的量刑幅度,在这种情况下对数罪从重处罚,不会导致重罪轻判,而且比较简便。但是,如果某种罪只有一个量刑幅度,不并罚就不能体现出数罪从重的精神,这时就应当实行数罪并罚。第三,绝大多数论者认为,对同种数罪不必实行数罪并罚。我们赞同这一观点。尤其是1997年修改的《刑法》的有关规定,更说明了这一观点的合理性,兹具体阐述如下:其一,从刑法的规定看,虽然我国刑法上没有明确规定,对同种数罪不必实行数罪并罚,但是从其立法的内涵中可以看出这一蕴意。我国刑法分则中有不少的条文将实施同种数罪的行为,作为对该性质的犯罪从重处罚的一个情节,并相应规定了较重的法定刑,而不作为数罪并罚处理。例如,《刑法》第153条在针对走私偷逃应缴税额的三个不同档次等规定了相应的刑罚之后规定:"对多次走私未经处理的,按照累计走私货物、物品的偷逃应缴税额处罚";《刑法》第201条对逃税罪规定:"对多次犯有前两款行为,未经处理的,按照累计数额计算";《刑法》第236条对强奸罪规定,强奸妇女、奸淫幼女多人的,处10年以上有期徒刑、无期徒刑或者死刑;等等。其二,我国刑法分则条文,绝大部分针对同种性质犯罪中各具体犯罪的数额、情节、后果、次数等等的不同,规定了相应的轻重有别的法定刑幅度。这样,在遇有同种数罪的情况时,就可以针对该同种数罪的具体情况,确定与其相应的法定刑幅度,以决定刑罚。即使对于只规定了一个法定刑幅度的罪种,这个法定刑基本上仍然是相对确定的法定刑,即在明确的最高刑与最低刑之间有可供选择的刑种和刑度,在这种情况下遇有数罪,同样可以针对该数罪的具体情况,在该法定刑幅度内选择与其相应的刑罚。

（2）在司法实践中，数罪可能发生或被发现在刑事司法程序的各个阶段。我国《刑法》在总结实际情况的基础上，以第69条、第70条、第71条、第77条第1款、第86条第1款和第2款分别对适用数罪并罚的各种情形作了具体规定。第一，对判决宣告以前已发现的数罪，应予数罪并罚。这是《刑法》第69条的规定。第二，对判决宣告以后，刑罚执行完毕以前发现的漏罪，即被判刑的犯罪分子在判决宣告以前还有其他罪没有判决的，应予数罪并罚。这是《刑法》第70条的规定。在这法定期间，发现犯罪分子还有漏罪，应当实行数罪并罚的特殊情形还有：《刑法》第86条第2款所规定的，"在假释考验期限内，发现被假释的犯罪分子在判决宣告以前还有其他罪没有判决的，应当撤销假释，依照本法第七十条的规定实行数罪并罚"。第三，对判决宣告以后，刑罚执行完毕以前，被判刑的犯罪分子又犯新罪的，也应予以数罪并罚。这是《刑法》第71条的规定。在这法定期间，犯罪分子又犯新罪，应当实行数罪并罚的特殊情形还有：《刑法》第86条第1款所规定的，"被假释的犯罪分子，在假释考验期限内犯新罪，应当撤销假释，依照本法第七十一条的规定实行数罪并罚"。（4）对缓刑考验期间犯罪分子又犯的新罪或者发现的该犯罪分子的漏罪，应予数罪并罚。这是《刑法》第77条第1款的规定。

（3）对数罪进行数罪并罚，是人民法院的一项严肃的审判工作，必须按照法定的方法、遵循法定的原则。我国《刑法》第69条对数罪并罚的原则作了具体规定。鉴于数罪并罚发生的情形各有不同，《刑法》以第69条、第70条、第71条分别针对这些不同的情形，对适用数罪并罚原则的方法作了相应的具体规定。这些原则、方法的规定综合起来有以下两个要旨：第一，必须首先对一人所犯数罪分别定罪量刑；第二，在对数罪分别定罪量刑的基础上，针对数罪并罚的不同情形，适用不同的原则和方法，来确定合并以后应当执行的刑罚。

第二节 数罪并罚的原则

数罪并罚的原则，是指对一人所犯数罪分别定罪量刑后，在合并各罪刑罚以确定最后应执行的刑罚时所依据的原则。

综合目前世界各国的刑事立法例，数罪并罚的原则共有以下四种：

（1）并科原则，又称合并原则、相加原则、累加原则，是指对数罪分别宣告刑罚，然后对各罪的刑罚相加，以该相加之和作为应执行的刑罚。这一原则强调刑罚的报应和威慑功能，但是不免过于严苛，而且在某些情况下，或者难以实行，或者并不现实。例如，当数罪中有宣告死刑或无期徒刑时，便无法相加执行；对自由刑绝对相加，有时最终应执行的刑期远远高于人类寿命期限。尽管如此，目前世界各国还有采用绝对并科原则的，有的被告人被判处百年以上的监禁。

第十四章 数罪并罚

(2) 吸收原则,是指对数罪分别宣告刑罚,然后选择其中最重的刑罚为执行的刑罚,其余较轻的刑罚被最重的刑罚所吸收,不予执行。采用这一原则,对死刑和无期徒刑来说是适宜的。但是,如果普遍使用,就会出现对一人犯数罪与一人犯一罪的处罚没有区别的情况,违背罪刑相适应的原则;而且不管一个人犯了多少罪只按其中一个重罪处罚,这在客观上可能产生鼓励犯罪的副作用。所以,单纯采用这一原则的国家也不多。

(3) 限制加重原则,是指对数罪分别宣告刑罚,然后在分别宣告的数罪中的最高刑期以上,数刑的总和刑期或者一定的限度以下,决定应当执行的刑罚。这一原则克服了并科原则和吸收原则的缺陷,使审判人员能够根据案件的具体情况,在一定范围内灵活地运用刑罚,对犯有数罪的犯罪分子,既不失之过严,又不失之过宽,较为合理。因而为大多数国家所采用。但是,这一原则也有其不足之处,它只能适用于各罪均被判处有期徒刑以下刑罚的数罪,而不适用于其中一罪被判处无期徒刑或者死刑的数罪。

(4) 折中原则,又称综合原则、混合原则,是指对数罪不是单纯地采用并科原则、吸收原则或者限制加重原则,而是区分数罪中各罪所判决的刑种的不同情况,分别适用并科原则、吸收原则或者限制加重原则。由于这一原则综采并科原则、吸收原则、限制加重原则之所长,扬弃了该三原则之不足,针对性强,适用面广,因而为当今世界绝大多数国家所采纳。

我国《刑法》第69条规定:"判决宣告以前一人犯数罪的,除判处死刑和无期徒刑的以外,应当在总和刑期以下、数刑中最高刑期以上,酌情决定执行的刑期,但是管制最高不能超过三年,拘役最高不能超过一年,有期徒刑总和刑期不满三十五年的,最高不能超过二十年,总和刑期在三十五年以上的,最高不能超过二十五年。""如果数罪中有判处附加刑的,附加刑仍须执行,其中附加刑种类相同的,合并执行,种类不同的,分别执行。"这一规定表明,我国刑法对数罪并罚采用了折中原则,具体说来有如下几个方面:

(1) 对数罪中有一罪被判处死刑、无期徒刑的,采取吸收原则。

对数罪中有一罪被判处死刑或者无期徒刑的,其他罪无论被判处什么主刑,都只执行死刑或者无期徒刑,其他主刑被吸收而不执行。这是因为,就死刑来说,死刑是剥夺生命的刑罚,生命对于一个人来说只有一次,既然对一个人执行了死刑,其他主刑实际上就不可能再执行;而且,如果在其他主刑诸如有期徒刑、拘役或者管制等刑罚执行完毕以后再执行死刑,则有违于我国刑法的目的,也违背了刑罚的人道原则。对于无期徒刑来说,无期徒刑是剥夺终身自由的刑罚,一个人的终身自由被剥夺后,也不可能再执行其他刑罚。

若数罪中有两个或者两个以上的罪被判处了无期徒刑,能否将其合并执行死刑?对此刑法界有肯定说、否定说、折中说。我们认为,不能将两个无期徒刑合并升格为死刑。因为,无期徒刑与死刑二者的性质截然不同;而且,我国刑法对死刑的适用是严格控制的,如果允许将两个无期徒刑合并升格为一个死刑,则有违于我国坚持"少杀"的死刑政策。

(2) 对数罪被判处的同种有期自由刑,采取限制加重的原则。

对数罪被判处的同种有期自由刑,即数个有期徒刑,或者数个拘役,或者数个管制,应当在数刑的总和刑期以下,数刑中最高刑期以上,酌情决定应执行的刑期,但管制最高不能超过3年,拘役最高不能超过1年,有期徒刑最高不能超过20年。对此应注意两点:第一,限制加重原则的"限制"。这里有两个限制:一是受总和刑期的限制,即只能在数刑的总和刑期以下决定执行的刑期;二是受数罪并罚法定最高刑的限制,即最终决定执行的刑期,管制最高不能超过3年,拘役最高不能超过1年,有期徒刑最高不能超过20年。第二,限制加重原则的"加重"。在数罪并罚的情况下,决定执行的刑期必须在所判数刑中的最高刑期以上,而且可以超过有期徒刑、拘役或者管制的一般法定最高限度。有期徒刑的法定最高限度是15年,在数罪并罚的时候可以超过15年达到20年;拘役的法定最高限度是6个月,在数罪并罚的时候可以超过6个月达到1年;管制的法定最高限度是2年,在数罪并罚的时候可以超过2年达到3年。

对数罪被判处的不同种有期刑罚如何处理,刑法没有作明确规定,理论界主要有三种不同的观点:第一,折算说或称折抵说。主张先将不同刑种折算为同一种较重的刑种,即若数刑中包含有有期徒刑的,应先将管制、拘役折算成有期徒刑,若数刑中只有拘役和管制的,应先将管制折算成拘役;在抵算为同一刑种后,按照限制加重原则决定应执行的刑罚。根据《刑法》第41条、第44条、第47条有关判决执行前先行羁押折抵刑期的规定,具体折算的方法是:拘役1日折算有期徒刑1日,管制2日折算有期徒刑或者拘役1日。第二,吸收说。主张用重刑吸收轻刑的方法,来决定应执行的刑罚。具体地说就是,若数刑中包括有有期徒刑的,只执行有期徒刑,而不执行管制或者拘役;若数刑中只有拘役和管制的,只执行拘役,而不执行管制。第三,分别执行说。主张先行较重的刑种,再执行较轻的刑种。即先执行有期徒刑,再执行拘役,最后执行管制。

这三种观点各有利弊:第一,折算说,使不同种有期自由刑贯彻限制加重原则成为可能。但是,它混淆了不同种有期自由刑在性质、剥夺自由程度、执行方法和执行场所、法律后果等方面的区别,有将轻刑升格为重刑之嫌;而且折算的方法所依据的法律规定,是从保护犯罪人的合法权益出发,针对判决执行前先行羁押折抵刑期而作出的,不具有普遍适用效力。第二,吸收说,简便易行。但是,它有违于对有期自由刑的并罚,原则上宜采用限制加重原则的规律;而且容易导致重罪轻罚、鼓励犯罪的不良后果。第三,分别执行说,注意到不同种有期自由刑之间的严格界限。但是,它既有违于对有期自由刑的并罚原则上宜采用限制加重原则的规律,也违背了对一个犯罪人只能决定执行一种主刑的规则。

关于这一问题,就司法界来说,最高人民法院于1981年7月27日发出了《关于管制犯在管制期间又犯新罪被判处拘役或有期徒刑应如何执行的问题的批复》,指出:"由于管制和拘役、有期徒刑不属于同一刑种,执行的方法也不相同,如何按照数罪并罚的原则决定执行的刑罚,在刑法中尚无具体规定,因此,仍可按照本院1957年2月16日法研字第3540号复函的意见办理,即'在对新罪所判处的有期徒刑或者拘役执行完毕以后,再执行前罪所没有执行完的管制'。对于管制犯在管制期间因为发现判决时没有发现的罪行而被判处拘役或有期徒刑应如何执行的问题,也可按照上述意见办理。"这一司法解释实际上是采用分别执行的方法,也是分别执行说的论据之一。但是,该《批复》本身的正确性也同样受到持其他观点学者的怀疑。

2015年通过的《刑法修正案(九)》对于同时判处有期徒刑和拘役的,采取"吸收说",即有期徒刑吸收拘役;但对同时判处有期徒刑和管制,或者同时判处拘役和管制的,则采用"分别执行说"。根据《刑法修正案(九)》第4条的规定:在刑法第69条中增加一款作为第2款:"数罪中有判处有期徒刑和拘役的,执行有期徒刑。数罪中有判处有期徒刑和管制,或者拘役和管制的,有期徒刑、拘役执行完毕后,管制仍须执行。"

(3)对数罪中有判处附加刑的,采取并科原则。

一人犯数罪被判处有附加刑的,应当将附加刑与主刑合并执行。附加刑与主刑性质不同,不能互相换算,也不妨碍并科执行。

对于数个附加刑本身的合并处罚问题,我国刑法过去没有作明确规定。理论界的观点也不尽一致。根据数个附加刑种类异同的区别,数个附加刑本身的合并处罚又有两种情况:第一,不同种附加刑本身的合并处罚。刑法理论界多数论者认为,一般应采取并科原则,即通常情况下应当将这些不同种附加刑合并执行。因为,在他们之间不存在吸收的可能,也不便于限制加重。但是,如果不同种附加刑包含了没收全部财产和罚金时,因无法采用并科原则,而应适用吸收原则,即应当以没收全部财产吸收罚金。不过对此也有观点认为,罚金可以分期缴纳执行,所以实行并科也是可以的。第二,同种附加刑本身的合并处罚。刑法理论界多数观点认为,应当区分不同情况,采用不同的并罚原则。具体说来,如果数个剥夺政治权利中有剥夺政治权利终身的,或者数个没收财产中有没收全部财产的,应当采用吸收原则,只执行一个剥夺政治权利终身或者没收全部财产;如果数个剥夺政治权利均有一定的期限,或者数个没收财产均为没收部分财产,或者数个罚金均有一定数额,一般应采用限制加重原则。

2011年的《刑法修正案(八)》第10条对这一问题作出了明确规定,即在数罪中有一个罪判处附加刑,或者数罪都判处附加刑,附加刑种类相同的,合并执行,种类不同的,同时或者依次分别执行。"合并执行",是指对于种类相同的多个附加刑,期限或者数额相加之后一并执行,比如同时判处多个罚金刑的,罚金数额相加之后一并执行,同时判处多个剥夺政治权利的,将数个剥夺政治权利的期限相加执行。需要注意的是,相同种类的多个附加刑并不适用限制加重原则。

第三节 适用数罪并罚原则的方法及其相应的情形

我国《刑法》第 69 条,既是对数罪并罚原则的具体规定,也是对通常情况下,即对判决宣告以前已发现的数罪,适用数罪并罚原则一般方法的要求。然而,正如前文所述,数罪可能发生或被发现在刑事司法程序的各个阶段,适用数罪并罚的情形各有不同。由于适用数罪并罚情形的差异,适用数罪并罚原则的方法相应地也有所区别。我国《刑法》第 70 条、第 71 条、第 77 条第 1 款、第 86 条第 1 款和第 2 款,对其他具体情况下适用数罪并罚原则的特殊方法作了具体规定。所有这些规定表明,适用数罪并罚原则的方法主要有三个,这三个方法各自对应的情形也分别有若干。兹叙述如下:

(1)《刑法》第 69 条规定的方法。适用这一方法,仅对数罪所分别判处的刑罚,按照数罪并罚的原则决定应执行的刑罚,在整个合并处罚的过程中,不存在任何折减的问题。适用这一方法的情形主要有《刑法》第 69 条规定的"判决宣告以前一人犯数罪的"以及《刑法》第 77 条第 1 款规定的"被宣告缓刑的犯罪分子,在缓刑考验期限内犯新罪或者发现判决宣告以前还有其他罪没有判决的"。

(2)"先并后减"的方法。规定这一方法的基本条文是《刑法》第 70 条。适用这一方法,在数罪并罚中,应当先将数罪所分别判处的刑罚按数罪并罚的原则进行合并,然后再将已执行的刑期折减新判决决定的刑期。具体地说,其具有以下特点:第一,一人所犯数罪都发生在原判决宣告以前;第二,原判决只对其中一罪或数罪进行了判决,另一部分罪由于未及时发现而漏判了;第三,漏罪与原判决的罪可以是同性质的,也可以是不同性质的;第四,对新发现的一个或数个漏罪定罪量刑,再依照《刑法》第 69 条的规定将漏罪所判处的刑罚和原判决的刑罚实行并罚;第五,将已执行的刑期计算在新判决决定的刑期内。

"先并后减"的方法,主要适用于两种情形:第一,《刑法》第 70 条规定的,"判决宣告以后,刑罚执行完毕以前,发现被判刑的犯罪分子在判决宣告以前还有其他罪没有判决的"。这是对适用"先并后减"的一般情形的规定。1979 年《刑法》第 65 条对此作过相应的规定。第二,《刑法》第 86 条第 2 款规定的,"在假释考验期限内,发现被假释的犯罪分子在判决宣告以前还有其他罪没有判决的"。这是对适用"先并后减"的特殊情形的规定。1979年《刑法》对此未作规定,但刑法理论界曾有论述,多数论者的观点与1997年修改后的《刑法》的规定相同。

(3)"先减后并"的方法。规定这一方法的基本条文是《刑法》第71条。适用这一方法,在数罪并罚中,应当先将已执行的刑期折减原判决决定的刑期,再将原判决折减后的刑期与新罪判决的刑期按数罪并罚的原则进行合并。具体地说,其具有以下特点:第一,犯罪人在判决宣告以后,刑罚执行完毕以前又犯新罪;第二,新罪与原判决的罪可以是同性质的,也可以是不同性质的;第三,对新罪定罪量刑,再依照《刑法》第69条的规定将新罪所判处的刑罚和原罪尚未执行完毕的剩余刑罚进行并罚;第四,并罚的结果就是应对该犯罪人继续执行的刑罚。

适用"先减后并"方法的情形主要有两种:第一,《刑法》第71条规定的,"判决宣告以后,刑罚执行完毕以前,被判刑的犯罪分子又犯罪的"。这是对适用"先减后并"的一般情形的规定。1979年《刑法》曾以第66条对此作过相应的规定。第二,《刑法》第86条第1款所规定的,"被假释的犯罪分子,在假释考验期限内犯新罪"。1979年《刑法》曾以第75条对此作过相应的规定。尽管两规定的精神一致,但从措词上看,1997年修改后的《刑法》更为简洁、明了。1979《刑法》的文字表述是:"如果再犯新罪,撤销假释,把前罪没有执行的刑罚和后罪所判处的刑罚,依照本法第六十四条的规定,决定执行的刑罚。"这实际上重复了该《刑法》第66条对"先减后并"规定的表述:"把前罪没有执行的刑罚和后罪所判处的刑罚,依照本法第六十四条的规定,决定执行的刑罚。"与此不同,1997年修改后的《刑法》的文字表述是:"在假释考验期限内犯新罪,应当撤销假释,依照本法第七十一条的规定实行数罪并罚"。而该《刑法》第71条就是对"先减并罚"的规定,即"把前罪没有执行的刑罚和后罪所判处的刑罚,依照本法第69条的规定,决定执行的刑罚。"这样,不仅更为明确,而且使"先减并罚"的情形统一于《刑法》第71条。

在各罪所判刑罚相同的情况下,适用"先减后并"的方法比适用"先并后减"的方法所得出的执行结果可能更重。具体表现在:

(1)实际执行的最低刑期限度,可能提高。

采用"先减后并"的方法并罚,实际执行的最低刑期限度,根据具体情况的不同有两种:第一,倘若新罪所判处的刑期长于原判决尚未执行完毕的剩余刑期,则等于"新罪所判处的刑期+已执行的刑期";第二,倘若新罪所判处的刑期短于原判决尚未执行完毕的剩余刑期,则等于"原判决尚未执行完毕的剩余刑期+原判决已执行的刑期",这实际上就是"原判决决定的刑期"。

采用"先并后减"的方法并罚,实际执行的最低刑期限度,根据具体情况的不同也有两种结果:第一,倘若新罪所判处的刑期长于原判决决定的刑期,则等于"新罪所判的刑期";第二,倘若新罪所判处的刑期短于原判决决定的刑期,则等于"原判决决定的刑期"。

由此可见,倘若新罪所判处的刑期短于原判决尚未执行完毕的剩余刑期,此时由于原判决尚未执行完毕的剩余刑期短于原判决决定的刑期,因而新罪所判处的刑期也短于原判决决定的刑期,在这种情况下,无论采用"先并后减"的方法还是采用"先减后并"的方法并罚,实际执行的最低刑期限度是一致的,即都是"原判决决定的刑期"。但是,倘若新罪所判处的刑期长于原判决尚未执行完毕的剩余刑期,此时由于原判决尚未执行完毕的剩余刑期短于原判决决定的刑期,因此可能出现两种情况:第一,新罪所判处的刑期长于原判决尚未执行完毕的剩余刑期,同时也长于原判决决定的刑期。第二,新罪所判处的刑期长于原判决尚未执行完毕的剩余刑期,但是却短于原判决决定的刑期。对于第一种情况,实际执行的最低刑期限度,若采用"先并后减"的方法就等于"新罪所判处的刑期";若采用"先减后并"的方法,则等于"新罪所判处的刑期+已执行的刑期"。无疑后者的绝对数大于前者,即采用"先减后并"的方法并罚,实际执行的最低刑期限度,比采用"先并后减"的方法有所提高。对于第二种情况,实际执行的最低刑期限度,若采用"先并后减"的方法等于"原判决决定的刑期";若采用"先减后并"的方法则等于"新罪所判处的刑期+已执行的刑期"。那么"原判决决定的刑期"与"新罪所判处的刑期+已执行的刑期"谁更长呢?对这一问题,只要将"原判决决定的刑期"的表达方式稍加变化,即可一目了然。"原判决决定的刑期"也可以表达为"原判决尚未执行完毕的剩余刑期+已执行的刑期"。这样这一问题实际上是"原判决尚未执行完毕的剩余刑期"与"新罪所判处的刑期"谁更长的问题。至于"原判决尚未执行完毕的剩余刑期"与"新罪所判处的刑期"谁更长,在前提假设中已经明确,即"新罪所判处的刑期"长于"原判决尚未执行完毕剩余刑期"。这样看来,其最后的结论仍然是:采用"先减后并"的方法并罚,实际执行的最低刑期限度,比采用"先并后减"的方法有所提高。至此,我们完全可以下一个结论:倘若"新罪所处的刑期"长于"原判决尚未执行完毕的剩余刑期",那么采用"先减后并"的方法并罚,实际执行的最低刑期限度,比采用"先并后减"的方法有所提高。而且从这时实际执行的最低刑期限度的表达公式"新罪所判处的刑期+已执行的刑期"来看,倘若"新罪所判处的刑期"相对确定的话,"已执行刑期"越长,实际执行的最低刑期限度就越高。这就是说,在刑罚执行期间,犯罪分子所犯新罪的时间距原判决决定的刑罚执行的时间越远,数罪并罚时实际执行的最低刑期限度就越高。这在理论上也是合理的,因为在刑罚执行了相当时间后,犯罪分子又犯新罪,说明其主观恶性较深,没有从原判刑罚中接受应有的教育、改造,应当予以较重的处罚。

(2) 实际执行的最高刑期限度,可能超过数罪并罚法定最高刑期的限制。

采用"先减后并"的方法并罚,实际执行的最高刑期限度,根据具体情况的不同有两种:第一,倘若新罪所判处的刑期与原判决尚未执行完毕的剩余刑期之和短于数罪并罚法定最高刑期,则等于"新罪所判处的刑期+原判决尚未执行完毕的剩余刑期+已执行的刑期"。此时,尽管"新罪所判处的刑期+原判决尚未执行完毕的剩余刑期"短于"数罪并罚法定最高刑期",但是"新罪所判处的刑期+原判决尚未执行完毕的剩余刑期+已执行的刑期",由于增加了"已执行的刑期",却不一定短于"数罪并罚法定最高刑期",也就是说有可能长于"数罪并罚法定最高刑期"。第二,倘若新罪所判处的刑期与原判决尚未执行完毕的剩余刑期之和长于数罪并罚法定最高刑期,则等于"数罪并罚法定最高刑期+已执行的刑期"。此时,"数罪并罚法定最高刑期+已执行的刑期"肯定长于"数罪并罚法定最高刑期"。

采用"先并后减"的方法并罚,实际执行的最高刑期限度,根据具体情况的不同也有两种结果:第一,倘若新罪所判处的刑期与原判决决定的刑期之和短于数罪并罚法定最高刑期,则等于"新罪所判处的刑期+原判决决定的刑期。"此时,"新罪所判处的刑期+原判决决定的刑期"短于"数罪并罚法定最高刑期"。第二,倘若新罪所判处的刑期与原判决决定的刑期之和长于"数罪并罚法定最高刑期",则等于"数罪并罚的最高刑期"。

由此可见,采用"先减后并"的方法,在新罪所判处的刑期与原判决尚未执行完毕的剩余刑期之和长于数罪并罚法定最高刑期的情形下,实际执行的最高刑期限度肯定长于数罪并罚法定最高刑期;在新罪所判处的刑期与原判决尚未执行完毕的剩余刑期之和短于数罪并罚法定最高刑期的情形下,实际执行的最高刑期限度可能短于也可能长于数罪并罚法定最高刑期。而采用"先并后减"的方法,实际执行的最高刑期限度,或者短于数罪并罚法定最高刑期,至多等于数罪并罚法定最高刑期,但绝不可能超过数罪并罚法定最高刑期。

对刑罚执行期间犯罪分子又犯的新罪,采用更为严厉的"先减后并"的方法并罚,既有利于对服刑罪犯的威慑,维护监所的秩序,也有利于我国刑罚目的的实现,有助于对罪犯的教育、改造,同时还有利于对罪刑相适应原则的贯彻,因为犯罪分子在刑罚执行期间又犯新罪,不仅说明其主观恶性深,而且社会危害性大,理应重罚。

以上对适用数罪并罚原则的三类方法及其适用情况作了论述。但是,在实践中,具体犯罪的情况可能更为复杂。倘若遇到如下情形又应如何实行数罪并罚?即判决宣告以后,刑罚执行完毕以前,被判刑的犯罪分子又犯新罪,同时还发现该犯罪分子还有漏罪。对此刑法未予规定,理论界观点有四种。其实这四种观点,也是对参与并罚的三种刑罚:原判决决定的刑罚、新罪所判处的刑罚、漏罪所判处的刑罚,按照排列组合规则进行组合的一个必然结果。这四种观点是:第一,认为应将漏罪所判处的刑罚、新罪所判处的刑罚、原判决决定的刑罚以"先并后减"的方法并罚,最后的结果即为应执行的刑罚。第二,认为应先将漏罪所判处的刑罚与新罪所判处的刑罚按《刑法》第69条规定的方法并罚,然后再将这一并罚的结果与原判决决定的刑罚按"先并后减"的方法并罚,最后的结果即为应执行的刑罚。第三,认为应先将漏罪所判处的刑罚与原判决决定的刑罚按"先并后减"的方法并罚,然后再将这一并罚的结果与新罪所判处的刑罚按《刑法》第69条规定的方法并罚,最后的结果即为应执行的刑罚。第四,认为应先将新罪所判处的刑罚与原判决决定的刑罚按《刑法》第69条的方法并罚,然后再将这一并罚结果与漏罪所判处的刑罚按《刑法》第69条的方法并罚。我们认为,第一种观点,虽操作起来简单,但有违于刑法的规定:对刑罚执行期间发生的新罪采取"先减后并"方法并罚;对刑罚执行期间发现的漏罪采取"先并后减"的方法并罚。因而不足取。第二种观点,也同样存在上述问题。刑法规定,对刑罚执行期间发生的新罪与发现的漏罪,应分别采用法定的不同方法进行并罚。而采用上述第二种观点,不仅抹杀了漏罪与新罪的区别,而且其后与原判决决定的刑罚合并时,无论是采用"先并后减"的方法还是"先减后并"的方法,或者对新罪来说不恰当,或者对漏罪来说不恰当。相对来说,第三种与第四种观点所采用的方法有其合理性。其注意到对刑罚执行期间发生的新罪与发现的漏罪,在适用数罪并罚原则方法上的区别。但是,这里也还存在着一个问题,即如果按第三种观点满足了对漏罪适用"先并后减"的方法,则无法再满足对新罪适用"先减后并"方法;如果按第四种观点满足了对新罪适用"先减后并"的方法,则无法再满足对漏罪适用"先并后减"的方法。然而,这一问题是这一情形下数罪并罚所不可避免的。理论界多数论者倾向于第三种观点。不过这一问题的解决最终还有待于有权解释。

第十五章 缓刑、减刑和假释

第一节 缓 刑

一、缓刑的概念

根据我国刑法的规定,缓刑是指人民法院对于被判处拘役、3年以下有期徒刑的犯罪分子,在一定条件下,规定一定的考验期,暂缓其刑罚的执行,在考验期限内,被判刑的犯罪分子如果没有犯新罪、发现有漏罪或者严重违反监督管理规定,原判刑罚就不再执行的一项刑罚执行制度。

缓刑不是一个独立的刑种,而是一项刑罚执行的制度,它的基本特点是:既对一定的犯罪分子判处了某种特定的刑罚,同时又决定不予执行;虽不执行,却又在一定时期内保持执行原判刑罚的可能性。所以,缓刑是对原判刑罚有条件的不执行。

缓刑与监外执行不同。根据我国《刑事诉讼法》第265条的规定,对于被判处有期徒刑或者拘役的罪犯,如果有严重疾病需要保外就医的,或者怀孕或正在哺乳自己婴儿的妇女,或者生活不能自理,适用暂予监外执行不致危害社会的,可以暂予监外执行。由此可见,监外执行的适用依据是我国《刑事诉讼法》的有关规定,被宣告监外执行的犯罪分子,待妨碍刑罚在监内执行的情形消灭后,如果刑期还没有执行完毕,还要收监执行。而缓刑是我国刑法所规定的一项刑罚执行制度,除了被判刑的犯罪分子在考验期限内具备撤销缓刑的情形,就不再执行原判刑罚。

缓刑与死刑缓期执行虽然都不是独立的刑种,但却是两种不同的刑罚制度,两者在适用对象、执行方法、考验期限和法律后果等方面有着本质的区别:第一,缓刑适用于被判处拘役、3年以下有期徒刑的犯罪分子,而死刑缓期执行只适用于被判处死刑的犯罪分子。第二,对于被宣告缓刑的犯罪分子不予关押;而对于被宣告死刑缓期执行的犯罪分子,必须予以监禁,强迫劳动改造,以观后效。第三,人民法院在宣告缓刑时,必须根据原判刑罚的刑种和刑期,并且结合案件的具体情况,确定不同的考验期限;而法律明确规定死刑缓期执行的期限为2年。第四,缓刑的法律后果,依据犯罪分子在考验期限内的不同表现而分别为:不再执行原判的刑罚,或者撤销缓刑;而死刑缓期执行的期限届满时,则需要根据具体的情况,或者减为无期徒刑,或者减为25年有期徒刑,对于在死刑缓期执行期间故意犯罪的,则视情节执行死刑或重新计算死刑缓期执行的期间。

缓刑也不同于免予刑事处罚。免予刑事处罚虽然属于有罪判决,但它并没有判处刑罚,因此也就不存在刑罚执行的问题。而缓刑是以判处一定的刑罚为前提,依然保持着执行原判刑罚的可能性。一旦被判刑人在缓刑考验期限内再犯新罪、发现有漏罪或者严重违反监督管理的规定,这种可能性就转变为现实性。即使对犯罪分子不再执行原判的刑罚,其也属于被判处过刑罚的人员。

缓刑是我国刑法中的一项重要的刑罚执行制度,它是惩办与宽大相结合政策的重要表现,是与轻微犯罪作斗争的一个行之有效的办法。正确地适用缓刑,有利于教育改造犯罪分子,贯彻少捕的政策,也有利于犯人家属生活的稳定和社会的安定团结。因此,在具备法定条件的前提下,应当多用一些缓刑。目前,世界各国对缓刑的适用面较宽,缓刑的条件与方式也有多样化的趋势,这对我们是有可借鉴之处的。

二、缓刑的适用条件

由于缓刑是对原判刑罚有条件地不执行的制度,故适用缓刑必须具备一定的条件。根据我国《刑法》第72条、第74条的规定,适用缓刑必须符合下列条件:

(1) 缓刑只适用于被判处拘役或者3年以下有期徒刑的犯罪分子。一般地说,刑期的长短与犯罪的社会危害性大小是相适应的。被判处超过有期徒刑3年的犯罪分子,其罪行较重,主观恶性和社会危害性都较大。因此,从保证社会秩序安定的角度考虑,将那些社会危害性较大、罪行较重的犯罪分子放在社会上,明显是不合适的。由于对被判处管制的犯罪分子不予关押,依然留在社会上,所以不存在适用缓刑的必要。

(2) 根据犯罪分子的犯罪情节和悔罪表现,认为适用缓刑确实不致再危害社会。这是适用缓刑的根本条件。缓刑只适用于被判处拘役或者3年以下有期徒刑的犯罪分子,但这并不意味着对符合对象条件的罪犯都应当适用缓刑。根据《刑法修正案(八)》第11条和《刑法》第72条的规定,适用缓刑还应当符合以下几点:第一,犯罪情节较轻;第二,有悔罪表现;第三,没有再犯罪的危险;第四,宣告缓刑对所居住社区没有重大不良影响。如果根据案件的具体情节和罪犯的表现,不关押不足以教育改造和预防犯罪,就不能适用缓刑;或者罪犯虽然不再具有社会危害性,但判刑较重,超过了3年有期徒刑的,也不能适用缓刑。

根据修改后的规定,对于符合上述适用缓刑的一般条件,同时又不满18周岁的人、怀孕的妇女和已满75周岁的人,法律规定应当宣告缓刑,即只要符合适用缓刑条件的,就应当适用缓刑。

(3) 犯罪分子不是累犯和犯罪集团的首要分子。累犯屡教不改,说明其主观恶性较深,人身危险性较大,不易改造。因此,对于累犯,即使其被判处拘役或者3年以下有期徒刑,也不能适用缓刑。犯罪集团的首要分子在犯罪集团中起组织、领导作用,主观恶性极大,社会危害性严重。根据《刑法修正案(八)》第12条的规定,为体现从严处罚的精神,也不能适用缓刑。

适用缓刑必须严格符合上述三个条件,缺一不可。如果不同时具备以上三个条件,即使犯罪分子是孕妇、患有重病、家庭生活有困难或者出于生产上、业务上的需要,也不应适用缓刑。

三、缓刑的考验期

缓刑的考验期,是指对被宣告缓刑的犯罪分子是否遵守一定条件进行考察的期限。人民法院在对犯罪分子宣告缓刑时,必须确定一定的考验期限,否则就难以确认犯罪分子是否接受了改造。缓刑的考验期是缓刑制度必不可少的组成部分。只有考察被宣告缓刑的犯罪分子在考验期内是否遵守一定的条件,才能决定原判刑罚是否执行。

根据原判刑罚的不同刑种,我国《刑法》第73条分别规定了不同的缓刑考验期:拘役的考验期限为原判刑期以上1年以下,但是不能少于2个月;有期徒刑的考验期限为原判刑期以上5年以下,但是不能少于1年。可见,缓刑的考验期可以与原判刑期相等,也可以长于原判刑期。这样规定缓刑的考验期是合适的,有利于考察被判刑人的悔改表现,防止考验期过短或过长,充分发挥缓刑对被判刑人应起的教育作用。如果考验期低于原判刑期,就难于收到考察的效果,也有失刑罚的严肃性;若考验期过长,超过5年,就会影响被判刑人改造的积极性,失去了宣告缓刑的意义。至于考验期长于原判刑期的比例关系,刑法没有明确规定,但在司法实践中,缓刑考验期一般不应超过原判刑期的一倍,否则不能充分发挥缓刑制度的作用。

依据我国《刑法》第73条第3款的规定,缓刑的考验期限,从判决确定之日起计算。所谓判决确定之日,是指判决发生法律效力之日,而不是对犯罪人的羁押之日。如果提出上诉或者抗诉后,经二审维持原判的,则应当从二审判决确定之日起计算。由于羁押期与缓刑考验期的性质完全不同,不能互相折抵,所以不应将判决前的羁押日数折抵缓刑考验期的日数。

我国《刑法》第72条第3款规定:"被宣告缓刑的犯罪分子,如果被判处附加刑,附加刑仍须执行。"由此可见,原判刑罚对被宣告缓刑的犯罪分子暂不执行,仅仅是针对主刑而言,其效力不及于附加刑。

被宣告缓刑的犯罪分子,在缓刑考验期限内,由公安机关考察,所在单位或者基层组织予以配合。在考验期内,不应对被宣告缓刑的犯罪分子放任不管,而要加强经常性的考察教育。对国家行政机关的工作人员,其职务自然撤销,安排不涉及职务的临时工作,降低原工资待遇。缓刑期间悔改表现好的,在缓刑考验期满后可以分配正式工作,重新确定其职务和工资等级;表现不好的,予以开除。在缓刑考验期间内,不能办理退休手续。但是,也不应以管制的办法来代替考察,对其实行监督改造。

为了加强对缓刑的考察,我国《刑法》第75条规定:"被宣告缓刑的犯罪分子,应当遵守下列规定:(一)遵守法律、行政法规,服从监督;(二)按照考察机关的规定报告自己的活动情况;(三)遵守考察机关关于会客的规定;(四)离开所居住的市、县或者迁居,应当报经考察机关批准。"《刑法修正案(八)》第11条和《刑法》第72条第2款还规定:"宣告缓刑,可以根据犯罪情况,同时禁止犯罪分子在缓刑考验期限内从事特定活动,进入特定区域、场所,接触特定的人。"这实际上是利用禁止令的方式,对宣告缓刑的人进行一定程度的约束。禁止令的内容应当体现在判决中,具有强制性的法律效力,犯罪分子必须遵守。本条款为选择性适用规定,由法官决定在宣告缓刑的同时,是否有必要规定禁止令;如果法官认为没有必要,则可以不作规定。

另外,《刑法修正案(八)》第13条和《刑法》第76条规定:"对宣告缓刑的犯罪分子,在缓刑考验期限内,依法实行社区矫正,如果没有刑法第七十七条规定的情形,缓刑考验期满,原判的刑罚就不再执行,并公开予以宣告。"

四、缓刑的撤销

缓刑是有条件地不执行原判的刑罚,如果被宣告缓刑的犯罪分子违反特定的条件,缓刑就可以被撤销。依据我国《刑法》第77条的规定,撤销缓刑的根据有以下三种:

(1)在缓刑考验期限内,被宣告缓刑的犯罪分子再犯新罪。这里所说的"新罪",既不受犯罪性质的限制,也不受所犯之罪应判处的刑种、刑期的限制。这也就是说,"新罪"既包括故意犯罪,也包括过失犯罪;既包括同种罪,也包括异种罪;既包括较重的罪,又包含较轻的罪。只要是缓刑犯在缓刑考验期限内再犯新罪,就应当撤销缓刑,对新犯的罪作出判决,然后将对前罪和新罪所判处的刑罚,依照数罪并罚的原则,决定执行的刑罚。

(2)在缓刑考验期限内,发现缓刑犯在判决宣告以前,还有其他罪没有判决,即发现"漏罪"。当这种情形出现后,根据刑法和有关司法解释的规定,就应当撤销缓刑,对新发现的"漏罪"定罪判刑,再对前罪与"漏罪"实行数罪并罚,决定执行的刑罚。如果所决定执行的刑罚必须是实刑,则对于已经执行的缓刑考验期,不予折抵刑期,但判决执行以前先行羁押的日期应予折抵刑期。如果在确定所执行的刑罚之后,发现仍符合适用缓刑的条件,则可以对犯罪分子宣告缓刑,已经执行的缓刑考验期,应当计算在新决定的缓刑考验期以内。

(3)被宣告缓刑的犯罪分子,在缓刑考验期限内,违反法律、行政法规或者国务院有关部门关于缓刑的监督管理规定,或者违反人民法院判决中的禁止令,而且情节严重。为了促使犯罪分子遵纪守法、接受改造,防止某些大错不犯、小错常犯的缓刑犯钻法律的空子,我国刑法明确规定,对于严重违反有关监督管理规定的缓刑犯,应当撤销缓刑,收监执行原判刑罚。但是,这必须以情节严重但尚未构成犯罪为要件。如果对一般违反有关监督管理规定的缓刑犯,也撤销缓刑,则不利于缓刑犯的改造,影响缓刑作用的发挥。

第二节 减 刑

一、减刑的概念

所谓减刑,是指对于被判处管制、拘役、有期徒刑、无期徒刑的犯罪分子,在刑罚执行期间,如果认真遵守监规,接受教育改造,确有悔改、立功表现的,或者有重大立功表现的,将其原判的刑罚予以适当减轻的一项刑罚执行制度。这里所说的减轻原判刑罚,可以表现在刑罚种类的减轻上,即将较重的刑种减为较轻的刑种,例如将无期徒刑减为有期徒刑;也可以表现在同一种刑罚刑期的减轻上,即将较长的刑期减为较短的刑期,例如将原判的有期徒刑7年减为5年。

减刑与改判是有原则性区别的。减刑是在肯定原判决的基础上进行的,也就是说,减刑不是推翻原判决所认定的事实和判处的刑罚又重新判决,而是在原判决确定以后,在刑罚的执行过程中,因犯罪分子确有悔改、立功表现或者有重大立功表现,而将原判处的刑罚予以适当的减轻;改判则是因为原判决在认定事实或者适用法律上有错误,而依照法定程序撤销原判决,重新作出判决。

减刑也不同于减轻处罚。减轻处罚是指人民法院在对犯罪分子量刑时,对具有减轻处罚情节的罪犯,在法定刑的最低限之下判处刑罚的一种量刑方法,其适用的对象是未决犯;而减刑是在刑罚执行期间,依法对原判刑罚予以适当的减轻,其适用的对象是已决的受刑人。

减刑是对于那些已经取得一定改造效果的犯罪分子所实行的一种宽大处理,是我国惩办与宽大相结合、惩罚与教育改造相结合的政策的重要体现。在刑事立法中明文规定减刑制度,这是我国刑法的特色之一。它有利于实现我国刑罚的目的,对于稳定犯罪分子的改造情绪,帮助犯罪分子增强改造的信心,巩固对犯罪分子已经取得的改造效果,都有着积极的作用。

二、减刑的适用条件

减刑的适用条件,是指在刑罚执行期间,犯罪分子为获得减轻原判刑罚所要达到的法定标准。根据我国《刑法》第78条的规定,对犯罪分子适用减刑必须同时具备以下的条件：

(1) 减刑的适用对象是被判处管制、拘役、有期徒刑、无期徒刑的犯罪分子。被判处上述刑罚的犯罪分子，无论是何种性质的犯罪，以及犯罪的主观要件怎样，都可以适用减刑，这是因为减刑的适用范围，只有刑罚种类的限制，没有犯罪性质、犯罪程度等方面的限制。对于普通刑事犯可以减刑，对于危害国家安全的犯罪分子也可以减刑；对无期徒刑以下的重刑犯可以减刑，对轻刑犯也可以减刑；故意犯可以被减刑，过失犯也可以减刑。但是，对罪行严重的危害国家安全的犯罪分子、犯罪集团的首要分子、主犯、累犯、惯犯的减刑，主要是根据他们的改造表现，同时也要考虑原判的情况，应当特别慎重，从严掌握。[1] 至于对被判处死缓的犯罪分子的减刑，必须按照法律特别规定进行，这不属于《刑法》第78条减刑制度的适用范围。

(2) 在刑罚的执行期间，犯罪分子认真遵守监规，接受教育改造，确有悔改、立功表现，或者有重大立功表现，这是适用减刑的实质性条件。根据我国刑法的规定，减刑的实质性条件有"相对减刑"与"绝对减刑"两种类型。对于相对减刑而言，只要犯罪分子具有悔改表现或者立功表现其中一项，审判人员就可以决定是否减刑。依据我国有关的司法解释，犯罪分子同时具备以下四个方面条件的，就可以认为是确有悔改表现，即：第一，罪犯认罪服法；第二，一贯遵守罪犯改造行为规范；第三，积极参加政治、文化、技术学习；第四，积极参加劳动，爱护公物，完成各项任务。所谓确有立功表现的情形，包括犯罪分子揭发、检举监狱内外罪犯的犯罪活动；制止他人的逃跑、行凶、破坏活动；具有其他有利于国家和人民利益的突出事迹。但是，对犯罪分子在刑罚执行期间依法提出申诉的，不应一概认为不认罪服法，应当具体情况具体分析，依法保障其申诉权利。[2]

至于绝对减刑，只要犯罪分子具有重大立功表现，就应当减刑，审判人员没有自由斟酌、任意选择的权利。根据我国《刑法》第78条的规定，犯罪分子在刑罚执行期间，如果有下列情形之一的，就应当认为犯罪分子确有重大立功表现，即：(1) 阻止他人的重大犯罪活动；(2) 检举监狱内外重大犯罪活动，经查证属实；(3) 有发明创造或者重大技术革新；(4) 在日常生产、生活中舍己救人；(5) 在抗御自然灾害或者排除重大事故中，有突出的表现；(6) 对国家和社会有其他的重大贡献。

三、减刑的限度、幅度和适用程序

减刑必须有一定的限度。只要犯罪分子在刑罚执行期间的实际表现符合适

---

[1] 参见《最高人民法院公报》1991年第4期，第5页。

[2] 同上，第4页。

用减刑的条件,就可以不止一次地对他适用减刑。但是,在对犯罪分子适用减刑时,不宜过分地减轻原判的刑罚,而应当限制在一定的限度之内,以维持法院判决应有的稳定性和严肃性,保证对犯罪分子的改造效果。如果不规定适用减刑的必要限度,就可能对原判刑罚减去过多,从而使一些犯罪分子得不到应有的惩罚和必要时间的改造,对社会是不利的。因此,我国《刑法》第78条第2款规定,对犯罪分子经过一次或者几次减刑以后实际执行的刑期,判处管制、拘役、有期徒刑的,不能少于原判刑期的1/2;判处无期徒刑的,不能少于13年。判处死刑缓期执行的,缓期执行期满后依法减为无期徒刑的,不能少于25年,缓期执行期满后依法减为25年有期徒刑的,不能少于20年。

所谓减刑的幅度,是指对犯罪分子每一次可以减少的刑罚量,它直接反映减刑的公正与否。我国《刑法》对减刑的幅度没有明确的规定。解决这个问题,既要从鼓励犯罪分子积极改造的目的出发,又要考虑维护法院判决的稳定性和刑罚的严肃性。因此,一次减刑的幅度既不能太大,也不应过小。根据有关的司法解释,对于无期徒刑犯,如确有悔改或立功表现的,一般可以减为18年以上20年以下有期徒刑;确有悔改并有立功表现的,可减为13年以上18年以下有期徒刑;对于有期徒刑犯,如确有悔改并有立功表现的,一次可减2年以下有期徒刑。被判处10年以上有期徒刑的罪犯,如果悔改表现突出或者有立功表现的,一次最长可以减2年有期徒刑;如悔改表现突出并且有立功表现的,一次最长可以减3年有期徒刑。有重大立功表现的,可以不受上述减刑幅度的限制。[1] 对于被判处管制、拘役的犯罪分子,如确有悔改或立功表现的,可以参照上述比例,依照具体情况适当地减刑。

至于减刑以后的刑期计算,对于被判处管制、拘役、有期徒刑的犯罪分子,其刑期应自原判决开始执行之日起计算,原判刑罚已经执行的部分,应当计入减刑以后的刑期之内;被判处无期徒刑的罪犯,在其刑期被减为有期徒刑后,其刑期自法院裁定减刑之日起计算,减刑之前已经执行的刑期,不得计入减刑以后的刑期以内。

为了使司法机关在办理减刑案件时有章可循,有法可依,我国《刑法》第79条专门规定了减刑的适用程序,即:"对于犯罪分子的减刑,由执行机关向中级以上人民法院提出减刑建议书。人民法院应当组成合议庭进行审理,对确有悔改或者立功事实的,裁定予以减刑。非经法定程序不得减刑。"

---

[1] 参见《最高人民法院公报》1991年第4期,第4页。

第三节 假 释

一、假释的概念

所谓假释,是指对于被判处有期徒刑或者无期徒刑的犯罪分子,在执行一定的刑期以后,如果确有悔改表现,不致再危害社会,将其附条件地提前予以释放的一项刑罚执行制度。假释的基本特点是:在一定条件下将犯罪分子提前释放,却又在一定时期内仍保持执行原判处刑罚中尚未执行部分的可能性。

假释不同于释放。释放是无条件地解除对犯罪分子的监禁,恢复其人身自由,不存在再执行的问题;而假释则是对犯罪分子有条件的提前释放,仍存在收监执行的可能性。

假释与缓刑都是有条件地不执行原判刑罚,但两者在适用对象、时间、根据以及不执行的刑期等方面,有着明显的不同点:第一,假释适用于被判处有期徒刑、无期徒刑的犯罪分子,缓刑只适用于被判处拘役、3年以下有期徒刑的犯罪分子。第二,假释是在刑罚执行的过程中决定的,而缓刑则是在判决的同时宣告的。第三,假释的适用是根据罪犯在刑罚执行过程中确有悔改表现而作出的,缓刑的适用根据则是罪犯的犯罪情节和悔罪表现。第四,假释是有条件地不执行原判刑罚尚未执行完毕的刑期,而缓刑是有条件地不执行原判刑罚的全部刑期。

假释与减刑也是不同的。假释的适用范围小于减刑的适用范围。假释附有考验期,只能宣告一次,而且宣告后就解除监禁,有条件地恢复罪犯的人身自由;而减刑没有考验期,可以多次减刑,而且减刑后如果刑期未满的,仍需在监内执行。

假释与监外执行虽都是有条件地不在监内执行刑罚,但两者也是不同的。监外执行只适用于因在法定情况下不宜在监内执行刑罚的罪犯,一旦特殊情况消失,仍须收监执行尚未执行完毕的刑罚。而假释则是有条件地提前释放罪犯,只要假释犯在假释考验期内没有再犯新罪、发现漏罪或者违反监督管理规定,就认为原判刑罚已经执行完毕,不存在再收监执行的问题。

假释制度是现代刑法的重要制度之一,目前世界各国莫不采之。我国《刑法》总结新中国成立以来减刑与假释并用的实践经验,明确规定了这一刑罚制度。它体现了我国惩办与宽大相结合、惩罚与教育相结合的刑事政策。正确地适用假释,有利于鼓励犯罪分子加速改造,化消极的因素为积极的因素。

二、假释的适用条件

适用假释,意味着将犯罪分子提前予以释放,必须严格遵守法定的条件。根

据我国《刑法》第 81 条的规定,适用假释必须遵守以下条件:

(1) 假释的适用对象只能是被判处有期徒刑或者无期徒刑的犯罪分子。这是由假释的性质所决定的。假释是针对被剥夺人身自由而且已经服刑一定时间的罪犯而设立的。在我国刑罚的五种主刑中,死刑的特殊性质决定了它谈不上假释的问题。拘役是剥夺人身自由的刑罚,但刑期较短,没有适用假释的必要。管制这种刑罚并未对罪犯予以关押,仅限制了罪犯的某些自由权利,也不宜适用假释。因此,只有被判处有期徒刑或者无期徒刑的犯罪分子,才能成为假释的适用对象。按照有关的司法解释,对死缓犯减为无期徒刑或者有期徒刑后,如果符合假释的其他条件,也可以适用假释。①

为了防止对某些主观恶性深、罪行严重、社会危害性大的犯罪分子滥用假释,我国《刑法》第 81 条第 2 款规定:"对累犯以及因故意杀人、强奸、抢劫、绑架、放火、爆炸、投放危险物质或者有组织的暴力性犯罪被判处十年以上有期徒刑、无期徒刑的犯罪分子,不得假释。"其中,有组织的暴力性犯罪,是指有组织地进行黑社会性质犯罪、恐怖活动犯罪等暴力性犯罪的情形。由此可见,对于某些具有特殊身份以及犯有特定之罪的罪犯,我国刑法明确规定不得适用假释,这包括两种情形:一是累犯,二是罪行严重的暴力性犯罪。

(2) 犯罪分子必须已经执行了一定期限的刑罚。这是因为,不执行一定期限的刑罚,就不能判断犯罪分子是否确有悔改表现,并且不致再危害社会。如果不规定必须执行一定期限的刑罚,就有可能滥用假释,引起执行刑罚的混乱,损害法院判决的稳定性和刑罚的严肃性。据此,我国刑法明确规定:被判处有期徒刑的犯罪分子,执行原判刑罚 1/2 以上,被判处无期徒刑的犯罪分子,实际执行 13 年以上,才可以适用假释。但是,如果有特殊情况,经最高人民法院核准,可以不受上述执行期限的限制。根据有关的司法解释,所谓特殊情况,主要是指:原工作单位因重要生产、重大科研的特殊需要,请求假释的;在努力改造的基础上,有发明创造,或者对国家和人民有其他重大贡献的;等等。② 另外,涉及政治性或者外交的情况,也可以列入特殊情况。需要指出的是,在具体适用这一例外的规定时,必须从严掌握,而且在程序上必须经过最高人民法院的核准。如果不经最高人民法院核准,任何法院均不得对实际服刑不足法律规定期限的犯罪分子适用假释。

(3) 犯罪分子必须认真遵守监规,接受教育改造,确有悔改表现,假释后不致再危害社会。这是适用假释的实质性要件。只有当犯罪分子在服刑期间已经取得改造效果,使司法机关确信将他提前释放出狱后,不致再有危害社会的可能

---

① 参见《最高人民法院公报》1991 年第 4 期,第 3 页。
② 同上,第 4 页。

时,才能予以假释。所谓不致再危害社会,主要是指犯罪分子认真遵守监规,接受教育改造,一贯表现良好,确有悔改表现,不致重新犯罪,或者老弱病残并丧失作案能力。如果被判处有期徒刑或者无期徒刑的犯罪分子缺乏这个要件,即使他已经执行了刑法所规定的一定期限的刑罚,也不能被假释。

《刑法修正案(八)》对《刑法》第 81 条进行了修改,增加了一个第 3 款,即对犯罪分子决定假释时,应当考虑其假释后对所居住社区的影响。这一规定有助于减少长期监禁刑对罪犯回归社会造成的不利影响。

以上三个条件必须同时具备,才可以适用假释。根据有关的司法解释,对于罪行严重的危害国家安全的犯罪分子、犯罪集团的首要分子、主犯、累犯、惯犯的假释,也同减刑一样,应当特别慎重,从严掌握。

三、假释的考验期限、适用程序和撤销

假释是将犯罪分子附条件地提前释放,被假释的犯罪分子必须遵守一定的条件。但被假释的罪犯对这些条件的遵守是有期限的,在这个期限内保持着对假释的犯罪分子继续执行刑罚的可能性,这就是假释的考验期限。根据我国《刑法》第 83 条的规定,有期徒刑的假释考验期限,为没有执行完毕的刑期;无期徒刑的假释考验期限为 10 年。假释的考验期限,从假释之日起计算,即从人民法院依法裁定假释之日起计算。然而,假释并不影响附加刑的执行。犯罪分子被宣告假释后,若原判决有附加刑,附加刑仍须继续执行。原判决对犯罪分子附有剥夺政治权利的,从假释之日起计算。

被假释的犯罪分子,在假释考验期限内,应当遵守以下规定,并由公安机关予以监督:(1) 遵守法律、行政法规,服从监督;(2) 按照监督机关的规定报告自己的活动情况;(3) 遵守监督机关关于会客的规定;(4) 离开所居住的市、县或者迁居,应当报经监督机关批准。这些规定,不仅使被假释的犯罪分子在考验期限内有了应当遵守的行为规范,而且也使监督机关的监督有了法律依据,便于司法操作。

《刑法修正案(八)》第 17 条对《刑法》第 85 条进行了修改,规定对被假释的犯罪分子,在假释考验期内,依法实行社区矫正。在假释考验期内,如果被假释的犯罪分子没有《刑法》第 86 条规定的情形,即犯罪分子在假释考验期内没有再犯新罪,没有发现在判决宣告前还有漏罪没有判决,没有严重的违法行为,假释考验期满的,就认为犯罪分子的原判刑罚已经执行完毕。同时,有关方面应向犯罪分子和当地群众、组织或其所在单位公开予以宣告假释期满,刑罚执行完毕。

根据我国《刑法》第 82 条的规定,对于犯罪分子适用假释,必须依照法定的程序进行。对于符合假释条件的犯罪分子适用假释,应当由执行机关向中级以上人民法院提出假释建议书,由人民法院组成合议庭进行审理。经过审理,人民法院认为犯罪分子符合假释条件的,裁定予以假释。对于不符合假释条件的,不

予假释。非经上述法定程序,不得对犯罪分子予以假释。

依据假释的基本特点,假释是有条件地保持执行原判刑罚中尚未执行的部分。如果被宣告假释的犯罪分子在考验期限内,没有法定的情形,当假释考验期满后,就认为原判刑罚已经执行完毕,并公开予以宣告。但是,当被假释的犯罪分子在考验期限内,违反特定的条件时,假释就可以被撤销。依据我国《刑法》第 86 条的规定,撤销假释的条件有以下三种:(1) 在假释考验期限内,被宣告假释的犯罪分子再犯新罪。这里所说的"新罪",既不受犯罪性质的限制,也不受所犯之罪应判处的刑种、刑期的限制。只要是在考验期限内再犯新罪,就应当撤销假释,对新犯的罪作出判决,然后将前罪没有执行的刑罚和新罪所判处的刑罚,依照数罪并罚的原则,决定执行的刑罚。(2) 在假释考验期限内,发现被假释的犯罪分子在判决宣告以前,还有其他罪没有判决,即发现"漏罪"。当这种情形出现后,就应当撤销假释,对发现的"漏罪"作出判决,再对前罪与"漏罪"实行数罪并罚,决定执行的刑罚。对前罪已经执行的刑期,应当计算在新判决决定的刑期以内。(3) 被假释的犯罪分子,在假释考验期限内,有违反法律、行政法规或者国务院有关部门关于假释的监督管理规定的行为,尚未构成新的犯罪。为了增强被假释的犯罪分子遵纪守法、接受改造的责任感,防止某些大错不犯、小错常犯的假释犯钻法律的空子,对于违反监督管理规定的假释犯,就应当依照法定程序撤销假释,收监执行未执行完毕的刑罚。所谓"依照法定程序",是指有关司法机关依照我国《监狱法》第 33 条的规定,即"被假释的罪犯,在假释考验期限内有违反法律、行政法规或者国务院有关部门关于假释的监督管理规定的行为,尚未构成新的犯罪的,社区矫正机构应当向人民法院提出撤销假释的建议,人民法院应当自收到撤销假释建议书之日起一个月内予以审核裁定。人民法院裁定撤销假释的,由公安机关将罪犯送交监狱收监"。

第十六章 时效和赦免

第一节 时　效

一、时效的概念

刑法上的时效,是指刑事法律所规定的、对已过法律规定期限的犯罪分子不得追诉或者对所判刑罚不得再执行的一项法律制度。

世界各国刑法都有时效的规定。从各国刑法的规定来看,时效通常分为追诉时效和行刑时效两种。所谓追诉时效,是指依照刑法的规定,对犯罪分子追究刑事责任的有效期限。在法定的追诉期限内,司法机关有权追究犯罪分子的刑事责任;超过法律所规定的期限,就不能再追究犯罪人的刑事责任。所谓行刑时效,则是指依照刑法的规定,自对犯罪分子科处刑罚后,经过一定时间未予以执行的,就不再执行原判的刑罚。

从我国《刑法》所规定的时效的内容来看,《刑法》总则规定的时效特指追诉时效,对行刑时效未作规定。这是从我国的实际情况出发的。从刑法理论上讲,刑罚没有执行的原因主要有:(1)发生了大的战争或重大的自然灾害;(2)司法机关或者执行机关的疏漏;(3)罪犯的逃脱。自新中国成立以来,前两种情况在我国司法实践中还未曾发生过。因此,在刑事立法中考虑到,对前两种情况规定行刑时效没有实际意义。第三种情况是有的,但从实际情况看,在刑法中若规定行刑时效,可能对被判刑后的犯罪分子的逃脱,会起到鼓励的作用,弊多利少。而且,在我国,当犯罪分子被人民法院判处刑罚以后,如果因其逃脱而使所判处的刑罚不能执行时,司法机关一直有缉拿归案、予以惩处的权力,没有时效的限制。所以,从有利于与犯罪作斗争的方面出发,我国刑法对行刑时效没有规定。

刑法上的时效与刑法的时间效力,是两个不同的概念,不可混淆。所谓刑法的时间效力,是指刑法的生效和效力终止的时间,以及刑法对它公布实施前的行为是否具有追溯既往的效力,它属于刑法在时间上的适用范围的范畴,涉及的是刑法本身有无法律效力的问题。而刑法上的时效是指对犯罪分子追究刑事责任或对被判处刑罚的人执行刑罚的有效期限,它是一项刑事法律制度,其所要解决的问题属于司法机关是否有权追究犯罪分子的刑事责任或执行原判刑罚的法定期限的范畴。

二、追诉时效的意义

追诉时效是世界各国普遍实行的一项法律制度。我国刑法之所以要规定追诉时效制度,主要是从以下几个方面考虑的:

(1) 符合我国刑罚的目的。在我国,刑罚的目的是预防犯罪,使受到刑罚惩罚的犯罪分子不再实施犯罪,使社会上某些具有犯罪倾向的不稳定分子受到威慑,不敢去实施犯罪。某些犯罪分子实施犯罪行为以后,由于某种原因,司法机关未加追诉。在一定期间内,如果犯罪分子在社会教育的影响下,已经改恶从善,成为无害于社会的人,有的甚至对国家和人民作出一定的贡献,从刑罚的特殊预防的观点来看,这时再对他进行追诉,并加以惩罚,就成为不必要了。从刑罚的一般预防来看,过迟地追究犯罪分子的刑事责任,很难收到震慑和教育的效果,对于社会也将不会发生预期的教育公民的效果。相反,在超过法律规定的期限以后,即在犯罪行为对社会的危害性已经消失的情况下,对犯罪分子不再追诉,就可以解脱一些人,从而有利于调动一切积极的因素,团结一切可以团结的力量。

(2) 有利于司法机关集中精力打击现行的犯罪活动。现行的犯罪活动,直接现实地危害社会的安定和人民群众生命财产的安全,群众也最为关心。因此,打击现行的犯罪活动,向来是司法机关最为重要的任务。而历史上的案件,由于经过相当长的时期以后,罪迹可能已经湮灭,证据可能已经消失,证人也可能死亡或不知去向。所有这些都会给侦查、起诉和审判工作带来许多的困难。司法机关将大量精力用于侦查和审判这些案件上,不仅有可能劳而无获,而且会影响司法机关打击现行的犯罪活动。刑法规定了时效制度,就可以使司法机关摆脱一部分时过境迁、难以查清的陈年老案的负担,集中精力及时侦查和审判现行的案件。同时,刑法规定了时效制度,也可以促使司法机关加强自己的工作,提高办案的效率,力争在追诉期限内侦破案件,去追究犯罪分子的刑事责任。这对司法机关又是一个积极的推动。

(3) 有利于人民内部的安定团结。从我国的实际情况看,在刑事案件中,有一部分是人民群众之间发生的刑事案件。这些犯罪的危害较轻,法定刑也不重,而且有的案件经过相当长的时期后,经过调解,被害人与犯罪人之间的隔阂已经消除。在这种情况下再算旧账,对社会和当事人都没有什么实际的意义。对这些犯罪的追诉期限如果不加以限制,就有可能使人民群众内部的某些被害人与犯罪人之间不断重翻旧账,这既不利于人民内部的安定团结,又会使已经稳定了的这种社会关系又陷入混乱,甚至导致一些人自暴自弃,认为自己已经犯了罪,反正要无期限地受到追诉,还不如继续犯罪。如果刑法上有了时效的规定,就可以打消这些人的顾虑,有利于人民内部的团结,稳定社会的秩序。

三、追诉时效

(一) 追诉时效的法律后果

依据追诉时效的内涵,司法机关追究犯罪分子刑事责任的权力,是有法定期限的。如果超过这个法定期限,根据我国《刑法》第 87 条和《刑事诉讼法》第 16 条的规定,就会出现以下两种法律后果:

(1) 司法机关的追诉权消灭。除了法定最高刑为无期徒刑、死刑,经最高人民检察院特别核准必须追诉的以外,司法机关就不能再追究犯罪分子的刑事责任。

(2) 如果司法机关已经追诉的,就应当撤销案件,或者不起诉,或者终止审理,或者宣告无罪。

(二) 追诉时效的期限

追诉时效的长短,与犯罪行为的社会危害性的大小、刑罚的轻重相适应。社会危害性大、刑罚重的犯罪,追诉期限就长;反之,社会危害性小、刑罚轻的犯罪,追诉期限就短。根据这个原理,我国《刑法》第 87 条将追诉时效的期限规定为 4 个不同的档次,即犯罪经过下列期限就不再追诉:

(1) 法定最高刑为不满 5 年有期徒刑的,经过 5 年;

(2) 法定最高刑为 5 年以上不满 10 年有期徒刑的,经过 10 年;

(3) 法定最高刑为 10 年以上有期徒刑的,经过 15 年;

(4) 法定最高刑为无期徒刑、死刑的,经过 20 年。如果 20 年以后认为必须追诉的,须报请最高人民检察院核准。

根据上述规定,可以看出,我国《刑法》所规定的追诉时效期限是依据犯罪的法定最高刑的轻重。但是,由于我国《刑法》分则对各种犯罪的法定最高刑的规定方式有三种,因而在确定具体犯罪的追诉时效期限时,就应根据犯罪分子所犯罪行的轻重,分别适用刑法规定的不同条款或相应的量刑幅度,按其法定最高刑来计算追诉时效期限。这也就是说,在具体计算追诉时效期限时,应当注意区分以下三种情况:

(1) 如果只有单一的量刑幅度时,就直接按照此条文的法定最高刑计算。例如,《刑法》第 256 条规定,构成破坏选举罪的,处 3 年以下有期徒刑、拘役或者剥夺政治权利。由于该条文规定的法定刑只有一个量刑幅度,而且法定最高刑不满 5 年,其追诉时效期限就应计算为 5 年。

(2) 如果在同一条文中,有几个量刑幅度时,就按其罪行应当适用的量刑幅度的法定最高刑计算。例如,《刑法》第 254 条规定的报复陷害罪包含两个量刑幅度:一是对一般情节适用的量刑幅度,"处二年以下有期徒刑或者拘役",按其罪行应当适用的法定最高刑为 2 年有期徒刑计算,其追诉时效期限应为 5 年;二是对严重情节适用的量刑幅度，"处二年以上七年以下有期徒刑"，按其法定最高刑为 7 年有期徒刑计算，其追诉时效期限应为 10 年。

（3）如果所犯罪行的刑罚，分别规定有几条或几款时，就按其罪行应当适用的条或款的法定最高刑计算。例如，虐待罪的法定刑分别规定在《刑法》第 260 条第 1 款和第 2 款之中。在具体计算虐待罪的追诉时效期限时，就应当根据该案件应当适用的条款和量刑幅度的法定最高刑来确定：对于虐待家庭成员，情节恶劣的犯罪分子，应适用第 260 条第 1 款的规定，"处二年以下有期徒刑、拘役或者管制"，按其法定最高刑为 2 年计算，其追诉时效期限应为 5 年；对于犯虐待罪，致使被害人重伤、死亡的犯罪分子，应适用第 260 条第 2 款的规定，"处二年以上七年以下有期徒刑"，按其法定最高刑为 7 年计算，其追诉时效期限就应为 10 年。

为正确处理去台人员在新中国成立前，或者在新中国成立后，犯罪地地方人民政权建立前所犯罪行的追诉问题，最高人民法院、最高人民检察院根据刑法的规定，先后于 1988 年 3 月 14 日和 1989 年 9 月 7 日两度发布公告，分别不同情况予以办理：第一，去台人员在新中国成立前，或者在新中国成立后，犯罪地地方人民政权建立前所犯的罪行，不再追诉。第二，去台人员在新中国成立后，犯罪地地方人民政权建立前犯有罪行，并连续或继续到当地人民政权建立后的，追诉期限从犯罪终了之日起计算。凡符合《刑法》第 87 条规定的，不再追诉。其中法定最高刑为无期徒刑、死刑的，经过 20 年，也不再追诉。如果认为必须追诉的，由最高人民检察院核准。第三，对于去台湾以外地区或国家的人员在新中国成立前，或者在新中国成立后，犯罪地地方人民政权建立前所犯的罪行，分别按照去台人员的追诉时效处理。最高人民法院、最高人民检察院上述两个公告的公布，对团结海外侨胞和港澳台同胞，争取早日实现"一国两制"和祖国统一大业，具有重要的政治意义。

（三）追诉期限的计算

关于追诉期限计算的问题，各国立法历来不尽相同，而且在刑法理论上长期也有争议。有的主张应自犯罪行为发生时开始计算，有的主张应自犯罪结果发生时开始计算。根据我国《刑法》第 88 条和第 89 条的规定，追诉期限的计算有以下几种情况：

（1）在一般情况下，追诉期限从犯罪之日起计算，也就是说从犯罪行为发生时开始计算。例如，某甲欲杀死某乙，举刀砍杀时只将乙砍伤，乙当时未死，过了一个月经抢救无效死亡。依据我国刑法的规定，对甲犯的追诉期限，应自甲犯举刀行凶杀人之日起开始计算，而不能从乙死亡之日起开始计算。

（2）如果犯罪行为有连续或者继续状态的，追诉期限应从犯罪行为终了之日起计算。例如，某甲在长达 2 年的时间内虐待其妻乙，且情节恶劣。对甲犯的追诉期限,应从甲犯在 2 年中的最后一次虐待行为终了之日起开始计算。

(3) 在追诉期限以内又犯罪的,前罪追诉的期限从犯后罪之日起计算。这种情况,就是刑法理论上所说的追诉时效中断。追诉时效中断制度的设立,是为了防止某些不思悔改的犯罪人利用时效制度逃避罪责,又犯新罪。它体现了对再犯的从严。例如,某甲犯了杀人罪,对他的追诉期限应为 20 年,过了 8 年他又犯了抢劫罪。在这种情况下,甲犯杀人罪所经过的 8 年归于无效,不计入 20 年的追诉时效期限内,其杀人罪的追诉时效应从他犯抢劫罪之日起开始重新计算。

(4) 在人民检察院、公安机关、国家安全机关立案侦查或者在人民法院受理案件以后,如果犯罪嫌疑人、被告人逃避侦查或者审判的,不受追诉期限的限制。另外,被害人在追诉期限内提出控告,人民法院、人民检察院、公安机关应当立案而不予立案的,也不受追诉期限的限制。这种使追诉时效暂时停止进行的情况,在刑法理论上称为追诉时效延长。依据我国刑事诉讼法的规定,立案侦查以及受理案件,是指有关司法机关依法进行的相关的刑事诉讼活动。所谓"逃避侦查或者审判",主要是指犯罪嫌疑人、被告人以逃避、隐藏的方法逃避刑事责任。为了防止某些犯罪嫌疑人、被告人利用追诉时效的规定,钻法律的空子,并体现对他们的从严处理,对于被立案侦查或者受理案件以后逃避侦查或者审判的犯罪嫌疑人、被告人,无论其逃避的状态持续多久,在任何时候都可以对其进行追诉,而不受追诉期限的限制。此外,为了有效地保护公民的合法权利,保障被害人的诉讼权利,我国《刑法》第 88 条第 2 款将"被害人在追诉期限内提出控告,人民法院、人民检察院、公安机关应当立案而不予立案"的情况,列为追诉时效延长的另外一种情形。

第二节 赦　　免

一、赦免的概念

所谓赦免,是指国家元首或者国家最高权力机关以发布命令的形式,对犯罪分子免予追诉,或者免除执行全部或部分刑罚的一项法律制度。

从外国的法律规定来看,赦免通常分为大赦和特赦两种。大赦是国家最高权力机关或者元首以发布命令的形式,对某一时期不特定的多数犯罪分子的赦免;特赦则是对特定的个别犯罪分子的赦免。大赦与特赦的区别表现在:(1) 大赦适用于不特定的犯罪分子;而特赦适用于特定的犯罪分子,特赦令必须指明被赦者的姓名,其适用范围较大赦要窄。(2) 大赦既免除犯罪人的罪,也免除犯罪人的刑,被大赦的犯罪人即使重新犯罪,也不构成累犯;而特赦的内容只涉及刑,不涉及犯罪人的罪,被特赦的犯罪人重新犯罪,则有可能构成累犯。(3) 大赦既可以适用于判决确定之前,也可以适用于判决确定之后;而特赦只能适用于判决确定之后。(4)大赦多数是在国家重大庆典的时候实施,且适用的次数较少;而国家在一定时期内,根据一定的需要,可以随时实施特赦,且适用的次数较多。

赦免制度产生很早,主要是借以表明统治者的恩赐。经过发展,其已成为许多国家一项重要的刑事制度。各国通常都在宪法中规定国家权力机关有赦免权。赦免制度在政治和法律上具有重要的意义:在政治上,有利于分化瓦解敌对的政治势力;在法律上,则有利于鼓励受赦免者,促进犯罪分子改过自新。因此,赦免制度也是与犯罪作斗争的有力手段之一。

二、我国的特赦及其特点

我国1954年《宪法》有大赦和特赦权限的规定,但我国却一直没有实行过大赦。1975年《宪法》、1978年《宪法》和1982年《宪法》都只有特赦的规定,没有规定大赦。因此,我国《刑法》第65条、第66条中所说的赦免,应当理解为特赦。根据我国《宪法》第67条、第80条的规定,特赦由全国人民代表大会常务委员会决定,由中华人民共和国主席发布特赦令。

自1959年以来,我国先后共实行过7次特赦。除第一次特赦是对战争罪犯、反革命罪犯和普通刑事罪犯实行外,其余6次都只是对战争罪犯实行的。这7次特赦分别为:

(1)1959年9月17日,在庆祝中华人民共和国成立10年大庆时,对经过一定时间劳动改造,确实改恶从善的蒋介石集团和伪满洲国的战争罪犯、反革命罪犯和普通刑事罪犯,实行特赦。这是我国特赦范围面最广的一次。

(2)1960年11月19日、1961年12月16日,两次对经过一定期间的劳动改造,确实改恶从善的蒋介石集团和伪满洲国的战争罪犯实行特赦。

(3)1963年3月30日、1964年12月12日和1966年3月29日,3次对确实改恶从善的蒋介石集团、伪满洲国和伪蒙疆自治政府的战争罪犯,实行特赦。

(4)1975年3月17日,对全部在押战争罪犯,实行特赦释放,并予以公民权。

从以上我国已经实行过的特赦的情况来看,我国的特赦具有以下四个特点:

第一,特赦是对于一部分特定的犯罪分子适用的,特赦的对象主要是符合一定条件的战争罪犯、反革命罪犯、普通刑事罪犯,而不是对个别的犯罪分子。

第二,实施特赦的条件是以罪犯经过一定时间关押或服刑改造,确实改恶从善为标准的,也就是以犯罪分子在政治上、思想上和实际上是否确实改造好了为主要标准。例如,1959年9月17日,中华人民共和国主席在特赦令中,对于各类罪犯的特赦条件,作了如下的规定:蒋介石集团和伪满洲国的战争罪犯,关押已满10年,确实改恶从善的,予以释放;反革命罪犯,判处徒刑5年以下(包括判处徒刑 5 年)、服刑时间已经达到刑期 1/2 以上、确实改恶从善的,或判处 5 年徒刑以上、服刑时间已经达到刑期 2/3 以上、确实改恶从善的,予以释放;普通刑事罪犯,判处徒刑 5 年以下、服刑时间已经达到 1/3 以上、确实改恶从善的,或判处徒刑 5 年以上、服刑时间已经达到刑期 1/2 以上、确实改恶从善的,予以释放;判处死刑、缓期 2 年执行的罪犯,缓刑时间已满 1 年,确实有改恶从善表现的,可以减为无期徒刑或 15 年以上有期徒刑的;判处无期徒刑的罪犯,服刑时间已满 7 年、确实有改恶从善表现的,可以减为 10 年以上有期徒刑。

第三,特赦的内容是免除对于服刑中的犯罪分子原判刑罚的剩余部分,予以提前释放,或者减轻原判刑罚。

第四,特赦都是由中共中央或者国务院提议,经全国人民代表大会常务委员会决定,在设有国家主席时,由国家主席发布特赦令,最高人民法院或者高级人民法院执行,而不是根据被判刑的犯罪分子本人、家属或者根据社会团体、司法机关的申请而实施的。

下编 罪刑各论编

第十七章 罪刑各论概述

第一节 罪刑各论的研究对象和体系

一、罪刑各论的研究对象

近代以来,刑法学者将刑法学划分为刑法总论与罪刑各论(又称刑法各论)两大部分。前者主要以刑法典的总则部分为研究对象;后者主要以刑法典的分则部分为研究对象。我国刑法学亦然。

学习和研究罪刑各论,首先应当弄清刑法总则与刑法分则的关系。我国《刑法》由三大部分组成:第一编总则;第二编分则;还有附则(是关于《刑法》的生效时间及其生效前制定的单行刑事法规的效力问题的规定)。刑法总则除规定刑法的任务、基本原则和适用范围外,还规定犯罪与刑罚的一般原理、原则,包括犯罪定义、构成犯罪的一般要件、刑事责任、刑罚种类以及刑罚具体运用等。而刑法分则的规定,则是把刑法总则规定的一般原理、原则具体化。它在对犯罪进行分类的基础上,具体地规定各种犯罪的罪状、罪名和应当判处的刑罚种类和量刑幅度。也可以说,刑法总则的基本内容,是从刑法分则规定的具体内容中抽象和概括出来的;反过来,它对刑法分则又具有指导作用,即刑法总则对犯罪、刑事责任以及刑罚、量刑的一般原理、原则的规定,都无例外地适用于刑法分则规定的各种具体犯罪。因此,在解释和适用分则条文时,不能违反总则的规定。例如,在司法实践中,在具体认定某种行为是否构成犯罪时,不仅要根据分则条文规定的某种罪的罪状,还必须根据总则规定的构成犯罪的一般要件;在具体对犯罪人量刑时,不仅要根据分则条文规定的法定刑,还必须根据总则对刑事责任、各种刑罚及其具体运用的规定。否则,不可能做到正确地定罪和量刑。

从上述可见,只有正确地掌握了刑法总则的规定,才能准确地理解和适用刑法分则的规定。但是,如果只有刑法总则的一般规定,而没有刑法分则的具体规定,那么,在司法实践中,就不能具体地划清罪与非罪、此罪与彼罪的界限,也不能具体地解决犯罪人的刑事责任问题。例如,如果只有总则关于刑罚种类和刑罚具体运用的一般规定,而没有分则对各种罪的法定刑的具体规定,在司法实践中就无法对被告人量刑。总之,刑法总则与刑法分则是一般与具体的关系,是紧密联系、缺一不可的整体。在对具体案件进行定罪、量刑时,必须把总则与分则的相关规定,有机地统一起来加以考虑。

罪刑各论主要以我国《刑法》分则为研究对象,包括犯罪分类的依据、每一类罪的基本特征,以及各种具体罪的构成要件和法定刑等。此外,《刑法》生效前全国人大常委会通过的仍然部分有效的单行刑事法规(即《刑法》附则第452条第2款规定的有关法规),以及《刑法》生效后,全国人大常委会将来对《刑法》分则条文所作的立法解释、修改或补充,国家立法机关制定的非刑事法规中的刑法规范,最高人民法院、最高人民检察院对《刑法》分则条文所作的司法解释等,也属于罪刑各论的研究对象。

罪刑各论不仅仅是对现行刑法分则条文的注释,它还研究在刑事立法和司法过程中提出的各种理论和实践问题。例如,刑法分则的体系和结构,罪状和罪名的制定,法定刑的综合平衡,刑法分则条文的修改和补充等问题,都应当属于罪刑各论的研究范围。

总之,凡是我国现行法律、法规中规定的各种具体犯罪及其刑事责任的刑法规范和国家立法机关、最高司法机关对这些规范所作的解释,以及刑事立法和司法提出的有关刑法分则的理论和实践问题,都是研究罪刑各论的对象和依据。罪刑各论在刑法总论所阐述的一般原理的指导下,通过对各类、各种具体犯罪及其刑事责任的研究,正确地划清罪与非罪、此罪与彼罪的界限;准确地认定各种犯罪的刑事责任;从理论上总结出定罪和量刑的一般规律,达到进一步深化和丰富刑法总论所阐述的内容的目的。

二、罪刑各论的体系

罪刑各论体系,是指研究各种具体犯罪及其刑事责任的理论系统。

从世界多数国家的刑法学体系来看,罪刑各论的体系是以刑法分则对犯罪的分类为依据而设计的。由于各国的犯罪分类不同、刑法分则体系不同,因而罪刑各论的体系也有所不同。

在古罗马法中,将犯罪分为公罪与私罪两类。公罪,又称公犯,是侵害国家和社会法益的犯罪。对于公罪,任何人都可以提起诉讼。私罪,又称私犯,是侵犯个人法益的犯罪。对于私罪,只有被害人有告诉权。1810年的《法国刑法典》是以公罪与私罪的分类,来确立刑法分则体系的。它将犯罪分为妨害公益之重罪及轻罪与妨害私人法益之重罪及轻罪两大类,并以此将刑法分则分为两编。在1994年修改的《法国刑法典》中,刑法分则有四卷:第一卷侵犯人身之重罪与轻罪;第二卷侵犯财产之重罪与轻罪;第三卷危害民族、国家及公共安宁罪;第四卷其他重罪与轻罪。实际上,第一、二卷是侵犯个人法益的犯罪,第三、四卷是侵犯公共法益的犯罪,即仍然基本上体现了对犯罪的"二分法"。此外,还有些大陆法系国家对犯罪采用"三分法",并以此建立刑法分则体系。意大利刑法学家贝卡利亚在《论犯罪与刑罚》一书中,将犯罪行为分为直接损害社会或其代表(即侵害国家法益)的犯罪,扰乱公共秩序和公民生活安宁(即侵害社会法益)的犯罪,侵犯公民个人的生命、财产和名誉(即侵害个人法益)的犯罪。[①] 以德国为代表的一些大陆法系国家的刑法典分则,根据犯罪是侵害国家法益还是侵害社会法益或者个人法益,对犯罪进行分类,并以此建立刑法分则体系。与此相适应,刑法学者也按照"三分法"构建罪刑各论的理论体系。

我国《刑法》从我国的犯罪实际情况出发,在分则中把犯罪分为十类(即分则的十章):危害国家安全罪;危害公共安全罪;破坏社会主义市场经济秩序罪;侵犯公民人身权利、民主权利罪;侵犯财产罪;妨害社会管理秩序罪;危害国防利益罪;贪污贿赂罪;渎职罪;军人违反职责罪。其中,破坏社会主义市场经济秩序罪(第三章)下面又分为八小类(即八节);妨害社会管理秩序罪(第六章)下面又分为九小类(即九节)。

我国《刑法》分则对犯罪分类的依据,主要是犯罪的同类客体,即把那些侵犯同一方面或者同一部分社会关系的犯罪,划归为一类。每一种犯罪行为所侵犯的社会关系,都有其特殊的一面。有的是社会关系的性质不同,有的是侵犯的方式、方法不同等。正因为这样,才能将此罪与彼罪加以区别。但是,从社会关系的整体上考察,某些犯罪所侵犯的社会关系又具有共同性一面,即它们都侵犯了某一方面的社会关系。这是对各种具体犯罪进行分类的依据,也是建立刑法分则体系的基础。例如,背叛国家、分裂国家、颠覆国家政权、投敌叛变、间谍、资敌等犯罪,共同的特征是危害国家安全,故将它们归并为一类;杀人、伤害、强奸、刑讯逼供、破坏选举、侵犯通信自由等犯罪,都侵犯公民的人身权利、民主权利,故将它们归并为另一类。《刑法》分则的第一至七章都是如此。第六章贪污贿赂罪、第九章渎职罪和第十章军人违反职责罪,它们所侵犯的同类客体与分则其他有关章的同类客体相同或相类似。之所以将它们单独划分出来,是由于这三类犯罪的主体有其特殊性:贪污贿赂罪主要由国家工作人员构成;渎职罪只能由国家机关工作人员构成;军人违反职责罪只能由现役军人、执行军事任务的预备役人员和军内在编职工构成。我国《刑法》分则在犯罪分类的基础上,主要根据各类犯罪的社会危害程度的大小,依次进行排列。如把对我国危害最重的危害国家安全罪,列为《刑法》分则第一章。在普通刑事犯罪中,由于危害公共安全

[①] 参见〔意〕贝卡利亚:《论犯罪与刑罚》,黄风译,中国大百科全书出版社1993年版,第69页。

罪侵害不特定的多数人的人身安全和重大财产安全,其社会危害性最大,故将其排在分则第二章。其他八类犯罪,除上述贪污贿赂罪、渎职罪、军人违反职责罪,由于犯罪主体有特殊性,而排在分则后面外,均基本上依照社会危害性大小排列次序。同样,在每一类犯罪中,对各种具体犯罪的次序排列,也主要是根据社会危害性的大小,同时又照顾到罪与罪之间的内在联系。例如,在《刑法》分则第四章中,把社会危害性最大的故意杀人罪列在首位,其次是过失致人死亡罪,再次是故意伤害罪等。这种排列,主要是考虑故意杀人与过失致人死亡两种犯罪的密切联系,而并不意味着过失致人死亡罪比故意伤害罪、强奸罪的社会危害性更大。总之,我国《刑法》分则的体系,主要是依据犯罪的同类客体及社会危害程度的大小而设计,使之在逻辑上较为严谨,在结构上较为缜密。

我国《刑法》分则对犯罪的分类及其编排次序,是构建我国罪刑各论体系的基本依据。即在罪刑各论中,除了在前面增设"罪刑各论概述"一章,研究刑法分则的一些共同性问题外,其余是按照《刑法》分则各章的顺序去研究。在每一章中,首先研究这一类犯罪的共同特征,以弄清此类犯罪与其他类犯罪的主要区别,然后再分别研究各种具体罪的构成要件及其法定刑。

此外,罪刑各论是个开放的理论系统。它除了对现行刑法规定的类罪及个罪,进行深入研究外,还应当从不断变化的犯罪实际情况出发,从理论上研究如何对犯罪进行科学分类,进一步加强和改进刑法分则的立法和司法等问题,以不断完善和丰富罪刑各论的体系和内容。

三、研究罪刑各论的意义

罪刑各论是刑法学的重要组成部分。研究罪刑各论的主要意义在于:

第一,可以从总体上把握《刑法》分则条文的内在联系,了解各类、各种犯罪在整个犯罪活动中的地位及其社会危害性,有助于同犯罪作斗争。

第二,可以掌握每一种犯罪的构成要件,有助于划清罪与非罪以及此罪与彼罪的界限。

第三,可以掌握各种犯罪的法定刑以及具体的量刑标准,有助于做到准确量刑、罚当其罪。

第四,可以加深对刑法总论内容的理解,使刑法学知识融为一体。

第五,可以进一步了解我国刑法的特色以及尚需完善之处,为深化刑法理论研究、完善刑法制度提供依据。

第二节 罪状和罪名

刑法分则中规定具体犯罪的条文的结构,由罪状和法定刑两部分组成。例如,我国《刑法》第 109 条第 1 款规定:"国家机关工作人员在履行公务期间,擅离岗位,叛逃境外或者在境外叛逃的,处五年以下有期徒刑、拘役、管制或者剥夺政治权利;情节严重的,处五年以上十年以下有期徒刑。"该款的前一部分,即"国家机关工作人员在履行公务期间,擅离岗位,叛逃境外或者在境外叛逃"为罪状;后一部分,即"处五年以下有期徒刑、拘役、管制或者剥夺政治权利……"为法定刑。

一、罪状

所谓罪状,是指刑法分则条文对具体犯罪的构成特征的描述。

根据分则条文对罪状描述方式的不同,可将罪状分为:

(1)简单罪状,即不详细描述某罪的构成特征,而只规定该罪的名称。这是因为,这些犯罪的特征是人所共知的,不必在条文中具体加以描述。例如,《刑法》第 232 条规定:"故意杀人的,处死刑、无期徒刑或者十年以上有期徒刑;情节较轻的,处三年以上十年以下有期徒刑。"该条只规定了故意杀人罪的罪名,未详细规定本罪的构成特征,此即为简单罪状。但是,从已规定的罪名中,不难分析出该罪的主要特征。因此,它也是罪状的一种形式。

(2)叙明罪状,即在分则条文中详细描述某罪的构成特征。例如,《刑法》第 305 条规定:"在刑事诉讼中,证人、鉴定人、记录人、翻译人对与案件有重要关系的情节,故意作虚假证明、鉴定、记录、翻译,意图陷害他人或隐匿罪证的,处三年以下有期徒刑或者拘役……"该条不仅规定了伪证罪(罪名)的主体,即证人、鉴定人、记录人、翻译人,而且还规定了本罪的客观要件,即在刑事诉讼中,对与案件有重要关系的情节,作虚假证明、鉴定、记录、翻译,以及本罪的主观要件,即有犯罪故意,并且有陷害他人或者隐匿罪证、包庇罪犯的目的。这种罪状形式,由于详细描述了该罪的构成要件,因而有助于在司法实践中划清罪与非罪、此罪与彼罪的界限。我国《刑法》分则的大多数条文,采用这种形式。有些条文还采用了列举规定的罪状形式,例如《刑法》第 293 条列举 4 项罪状,第 315 条列举 4 项罪状,等等。利用这种罪状描述方式,可以使罪状更为具体,有助于准确认定犯罪。

(3)空白罪状,即在分则条文中不直接描述某罪的构成特征,而只是指出该种犯罪行为所违反的其他法律、法规。通过对其他法律、法规的分析,可以了解该罪的构成特征。例如,《刑法》第 133 条规定:"违反交通运输管理法规,因而发生重大事故,致人重伤、死亡或者使公私财产遭受重大损失的,处三年以下有期徒刑或者拘役……"本条规定的是交通肇事罪。构成该罪,在客观方面必须有交通违法行为,并且引起重大危害后果,即致人重伤、死亡或者使公私财产遭受重大损失。但是,本条并未规定什么是交通违法行为,要了解它,必须参照有关交通运输管理法规的规定。这种罪状形式,不仅可以简化刑法分则条文,而且有包容性大、稳定性强的特点,是刑法分则在规定违反行政法规需要以犯罪处罚时,常见的罪状描述方式。

(4)引证罪状,即引用刑法分则的其他条款,来说明某罪的特征。例如,我国《刑法》第333条第1款规定:"非法组织他人出卖血液的,处五年以下有期徒刑,并处罚金;以暴力、威胁方法强迫他人出卖血液的,处五年以上十年以下有期徒刑,并处罚金。"该条第2款又规定:"有前款行为,对他人造成伤害的,依照本法第二百三十四条的规定定罪处罚。"该条第1款规定的是非法组织卖血罪;第2款规定的是故意伤害罪,但是它未叙明故意伤害罪的特征,而是引用《刑法》第234条的罪状来说明。这种罪状形式,可使刑法条文更加简明,避免重复。

此外,在刑法分则条文中,有的同时采用空白罪状和叙明罪状两种形式。例如,《刑法》第340条规定:"违反保护水产资源法规,在禁渔区、禁渔期或者使用禁用的工具、方法捕捞水产品,情节严重的,处三年以下有期徒刑、拘役、管制或者罚金。"本条的"违反保护水产资源法规",为空白罪状;其他的描述具有叙明罪状的特征,二者共存于一个条文中。对此,有的学者称之为"混合罪状"。①

刑法分则条文规定的罪状,是分析各种犯罪构成的法律依据,也是定罪的法律依据。因此,无论是在刑事立法中,还是在刑事司法中,罪状问题都具有重要意义。

二、罪名

罪名,即犯罪的名称。它是对犯罪的本质特征的科学概括。

在我国《刑法》分则中有三种含义的罪名:一是章罪名,又称类罪名,共有10个,如"危害国家安全罪""危害公共安全罪""破坏社会主义市场经济秩序罪""侵犯公民人身权利、民主权利罪""渎职罪""军人违反职责罪"等;二是节罪名,又称小类(或组类)罪名。例如,《刑法》分则第三章下设8节,即有8个节罪名;第六章下设9节,即有9个节罪名;三是章罪名或节罪名下属的各种具体罪名,如"危害国家安全罪"中的"背叛国家罪""分裂国家罪""武装叛乱、暴乱罪""投敌叛变罪""间谍罪""资敌罪"等具体罪名。前二种罪名,高度概括了某一章或某一节的各种犯罪的最主要特征,对于设计刑法分则体系有重要意义。但是,在司法实践中办理具体案件时,却不能以它们作为定罪的罪名。如不能笼统地认定某人犯有"危害国家安全罪",或者"破坏金融管理秩序罪""破坏环境资

---

① 参见何秉松主编:《刑法教科书》,中国法制出版社1994年版,第513页。

源保护罪",等等。因此,人们通常所讲的罪名,是指的后一种,即各种具体罪名。

确定罪名应遵循的主要原则:

(1) 应具备合法性、准确性和简明性

所谓合法性,是指确定罪名时必须严格依照现行刑法的规定,符合立法精神,而不能离开现行刑法规范的内容,滥定罪名。例如,对因为防卫过当而造成不法侵害人死亡的,不能定为"防卫过当致人死亡罪";对因为故意伤害而造成被害人重伤或者死亡的,不能定为"故意重伤罪"或者"故意伤害致人死亡罪";对于强奸后又杀人灭口的,不能定为"强奸杀人罪";等等。因为这些罪名于法无据,不符合立法原意。如果由于人们对刑法分则的某一条文的理解不同,而产生罪名的歧义,应当按照最高司法机关的解释,使用统一的罪名。

所谓准确性,是指罪名必须全面地、正确地反映该种犯罪的主要特征。例如,现行《刑法》第233条对1979年《刑法》第133条进行了修改,将"过失杀人"罪改为"过失致人死亡"罪,是非常合适的。因为,它准确地反映了本罪的特征,将其与故意杀人罪科学地区分开来。

所谓简明性,是指罪名的文字表述,应当尽量简要、概括、明确,避免冗长。例如,《刑法》第102条规定:"勾结外国,危害中华人民共和国的主权、领土完整和安全的,处……"因为该罪的主要特征是勾结外国(或与境外机构、组织、个人相勾结),背叛国家,因此将其概括为背叛国家罪,既简明,又准确。但是,如果有的条文的罪状很复杂,难以用简明词语加以概括的,罪名则可以长一些,避免以词害意。在确定罪名时,通常可以不反映犯罪主体和主观罪过的内容,如叛逃罪(《刑法》第109条)、暴力危及飞行安全罪(《刑法》第123条)、妨害传染病防治罪(《刑法》第330条)等。但是,如果犯罪主体或者罪过,是区别此罪与彼罪的主要之点,那么在确定罪名时,应当反映出来,如军人叛逃罪(《刑法》第430条)、失火罪和过失决水罪(《刑法》第115条)等。

(2) 应以《刑法》分则条文的罪状为依据

罪状与罪名密切相关,以罪状为根据确定罪名时应注意以下问题:

第一,在简单罪状中,罪名与罪状一致,不应另立罪名。例如,《刑法》第232条是简单罪状,应确定为"故意杀人罪",而不应另定为"图财杀人罪"或"报复杀人罪"。有时一个条文中,并列规定几个简单罪状,即几个罪名。这属于并列式罪名。例如,《刑法》第115条第1款规定:"放火、决水、爆炸以及投放毒害性、放射性、传染病病原体等物质或者以其他危险方法致人重伤、死亡或者使公私财产遭受重大损失的,处……"该条第2款规定:"过失犯前款罪的,处……"后一款实际并列规定了几个罪名:失火罪、过失决水罪、过失爆炸罪、过失投放危险物质罪、过失以危险方法危害公共安全罪。在并列式罪名的情况下,如果犯罪人的行为触犯其中的两个以上罪名,应当实行数罪并罚。

第二,在叙明罪状中,一般在描述罪状时已点出罪名,如《刑法》第 103 条规定:"组织、策划、实施分裂国家、破坏国家统一的,对首要分子或者罪行重大的,处……"该条可概括为"分裂国家罪",因为这是该罪的本质特征。如果在罪状描述中未点出罪名,那就应当根据该种犯罪构成区别于其他犯罪的主要特征,本着简明、准确的要求,概括出科学的罪名。例如,《刑法》第 213 条规定:"未经注册商标所有人许可,在同一种商品、服务上使用与其注册商标相同的商标,情节严重的,处……"根据该罪状的描述,将其概括为"假冒注册商标罪",是比较科学的。

我国《刑法》分则在使用叙明罪状时,有时在同一条文中同时规定几种不同的行为方式或几种犯罪对象。这里面有两种情况:一是几种行为方式相互联系或者行为对象具有相似性。例如,《刑法》第 141 条规定:"生产、销售假药的,处……"《刑法》第 328 条规定:"盗掘具有历史、艺术、科学价值的古文化遗址、古墓葬的,处……"这种情况属于选择式罪名。在适用时,根据犯罪人具体实施的行为方式,或者行为的具体对象,选择恰当的罪名。如上述《刑法》第 141 条可确定为"生产假药罪"或"生产、销售假药罪";第 328 条可确定为"盗掘古文化遗址罪"或"盗掘古文化遗址、古墓葬罪"等。但是,应当明确,这是选择合适的罪名的问题,不应实行数罪并罚。二是几种行为方式不相联系或者行为对象不具有相似性。这种情况不属于选择性罪名。在确定罪名时,应当将并列式罪名与选择式罪名认真加以区分。

第三,在空白罪状时,通常都点出罪名。如《刑法》第 128 条规定:"违反枪支管理规定,非法持有、私藏枪支、弹药的,处……"在此已点出"非法持有、私藏枪支、弹药"的罪名,不必另定罪名。其他如《刑法》第 330 条,应定为"妨害传染病防治罪"等等。

第四,在引证罪状时,所引证的其他条款的罪名,即是本条款的罪名。例如,《刑法》第 248 条规定,殴打或者体罚虐待被监管人,"致人伤残、死亡的,依照本法第二百三十四条、第二百三十二条的规定定罪从重处罚"。在这种情况下,应酌情按《刑法》第 234 条规定的故意伤害罪,或者第 232 条规定的故意杀人罪确定罪名。

此外,在确定罪名时,还应考虑《刑法》分则条文间的内在联系,使罪名相互协调形成一个罪名体系。例如,走私型犯罪、诈骗型犯罪、挪用型犯罪等,都包含多个罪名,应当使它们协调一致,确定一个科学、合理的罪名体系。

科学地确定罪名,不仅对正确适用刑法分则条文有重要意义,而且对准确进行司法统计和犯罪统计,制定刑事政策,亦有重要作用。

第三节 法 定 刑

所谓法定刑,是指刑法分则条文对具体犯罪所确定的量刑标准。量刑标准,包括适用刑罚的种类(即刑种)和量刑幅度(即刑度)。

法定刑是法院对犯罪人判刑的法律依据。法定刑的确定,应当体现罪刑相当的基本原则,在不同种犯罪之间,应注意保持法定刑协调、均衡;在同一种犯罪中,因犯罪情节不同、社会危害性大小不同,也可规定不同的法定刑。只有这样,才能做到罚当其罪,发挥刑罚的功能。

一、法定刑的种类

根据刑法理论和立法例,法定刑有以下几种:

(1) 绝对确定法定刑,即在刑法条文中,对某种罪只规定单一的刑种和固定的刑度。例如,1791年《法兰西刑法典》第7条规定:"凡在公务员执行其职责时对之实行侵袭的,处2年苦役。"[①]我国1951年颁布的《中华人民共和国惩治反革命条例》第5条规定:"持械聚众叛乱的主谋者、指挥者及其他罪恶重大者处死刑。"绝对确定法定刑这种立法方式,由于未赋予审判人员根据案件具体情节裁量刑罚的余地,过于机械、死板,不利于刑罚个别化、同犯罪作斗争,因此现在各国已很少采用。

(2) 绝对不确定法定刑,即在刑法条文中对某种罪只笼统地规定"依法制裁""追究刑事责任",而未具体规定刑种和刑度。这种法定刑方式,因为赋予了审判人员过于宽泛的裁量刑罚权力,不利于适用法律的统一,所以现在各国也已基本不用。

(3) 相对确定法定刑,即在刑法条文中对某种罪规定一定的刑种和刑度,有法定的最高刑和最低刑。例如,我国《刑法》第232条规定:"故意杀人的,处死刑、无期徒刑或者十年以上有期徒刑;情节较轻的,处三年以上十年以下有期徒刑。"该条对故意杀人罪的法定刑既规定了刑种(死刑、无期徒刑、有期徒刑),又规定了刑度(3年有期徒刑至死刑)。这种相对确定法定刑的形式,既规定了统一的量刑标准,有明确的限度,又给予审判人员一定的刑罚裁量权,具有灵活性。它克服了绝对确定法定刑和绝对不确定法定刑的缺陷,有利于实现刑罚统一和刑罚个别化。因此,这种法定刑形式已为世界各国普遍采用。我国现行刑法均采用了相对确定法定刑。

我国《刑法》分则条文对相对确定法定刑,有以下几种规定方式:

---

① 参见何秉松主编:《刑法教科书》,中国法制出版社1994年版,第528页。

(1) 明确规定法定刑的最高限度,其最低限度决定于刑法总则的有关规定。例如,《刑法》第 258 条规定:"有配偶而重婚的,或者明知他人有配偶而与之结婚的,处 2 年以下有期徒刑或者拘役。"该条明确规定了重婚罪的法定最高刑是有期徒刑 2 年,而法定最低刑根据《刑法》总则第 42 条关于拘役期限的规定,为 1 个月。因此,该条的法定刑幅度为拘役 1 个月以上(拘役最高不得超过 6 个月)至有期徒刑 2 年。

(2) 明确规定法定刑最低限度,其最高限度决定于刑法总则的有关规定。例如,《刑法》第 237 条第 2 款规定,"聚众或者在公共场所当众"以暴力、胁迫或者其他方法强制猥亵他人或者侮辱妇女的,"处五年以上有期徒刑"。该条明确规定了法定最低刑是有期徒刑 5 年,而法定最高刑根据《刑法》总则第 45 条的规定,为 15 年。

(3) 明确规定一种刑罚的最低和最高限度。例如,《刑法》第 435 条第 2 款规定,在战时逃离部队的,"处三年以上七年以下有期徒刑"。

(4) 明确规定两种以上主刑或者同时规定附加刑,各主刑除死刑、无期徒刑外有一定的幅度。例如,《刑法》第 303 条第 1 款规定,"以营利为目的,聚众赌博或者以赌博为业的,处三年以下有期徒刑、拘役或管制,并处罚金"。该条的法定刑有 3 种主刑(有期徒刑、拘役、管制),并且每一种都有一定幅度,同时还规定一种附加刑(罚金)。审判人员在适用该条时,可根据案件的具体情节,在几种主刑中选择一种,并确定具体刑期,然后应当并处一定数额的罚金。

(5) 规定援引法定刑,即明确规定该条或款的犯罪,按照其他条或款的法定刑处罚。援引法定刑有两种情况:一是在同一条文中,援引前款的法定刑。例如,《刑法》第 300 条第 2 款规定:"组织、利用会道门、邪教组织或者利用迷信蒙骗他人,致人重伤、死亡的,依照前款的规定处罚。"二是援引其他条文的法定刑。例如,《刑法》386 条规定:"对犯受贿罪的,根据受贿所得数额及情节,依照本法第 383 条的规定处罚。"也就是说,受贿罪的法定刑是援引《刑法》第 383 条贪污罪的法定刑的规定。因为我国刑法都采用相对确定法定刑,所以援引法定刑也是相对确定法定刑的一种表现方式。

二、法定刑与宣告刑

法定刑不同于宣告刑。宣告刑是法院根据被告人的犯罪事实,依照法定刑和其他量刑情节,对被告人判决宣告的刑罚;法定刑是国家立法机关在刑法中对各种具体犯罪所规定的具体量刑标准。宣告刑是国家审判机关对刑事被告人依法判处的刑罚。法定刑是审判机关对被告人量刑的基本法律依据。除非对被告人依法适用减轻或免除处罚的量刑情节外,审判人员应当在法定刑范围内对被告人判处刑罚,不得随意突破法定刑判处。

第十八章　危害国家安全罪

第一节　危害国家安全罪的概念与特征

"危害国家安全罪"是我国《刑法》分则第一章的类罪名,它是对原刑法所规定的"反革命罪"的类罪名的修改。之所以进行这一重要修改,"是考虑到我们国家已经从革命时期进入集中力量进行社会主义现代化建设的历史新时期,宪法确定了中国共产党对国家事务的领导作用,从国家体制和保卫国家整体利益考虑,从法律角度来看,对危害中华人民共和国的犯罪行为,规定适用危害国家安全罪比适用反革命罪更为合适。这也就是为了完善我国的刑事法律制度"①。

危害国家安全罪,是指故意危害中华人民共和国国家安全的行为。

危害国家安全罪的主要特征是:

(1)侵犯的客体是中华人民共和国的国家安全。

国家安全关系到国家的存亡兴衰,是任何一个国家的刑法都竭力加以保卫的重要客体。我国《刑法》将危害国家安全的犯罪,作为刑事犯罪中最严重的一类,在《刑法》分则第一章中加以规定。

所谓国家安全,主要是指国家主权的独立,国家的统一,国家的领土完整和安全,国家的国体和政体的稳固,以及国家其他基本利益的安全,即国家赖以生存、发展的基本政治基础和物质基础的安全。

危害国家安全罪侵犯的是中华人民共和国的国家安全,其主要内容包括:国家的主权,领土完整和安全,国家的统一和团结,人民民主专政政权和社会主义制度,以及其他关系国家稳定的基本利益。其中,人民民主专政政权和社会主义制度作为中华人民共和国赖以存在和发展的基石,对于我国的安全尤其具有重要的意义。因为它直接关系着国家主权的独立、国家领土的完整和安全以及国家的统一和团结。

(2)在客观方面,有危害中华人民共和国国家安全的行为。

危害中华人民共和国国家安全的行为,表现为危害国家主权、危害国家领土完整和安全、分裂国家、颠覆国家政权,或者侵害国家其他根本利益的作为或不作为。其具体表现形式,是规定在《刑法》第102条至第112条的各种行为,包

---

① 见王汉斌1997年3月6日在八届全国人大五次会议上所作的《关于〈中华人民共和国刑法(修订草案)〉的说明》。

括:背叛国家;分裂国家;煽动分裂国家;武装叛乱或暴乱;颠覆国家政权;煽动颠覆国家政权;资助危害国家安全犯罪活动;投敌叛变;叛逃;间谍;为境外窃取、刺探、收买、非法提供国家秘密或者情报;资敌;等等。行为人只要实施了上述行为之一,即可以构成危害国家安全的某种犯罪。

有无危害国家安全的行为,是区分罪与非罪以及危害国家安全罪与其他犯罪的重要根据。对于只有犯罪意图,而没有实施危害国家安全的行为,或者其行为"情节显著轻微危害不大的",不能认定为犯罪,更不能以危害国家安全罪论处。此外,凡是原来反革命罪中已划归其他类犯罪的行为,如组织越狱、聚众劫狱等,也不能作为危害国家安全罪论处。

(3) 危害国家安全罪的主体,多数为一般主体,即凡是具备犯罪主体条件的中国公民、外国公民或无国籍人,都可以作为犯罪主体。但是,有的危害国家安全的犯罪,只能由特殊主体构成。例如,《刑法》第109条规定的叛逃罪,只能由国家机关工作人员构成。

(4) 在主观方面,只能由故意构成。

行为人在实施危害国家安全行为时,所直接追求的犯罪目的可能有所不同,但是其根本目的都是危害国家的安全。因此,凡是行为人故意实施《刑法》分则第一章规定的危害国家安全的行为的,不论其犯罪动机如何,都不影响危害国家安全犯罪的成立。

根据《刑法》分则第一章的规定,危害国家安全罪有12种具体犯罪。下面重点研究7种犯罪。

第二节 分裂国家罪和煽动分裂国家罪

《刑法》第103条规定了两个罪名,即第1款为分裂国家罪;第2款为煽动分裂国家罪。

一、分裂国家罪

(一) 分裂国家罪的概念和特征

分裂国家罪,指组织、策划、实施分裂国家、破坏国家统一,危害中华人民共和国国家安全的行为。

本罪的主要特征是:

(1) 在客观方面,表现为组织、策划、实施分裂国家、破坏国家统一的行为。

中华人民共和国是统一的多民族国家。凡是破坏民族团结、分裂多民族国家,图谋将我国的某一地区从中华人民共和国内分离出去,实行地方"独立"的,都是分裂国家、破坏国家统一的行为。无论是组织,还是策划,或者实施分裂国家、破坏国家统一的行为的,都可构成本罪。

所谓组织分裂国家、破坏国家统一,主要表现为如下活动:成立非法政党或其他组织,旨在分裂国家、破坏国家统一;纠集多人,旨在进行分裂国家、破坏国家统一的非法游行、集会;等等。所谓策划分裂国家、破坏国家统一,主要表现为,密谋分裂国家的活动纲领、行动计划等行为。所谓实施分裂国家、破坏国家统一,主要表现为:已经着手进行分裂国家、破坏国家统一的行为,如宣布某一地方"独立",脱离中央政府领导;冲击国家机关;妄图建立伪政府;等等。行为人只要具有上述组织、策划、实施分裂国家、破坏国家统一的行为之一的,就具备了分裂国家罪的客观要件。

(2) 本罪的主体,是一般主体。通常是共同犯罪,其首犯、主犯是那些在某一地区具有一定影响的地方分离分子和民族分裂分子。

(3) 在主观方面,只能由故意构成,并且具有分裂国家、破坏国家统一的犯罪目的。

(二) 对分裂国家罪的处罚

根据《刑法》第 103 条第 1 款、第 106 条、第 113 条和第 56 条的规定,犯本罪的,对首要分子或者罪行重大的,处无期徒刑或者 10 年以上有期徒刑;对积极参加的,处 3 年以上 10 年以下有期徒刑;对其他参加的,处 3 年以下有期徒刑、拘役、管制或者剥夺政治权利;与境外机构、组织、个人相勾结实施本罪的,从重处罚;对国家和人民危害特别严重,情节特别恶劣的,可以判处死刑。犯本罪的,除单处剥夺政治权利外,应当附加剥夺政治权利;可以并处没收财产。

二、煽动分裂国家罪

(一) 煽动分裂国家罪的概念和特征

煽动分裂国家罪,指煽动分裂国家、破坏国家统一,危害中华人民共和国国家安全的行为。

本罪的主要特征在犯罪主体、犯罪主观方面上,与分裂国家罪基本相同。这两个罪的主要区别在于构成犯罪的客观要件不同。

构成煽动分裂国家罪,在客观上必须有煽动他人实行分裂国家、破坏国家统一的行为。其煽动的方式多种多样,如书写、张贴、散发标语、传单,撰写、印发文章、刊物,投寄匿名信,利用计算机网络、传真机等高科技传输信息手段,当众发表演讲、呼喊口号等。无论是采用书面的还是口头的煽动方式,其煽动的内容均是分裂国家、破坏国家统一,即煽动将我国的某一地区从中华人民共和国分离出去。根据最高人民法院 1998 年 12 月 11 日《关于审理非法出版物刑事案件具体应用法律若干问题的解释》第 1 条的规定,明知出版物中载有煽动分裂国家、破坏国家统一的内容,而予以出版、印刷、复制、发行、传播的,以煽动分裂国家罪论处。只要行为人实施了煽动分裂国家的行为,而不论是否产生了实际危害后果,即可构成本罪。

(二) 对煽动分裂国家罪的处罚

根据《刑法》第 103 条第 2 款、第 106 条、第 56 条和第 113 条第 2 款的规定,犯煽动分裂国家罪的,处 5 年以下有期徒刑、拘役、管制或者剥夺政治权利;首要分子或者罪行重大的,处 5 年以上有期徒刑;与境外机构、组织、个人相勾结实施本罪的,从重处罚;除单处剥夺政治权利的外,应当附加剥夺政治权利;可以并处没收财产。

第三节 颠覆国家政权罪和煽动颠覆国家政权罪

《刑法》第 105 条规定了两个罪名,即第 1 款为颠覆国家政权罪、第 2 款为煽动颠覆国家政权罪。

一、颠覆国家政权罪

(一) 颠覆国家政权罪的概念和特征

颠覆国家政权罪,指组织、策划、实施颠覆国家政权、推翻社会主义制度,危害中华人民共和国国家安全的行为。

本罪的主要特征是:

(1) 在客观方面,表现为组织、策划、实施颠覆国家政权、推翻社会主义制度的行为。

我国的国家政权是人民民主专政;社会主义是我国的根本制度。凡是妄图颠覆人民民主专政政权和推翻社会主义制度的行为,都是严重危害我国安全的犯罪行为。颠覆国家政权的行为,既可能表现为暴力形式,即用暴力,推翻中央或地方的政权机关,也可能表现为非暴力形式,即通过各种阴谋手段,篡夺国家政权,改变国家政权性质,推翻社会主义制度。无论采取何种方式,凡是有组织、策划、实施颠覆国家政权、推翻社会主义制度的行为的,即可构成本罪。

所谓组织颠覆国家政权,主要是指成立非法政党、非法组织旨在颠覆国家政权、推翻社会主义制度;纠集多人,旨在进行颠覆国家政权、推翻社会主义制度的游行、集会,或者冲击国家机关等行为。所谓策划颠覆国家政权,主要是指秘密谋划颠覆国家政权的纲领、行动计划等活动。所谓实施颠覆国家政权,主要是指已经着手进行颠覆国家政权、推翻社会主义制度的行为,如已经发动政变、建立伪政权;已经进行颠覆国家政权、推翻社会主义制度的非法集会、游行、冲击国家机关等。行为人只要具有上述组织或策划、实施颠覆国家政权、推翻社会主义制度的行为之一,就具备了构成颠覆国家政权罪的客观要件。

(2) 本罪的主体,是一般主体,并且通常是由共同犯罪构成。

(3) 在主观方面,只能由故意构成,并且行为人具有颠覆国家政权、推翻社会主义制度的犯罪目的。

(二) 对颠覆国家政权罪的处罚

根据《刑法》第105条第1款、第106条、第113条第2款和第56条的规定,犯本罪的,对首要分子或者罪行重大的,处无期徒刑或者10年以上有期徒刑;对积极参加的,处3年以上10年以下有期徒刑;对其他参加的,处3年以下有期徒刑、拘役、管制或者剥夺政治权利;与境外机构、组织、个人相勾结犯本罪的,从重处罚。犯本罪的,除单处剥夺政治权利以外,应当附加剥夺政治权利;可以并处没收财产。

二、煽动颠覆国家政权罪

(一) 煽动颠覆国家政权罪的概念和特征

煽动颠覆国家政权罪,指煽动颠覆国家政权、推翻社会主义制度,危害中华人民共和国国家安全的行为。

本罪的主要特征在犯罪主体、犯罪主观方面上,同颠覆国家政权罪基本相同。这两个罪的主要区别,在于构成犯罪的客观要件不同。

构成煽动颠覆国家政权罪,在客观上必须有煽动颠覆国家政权、推翻社会主义制度的行为。其煽动的方式多种多样,主要有造谣、诽谤或者其他口头、书面方式。所谓造谣,是指制造政治谣言,混淆公众视听,并传播于社会的行为。所谓诽谤,是指捏造、虚构事实,丑化、诋毁人民民主专政政权和社会主义制度,并散布于社会的行为。煽动颠覆国家政权的行为,除了上述两种主要方式外,还有书写、散发反动标语、传单,出版反动书籍,当众发表反动演讲等多种方式。但无论以何种方式出现,其内容都是煽动他人颠覆国家政权,推翻社会主义制度。否则,不能以本罪论处。

(二) 对煽动颠覆国家政权罪的处罚

根据《刑法》第105条第2款、第106条和第56条、第113条第2款的规定,犯本罪的,处5年以下有期徒刑、拘役、管制或者剥夺政治权利;首要分子或者罪行重大的,处5年以上有期徒刑;与境外机构、组织、个人相勾结犯本罪的,从重处罚。犯本罪的,除单处剥夺政治权利以外,应当附加剥夺政治权利;可以并处没收财产。

第四节 投敌叛变罪和叛逃罪

一、投敌叛变罪

(一) 投敌叛变罪的概念和特征

根据《刑法》第108条的规定,投敌叛变罪是指中国公民投奔敌对营垒,或者在被敌人捕、俘后投降敌人,实施危害中华人民共和国国家安全活动的行为。

本罪的主要特征是:

(1) 在客观方面,有投敌叛变行为。所谓投敌叛变,是指自动投奔国内或者国外敌对营垒,为敌人效力;或者在被敌人逮捕、俘虏后,投降敌人,进行危害中华人民共和国国家安全的活动。

(2) 本罪的主体,只能是中国公民,包括国家工作人员、武装部队人员、人民警察、民兵及其他公民。但是,如果军人在战场上贪生怕死,自动投降敌人的,则应按《刑法》第423条规定的投降罪论处。

(3) 在主观方面,只能由故意构成,并且行为人有投奔敌人或投降敌人,为敌人效力的目的。

(二) 对投敌叛变罪的处罚

根据《刑法》第108条、第113条和第56条的规定,犯投敌叛变罪的,处3年以上10年以下有期徒刑;情节严重或者带领武装部队人员、人民警察、民兵投敌叛变的,处10年以上有期徒刑或者无期徒刑;对国家和人民危害特别严重、情节特别恶劣的,可以判处死刑。犯本罪的,应当附加剥夺政治权利;可以并处没收财产。

二、叛逃罪

(一) 叛逃罪的概念和特征

根据《刑法修正案(八)》第21条和《刑法》第109条的规定,叛逃罪,是指国家机关工作人员在履行公务期间,擅离岗位,叛逃境外或者在境外叛逃的行为。

本罪的主要特征是:

(1) 在客观方面,表现为在履行公务期间,擅离岗位,叛变逃跑到境外或者在境外叛变逃跑。所谓"在履行公务期间",是指国家机关工作人员在进行其职责活动的期间,如因公到国外或境外访问、考察或者进行其他工作期间等。叛逃有两种情况:一是由境内叛逃到境外,指行为人在境内履行公务期间,擅离岗位,叛变逃跑到境外的国家或地区;二是在境外履行公务期间,擅离岗位,叛变逃跑。无论哪一种情况,其性质都一样,都危害了中华人民共和国的国家安全。

(2) 本罪的主体是特殊主体,为国家机关工作人员,即在国家权力机关、行政机关、司法机关以及军事机关中从事公务的人员。

(3) 在主观方面,只能由故意构成,并且行为人有叛变国家、逃跑到国外或者境外的目的。

(二) 对叛逃罪的处罚

根据《刑法》第109条、第56条和第113条第2款的规定,犯本罪的,处5年以下有期徒刑、拘役、管制或者剥夺政治权利;情节严重的,处5年以上10年以下有期徒刑;掌握国家秘密的国家工作人员叛逃境外或者在境外叛逃的,从重处罚。犯本罪的,除单处剥夺政治权利以外,应当附加剥夺政治权利;可以并处没收财产。

三、投敌叛变罪与叛逃罪的主要区别

这两种犯罪都是叛变国家,危害中华人民共和国国家安全的行为,但二者有所不同:

(1) 投敌叛变行为是投奔或投降敌对营垒(包括敌国、敌对的武装势力、组织或机构),为敌人效力,而叛逃行为是投靠境外的除间谍组织、敌对营垒以外的组织、国家或地区。

(2) 主体不同,前者是一般主体,后者只能由国家机关工作人员构成。

(3) 犯罪目的有所不同,即前者有投靠敌人,为敌人效劳的目的,后者则无此种目的。

第五节 间 谍 罪

(一) 间谍罪的概念和特征

根据《刑法》第110条的规定,间谍罪,是指参加间谍组织或者接受间谍组织及其代理人的任务,或者为敌人指示轰击目标,危害中华人民共和国国家安全的行为。

本罪的主要特征是

(1) 在客观方面,必须有间谍行为,具体是指:一是参加国外或境外的间谍组织,或者虽未参加间谍组织,但是接受间谍组织及其代理人的任务,进行危害我国国家安全的活动。这里所说的间谍组织,指从事窃取、刺探我国国家秘密或情报,或者进行其他危害我国安全活动的国外或境外的组织。二是为敌人指示轰击目标。凡是为敌人轰击指明、显示我方目标的方位、特征等有关情况,无论其指示是否有误,也无论是否对我国造成具体危害结果,均属于间谍行为。

(2) 本罪的主体,是一般主体。

(3) 在主观方面,只能由故意构成,并且行为人具有危害中华人民共和国国家安全的目的。

(二) 对间谍罪的处罚

根据《刑法》第110条、第113条和第56条的规定,犯本罪的,处10年以上有期徒刑或者无期徒刑;情节较轻的,处3年以上10年以下有期徒刑;对国家和人民危害特别严重、情节特别恶劣的,可以判处死刑;应当附加剥夺政治权利;可以并处没收财产。

第六节　本章其他犯罪

根据《刑法》第102条、第104条、第107条、第111条和第112条的规定,本章还有以下5种犯罪:

一、背叛国家罪

背叛国家罪,指勾结外国,危害中华人民共和国的主权、领土完整和安全的行为。

本罪的主要特征:

(1) 在客观方面有勾结外国,危害国家的主权、领土完整和安全的行为。

(2) 本罪的主体只能是中国公民,并且主要是窃取国家要职或者有一定社会地位或影响的人。

根据《刑法》第102条、第113条和第56条的规定,犯本罪的,处无期徒刑或者10年以上有期徒刑。对国家和人民危害特别严重、情节特别恶劣的,可以判处死刑;应当附加剥夺政治权利;可以并处没收财产。

二、武装叛乱、暴乱罪

武装叛乱、暴乱罪,指组织、策划、实施武装叛乱或者武装暴乱,危害中华人民共和国国家安全的行为。

本罪的主要特征是:

(1) 在客观方面有组织、策划、实施武装叛乱或武装暴乱的行为。只要具有组织或者策划、实施武装叛乱或暴乱的行为之一,即可构成本罪。

(2) 本罪的主体为一般主体,并且通常为聚众犯罪。

根据《刑法》第104条、第113条、第56条的规定,犯本罪的,对首要分子或者罪行重大的,处无期徒刑或者10年以上有期徒刑;对积极参加的,处3年以上10年以下有期徒刑;对其他参加的,处3年以下有期徒刑、拘役、管制或者剥夺政治权利。策动、胁迫、勾引、收买国家机关工作人员、武装部队人员、人民警察、民兵进行武装叛乱或者武装暴乱的,从重处罚。对国家和人民危害特别严重,情节特别恶劣的,可以判处死刑;应当附加剥夺政治权利;可以并处没收财产。

三、资助危害国家安全犯罪活动罪

资助危害国家安全犯罪活动罪,指境内外机构、组织或者个人,资助任何实施背叛国家、分裂国家、武装叛乱或暴乱、颠覆国家政权的犯罪活动,危害中华人民共和国国家安全的行为。

本罪的主要特征:

(1)在客观方面,有用金钱或物资等方式,资助境内外组织或个人实施的背叛国家或者分裂国家、武装叛乱或暴乱、颠覆国家政权犯罪的行为。根据《刑法修正案(八)》对《刑法》第107条的修改,被资助者不再限于境内组织或者个人,资助境外组织或者个人实施危害中华人民共和国国家安全的,同样可以构成犯罪。

(2)本罪的主体,包括我国境内或者境外的机构、组织或个人;如果是机构组织实施的资助危害国家安全犯罪的行为,只追究直接责任人员的刑事责任。

根据《刑法》第107条、第113条和第56条的规定,犯本罪的,对直接责任人员,处5年以下有期徒刑、拘役、管制或者剥夺政治权利;情节严重的,处5年以上有期徒刑;应当附加剥夺政治权利;可以并处没收财产。

四、为境外窃取、刺探、收买、非法提供国家秘密、情报罪

为境外窃取、刺探、收买、非法提供国家秘密、情报罪,是指为境外的机构、组织、人员窃取、刺探、收买、非法提供国家秘密或者情报,危害中华人民共和国国家安全的行为。

本罪的主要特征:

(1)在客观方面,有为境外的机构、组织、人员窃取或者刺探、收买、非法提供国家秘密或者情报的行为。这里所指的"境外的机构、组织、人员",不含间谍组织机构和间谍人员。所谓"国家秘密",指关系到国家安全和利益的,依照法定程序确定的,在一定时间内只限一定范围的人员知悉的事项。国家秘密分为绝密、秘密和机密三个密级。所谓"情报",是指关系国家安全和利益、尚未公开或者依照有关规定不应公开的事项。[①]

(2)在主观方面,行为人有为境外机构、组织、人员窃取或刺探、收买、非法提供国家秘密或情报,危害国家安全的故意。根据最高人民法院的司法解释,

---

① 参见最高人民法院2000年11月20日《关于审理为境外窃取、刺探、收买、非法提供国家秘密、情报案件具体应用法律若干问题的解释》。

"行为人知道或者应当知道没有标明密级的事项关系国家安全和利益",而为境外窃取、刺探、收买、非法提供的,以本罪论处。

(3) 本罪的主体是一般主体。

根据《刑法》第 111 条、第 113 条和第 56 条的规定,犯本罪的,处 5 年以上 10 年以下有期徒刑;情节特别严重的,处 10 年以上有期徒刑或者无期徒刑;情节较轻的,处 5 年以下有期徒刑、拘役、管制或者剥夺政治权利;对国家和人民危害特别严重、情节特别恶劣的,可以判处死刑。应当附加剥夺政治权利;可以并处没收财产。

五、资敌罪

资敌罪,指战时供给敌人武器装备、军用物资,危害中华人民共和国国家安全的行为。

本罪的主要特征:

(1) 在客观方面,有在战争时期,向敌人提供武器装备、军用物资的行为。非战争时期,不构成本罪。

(2) 本罪的主体是中国公民,并且通常是军用物资的制造人员、供给人员或者持有、使用人员。

根据《刑法》第 112 条、第 113 条和第 56 条的规定,犯本罪的,处 10 年以上有期徒刑或者无期徒刑;情节较轻的,处 3 年以上 10 年以下有期徒刑;对国家和人民危害特别严重、情节特别恶劣的,可以判处死刑。应当附加剥夺政治权利;可以并处没收财产。

第十九章 危害公共安全罪

第一节 危害公共安全罪的概念与特征

危害公共安全罪,是指故意或过失地危害不特定多人的生命、健康和公私财产安全的行为。危害公共安全罪具有以下几个特征:

(1) 侵犯的客体是社会的公共安全,即不特定多人的生命、健康或者大量公私财产的安全。所谓"不特定",是指犯罪行为不是针对某一个人、某几个人或者某项财产的,其严重后果是犯罪分子事先难以确定和控制的。例如,在公众饮用的水源里投放危险物质,或者纵火焚烧工厂的大批财产,就属于危害公共安全的行为。如果犯罪行为指向特定的即事先确定的人身和财产,而不直接危及多人的生命、健康和公私财产的安全,则只能分别以侵犯公民人身权利罪或者侵犯财产罪中的某些犯罪论处。例如,某甲与某乙为生活琐事发生争执,某甲持刀将某乙杀死,就应定为侵犯公民人身权利罪中的故意杀人罪。因为某甲的杀人行为具有特定的对象,其可能造成的危害后果被限制在一定的范围之内,不至于引起公共危险,就不应当定为危害公共安全罪。

当然,对于危害公共安全罪的"不特定"这一特点的理解也不能绝对化。在司法实践中,对于放火、决水、爆炸和投放危险物质是针对特定个人,但却发生危害多人的严重后果的案件,如果行为人预见到这种行为会危害公共安全,就应以危害公共安全罪论处,而不应定为故意杀人罪。因为在这类案件中,尽管行为人的目的是想杀死特定的个人,但结果却侵犯了不特定多人的人身权利。这时行为人故意的内容,对特定的个人是直接故意,对其他不特定的多人就是间接故意,即采取了完全放任的态度。在这种情况下,对行为人以危害公共安全罪论处,应当说符合我国刑法主客观相一致的原则。

同时,还应当强调指出,本章所说的"公共安全",既包括人身安全,也包括财产安全。实施危害公共安全的犯罪行为,必然会危及人的生命、健康和公私财产两方面的安全。但是,就危害公共安全罪中某种犯罪所侵犯的具体客体而言,则具有不同的特点。有些表现为以侵犯公私财产的安全为主,有些表现为以侵犯生命健康的安全为主,有些则可能同时侵犯生命、健康和公私财产两方面的安全。例如,故意引爆炸药,炸毁工厂、矿山,或者破坏通车标志,企图颠覆列车,不仅会威胁到不特定多人的人身安全,还会使大批公私财产蒙受巨大损失。这种行为的难以确定性和难以控制性,决定了危害公共安全罪是普通刑事犯罪中危害最大的一类犯罪,是我国刑法重点打击的对象。

(2) 在客观方面,行为人必须具有危害公共安全的行为。危害公共安全行为的表现形式是多种多样的,概括起来,就是我国《刑法》第 114 条至第 139 条所规定的涉及危害公共安全的各种犯罪行为。这些行为包括两种情况:一是已经造成严重后果的行为,例如,放火烧毁了工厂、炸毁火车致多人重伤、死亡等等;二是虽未造成严重后果,但足以威胁到多人的人身和大量公私财产安全的行为,例如,破坏民航客机的零部件,企图使飞机坠毁,虽然被及时发现和制止,没有造成机毁人亡的严重后果,仍然构成危害公共安全罪中的破坏交通工具罪。

我国《刑法》之所以规定足以危害公共安全的行为就构成犯罪,是因为这类犯罪具有极大的社会危害性。有的犯罪方法特别危险,如放火、决水、爆炸、投放危险物质,使用这些方法可能造成难以控制的危害后果;有的犯罪行为侵害的对象直接关系公共安全,如火车、汽车、船只和航空器等交通工具。这些特定对象一旦遭受破坏,都可能给人民的生命安全和财产造成巨大损失。鉴于上述情况,法律并不要求危害公共安全的行为,都必须已经造成实际危害后果,才构成犯罪。在法律有特别规定的情况下,行为虽然没有造成实际危险后果,但足以危害公共安全的,也构成犯罪。必须指出,过失危害公共安全的行为,如失火、交通肇事、重大责任事故等,法律明文规定必须是已经造成严重后果的,才构成犯罪。

(3) 危害公共安全罪的主体既可以是一般主体,也可以是特殊主体。例如,一般公民和国家工作人员都可以成为放火罪的主体。但是有些罪的犯罪主体,则只能是具有某种特定身份的人员才能构成。例如,重大飞行事故罪的犯罪主体,只能是从事航空运输的人员;重大责任事故罪的犯罪主体,只能由工厂、矿山、林场、建筑企业或者其他企业、事业单位中直接从事生产或领导、指挥生产的人员构成。由于这类犯罪的危险性很大,《刑法》第 17 条对其中某些犯罪的刑事责任年龄有特别规定,如已年满 14 周岁不满 16 周岁的人,犯放火、爆炸、投放危险物质罪的,就应当追究刑事责任。

(4) 危害公共安全罪在主观方面,包括故意或者过失。具体可分为三种情况:一是只能由故意构成的犯罪,如放火罪,盗窃、抢夺枪支、弹药、爆炸物罪等;二是只能由过失构成的犯罪,如失火罪、交通肇事罪、重大责任事故罪等;三是既可以由故意,也可以由过失构成的犯罪,如爆炸罪、决水罪、投放危险物质罪等。

《刑法》分则第二章从第 114 条至第 139 条,共有 26 个条文,42 种罪名。本章重点讲授以下几种罪。

第二节 放火罪和失火罪

一、放火罪

(一) 放火罪的概念和特征

放火罪,是指故意放火烧毁公私财物,危害公共安全的行为。放火罪的主要特征是:

(1) 侵犯的客体是公共安全,即不特定多人的生命、健康和公私财产的安全。侵犯的对象,则是公共财产或者他人的私有财产。行为人放火烧毁自己的财物,不足以引起公共危险的,一般不构成放火罪。如果因而危害公共安全的,则构成放火罪。

(2) 在客观方面,行为人必须实施了危害公共安全的放火行为。这种放火行为既可能以作为方式实行,如用各种引火物直接点燃公私财物,制造火灾;也可能以不作为方式实行,如电气维修工故意不维修已经受损的电气设备,导致火灾发生,等等。当然,这种以不作为方式引发的火灾,行为人必须负有防止火灾发生的特定义务,才能构成犯罪。

众所周知,放火是一种严重危害公共安全的犯罪行为,常常会给人民群众的生命、健康和公私财产的安全,带来难以估量的损失。因此,行为人只要在客观上实施了放火行为,即使没有造成严重后果,也构成放火罪。当然,人民法院在量刑时,作为一个情节,可以与已经造成严重后果的有所区别。另外,根据案件的实际情况,如果放火行为不具有公共危险,不足以危害公共安全的,也不应以放火罪论处。

(3) 在主观方面只能是故意,即行为人明知自己的放火行为会危害公共安全,而希望或者放任这种结果的发生。至于犯罪的动机则可能是多种多样的:有的是为了泄愤报复;有的是为了嫁祸于人;有的是为了湮灭罪证;等等。犯罪动机不影响放火罪的成立,只是量刑时应予考虑的一个情节。

(4) 犯罪的主体是一般主体。由于放火罪的社会危害性很大,我国《刑法》第17条第2款专门规定,已满14岁不满16岁的人犯放火罪,也应当负刑事责任。

(二) 认定放火罪应当划清的界限

(1) 要注意划清放火罪与故意杀人罪、故意伤害罪的界限。放火罪在造成重大公私财产损失的同时,也往往致人重伤或死亡,如果仅从人员伤亡的危害后果看,也许与故意杀人罪、故意伤害罪没有什么不同。但是,放火罪与故意杀人罪、故意伤害罪有着重要的区别:前者侵害的客体是公共安全,后者侵害的客体是他人的生命和健康权利。因此,如果行为人以放火为手段杀伤特定的个人,不危及多人和公共安全,就应定为故意杀人罪、故意伤害罪,而不应以放火罪论处。

(2) 要注意划清放火罪与故意毁坏财物罪的界限。放火罪和以放火的方法毁坏公私财物,都会造成公私财产的损失,但其性质根本不同。放火罪侵犯的对象是不特定的,造成的损害是难以预料和无法控制的;故意毁坏财物罪侵犯的对象是特定的公私财物,造成的损害可以控制在一定的范围。因此,如果行为人以放火为手段毁坏公私财物,不危及公共安全的,就应定为故意毁坏财物罪,而不能以放火罪论处。

(3) 要注意划清放火罪与破坏交通工具等罪的界限。行为人以放火为手段,破坏交通工具、交通设施、电力设备、易燃易爆设备和广播电视设施、公用电信设施,也符合以危险方法危害公共安全的特征。但是,我国刑法对这几种犯罪行为已经作了专门规定,就不需要以放火罪论处,而应分别定为破坏交通工具罪、破坏交通设施罪、破坏电力设备罪、破坏易燃易爆设备罪和破坏广播电视设施、公用电信设施罪。

(三) 放火罪的刑事责任

我国刑法根据放火罪的具体事实和情节,规定了两种不同幅度的法定刑:依照《刑法》第114条的规定,放火尚未造成严重后果的,处3年以上10年以下有期徒刑;依照《刑法》第115条的规定,放火造成他人重伤、死亡或者使公私财产遭受重大损失的,处10年以上有期徒刑、无期徒刑或者死刑。

凡行为人在犯其他罪之后,为湮灭罪证而放火的,都应定两个罪,实行数罪并罚。

二、失火罪

(一) 失火罪的概念和特征

失火罪,是指由于行为人的过失而引起火灾,造成严重后果,危害公共安全的行为。失火罪的主要特征:

(1) 在客观方面,行为人必须具有危害公共安全,造成严重后果的失火行为。这就是说,行为人首先必须在客观上具有失火的行为,如果火灾不是因行为人的过失引起的,而是由自然原因引起的,不构成失火罪;其次,这种失火行为必须是造成严重后果的,即致人重伤、死亡或者使公私财产遭受重大损失的,才构成失火罪。两个条件必须同时具备、缺一不可。

(2) 在主观方面,失火罪只能由过失构成,即行为人应当预见自己的行为可能引起火灾,由于疏忽大意而没有预见,或者虽已预见,但轻信能够避免。这主要是指行为人对危害后果所持的心理态度。至于行为人对引起火灾的行为本身,则可能是明知故犯,如在严禁烟火的各类易燃、易爆仓库里抽烟等。

(二) 认定失火罪应当划清的界限

(1) 要注意划清罪与非罪的界限。失火案件中引起火灾的原因比较复杂，既有人为的原因，也有自然界的原因，例如地震、雷电等引起的火灾。不是人为原因造成的，当然不构成犯罪；是人为原因引起的火灾，也要具体案件具体分析，不能一概而论。如果行为人的过失与火灾的发生之间有刑法上的因果联系，也要仔细查明损失的严重程度。对于因及时扑救而未产生危害后果的，或者造成的损失轻微的，都不构成失火罪，确实需要处理的，可由公安机关按照《治安管理处罚条例》的规定处罚，或者由所在单位给予批评教育和行政处分。

(2) 要注意划清失火罪与重大责任事故罪、玩忽职守罪的界限。这三种犯罪虽然都是过失犯罪，但侵害的直接客体不同，客观方面的行为特征不同，因而是三种性质不同的犯罪。凡是由于在日常工作、生活中不慎而引起火灾的，是失火罪；凡是由于在生产、作业中违反有关安全管理的规定而发生火灾的，是重大责任事故罪；凡是因对工作不负责任或者擅离职守而发生火灾的，是玩忽职守罪。

(三) 失火罪的刑事责任

失火虽然是由于过失行为引起的，但具有很大的破坏性，直接影响到人民生命财产的安全和社会主义现代化建设事业的顺利进行。因此，对于在日常生活中因过失引起火灾，造成严重后果的，应以失火罪论处，而不能姑息迁就。依照《刑法》第115条第2款的规定，犯失火罪的，处3年以上7年以下有期徒刑；情节较轻的，处3年以下有期徒刑或拘役。

第三节 爆 炸 罪

一、爆炸罪的概念和特征

爆炸罪，是指行为人以爆炸的方法，杀伤不特定多人，破坏公私财产，危害公共安全的行为。爆炸罪的主要特征是：

(1) 爆炸罪侵犯的客体是不特定多人的生命、健康或者大量公私财产的安全，是一种复杂客体。爆炸罪侵犯的对象既可以是人，也可以是物，或者两者兼而有之。但是与爆炸罪有联系的杀人罪、伤害罪和故意毁坏财物罪侵害的都是单一客体，即人的生命、健康权利或者公私财物的所有权。侵犯的对象也只能是特定的人或者特定的公私财物。爆炸罪是一种更具危险性和破坏性的严重刑事犯罪，是我国刑法的重点打击对象。

(2) 爆炸罪在客观方面，行为人必须具有以爆炸方法杀伤不特定多人，破坏公私财产，危害公共安全的行为。行为人使用的爆炸物品，主要是炸弹、炸药、手榴弹、雷管、地雷和各种自制的爆炸装置。实施爆炸的方法,主要是在室内外安装爆炸物、直接投掷爆炸物,或者利用技术手段使锅炉、设备发生爆炸等。实施爆炸的地点,主要是在人群稠密或者财产集中的公共场所、交通干线。例如,在船只、飞机、公交车和火车上引发爆炸物,在商场、车站、影剧院和其他群众聚集的地方制造爆炸事件。

(3) 爆炸罪在主观方面只能是故意。至于犯罪的动机则比较复杂,多数案件的当事人是为了报复泄愤,目的是要杀伤不特定多人或者破坏大量公私财物,主观恶性比较严重。所以,许多刑法教科书认为,一经实施爆炸行为,即使没有造成严重后果的,也构成爆炸既遂。我们认为,对此类案件还是应当具体分析,不能一概而论。例如同样是在公共场所实施爆炸行为,一种情况是炸药爆炸后没有造成实际的人员伤亡和财产损失,另一种情况是点燃爆炸物后,因导火线潮湿断火,没有引起炸药爆炸。这两种情况虽然都没有造成实际的严重后果,但在性质上还是有区别的。在前一种情况下,爆炸行为和爆炸后果是紧密联系在一起的,达到了行为人的预期爆炸的目的(只是尚未造成实际损害),符合我国刑法规定的构成爆炸罪的全部必要要件,是爆炸罪既遂;在后一种情况下,由于行为人意志以外的原因,没有也不可能达到其预期爆炸的目的,就是爆炸罪未遂。总之,划清故意爆炸罪中既遂和未遂的界限,承认爆炸罪中也存在未遂问题,对于正确地定罪量刑,做到罪刑相适应,具有重要的实际意义。

二、认定爆炸罪应当划清的界限

(1) 要注意划清爆炸罪与故意杀人罪、故意伤害罪的界限。如果爆炸行为危害了不特定多人的生命和健康,是爆炸罪;如果爆炸行为指向特定的个人,危害的只是特定个人的生命和健康,没有造成其他的人身伤亡,则分别是故意杀人罪和故意伤害罪。如果爆炸行为虽然指向特定的个人,但结果却杀伤了不特定的其他人,则应以爆炸罪论处。因为这时行为人的主观故意,对特定的人是直接故意,对不特定的其他人则是间接故意,即采取了完全放任的态度。因此,对行为人以危害公共安全罪中的爆炸罪论处,是适当的。

(2) 要注意划清爆炸罪与故意毁坏财物罪的界限。爆炸罪不仅会危害不特定多人的生命和健康,而且会破坏大量的公私财产;而故意毁坏财物罪,则只能损毁某项特定的公私财物。因此,对以爆炸手段故意毁坏某项特定的公私财物,客观上也没有同时侵犯他人的人身权利和其他公私财产的,应以故意毁坏财物罪论处。

三、爆炸罪的刑事责任

根据我国《刑法》第 114 条的规定,犯爆炸罪,尚未造成严重后果的,处 3 年以上 10 年以下有期徒刑;根据第 115 条第 1 款的规定,犯爆炸罪,致人重伤、死亡或者使公私财产遭受重大损失的,处 10 年以上有期徒刑、无期徒刑或者死刑。

第四节 投放危险物质罪

一、投放危险物质罪的概念和特征

投放危险物质罪,是指故意投放危险物质,危害公共安全的行为。本罪的主要特征是:

(1) 在客观方面,行为人必须具有投放危险物质,危害公共安全的行为。投放危险物质罪的对象,主要是不特定多人或者牲畜、家禽等其他财产;行为人使用的危险物质,包括毒害性、腐蚀性、放射性物质及传染病病原体等,比较常见的有砒霜、敌敌畏、氰化钾、1059剧毒农药等含有毒质的有机物或者无机物;投放危险物质的场所,主要是在公众饮用的自来水池、水井、公共食堂的水缸、饭锅和食品中投放危险物质,或者是在供牲畜饮用的水池和饲料中投放危险物质,以毒害牲畜和家禽等等。

(2) 在主观方面,行为人只能是故意。至于投放危险物质的动机则可能多种多样,有的是为了个人报复,有的是为了嫁祸于人,等等。如果是由于过失投放危险物质,致人重伤、死亡或者使公私财产遭受重大损失的,则构成过失投放危险物质罪。

二、认定投放危险物质罪应当注意的几个问题

(1) 要注意划清投放危险物质罪与故意杀人罪的界限。同样是一种投放危险物质行为,如果行为人将危险物质投放到公用水池或水井中,造成不特定多人的中毒,甚至死亡,就是危害公共安全的行为,应定为投放危险物质罪;如果行为人将危险物质投放到某个人的饭碗中,希望将其毒死,就是故意杀人罪;即使将危险物质投放到某人家的饭锅中,希望毒死其全家人,侵犯的对象仍然局限在几个特定的人之中,不会危害公共安全,也要定为故意杀人罪。在这里,投放危险物质行为侵犯的对象和范围,对于确定罪名和犯罪的性质,具有重要意义。

(2) 要注意划清投放危险物质罪与故意毁坏公私财物罪的界限。如果行为人以投放危险物质的方法毒害大批的牲畜、家禽,就构成投放危险物质罪;如果毒害的是某个单位或者个人的少量牲畜、家禽的,则构成故意毁坏财物罪。

(3) 要注意划清投放危险物质罪与危险物品肇事罪的界限。投放危险物质罪是故意犯罪,可能发生在任何场合,不受范围和地点的限制;危险物品肇事罪是过失犯罪,通常是指生产、储存、运输、使用中发生的重大事故,受特定范围的限制。因此,虽然上述两种行为都可能造成人身伤亡的严重后果,但在犯罪的性质上有着根本的区别。

三、投放危险物质罪的刑事责任

根据《刑法》第 114 条和第 115 条第 1 款的规定，犯投放危险物质罪，尚未造成严重后果的，处 3 年以上 10 年以下有期徒刑；致人重伤、死亡或者使公私财产遭受重大损失的，处 10 年以上有期徒刑、无期徒刑或者死刑。

第五节 以危险方法危害公共安全罪

一、以危险方法危害公共安全罪的概念和特征

以危险方法危害公共安全罪，是指用放火、决水、爆炸、投放危险物质等法律有明确规定的犯罪方法以外的危险方法，严重危害公共安全的行为。

（1）这种行为侵犯的客体，是不特定多人的生命、健康或者公私财产的安全。从理论上讲，这种犯罪侵犯的对象，既可以是人，也可以是公私财物，但在司法实践中处理的这类案件，主要是危害不特定多人的生命和健康的犯罪行为。因此，在确定案件性质时，常常容易和侵犯公民人身权利罪中的故意杀人罪、故意伤害罪相混淆。其实这两种犯罪与以危险方法危害公共安全罪的一个重要区别，就在于以危险方法危害公共安全罪侵犯的对象，要比侵犯公民人身权利罪中的故意杀人罪、故意伤害罪侵犯的对象的范围更广泛，性质更严重。前者侵犯的对象，是不特定多人的生命和健康，后者侵犯的对象，只能是特定的一个人或者几个人。掌握了这个特点，就可以比较容易地划清它们之间的界限，正确地确定案件的性质和罪名。例如，私拉电网致人死亡的案件，从表面上看可能只导致某个人的死亡，但实质上却威胁到不特定多人的人身安全，无论何人碰到电网都能造成死亡的结果。所以，私拉电网的行为，应属于以危险方法危害公共安全罪，而不属于侵犯公民人身权利罪。

（2）在客观方面，必须具有以"危险方法"危害公共安全的行为。这里所说的"危险方法"，应理解为与放火、决水、爆炸、投放危险物质的危险性相当的，足以危害公共安全的方法。这也就是说，刑法规定的"危险方法"是有限制的，而不是无所不包的，不能任意扩大其适用范围。至于"危险方法"究竟有哪些，法律上没有明确规定，司法实践中发生案件的表现形式是多种多样的，例如，使用放射性物质或有害微生物进行破坏，私拉电网，造成电线短路引起火灾，破坏矿井通风设备，在人群密集的地方驾车撞人等等。总之，以危险方法危害公共安全罪，必须与放火、决水、爆炸、投放危险物质的社会危害性相当，凡危险性不相当的，不足以危害公共安全的行为，都不属于刑法规定的"危险方法"。

（3）在主观方面，一般是故意，即明知自己的行为会发生危害公共安全的严

重结果,并且希望或者放任这种结果的发生。至于犯罪的动机,则和放火罪、决水罪、爆炸罪、投放危险物质罪一样,情况比较复杂。多数当事人是为了泄愤报复,发泄不满情绪,也有的是为了牟取非法利润或者其他非法利益,还有的是出于防盗的动机,等等。但动机不影响本罪的成立,只是在量刑时应予考虑的一个情节。

对用"危险方法"危害公共安全的行为如何确定罪名的问题,在理论上和实践上都有不同的看法。有的主张"统一定为以危险方法危害公共安全罪一个罪名";有的则主张用行为人实际上使用的是哪些危险方法,来具体确定其罪名,不宜笼统地以"危险方法"确定罪名。从以前的审判实践看,少数用"以危险方法危害公共安全罪"确定罪名,多数是以犯罪分子具体使用的危险方法确定罪名。

以行为人具体使用的危险方法确定罪名,虽然能反映案件的特点,使人一目了然地知道犯罪分子所采用的具体危险方法,但却会形成罪名太多、不易统计的局面,而且有些罪名过于繁杂,不符合罪名应当简明精练的特点。司法实践中曾经出现的罪名,就有"以驾车撞人的危险方法""以私设电网的危险方法""以病害猪肉加工食品出售的危险方法""以制造、贩卖有毒酒的危险方法""以向人群方向开枪的危险方法",等等。1997 年 12 月 9 日,最高人民法院《关于执行〈中华人民共和国刑法〉确定罪名的规定》,确定为"以危险方法危害公共安全罪"的罪名,是适当的。

二、以危险方法危害公共安全罪的刑事责任

依照我国《刑法》第 114 条的规定,以危险方法危害公共安全,尚未造成严重后果的,处 3 年以上 10 年以下有期徒刑;依照第 115 条的规定,以危险方法危害公共安全,致人重伤、死亡或者使公私财产遭受重大损失的,处 10 年以上有期徒刑、无期徒刑或者死刑。

根据最高人民法院、最高人民检察院 2003 年 5 月 13 日《关于办理妨害预防、控制突发传染病疫情等灾害的刑事案件具体应用法律若干问题的解释》第 1 条的规定:"故意传播突发传染病病原体,危害公共安全的,依照《刑法》一百一十四条、一百一十五条第一款的规定,按照以危险方法危害公共安全罪定罪处罚。"

第六节 破坏交通工具罪、破坏交通设施罪

一、破坏交通工具罪和破坏交通设施罪的概念和特征

破坏交通工具罪和破坏交通设施罪,都属于危害交通运输安全的犯罪。这

两种犯罪侵害的客体、犯罪的主体和犯罪的主观方面都一样,只是犯罪行为所侵害的对象不同。犯罪行为侵害的对象是交通工具,就构成破坏交通工具罪,犯罪行为侵害的对象是交通设施,就构成破坏交通设施罪。

破坏交通工具罪,是指故意破坏火车、汽车、电车、船只、航空器,足以使其发生倾覆、毁坏危险,危害交通运输安全的行为。

破坏交通设施罪,是指故意破坏轨道、桥梁、隧道、公路、机场、航道、灯塔、标志或者进行其他破坏活动,足以使火车、汽车、电车、船只、航空器发生倾覆、毁坏危险,危害交通运输安全的行为。

这两种犯罪具有以下主要特征:

(1)侵犯的客体,都是交通运输的安全。交通运输是我国国民经济中的主要部门之一,是实现社会主义现代化建设不可缺少的重要方面。保障交通运输的安全畅通,维护交通工具和交通设施的安全与完整,对于发展社会主义市场经济,繁荣城乡人民的物质文化生活,巩固我国的国防事业,都具有重大的现实意义。

《刑法》第116条规定的交通工具,主要是指火车、汽车、电车、船只和航空器等大型的、比较复杂的交通运输工具。这些交通运输工具机动性强、速度快,一般都载有大批物资和众多的人员,破坏这些交通工具,使其倾覆或毁坏,势必危害多数人的生命和健康,造成公私财产的巨大损失。至于破坏三轮车、自行车、马车等交通工具,虽然也会引起人员伤亡和财产损失,但同火车、汽车、电车、船只和航空器比较起来,无论就其本身的性能和运输量来说,还是就其损失的规模和程度来说,都是比较有限的,还不足以构成对公共安全的威胁。因此,对于破坏三轮车、自行车和马车,造成一定的人身伤亡和财产损失,已经构成犯罪的,应根据案件的具体情况和性质,分别按《刑法》分则的有关规定处理。

《刑法》第117条规定的交通设施,主要是指轨道、桥梁、隧道、公路、机场、航道、灯塔、标志等。这些交通设施同火车、汽车、电车、船只、航空器的安全行驶直接有关,破坏这些交通设施,往往会使交通运输工具发生倾覆或毁坏,造成不特定多人的人身伤亡或财产上的重大损失,危害公共安全。至于破坏与交通运输安全没有直接关系的设施,如候车室、候船室、候机室以及里边的生活设施,均不构成危害公共安全罪,而应视具体情况,按照《刑法》分则的有关条款定罪量刑。

破坏交通工具和交通设施,不仅严重威胁交通运输部门的正常活动,而且还会造成多人伤亡或者公私财产的严重损失。在具体案件中,某些犯罪行为所破坏的具体物资设施,就其本身的经济价值而论并不太大,但对公共安全却存在严重威胁。例如,破坏火车上的折塞门和移动航道上的航标,虽然表面上没有造成重大的财产损失,但是却会影响到列车运行时的通风和刹车,或者使轮船偏离航道,造成触礁沉没的严重后果。所以,在认定上述两种犯罪行为时,绝不能仅仅从被破坏的交通工具和交通设施的经济价值,去衡量行为的社会危害性,而应看其是否威胁到公共安全,只有这样,才能正确地定罪量刑,有力地打击一切破坏交通工具和交通设施的犯罪分子。

(2) 这两种犯罪在客观方面,必须具有破坏交通工具或交通设施,足以使火车、汽车、电车、船只、航空器发生倾覆、毁坏危险的行为。这里所说的"倾覆"是指车辆翻车,火车出轨,船只翻沉,航空器坠落;所谓"毁坏",是指交通工具或交通设施受到严重破坏或者完全毁灭,因而不能继续使用或者安全行驶。犯罪分子实施破坏行为的表现形式是多种多样的。例如,在铁轨上设置障碍物,拆卸破坏重要装置和部件,在桥梁、隧道中安放爆炸装置,以及错发信号,破坏通车标志,等等。无论犯罪分子使用什么方法进行破坏,只要足以使火车、汽车、电车、船只、航空器发生倾覆、毁坏危险,危害公共安全的,就构成破坏交通工具罪或交通设施罪。至于在具体案件中,是否存在足以造成上述严重后果的危险,应当根据行为人破坏的手段、破坏的部位等情况具体确定,不能一概而论。如果犯罪分子破坏的是交通工具或交通设施的次要部件和装置,例如,破坏的是车辆、船只的门窗、座椅,或者一般的辅助性设施,就不会对公共安全产生威胁,也就不能构成破坏交通工具罪或破坏交通设施罪,而应以故意毁坏财物罪论处。

构成破坏交通工具和交通设施罪,还必须是破坏正在使用中的交通工具或交通设施。所谓正在使用中的交通工具和交通设施,不仅包括正在运行中的车辆、船只和航空器,而且包括在交付使用期间,停机待用的交通工具和交通设施。如对已经检修完毕,交付使用的汽车或航空器设置障碍,企图使车辆倾覆或航空器坠毁,就可以造成众多的人身伤亡和巨大的财产损失,危害公共安全。如果破坏没有交付使用,而是正在制造,或者停放待修及储存中的交通工具,都不能构成这两种犯罪。因为破坏这些交通工具或交通设施,不能构成对公共安全的威胁,应当以《刑法》分则有关规定处理。

《刑法》第117条规定的"进行其他破坏活动",是指同破坏轨道、桥梁、机场、航道、灯塔、标志等交通设施相当,足以使火车、汽车、电车、船只、航空器发生倾覆、毁坏危险的一切破坏活动。例如,在铁轨上涂抹机油,乱发指示信号,任意变动火车的发车、停车时刻表,等等。这些行为都属于其他破坏活动,直接威胁到交通运输的安全畅通,也应当依照破坏交通工具罪或破坏交通设施罪论处。

(3) 这两种犯罪在主观方面只能是故意。至于犯罪的动机,则可能是多种多样的,有的是为泄愤或者报复陷害而进行破坏,有的是出于贪财而进行破坏,有的出于图谋私利或者其他个人动机而进行破坏,等等。动机如何不影响犯罪的成立。

二、认定破坏交通工具罪和破坏交通设施罪应当注意的问题

处理故意破坏交通工具罪、破坏交通设施罪时,要注意划清同盗窃罪和故意毁坏财物罪的界限。同样是盗窃或毁坏交通工具和交通设施,却可以构成破坏交通工具罪或破坏交通设施罪,也可以构成盗窃罪或故意毁坏财物罪。他们之间的根本区别,就在于犯罪行为所侵害的客体。盗窃或毁坏正在使用中的交通工具和交通设施,其行为所侵害的客体不是财产关系,而是交通运输的安全,所以就构成破坏交通工具或破坏交通设施罪,相反,盗窃或毁坏正在修理或仓库中储存的交通工具和交通设施,其行为所侵害的客体不是交通运输的安全,而是公私财物的所有权,所以就应构成盗窃罪或故意毁坏财物罪,而不应以危害公共安全罪论处。

三、破坏交通工具罪和破坏交通设施罪的刑事责任

依照《刑法》第116条和第117条的规定,破坏交通工具、交通设施,尚未造成严重后果的,处3年以上10年以下有期徒刑;依照《刑法》第119条第1款规定,破坏交通工具、交通设施,造成严重后果的,处10年以上有期徒刑、无期徒刑或者死刑。所谓严重后果,是指使交通工具或交通设备发生毁坏、倾覆、造成人身伤亡或者使公私财产遭受重大损失。

第七节 组织、领导、参加恐怖组织罪

一、组织、领导、参加恐怖组织罪的概念和特征

组织、领导、参加恐怖组织罪,是指组织、领导、积极参加或参加恐怖活动组织的行为。本罪的主要特征是:

(1)侵犯的客体是公共安全,即不特定多人的生命、健康和财产安全。国际恐怖主义是20世纪60年代以来,在欧洲、中东和南美相继出现的集团犯罪,恐怖组织主要从事劫持航空器、绑架人质、制造爆炸事件等暴力活动,一度使西方世界惊恐不安。长期以来,国际社会试图通过开展国际合作,来有效地遏制恐怖主义活动,并制定了一些国际公约。目前,我国个别地区,已经出现了从事恐怖活动的组织,开始威胁到公共安全。因此,在刑法中规定组织、领导、参加恐怖组织罪,具有现实意义。

(2)在客观方面,表现为组织、领导、积极参加或参加恐怖活动组织的行为。在我国,所谓恐怖活动组织,主要是指以实施杀人、爆炸、绑架等恐怖活动为目的的犯罪组织。只要行为人有组织、领导、积极参加或参加这种犯罪的行为,即可

构成本罪。如果进一步实施杀人、爆炸、绑架等犯罪的,依照数罪并罚的规定处罚。

(3)犯罪的主体是一般主体,即凡是达到刑事责任年龄,具有刑事责任能力,并且实施了组织、领导、积极参加或参加恐怖活动组织的自然人,均可成为本罪主体。

(4)在主观方面只能是故意,即行为人为了达到某种社会和政治目的,故意组织、领导、积极参加或参加恐怖活动组织。

本罪主要是针对组织、领导恐怖活动组织的首要分子或者积极参加者。对于不明真实情况,受骗上当,一经察觉就脱离关系的,或被胁迫参加恐怖活动组织,情节显著轻微的,不应以本罪论处。

二、组织、领导、参加恐怖组织罪的刑事责任

根据我国《刑法》第120条的规定,犯组织、领导恐怖活动组织罪的,处10年以上有期徒刑或者无期徒刑,并处没收财产;积极参加的,处3年以上10年以下有期徒刑,并处罚金;其他参加的,处3年以下有期徒刑、拘役、管制或者剥夺政治权利,可以并处罚金。

犯前款罪并实施杀人、爆炸、绑架等犯罪的,依照数罪并罚的规定处罚。

第八节 劫持航空器罪

一、劫持航空器罪的概念和特征

劫持航空器罪,是指以暴力、胁迫或者其他方法劫持航空器的行为。

(1)劫持航空器罪侵犯的客体,是旅客的人身、财产及航空器的安全。第二次世界大战以后,国际航空事业得到迅猛发展,民用航空事实上已经取代了海洋和陆地运输,逐渐成为民用运输的最主要工具。但是,同时,民用航空器也成为犯罪分子侵害的重要对象,空中劫持事件屡有发生,严重威胁到航空运输的安全。在联合国及国际民航组织和世界许多国家的共同努力下,先后制定了三个关于反对空中劫持的国际公约,即1963年的《东京公约》、1970年的《海牙公约》和1971年的《蒙特利尔公约》,我国于1978年和1980年先后加入了上述三个国际公约。1997年修改刑法,吸收了全国人大常委会1992年颁布的《关于惩治劫持航空器犯罪分子的决定》的内容,增设了劫持航空器罪,这些均体现了我国政府加强国际合作,共同打击劫持航空器犯罪的决心和信心。

(2)劫持航空器罪在客观方面表现为以暴力、胁迫或其他方法,按照行为人的意志强行控制正在使用中的航空器的行为。所谓暴力,是指以暴力袭击航空器或对航空器内的人员实施捆绑、殴打和伤害等行为;胁迫,是指以暴力威胁对他人实行精神强制,使他人产生恐惧的感觉,例如以炸毁飞机相威胁等等;其他方法,是指暴力、胁迫以外的其他劫持方法,如使用麻醉方法将驾驶员致醉、致昏,使之陷于无意识或不知抵抗的状态等等。劫持航空器罪是行为犯,只要行为人实施了劫持航空器的行为,无论是否发生危害结果,均可构成本罪。

(3) 劫持航空器罪的主体是一般主体。劫持航空器是一种受到国际社会一致谴责的恐怖性犯罪,任何具有刑事责任能力的中国人、外国人、无国籍人均可成为本罪的主体。

根据1987年全国人大常委会《关于对中华人民共和国缔结或者参加的国际条约所规定的罪行行使刑事管辖权的决定》,我国对劫持航空器的人实行"普遍管辖"原则。只要在我国境内发现了我国所参加的国际公约的任何一缔约国所指控的犯有劫持航空器罪行的人,我国司法机关都有管辖权。当该航空器的起飞起点或实际降落地点是在该航空器登记国的领土以外,即在客观上具有跨国性时,才能被视为一种破坏国际航空秩序的国际犯罪。①

(4) 劫持航空器的主观方面是故意。犯罪动机多种多样,如逃避法律制裁,追求境外生活方式,躲避经济债务,甚至是要求政治避难或实行国际恐怖活动等。动机如何,不影响本罪的成立。

二、认定劫持航空器罪应当注意的问题

(1) 根据《海牙公约》和《蒙特利尔公约》的规定,被劫持的应当是正在飞行中的或者正在使用中的航空器。所谓"正在飞行中",是指航空器从装载结束,机舱外部各门均已关闭时起,直到打开任一机门以便卸载时为止的任何时间;如果飞机是被强迫降落的,则在主管当局接管该航空器及其所载人员和财产之前。所谓"正在使用中",是指从地面人员或机组对某一特定飞行器开始进行飞行前准备起,直到降落后24小时止。同时,它不仅包括对航空器本身的罪行,而且包括对航空设备的罪行。根据我国的司法实践,如果劫持的不是正在飞行中的或者正在使用中的航空器,而是没有交付使用或者是停放在机库内的航空器,由于没有对航空安全造成威胁,不构成劫持航空器罪。

(2) 要注意划清劫持航空器罪和破坏交通工具罪的界限。劫持航空器罪和破坏交通工具罪在主观方面都是故意,侵犯的客体都是交通运输安全。但是,劫持航空器的目的一般是为了控制航空器,使航空器改变原定航向或者飞往劫持者指定的国家或地区,而破坏交通工具罪的目的是使航空器发生毁坏、倾覆的结果。另外,劫持航空器是公然使用暴力、胁迫或者其他方法,劫持正在飞行或正

---

① 参见苏惠渔:《刑法学》,中国政法大学出版社1997年版,第435页。

在使用中的航空器,而破坏交通工具罪,一般是采用秘密的方式,破坏航空器和其他交通工具。

(3) 要注意划清劫持航空器罪和暴力危及飞行安全罪的界限。这两种犯罪都发生在飞行中的航空器内,危害的也都是航空器的飞行安全。但是,劫持航空器罪的目的,是劫持和控制航空器,而暴力危及飞行安全罪不具有此种目的;另外,劫持航空器的侵害对象是航空器和航空器上的人员,而暴力危及飞行安全罪的侵害对象仅限于航空器内的人员。

三、劫持航空器罪的刑事责任

根据《刑法》第121条的规定,以暴力、胁迫或者其他方法劫持航空器的,处10年以上有期徒刑或者无期徒刑;致人重伤、死亡或者使航空器遭受严重破坏的,处死刑。

第九节 盗窃、抢夺枪支、弹药、爆炸物、危险物质罪和抢劫枪支、弹药、爆炸物、危险物质罪

一、盗窃、抢夺枪支、弹药、爆炸物、危险物质罪

(一) 盗窃、抢夺枪支、弹药、爆炸物、危险物质罪的概念和特征

盗窃、抢夺枪支、弹药、爆炸物、危险物质罪,是指以非法占有为目的,秘密窃取或者公然夺取枪支、弹药、爆炸物、危险物质的行为。本罪的主要特征:

(1) 侵犯的客体是公共安全和国家对枪支、弹药、爆炸物、危险物质的管理制度。侵犯的对象,是枪支、弹药、爆炸物和危险物质。1979年《刑法》只规定了盗窃、抢夺枪支、弹药罪,不包括爆炸物。1983年9月2日第六届全国人大常委会第二次会议通过的《关于严惩严重危害社会治安的犯罪分子的决定》,增加了盗窃、抢夺爆炸物罪的规定。但是,它们都将持有枪支、弹药、爆炸物的人,限定在国家机关、军警人员和民兵的范围之内。1997年修订的《刑法》取消了枪支、弹药、爆炸物持有者的身份限制。这就是说,无论是盗窃、抢夺任何人的枪支、弹药、爆炸物,都构成本罪。但是,对盗窃、抢夺国家机关、军警人员、民兵的枪支、弹药、爆炸物的行为,规定了更重的法定刑。2001年的《刑法修正案(三)》又增设了盗窃、抢夺危险物质罪。

(2) 在客观方面,必须实施了盗窃、抢夺枪支、弹药、爆炸物和危险物质的行为。"盗窃枪支、弹药、爆炸物、危险物质",是指行为人以秘密窃取的方法获取枪支、弹药、爆炸物、危险物质的行为;"抢夺枪支、弹药、爆炸物、危险物质",是指行为人乘人不备公然夺取枪支、弹药、危险物质的行为。盗窃、抢夺枪

支、弹药、爆炸物、危险物质罪是选择性罪名,行为人只要实施了其中一项行为,即可构成本罪;如果行为人同时实施了其中二项或者二项以上的行为,也只构成一罪,不适用数罪并罚。

(3) 犯罪的主体是一般主体,即凡是达到刑事责任年龄,具有刑事责任能力的自然人,均可成为本罪主体。

(4) 主观方面只能是故意,即明知是枪支、弹药、爆炸物、危险物质,而进行盗窃或抢夺。犯罪的动机多种多样,可能是为了泄愤报复或进行其他犯罪活动,或者出于好奇,或为了自己使用,动机如何不影响本罪的构成。

(二) 认定盗窃、抢夺枪支、弹药、爆炸物、危险物质罪应当划清的界限

要正确区分盗窃、抢夺枪支、弹药、爆炸物、危险物质罪与盗窃罪、抢夺罪的界限。它们之间的区别:其一是侵犯的客体不同,前者侵犯的是公共安全和国家对枪支、弹药、爆炸物和危险物质的管理制度;后者侵犯的是公私财产的所有权。其二是犯罪对象不同,前者仅限于枪支、弹药、爆炸物和危险物质,后者包括的范围很广,但不包括枪支、弹药、爆炸物和危险物质。如果行为人不知道在所窃财物或抢夺的财物里有枪支、弹药、爆炸物、危险物质,只应定盗窃罪或抢夺罪。如果不知道枪支、弹药、爆炸物、危险物质而盗窃,抢夺之后发现是枪支、弹药、爆炸物、危险物质又继续藏匿的,则构成非法持有、私藏枪支、弹药罪,应实行数罪并罚。

(三) 盗窃、抢夺枪支、弹药、爆炸物、危险物质罪的刑事责任

根据《刑法》第127条第1款和《刑法修正案(三)》的规定,犯盗窃、抢夺枪支、弹药、爆炸物、危险物质罪的,处3年以上10年以下有期徒刑;情节严重的,处10年以上有期徒刑、无期徒刑或者死刑。

根据《刑法》第127条第2款和《刑法修正案(三)》的规定,盗窃、抢夺国家机关、军警人员、民兵的枪支、弹药、爆炸物的,处10年以上有期徒刑、无期徒刑或者死刑。法定刑直接规定为与第1款"情节严重的"法定刑相同,是因为盗窃、抢夺国家机关、军警人员、民兵的枪支、弹药、爆炸物的行为,具有更大的社会危害性,所以单独规定了较重的刑罚。

二、抢劫枪支、弹药、爆炸物、危险物质罪

(一) 抢劫枪支、弹药、爆炸物、危险物质罪的概念和特征

抢劫枪支、弹药、爆炸物、危险物质罪,是指以暴力、胁迫或者其他方法强行劫取枪支、弹药、爆炸物和危险物质的行为。本罪的主要特征:

(1) 侵犯的客体是公共安全和国家对枪支、弹药、爆炸物、危险物质的管理制度。侵犯的对象,是枪支、弹药、爆炸物和危险物质。这是1997年修改刑法时新增设的罪名。

（2）犯罪的客观方面表现为行为人以暴力、胁迫或者其他方法强行劫取枪支、弹药、爆炸物和危险物质的行为。这里所说的暴力，是指对枪支、弹药、爆炸物、危险物质的持有人进行人身袭击、伤害、捆绑等；胁迫，是指对枪支、弹药、爆炸物、危险物质的持有人进行身体或精神强制，使其恐惧不敢反抗，被迫当场交出枪支、弹药、爆炸物、危险物质；其他方法，是指行为人采用暴力、胁迫以外的方法，使被害人不知反抗或者丧失反抗能力的方法，当场劫取枪支、弹药、爆炸物、危险物质的行为。例如采用药物麻醉的方法等。

（3）犯罪的主体为一般主体，即凡是达到刑事责任年龄，具有刑事责任能力的自然人，均可成为本罪主体。

（4）犯罪的主观方面只能是故意，即行为人明知是枪支、弹药、爆炸物、危险物质而进行抢劫。如果行为人不知是枪支、弹药、爆炸物、危险物质而进行抢劫的不应以本罪论处，构成犯罪的，可以按抢劫罪论处。

（二）处理抢劫枪支、弹药、爆炸物、危险物质罪应注意的问题

处理抢劫枪支、弹药、爆炸物、危险物质罪，要注意划清与盗窃、抢夺枪支、弹药、爆炸物、危险物质罪的界限。它们的主要区别在犯罪的客观方面，即抢劫枪支、弹药、爆炸物、危险物质罪，是采用暴力、胁迫等方法，强行劫取枪支、弹药、爆炸物、危险物质；盗窃、抢夺枪支、弹药、爆炸物、危险物质罪，是采用秘密窃取或者乘人不备公然夺取的方式。

（三）抢劫枪支、弹药、爆炸物、危险物质罪的刑事责任

根据《刑法》第127条第2款和《刑法修正案（三）》第6条第2款的规定，抢劫枪支、弹药、爆炸物、危险物质的，处10年以上有期徒刑、无期徒刑或者死刑。

第十节　交通肇事罪

一、交通肇事罪的概念和特征

交通肇事罪，是指违反交通运输管理法规，造成重大事故，致人重伤、死亡或者使公私财产遭受重大损失的行为。

交通肇事罪的主要特征是：

（1）交通肇事罪侵犯的客体是交通运输的正常秩序和交通运输的安全。这里所说的交通运输，主要是指现代化的公路交通运输、海上交通运输。为了适应社会主义建设的需要，要求所有从事上述交通运输的人员，必须具有高度的组织性和纪律性，严格按照科学规律和有关的规章制度办事。否则一旦发生重大交通事故，就会给国家和人民的利益造成无法弥补的损失。按照《城市交通规则》的有关规定，对于使用自行车、三轮车、兽力车等交通运输工具发生严重事故，造

成人身伤亡的,应按交通肇事罪处理,而不宜定为过失致人死亡或者过失致人重伤罪。

(2) 交通肇事罪在客观方面,行为人必须具有违反规章制度,发生重大事故,致人重伤、死亡或者使公私财产遭受重大损失的行为。按照有关司法解释,所谓致人重伤、死亡或者使公私财产遭受重大损失,是指下列情形:① 造成死亡1人或者重伤3人以上,负事故全部或者主要责任的;② 造成死亡3人以上,负事故同等责任的;③ 造成公共财产或者私人财产直接损失,负事故全部或者主要责任,无能力赔偿数额在30万元以上的;④ 交通肇事致1人以上重伤,负事故全部或者主要责任,并具有下列情形之一的:(a) 酒后、吸食毒品后驾驶车辆的;(b) 无驾驶资格驾驶机动车辆的;(c) 明知是安全装置不全或者安全机件失灵的机动车辆而驾驶的;(d) 明知是无牌证或者已报废的机动车辆而驾驶的;(e) 严重超载驾驶的;(f) 为逃避法律追究逃离事故现场的。中华人民共和国成立以来,先后颁布了《城市陆上交通管理暂行规则》《城市交通规则》《公路交通规则》《机动车管理办法》等法律法规,明确规定了从事交通运输的人员应当遵守的规章制度。例如汽车司机不准酒后开车,不准擅自将车交由非驾驶人员驾驶,不准超速、超载以及强行超车,等等。一切从事交通运输的人员,应当模范地执行有关的劳动纪律和规章制度,切实搞好本职工作。对于那些违反规章制度,玩忽职守或者擅离岗位,造成重大交通事故的,应当依法追究刑事责任。但是,如果行为人仅仅违反了交通运输的规章制度,没有造成实际的危害后果,则不构成交通肇事罪。在司法实践中,对于那些违反规章制度,虽然没有造成直接的重大损失,却严重阻碍交通,妨害交通运输秩序的行为,也按照交通肇事罪处理。

(3) 交通肇事罪在主观方面只能是过失。这种过失既可以表现为疏忽大意的过失,也可以表现为过于自信的过失。尽管过失的表现形式不同,但对造成危害后果的心理状态却是一致的,即行为人在主观上都不希望发生危害社会的严重后果。至于违反规章制度,行为人则可能是故意的。例如,汽车司机刘某,在闹市区以每小时50公里的高速,抢超一辆同方向行驶的汽车,当他发现对面又驶来一辆公共汽车时,又未马上减速或停让,反而继续抢速前进。由于车速太快,致使汽车冲到人行道内并撞到了电线杆上,造成数十人伤亡,以及车辆报废的严重后果。在这起交通事故中,刘某身为汽车司机,无视安全行车的有关规定,在闹市区高速抢行,显然是故意违反规章制度。但是,对于造成车毁人亡的严重后果,则是处于一种过失的心理状态。

(4) 交通肇事罪的主体是一般主体,从事机动车船驾驶的任何人,均可以成为本罪的主体。从实践上看,主要是指从事交通运输的人员,包括从事公路、水上交通运输,如车辆、船只的驾驶员、车长、船长等。因刑法对航空人员、铁路职工违反规章制度,造成重大事故的,已经作了专门规定,所以交通肇事罪不再包括从事空中运输和铁路运输的人员。根据最高人民法院的司法解释,在偷开机动车辆过程中因过失撞死、撞伤他人或者撞坏车辆的,以交通肇事罪论处。单位主管人员、机动车辆所有人或者机动车辆承包人指使、强令他人违章驾驶造成重大交通事故的,以交通肇事罪定罪处罚。①

二、认定交通肇事罪应当划清的界限

(1) 在处理交通肇事罪时,要划清罪与非罪的界限。对于一般的交通肇事,由公安机关按照《治安管理处罚条例》的有关规定处理;对于严重违反规章制度,造成重大损失的,应当按照交通肇事罪处理。至于什么算"重大损失",刑法未作统一规定。因此,在处理交通肇事时,应从实际情况出发,根据有关交通法规和交通运输部门的有关规定,作出正确的处理。

(2) 要划清交通肇事罪同故意杀人罪、以其他危险方法危害公共安全罪的界限。如果行为人利用汽车等交通工具杀害特定的人,是故意杀人罪;如果行为人利用汽车等交通工具在街道上横冲直撞,造成不特定多人的人身伤亡或财产损失,则构成以危险方法危害公共安全罪。

三、交通肇事罪的刑事责任

根据《刑法》第 133 条的规定,犯交通肇事罪的处 3 年以下有期徒刑或者拘役;交通运输肇事后逃逸或者有其他特别恶劣情节的,处 3 年以上 7 年以下有期徒刑;因逃逸致人死亡的,处 7 年以上有期徒刑。

根据最高人民法院的解释,"交通运输肇事后逃逸",是指行为人交通肇事后,为逃避法律追究而逃跑的行为。交通肇事具有下列情形之一的,属于"有其他特别恶劣情节":(1) 死亡 2 人以上或者重伤 5 人以上,负事故全部或者主要责任的;(2) 死亡 6 人以上,负事故同等责任的;(3) 造成公共财产或者他人财产直接损失,负事故全部或者主要责任,无能力赔偿数额在 60 万元以上的。

根据最高人民法院的解释,"因逃逸致人死亡,是指行为人在交通肇事后为逃避法律追究而逃跑,致使被害人因得不到救助而死亡的情形"。因逃逸致人死亡,仅限于过失致人死亡,除了司法解释所规定的情形以外,还应包括发生第 1 次交通事故后,行为人在逃逸过程中又过失发生交通事故,导致他人死亡的情形。如果行为人在交通肇事后,为逃避法律追究,将被害人带离事故现场后隐藏或者遗弃,致使被害人得不到救助而死亡或者严重残疾的,应当分别以故意杀人罪或者故意伤害罪定罪处罚。行为人在交通肇事后,误以为被害人已经死亡,在隐匿罪证的过程

---

① 参见 2000 年 11 月 10 日《关于审理交通肇事刑事案件具体应用法律若干问题的解释》。

中,导致被害人死亡的,应以交通肇事罪和过失致人死亡罪数罪并罚。

第十一节 危险驾驶罪

一、危险驾驶罪的概念和特征

危险驾驶罪,是指违反交通管理法规,在道路上驾驶机动车追逐竞驶,情节恶劣,在道路上醉酒驾驶机动车,从事校车业务或者旅客运输,严重超过额定乘员载客,严重超过规定时速行驶,以及违反危险化学品安全管理规定运输危险化学品,危及公共安全的行为。

危险驾驶罪的主要特征是:

(1) 侵犯的客体是道路交通秩序和不特定多数人的生命、财产安全。随着社会生活水平的提高,汽车日益成为主要的交通工具,特别是家庭拥有汽车的数量逐年增多。这在改善人民群众生活质量的同时,也导致了交通事故的增多。尤其是醉酒驾车和飙车行为,极易造成恶性交通事故,威胁人的生命安全。因此,立法机关在听取各方意见,反复论证的基础上,《刑法修正案(八)》第22条将醉酒驾车和追逐竞驶两种行为规定为犯罪,并加以处罚。

(2) 客观方面表现为行为人在道路上驾驶机动车追逐竞驶,或者在道路上醉酒驾驶机动车的行为。驾驶机动车追逐竞驶,情节恶劣的才构成犯罪;而醉酒驾车行为则不需要其他条件。这里所说的"机动车",是指以动力装置驱动或者牵引,在道路上行驶的供人员乘用或者用于运送物品以及进行工程专项作业的轮式车辆。"追逐竞驶",就是平常所说的"飙车",是指在道路上,以同行的其他车辆为竞争目标,追逐行驶,包括进行汽车驾驶"计时赛"、若干车辆在同时行进中互相追赶等。

根据《道路交通安全法》的有关规定,饮酒驾车是指车辆驾驶人员血液中的酒精含量大于或者等于 20 mg/100 ml,小于 80 mg/100 ml 的驾驶行为;醉酒驾车是指车辆驾驶人员血液中的酒精含量大于或者等于 80 mg/100 ml 的驾驶行为。实践中,执法部门也是依据这一标准来判断酒后驾车和醉酒驾车两种行为的。

《刑法修正案(九)》新增加了两种行为,即从事校车业务或者旅客运输,严重超过额定乘员载客,或者严重超过规定时速行驶的;以及违反危险化学品安全管理规定运输危险化学品,危及公共安全的行为。所谓"校车",是指依照国家规定取得使用许可,用以接送义务教育的学生上下学的 7 座以上的载客汽车。从事旅客运输的车辆,是指具备营运资格的公路客运、公交客运、出租客运、旅游客运以及其他从事旅客运输的微型面包车等非营运客车。法律规定的"严重"超员、超速的具体界限,需要由有关部门通过制定与《刑法修正案(九)》相衔接的规定加以明确。只要从事校车业务的机动车和旅客运输车辆严重超员、超速的,无论是否造成严重后果,都应当追究刑事责任。

违反危险化学品安全管理规定运输危险化学品,危及公共安全的,也构成危险驾驶罪。危险化学品,是指具有毒害、腐蚀、爆炸、燃烧、助燃等性质,对人体、设施、环境具有危害的剧毒化学品和其他化学品。另外,是否"危及公共安全",是划罪与非罪的重要界限。凡是危及公共安全的,应当追究刑事责任,尚未危及公共安全的,应当依法予以行政处罚。

(3) 犯罪主体为一般主体,即任何道路上行驶的机动车的驾驶人都可以成为本罪的主体。机动车的所有人、管理人也可能成为共同的犯罪主体。

(4) 主观方面是故意,过失不构成危险驾驶罪。

二、认定危险驾驶罪应注意的问题

(1) 危险驾驶罪和交通肇事罪的关系。如果行为人醉酒驾驶或者追逐竞驶,造成人员伤亡或者重大公私财产损失的,符合《刑法》第 133 条规定的交通肇事罪的构成条件的,应当以交通肇事罪定罪处罚,至于行为人醉酒驾驶或者追逐竞驶的行为,在量刑时适当予以考虑。

(2) 危险驾驶罪和以危险方法危害公共安全罪的关系。《刑法》第 115 条规定的以危险方法危害公共安全罪,是一种性质非常严重的犯罪,法定最高刑是死刑,而危险驾驶罪从犯罪性质上讲,要比以危险方法危害公共安全罪轻得多,法定最高刑为拘役,两者具有很大的差别。因此,在司法实践中要严格区分两罪之间的界限,认定以危险方法危害公共安全罪要非常慎重,从严把握。这样才能做到罪刑相适应,维护法律的严肃性和准确性。

三、危险驾驶罪的刑事责任

根据《刑法修正案(九)》第 8 条和《刑法》第 133 条之一的规定,犯危险驾驶罪的,处拘役,并处罚金。机动车所有人、管理人对前款第三项、第四项行为负有直接责任的,依照前款的规定处罚。有前两款行为,同时构成其他犯罪的,依照处罚较重的规定定罪处罚。

第十二节 妨害安全驾驶罪

一、妨害安全驾驶罪的概念和特征

妨害安全驾驶罪,是指行为人对行驶中的公共交通工具的驾驶人员使用暴力或者抢控驾驶操作装置,干扰公共交通工具正常行驶,或者擅离职守,与他人互殴或者殴打他人,危及公共安全的行为。这个概念是2020年《刑法修正案(十一)》第2条对《刑法》第133条的修改。

妨害安全驾驶罪的主要特征是:

(1)侵犯的客体是道路交通秩序和不特定多数人的生命、财产安全。我国的一些法律法规,对此类行为有一定的处罚措施,例如《道路交通安全法》,对行人、乘车人、非机动车驾驶人违反相关法规的行为,规定了处罚方法;《治安管理处罚法》第23条规定,扰乱公共汽车、电车、火车、船舶、航空器或者其他公共交通工具上的秩序的,处警告或者200元以下罚款,情节较重的,处5日以上10日以下拘留,可以并处500元以下罚款。但是,由于处罚力度不够,导致这类行为有日益上升的趋势,给道路交通秩序和不特定多数人的生命、财产安全造成了重大损失。为有效惩治这些违法犯罪行为,维护公共交通秩序安全,保护人民群众生命财产安全,2020年的《刑法修正案(十一)》,增设了这一新的罪名。

(2)客观方面表现为,在行驶的公共交通工具上,对驾驶人员使用暴力或者抢控驾驶操作装置,以及擅离职守,与他人互殴或者殴打他人,危及公共安全的行为。主要有两种情况,一是非驾驶人员,如乘客等对公共交通工具上的驾驶人员实施殴打、推搡拉拽等暴力行为,或者实施抢夺控制方向盘、变速杆等驾驶操纵装置的行为。所谓"驾驶操纵装置",包括方向盘、离合器踏板、加速踏板、制动踏板、变速杆、驻车制动手柄等。这里所说的"抢控驾驶操纵装置",并不需要行为人实际控制该装置,只要实施了争抢行为就可以了。二是驾驶人员擅离职守,与他人互殴或者殴打他人的行为。所谓"擅离职守",是指驾驶人员未采取任何安全措施控制车辆,擅自离开驾驶位置,或者双手离开方向盘等。"与他人互殴或者殴打他人",是指驾驶人员与乘客等进行互殴,或者驾驶人员殴打乘客的行为。

构成本罪,行为人的行为必须发生在行驶中的公共交通工具上。所谓"公共交通工具",主要是指公共汽车、公路客运车、大、中型出租车,等等。当然也包括飞机,火车,地铁,轻轨,以及客运轮船、摆渡船、快艇等。

(3)犯罪主体是指公共交通工具上的乘客或者其他人员以及公共交通工具的驾驶人员。无论乘客还是驾驶人员,在行驶中的公共交通工具上,都应该遵守交通管理秩序,尊重他人的生命安全和财产安全。否则,都可能构成妨害安全驾驶罪。

(4)犯罪的主观方面是故意,既可以是直接故意,也可以是间接故意。但是在实践中,大多数案件的当事人,都是因车票、坐过站要求停车等琐事发生口角争执,进而动手,或者一时冲动殴打司机、抢夺方向盘,并非要将公共交通工具置于危险境地,并且多数未造成实际危害后果。因此,在此类案件中,行为人对造成的危害后果,多数是间接故意,即明知自己的行为可能会危及公共安全,但放任了危害结果的发生。

二、认定妨害安全驾驶罪应当注意的问题

（1）划清罪与非罪的界限。行为人之所以构成妨害安全驾驶罪,是由于行为人的行为干扰了公共交通工具的正常行驶,危及交通工具上不特定多数人的人身和财产安全,以及道路和周边环境中不特定多数人的人身和财产安全。"干扰公共交通工具正常行驶",是指行为人的行为足以导致公共交通工具不能安全行驶,车辆失控,随时可能发生乘客、道路上的行人伤亡、车辆损毁或者财产损失的现实危险,危及公共安全。如何行为人只是辱骂、轻微拉扯驾驶人员或者轻微抢夺方向盘,并没有影响到车辆的行驶,不会造成人员和财产损失,或者驾驶人员只是和乘客发生口角或者轻微的拉扯,没有影响车辆的正常行驶,就不要作为犯罪加以处罚。但可以根据《治安管理处罚法》的规定,对其进行治安处罚。

（2）划清妨害安全驾驶罪和以危险方法危害公共安全罪的界限。两者都会危害公共安全,但犯罪性质不同。前罪在客观上造成车毁人亡,危害公共安全的现实危险性比较小,多数乘客的主观恶性不大,并非故意要将公共交通工具置于危险境地,有些行为虽然造成了一定危害后果,但一般都不太严重,比如造成车辆剐蹭等。后者的犯罪性质严重,和《刑法》114条规定的放火罪、决水罪、爆炸罪、投放危险物质罪罪行相当,严重危害公共安全。因此,在实践中一定要准确区分两者之间的界限,不要将妨害安全驾驶的行为用以危险方法危害公共安全罪加以处罚,这就没有做到罪刑相适应,会导致刑罚处罚过重。

三、妨害安全驾驶罪的刑事责任

根据《刑法修正案（十一）》第2条和《刑法》第133条之二的规定,犯妨害安全驾驶罪的,处1年以下有期徒刑、拘役或者管制,并处或者单处罚金。驾驶人员在行驶的公共交通工具上擅离职守,与他人互殴或者殴打他人,危及公共安全的,依照前款的规定处罚。有前两款行为,同时构成其他犯罪的,依照处罚较重的规定定罪处罚。

第十三节 重大责任事故罪

一、重大责任事故罪的概念和特征

重大责任事故罪,是指在生产、作业中违反有关安全管理规定,因而发生重大伤亡事故或者造成其他严重后果的行为。这个概念是《刑法修正案（六）》对

《刑法》第 134 条的修改。

重大责任事故罪的主要特征是：

(1) 侵犯的客体是厂矿企业、事业单位的生产安全。社会主义的现代化生产，分工精细、工艺复杂，要求每个生产部门的职工和领导人员，都必须严格遵守劳动纪律和规章制度，坚持安全第一的方针，确保生产活动的准确、协调和安全。为此，国家相继颁布了《工业交通及建筑企业职工伤亡事故报告办法》《国营企业内部劳动纪律规则纲要》《工厂安全卫生规程》《建筑安装工程安全技术规程》《工人职员伤亡事故报告规程》《关于加强企业生产中安全工作的几项规定》《矿山安全法》和《煤矿安全监察条例》等一系列法规和条例。这些规定，为巩固劳动纪律，搞好安全生产，提供了法律根据和保证。如果违反上述法规和规章制度，不服管理或者强令工人违章冒险作业，就必然会威胁到生产安全，给广大职工群众和国家的利益造成严重损失。例如某电建工程处安全员，无视油区严禁明火作业的有关规定，公然强令工人在油泵房和油罐区明火冒险作业，引起瓦斯爆炸，造成重大人身伤亡和财产损失。对于这种不顾职工群众的死活和国家财产严重损失的行为，必须按照刑法的有关规定，追究其刑事责任。

(2) 在客观方面，行为人必须具有在生产、作业中违反有关管理规定，因而发生重大伤亡事故或者造成其他严重后果的行为。这里所说的规章制度，主要是指有关安全操作规程、劳动纪律和劳动保护方面的法规。至于违反规章制度的表现形式，则是多种多样的。从一般职工来看，主要表现为违反操作规程和劳动纪律，不服从正确的管理和指挥，擅离工作岗位，甚至冒险蛮干；从指挥、领导生产的人员来看，主要表现为对工作极不负责，违反有关的劳动保护法规，强令工人违章冒险作业。无论他们的表现形式如何，其实质都是违反规章制度。

必须强调指出，构成重大责任事故罪，行为人必须是在生产、作业中违反了有关安全管理规定造成重大伤亡事故或者造成了其他严重后果。根据有关司法解释的规定，具有下列情节之一的，应当认定为"重大伤亡事故或者造成其他严重后果"：造成死亡 1 人以上，或者重伤 3 人以上的；造成直接经济损失 100 万元以上的；其他造成严重后果或者重大安全事故的情形。① 这就是说，如果某人虽然有违反规章制度的行为，但这种行为并没有造成严重的危害后果，也不能作为重大责任事故罪来处理。例如煤矿工人韩某在井下休息时，感到风洞里吹出的风太冷，就擅自用自己的棉衣将风洞堵住，然后躺在旁边睡觉，以致瓦斯大量聚集。由于其他工人及时发现，没有造成瓦斯爆炸的严重后果。在此案中，对韩某应给予批评教育或者行政处罚，但不能作为犯罪处理。由此可以看出，在处理重

---

① 参见最高人民法院、最高人民检察院 2015 年 12 月 14 日发布的《关于办理危害生产安全刑事案件具体应用法律若干问题的解释》。

大责任事故时,行为人是否造成了严重的危害后果,是区分罪与非罪的一个重要标志。至于行为所造成的后果是否达到严重程度,应根据当地的实际情况,参照有关部门的规定来具体认定。

(3) 在主观方面只能由过失构成。这种过失主要表现在对待造成严重危害后果的心理态度上,即行为人在主观上并不希望事故的发生。在某种具体场合下,他们虽然应当预见到自己的行为可能导致危害结果的发生,但由于疏忽大意,马虎从事而未能预见;或者已经预见,但由于过于自信,轻信可以避免,以致发生了严重事故。无论是疏忽大意的过失,还是过于自信的过失,行为人对危害结果的发生都是持否定的态度。如果行为人希望或者放任危害结果的发生,那就属于故意犯罪了。

(4) 重大责任事故罪的主体,是指一切从事生产、作业的人员,既包括经政府主管部门批准设立的企业、事业单位或者其他单位的职工,也包括未经主管部门批准而非法设立的生产、经营组织的职工,以及其他一切个体从事生产、作业的人员。凡与生产无关的行政事务人员、党团工会人员、炊事人员、资料人员等,均不能成为这种犯罪的主体,他们由于违反规章制度,造成重大损失,情节严重的,可按刑法分则规定的其他犯罪处理。

二、处理重大责任事故罪应当划清的界限

(1) 要注意划清重大责任事故罪和破坏生产经营罪的界限。后者是基于泄愤报复或者其他个人目的,而故意实施的破坏生产经营的犯罪,应当按照《刑法》第276条定罪量刑。重大责任事故罪则是一种过失犯罪。由于主观上罪过不同,因而决定这两种犯罪的性质也是不同的。

(2) 要注意划清重大责任事故罪和"自然事故""技术事故"的界限。"自然事故",是指由于不能抗拒或者不能预见的原因而引起的自然灾害和事故;"技术事故",是指由于科学技术水平的限制和设备条件的限制而造成的事故。这两种事故,都不属于责任事故的范围,无论造成多么严重的损失,也不能追究任何人的责任。但是,当"自然事故""技术事故"与某种过失行为联系在一起,造成严重后果时,就应当在查明事实真相的基础上,分清造成事故的主要原因和次要原因,确定行为人应当承担的责任,作出合乎实际情况的处理。

三、重大责任事故罪的刑事责任

依照我国《刑法》第134条的规定,犯重大责任事故罪的,处3年以下有期徒刑或者拘役;情节特别恶劣的,处3年以上7年以下有期徒刑。所谓情节特别恶劣,主要是指:造成重大人身伤亡或巨大经济损失的;经常违反规章制度,屡教不改,造成重大责任事故的;事故发生以后,不积极进行抢救,只顾个人逃命或者抢救个人财物,造成恶劣影响的;事故发生以后,逃避罪责,陷害他人,或者对检

举人进行打击报复的;等等。对这些情节恶劣的犯罪分子,应当依法从重处罚。

第十四节　强令、组织他人违章冒险作业罪

一、强令、组织他人违章冒险作业罪的概念和特征

强令、组织他人违章冒险作业罪,是指行为人强令他人违章冒险作业,或明知存在重大事故隐患而不排除,仍冒险组织作业,因而发生重大伤亡事故或者造成其他严重后果的行为。

强令、组织他人违章冒险作业罪的主要特征是:

(1)侵害的客体是厂矿企业、事业单位的生产安全。厂矿企业或者事业单位在生产过程中发生的重大安全事故,给国家和人民群众的生命、财产安全带来了难以估量的损失,影响也非常恶劣,可能还会引起社会恐慌。很多情况下,厂矿企业的负责人强令工人违章冒险作业,或者明知存在重大安全隐患,甚至在有关部门责令其整改的情况下,仍然违规作业,在厂区堆放危险物品,对重大隐患仍不落实责任、有效整改,继续冒险组织作业,最终酿成惨剧。为了有效防止特大安全事故的发生,《刑法修正案(六)》第1条,曾经增设了强令违章冒险作业罪。这次的《刑法修正案(十一)》第3条,根据生产安全的新形势,对《刑法》第134条进行了再次修改,将强令他人违章冒险作业和组织他人违章冒险作业,规定在《刑法》第134条第2款。同时,取消了《刑法修正案(六)》规定的强令违章冒险作业罪。

(2)客观方面表现为,行为人强令他人违章冒险作业,或者明知存在重大安全隐患,组织他人违章冒险作业,造成重大伤亡事故或者造成其他严重后果的行为。主要有两种表现形式:第一,负有生产、指挥和管理职责的人员,为了获取高额利润,明知存在安全生产隐患,在生产、作业人员拒绝的情况下,利用职权或者其他强制手段,强令工人违章冒险作业,迫使工人服从其错误的指挥。这种"强令",不一定表现在恶劣的态度、强硬的语言或者行动,只要是利用组织、指挥、管理职权,能够对工人产生精神强制,使其不敢违抗命令,不得不违章冒险作业,就可以构成"强令"。第二,在明知重大安全隐患没有排除的情况下,仍然组织冒险作业,或者发现事故苗头,仍然不听劝阻,一意孤行,拒不采纳工人和技术人员的意见,导致事故发生;以及通过恶劣的手段掩盖安全生产隐患,蒙骗工人作业,在出现险情的情况下仍不管不顾,继续组织、指挥工人生产和作业,造成重大伤亡事故或者其他严重后果。

(3)犯罪主体是冒险作业的组织者、指挥者和有关管理人员。其他一般从事、参与冒险作业的人员,不能构成本罪的主体。

（4）犯罪的主观方面是过失，即行为人虽然明知存在重大事故隐患，但对危害后果还是持否定态度的，既不希望也不放任危害后果的发生。将本罪的主观方面确定为过失，既可以和重大安全责任事故等犯罪保持一致，也符合本罪的实际情况。实践中，多数情况下，行为人在主观上都是存在侥幸心理，轻信危害后果不会发生，是一种过于自信的过失。在表达本罪的主观罪过时，最好不要使用"鲁莽""轻率"的词语，这一般是英美刑法中的用语，和我国刑法的表达习惯不同，容易造成歧义和误解，不利于此类案件的处理，也使简单的问题复杂化。

二、认定强令、组织他人违章冒险作业罪应当注意的问题

（1）本罪的犯罪主体，既可以是单位直接责任人员，也可以是个人、个体经营者。在单位强令他人违章冒险作业或者冒险组织作业的情况下，根据有关法律解释的规定，可以对企业负责人等直接责任人员追究刑事责任。2014年《全国人民代表大会常务委员会关于〈中华人民共和国刑法〉第30条的解释》规定，公司、企业、事业单位、机关、团体等单位实施刑法规定的危害社会的行为，刑法分则和其他法律未规定追究单位的刑事责任的，对组织、策划、实施该危害社会行为的人依法追究刑事责任。2015年《关于办理危害生产安全刑事案件适用法律若干问题的解释》指出，《刑法》第134条第1款规定的犯罪主体，包括对生产、作业负有组织、指挥或者管理职责的负责人、管理人员、实际控制人、投资人等，以及直接从事生产、作业的人员。第2款规定的犯罪主体，包括对生产、作业负有组织、指挥或者管理职责的负责人、管理人员、实际控制人、投资人等人员。根据《安全生产法》的规定，安全生产实行企业等生产经营单位主体责任制，生产经营单位的主要负责人对本单位的安全生产工作全面负责。因此，企业负责人对安全生产事故发生负有直接责任的，适用本条规定处罚。

（2）注意区分强令违章冒险作业和组织违章冒险作业犯罪的界限。所谓"强令"，是指企业负责人、管理人员利用组织、指挥、管理职权，强制他人违章冒险作业，或者采取威逼、胁迫、恐吓等手段，强制他人违章作业的情形。而组织他人违章冒险作业，一般不具备"强令"这一条件，而是在重大安全隐患没有排除的情况下，组织他人冒险作业，因而发生重大安全生产事故的情形。

三、强令、组织他人违章冒险作业罪的刑事责任

根据《刑法》第134条第2款的规定，强令他人违章冒险作业，或者明知存在重大事故隐患而不排除，仍冒险组织作业，因而发生重大伤亡事故或者造成其他严重后果的，处5年以下有期徒刑或者拘役；情节特别恶劣的，处5年以上有期徒刑。

根据2015年最高人民法院、最高人民检察院《关于办理危害生产安全刑事

案件适用法律若干问题的解释》第6条和第7条的规定,强令违章冒险作业,因而发生安全事故,具有下列情形的,应当认定为"发生重大伤亡事故或者造成其他严重后果",对相关责任人员,处5年以下有期徒刑或者拘役:(1) 造成死亡1人以上,或者重伤3人以上的;(2) 造成直接经济损失100万元以上的;(3) 其他造成严重后果或者重大安全事故的情形。有下列情形的,应当认定为"情节特别恶劣",处5年以上有期徒刑:(1) 造成死亡3人以上或者重伤10人以上,负事故主要责任的;(2) 造成直接经济损失500万元以上,负事故主要责任的;(3) 其他造成特别严重后果、情节特别恶劣或者后果特别严重的情形。

组织他人违章冒险作业犯罪中,"发生重大伤亡事故或者造成其他严重后果",以及"情节特别恶劣"的具体标准,由最高人民法院以后的司法解释或者在司法实践中把握。

第十五节 危险作业罪

一、危险作业罪的概念和特征:

危险作业罪,是指行为人在生产、作业中违反有关安全管理的规定,具有刑法第134条之一规定的情形,有发生重大伤亡事故或者其他严重后果的现实危险的行为。

危险作业罪的主要特征是:

(1) 侵犯的客体是厂矿企业、事业单位的生产安全。生产安全是关系到人民群众生命财产安全和社会稳定的重要问题。一旦发生重大安全事故,就会造成难以估量的损失,且不可挽回。因此,有必要将一些尚未发生严重后果,但具有导致重大事故发生现实危险的隐患行为犯罪化,以有效预防此类行为的发生。《刑法修正案(十一)》第4条增设了危险作业罪,要求构成本罪,首先要具有发生重大伤亡事故、造成其他严重后果的现实危险性,还对什么是重大危险作业行为,在条款中明确加以列举。这样,既考虑到生产企业的现实情况,强化生产企业的主体责任,保证安全生产,也避免对企业的生产经营造成过度负担和干扰。

(2) 客观方面,表现为以下行为:第一,关闭、破坏直接关系生产安全的监控、报警、防护、救生设备、设施,或者篡改、隐瞒、销毁其相关数据、信息的。例如已经发现瓦斯超标,但故意关闭、破坏报警、监控设备,或者修改设备阈值、破坏检测设备正常工作条件,使有关监控、检测设备不能正常工作。第二,因存在重大事故隐患被依法责令停产停业、停止施工、停止使用有关设备、设施、场所或者立即采取排除危险的整改措施,而拒不执行的。这一项的行为要件列举得不是十分明确,司法实践中要严格掌握标准:第一,要存在重大事故隐患;第二,被依法责令整改,而拒不执行。第三,涉及安全生产的事项未经依法批准或者许可,擅自从事矿山开采、金属冶炼、建筑施工,以及危险物品生产、经营、储存等高度危险的生产作业活动的。本项行为是指安全生产的事项未经批准擅自生产经营的,即通常所说的"黑矿山""黑加油站"等。其中,建筑施工领域的情况比较复杂,处罚范围不能太宽,对于农村建房等施工领域,未取得有关安全生产事项批准的,不宜作为犯罪处理。

(3) 犯罪主体,是指工矿企业中从事生产作业的人员,既可以是企事业单位的人员,也可以是个体经营者。与生产无关的行政人员、党团工会人员等,均不能成为本罪的主体。

(4) 犯罪的主观方面是过失,即实施有关行为是故意的,但对造成的危害后果不是希望和放任,而是持否定态度的。例如关闭报警设备的行为或者擅自施工的行为是故意的,但并不希望或者放任重大伤亡事故的发生。

二、认定危险作业罪应当注意的问题

注意划清罪与非罪的界限。在实践中,要特别注意对相关企业存在的重大安全隐患进行具体的分析,不能一概而论,认为只要存在重大的安全隐患就一律按照危险作业罪定罪处罚。这样处理具体问题会导致扩大化的倾向,不利于企业的生存和发展。司法人员一定要把握好定罪的条件,例如,是否具有"现实危险"性,是否具有责令整改而拒不执行的行为,等等。这样,既维护了刑事法律的尊严,也恰当地保护了涉事企业和单位的利益。

在适用本条第1项和第3项的规定时,要注意划清危险作业罪和其他犯罪的界限。例如行为人未经批准,擅自开采矿山,从事金属冶炼、建筑施工,以及危险物品生产、经营、储存等生产作业活动,可能同时构成非法采矿罪,非法运输、储存危险物质等犯罪。这时,应当根据案件的具体情况,从一重罪处罚或者进行数罪并罚。

三、危险作业罪的刑事责任

根据《刑法修正案(十一)》第4条和《刑法》第134条之一的规定,在生产、作业中违反有关安全管理的规定,实施本条第1款,第1项至第3项的行为,具有发生重大伤亡事故或者其他严重后果的现实危险的,处1年以下有期徒刑、拘役或者管制。

由于本罪不要求造成实际的危害后果,属于较轻的犯罪,所以法定刑在1年以下或者处以拘役、管制。

第十六节　本章其他犯罪

我国《刑法》分则第二章从第114条至第139条,具体规定了四十多个罪名,除以上所讲外,本章还有以下几种犯罪。

一、决水罪

决水罪,是指故意决水,制造水患,危害公共安全的行为。它的主要特征是:

(1) 客观上表现为危害公共安全的决水行为,即将受到控制的水释放出来,造成水患。

(2) 主观上必须是出自故意。

根据《刑法》第114条、第115条的规定,犯决水罪尚未造成严重后果的,处3年以上10年以下有期徒刑;致人重伤、死亡或者使公私财产遭受重大损失的,处10年以上有期徒刑、无期徒刑或者死刑。

二、过失决水罪

过失决水罪,是指过失毁坏水利设施,造成水患,危害公共安全的行为。它的主要特征是:

(1) 客观方面表现为过失毁坏水利设施,造成水患,危害公共安全,造成严重后果的行为。

(2) 主观方面只能是过失。

根据《刑法》第115条第2款的规定,犯本罪的,处3年以上7年以下有期徒刑;情节较轻的,处3年以下有期徒刑或者拘役。

三、过失爆炸罪

过失爆炸罪,是指过失引起爆炸,危害公共安全,造成严重后果的行为。它的主要特征是:

(1) 客观方面表现为过失引起爆炸,造成了致人重伤、死亡或者公私财产重大损失的严重后果,危害公共安全的行为。

(2) 主观方面是过失。

根据《刑法》第115条第2款的规定,犯本罪的,处3年以上7年以下有期徒刑;情节较轻的,处3年以下有期徒刑或者拘役。

四、过失投放危险物质罪

过失投放危险物质罪,是指过失投放毒害性、放射性、传染病病原体等危

物质,危害公共安全,造成严重后果的行为。它的主要特征是:

(1) 客观方面表现为过失投放危险物质,造成致人重伤、死亡或者公私财产重大损失的严重后果,危害公共安全的行为。

(2) 主观方面是过失。

根据《刑法》第115条第2款的规定,犯本罪的,处3年以上7年以下有期徒刑;情节较轻的,处3年以下有期徒刑或者拘役。

五、过失以危险方法危害公共安全罪

过失以危险方法危害公共安全罪,是指行为人过失以失火、决水、爆炸、投放危险物质以外的其他危险方法,致人重伤、死亡或者使公私财产遭受重大损失,严重危害公共安全的行为。它的主要特征是:

(1) 客观方面表现为实施了放火、决水、爆炸、投放危险物质以外的其他危害公共安全的行为。

(2) 主观方面只能是过失。

根据最高人民法院、最高人民检察院2003年5月13日通过的《关于办理妨害预防、控制突发传染病疫情等灾害的刑事案件具体应用法律若干问题的解释》第1条的规定,患有突发传染病或者疑似突发传染病而拒绝接受检疫、强制隔离或者治疗,过失造成传染病传播,情节严重,危害公共安全的,按照过失以危险方法危害公共安全罪定罪处罚。

根据《刑法》第114条和第115条的规定,犯本罪的,造成严重后果的,处3年以上7年以下有期徒刑;情节较轻的,处3年以下有期徒刑或者拘役。

六、过失损坏交通工具罪和过失损坏交通设施罪

过失损坏交通工具罪,是指过失损坏火车、汽车、电车、船只、航空器等交通工具,造成严重后果的行为。

过失损坏交通设施罪,是指过失损坏轨道、桥梁、隧道、公路、机场、航道、灯塔、标志等交通设施,造成严重后果的行为。它们的主要特征是:

(1) 客观方面表现为损坏交通工具或交通设施,造成严重后果的行为。

(2) 主观方面都表现为过失。

根据《刑法》第119条第2款的规定,犯上述两罪的,处3年以上7年以下有期徒刑;情节较轻的,处3年以下有期徒刑或者拘役。

七、破坏电力设备罪和破坏易燃易爆设备罪

破坏电力设备罪,是指故意破坏电力设备,已经造成或者足以造成严重后果的行为。

破坏易燃易爆设备罪,是指故意破坏燃气设备或者其他易燃易爆设备,已经造成或者足以造成严重后果的行为。它们的主要特征是:

(1) 客观方面表现为具有破坏电力设备、燃气设备或者其他易燃易爆设备,造成严重后果或足以造成严重后果的行为。

(2) 主观方面表现为故意。

根据《刑法》第118条和第119条的规定,犯上述两罪的,尚未造成严重后果的,处3年以上10年以下有期徒刑;造成严重后果的,处10年以上有期徒刑、无期徒刑或者死刑。

八、过失损坏电力设备罪和过失损坏易燃易爆设备罪

过失损坏电力设备罪,是指过失损坏电力设备,造成严重后果的行为。

过失损坏易燃易爆设备罪,是指过失损坏燃气设备或者其他易燃易爆设备,造成严重后果的行为。它们的主要特征是:

(1) 客观方面表现为过失损坏电力设备、燃气设备或者其他易燃易爆设备,造成严重后果的行为。

(2) 主观方面只能是过失。

根据《刑法》第119条第2款的规定,犯上述两罪的,处3年以上7年以下有期徒刑;情节较轻的,处3年以下有期徒刑或者拘役。

九、帮助恐怖活动罪

帮助恐怖活动罪,是指资助恐怖活动组织、实施恐怖活动的个人以及资助恐怖活动培训或者为恐怖活动培训筹集、提供经费、物资或者提供场所以及其他物质便利的行为。这是《刑法修正案(三)》增设的一个罪名。它的主要特征是:

(1) 客观方面表现为资助恐怖活动组织、实施恐怖活动的个人或者为恐怖活动培训筹集、提供经费、物资或者提供场所以及其他物质便利的行为。资助其他犯罪组织或犯罪人,不构成本罪。

(2) 犯罪主体是一般主体,单位也可以成为本罪的主体。

(3) 犯罪主观方面是故意,即明知是恐怖活动组织、是实施恐怖犯罪活动的个人或者从事、参加恐怖活动培训而予以资助。

根据《刑法》第120条之一的规定,资助恐怖活动组织、实施恐怖活动的个人的,或者资助恐怖活动培训的,处5年以下有期徒刑、拘役、管制或者剥夺政治权利,并处罚金;情节严重的,处5年以上有期徒刑,并处罚金或者没收财产。为恐怖活动组织、实施恐怖活动或者恐怖活动培训招募、运送人员的,依照前款的规定处罚。单位犯前两款罪的,对单位判处罚金,并对其直接负责的主管人员和其他直接责任人员,依照第1款的规定处罚。

十、准备实施恐怖活动罪

准备实施恐怖活动罪,是指为实施恐怖活动而进行准备的行为。具体表现为以下几种行为:

(1)为实施恐怖活动准备凶器、危险物品或者其他工具的行为。所谓"凶器",是指用来实施恐怖犯罪的枪支、刀具、棍棒、爆炸物等;"危险物品",是指具有燃烧性、爆炸性、腐蚀性、毒害性、放射性的物品,例如剧毒物品,放射性物品和其他易燃易爆物品;"其他工具",是指能够为恐怖活动犯罪提供便利,或者有利于提高实施暴力恐怖活动能力的物品,如汽车、手机、地图和指南针等。

(2)组织恐怖活动培训或者积极参加恐怖活动培训的行为。所谓"恐怖活动的培训",主要是指传授、灌输恐怖主义思想和主张。具体的培训方法可以是多种多样的,包括开办培训班、组建训练营、开办论坛、组织收听观看音频视频材料、在网上注册成员建立共同的交流平台等。

(3)为实施恐怖活动与境外恐怖活动组织或者人员联络的行为。进行联络的方式,包括直接见面、写信、打电话、发电子邮件等。

(4)为实施恐怖活动进行策划或者进行其他准备的行为。主要指制订恐怖活动计划,选择实施恐怖活动的目标、地点、时间,分配任务等行为。

根据《刑法修正案(九)》第7条和《刑法》第120条之二的规定,犯准备实施恐怖活动罪,处5年以下有期徒刑、拘役、管制或者剥夺政治权利,并处罚金;情节严重的,处5年以上有期徒刑,并处罚金或者没收财产。

有前款行为,同时构成其他犯罪的,依照处罚较重的规定定罪处罚。

十一、宣扬恐怖主义、极端主义、煽动实施恐怖活动罪

本罪是指宣扬恐怖主义、极端主义以及煽动实施恐怖活动的行为。主要表现为以下几种形式:

(1)制作、散发宣扬恐怖主义、极端主义的图书、音频视频资料或者其他物品。

(2)讲授、发布信息等。讲授和发布信息的对象,可以是明确的一人或者数人,也可以是一定范围内的不特定的人,比如在广场上对围观群众进行讲解,在网络平台上发布相关信息,等等。

(3)其他方式。指宣扬、煽动以外的方式,例如设立秘密的地下讲经点,通过投寄信件、利用不开放的网络论坛或者聊天室等进行宣扬、煽动等行为。

根据《刑法》第120条之三的规定,宣扬恐怖主义、极端主义,或者煽动实施恐怖活动的,处5年以下有期徒刑、拘役、管制或者剥夺政治权利,并处罚金;情节严重的,处5年以上有期徒刑,并处罚金或者没收财产。

十二、利用极端主义破坏法律实施罪

本罪是指利用极端主义,煽动、胁迫群众破坏国家法律实施的行为。它的主要特征是:

(1) 侵害的是国家的婚姻、司法、教育、社会管理等法律制度。

(2) 客观上表现为利用极端主义,煽动、胁迫群众破坏国家法律制度的实施。

(3) 主观上是故意,并且具有破坏国家法律实施的目的。

根据《刑法》第120条之四的规定,利用极端主义煽动、胁迫群众破坏国家法律确立的婚姻、司法、教育、社会管理等制度实施的,处3年以下有期徒刑、拘役或者管制,并处罚金;情节严重的,处3年以上7年以下有期徒刑,并处罚金;情节特别严重的,处7年以上有期徒刑,并处罚金或者没收财产。

十三、强制穿戴宣扬恐怖主义、极端主义服饰、标志罪

本罪是指强制他人在公共场所穿着、佩戴恐怖主义、极端主义服饰、标志的行为。

(1) 侵害的客体是多重客体,既在社会范围内渗透恐怖主义、极端主义思想,又侵犯被害人的人身权利、民主权利,同时又妨害社会管理秩序。

(2) 客观上表现为以暴力、胁迫或者其他手段,强制他人在公共场所穿着、佩戴宣扬恐怖主义、极端主义服饰、标志的行为。"暴力",是指殴打、捆绑、烧伤等直接伤害他人身体的行为。"胁迫",是指对被害人施以威胁、恐吓,进行精神上的强制,迫使被害人不敢抗拒的行为。"其他手段",如限制被害人人身自由,强迫被害人长时间暴露在高温或者严寒中,负有监护责任的人对被监护人不给饭吃、不给衣穿,等等。

(3) 犯罪主体是一般主体,即任何强制他人在公共场所穿着、佩戴宣扬恐怖主义、极端主义服饰、标志的人。

(4) 主观上是故意,对强制他人在公共场所穿着、佩戴宣扬恐怖主义、极端主义服饰、标志的行为和结果都是明知,并且希望结果的发生。

根据《刑法》第120条之五的规定,以暴力、胁迫等方式强制他人在公共场所穿着、佩戴宣扬恐怖主义、极端主义服饰、标志的,处3年以下有期徒刑、拘役或者管制,并处罚金。

十四、非法持有宣扬恐怖主义、极端主义物品罪

本罪是指非法持有宣扬恐怖主义、极端主义物品的行为。

(1) 客观上表现为非法持有宣扬恐怖主义、极端主义物品的行为。这里所

规定的"持有",是指行为人对恐怖主义、极端主义宣传品处于占有、支配、控制的一种状态。不仅随身携带可以认定为持有,在其住所、驾驶的运输工具上发现的恐怖主义、极端主义宣传品也可以认定为持有。

(2)主观上是故意,即行为人明知是宣扬恐怖主义、极端主义的图书、音频视频资料或者其他物品而非法持有的,才能构成本罪。这里所说的"明知",是指知道或者应当知道。

根据《刑法》第120条之六的规定,明知是宣扬恐怖主义、极端主义的图书、音频视频资料或者其他物品而非法持有,情节严重的,处3年以下有期徒刑、拘役或者管制,并处或者单处罚金。

非法持有宣扬恐怖主义、极端主义的物品,情节严重的,才构成犯罪。对于"情节严重",可以根据行为人持有的恐怖主义、极端主义宣传品的数量,内容的严重程度,以及是否曾因类似行为受到处罚等情节,加以具体认定。

十五、劫持船只、汽车罪

劫持船只、汽车罪,是指以暴力、胁迫或者其他方法劫持船只、汽车的行为。它的主要特征是:

(1)侵犯的客体是交通运输的安全。

(2)客观方面表现为以暴力、胁迫或者其他方法劫持船只、汽车的行为。

(3)主观方面只能是故意。

根据《刑法》第122条的规定,犯本罪的,处5年以上10年以下有期徒刑;造成严重后果的,处10年以上有期徒刑或者无期徒刑。

十六、暴力危及飞行安全罪

暴力危及飞行安全罪,是指对飞行中的航空器上的人员使用暴力,危及飞行安全的行为。它的主要特征是:

(1)客观方面表现为对飞行中的航空器上的人员使用暴力,危及飞行安全的行为。本罪属于危险犯,只要危及飞行安全,即使没有造成严重后果,也构成本罪。

(2)主观方面只能是故意。

根据《刑法》第123条的规定,犯本罪的,处5年以下有期徒刑或者拘役;造成严重后果的,处5年以上有期徒刑。

十七、破坏广播电视设施、公用电信设施罪

破坏广播电视设施、公用电信设施罪,是指故意破坏广播电视设施、公用电信设施,危害公共安全的行为。它的主要特征是:

(1) 客观方面表现为破坏广播电视设施、公用电信设施、危害公共安全的行为。

(2) 主观方面只能是故意。

根据《刑法》第124条第1款的规定,犯本罪的,处3年以上7年以下有期徒刑;造成严重后果的,处7年以上有期徒刑。

十八、过失损坏广播电视设施、公用电信设施罪

过失损坏广播电视设施、公用电信设施罪,是指过失损坏广播电视设施、公用电信设施,造成严重后果的行为。它的主要特征是:

(1) 客观方面表现为过失损毁广播电视设施、公用电信设施,造成严重后果的行为。

(2) 主观方面是出于过失。

根据《刑法》第124条第2款的规定,犯本罪的,处3年以上7年以下有期徒刑;情节较轻的,处3年以下有期徒刑或者拘役。

十九、非法制造、买卖、运输、邮寄、储存枪支、弹药、爆炸物罪

非法制造、买卖、运输、邮寄、储存枪支、弹药、爆炸物罪,是指违反法律规定,未经国家有关部门批准,私自制造、买卖、运输、邮寄、储存枪支、弹药、爆炸物的行为。它的主要特征是:

(1) 客观方面表现为非法制造、买卖、运输、邮寄、储存枪支、弹药、爆炸物的行为。

(2) 主观方面只能是故意。

(3) 犯罪主体是已满16周岁的自然人和公司、企业、事业单位、机关、团体。

根据《刑法》第125条第1款的规定,犯本罪的,处3年以上10年以下有期徒刑;情节严重的,处10年以上有期徒刑、无期徒刑或者死刑。第3款规定,单位犯本罪的,对单位判处罚金,并对其直接负责的主管人员和其他直接责任人员,依照第1款的规定处罚。

二十、非法制造、买卖、运输、储存危险物质罪

非法制造、买卖、运输、储存危险物质罪,是指非法制造、买卖、运输、储存毒害性、放射性、传染病病原体等物质,危害公共安全的行为。它的主要特征是:

(1) 客观方面表现为非法制造、买卖、运输、储存毒害性、放射性、传染病病原体等物质,危害公共安全的行为。

(2) 主观方面是故意,即明知是上述危险物质,而非法制造、买卖、运输或者储存;过失不构成本罪。

(3) 犯罪主体是自然人和单位。

根据《刑法》第125条第2款和《刑法修正案(三)》第5条的规定,犯本罪的,处3年以上10年以下有期徒刑;情节严重的,处10年以上有期徒刑、无期徒刑或者死刑。单位犯本罪的,对单位判处罚金,并对其直接负责的主管人员和其他直接责任人员,依照上述法定刑处罚。

二十一、违规制造、销售枪支罪

违规制造、销售枪支罪,是指依法被指定、确定的枪支制造企业、销售企业,违反枪支管理规定,具有下列情形之一的行为:(1)以非法销售为目的,超过限额或者不按照规定的品种制造、配售枪支的;(2)以非法销售为目的,制造无号、重号、假号的枪支的;(3)非法销售枪支或者在境内销售为出口制造的枪支的。本罪的主要特征:

(1) 本罪在客观方面表现为上述违规制造、销售枪支的行为。

(2) 本罪的主观方面只能是故意,并且往往是以非法销售为目的。

(3) 本罪的犯罪主体是依法被指定、确定的枪支制造企业、销售企业,是纯正的单位犯罪。

根据《刑法》第126条的规定,犯本罪的,对单位判处罚金,并对其直接负责的主管人员和其他直接责任人员,处5年以下有期徒刑;情节严重的,处5年以上10年以下有期徒刑;情节特别严重的,处10年以上有期徒刑或者无期徒刑。

二十二、非法持有、私藏枪支、弹药罪

非法持有、私藏枪支、弹药罪,是指违反枪支管理规定,未依法取得持枪证件而持有枪支、弹药,或者私自藏匿枪支、弹药,拒不交出的行为。它的主要特征是:

(1) 客观方面表现为违反枪支管理规定,非法持有、私藏枪支、弹药的行为。

(2) 主观方面只能是故意。

根据《刑法》第128条第1款的规定,犯本罪的,处3年以下有期徒刑、拘役或者管制;情节严重的,处3年以上7年以下有期徒刑。

二十三、非法出租、出借枪支罪

非法出租、出借枪支罪,是指依法配备公务用枪的人员或单位,违反枪支管理规定,非法出租、出借公务用枪的行为,以及依法配置民用枪支的人员或单位,违反枪支管理规定,非法出租、出借民用枪支,造成严重后果的行为。它的主要特征是:

(1) 客观方面表现为行为人违反枪支管理的规定,非法出租、出借枪支的行为。

(2) 主观方面只能是故意。

(3) 犯罪主体是依法配备公务用枪的人员或单位,至于何种人员和单位可以配备公务用枪,应根据《枪支管理法》确定。

根据《刑法》第 128 条的规定,犯本罪的,处 3 年以下有期徒刑、拘役或者管制;情节严重的,处 3 年以上 7 年以下有期徒刑。单位犯本罪的,对单位判处罚金,并对其直接负责的主管人员和其他直接责任人员,依照第 1 款的规定处罚。

二十四、丢失枪支不报罪

丢失枪支不报罪,是指依法配备公务用枪的人员,丢失枪支不及时报告,造成严重后果的行为。它的主要特征是:

(1) 客观方面行为人必须是有违反枪支管理的规定,丢失枪支不及时报告,造成严重后果的行为。

(2) 主观方面是故意,即明知依法配备的公务用枪已经丢失而故意不及时报告。

(3) 犯罪主体必须是依法配备公务用枪的人员,单位不能成为本罪主体。

根据《刑法》第 129 条的规定,犯本罪的,处 3 年以下有期徒刑或者拘役。量刑时应当考虑相关情节以及后果的严重程度。

二十五、非法携带枪支、弹药、管制刀具、危险物品危及公共安全罪

非法携带枪支、弹药、管制刀具、危险物品危及公共安全罪,是指违反有关规定,私自携带枪支、弹药、管制刀具或者爆炸性、易燃性、放射性、毒害性、腐蚀性物品,进入公共场所或者公共交通工具,情节严重的行为。本罪的主要特征是:

(1) 本罪在客观方面表现为非法携带枪支、弹药、管制刀具及危险物品进入公共场所或者公共交通工具,危及公共安全,情节严重的行为。

(2) 主观方面只能是故意。

根据《刑法》第 130 条的规定,犯本罪的,处 3 年以下有期徒刑、拘役或者管制。

二十六、重大飞行事故罪

重大飞行事故罪,是指航空人员违反规章制度,致使发生重大飞行事故,造成严重后果的行为。它的主要特征是:

(1) 客观方面表现为航空人员违反规章制度,致使发生重大飞行事故,造成严重后果的行为。

(2) 犯罪主体是特殊主体,即只能是从事航空工作的人员。

(3) 主观方面是过失。

根据《刑法》第 131 条的规定,犯本罪的,处 3 年以下有期徒刑或者拘役;造成飞机坠毁或者人员死亡的,处 3 年以上 7 年以下有期徒刑。

二十七、铁路运营安全事故罪

铁路运营安全事故罪,是指铁路职工违反规章制度,致使发生铁路运营安全事故,造成严重后果的行为。它的主要特征是:

(1)本罪侵犯的客体是铁路运营的安全。

(2)客观方面表现为违反规章制度,致使发生铁路运营安全事故,造成严重后果的行为。

(3)本罪的主体为特殊主体,即铁路职工。

(4)主观方面只能是过失。

根据《刑法》第132条的规定,犯本罪的,处3年以下有期徒刑或者拘役;造成严重后果的,处3年以上7年以下有期徒刑。

二十八、重大劳动安全事故罪

重大劳动安全事故罪,是指安全生产设施或者安全生产条件不符合国家规定,因而发生重大伤亡事故或者造成其他严重后果的行为。本罪的主要特征是:

(1)本罪的客体是工厂、矿山、林场、建筑企业或者其他企业、事业单位的劳动安全。

(2)本罪的客观表现为,厂矿等企业、事业单位的劳动安全设施或者安全条件不符合国家规定,因而发生重大伤亡事故或者造成其他严重后果的行为。

(3)本罪的主体是特殊主体,即厂矿企业、事业单位的主管人员和直接责任人员。

(4)本罪主观方面是过失。

根据《刑法》第135条的规定,犯本罪的,处3年以下有期徒刑或者拘役;情节特别恶劣的,处3年以上7年以下有期徒刑。

二十九、大型群众性活动重大安全事故罪

本罪是《刑法修正案(六)》增设的一个罪名,是指举办大型群众性活动违反安全管理规定,发生重大伤亡事故或者造成其他严重后果的行为。其主要特征是:

(1)客观方面表现为举办大型群众性活动违反安全管理规定,发生重大伤亡事故或者造成其他严重后果的行为。

(2)犯罪主体是特殊主体,即大型群众性活动的举办单位中,对保证活动安全负有直接责任的主管人员和其他直接责任人员。

根据《刑法》第135条和《刑法修正案(六)》第3条的规定,犯本罪的,处3年以下有期徒刑或者拘役;情节特别恶劣的,处3年以上7年以下有期徒刑。

三十、危险物品肇事罪

这是指违反爆炸性、易燃性、放射性、毒害性、腐蚀性物品的管理规定,在生产、储存、运输、使用中发生重大事故,造成严重后果的行为。它的主要特征是:

(1) 在客观上表现为违反爆炸性、易燃性、放射性、毒害性、腐蚀性物品的管理规定,在生产、储存、运输、使用中发生重大事故,造成严重后果的行为。

(2) 在主观上是出于过失。

根据《刑法》第 136 条的规定,犯本罪的,处 3 年以下有期徒刑或者拘役;后果特别严重的,处 3 年以上 7 年以下有期徒刑。

三十一、工程重大安全事故罪

工程重大安全事故罪,是指建设单位、设计单位、施工单位、工程监理单位违反国家规定,降低工程质量标准,造成重大安全事故的行为。它的主要特征是:

(1) 客观方面表现为上述单位违反国家规定,降低工程质量标准,造成重大安全事故的行为。

(2) 犯罪主体是特殊主体,即建设单位、设计单位、施工单位、工程监理单位,但刑法只处罚直接责任人员。

(3) 主观方面是过失。

根据《刑法》第 137 条的规定,犯本罪的,对直接责任人员,处 5 年以下有期徒刑或者拘役,并处罚金;后果特别严重的,处 5 年以上 10 年以下有期徒刑,并处罚金。

三十二、教育设施重大安全事故罪

教育设施重大安全事故罪,是指学校或教育机构中对校舍或者教育教学设施安全负有直接责任的人员,明知校舍或者教育教学设施有危险,而不采取措施或者不及时报告,致使发生重大伤亡事故的行为。本罪的主要特征是:

(1) 客观方面表现为行为人明知校舍或者教育教学设施有危险,而不采取措施或不及时报告,致使发生重大伤亡事故的行为。

(2) 犯罪的主体是特殊主体,即对校舍或者教育教学设施安全负有直接责任的人员。

(3) 主观方面是过失。

根据《刑法》第 138 条的规定,犯本罪的,对直接责任人员,处 3 年以下有期徒刑或者拘役;后果特别严重的,处 3 年以上 7 年以下有期徒刑。

三十三、消防责任事故罪

消防责任事故罪,是指违反消防管理法规,经消防监督机构通知采取改正措

施而拒绝执行,造成严重后果的行为。其主要特征是:

(1) 客观方面表现为违反消防管理法规,经消防监督机构通知采取改正措施而拒绝执行,造成严重后果的行为。

(2) 犯罪主体是特殊主体,即对消防责任事故负有直接责任的人员。

(3) 主观方面是过失。

根据《刑法》第 139 条的规定,犯本罪的,对直接责任人员,处 3 年以下有期徒刑或者拘役;后果特别严重的,处 3 年以上 7 年以下有期徒刑。

三十四、不报、谎报安全事故罪[①]

不报、谎报安全事故罪,是指在安全事故发生后,负有报告职责的人员不报或者谎报事故情况,贻误事故抢救,情节严重的行为。这是《刑法修正案(六)》作为《刑法》第 139 条之一所增加的一种犯罪。其主要特征是:

(1) 客观方面表现为安全事故发生后,不向有关部门报告或者谎报事故情况,情节严重的行为。

(2) 犯罪主体是对发生安全事故负有报告职责的人员,一般是指生产、经营单位的主要负责人员,对安全生产、作业负有组织监督管理职责的部门的监督、检查人员,以及地方政府对安全生产负有监督管理职责的部门直接负责的主管人员和其他责任人员。[②]

(3) 主观方面是故意,即明知已经发生重大安全事故应当报告而不报告或者不如实报告。

根据《刑法》第 139 条和《刑法修正案(六)》第 4 条的规定,犯本罪的,处 3 年以下有期徒刑或者拘役;情节严重的,处 3 年以上 7 年以下有期徒刑。

[①] 《刑法修正案(六)》增设的罪名。见最高人民法院、最高人民检察院《关于执行〈中华人民共和国刑法〉确定罪名的补充规定(三)》。

[②] 黄太云:《〈刑法修正案(六)〉的理解与适用》(上),载《人民检察》2006 年第 14 期。

第二十章　破坏社会主义市场经济秩序罪

第一节　破坏社会主义市场经济秩序罪概述

一、破坏社会主义市场经济秩序罪的概念和特征

破坏社会主义市场经济秩序罪，是指违反国家的市场经济管理法律、法规，破坏国家的市场经济管理活动，致使社会主义市场经济遭受严重损害的行为。这是《刑法》分则第三章规定的一类犯罪的总称。

破坏社会主义市场经济秩序罪具有以下特征：

(1) 本类罪侵犯的客体是社会主义市场经济秩序。市场经济秩序是社会主义市场经济制度的重要组成部分，涉及生产、交换、分配、消费的各个环节。在社会主义市场经济条件下，大力发展商品生产和流通，对于促进社会生产、市场繁荣和满足人民消费的需要，具有重大的作用。但是，随着商品生产和商品交换的发展，由于金钱和物质利益的引诱，也比较容易滋生贪图钱财的欲望，形成畸形的价值观和利益观。人们对经济利益的不正当追求，往往衍生出各种破坏社会主义市场经济秩序的犯罪活动。因此，商品生产和流通的过程既是市场经济发展的重要环节，也是最容易失去控制、导致大量犯罪活动的环节。我国刑法规定的生产、销售伪劣商品、走私、虚报注册资本、为亲友非法牟利、伪造货币、金融诈骗、偷税、抗税、假冒注册商标、假冒专利、侵犯著作权、合同诈骗、非法经营等犯罪，均发生在商品生产和商品流通的领域。这些犯罪就其本质而言，就是利用我国发展社会主义市场经济过程中出现的个别失衡和紊乱现象所实施的违法犯罪活动，它们破坏着我国正常的社会主义市场经济秩序，因此对于其中情节严重的犯罪，应当严加惩处。

(2) 在客观方面，本类罪表现为违反国家的市场经济管理法律、法规，破坏国家的市场经济管理活动，致使社会主义市场经济遭受严重损害的行为。为了加强对市场经济活动的宏观调控，维护正常的市场经济秩序，我国制定了一系列市场经济管理法律、法规，例如，《产品质量法》《食品安全法》《药品管理法》《消费者权益保护法》《海关法》《公司法》《中国人民银行法》《商业银行法》《票据法》《保险法》《外汇管理条例》《税收征收管理法》《著作权法》《商标法》《专利法》《反不正当竞争法》《广告法》等，涉及生产、财政、金融、商业、服务业、对外贸易等行业，从而形成了国家的市场经济管理制度。由于行为人违反的市场经济管理法律、法规的内容不同，其破坏社会主义市场经济秩序的行为表现形式也就不一样,其具体形式表现为《刑法》第 140 条至第 231 条规定的各种行为。但是,行为人违反有关的市场经济管理法律、法规和破坏国家的市场经济管理活动的行为,并不必然构成破坏社会主义市场经济秩序罪。一般而言,破坏社会主义市场经济秩序罪由行为方式和结果程度两方面构成。只有对其中情节严重,致使社会主义市场经济遭受严重损害的行为,才能追究其刑事责任。如果属于一般违反有关的市场经济管理法律、法规的行为,则不构成犯罪,而由有关行政管理部门予以行政处罚,这是区分罪与非罪的重要界限。

(3) 本类罪的犯罪主体主要是一般主体,可以由达到法定刑事责任年龄、具备刑事责任能力的自然人构成,但也有一些犯罪只能由特殊主体构成,例如逃税、抗税、逃避追缴欠税等犯罪的主体,只能由纳税人构成;此外,金融工作人员购买假币、以假币换取货币罪,违法发放贷款罪,违规出具金融票证罪,对违法票据承兑、付款、保证罪等犯罪的主体,只能由银行或者其他金融机构的工作人员构成。此外,根据法律规定,在本类犯罪中,许多犯罪可以由单位构成。

(4) 在主观方面,本类犯罪绝大多数表现为故意犯罪,并且具有牟取不法利益的犯罪目的。但是,也有少数犯罪只能由过失构成,例如,签订、履行合同失职被骗罪,违法发放贷款罪,对违法票据承兑、付款、保证罪,出具证明文件重大失实罪等。

以上四个方面的构成要件是相互联系、有机统一的,只有同时具备这些要件的行为,才构成破坏社会主义市场经济秩序罪。

二、破坏社会主义市场经济秩序罪的种类

我国《刑法》分则第三章从第 140 条至第 231 条,将破坏社会主义市场经济秩序罪划分为以下八小类犯罪:生产、销售伪劣商品罪;走私罪;妨害对公司、企业的管理秩序罪;破坏金融管理秩序罪;金融诈骗罪;危害税收征管罪;侵犯知识产权罪;扰乱市场秩序罪。同时,又在以上每小类犯罪中,规定了许多具体的罪名,从而形成了一个完整的罪刑结构体系。

第二节 生产、销售伪劣产品罪

一、生产、销售伪劣产品罪

(一) 生产、销售伪劣产品罪的概念和特征

生产、销售伪劣产品罪,是指生产者、销售者在产品中掺杂、掺假,以假充真,以次充好或者以不合格产品冒充合格产品,销售金额在 5 万元以上的行为。

生产、销售伪劣产品罪的主要特征是:

(1) 侵犯的客体是复杂客体,既侵犯了国家关于产品质量的管理制度,也损害了用户和消费者的合法权益。为了加强对产品质量的监督管理,明确产品质量责任,保护用户和消费者的合法权益,我国《产品质量法》明确规定:产品质量应当检验合格,不得以不合格产品冒充合格产品;可能危及人体健康和人身、财产安全的工业产品,必须符合保障人体健康和人身、财产安全的国家标准、行业标准;生产者、销售者在生产、销售产品时,不得掺杂、掺假,不得以假充真,以次充好,不得以不合格产品冒充合格产品。但是,某些不法分子为了牟取暴利,大肆进行生产、销售伪劣产品的违法犯罪活动,不仅破坏了国家对产品质量的监督管理,而且其犯罪后果还严重损害了用户和消费者的合法权益,直接危及用户和消费者的人身安全和财产关系。因此,必须运用刑法武器,对生产、销售伪劣产品的犯罪活动予以坚决打击。

(2) 在客观方面,行为人必须具有生产、销售伪劣产品的行为。根据最高人民法院、最高人民检察院2001年4月5日《关于办理生产、销售伪劣商品刑事案件具体应用法律若干问题的解释》第1条的规定,主要表现为以下几种情形:第一,在产品中掺杂、掺假,即在产品中掺入杂质或者异物,致使产品质量不符合国家法律、法规或者产品明示质量标准规定的质量要求,降低、失去应有的使用性能,例如,在酒中掺水,在羊毛中掺入沙子等;第二,以假充真,即以不具有某种使用性能的产品冒充具有该种使用性能的产品,例如,以自来水冒充矿泉水,将党参冒充人参等;第三,以次充好,即以低等级、低档次产品冒充高等级、高档次产品,或者以残次、废旧零配件组合、拼装后冒充正品或者新产品,例如,以二级产品冒充一级产品,以二锅头酒冒充茅台酒等;第四,以不合格产品冒充合格产品,即以不符合我国《产品质量法》第26条第2款规定的质量要求的产品,冒充符合产品质量管理标准的产品,例如以次品冒充正品等。行为人只要实施上述四种行为之一,即符合本罪在客观方面的构成要件。另外,根据我国《产品质量法》的规定,本罪的犯罪对象仅限于经过加工、制作,用于销售的产品,不包括建筑工程。

(3) 犯罪主体必须是生产、销售产品的自然人或者单位,用户、消费者则不能构成本罪。至于是合法的生产者、销售者,还是非法的生产者、销售者,并不影响本罪的构成。知道或者应当知道他人实施生产、销售伪劣商品犯罪,而为其提供贷款、资金、账号、发票、证明、许可证件,或者提供生产、经营场所或者运输、仓储、保管、邮寄等便利条件,或者提供制假生产技术的,以生产、销售伪劣商品犯罪的共犯论处。

(4) 在主观方面,必须是出于故意。过失不构成本罪。

(二) 生产、销售伪劣产品罪的认定

(1) 划清罪与非罪的界限。依据《刑法》第140条的规定,行为人生产、销售伪劣产品的行为,必须是销售伪劣产品的金额达到5万元以上的,才构成犯罪。因此,销售金额不满5万元的,则属于一般违法行为,可以由有关部门给予吊销营业执照,或者责令停止生产、销售,没收违法生产、销售的产品和违法所得以及罚款等行政处罚。针对司法实践中,生产、销售伪劣产品的活动往往无账可查,销售金额难以认定的问题,相关司法解释专门规定:"销售金额",是指生产者、销售者出售伪劣产品后所得和应得的全部违法收入,这样就包括了虽然已售出但未回款的情况。对于多次实施生产、销售伪劣产品行为,未经处理的,伪劣产品的销售金额或者货值金额累计计算。

同时,司法解释还规定,伪劣产品尚未销售,货值金额达到《刑法》第140条规定的销售金额3倍以上的,以生产、销售伪劣产品罪(未遂)定罪处罚。之所以这样规定,主要是考虑以往的司法解释中犯罪未遂的定罪起点高于犯罪既遂,如盗窃罪以数额较大为起点,而盗窃未遂则是以数额巨大为盗窃目标的,才构成犯罪。并且,伪劣产品成本低,其售价也低,按货值计算的金额一般都高于按销售价计算的金额,这样比较合理。

(2) 区分生产、销售伪劣产品罪的一罪与数罪。本罪为选择性罪名,行为人只要实施了生产或者销售伪劣产品行为中的任何一种,且销售金额达到法定标准,即可构成生产伪劣产品罪或者销售伪劣产品罪。如果行为人既生产了伪劣产品,又销售了自己生产的伪劣产品,且销售金额在5万元以上,则构成一罪,而不应实行数罪并罚。但是,若行为人生产了伪劣产品,又销售了他人生产的伪劣产品,且销售金额都达到法定标准,则应按生产伪劣产品罪和销售伪劣产品罪并罚。

(3) 区分本罪与其他生产、销售伪劣商品犯罪的界限。本罪的犯罪对象是一般意义上的不特定商品,并且要求销售金额达到法定标准;而《刑法》第三章第一节所规定的生产、销售假药等其他生产、销售伪劣商品犯罪的对象是特定的,而且没有销售金额的数量要求,只是以"严重危害人体健康""造成严重后果""使生产遭受较大损失"等作为构成要件。根据《刑法》第149条的规定,行为人生产、销售假药等第141条至第148条所列的特定伪劣产品,不构成各该条规定的犯罪,但销售金额在5万元以上的,则依照本罪定罪处罚。但是,如果行为人生产、销售假药等第141条至第148条所列的特定伪劣产品,不仅构成各该条规定的犯罪,同时销售金额在5万元以上,也构成本罪时,则依照处罚较重的规定定罪处罚。

(三) 对生产、销售伪劣产品罪的处罚

对于犯生产、销售伪劣产品罪的自然人,《刑法》第140条依据其销售金额的不同,规定了四个档次的法定刑:(1) 销售金额在5万元以上不满20万元的,处2年以下有期徒刑或者拘役,并处或者单处销售金额50%以上2倍以下罚金;(2) 销售金额在20万元以上不满50万元的,处2年以上7年以下有期徒刑,并处销售金额50%以上2倍以下罚金;(3) 销售金额在50万元以上不满200万元的,处7年以上有期徒刑,并处销售金额50%以上2倍以下罚金;(4) 销售金额在200万元以上的,处15年有期徒刑或者无期徒刑,并处销售金额 50% 以上 2 倍以下罚金或者没收财产。同时，第 150 条还规定，单位犯本罪的，对单位判处罚金，并对其直接负责的主管人员和其他直接责任人员，依照自然人犯本罪的量刑标准处罚。

二、生产、销售、提供假药罪

(一) 生产、销售、提供假药罪的概念和特征

生产、销售、提供假药罪，是指违反国家的药品管理法规，生产、销售、提供假药的行为。

生产、销售、提供假药罪的主要特征是：

(1) 侵犯的客体是复杂客体，既侵犯了国家的药品管理制度，也危害着公民的生命权、健康权。由于药品直接关系着公民的生命和健康，我国于 1984 年 9 月通过了《药品管理法》，明确规定"禁止生产、销售假药"（第 33 条），并且对有关药品的生产和经销作了详细的规定，以保障人民的用药安全，维护公民的生命权、健康权。而生产、销售假药的行为，不仅严重侵犯了国家对药品的管理制度，并且严重威胁着人民的身体健康，危害极大，应当受到刑法的严厉打击。

(2) 在客观方面，必须具有生产、销售、提供假药的行为。修改后的《刑法》第 141 条分为两款，根据《刑法》第 141 条第 1 款和《刑法修正案（十一）》第 5 条的规定，只要行为人在客观上实施了生产、销售假药的行为，就构成本罪。如果已经对人体健康造成严重危害后果，是一个从重处罚的情节。本条规定中的"有其他严重情节"和"其他特别严重情节"，主要应当根据行为人生产、销售假药的数量、被害人的人数以及其他严重危害人体健康的情节进行认定。本次修改，删除了原刑法条文第 2 款"本条所称假药，是指依照《中华人民共和国药品管理法》的规定属于假药和按假药处理的药品、非药品"的规定。2019 年新修订的《药品管理法》对假药的范围进行了调整，缩小了假药定义的范围，删除按照假药论处的情形。因此，考虑到与国家药品管理法的衔接，《刑法修正案（十一）》删除了该款规定。但是，对于假药，还应依照药品管理法的规定进行认定。根据 2019 年《药品管理法》第 98 条的规定："有下列情形之一的，为假药：(一) 药品所含成分与国家药品标准规定的成分不符；(二) 以非药品冒充药品或者以他种药品冒充此种药品；(三) 变质的药品；(四) 药品所标明的适应症或者功能主治超出规定范围"。根据 2014 年最高人民法院、最高人民检察院《关于办理危害药品安全刑事案件适用法律若干问题的解释》的规定，以生产、销售假药、劣药为目的，实施下列行为之一的，应当认定为本款规定的"生产"：(1) 合成、精制、提取、储存、加工炮制药品原料的行为；(2) 将药品原料、辅料、包装材料制成成品过程中，进行配料、混合、制剂、储存、包装的行为；(3) 印制包装材料、标签、说明书的行为。

修改后的《刑法》第 141 条第 2 款，在客观方面表现为，药品使用单位的人

员明知是假药而提供给他人使用的行为。医院等医疗单位的人员负有救死扶伤的义务,如果明知是假药而有偿销售、无偿提供给他人使用,就会严重损害人民群众的生命安全和健康,造成严重的社会危害。《刑法修正案(十一)》第5条,将对生产销售假药、劣药的处罚,延伸到使用环节,如果医疗机构等药品使用单位提供假药、劣药,也必须予以处罚。

(3) 犯罪主体是一般主体,自然人和单位均可构成本罪。

(4) 在主观方面,只能由故意构成,即行为人明知自己生产、销售、提供的是假药,但为了牟利或出于其他目的,依然进行生产、销售或提供,过失不能构成本罪。

(二) 生产、销售、提供假药罪的认定

(1) 划清罪与非罪的界限。《刑法修正案(八)》对《刑法》第141条进行了修改,降低了本罪的入罪门槛。根据原规定,生产、销售假药"足以严重危害人体健康的"才构成犯罪。在修改后的规定中,只要行为人实施了生产、销售假药的行为就构成犯罪。这样修改主要是从维护人民群众身体健康的角度考虑的。但是,在实践中仍有一个划清罪与非罪界限的问题,如果行为人生产的假药虽然没有什么疗效,但对人体机能明显没有任何危害,比如以萝卜干冒充人参,还是不宜作为犯罪处理,可以由有关部门给予行政处罚。

根据2014年最高人民法院、最高人民检察院《关于办理危害药品安全刑事案件适用法律若干问题的解释》的规定,对于销售少量根据民间传统配方私自加工的药品或者销售少量未经批准进口的国外、境外药品的行为,如果没有造成他人伤害后果或者延误诊治,情节显著轻微危害不大的,不认为是犯罪。

(2) 区分本罪与生产、销售、提供劣药罪的界限。这两种犯罪在犯罪主体、犯罪主观方面以及犯罪客观方面基本相同,两者的主要区别在于:第一,犯罪对象不同。本罪的犯罪对象是假药,而生产、销售、提供劣药罪的对象是劣药。根据我国《药品管理法》第98条第3款的规定,劣药包括:药品成分的含量与国家药品标准不符合的药品;被污染的药品;未标明有效期或者更改有效期的药品;未注明或者更改生产批号的药品;超过有效期的药品;擅自添加防腐剂、辅料的药品;其他不符合药品标准规定的药品。第二,犯罪形态不同。本罪在犯罪形态上属于行为犯,而生产、销售劣药罪属于结果犯,只有生产、销售劣药的行为对人体健康造成严重的危害结果,才能构成犯罪。第三,处罚的程度不同。由于"假药"对人体健康造成的危害要大于"劣药",因此,本罪的处罚程度要重于生产、销售、提供劣药罪,本罪的法定最高刑为死刑,而生产、销售劣药罪的法定最高刑为无期徒刑。

(三) 生产、销售、提供假药罪的刑事责任

对于犯生产、销售假药罪的自然人,《刑法》第141条规定了三个档次的法定刑:(1) 构成本罪的,处3年以下有期徒刑或者拘役,并处罚金;(2) 对人体健

康造成严重危害或者有其他严重情节的,处3年以上10年以下有期徒刑,并处罚金;(3)致人死亡或者有其他特别严重情节的,处10年以上有期徒刑、无期徒刑或者死刑,并处罚金或者没收财产。根据相关司法解释,生产、销售的假药被使用后,造成轻伤、重伤或者其他严重后果的,应认定为"对人体健康造成严重危害";生产销售的假药被使用后,致人严重残疾,3人以上重伤、10人以上轻伤或者造成其他特别严重后果的,应认定为"对人体健康造成特别严重危害"。同时,第150条还规定,单位犯本罪的,对单位判处罚金,并对其直接负责的主管人员和其他直接责任人员,依照自然人犯本罪的量刑标准处罚。

根据《刑法修正案(十一)》第5条和《刑法》第141条第2款的规定,药品使用单位的人员明知是假药而提供给他人使用的,依照前款的规定处罚。

三、妨害药品管理罪

(一)妨害药品管理罪的概念和特征

妨害药品管理罪,是指违反药品管理法规,具有《刑法》第142条之一规定的情形,足以严重危害人体健康,或者对人体健康造成严重危害以及有其他严重情节的行为。

妨害药品管理罪的主要特征是:

(1)侵犯的客体是国家的药品监管秩序。药品关系人民群众的生命和健康,加强药品管理就必须采取最严谨的标准、最严格的监督,以确保药品生产质量。我国《药品管理法》不再保留"按假药论处"的概念,将原来的假药、劣药和按假药、劣药论处分为三种情况:一是列为假药;二是列为劣药;三是将违反药品管理秩序的行为单独规定。《刑法修正案(十一)》第7条和《刑法》第142条之一,将"按假药论处"中"生产、销售国务院药品监督管理部门禁止使用的药品的","未取得药品批准证明文件生产、进口药品或者明知是上述药品而销售的"等严重违反药品监管秩序的行为,纳入规制范围。另外,违反药品监管秩序,在药品申请注册过程中,提供虚假证明文件以及编造生产、检验记录的,也构成本罪。

(2)客观方面,表现为违反药品管理法规,生产、销售国务院药品监督管理部门禁止使用的药品;未取得药品相关批准证明文件生产、进口药品或者明知是上述药品而销售;药品申请注册中提供虚假的证明、数据、资料、样品或者采取其他欺骗手段;编造生产、检验记录,足以严重危害人体健康或者对人体健康造成严重危害以及有其他严重情节的行为。

这里所说的"禁止使用的药品",是指《药品管理法》第83条规定的,疗效不确切、不良反应大或者因其他原因危害人体健康的情形以及被依法注销药品注册书、禁止使用的药品。"未取得药品相关批准证明文件",是指未取得药品生产、经营许可证,未取得药品注册证书,未取得医疗机构制剂许可证、制剂批准文号。对于进口药品,是指未取得进口药品注册证、医药产品注册证或者进口药品批件。此外,在申请药品注册时,未能提供真实、充分、可靠的数据、资料、样品或者采取其他欺骗手段的,以及编造生产、检验记录的行为,都应当依法追究刑事责任。

(3) 犯罪主体是自然人或者单位。

(4) 犯罪的主观方面只能是故意,过失不能构成本罪。

(二) 妨害药品管理罪的刑事责任

根据《刑法修正案(十一)》第7条和《刑法》第142条之一的规定,妨害药品管理罪有两档法定刑,一是实施本条第1款规定的4种行为,足以严重危害人体健康的,处3年以下有期徒刑或者拘役,并处或者单处罚金;二是对人体健康造成严重危害或者有其他严重情节的,处3年以上7年以下有期徒刑,并处罚金。"足以严重危害人体健康""对人体健康造成严重危害""其他严重情节"的认定,由最高人民法院和最高人民检察院在总结经验的基础上,作出相应的司法解释。

有前款行为,同时又构成本法第141条、第142条规定之罪或者其他犯罪的,依照处罚较重的规定定罪处罚。如果违反药品管理法规,生产、销售、提供假药或者劣药,符合生产、销售、提供假药罪和生产、销售、提供劣药罪的构成要件或者生产、销售伪劣产品,侵犯知识产权,非法经营,非法行医,非法采供血等其他犯罪的,根据本款规定的原则,应当依照生产、销售、提供假药罪,生产、销售、提供劣药罪的规定定罪处罚,或者依照生产、销售伪劣产品罪,侵犯知识产权犯罪,非法经营罪定罪处罚。

第三节 走 私 罪

一、走私武器、弹药罪

(一) 走私武器、弹药罪的概念和特征

走私武器、弹药罪,是指违反海关法规,逃避海关监管,走私武器、弹药的行为。

走私武器、弹药罪的主要特征是:

(1) 侵犯的客体是我国的对外贸易管理制度。对外贸易管理制度是指为了维护国家的主权,发展对外贸易,国家对进出口的货物、物品的种类、数量实行严格控制、监督和征收关税,防止其非法过境和偷逃关税的管理制度。根据我国的海关法规,我国对外贸易管理制度的主要内容包括:第一,对进出口的货物、物品采取准许、限制或禁止进出口的制度;第二,对进出口的非贸易性物品,根据该物品的种类、特点,实行限进、限出、限量、限值的制度;第三,对进出口的货物、物品实行征收关税的制度。历史经验表明,任何一个主权国家,都要根据发展经济的需要,对进出口货物、物品的品种及数量实行严格的控制和监督。由于走私武器、弹药罪的犯罪对象是特定物,属于国家严格禁止非法进出口的货物、物品,对社会具有严重的危害性和危险性,因而其必然破坏国家的对外贸易管理制度。这是本罪的最本质特征。

(2) 在客观方面,必须具有违反海关法规,逃避海关监管,进行走私武器、弹药进出国(边)境的行为。① 违反海关法规和逃避海关监管,是走私行为在客观方面的两个基本要件。所谓海关法规,主要是指全国人大常委会于1987年1月通过的《中华人民共和国海关法》及其实施细则以及相关的规定。所谓逃避海关监管,是指采取各种非法方法,逃避海关的监督、管理和检查,例如,以合法形式经过海关或边卡检查站,但采取伪装、假报、隐匿过境物品的方法,蒙混过关;未经有关部门批准,不经过设关的海关或边卡检查站,将物品非法过境等。另外,本罪的犯罪对象是特定的,只限于武器、弹药,走私其他货物、物品的,则不能按照本罪处理。所谓"武器、弹药",是指我国《禁止进出境物品表》所规定的各种军用武器、弹药和爆炸物以及其他类似军用武器、弹药和爆炸物等。本罪是选择性罪名,行为人只要走私上述违禁品之一,即可构成本罪。

(3) 犯罪主体是一般主体。任何达到法定刑事责任年龄、具备刑事责任能力的自然人均可构成本罪。依据《刑法》第151条第5款的规定,单位也可构成本罪。另外,依据第156条的规定,如果其他人或单位与走私武器、弹药罪的罪犯通谋,为走私罪犯提供贷款、资金、账号、发票、证明,或者为其提供运输、保管、邮寄或其他方便的,则以走私武器、弹药罪的共犯论处。

(4) 在主观方面,必须是出于故意。过失不构成本罪。

(二) 走私武器、弹药罪的认定

(1) 划清罪与非罪的界限。依据《刑法》第151条第1款的规定,对走私武器、弹药罪的构成,没有数量上的要求,因此,凡故意走私武器、弹药,不论其走私物品的价值数额大小,原则上都构成犯罪,应当依法追究刑事责任。在实际执行中,应当抓住本罪的主观特征,区分罪与非罪的界限。

(2) 区分本罪与《刑法》第125条所规定的非法制造、买卖、运输、邮寄、储存枪支、弹药、爆炸物罪之间的界限。本罪与第125条所规定的犯罪,在犯罪对象、犯罪主体、犯罪的主观要件等方面基本相同,而且"运输"也是它们所共同具备的行为方式。但是,它们在犯罪客体、犯罪的客观要件方面存在着显著的区

---

① 一种观点认为,根据《海关法》的规定,走私是指运输、携带、邮寄货物、物品非法进出关境(简称"进出境")的行为。参见姜伟主编:《刑事司法指南》2001年第1辑,法律出版社2001年版,第32页。

别:第一,犯罪客体不同。本罪侵犯的客体是国家的对外贸易管理制度;而第125条所规定的犯罪侵犯的客体是公共安全,即不特定多数人的生命、健康和重大公私财产的安全。第二,犯罪的客观要件不同。"运输"在本罪中体现为违反海关法规,逃避海关监管,将物品非法运输进出国(边)境;而第125条所规定的犯罪一般在我国境内进行,不存在进出国(边)境的问题。

(三) 对走私武器、弹药罪的处罚

对于犯走私武器、弹药罪的自然人,《刑法修正案(九)》第9条和《刑法》第151条第1款规定了三个档次的法定刑:(1) 构成本罪的,处7年以上有期徒刑,并处罚金或者没收财产;(2) 情节特别严重的,处无期徒刑(取消了死刑),并处没收财产;(3) 情节较轻的,处3年以上7年以下有期徒刑,并处罚金。同时,第151条第4款还规定,单位犯本罪的,对单位判处罚金,并对其直接负责的主管人员和其他直接责任人员,依照自然人犯本罪的量刑标准处罚。

二、走私核材料罪

(一) 走私核材料罪的概念和特征

走私核材料罪,是指违反海关法律、法规,逃避海关监管,非法运输、携带、邮寄核材料的行为。

走私核材料罪的主要特征是:

(1) 侵犯的客体是我国的对外贸易管理制度。本罪的犯罪对象是核材料,和武器、弹药一样,属于国家严格禁止非法进出口的货物、物品,一旦流失,就会对社会形成严重的危害或危险,因此必须严格管理。

(2) 客观方面,必须具有违反海关法规、逃避海关监管,进行走私核材料进出国(边)境的行为。所谓核材料,是指可以发生原子核变或者聚合反应的放射性材料。包括:铀-235,含铀-235的材料和制品;铀-233,含铀-233的材料和制品;钚-239,含钚-239的材料和制品;氚,含氚的材料和制品;锂-6,含锂-6的材料和制品;其他需要管制的核材料。

(3) 犯罪主体是一般主体。任何达到法定刑事责任年龄、具备刑事责任能力的自然人均可构成本罪。依据《刑法》第151条第5款的规定,单位也可构成本罪。另外,依据《刑法》第156条的规定,如果其他人或单位与走私核材料的罪犯通谋,为走私罪犯提供贷款、资金、账号、发票、证明,或者为其提供运输、保管、邮寄或其他方便的,以走私核材料罪的共犯论处。

(4) 主观方面是故意,过失不构成本罪。

(二) 对走私核材料罪的处罚

对于走私核材料的自然人,《刑法》第151条第1款规定了三个档次的法定刑:(1) 构成本罪的,处7年以上有期徒刑,并处罚金或者没收财产;(2) 情节特别严重的,处无期徒刑,并处没收财产;(3)情节较轻的,处3年以上7年以下有期徒刑,并处罚金。《刑法》第151条第4款还规定,单位犯本罪的,对单位判处罚金,并对其直接负责的主管人员和其他直接责任人员,依照自然人犯本罪的量刑标准处罚。

三、走私淫秽物品罪

(一)走私淫秽物品罪的概念和特征

走私淫秽物品罪,是指以牟利或者传播为目的,违反海关法规,走私淫秽的书刊、影片、录像带、录音带、图片或者其他淫秽物品,逃避海关监管的行为。

走私淫秽物品罪的主要特征是:

(1)侵犯的客体是复杂客体,既侵害了我国的对外贸易管理制度,同时又侵犯着社会管理秩序。淫秽物品又称作"黄毒",由于它毒化了社会风气,危害着青少年的身心健康,是许多犯罪的催化剂,因而历来是我国禁止进出境的违禁品。走私淫秽物品的行为,使得国外具体描绘性行为或者露骨宣扬色情的淫秽物品进入我国境内,进一步扩大了其在社会的蔓延和泛滥,不仅侵害我国的对外贸易管理制度,还腐蚀着人们的思想,诱发其他犯罪,从而侵犯着社会管理秩序,破坏了社会主义精神文明建设。

(2)在客观方面,必须具有违反海关法规,非法运输、携带、邮寄淫秽物品进出国(边)境,逃避海关监管的行为。本罪的犯罪对象,专指淫秽物品。依据《刑法》第367条的规定,所谓淫秽物品,是指具体描绘性行为或者露骨宣扬色情的诲淫性的书刊、影片、录像带、录音带、图片及其他淫秽物品。有关人体生理、医学知识的科学著作不是淫秽物品,包含有色情内容的有艺术价值的文学、艺术作品不视为淫秽物品。

(3)犯罪主体是一般主体,自然人和单位均可构成本罪。另外,依据《刑法》第156条的规定,如果其他人或单位与走私淫秽物品罪的罪犯通谋,为走私罪犯提供贷款、资金、账号、发票、证明,或者为其提供运输、保管、邮寄或其他方便的,则以走私淫秽物品罪的共犯论处。

(4)在主观方面,只能由故意构成,并且必须以牟利或者传播为目的。所谓"以牟利为目的",是指行为人走私淫秽物品是为了贩卖、出租、营业性播放或者通过其他方式获取非法利润。而"以传播为目的",是指行为人走私淫秽物品是为了在社会上传播、扩散。至于行为人的目的是否实现,并不影响本罪的构成。

(二)走私淫秽物品罪的认定

(1)划清罪与非罪的界限。由于法律对本罪在客观方面的构成条件,没有情节严重的特殊要求,因此,行为人在主观上是否"以牟利或者传播为目的",是区分罪与非罪的重要界限。如果行为人不具有这种目的,其携带少量的淫秽物品入境是为了自己使用、为他人代买、赠友等,则只能是一般的违法行为,而不宜以走私淫秽物品罪论处。而且,行为人若出于过失,确实不知其所运输、携带、邮寄的物品是淫秽物品而进出境的,也不能构成本罪。

(2) 区分走私淫秽物品罪与传播淫秽物品牟利罪的界限。这两种犯罪的对象都是淫秽物品,在主观方面也均以牟利为目的,但两者在客观方面存在显著的区别:走私淫秽物品罪在客观方面体现为违反海关法规,逃避海关监管,将淫秽物品非法运输、携带、邮寄进出国(边)境;而传播淫秽物品牟利罪是以邮寄、承运等方式在我国境内进行,致使淫秽物品得以流传,并不存在逃避海关监管而进出国(边)境的问题。但是,依据《刑法》第155条的规定,如果行为人直接向走私人非法收购走私的淫秽物品,即使其收购的行为在我国境内进行,不存在逃避海关监管的问题,也应以走私淫秽物品罪论处。

(三) 对走私淫秽物品罪的处罚

对于犯走私淫秽物品罪的自然人,《刑法》第152条第1款规定了三个档次的法定刑:(1) 构成本罪的,处3年以上10年以下有期徒刑,并处罚金;(2) 情节严重的,处10年以上有期徒刑或者无期徒刑,并处罚金或者没收财产;(3) 情节较轻的,处3年以下有期徒刑、拘役或者管制,并处罚金。同时,第152条第2款还规定,单位犯本罪的,对单位判处罚金,并对其直接负责的主管人员和其他直接责任人员,依照自然人犯本罪的量刑标准处罚。

第四节　妨害对公司、企业的管理秩序罪

一、虚报注册资本罪

(一) 虚报注册资本罪的概念和特征

虚报注册资本罪,是指在申请公司登记时,使用虚假材料或者采取其他欺诈手段虚报注册资本,欺骗公司登记主管部门,取得公司登记,虚报注册资本数额巨大、后果严重或者有其他严重情节的行为。

虚报注册资本罪的主要特征是:

(1) 侵犯的客体是我国的公司登记管理制度。公司是社会主义市场经济中的重要主体,它是指依照《公司法》在我国境内设立的有限责任公司和股份有限公司。为了适应建立现代企业制度的需要,规范公司的组织和行为,确认公司的企业法人资格,取缔非法经营,我国建立了公司登记管理制度。在我国《公司法》以及《市场主体登记管理条例》中,对公司的登记行为都作了详尽的规定。公司只有经过公司登记机关依法核准登记,领取营业执照,方可取得企业法人资格,开展经营活动。根据我国公司登记管理制度的要求,行为人在向公司登记机

关申请设立登记时,应提交设立登记的申请书、公司章程、验资证明等文件,而注册资本是公司章程、验资证明的主要内容和前提。在实际生活中,如果行为人虚报注册资本,骗取公司登记,就侵犯了我国的公司登记管理制度,妨害着国家对公司、企业的管理秩序,若虚报的注册资本数额巨大,还会给社会造成严重的后果。因此,我国《公司法》第199条禁止虚报注册资本的行为,规定构成犯罪的,依法追究刑事责任。

(2) 在客观方面,表现为以下三个不可分割的要件:第一,本罪的犯罪对象必须是注册资本。注册资本是公司承担风险、偿还债务的基本保证,是公司经营资本的组成部分。依据我国《公司法》的规定,有限责任公司的注册资本为在公司登记机关登记的全体股东认缴的出资额;而股份有限公司的注册资本为在公司登记机关登记的全体发起人认购的股本总额,股份有限公司采取募集方式设立的,注册资本为在公司登记机关登记的实收股本总额。此外,我国有关法律、法规以及国务院决定还对某些特定类型的有限责任公司和股份有限公司的注册资本实缴及注册资本最低限额作了规定。如果行为人虚报公司登记的事项与注册资本无关,如虚报股东的法定人数、虚构生产经营场所等,则不构成本罪。第二,行为人在申请公司登记时,使用虚假证明文件或者采取其他欺诈手段虚报注册资本,欺骗公司登记主管部门。根据我国《公司法》的规定,股份有限公司发行股份的股款缴足后,必须经过法定的验资机构验资并出具证明。所谓"使用虚假材料",是指使用虚假的法定验资机构所出具的验资证明、验资报告、资产评估报告等证明文件。至于该虚假的证明文件是行为人自己制作的,还是他人制作的,在所不问。所谓"其他欺诈手段"是指采用其他隐瞒真相、虚构事实的方法,如冒充某级机关或领导的批文,来虚报注册资本。而且,行为人欺骗的对象是特定的,必须是公司登记主管部门。依据我国《市场主体登记管理条例》的规定,市场监督管理部门是公司登记机关。第三,行为人必须取得了公司登记。如果在申请公司登记的过程中,公司登记主管部门发现其使用的是虚假的证明文件或者采取其他欺诈手段,没有予以登记,则不构成本罪。因此,本罪是结果犯,行为人是否取得了公司登记,是构成本罪的一个重要条件。

(3) 犯罪主体是特殊主体,必须是申请公司登记的自然人或者单位。根据我国《公司法》的规定,在设立有限责任公司时,申请公司登记的人是全体股东指定的代表或者共同委托的代理人;股份有限公司的登记申请人是董事会。

(4) 在主观方面,必须是出于故意,过失不构成本罪。如果行为人因疏忽大意,或者因确实不知道公司的登记要求而导致注册资本虚假的,则不构成本罪。

(二) 虚报注册资本罪的认定

(1) 划清罪与非罪的界限。依据法律的规定,行为人虚报的注册资本必须达到数额巨大、后果严重或者有其他严重情节的程度,才构成犯罪。这是区分罪与非罪的主要界限。如果行为人虚报注册资本的数额不大,后果不严重,也没有其他严重情节的,就不能构成本罪,可依据我国《公司法》第199条的规定,由有关部门责令改正,处以一定数额的罚款,还可撤销公司登记。

根据司法实践,具有下列情形之一的,应予追诉:第一,法定注册资本最低限额在600万元以下,虚报数额占其应缴出资数额60%以上的。第二,法定注册资本最低限额超过600万元,虚报数额占其应缴出资数额30%以上的。第三,造成投资者或者其他债权人直接经济损失累计数额在50万元以上的。第四,虽未达到上述数额标准,但具有下列情形之一的:2年内因虚报注册资本受过2次以上行政处罚,又虚报注册资本的;向公司登记主管人员行贿的;为进行违法活动而注册的。第五,其他后果严重或者有其他严重情节的情形。上述情形只适用于依法实行注册资本实缴登记制的公司。

(2)区分虚报注册资本罪与诈骗罪的界限。这两种犯罪都使用了欺骗的手段,在主观方面也均出于故意,但两者在主观目的、侵犯的客体、被害的对象等方面存在着显著的区别:第一,主观目的不同。虚报注册资本罪的犯罪目的是欺骗公司登记机关,非法取得公司登记;诈骗罪的目的是非法占有公私财物。第二,侵犯的客体不同。虚报注册资本罪侵犯的客体是我国的公司登记管理制度;诈骗罪的犯罪客体是公私财物所有权。第三,被害的对象不同。公司登记主管部门是虚报注册资本罪的被害对象,如果行为人使用虚假材料或者采取其他欺诈手段虚报注册资本,是为了欺骗对方当事人,而没有去公司登记主管部门申请公司登记,则不构成本罪;诈骗罪的被害对象是公司登记主管部门以外的被害人。

(三)对虚报注册资本罪的处罚

依据《刑法》第158条的规定,自然人犯本罪的,处3年以下有期徒刑或者拘役,并处或者单处虚报注册资本金额1%以上5%以下罚金。单位犯本罪的,对单位判处罚金,并对其直接负责的主管人员和其他直接责任人员,处3年以下有期徒刑或者拘役。

二、虚假出资、抽逃出资罪

(一)虚假出资、抽逃出资罪的概念和特征

虚假出资、抽逃出资罪,是指公司发起人、股东违反公司法的规定,未交付货币、实物或者未转移财产权[①],虚假出资,或者在公司成立后又抽逃其出资,数额巨大、后果严重或者有其他严重情节的行为。

虚假出资、抽逃出资罪的主要特征是:

(1)侵犯的客体是国家关于公司出资方面的管理制度。有限责任公司和股

[①] 根据我国《公司法》第27条的规定,实物、知识产权和土地使用权属于非货币财产。

份有限公司的发起人、股东出资的多少以及是否实缴出资额,不仅关系到股东所享受的权利和承担责任的大小,而且关系着公司能否正常运转以及承担责任的大小。为了规范公司的组织和行为,保护公司、股东和债权人的合法权益,维护社会经济秩序,我国《公司法》明确规定了公司的出资方式以及相应的法律责任,要求有限责任公司的股东足额缴纳公司章程中规定的各自所认缴的出资额,股东在公司登记后,不得抽回出资;股份有限公司的发起人在以书面认足公司章程规定发行的股份后,应按公司章程规定缴纳出资,发起人、认股人缴纳股款或者交付抵作股款的出资后,除法定的情形外,不得抽回其股本。由于行为人虚假出资、在公司成立后又抽逃其出资的行为直接违反《公司法》关于公司出资方面的规定,破坏着国家对公司的管理秩序,并且会对社会造成严重的后果,因此,我国《公司法》第199条、第200条禁止虚假出资、抽逃出资的行为,规定构成犯罪的,应依法追究刑事责任。为了配合《公司法》的实施,我国《刑法》专门设立了虚假出资、抽逃出资的罪状和法定刑。

(2) 在客观方面,行为人必须具有违反公司法的规定,未交付货币、实物或者未转移财产权,虚假出资,或者在公司成立后又抽逃其出资的行为。依据法律规定,"虚假出资"的行为主要包括以下三种情形:第一,未交付货币。依据我国《公司法》的有关规定,股东可以用货币出资,但应当将货币出资足额存入准备设立的有限责任公司在银行开设的临时账户。如果行为人根本就不交付其作为出资的货币数额,或者没有按照规定一次足额交付其所认缴的出资额,则属于违反公司法规定的"未交付货币"的行为。第二,未交付实物。我国《公司法》准许股东用实物出资,但应当依法交付,若实物为不动产,还应依法办理其财产权的转移手续。如果行为人根本就不交付其作为出资的动产,或者没有依法办理其不动产的财产权的转移手续,则符合这里所说的"未交付实物"的情形。第三,未转移财产权。根据我国《公司法》第27条和第28条的规定,对作为出资的知识产权或者土地使用权,必须进行评估作价,核实财产,不得高估或者低估作价,还应当依法办理其财产权的转移手续。如果行为人根本就不办理其作为出资的知识产权、土地使用权的转移手续,则属于违反公司法规定的"未转移财产权"的行为。此外,行为人在对实物、知识产权、土地使用权进行评估作价或核实财产时,故意高估或者低估作价,然后再作为出资的情形,也属于"虚假出资"。在实践中,"抽逃出资"一般是指行为人在设立公司时,依法缴纳了公司章程中规定的自己所认缴的出资额,但当公司登记成立后,又从公司抽回自己出资额的全部或一部分的行为。本罪是选择性罪名,行为人只要实施虚假出资、抽逃出资行为之一的,即符合本罪在客观方面的构成要件。

(3) 犯罪主体是特殊主体,必须是公司的发起人或者股东,包括自然人和单位。

(4) 在主观方面,只能由故意构成,过失不构成本罪。如果行为人确实因疏忽大意而导致虚假出资的,则不构成本罪。

(二) 虚假出资、抽逃出资罪的认定

依据法律的规定,行为人虚假出资、抽逃出资必须达到数额巨大、后果严重或者有其他严重情节的程度,才构成犯罪。这是区分罪与非罪的重要界限。如果行为人虚假出资、抽逃出资的数额不大,后果不严重,也没有其他严重情节的,则不能构成本罪,可以由有关部门依据我国《公司法》第199条、第200条的规定,责令改正,处以虚假出资金额或抽逃出资金额5%以上15%以下的罚款。需要注意的是,依据我国《公司法》的有关规定,股东持有的股份可以依法转让,股东也可以依法转让其全部或部分出资。因此,如果公司发起人、股东依照公司法的有关规定,采取转让出资或者适当减少注册资本的方式而收回、减少自己的资本,则属于合法行为,而不是抽逃出资的行为。

根据司法实践,具有下列情形之一的,应予追诉:(1) 法定注册资本最低限额在600万元以下,虚假出资、抽逃出资数额占其应缴出资数额60%以上的;(2) 法定注册资本最低限额超过600万元,虚假出资、抽逃出资数额占其应缴出资数额30%以上的;(3) 造成公司、股东、债权人的直接经济损失累计数额在50万元以上的;(4) 虽未达到上述数额标准,但具有下列情形之一的:致使公司资不抵债或者无法正常经营的;公司发起人、股东合谋虚假出资、抽逃出资的;2年内因虚假出资、抽逃出资受过2次以上行政处罚,又虚假出资、抽逃出资的;利用虚假出资、抽逃出资所得资金进行违法活动的。(5) 其他后果严重或者有其他严重情节的情形。上述情形只适用于依法实行注册资本实缴登记制的公司。

(三) 对虚假出资、抽逃出资罪的处罚

依据《刑法》第159条的规定,自然人犯本罪的,处5年以下有期徒刑或者拘役,并处或者单处虚假出资金额或者抽逃出资金额2%以上10%以下罚金。单位犯本罪的,对单位判处罚金,并对其直接负责的主管人员和其他直接责任人员,处5年以下有期徒刑或者拘役。

三、非国家工作人员受贿罪

(一) 非国家工作人员受贿罪的概念和特征

非国家工作人员受贿罪,是指非国家工作人员利用职务上的便利,索取他人财物或非法收受他人财物,为他人谋取利益,或者在经济往来中,违反国家规定,收受各种名义的回扣、手续费,归个人所有,数额较大的行为。

非国家工作人员受贿罪的主要特征是:

(1) 侵犯的客体是复杂客体,不仅侵犯了国家对公司、企业的管理秩序,而且也损害着公司、企业的利益。非国家工作人员受贿罪的本质在于,非国家工作人员以其职务行为与行贿人的贿赂进行不正当的交易,以损失公司、企业或其他单位的利益为条件而换取个人私利,其危害性表现为直接损害了公司、企业或其他单位的利益,侵犯了公司、企业或其他单位人员的职务行为的公正性和不可侵犯性,有碍于公平竞争等市场经济的原则,从而严重扰乱了市场经济的正常秩序,破坏国家对公司、企业或其他单位的管理活动。

(2) 在客观方面,表现为以下三个不可分割的要件:第一,利用职务上的便利,这是构成非国家工作人员受贿罪的必备要件,是指非国家工作人员利用自己职务上主管、负责、经管或者参与某项工作的便利条件。第二,行为人实施了索取或者非法收受他人财物的行为。非国家工作人员受贿罪的具体行为方式有两种,即索取贿赂和收受贿赂。所谓索取贿赂,是指非国家工作人员以为他人谋取利益作为交易条件,以公开或暗示的形式,主动地向对方索要财物的行为。所谓收受贿赂,是指非国家工作人员利用职务上的便利,接受他人主动送予的财物的行为。另外,依据《刑法》第 163 条第 2 款的规定,非国家工作人员在经济往来中,违反国家规定,收受各种名义的回扣、手续费,归个人所有的,也属于本罪在客观方面的表现形式之一。所谓"回扣",是指在商品或劳务活动中,由卖方从所收到的价款中,在账外暗中以现金、实物或者其他方式返还给买方或其经办人的一定比例的款项;"手续费"是指在经济活动中,违反国家规定,以各种名义支付给非国家工作人员除了回扣之外的其他款项,如顾问费、劳务费、信息费、好处费等。但是,非国家工作人员在收到各种名义的回扣、手续费之后,都上缴给公司、企业,则不能构成本罪。第三,为他人谋取利益。从为他人谋取利益的性质上看,既包括他人应当得到的合法、正当的利益,也包括他人不应当得到的非法、不正当的利益。

(3) 犯罪主体是特殊主体,必须是非国家工作人员,包括公司、企业或其他单位的董事、监事、经理、会计等行政人员以及其他业务人员。所谓其他单位,一般是指非国有的学校、医院、出版社或科研机构。但是,这里所说的"非国家工作人员"不包括国有公司、企业中从事公务的人员,国有公司、企业委派到非国有公司、企业或单位从事公务的人员也不能成为本罪的主体,这些具有国家工作人员身份的人员如果实施本罪的客观行为,应当依照《刑法》第 385 条、第 386 条规定的受贿罪定罪处罚。

(4) 在主观方面必须是故意,并且具有索取或者收受他人财物的目的。过失不能构成本罪。

(二) 非国家工作人员受贿罪的认定

(1) 划清罪与非罪的界限。依据法律的规定,非国家工作人员索取或者非法收受他人财物的行为,必须达到数额较大的程度,才构成本罪。如果数额不大,就不能以犯罪论处。此外,还应当划清非国家工作人员受贿罪与取得合理报酬的行为之间的界限。非国家工作人员在法律、政策允许的范围内,利用自己的劳动和知识,为他人提供服务,而从中获取合理报酬的行为,属于合法的行为,这与非国家工作人员受贿罪是根本不同的。

(2) 区分本罪与受贿罪的界限。这两种犯罪都是行为人利用职务上的便利,索取他人财物或非法收受他人财物,为他人谋取利益的行为,但两者在犯罪主体、犯罪客体、处罚的程度等方面存在显著的区别:第一,犯罪主体不同。本罪的主体是非国家工作人员,从这些人员的身份看,他们均不属于国家工作人员;而受贿罪的主体必须是国家工作人员。这是区分两罪的重要界限。第二,犯罪客体不同。本罪侵害的客体是国家对公司、企业的管理秩序以及公司、企业的利益;而受贿罪的犯罪客体是国家机关的正常管理活动以及国家工作人员职务行为的廉洁性。第三,处罚的程度不同。尽管非国家工作人员受贿罪是从受贿罪游离出来的罪名,但其社会危害性要小于受贿罪,因此,本罪的处罚程度轻于受贿罪。例如,本罪的法定最高刑为无期徒刑,而受贿罪的法定最高刑可以为死刑。

(三) 非国家工作人员受贿罪的处罚

依据《刑法修正案(十一)》第 10 条和《刑法》第 163 条的规定,公司、企业或者其他单位的工作人员,利用职务上的便利,索取他人财物或者非法收受他人财物,为他人谋取利益,数额较大的,处 3 年以下有期徒刑或者拘役,并处罚金;数额巨大或者有其他严重情节的,处 3 年以上 10 年以下有期徒刑,并处罚金;数额特别巨大或者有其他特别严重情节的,处 10 年以上有期徒刑或者无期徒刑,并处罚金。

公司、企业或者其他单位的工作人员在经济往来中,利用职务上的便利,违反国家规定,收受各种名义的回扣、手续费,归个人所有的,依照前款的规定处罚。

国有公司、企业或者其他国有单位中从事公务的人员和国有公司、企业或者其他国有单位委派到非国有公司、企业及其他单位从事公务的人员有前两款行为的,依照《刑法》第 385 条、第 386 条的规定定罪处罚。

四、对非国家工作人员行贿罪

对非国家工作人员行贿罪,是指行为人为谋取不正当利益,给予公司、企业或者其他单位的工作人员以财物,数额较大的行为。这是《刑法修正案(六)》对《刑法》第 164 条第 1 款的修改。其主要特征是:

(1) 客观方面表现为给予非国家工作人员,即公司、企业或者其他单位的工作人员财物,数额较大的行为。

(2) 犯罪主体是个人和单位。

(3) 犯罪主观方面是故意,目的是谋取不正当利益。为谋取正当利益实施上述行为,不构成本罪。

根据《刑法修正案(九)》第 10 条和《刑法》第 164 条第 1 款的规定,为谋取不正当利益,给予公司、企业或者其他单位的工作人员以财物犯本罪,数额较大的,处 3 年以下有期徒刑或者拘役,并处罚金;数额巨大的,处 3 年以上 10 年以下有期徒刑,并处罚金。单位犯本罪的,对单位判处罚金,并对其直接负责的主管人员和其他直接责任人员,依照自然人犯罪的规定处罚。行贿人在被追诉前主动交待行贿行为的,可以减轻或者免除处罚。

五、对外国公职人员、国际公共组织官员行贿罪

对外国公职人员、国际公共组织官员行贿罪,是指行为人为谋取不正当商业利益,给予外国公职人员或者国际公共组织官员以财物,数额较大的行为。

本罪的主要特征是:

(1) 客观方面表现为给予外国公职人员或者国际公共组织官员财物,数额较大的行为。这里所称"外国公职人员",是指外国经任命或选举担任立法、行政、行政管理或者司法职务的人员,以及为外国国家及公共机构或者公营企业行使公共职能的人员;"国际公共组织官员",是指国际公务员或者经国际组织授权代表该组织行事的人员;"财物",是指不论是物质的还是非物质的、动产还是不动产、有形的还是无形的各种资产,以及证明对资产的产权或者权益的法律文件或者文书。

(2) 犯罪主体是个人和单位。

(3) 犯罪主观方面是故意,目的是谋取不正当的商业利益。

根据《刑法修正案(八)》第 29 条和《刑法》第 164 条的规定,犯本罪的,处 3 年以下有期徒刑或者拘役;数额巨大的,处 3 年以上 10 年以下有期徒刑,并处罚金。单位犯罪的,对单位判处罚金,并对其直接负责的主管人员和其他直接责任人员,依照自然人犯罪的规定处罚。行贿人在被追诉前主动交待行贿行为的,可以减轻处罚或者免除处罚。

第五节 破坏金融管理秩序罪

一、伪造货币罪

(一) 伪造货币罪的概念和特征

伪造货币罪,是指无权制造货币的行为人,仿照人民币或外币的样式,非法制作假货币,冒充真货币的行为。

伪造货币罪的主要特征是:

(1) 侵犯的客体是国家的货币管理制度。货币管理制度是国家财政、经济制度的一个重要组成部分,它的独立、统一和稳定,直接关系到国民经济的发展、物价的稳定、市场的繁荣和人民生活的安定。而伪造货币的犯罪活动不仅破坏金融管理秩序,损害国家货币的信誉,同时也动摇国家的经济基础,危及政权的稳定,造成恶劣的政治影响。因此,世界各国均注重运用刑法武器惩治这种犯罪。制作、发行货币是一项极其重要的国家行为,为了确保货币的规范性、严肃性和有效性,我国《中国人民银行法》第 18 条规定:"人民币由中国人民银行统一印制、发行。"因此,任何无权制造货币的人擅自伪造货币,都是对国家货币管理制度的侵犯,是一种破坏金融管理秩序的犯罪行为。

(2) 在客观方面,必须具有伪造货币的行为。所谓伪造,是指无权制造货币的人,仿照国家银行发行的现行流通的纸币或硬币的样式、图案、颜色、特征、质地等,采用机器印刷、拓印、影印、复印、描绘等方式,非法制作假货币。在以往的伪造货币案件中,犯罪分子一般采用临摹描绘、揭页粘贴、拓印加工等方法伪造货币,不仅质量低劣,而且数量不大。目前,高级电脑、复印机、打印机、扫描机等高科技成果,已成为犯罪分子伪造货币的工具,有的犯罪分子、犯罪集团甚至制作刻版套色的全套机具,大量印刷假币。至于伪造的标准,一般应当在外观上或形式上,与真货币基本相似,足以使一般人误信为真货币。至于是否足以欺骗具有专门货币知识的人,则不是构成本罪的必要条件。另外,本罪的犯罪对象是货币,这是本罪与伪造国家有价证券、伪造金融票证、伪造增值税专用发票、伪造有价票证以及伪造股票、公司、企业债券等罪相区别的对象条件。这里所说的"货币",是指人民币和外币。依据《中国人民银行法》第 16 条的规定,人民币是我国的法定货币,以人民币支付我国境内的一切公共的和私人的债务,任何单位和个人不得拒收。而外币是广义的,既包括可在我国兑换的外国货币,也包括不可以在我国兑换的外国货币,还包括港、澳、台地区的货币。

2001 年 1 月《全国法院审理金融犯罪案件工作座谈会纪要》明确指出:"伪造台币的,应当以伪造货币罪定罪处罚;出售伪造的台币的,应当以出售假币罪定罪处罚。"对于制造、销售用于伪造货币的版样的行为,根据最高人民法院的司法解释,应以伪造货币罪定罪处罚。但是,在执行这一规定时,还应注意行为人事先是否与伪造货币的犯罪分子通谋:事先同谋的,应以伪造货币罪的共犯论处,并根据数额、情节确定量刑幅度;事先没有通谋的,"不认定犯罪数额,依据犯罪情节决定刑罚",以伪造货币罪定罪处罚。

(3) 犯罪主体是一般主体,凡达到法定刑事责任年龄、具有刑事责任能力的自然人均可构成本罪,但单位不能构成本罪。

(4) 在主观上只能是出于故意。对于伪造货币罪的目的,我国《刑法》没有具体规定,但一般认为是以行使或流通为犯罪目的。如果行为人客观上实施了伪造货币的行为,但不是为了供行使或流通,只是为了鉴赏或收藏,则不构成犯罪。另外,只要行为人以行使或流通为目的,事实上进行了伪造活动,即使尚未行使假币或将伪造的货币投放市场,也应视为犯罪的既遂。

(二) 伪造货币罪的认定

(1) 区分本罪与变造货币罪的界限。变造货币罪侵犯的对象,与伪造货币罪基本相同,都是行为人非法地改变货币的属性,使得经过改变后的货币不再是起初合法的货币。但是,在犯罪手法和社会危害性方面,变造货币罪与伪造货币罪并不完全相同。变造货币是以真货币为基本材料,在真币的基础上,采用剪贴、涂改、挖补、拼凑、揭层、修描、覆盖等处理方法,对真货币加工改造,以增多货币数量或增大票面面值。由于变造货币是在真币的基础上进行,在一般情况下数量不可能很大,故其社会危害性要小于伪造货币罪。我国1979年《刑法》没有规定变造货币罪。中国人民银行在1982年8月21日《关于变造国家货币按伪造国家货币治罪的函》中指出,行为人用涂改、挖补等方法变造国家货币,构成犯罪的,应定为伪造国家货币罪。同时,在1988年8月,全国人大常委会在答复中国人民银行的询问时指出:"变造国家货币,需要判刑的,可按照《刑法》第122条伪造国家货币罪论处。"因此,在当时,凡变造国家货币,构成犯罪的,司法部门均定为伪造货币罪。需要指出的是,新修订的《刑法》在第173条明确设立了变造货币罪,并规定了相应的法定刑。因此,对于变造货币的犯罪分子,就不能再以伪造货币罪论处,而应直接援引第173条定罪和量刑。

(2) 正确处理伪造货币并出售或者运输假币的定性问题。当犯罪分子在伪造货币后,又出售或者运输其伪造的货币时,后种行为是伪造行为的延续和必然结果,因而,它们被伪造行为所吸收。据此,我国《刑法》第171条第3款明确规定:伪造货币并出售或者运输伪造的货币的,依照本法第170条(伪造货币罪)的规定定罪从重处罚。这是我们处理伪造货币并出售或者运输假币案件的法律依据,应当依法执行,而不应实行数罪并罚。但是,如果行为人出售或者运输的假币,不是其伪造的,或者使用的假币与其购买的假币属于不同宗的,则应以伪造货币罪和出售或者运输假币罪数罪并罚,或者以购买假币罪和使用假币罪数罪并罚。

根据最高人民法院2001年1月发布的《全国法院审理金融犯罪案件工作座谈会纪要》的精神,确定假币犯罪罪名应遵循以下原则:第一,对同一宗假币实施了法律规定为选择性罪名的行为,应根据行为人所实施的数个行为,按相关罪名《刑法》规定的排列顺序并列确定罪名,数额不累计计算,不实行数罪并罚;第二,对不同宗假币实施法律规定为选择性罪名的行为,并列确定罪名,数额按全部假币面额累计计算,不实行数罪并罚;第三,对同一宗假币实施了《刑法》没有规定为选择性罪名的数个犯罪行为,择一重罪从重处罚,如伪造货币或者购买假币后使用的,以伪造货币罪或购买假币罪定罪,从重处罚;第四,对不同宗假币实施了《刑法》没有规定为选择性罪名的数个犯罪行为,分别定罪,数罪并罚。

(三) 对伪造货币罪的处罚

根据《刑法修正案(九)》第 11 条和《刑法》第 170 条的规定,对于伪造货币的行为人,处 3 年以上 10 年以下有期徒刑,并处罚金;有下列情形之一的,处 10 年以上有期徒刑或者无期徒刑,并处罚金或者没收财产:(1) 伪造货币集团的首要分子;(2) 伪造货币数额特别巨大的;(3) 有其他特别严重情节的。

这里所谓的"伪造货币集团的首要分子",是指伪造货币集团中的组织者、策划者和指挥者。所谓"其他特别严重的情节",主要是指以暴力抗拒检查、拘留、逮捕,情节严重的;以伪造为常业或一贯进行伪造,屡教不改的;以机械印刷方式伪造,规模特别巨大的;严重影响货币流通等。根据最高人民法院的司法解释,伪造货币的总面额在 3 万元以上的,属于"伪造货币数额特别巨大"。

二、内幕交易、泄露内幕信息罪

(一) 内幕交易、泄露内幕信息罪的概念和特征

内幕交易、泄露内幕信息罪,是指证券、期货交易内幕信息的知情人员或者非法获取证券、期货交易内幕信息的人员,在涉及证券的发行、证券、期货交易或者其他对证券、期货交易的价格有重大影响的信息尚未公开前,买入或者卖出该证券,或者从事与该内幕信息有关的期货交易,或者泄露该信息,或者明示、暗示他人从事上述交易活动,情节严重的行为。

内幕交易、泄露内幕信息罪的主要特征是:

(1) 侵犯的客体是复杂客体,既侵害证券投资者的合法权益,也破坏了证券市场的正常管理秩序。利用市场信息作出证券投资的判断,是投资者的基本权利。由于证券投资者对证券价值的判断,必须依赖一定的信息,因此,在证券市场中,每一个投资者应对证券信息的获得享有同等权利。但内幕人员利用普通证券交易者所不能得到的内幕消息进行交易,从中获得巨额利润或减少损失,广大投资者突遭损失却无法避免,这就使得证券市场对于获取内幕信息的人员来说,是成功的天堂,而对于一般投资者则是陷阱和地狱。同时,内幕交易、泄露内幕信息行为还违背证券交易的公平、公正、公开原则,将导致投资者对证券市场的不信任,撤出投资,从而阻碍证券的融资渠道,扰乱和破坏证券交易的正常管理秩序。

(2) 在客观方面,必须具有在涉及证券、期货的发行、交易或者其他对证券的价格有重大影响的信息尚未公开前,买入或者卖出该证券,或者泄露该信息的行为。知悉内幕信息是进行内幕交易的基础,也是构成内幕交易、泄露内幕信息罪的前提。依据有关法律、行政法规的规定,所谓"内幕信息",是指为内幕人员所知悉的、尚未公开的和可能影响证券市场价格的重大信息,它不包括运用公开的信息和资料,对证券市场作出的预测和分析。内幕信息具有两大特点:(1) 未公开性。即有关的重要信息和资料尚未通过法定的方式,向社会公众和投资者

公开,该信息尚处于保密的状态。(2)重要性。证券市场对信息的反应非常敏感,一旦投资者知悉诸如国家宏观经济形势、企业营业状况、发行人发生重大债务、公司涉诉纠纷、公司的预期盈利变化、发行人资产遭到重大损失等重要信息,必然会重新决定资金的投资方向,从而引起证券价格的上涨或下调。可能引起证券价格的波动,正是内幕信息的利用价值之所在,其重要性体现在一旦公开,就可能导致证券价格的波动。如果对证券价格毫无影响,就不能称其为内幕信息。至于内幕信息的范围,我国有关法律、行政法规列举了26项重大信息。从有关证券管理法规和实践情况来看,内幕交易、泄露内幕信息的行为方式主要有两种:第一,利用内幕信息买入或者卖出证券,这既包括本人买卖证券,也包括建议他人买卖该证券;第二,泄露该内幕信息。

(3)犯罪主体是特殊主体,必须是证券、期货交易内幕信息的知情人员,或者非法获取证券、期货交易内幕信息的人员。自然人与单位均可构成本罪的主体,但是以行为人知悉内幕信息为前提。依据行为人知悉内幕信息的途径,我国有关法律、行政法规将本罪的犯罪主体界定为以下两种:第一,内幕人员。这是指由于持有发行人的证券,或者在发行人或者与发行人有密切联系的公司中担任董事、监事、高级管理人员,或者由于其会员地位、管理地位、监督地位和职业地位,或者作为雇员、专业顾问履行职务,能够接触或者获得内幕信息的人员。可见,并不是所有的人员都可以称作内幕人员,只有与证券发行人有着职务、业务或合同关系而合法地知悉内幕信息的人员,才被证券管理法规禁止在该内幕信息正式披露之前,从事该种证券的交易。第二,非法获取内幕信息的非内幕人员。在实际情况中,非内幕人员获取内幕信息的途径很多,但如果是非法获取(如盗窃、诈骗、私下交易等)的,并以此而从事证券交易,也属于法律禁止的范围之列。非内幕人员与内幕人员内外勾结,进行内幕交易的,则可以成为本罪的共犯。

(4)在主观方面只能出于故意,即行为人明知所利用的信息是尚未公开并且对证券、期货的价格有重大影响的信息,不得为个人利益或他人利益而利用或泄露该信息,但为了获取利润或减少损失,依然利用该信息买卖证券,或者泄露给他人进行交易。过失不构成本罪。

(二)内幕交易、泄露内幕信息罪的认定

(1)划清罪与非罪的界限。根据《刑法》的规定,内幕交易、泄露内幕信息罪的构成,应以"情节严重"作为定量要件。所谓"情节严重",主要是指具有下列情形之一的行为:行为人获取的非法利润或减少的损失,数额巨大;给国家、集体或投资者造成重大的经济损失;利用内幕信息大量买卖某一证券,造成证券价格的剧烈波动;多次利用内幕信息进行证券交易;给证券市场带来强烈震荡,造成国内外的恶劣影响;采取窃取国家经济机密等恶劣手段,从事内幕交易、泄露内幕信息的活动;利用多户头或化名户头进行内幕交易,逃避监督查办;等等。

（2）区分本罪与编造并传播证券交易虚假信息罪之间的界限。这两种犯罪存在一定的相同之处，即行为人在主观上均出于故意，在客观方面都是在影响证券交易的信息上大做文章，并在证券交易市场环节，侵害投资者公平交易的权益。然而，两罪之间存在着以下重大的区别：第一，犯罪主体以及"加害—被害关系"不同。本罪的行为人包括任何直接或者间接知悉内幕信息的人员，主要是与证券发行人有着职务、业务或合同关系而合法地知悉发行人的上市证券的内幕信息之人员，也包括非法获取内幕信息的非内幕人员；而编造并传播证券交易虚假信息罪的犯罪主体是证券的发行人、少数证券投资者以及证券经营机构、证券交易所、证券公司、证券业协会或者证券管理部门等法人（单位）及其工作人员。从这一区别中，我们可以看出两罪的"加害—被害关系"是不同的：本罪的"加害—被害关系"，是由知悉内幕信息的人员与其他投资者构成；而在编造并传播证券交易虚假信息罪之中，则表现为证券的发行人、少数证券投资者以及参与证券交易的专业人员，使得众多的投资者，对他们所提供的有关信息陷入错误的认识，从而做出错误的投资决定。第二，行为人所作用的信息之性质不同。在本罪中，行为人所利用的信息具有未公开性、重要性和真实性；而在编造并传播证券交易虚假信息罪之中，行为人所作用的信息是在证券交易市场中并不存在的信息，其显著的特点是虚假性。第三，行为与信息之间的内在联系不同。在证券市场中，由于信息的公开程度、行为人获取信息的程度和提前量，与投资者的获利程度之间成正比关系，因此，投资者在做出投资决定之前，一般都想方设法地寻求并获得信息。不法分子也正是抓住信息与投资效率的内在机制，以及众多投资者急于获取信息的心理，在影响证券交易的信息上大做文章。这主要表现为：一是争取提前获得为公众所不知悉的内幕信息，在非公开的内幕信息公布于众之前，买入或者卖出相关证券，以获取证券价格变动的差价收益。同时，由于内幕信息与投资收益直接挂钩，国家就应当禁止知情者故意泄露内幕信息，以防止不法分子恶意地加以利用，从而保障所有投资者获利、受损的机会均等，维护证券市场的公正和公平。由此可见，内幕交易、泄露内幕信息罪与信息的内在联系表现为：内幕信息的知悉者恶意地利用内幕信息，买入或者卖出相关的证券，或者泄露该信息。二是编造影响证券交易的虚假信息，并传达给广大的投资者，从而诱骗他们买卖相关的证券。这在实际生活中，则体现为编造并传播证券交易虚假信息的犯罪活动。

（三）对内幕交易、泄露内幕信息罪的处罚

依据《刑法》第180条的规定，自然人犯内幕交易、泄露内幕信息罪的，处5年以下有期徒刑或者拘役，并处或者单处违法所得1倍以上5倍以下罚金；情节特别严重的，处5年以上10年以下有期徒刑，并处违法所得1倍以上5倍以下罚金。单位犯本罪的，对单位判处罚金，并对其直接负责的主管人员和其他直接责任人员，处5年以下有期徒刑或者拘役。

三、洗钱罪

(一) 洗钱罪的概念和特征

洗钱罪，是指行为人为掩饰、隐瞒毒品犯罪、黑社会性质的组织犯罪、恐怖活动犯罪、走私犯罪、贪污贿赂犯罪、破坏金融管理秩序犯罪、金融诈骗犯罪的所得及其产生的收益的来源和性质，以提供资金账户、将财产转换为现金、金融票据、有价证券、通过转账或者其他支付结算方式转移资金、跨境转移资金、以其他方法掩饰、隐瞒犯罪所得及其收益的来源和性质的行为。①

洗钱罪的主要特征是：

(1) 侵犯的客体是国家的金融管理秩序。洗钱最初由毒品犯罪衍生。自20世纪80年代以来，现代社会中的有组织犯罪出现了更加严重化的趋势，它们通过各种犯罪活动积累了大量的财富。对于有组织犯罪而言，便产生了将犯罪收入合法化，并且在世界经济范围内自由合法地流通增值的问题，洗钱就成为一种必然、普遍的犯罪现象。目前，国际上的洗钱活动呈现出异常活跃的趋势，其涉及的犯罪领域不断扩大，洗钱活动的程度不断加剧。在现实生活中，有规模的洗钱活动一旦渗透到国家经济领域和担负国家经济调控作用的银行系统，一个国家，甚至国际的银行业就必然为犯罪行为所影响，挫伤社会公众对整个金融系统的信任感，严重破坏国家的金融管理秩序，阻碍国家经济秩序和银行系统的健康发展。可以说，洗钱在客观上为犯罪活动奠定了经济基础，便于犯罪分子和有组织的犯罪集团用其犯罪所积累的物质财富继续进行更加严重的犯罪活动，进一步成为健康经济机制的腐蚀剂。

(2) 在客观方面，必须具有为掩饰、隐瞒毒品犯罪、黑社会性质的组织犯罪、恐怖活动犯罪、走私犯罪、贪污贿赂犯罪、破坏金融管理秩序犯罪、金融诈骗犯罪的所得及其所产生的收益的来源和性质的行为。洗钱的行为方式多种多样，但其最终目的是将犯罪所积累的物质财富通过金融活动予以"漂白"，为非法资金披上合法的外衣，从而堂而皇之地进入正常的经济活动，实现赃钱、黑钱的安全循环使用，以取得更大的经济利益。2020年《刑法修正案(十一)》对《刑法》第191条进行了修改，列举了5种具体的洗钱方式：第一，提供资金账户的，包括提供真名账户、匿名账户、假名账户等；第二，将财产转换为现金、金融票据、有价证券的，指行为人本人或者协助他人将犯罪所得及其收益的财产通过交易等方式

---

① 2003年3月1日起实施的中国人民银行《金融机构反洗钱规定》(已失效)第3条曾规定："本规定所称洗钱，是指将毒品犯罪、黑社会性质的组织犯罪、恐怖活动犯罪、走私犯罪或者其他犯罪的违法所得及其产生的收益，通过各种手段掩饰、隐瞒其来源和性质，使其在形式上合法化的行为。"
2006年6月29日颁布的《刑法修正案(六)》又增加了贪污贿赂犯罪、破坏金融管理秩序犯罪、金融诈骗犯罪。

转换为现金、或者汇票、本票、支票等金融票据或者股票、债券等有价证券,以掩饰、隐瞒犯罪所得财产的真实所有权;第三,通过转账或者其他支付结算方式转移资金的,行为人的目的是为自己或他人掩盖犯罪所得资金的来源、去向;第四,跨境转移资产的,是指以各种方式将犯罪所得的资产转移到境外的国家或地区,兑换成外币、动产、不动产等;或者将犯罪所得的资产从境外转移到境内,兑换成人民币、动产、不动产等;第五,以其他方法掩饰、隐瞒犯罪所得及其收益的来源和性质的。这是本条所作的一项补缺性规定,以打击现实生活中已经存在或者将来出现的其他各种各样的洗钱犯罪。所谓"以其他方法",一般是指行为人以犯罪所得的资金购买不动产、贵重金属、有价证券等,然后再变卖出去,或者投资于服务业、娱乐业等大量使用现金的行业,从而将非法获取的收入混入合法的收入之中等。根据法律规定,行为人只要实施上述五种行为方式中的一种,即符合洗钱罪在客观方面的构成要件。

(3)犯罪主体是一般主体,自然人和单位均可构成本罪。从司法实践看,行为人实施洗钱,必须要通过银行系统进行资金转换。据有关分析,世界上的大多数银行都在某地或某时,在某些洗钱活动中充当了洗钱的工具。由于参与洗钱能赚取巨额利益,因而就洗钱而言,银行不属于反洗钱的一方,就属于洗钱一方。如果银行不重视反洗钱工作,没有提高辨别洗钱犯罪的能力,就必然招来密切注视金融系统薄弱环节的洗钱者,从而成为洗钱者相当有利可图的合伙人。

(4)在主观方面是故意。但是《刑法修正案(十一)》第14条,将原规定"明知是毒品犯罪、黑社会性质的组织犯罪、恐怖活动犯罪、走私犯罪、贪污贿赂犯罪、破坏金融管理秩序犯罪、金融诈骗犯罪的所得及其产生的收益,为掩饰、隐瞒其来源和性质",修改为"为掩饰、隐瞒毒品犯罪、黑社会性质的组织犯罪、恐怖活动犯罪、走私犯罪、贪污贿赂犯罪、破坏金融管理秩序犯罪、金融诈骗犯罪的所得及其产生的收益的来源和性质",删除了"明知"的概念。这主要是考虑在司法实践中,要想证明行为人对某一个具体上游犯罪具备"明知"比较困难,行为人常常抗辩其不清楚经手资金的来源,以此否定主观上的"明知",最终不能对其以洗钱罪定罪处罚。因此,此次修改就删除了"明知"的表述,以利于打击洗钱犯罪活动。

(二) 洗钱罪的刑事责任

依据《刑法修正案(十一)》和《刑法》第191条的规定,犯洗钱罪,处5年以下有期徒刑或者拘役,并处或者单处罚金;情节严重的,处5年以上10年以下有期徒刑,并处罚金。

单位犯前款罪的,对单位判处罚金,并对其直接负责的主管人员和其他责任人员,依照前款的规定处罚。

第六节 金融诈骗罪

一、票据诈骗罪

(一) 票据诈骗罪的概念和特征

票据诈骗罪,是指以非法占有为目的,利用金融票据进行诈骗活动,数额较大的行为。

票据诈骗罪的主要特征是:

(1) 侵犯的客体是复杂客体,既包括国家的金融管理秩序,也包含国家、金融机构或者他人的财产所有权。票据是商品经济发展到一定阶段的产物,是在商品交换和信用活动中产生和发展起来的。随着商品经济的迅速发展,票据以其方便、高效、安全等特点,越来越得到广泛的使用,已成为现代社会经济活动中必不可少的金融工具。在整个金融工具的大家族中,票据具有无因性、有价性、文义性、要式性、流通性等独特的性质。由于票据作为货币的替代物之一,在商业贸易和金融活动中具有多种功能,其财产价值因票据的设立而取得,随票据的转让而转让,谁占有票据就意味着谁占有财产利益,因而犯罪分子总是对票据抱有一种特殊的"兴趣",利用金融票据进行诈骗活动,以骗取他人的钱财。这不仅极大地破坏了金融票据的信誉,妨害金融票据的流通和使用,严重危害国家的金融管理秩序,而且从危害结果看,不法分子利用金融票据进行行骗的金额一般都较大,导致国家、金融机构或者他人造成严重的经济损失。因此,必须对利用金融票据进行诈骗的犯罪活动予以坚决打击。

(2) 在客观方面,必须具有利用金融票据进行诈骗活动,数额较大的行为。依据我国票据实务中经常发生的情况,我国《刑法》规定了以下五种票据诈骗的行为方式:第一,明知是伪造、变造的汇票、本票、支票而使用。即行为人以伪造、变造的金融票据冒充真的票据,进行诈骗活动。如果行为人仅仅伪造或变造了金融票据,却没有使用,则只能构成伪造、变造金融票证罪,不构成此项犯罪。第二,明知是作废的汇票、本票、支票而使用。所谓"作废票据",是指依据法律和有关规定,行为人不能予以使用的票据,这既包括我国《票据法》中所说的无效的票据,也包括被依法宣布作废的票据。第三,冒用他人的汇票、本票、支票。这里所说的"他人",是指票据的合法所有人或者持有人。所谓"冒用",是指行为人擅自以合法持票人的名义,使用、转让自己不具备支配权利的票据,这通常表现为以下几种情况:一是,行为人以非法手段获取票据而使用,例如以欺诈、偷盗或者胁迫等手段取得票据,或者明知有上述非法情形,但出于恶意而使用该票据;二是,没有代理权而以代理人的名义,或者代理人超越代理权限而使用;三是,使用他人委托代为保管的票据,或者捡拾他人遗失的票据而使用。第四,为骗取财物,签发空头支票或者与其预留印鉴不符的支票。所谓"空头支票",是指出票人签发的支票金额超过其在银行现有存款金额的支票。而"与其预留印鉴不符",是指出票人签发的支票上的印鉴与其预留在银行处的不相符合,这既可以是与其预留的某一个印鉴不符,也可以是与其预留的所有印鉴都不相符。第五,为骗取财物,汇票、本票的出票人签发无资金保证的汇票、本票,或者在出票时作虚假记载。出票人在签发汇票、本票时,必须具有可靠的资金保证,这是其承担票据责任的基础和保证。所谓"虚假记载",是指在票据上记载与真实情况不一致的、除票据签章以外的票据事项之行为。虚假记载的事项,包括日期、地点、金额等。根据法律规定,行为人只要实施上述五种行为方式中的一种,即符合票据诈骗罪在客观方面的构成要件。

(3) 犯罪主体是一般主体,既可以是个人,也可以是单位。

(4) 在主观方面,必须是出于故意,如果行为人出于过失,在使用汇票、本票、支票时,确实不知是伪造或变造的,或者被蒙骗而予以使用,或者对票据事项因过失而导致记载错误的,则不构成犯罪。《刑法》第194条至第198条虽然没有规定"以非法占有为目的",但一般认为,第194条至第198条的金融诈骗罪也应将非法占有为目的,作为主观方面的构成要件。

(二) 票据诈骗罪的认定

(1) 区分票据诈骗罪的一罪与数罪。如果犯罪分子只有伪造、变造金融票据行为,或者只有使用伪造、变造的金融票据行为,则分别依照《刑法》第177条的伪造、变造金融票证罪和第194条的票据诈骗罪,去追究刑事责任。但是,如果犯罪分子先伪造、变造金融票据,然后再使用伪造、变造的金融票据去骗取财物,则是两罪的牵连犯,应以其中的重罪从重处罚,而不能实行数罪并罚。

(2) 区分票据诈骗罪的未遂与既遂。依据我国《刑法》的规定,行为人以签发空头支票或与其预留印鉴不符的支票,或者签发无资金保证的汇票、本票或者在出票时作虚假记载等方式进行金融票据诈骗活动,应当以是否骗取到财物作为未遂与既遂的区分标准。如果行为人实施了上述行为,但未骗取到财物的,应以犯罪未遂论处。

(三) 对票据诈骗罪的处罚

《刑法》第194条第1款将自然人构成本罪的刑事处罚,划分为三个档次:(1) 犯票据诈骗罪的,处5年以下有期徒刑或者拘役,并处2万元以上20万元以下罚金;(2) 数额巨大或有其他严重情节的,处5年以上10年以下有期徒刑,并处5万元以上50万元以下罚金;(3) 数额特别巨大或者有其他特别严重情节的,处10年以上有期徒刑或者无期徒刑,并处5万元以上50万元以下罚金或者没收财产。《刑法修正案(八)》对《刑法》第199条进行了修改,删去了票据诈骗罪的死刑条款。

《刑法》第 200 条还规定,单位犯本罪的,对单位判处罚金,并对直接负责的主管人员和其他直接责任人员,处 5 年以下有期徒刑或者拘役,可以并处罚金;数额巨大或者有其他严重情节的,处 5 年以上 10 年以下有期徒刑,可以并处罚金;数额特别巨大或者有其他特别严重情节的,处 10 年以上有期徒刑或者无期徒刑,并处罚金。金融票据诈骗数额较大才构成犯罪。根据立案标准,个人诈骗数额在 1 万元以上,单位诈骗数额在 10 万以上的,应当追诉。

二、信用证诈骗罪

(一)信用证诈骗罪的概念和特征

信用证诈骗罪,是指行为人使用伪造、变造的信用证或附随的单据、文件,或者使用作废的信用证,或者骗取信用证,或者以其他方法进行信用证诈骗活动的行为。

信用证诈骗罪的主要特征是:

(1)侵犯的客体是国家的金融管理秩序和他人的财产所有权。信用证是指开证银行根据买方(通常为进口商)的请求,开给卖方(通常为出口商,也称做受益人)的一种保证付款的书面凭证,它以买卖合同的确立为基础,同时又不依附于买卖合同而独立于合同之外,一经开出,就成为信用证中规定的各方当事人之间达成一致的承诺和约定的依据。由于信用证在商业信用的基础上,又加上了银行信用,使得交易更为安全可靠,因而被认为是当代国际商业交往的生命线,成为国际贸易中使用最为普遍的一种支付和结算方式。正是在这种情况下,一些不法分子便把犯罪的目标直接对准信用证,利用信用证不依附于买卖合同,银行只认单据、不以货物为准这一特点,进行信用证诈骗的活动,不仅极大地破坏了信用证的安全信誉,严重危害了国际贸易的发展,而且从危害结果看,行骗的金额一般都是几百万元,有的甚至上亿元,从而给被骗的公司和银行造成了严重的经济损失。

(2)在客观方面,必须具有利用信用证进行诈骗活动的行为。依据《刑法》的规定,信用证诈骗的行为手段主要表现在以下几种类型:第一,使用伪造、变造的信用证或者附随的单据、文件。按照信用证业务的国际惯例,信用证方式下的付款原则是凭单付款,银行在付款时,只审核有关的单据,不对货物负责。犯罪分子于是就利用信用证凭单付款、独立于商业合同的特征,在单据上大做文章,以伪造、变造的信用证或者附随的单据、文件,迫使开证行在形式上相符合的情况下,无条件地付款,从而达到骗取货款的目的。第二,使用作废的信用证。所谓"作废",主要是指过期的、无效的信用证等情况。第三,骗取信用证。即行为人采取虚构事实,或者隐瞒事实真相等方法,欺骗银行为其开具信用证的行为,这是目前信用证诈骗的主要行为类型。例如,众所周知的中国农业银行河北省分行衡水中心支行备用信用证诈骗案,就是一起境外不法分子骗取金额为100亿美元备用信用证的大要案。第四,以其他方法进行的信用证诈骗。这是本条针对现实生活中信用证诈骗犯罪的多样性、复杂性所作的一项补缺性规定。从目前情况来看,这主要是指利用"软条款"信用证进行的诈骗活动。所谓"软条款"信用证,也称为陷阱信用证,是指开证银行可以根据开证申请人的要求,随时单方面解除其保证付款责任的信用证,其根本特征在于它赋予了开证申请人或开证银行单方面的主动权,使得信用证可以随时因开证银行或开证申请人单方面的行为而消除,从而使信用证受益人承担较大的风险。"软条款"信用证虽然形式齐备,但以其所附条件的生效方式表现出它隐含的虚假性,对受益人的欺骗更具隐蔽性。根据法律规定,行为人只要实施上述四种行为方式中的一种,即符合本罪在客观方面的构成要件。

(3) 犯罪主体是一般主体,自然人和单位均可构成本罪。

(4) 在主观方面,必须是出于故意,过失不构成本罪。

(二) 信用证诈骗罪的认定

(1) 区分本罪与诈骗罪的界限。从性质上看,信用证诈骗罪与普通诈骗罪具有共性,它是从普通诈骗罪游离出来的产物。但是,信用证诈骗罪与诈骗罪存在以下区别:第一,犯罪客体不同。信用证诈骗罪侵害的是复杂客体,不仅侵犯了他人的财产所有权,而且破坏着国家的金融管理秩序;而诈骗罪侵害的是简单客体,即他人的财产所有权。第二,客观方面不完全相同。信用证诈骗罪依附于银行或者其他金融机构的信用证业务,犯罪分子是以信用证活动为名骗取财物;诈骗罪则是采用一般的欺骗手段骗取他人的财物,其属于街头诈骗的类型。

(2) 区分信用证诈骗罪的一罪与数罪。如果犯罪分子首先伪造或变造信用证,然后使用该虚假的信用证进行诈骗活动,其就不仅构成伪造、变造金融票证罪,而且犯了信用证诈骗罪。在这种情况下,由于两罪之间存在牵连关系,故应当视为两罪的牵连犯,应以其中的重罪从重处罚,而不能实行数罪并罚。

(3) 正确处理关于犯罪分子利用信用证骗取银行贷款的定性问题。在金融实务中,某些犯罪分子为了骗取银行的贷款,首先骗取信用证,然后利用所骗取的信用证作抵押,向银行申请贷款。由于有信用证作抵押,不法分子就比较容易取得银行的信任,从而骗取到银行的贷款。在这种情况下,不法分子不仅构成信用证诈骗罪,而且构成贷款诈骗罪。在实践中,骗取信用证是手段,诈骗银行的贷款是目的,两者之间存在着牵连关系,应当以一罪从重处罚,不实行数罪并罚。

(三) 对信用证诈骗罪的处罚

《刑法》第195条将自然人构成本罪的刑事处罚,划分为三个档次:(1) 犯信用证诈骗罪的,处5年以下有期徒刑或者拘役,并处2万元以上20万元以下罚金;(2) 数额巨大或者有其他严重情节的,处5年以上10年以下有期徒刑,并处 5 万元以上 50 万元以下罚金;(3) 数额特别巨大或者有其他特别严重情节的,处 10 年以上有期徒刑或者无期徒刑,并处 5 万元以上 50 万元以下罚金或者没收财产。《刑法修正案(八)》对《刑法》第 199 条进行了修改,删去了信用证诈骗罪的死刑条款。

《刑法》第 200 条还规定,单位犯本罪的,对单位判处罚金,并对直接负责的主管人员和其他直接责任人员,处 5 年以下有期徒刑或者拘役;数额巨大或者有其他严重情节的,处 5 年以上 10 年以下有期徒刑;数额特别巨大或者有其他特别严重情节的,处 10 年以上有期徒刑或者无期徒刑。根据最高法院的司法解释,个人进行信用证诈骗数额在 10 万元以上的,属于数额巨大;数额在 50 万元以上的,属于数额特别巨大。单位进行信用证诈骗数额在 50 万元以上的,属于数额巨大;数额在 250 万元以上的,属于数额特别巨大。

三、保险诈骗罪

(一) 保险诈骗罪的概念和特征

保险诈骗罪,是指保险合同法律关系中的投保人、受益人或者被保险人以非法获取保险金为目的,利用保险进行诈骗活动,向保险人骗取保险金,数额较大的行为。

保险诈骗罪的主要特征是:

(1) 侵犯的客体是国家保险管理制度和他人的财产所有权关系。从本质上看,保险是一种精巧的机制,其科学性在于只要单位或个人参加保险,即投了保,缴纳了保险费,他就与其他被保险人形成了互助共济的关系,将风险从个人转移到团体,从共同建立的保险基金中,对其因意外所遭受的经济损失进行补偿。这本来是众人协力、共同抵御风险的方法,是一种科学而先进的机制。然而,保险诈骗却是对这种进步的一种反动,是保险机制的天敌。这表现在:第一,由于保险诈骗大量吞噬着保险费用,就非法地增加了保险人的补偿责任,直接减少了遭受损失的投保人获取保险赔偿金的可能性,损害着保险人和广大投保人的合法利益。第二,随着保险制度的日益发展,保险已经不只具有经济补偿的作用,而且还能筹集大量的资金。现代保险业在积聚保险基金和管理后备基金的过程中,逐步发展了保险基金的金融中介功能,发挥着融通资金的作用。在实际生活中,保险融资职能的形成和完善,极大地促进了国民经济的发展。而保险诈骗却严重破坏了保险的融资功能,扰乱了保险基金安全和稳定的状态,从而给保险事业的正常运行和发展带来严重的危害后果。第三,保险诈骗的案件具有并发性的特点。在现实生活中,一些投保人、被保险人为了骗取保险金,采用放火、爆炸等方法故意造成财产损失的保险事故,有的投保人、受益人甚至采用杀人、故意伤害、投毒等恶劣手段,故意造成被保险人死亡、伤残或者疾病,以至于造成极其严重的后果。

（2）在客观方面，必须具有利用保险进行诈骗活动，数额较大的行为。根据发生在我国保险业的诈骗案件和有关实践部门所提供的资料，同时借鉴国外的有关法律规定，我国《刑法》针对保险活动各个阶段已经出现和可能发生的问题，并且依据保险合同法律关系中的投保人和关系人参与保险活动的特点，将保险诈骗罪的行为方式具体规定为以下五种类型：第一，投保人故意虚构保险标的，骗取保险金。即不法投保人围绕保险标的，在保险合同的订立和履行过程中，故意虚构保险标的的客观存在性、合格性、价值等事实，骗取保险金。第二，投保人、被保险人或者受益人对发生的保险事故编造虚假的原因或者夸大损失的程度，骗取保险金。依据保险合同的有关规定，引起保险事故的原因和保险标的的损失程度，是保险人确定保险赔偿金的根据。所谓"对发生的保险事故编造虚假的原因"，是指在保险事故发生后，对造成事故的原因作虚假的陈述或者隐瞒事实真相的行为。而"对发生的保险事故夸大损失的程度"，是指投保人、被保险人或者受益人对已经发生的保险事故，蓄意夸大因保险事故导致保险标的的损失程度，从而获取超过其实际损失价值的赔偿金。第三，投保人、被保险人或者受益人编造未曾发生的保险事故，骗取保险金。即投保人、被保险人或者受益人（三者可能是一人，也可能分别是三个人）在没有发生保险事故的情况下，虚构事实，谎称保险标的因保险事故的发生而受到损失，从而骗取保险赔偿金的行为。第四，投保人、被保险人故意造成财产损失的保险事故，骗取保险金。在财产保险合同中，根据合同的约定，在合同的有效期限内，当被保险人的投保财产因保险事故而遭受损害时，保险人就应承担赔偿责任。在实际生活中，投保人、被保险人为了达到骗取高额赔偿金的目的，就人为地制造保险标的出险的保险事故，故意造成投保财产的损失，然后向保险公司索赔。第五，投保人、受益人故意造成被保险人死亡、伤残或者疾病，骗取保险金。在人身保险合同中，虽然被保险人的死亡、伤残或者疾病是保险人履行保险金给付义务的条件，但这是以保险事件的出现为前提的，某些不法的投保人、受益人就采取杀害、伤害、投毒、传播传染病、遗弃、虐待等方法，千方百计地促成被保险人的死亡、伤残或者患病，从而达到获取保险金的目的。根据法律规定，行为人只要实施上述五种行为方式中的一种，即符合本罪在客观方面的构成要件。

（3）犯罪主体是特殊主体。由于保险活动的载体是保险合同关系，因此，只有保险合同的主体才能参加到保险合同法律关系中，并且享受有关的权利。从这个意义上说，保险诈骗罪的主体必须是投保人、受益人和被保险人，他们既可以是自然人，也可以是单位。另外，不具有投保人、受益人或者被保险人的身份或者资格的人员，如果以骗取保险金为目的，与投保人、受益人或者被保险人共同实施保险诈骗犯罪，则以保险诈骗罪的共犯论处。

(4) 在主观方面,必须是出于故意,而且必须以骗取保险金为目的。过失不构成本罪。

(二) 保险诈骗罪的认定

(1) 区分保险诈骗罪的一罪与数罪。在实际生活中,不法分子在实施保险诈骗罪的过程中,往往会触犯其他的犯罪。例如,在财产保险合同法律关系中,不法的投保人、被保险人采取放火、爆炸、凿沉船舶等手法,故意造成财产损失的保险事故,然后向保险人索赔。再例如,有的投保人、受益人故意采用杀人、伤害、投毒、传播传染病、遗弃、虐待等方法,促成被保险人的死亡、伤残或者患病,并据此骗取保险金。在上述情况下,行为人为骗取保险金所采取的方法已经构成独立的犯罪。对于这种情况,应当依据《刑法》第198条第2款的规定,依照数罪并罚的规定予以处罚。

(2) 区分保险诈骗罪与诈骗罪的界限。从本质上看,保险诈骗罪实际上是一种特殊的诈骗罪,具有诈骗罪的共性。然而,保险诈骗罪与诈骗罪存在以下的区别:第一,犯罪客体不同。保险诈骗罪侵害的是复杂客体,不仅破坏着国家保险管理制度,还侵犯了他人的财产所有权关系;而诈骗罪仅仅侵害了他人的财产所有权。第二,客观方面不尽相同。保险诈骗罪是一种发生在保险市场中,依附于保险业务活动,并且凭借保险合同这个载体,与保险人形成一定的业缘关系,取得保险人的信任,从而达到骗取保险金的诈骗行为;诈骗罪则是采用一般的欺骗手段骗他人的财物,并不具备保险诈骗的时空特征。

(3) 正确认定保险诈骗罪的共犯问题。在实践中,保险诈骗犯罪分子为了诱骗保险公司上当,除了亲自伪造与索赔有关的证明和材料之外,还会采取串通、行贿、说情等方法,使得参与保险事故调查的鉴定人、证明人、财产评估人,提供虚假的证明和材料。由于这些专业或中介人员所出具的证明材料,直接影响到保险事故调查结果的真伪,并最终影响到保险公司是否作出赔偿的决定以及支付赔偿金的多少,法律就应对他们提出严格的要求。因此,《刑法》第198条第4款规定:"保险事故的鉴定人、证明人、财产评估人故意提供虚假的证明文件,为他人诈骗提供条件的,以保险诈骗的共犯论处。"需要指出的是,该条款将鉴定人、证明人或财产评估人的主观方面明确界定为"故意",如果他们出于过失而提供虚假的证明文件,则不能以保险诈骗的共犯论处。

(三) 对保险诈骗罪的处罚

对于犯保险诈骗罪的自然人,《刑法》第198条第1款规定了三个档次的法定刑:(1) 构成本罪的,处5年以下有期徒刑或者拘役,并处1万元以上10万元以下罚金;(2) 数额巨大或者有其他严重情节的,处5年以上10年以下有期徒刑,并处2万元以上20万以下罚金;(3) 数额特别巨大或者有其他特别严重情节的,处10年以上有期徒刑,并处2万元以上20万元以下罚金或者没收财产。

同时,第198条第3款还规定,单位犯保险诈骗罪的,对单位判处罚金,并对其直接负责的主管人员和其他直接责任人员,处5年以下有期徒刑或者拘役;数额巨大或者有其他严重情节的,处5年以上10年以下有期徒刑;数额特别巨大或者有其他特别严重情节的,处10年以上有期徒刑。

第七节　危害税收征管罪

一、逃税罪

(一)逃税罪的概念和特征

逃税罪,是指纳税人采取欺骗、隐瞒手段进行虚假纳税申报或者不申报,逃避纳税款数额较大并且占应纳税额10%以上,或者扣缴义务人采取欺骗、隐瞒手段不缴或者少缴已扣、已收税款,数额较大的行为。

逃税罪的主要特征是:

(1)侵害的客体是国家的税收征管制度。税收是国家财政收入的重要来源,直接关系到国计民生,也是国家进行宏观调控的重要经济杠杆。因此,为了加强对税收的管理和监督,国家根据工商、服务等行业的不同情况,颁布了一系列税收征管法规,形成国家的税收征管制度。税收征管制度是国家各种税收和税款征收办法的总称,包括征收管理体制、征收对象、税率、纳税期限等内容。一切负有纳税义务的自然人和单位,均应当根据有关的税收征管法规及时地缴纳税款。而逃税的犯罪行为则侵害着国家的税收征管活动,影响国家的税款收入,从而破坏着国家的税收征管制度。

(2)客观方面,表现为采取欺骗、隐瞒手段进行虚假纳税申报或者不申报,或者不缴、少缴已扣、已交税款,逃避缴纳税款数额达到法定标准的行为。本罪的客观方面包括以下两个要素:

第一,采取欺骗、隐瞒手段逃避缴纳税款。欺骗、隐瞒是行为人逃避缴纳税款的手段。所谓"欺骗、隐瞒",是指行为人通过虚构事实或者隐瞒事实真相等方法,欺骗税务机关,意图不缴或者少缴税款。例如伪造、变造、隐匿、擅自销毁账簿、记账凭证,或者在账簿上多列支出或者不列、少列收入。逃避缴纳税款是本罪的目的行为,表现为虚假纳税申报或者不申报,或者不缴、少缴税款。虚假纳税申报是指纳税人或扣缴义务人,以不缴或者少缴应纳税款为目的纳税申报。根据最高人民法院2002年11月《关于审理偷税、抗税案件具体应用法律若干问题的解释》第2条的规定,"虚假纳税申报"是指纳税人或者扣缴义务人向税务机关报送虚假的纳税申报表、财务报表、代扣代缴、代收代缴税款报告表或者其他纳税申报资料,如提供虚假申请,编造减税、免税、抵税、先征收后退还税款等虚假资料等。行为人有的采用其中一种,有的几种并用。"不申报"是指行为人不按照规定向有管辖权的税务机关申报生产经营情况和计税金额、财务会计报表等资料的活动。

第二,逃避缴纳税款数额达到法定标准。对于纳税人来说,构成逃税罪必须达到的法定标准,是逃避纳税款数额较大,并且占应纳税额 10% 以上。对于扣缴义务人来说,构成逃税罪必须达到的法定标准是不缴或者少缴已扣、已收税款数额较大,而不需要不缴、少缴已扣、已收税款达到占应纳税额的 10% 以上这个比例要求。对于多次逃税和不缴或者少缴已扣、已收税款行为未经处理的,按照累计数额计算。此外,根据《刑法修正案(七)》修改后的《刑法》第 201 条第 4 款的规定,只要不属于在 5 年内因逃避纳税款受过刑事处罚或者被税务机关给予两次以上行政处罚的情况,纳税人和扣缴义务人逃避缴纳的税款数额即使达到法定的标准,但如果经税务机关依法下达追缴通知后,补缴应纳税款,缴纳滞纳金,已受行政处罚的,不再追究刑事责任。

第三,犯罪主体是特殊主体,只能由纳税人和扣缴义务人构成,包括自然人和单位。纳税人,是指根据法律规定负有纳税义务的单位和个人;扣缴义务人,则指根据有关法律规定,负有代扣代缴、代收代缴税款义务的单位和个人。

第四,在主观方面必须是故意,行为人一般出于不缴或者少缴税款而非法获利的目的。如果行为人出于过失,例如由于一时疏忽或不懂有关税法而没有按时申报纳税,漏缴了应纳税款;或者因制度混乱、账目不清而漏缴税款的,则不能构成逃税罪,应当由有关税务管理部门依照税收法规处理。

(二)逃税罪的认定

(1)应划清逃税与漏税的界限。漏税是指纳税人、扣缴义务人在非故意的情况下,没有缴纳或足额缴纳税款的行为,行为人并无逃避纳税的目的;而逃税则是一种故意行为,行为人往往出于不缴或者少缴税款的目的。因此,区分逃税与漏税的界限主要在于行为人的主观方面。另外,由于逃税与漏税的性质不同,其所承担的法律后果也就有所区别。漏税是一般的税务违法行为,应由税务机关责令行为人限期补缴税款,并加收滞纳金;而逃税的性质要比漏税严重得多,逃税若达到法定定量标准,构成犯罪的,则应当由司法机关追究刑事责任。

(2)区分逃税与避税的界限。避税是指纳税人、扣缴义务人采用合法的手段不缴或少缴税款的行为。尽管逃税与避税都是不缴或者少缴税款的行为,但两者存在本质的区别。避税是行为人在纳税义务发生之前,通过选择合理的计税方法,如利用经济特区的税收优惠政策在经济特区投资,或者根据税法上的某些缺陷进行有利于自己的纳税选择,从而有意地减轻或者免除纳税负担。因此,从法律性质上看,避税并没有违反税法规定,属于合法的行为。而逃税则是行为人采用非法的手段,达到其不缴或者少缴税款的非法目的。在任何情况下,逃税都是国家法律所禁止的。

(3) 区分逃税罪与抗税罪的界限。这两种犯罪都侵犯国家的税收征管制度,而且行为人在主观方面均出于故意。两者的主要区别在于:第一,犯罪主体不同。自然人和单位均可构成逃税罪,而抗税罪的主体只能由自然人构成,不包括单位。第二,客观方面不同。逃税罪表现为行为人采取伪造、变造、隐匿、擅自销毁账簿、记账凭证等欺诈手段,不缴或者少缴税款的行为;而抗税罪则表现为行为人以暴力、威胁方法拒不缴纳税款的行为。这是逃税罪与抗税罪的根本区别。第三,犯罪成立的法定定量标准不同。逃税罪成立的定量标准是逃税数额达到一定的要求,或者行为人因逃税被税务机关给予两次行政处罚又逃税;而在抗税罪中,行为人只要实施了以暴力、威胁方法拒不缴纳税款的行为,就可构成犯罪。

(三) 对逃税罪的处罚

根据《刑法》第 201 条、第 204 条第 2 款、第 211 条和第 212 条的规定,纳税人犯本罪的,逃避缴纳税款数额较大并且占应纳税额 10% 以上的,处 3 年以下有期徒刑或者拘役,并处罚金;数额巨大并且占应纳税款 30% 以上的,处 3 年以上 7 年以下有期徒刑,并处罚金。扣缴义务人犯本罪的,不缴、少缴已扣、已收税款数额较大的,处 3 年以下有期徒刑或者拘役,并处罚金;数额巨大的,处 3 年以上 7 年以下有期徒刑,并处罚金。单位犯本罪的,对单位判处罚金,并对其直接负责的主管人员和其他直接责任人员,依照上述规定处罚。判处罚金刑的,在执行前,应当先由税务机关追缴税款,实行"先追缴后处罚"的原则。

二、虚开增值税专用发票、用于骗取出口退税、抵扣税款发票罪

(一) 虚开增值税专用发票、用于骗取出口退税、抵扣税款发票罪的概念和特征

虚开增值税专用发票、用于骗取出口退税、抵扣税款发票罪,是指违反国家的发票管理法规,虚开增值税专用发票或者虚开用于骗取出口退税、抵扣税款的其他发票的行为。

虚开增值税专用发票、用于骗取出口退税、抵扣税款发票罪的主要特征是:

(1) 侵犯的客体是国家对增值税专用发票以及可用于出口退税、抵扣税款的其他发票的管理制度。所谓"增值税专用发票",是指以商品或者劳务的增值额为征税对象,并且具有直接抵扣税款功能的专门用于增值税的收付款凭证。目前,在我国的发票种类中,除了增值税专用发票之外,还有某些其他发票也具有抵扣税款的功能。所谓"可用于出口退税、抵扣税款的其他发票",则是指具有可以用于申请出口退税、抵扣税款功能的其他发票,例如运输发票、农林牧水产品收购发票、废旧物品收购发票等。为了规范单位和个人开具增值税专用发

票以及可用于出口退税、抵扣税款的其他发票的行为,我国《发票管理办法》明确规定,任何单位和个人应当如实开具发票,不得转借、转让、代开发票;我国2021年《发票管理办法实施细则》规定,任何单位和个人不得为他人、为自己开具与实际经营业务状况不符的发票;不得让他人为自己开具与实际经营业务状况不符的发票;不得介绍他人开具与实际经营业务不符的发票。而虚开增值税专用发票、用于骗取出口退税、抵扣税款发票罪的行为,就违反了发票管理法规,骗取了大量可以抵扣的税款,造成国家税款的流失,严重破坏了我国对专用发票的管理制度。

(2)在客观方面,行为人必须具有虚开增值税专用发票或者虚开用于骗取出口退税、抵扣税款的其他发票的行为。所谓"虚开",主要有两种情形:一是在根本不存在货物销售或者提供应税劳务的情况下,无中生有,虚构货物销售或者提供应税劳务的内容和税额而开具专用发票;二是虽然存在真实的货物销售或者提供应税劳务的情况,但开具数量或金额不实的专用发票。根据规定,虚开增值税专用发票或者用于骗取出口退税、抵扣税款发票的行为方式,包括以下四种情形:第一,为他人虚开。即合法拥有专用发票的单位和个人,在明知他人没有货物销售或提供应税的劳务,或者虽有货物销售或提供应税劳务的情况下,采用无中生有或者以少多开的手段,为他人虚开增值税专用发票以及可用于出口退税、抵扣税款的其他发票。第二,为自己虚开。即合法拥有专用发票的单位和个人,在自己没有货物销售或提供应税劳务的情况下,为自己开具专用发票,或者在自己存在真实的货物销售或者提供应税劳务的情况下,为自己开具数量或金额不实的专用发票。第三,让他人为自己虚开。即没有货物销售或提供应税劳务的单位或个人,要求合法拥有专用发票的单位和个人为其开具专用发票,或者即使有货物销售或者提供应税劳务的单位或个人,要求合法拥有专用发票的单位和个人为其开具数量或金额不实的专用发票。第四,介绍他人虚开。即在虚开增值税专用发票或者可用于出口退税、抵扣税款的其他发票的犯罪过程中,发挥着牵线搭桥、沟通联系、组织策划作用的行为。行为人只要实施了上述任何一项行为,即可构成本罪。

(3)犯罪主体是一般主体,自然人和单位均可构成本罪。

(4)在主观方面,必须是出于故意。

(二)对虚开增值税专用发票、用于骗取出口退税、抵扣税款发票罪的处罚

对于犯本罪的自然人,《刑法》第205条规定了四个档次的法定刑:(1)构成本罪的,处3年以下有期徒刑或者拘役,并处2万元以上20万元以下罚金;(2)虚开的税款数额较大或者有其他严重情节的,处3年以上10年以下有期徒刑,并处5万元以上50万元以下罚金;(3)虚开的税款数额巨大或者有其他特别严重情节的,处10年以上有期徒刑或者无期徒刑,并处5万元以上50万元以

下罚金或者没收财产。《刑法修正案(八)》第32条删去了《刑法》第205条第2款的规定,取消了本罪的死刑条款。

单位犯本罪的,对单位判处罚金,并对其直接负责的主管人员和其他直接责任人员,处3年以下有期徒刑或者拘役;虚开的税款数额较大或者有其他严重情节的,处3年以上10年以下有期徒刑;虚开的税款数额巨大或者有其他特别严重情节的,处10年以上有期徒刑或者无期徒刑。

三、虚开发票罪

(一) 虚开发票罪的概念和特征

根据《刑法修正案(八)》第33条和《刑法》第205条之一的规定:虚开发票罪,是指虚开增值税专用发票或者其他具有退税、抵扣税款功能发票以外的其他普通发票的行为。

本罪的主要特征是:

(1) 侵犯的客体是国家对普通发票的管理制度。

(2) 客观方面,行为人具有虚开《刑法》第205条规定以外的其他发票的行为。这里所说的"虚开发票",是指为他人虚开、为自己虚开、让他人为自己虚开、介绍他人虚开等行为。虚开的手段多种多样,比如大头小尾开阴阳票、改变品目、使用地税营业税发票开国税业务发票,甚至使用假发票等。

(3) 主观方面是故意。虚开的目的,可以是为了赚取手续费,也可以是通过虚开发票少报收入、偷税、骗税,甚至是用于非法经营、贪污贿赂、侵占等违法犯罪活动。

(4) 犯罪主体是一般主体,自然人和单位均可构成本罪。

(二) 对虚开发票罪的处罚

根据《刑法修正案(八)》和《刑法》第205条之一的规定,虚开发票,情节严重的,处2年以下有期徒刑、拘役或者管制,并处罚金;情节特别严重的,处2年以上7年以下有期徒刑,并处罚金。

单位犯前款罪的,对单位判处罚金,并对其直接负责的主管人员和其他直接责任人员,依照第1款的规定处罚,即情节严重的,处2年以下有期徒刑、拘役或者管制,并处罚金;情节特别严重的,处2年以上7年以下有期徒刑,并处罚金。

四、持有伪造的发票罪

(一) 持有伪造的发票罪的概念和特征

根据《刑法修正案(八)》第35条和《刑法》第210条之一的规定,持有伪造的发票罪,是指明知是伪造的发票而持有,数量较大的行为。

本罪的主要特征是:

（1）客观方面，行为人持有伪造的发票，并且数量较大。本条所说的"持有"，是指行为人对伪造的发票处于占有、支配、控制的状态。不仅随身携带的伪造的发票可以认定为持有，而且在其住所、驾驶的运输工具上发现的伪造的发票也可以认定为持有。这里规定的持有的"伪造的发票"，不仅包括伪造的普通发票，而且也包括伪造的增值税专用发票和其他具有出口退税、抵扣税款功能的收付款凭证或者完税凭证。另外，持有伪造的发票必须数量较大时，才能认定为犯罪。至于何谓"数量较大"，法律目前还没有作出具体规定，应通过最高人民法院的司法解释加以确定。

（2）主观方面，行为人是故意，即明知是伪造的发票而持有，缺乏明知的不能认定为犯罪。这就要求司法人员在办案过程中，结合案件的证据材料，进行全面的分析和判断，然后作出正确的处理。在认定"持有"之前，应当尽量查清伪造发票的真正来源，只有当有关证据确实无法获取的情况下，才能以本罪认定并处罚行为人。

（3）犯罪主体是一般主体，既可以是自然人，也可以是单位。

（二）对持有伪造的发票罪的处罚

根据《刑法修正案（八）》和《刑法》第210条之一的规定，犯持有伪造的发票罪，数量较大的，处2年以下有期徒刑、拘役或者管制，并处罚金；数量巨大的，处2年以上7年以下有期徒刑，并处罚金。

单位犯前款罪的，对单位判处罚金，并对其直接负责的主管人员和其他直接责任人员，依照前款的规定处罚，即数量较大的，处2年以下有期徒刑、拘役或者管制，并处罚金；数量巨大的，处2年以上7年以下有期徒刑，并处罚金。

第八节　侵犯知识产权罪

一、假冒注册商标罪

（一）假冒注册商标罪的概念和特征

假冒注册商标罪，是指未经注册商标所有人的许可，在同一种商品、服务上使用与其注册商标相同的商标，情节严重的行为。

假冒注册商标罪的主要特征是：

（1）侵犯的客体是复杂客体，既侵害了国家的商标管理制度，也损害着注册商标所有人的商标专有权。商标是指由文字、图形或其组合等构成的商品标记，用以区别不同的商品生产者或经营者所生产或经营的同类商品。为了加强商标管理，保护商标专有权，促使生产者保证商品质量和维护商标信誉，以保障消费者的利益，促进社会主义商品经济的发展，我国通过立法建立了国家的商标管理制度。

根据我国《商标法》的有关规定,凡经商标局核准注册的商标为注册商标,商标注册人享有商标专有权,受法律的保护。由于商标是商品生产者或经营者开拓市场和创立信誉的重要工具,并且是一种无形的财产权,因此,任何单位和个人在未经注册商标所有人许可、授权或依法转让的情况下,不得在同一种商品或者类似商品上使用与其注册商标相同或者近似的商标,否则就会影响注册商标所有人的商标信誉,侵犯其商标专有权,侵害国家的商标管理制度,破坏市场经济条件下正常的竞争秩序。据此,我国《商标法》第57条将假冒注册商标的行为列为一种侵犯注册商标专用权的行为,规定侵权人应当赔偿被侵权人的损失,构成犯罪的,还应依法追究其刑事责任。为了有效地打击假冒注册商标的犯罪活动,也必须运用刑法武器,将情节严重的假冒注册商标的行为,纳入刑事法律所调整的范畴。

(2) 在客观方面,行为人必须具有在未经注册商标所有人许可的情况下,在同一种商品、服务上使用与其注册商标相同的商标之行为。这具体表现为以下三个不可分割的要件:第一,未经注册商标所有人的许可,这是构成本罪的前提条件。我国《商标法》第43条明确规定,商标注册人可以通过签订商标使用许可合同,许可他人使用其注册商标。因此,是否经注册商标所有人的许可是区分合法使用与非法使用他人注册商标行为的界限。第二,本罪的犯罪对象必须是他人已经注册的商标,并且是注册有效的商标。根据我国《商标法》的规定,只有经过商标局核准注册的商标,商标注册人才享有商标专有权,并受到法律的保护。因此,如果行为人假冒他人未经注册的商标,则不能构成本罪。另外,我国法律所规定的注册商标的有效期为10年。注册商标有效期满,需要继续使用的,应当在法定期内提出申请,否则就注销其注册商标,注册商标所有人的商标专有权也随之丧失。因此,使用已经被注销注册的商标,就不构成商标侵权行为,更不能以假冒注册商标罪论处。第三,在同一种商品上使用与他人注册商标相同的商标,这包括必须同时具备的两个条件:一是商标相同,而不是商标近似;二是使用该商标的商品是同一种商品,而不是类似商品。所谓"同一种商品",是指按照我国《商品分类(组别)》的规定,属于同种商品和同一商品类别的商品,它与在功能、用途、主要原材料上有共同特点的类似商品是不同的;所谓"相同的商标",是指商标的法定构成要素相同的商标,它与商标构成要素相近的近似商标是两个不同的概念。因此,如果行为人在同一种商品上使用与他人注册商标近似的商标,或者在类似商品上使用与他人注册商标相同的商标,或者在类似商品上使用与他人注册商标近似的商标,则均不符合假冒注册商标罪在客观方面的构成要件,不能以犯罪论处。

(3) 犯罪主体是一般主体,凡达到法定刑事责任年龄、具备刑事责任能力的自然人均可构成本罪。同时,依据《刑法》第220条的规定,单位也可构成本罪。

(4) 在主观方面,只能是出于故意。如果行为人出于过失,确实不知道某一商标已经被商标局核准注册,而在同一种商品上使用与他人注册商标相同的商标,则不能构成本罪。

(二) 假冒注册商标罪的认定

(1) 划清罪与非罪的界限。假冒注册商标罪与一般的商标侵权行为之间存有某些相似之处,但两者有着本质性的区别。根据法律规定,假冒注册商标罪的构成,除了必须具备该罪的四个主要特征之外,还必须达到情节严重的程度。这是区分罪与非罪的界限。所谓情节严重,一般是指违法所得数额较大,或者给注册商标所有人造成较大损失,或者有其他严重情节。根据司法实践,具有下列情形之一的,应当追诉:个人假冒他人注册商标,非法经营数额在10万元以上的;单位假冒他人注册商标,非法经营数额在50万元以上的;假冒他人驰名商标或者人用药品商标的;虽未达到上述数额标准,但因假冒他人注册商标,受过行政处罚2次以上,又假冒他人注册商标的;造成恶劣影响的。

(2) 区分本罪与销售假冒注册商标的商品罪的界限。这两种犯罪都属于侵犯注册商标专有权的犯罪,而且行为人在主观方面均出于故意。两者的主要区别在于:第一,犯罪对象不同。本罪的犯罪对象是他人已经注册并且注册有效的商标;而销售假冒注册商标的商品罪的犯罪对象则不同,必须是假冒注册商标的商品。第二,犯罪的客观方面不同。本罪在客观方面表现为行为人未经注册商标所有人的许可,在同一种商品上使用与其注册商标相同的商标;而销售假冒注册商标的商品罪表现为行为人销售明知是假冒注册商标的商品。

(三) 对假冒注册商标罪的处罚

依据《刑法修正案(十一)》第17条和《刑法》第213条的规定,犯假冒商标罪,处3年以下有期徒刑,并处或者单处罚金;情节特别严重的,处3年以上10年以下有期徒刑,并处罚金。同时,《刑法》第220条还规定,单位犯假冒商标罪的,对单位判处罚金,并对其直接负责的主管人员和其他责任人员,依照自然人犯本罪的量刑标准处罚。

二、侵犯著作权罪

(一) 侵犯著作权罪的概念和特征

侵犯著作权罪,是指以营利为目的,侵犯他人著作权或者与著作权有关的权利,违法所得数额较大或者有其他严重情节的行为。

侵犯著作权罪的主要特征是:

(1) 侵害的客体是复杂客体,既包括著作权人对其作品享有的著作权和与著作权有关的权益,也包括国家对著作权的管理制度。著作权是知识产权的重要组成部分,是指法律赋予作者或者其他著作权人因创作文学、艺术和科学作品而享有的专有权利。为了保护著作权以及与著作权有关的权益,加强对著作权的管理,鼓励有益于社会主义精神文明、物质文明建设的作品的创作和传播,促进社会主义文化和科学事业的发展与繁荣,全国人大常委会于1990年9月通过了《中华人民共和国著作权法》,对作品范围、著作权人及其权利、著作权归属、著作权的保护期、侵权行为及其法律责任等内容作了明确的规定。根据现行《著作权法》第10条的规定,著作权包括多个方面的人身权和财产权,即发表权、署名权、修改权、保护作品完整权、复制权、发行权、出租权、展览权、表演权、放映权、广播权、信息网络传播权、摄制权、改编权、翻译权、汇编权等。而与著作权有关的权益,主要是指出版者、表演者等传播作品的人对其所赋予作品的传播形式所享有的著作邻接权。在实际生活中,如果行为人未经著作权人的许可而复制发行其作品,或者出版他人享有专有出版权的图书,或者制作、出售假冒他人署名的美术作品,其行为就不仅构成了对著作权人和邻接权人的侵权行为,而且破坏了国家对文化市场的管理,在严重情况下还有损于我国文化作品在国际上的声誉。

(2) 在客观方面,行为人必须具有侵犯他人著作权或者与著作权有关的权利的行为。依据《著作权法》第52条和53条的规定侵犯他人著作权和邻接权的行为方式有19种。《刑法修正案(十一)》第20条和《刑法》第217条对侵权的行为方式具体规定为六种情形:第一,未经著作权人许可,复制发行、通过信息网络向公众传播其文字作品、音乐、美术、视听作品、计算机软件及法律、行政法规规定的其他作品的。第二,出版他人享有专有出版权的图书的。第三,未经录音录像制作者许可,复制发行、通过信息网络向公众传播其制作的录音录像的。第四,未经表演者许可,复制发行录有其表演的录音录像制品,或者通过信息网络向公众传播其表演的。第五,制作、出售假冒他人署名的美术作品的。这里所说的"美术作品",是指以线条、色彩或者其他方式构成的有审美意义的平面或立体造型艺术作品,包括绘画、书法、雕塑、工艺美术等。第六,未经著作权人或者与其著作权有关的权利人许可,故意避开或者破坏权利人为其作品、录音录像制品等采取的保护著作权或者与著作权有关的权利的技术措施的。这里所说的"技术措施",是指用于防止、限制未经权利人许可浏览、欣赏作品、表演、录音录像制品或者通过信息网络向公众提供作品、表演、录音录像制品的有效技术、装置或者部件。根据法律规定,行为人只要实施上述6种行为之一的,即符合本罪在客观方面的构成要件。

(3) 犯罪主体是一般主体。任何达到法定刑事责任年龄、具备刑事责任能力的自然人均可构成本罪。同时,依据《刑法》第220条的规定,单位也可以构成本罪。

(4) 在主观方面,必须是出于故意,并且具有营利的目的。"以营利为目的",是指行为人侵犯他人权利的行为是为了获取非法利益。根据我国《著作权法》的规定,合理使用他人的作品是允许的。比如为了科研和教学,少量复制他人的作品,图书馆、档案馆、纪念馆为了陈列或者保存版本的需要,复制本馆收藏的作品等,都没有营利的目的,不构成侵犯著作权罪。实践中,行为人是否有营利的目的,需要根据主客观因素综合判断。有些行为虽然不能即刻获利或者马上取得经济利益,但从长远看会实现营利的目的,就不影响"以营利为目的"的认定。例如搞一些促销活动、吸引流量,或者通过广告等方式间接获取收益等。此外,如果行为人由于过失,比如误认为他人的著作权已经超过保护期,而复制了他人的作品,也不能以犯罪处理。

根据司法解释,以下情形都可以认定为"以营利为目的":在他人作品中刊登收费广告、捆绑第三方作品等方式直接或者间接收取费用的;通过信息或者网络传播他人作品,或者利用他人上传的侵权作品,在网站或者网页上提供刊登收费广告服务,直接或者间接收取费用的;以会员制方式通过信息网络传播他人作品,收取会员注册费或者其他费用的;其他利用他人作品牟利的情形。

(二) 侵犯著作权罪的认定

依据法律规定,侵犯著作权罪的构成,除了必须具备该罪的四个主要特征之外,在定量因素上还必须具备违法所得数额较大或者有其他严重情节的特征,否则就属于一般的民事侵权行为,不能以犯罪论处。这是划清侵犯著作权罪与非罪的重要界限。根据最高人民法院、最高人民检察院《关于办理侵犯知识产权刑事案件具体应用法律若干问题的解释》,违法所得数额在3万元以上的,属于"违法所得数额较大";具有下列情形之一的,属于"有其他严重情节":(1) 非法经营数额在5万元以上的;(2) 未经著作权人许可,复制发行其作品,复制品数量合计在1000(份)以上的;(3) 其他严重情节的情形。

(三) 对侵犯著作权罪的处罚

根据《刑法修正案(十一)》第20条和《刑法》第217条的规定,犯侵犯著作权罪,违法所得数额较大或者有其他严重情节的,处3年以下有期徒刑,并处或者单处罚金;违法所得数额巨大或者有其他特别严重情节的,处3年以上10年以下有期徒刑,并处罚金。同时,《刑法》第220条还规定,单位犯侵犯著作权罪的,对单位判处罚金,并对其直接负责的主管人员和其他直接责任人员,依照自然人犯本罪的量刑标准处罚。

第九节 扰乱市场秩序罪

一、合同诈骗罪

(一) 合同诈骗罪的概念和特征

合同诈骗罪,是指以非法占有为目的,在签订、履行合同的过程中,骗取对方当事人财物,数额较大的行为。

合同诈骗罪的主要特征是:

(1) 侵害的客体是复杂客体,既侵犯了对方当事人的财产所有权,也扰乱了市场秩序。合同是商品交换关系在法律上的表现形式,是明确双方当事人相互权利和义务的协议,也是维护市场经济秩序的重要保证。根据我国有关法律规定,签订、履行合同必须贯彻诚实信用原则,不得采取欺诈、胁迫等手段签订合同。而合同诈骗的行为人以签订、履行合同为幌子,骗取对方当事人财物,就直接导致对方当事人的财物损失,侵犯了公私财产的所有权,同时也严重扰乱了市场交易秩序和竞争秩序。

(2) 在客观方面,表现为行为人在签订、履行合同的过程中,骗取对方当事人财物,数额较大的行为。其行为方式具体表现为以下五种情形:第一,以虚构的单位或者冒用他人名义签订合同;第二,以伪造、变造、作废的票据或者其他虚假的产权证明担保;第三,没有实际履约能力,以先履行小额合同或者部分履行合同的方法,诱骗对方当事人继续签订和履行合同,即采取通常所说的"钓鱼式合同"进行诈骗;第四,收受对方当事人给付的货物、货款、预付款或者担保财产后逃匿;第五,其他方法骗取对方当事人的财物。这是本条针对现实生活中合同诈骗犯罪的多样性、复杂性所作的一项概括性规定,是指行为人采取上述四项规定以外的其他方法骗取对方当事人财物的行为。根据法律规定,行为人只要实施上述五种行为方式中的一种,即符合本罪在客观方面的构成要件。同时,合同诈骗罪的构成,在定量上还必须具备骗取对方当事人数额较大的财物的特征,否则也不能构成犯罪。根据司法实践,个人诈骗公私财物,数额在5000元至2万元以上的,单位直接负责的主管人员和其他直接责任人员以单位名义实施诈骗,诈骗所得归单位所有,数额在5万元至20万元以上的,应当追诉。

(3) 犯罪主体是一般主体,任何达到法定刑事责任年龄、具备刑事责任能力的自然人均可构成本罪。同时,依据《刑法》第231条的规定,单位也可构成本罪。

(4) 在主观方面,必须是出于故意,并且以非法占有为目的。过失不能构成本罪。

(二) 合同诈骗罪的认定

(1) 划清合同诈骗罪与一般合同纠纷的界限。合同诈骗罪与一般合同纠纷之间存有某些相似之处,例如两者都是以合同的形式出现,行为人不履行或者不完全履行合同所确定的义务等。但是,两者有着本质性的区别。划清两者之间界限的关键,就是要查明行为人的主观目的,即是否具有"以非法占有为目的"。尽管主观目的属于行为人的主观心理状态,但它必然通过一系列的行为表现出来。说明行为人"以非法占有为目的"的外化行为越多、越全面,合同诈骗罪与一般合同纠纷的界限就会越明显。一般而言,行为人如果具有下列情形之一,就可以认定其行为属于"以非法占有为目的":第一,携带对方当事人的货款潜逃。第二,滥用对方当事人的货款或者大肆挥霍浪费。第三,将对方当事人的货款用于非法活动。在现实生活中,某些合同诈骗的行为人为了获取政治和经济保护,惯用送礼、行贿等伎俩,拉拢和腐蚀国家工作人员,对此也可认定为"以非法占有为目的"。第四,在取得对方当事人的货款后,以所谓股份制改造、兼并、破产等方式,逃避履行合同的义务。第五,行为人在签订合同时,其经济效益差、严重缺乏履约能力的事实已经存在,而且行为人对此也十分清楚。但是,如果个人或单位有部分履行合同的能力,在以夸大履约能力的方法与对方当事人签订合同后,虽然为履行合同作了积极的努力,但因发生了使行为人无法预料的客观事实,致使合同未能完全履行的,则应按一般的合同纠纷处理。

(2) 区分合同诈骗罪与金融诈骗罪的界限。合同诈骗罪与金融诈骗罪都是从诈骗罪游离出来的产物,两者在行为的客观特征上具有一定的共性,即行为人利用虚构事实或者隐瞒真相的方法,使被害人产生错觉,从而"自愿地"将财物交给犯罪人。然而,两者存在以下几方面的重大差异:第一,合同诈骗罪是一个具体的罪名;而金融诈骗罪是一个小类罪,其包括集资诈骗、贷款诈骗、票据诈骗、金融凭证诈骗、信用证诈骗、信用卡诈骗、国家有价证券诈骗、保险诈骗等具体的罪名。第二,诈骗发生的时空特征不同。合同诈骗罪是在签订、履行合同的过程中产生的,在犯罪人的获利与对方当事人的损失之间,存在着具体而直接的单纯关系;而金融诈骗是发生于客户与银行或者其他金融机构之间的犯罪,往往依附于银行或者其他金融机构的融资活动,包括存款的吸收与支付、贷款的发放与回收、国际国内货币资金的支付结算等一系列业务活动,因而在金融诈骗中,犯罪人的获利与受害人的损失之间往往是抽象、间接而复杂的。第三,犯罪对象不同。合同诈骗罪的犯罪对象是特定的,而且比较单一,即对方当事人的财物;而金融诈骗骗局的最终标的是银行或者其他金融机构的货币资金。另外,由于银行信用是最重要的信用形式,具有最广泛的可接受性,因而银行的信用和资信证明也往往成为犯罪人诈骗的对象。可见,金融诈骗罪侵害的对象比较复杂,除了银行或者其他金融机构的有形资产——货币资金之外,还包括其无形资产——银行的信用和资信证明。第四,犯罪客体不同。合同诈骗罪所侵害的客体主要是对方当事人的财产所有权,同时也扰乱了市场秩序;而金融诈骗罪侵害的客体则比较复杂,除了危及银行的资金安全和信用安全之外,在宏观上着重破坏了国家的金融管理秩序。由于犯罪客体的性质不同,致使合同诈骗罪呈静态的特点,具有稳定性;而金融诈骗罪呈动态的特点,具有易变性。第五,犯罪手段的性质不同。金融诈骗罪通常属于智能犯罪,它往往与犯罪主体的知识水平、职业经验密切相关。银行业务都具有一套严密的、专业性很强的规章制度和操作程序,如果不了解银行的这些制度和程序,便难以寻找出银行在业务活动中的薄弱环节进行诈骗。因而,犯罪人在实施金融诈骗之前往往深思熟虑,做出周密的计划,且以各种金融活动作掩护,以保证万无一失。而且,许多金融诈骗活动还同银行员工的贪污、受贿、玩忽职守等各种犯罪活动交织在一起,更有甚者是银行内部员工以业务疏漏为幌子进行诈骗,因而使得金融诈骗罪犯所使用的犯罪手段与合同诈骗罪犯所使用的手法相比较,具有更大的复杂性和隐蔽性。

(三)对合同诈骗罪的处罚

《刑法》第 224 条将自然人构成合同诈骗罪的刑事处罚,划分为三个档次:(1)犯合同诈骗罪的,处 3 年以下有期徒刑或者拘役,并处或者单处罚金;(2)数额巨大或者有其他严重情节的,处 3 年以上 10 年以下有期徒刑,并处罚金;(3)数额特别巨大或者有其他特别严重情节的,处 10 年以上有期徒刑或者无期徒刑,并处罚金或者没收财产。同时,第 231 条还规定,单位犯合同诈骗罪的,对单位判处罚金,并对其直接负责的主管人员和其他直接责任人员,依照自然人犯本罪的量刑标准处罚。

二、非法经营罪

(一)非法经营罪的概念和特征

非法经营罪,是指违反国家规定,未经许可经营法律、行政法规规定的专营、专卖物品或其他限制买卖的物品,或者买卖进出口许可证、进出口原产地证明以及其他法律、行政法规规定的经营许可证或批准文件,或者未经国家有关主管部门批准非法经营证券、期货、保险业务的,或者非法从事资金结算业务的,或者从事其他非法经营活动,扰乱市场秩序,情节严重的行为。

非法经营罪的主要特征是:

(1)侵犯的客体是国家对市场的管理秩序。为了保护国家和社会公共利益,充分发挥市场对经济活动的调节作用,维护市场活动的正常秩序,国家通过有关法律、行政法规的颁布和实施,对于紧俏消费品、贵重药材、重要的生产资料、外汇、珠宝、金银及其制品等关系到人民日常生活、国家的生产经营性活动和金融管理秩序的物品,实行经营许可证的市场管理制度,任何单位和个人在未经国家有关行政部门核发经营许可证的情况下,不得擅自经营这些限制买卖的特控物品,否则就会扰乱国家对专营、专卖物品和其他限制买卖物品的市场进行调控和管理的正常秩序。另外,进出口许可证、进出口原产地证明以及其他法定的经营许可证或批准文件,是国家有关行政部门针对特定的单位和个人而颁发的经营许可凭证,它们是国家对市场经济实行宏观调控的重要手段,不允许进行买卖,否则就会破坏国家对市场的正常管理活动,对国民经济和社会安定造成严重的损害。

(2)在客观方面,行为人必须具有违反国家规定,从事非法经营活动,扰乱市场秩序的行为。其具体的行为方式主要有：第一，在未经营许可的情况下，经营法律、行政法规规定的专营、专卖物品或者其他限制买卖的物品。所谓"专营、专卖物品"，是指由法律、行政法规明确规定的由专门的部门和单位经营、买卖的物品，例如烟草专卖品、食盐、外汇、珠宝、金银及其制品等；所谓"其他限制买卖的物品"，是指国家根据实际的需要，规定在一定时期实行限制性买卖的物品，例如棉花、贵重药材、化肥、农药、种子、易燃易爆物品等。第二，买卖进出口许可证、进出口原产地证明以及其他法律、行政法规规定的经营许可证或者批准文件。所谓"进出口许可证"，是指由国家外贸主管部门对企业或单位颁发的许可其从事某种进出口业务的确认性证明，它也是海关对某种进出口货物或者物品查验放行的重要凭证；所谓"进出口原产地证明"，是指在从事进出口经营活动中，由有关机构出具的用以证明进出口货物、技术原产地的有效凭证，它是进出口的国家和地区根据原产地的不同，征收差别关税和实行其他进出口差别待遇的证明；所谓"其他法律、行政法规规定的经营许可证或者批准文件"，是指国家有关部门许可企业、单位或者个人经营特定业务或物品的证件或批文，例如准运证、森林采伐证、矿产开采证、野生动物狩猎证等。第三，未经国家有关主管部门批准，非法经营证券、期货或者保险业务，以及非法从事资金支付结算业务。第四，从事其他严重扰乱市场秩序的非法经营行为。这是本条所作的一项补缺性规定，以打击现实生活中已经存在或者将来出现的其他各种各样的非法经营犯罪。根据法律规定，行为人只要实施上述四种行为方式中的一种，即符合本罪在客观方面的构成要件。

（3）犯罪主体是一般主体，凡达到法定刑事责任年龄、具备刑事责任能力的自然人均可构成本罪。同时，依据《刑法》第231条的规定，单位也可构成本罪。

（4）在主观方面，只能是出于故意，并且具有非法牟利的目的。

（二）非法经营罪的认定

依据法律规定，行为人从事非法经营的活动，必须达到情节严重的程度，才能构成犯罪。这是划清非法经营罪与非罪的重要界限。对于行为人实施的一般的非法经营的行为，则不宜以犯罪论处，可以由国家有关部门予以相应的行政处罚。所谓"情节严重"，一般是指：从事非法经营活动的违法所得数额较大；多次从事非法经营的活动，虽经行政处罚依然不思悔改；引起市场秩序的严重混乱；从事非法经营活动造成严重后果；等等。

根据近几年的立法和司法解释，对于下列行为，都应以非法经营罪论处：非法买卖外汇，扰乱市场秩序，情节严重的；违反国家规定，出版、印刷、复制、发行严重危害社会秩序和扰乱市场秩序的非法出版物，情节严重的；违反国家规定，采取租用国际专线、私设转接设备或者其他方法，擅自经营国际电信业务或者涉港澳台电信业务进行营利活动，扰乱电信市场管理秩序，情节严重的；从事传销或者变相传销活动,扰乱市场秩序,情节严重的;非法生产、储运、销售食盐,扰乱市场秩序,情节严重的。

(三) 对非法经营罪的处罚

依据《刑法》第225条的规定,对于犯非法经营罪的自然人,处5年以下有期徒刑或者拘役,并处或者单处违法所得1倍以上5倍以下罚金;情节特别严重的,处5年以上有期徒刑,并处违法所得1倍以上5倍以下罚金或者没收财产。同时,第231条还规定,单位犯非法经营罪的,对单位判处罚金,并对其直接负责的主管人员和其他直接责任人员,依照自然人犯本罪的量刑标准处罚。

第十节 本章其他犯罪

《刑法》分则第三章从第140条至第231条,具体规定九十多个罪名,除以上所研究的近二十个罪名外,本章还有以下几十种犯罪。

一、生产、销售、提供劣药罪

这是指违反国家药品管理法规,生产、销售、提供劣药,对人体健康造成严重危害的行为。

(1) 侵犯的客体是国家的药品管理制度和秩序。犯罪对象是劣药,而且只限于人用药品,不包括兽用药品。所谓劣药,根据《药品管理法》第98条第3款的规定加以确定。

(2) 在客观方面,行为人表现为生产、销售、提供劣药,对人体健康造成严重危害的行为。本罪在犯罪形态上属于结果犯,这也是其与生产、销售、提供假药罪的最大的不同点。生产、销售、提供假药的,即使没有严重危害人体健康的后果发生,也构成犯罪;而生产、销售、提供劣药的,必须对人体健康造成严重危害才能构成犯罪。

(3) 犯罪主体是自然人和单位。

(4) 主观方面是故意,一般以非法营利为目的。

司法实践中,要注意区分本罪与生产、销售伪劣产品罪的界限。如果生产、销售劣药行为同时触犯了两种罪名,根据《刑法》第149条的规定,应按处刑较重的罪处罚;如果生产、销售劣药没有对人体造成严重危害的后果,而销售金额在5万元以上,则不构成生产、销售劣药罪,而应以生产、销售伪劣产品罪处罚。

根据《刑法修正案(十一)》第6条和《刑法》第142条的规定,生产、销售劣药,对人体健康造成严重危害的,处3年以上10年以下有期徒刑,并处罚金;后果特别严重的,处10年以上有期徒刑或者无期徒刑,并处罚金或者没收财产。

药品使用单位的人员明知是劣药而提供给他人使用的,依照前款的规定处罚。

二、生产、销售不符合食品安全标准的食品罪

这是指违反国家的食品安全管理法规,生产、销售不符合食品安全标准的食品,足以造成严重食物中毒事故或者其他严重食源性疾病的行为。它的主要特征是:

(1) 侵犯的客体是国家的食品安全管理制度以及公民的人身安全。

(2) 犯罪主体是一般主体,包括自然人和单位。

(3) 在客观方面,必须具有生产、销售不符合食品安全标准的食品,足以造成严重食物中毒事故或者其他严重食源性疾病的行为。本罪的犯罪对象是"不符合食品安全标准的食品",在犯罪形态上属于危险犯的范畴。

(4) 在主观方面,只能由故意构成。

根据《刑法》第 143 条的规定,犯本罪,足以造成严重食物中毒事故或者其他严重食源性疾病的,处 3 年以下有期徒刑或者拘役,并处罚金;对人体健康造成严重危害或者有其他严重情节的,处 3 年以上 7 年以下有期徒刑,并处罚金;后果特别严重的,处 7 年以上有期徒刑或者无期徒刑,并处罚金或者没收财产。《刑法》第 150 条规定,单位犯本罪的,对单位判处罚金,并对其直接负责的主管人员和其他直接责任人员,依照个人犯罪的规定处罚。

三、生产、销售有毒、有害食品罪

这是指违反国家的食品卫生管理法规,在生产、销售的食品中掺入有毒、有害的非食品原料,或者销售明知掺有有毒、有害的非食品原料的食品之行为。本罪的犯罪对象是"有毒、有害的食品",在犯罪形态上属于行为犯,不以造成危害后果为构成条件。如果造成严重后果的,则按照结果加重犯处理。本罪其他特征与生产、销售不符合卫生标准的食品罪相同。

根据《刑法》第 144 条的规定,犯本罪的,处 5 年以下有期徒刑,并处罚金;对人体健康造成严重危害或者有其他严重情节的,处 5 年以上 10 年以下有期徒刑,并处罚金;致人死亡或者有其他特别严重情节的,处 10 年以上有期徒刑、无期徒刑或者死刑,并处罚金或者没收财产。《刑法》第 150 条规定,单位犯本罪的,对单位判处罚金,并对其直接负责的主管人员和其他直接责任人员,依照个人犯罪的规定处罚。

四、生产、销售不符合标准的医用器材罪

这是指生产不符合保障人体健康的国家标准、行业标准的医疗器械、医用卫生材料,或者销售明知是不符合保障人体健康的国家标准、行业标准的医疗器

械、医用卫生材料,对人体健康造成严重危害的行为。它的主要特征是:

(1) 侵犯的客体是国家的医疗用品管理制度以及公民的健康权或生命权。

(2) 犯罪主体是一般主体,包括自然人和单位。

(3) 在客观方面,必须具有生产不符合保障人体健康的国家标准、行业标准的医疗器械、医用卫生材料,或者销售明知是不符合保障人体健康的国家标准、行业标准的医疗器械、医用卫生材料的行为。本罪在犯罪形态上属于结果犯,如果没有对人体健康造成严重的危害,则不构成本罪。

(4) 在主观方面,只能由故意构成。

根据《刑法》第145条和《刑法修正案(四)》第1条的规定,犯本罪,足以严重危害人体健康的,处3年以下有期徒刑或者拘役,并处销售金额50%以上2倍以下罚金;对人体健康造成严重危害的,处3年以上10年以下有期徒刑,并处销售金额50%以上2倍以下罚金;后果特别严重的,处10年以上有期徒刑或者无期徒刑,并处销售金额50%以上2倍以下罚金或者没收财产。《刑法》第150条规定,单位犯本罪的,对单位判处罚金;并对其直接负责的主管人员和其他直接责任人员,依照个人犯罪的规定处罚。

五、生产、销售不符合安全标准的产品罪

这是指生产不符合保障人身、财产安全的国家标准、行业标准的电器、压力容器、易燃易爆产品或者其他不符合保障人身、财产安全的国家标准、行业标准的产品,或者销售明知是以上不符合保障人身、财产安全的国家标准、行业标准的产品,造成严重后果的行为。它的主要特征是:

(1) 侵犯的客体是国家关于电器、压力容器、易燃易爆等产品的管理制度以及公民的健康权或生命权。

(2) 犯罪主体是一般主体,包括自然人和单位。

(3) 在客观方面,必须具有生产不符合保障人身、财产安全的国家标准、行业标准的电器、压力容器、易燃易爆产品或者其他不符合保障人身、财产安全的国家标准、行业标准的产品,或者销售明知是以上不符合保障人身、财产安全的国家标准、行业标准的产品的行为。本罪在犯罪形态上属于结果犯,必须以造成严重后果为构成条件。

(4) 在主观方面,只能由故意构成。

根据《刑法》第146条的规定,犯本罪的,处5年以下有期徒刑,并处销售金额50%以上2倍以下罚金;后果特别严重的,处5年以上有期徒刑,并处销售金额50%以上2倍以下罚金。《刑法》第150条规定,单位犯本罪的,对单位判处罚金,并对其直接负责的主管人员和其他直接责任人员,依照个人犯罪的规定处罚。

六、生产、销售伪劣农药、兽药、化肥、种子罪

这是指生产假农药、假兽药、假化肥,销售明知是假的或者失去使用效能的农药、兽药、化肥、种子,或者生产者、销售者以不合格的农药、兽药、化肥、种子冒充合格的农药、兽药、化肥、种子,使生产遭受较大损失的行为。它的主要特征是:

(1) 侵犯的客体是国家关于农用生产资料的管理制度以及农业生产的顺利进行。

(2) 犯罪主体是一般主体,包括自然人和单位。

(3) 在客观方面,必须具有生产假农药、假兽药、假化肥,销售明知是假的或者失去使用效能的农药、兽药、化肥、种子,或者生产者、销售者以不合格的农药、兽药、化肥、种子冒充合格的农药、兽药、化肥、种子的行为。本罪的犯罪对象是"农药、兽药、化肥、种子",在犯罪形态上属于结果犯,必须以使农业生产遭受较大损失为构成条件。

(4) 在主观方面,只能由故意构成。

根据《刑法》第 147 条的规定,犯本罪的,处 3 年以下有期徒刑或者拘役,并处或者单处销售金额 50% 以上 2 倍以下罚金;使生产遭受重大损失的,处 3 年以上 7 年以下有期徒刑,并处销售金额 50% 以上 2 倍以下罚金;使生产遭受特别重大损失的,处 7 年以上有期徒刑或者无期徒刑,并处销售金额 50% 以上 2 倍以下罚金。《刑法》第 150 条规定,单位犯本罪的,对单位判处罚金,并对其直接负责的主管人员和其他直接责任人员,依照个人犯罪的规定处罚。

七、生产、销售不符合卫生标准的化妆品罪

这是指生产不符合卫生标准的化妆品,或者销售明知是不符合卫生标准的化妆品,造成严重后果的行为。它的主要特征是:

(1) 侵犯的客体是国家关于化妆品卫生的管理制度以及公民的健康权。

(2) 犯罪主体是一般主体,包括自然人和单位。

(3) 在客观方面,必须具有生产不符合卫生标准的化妆品,或者销售明知是不符合卫生标准的化妆品的行为。本罪的犯罪对象是"不符合卫生标准的化妆品",在犯罪形态上属于结果犯,必须以造成严重的后果为构成条件。

(4) 在主观方面,只能由故意构成。

根据《刑法》第 148 条的规定,犯本罪的,处 3 年以下有期徒刑或者拘役,并处或者单处销售金额 50% 以上 2 倍以下罚金。《刑法》第 150 条规定,单位犯本罪的,对单位判处罚金,并对其直接负责的主管人员和其他直接责任人员,依照个人犯罪的规定处罚。

八、走私假币罪

是指违反海关法规,逃避海关监管,走私假币的行为。

本罪与走私武器、弹药罪、走私核材料罪除犯罪对象不同外,其他特征都相同。

根据《刑法》第 151 条第 1 款的规定,犯本罪的,处罚与走私武器、弹药罪相同。

九、走私文物罪、走私贵重金属罪、走私珍贵动物、珍贵动物制品罪

这是指违反海关法规,逃避海关监管,走私国家禁止出口的文物、黄金、白银和其他贵重金属或者国家禁止进出口的珍贵动物及其制品的行为。它的主要特征是:

(1) 侵犯的客体是我国的对外贸易管理制度,同时也侵犯了国家对文物、贵重金属或者珍贵动物的保护管理秩序。

(2) 犯罪主体是一般主体,包括自然人和单位。

(3) 在客观方面,必须具有走私国家禁止出口的文物、黄金、白银和其他贵重金属或者国家禁止进出口的珍贵动物及其制品的行为。本罪的犯罪对象是国家严禁出口的物品,包括文物、黄金、白银和其他贵重金属、珍贵动物及其制品。本罪是选择性罪名,而且法律对本罪的构成条件,没有数量上的限制,因此,凡故意走私文物、贵重金属、珍贵动物及其制品,原则上都构成犯罪。

(4) 在主观方面,只能由故意构成。

根据《刑法》第 151 条第 2 款的规定,犯上述三罪的,处 5 年以上 10 年以下有期徒刑,并处罚金;情节特别严重的,处 10 年以上有期徒刑或者无期徒刑,并处没收财产;情节较轻的,处 5 年以下有期徒刑,并处罚金。

根据 2021 年最高人民法院、最高人民检察院《关于办理破坏野生动物资源刑事案件适用法律若干问题的解释》第 2 条的规定,走私国家禁止进出口的珍贵动物及其制品,价值 20 万元以上不满 200 万元的,应当依照《刑法》第 151 条第 2 款的规定,以走私珍贵动物、珍贵动物制品罪处 5 年以上 10 年以下有期徒刑,并处罚金;价值 200 万元以上的,应当认定为"情节特别严重",处 10 年以上有期徒刑或者无期徒刑,并处没收财产;价值 2 万元以上不满 20 万元的,应当认定为"情节较轻",处 5 年以下有期徒刑,并处罚金。

实施前款规定的行为,具有下列情形之一的,从重处罚:属于犯罪集团的首要分子的;为逃避监管,使用特种交通工具实施的;二年内曾因破坏野生动物资源受过行政处罚的。

实施上述第 1 款规定的行为,不具有第 2 款规定的情形,且未造成动物死亡或者动物制品无法追回,行为人全部退赃退赔,确有悔改表现的,按照下列规定

处理:珍贵动物及其制品价值200万元以上的,可以处5年以上10年以下有期徒刑,并处罚金。珍贵动物及其制品价值20万元以上不满200万元的,可以认定为"情节较轻",处5年以下有期徒刑,并处罚金;珍贵动物及其制品价值2万元以上不满20万元的,可以认定为犯罪情节轻微,不起诉或者免予刑事处罚;情节显著轻微危害不大的,不作为犯罪处理。

十、走私国家禁止进出口的货物、物品罪

这是指违反海关法规,逃避海关监管,走私珍稀植物及其制品等国家禁止进出口的其他货物、物品的行为。本罪侵犯了我国的对外贸易管理制度和国家对珍稀植物的保护管理制度。本罪的犯罪对象主要指国家禁止进出口的珍稀植物及其制品。客观方面表现为,违反海关法规,走私珍稀植物及其制品等国家禁止进出口的其他货物、物品的行为。其他特征与走私文物、贵重金属、珍贵动物、珍贵动物制品罪相同。

十一、走私普通货物、物品罪

这是指违反海关法规,逃避海关监管,非法运输、携带、邮寄普通货物、物品进出国(边)境,偷逃应缴税额在5万元以上的行为。本罪的犯罪对象,是专指普通的货物、物品,不包括武器、弹药、核材料、假币、国家禁止出口的文物、黄金、白银和其他贵重金属、国家禁止进出口的珍贵动物及其制品、珍稀植物及其制品、淫秽物品、毒品等国家禁止进出境物品,否则应依照《刑法》第151条、第152条、第347条的规定予以处罚。另外,法律对本罪的构成条件,有定量标准的特殊要求,将偷逃应缴税额5万元作为起刑点,若走私普通货物、物品的偷逃应缴税额不满5万元,则不构成犯罪。偷逃应缴税额的大小不仅是区分罪与非罪的界限,而且是适用不同处刑档次的标准。

根据《刑法》第153条的规定,犯本罪的,根据情节轻重,分别依照下列规定处罚:(1)走私货物、物品偷逃应缴税额较大或者1年内曾因走私被给予2次行政处罚后又走私的,处3年以下有期徒刑或者拘役,并处偷逃应缴税额1倍以上5倍以下罚金;(2)走私货物、物品偷逃应缴税额巨大或者有其他严重情节的,处3年以上10年以下有期徒刑,并处偷逃应缴税额1倍以上5倍以下罚金;(3)走私货物、物品偷逃应缴税额特别巨大或者有其他特别严重情节的,处10年以上有期徒刑或者无期徒刑,并处偷逃应缴税额1倍以上5倍以下罚金或者没收财产。单位犯前款罪的,对单位判处罚金,并对其直接负责的主管人员和其他直接责任人员,处3年以下有期徒刑或者拘役;情节严重的,处3年以上10年以下有期徒刑;情节特别严重的,处10年以上有期徒刑。对多次走私未经处理的,按照累计走私货物、物品的偷逃应缴税额处罚。

十二、走私废物罪

这是指逃避海关监管,将境外固体废物、液态废物和气态废物运输进境的行为。它的主要特征是:

(1) 侵犯的客体是我国的对外贸易管理制度,同时也侵犯了国家环境保护制度。

(2) 犯罪主体是一般主体,包括自然人和单位。

(3) 在客观方面,必须具有逃避海关监管,将境外固体废物、液态废物和气态废物运输进境的行为。本罪的犯罪对象,是专指境外的固体废物,液态废物和气态废物,即通常所说的"洋垃圾"。

(4) 在主观方面,只能由故意构成。

根据《刑法修正案(四)》修订后的第 152 条第 2 款的规定,犯本罪的,处 5 年以下有期徒刑,并处或者单处罚金;情节特别严重的,处 5 年以上有期徒刑,并处罚金。第 3 款规定,单位犯本罪的,对单位判处罚金,并对其直接负责的主管人员和其他直接责任人员,依照自然人犯罪的规定处罚。

十三、欺诈发行证券罪

这是指在招股说明书、认股书、公司、企业债券募集办法等发行文件中隐瞒重要事实或者编造重大虚假内容,发行股票或者公司、企业债券、存托凭证或者国务院依法认定的其他证券,数额巨大、后果严重或者有其他严重情节的行为。本罪的主要特征是:

(1) 侵犯的客体是国家关于证券发行的管理制度和投资者的合法权利。由于招股书、认股证等各种文件是投资者了解公司情况,保护投资人和公共利益的重要途径,如果这些文件的内容不是真实可靠的,就会使他们作出错误的判断和选择,带来利益上的重大损失,也扰乱了正常的市场经济秩序。因此,有必要细化法律的规定,明确规定"隐瞒重要事实""编造重大虚假内容"等,以利于司法机关掌握有关情况,有效打击此类犯罪行为。

(2) 犯罪主体是一般主体,即单位和自然人。本条第 2 款规定,控股股东、实际控制人都可以成为本罪的犯罪主体。控股股东、实际控制人指使公司、企业的董事、监事、高级管理人员以发行人的名义实施欺诈发行行为的,应当按照共同犯罪处理,通常情况下还应认定为主犯。第 3 款规定,单位欺诈发行股票、债券、存托凭证或者国务院依法认定的其他债券,应当承担刑事责任。这里的单位,包括有限责任公司、股份有限公司和其他企业法人。单位犯罪有两种情况,一是单位直接构成欺诈发行证券犯罪,二是控股股东、实际控制人是单位,组织、实施欺诈发行债券的犯罪。

(3) 客观方面,行为人必须具有在招股说明书、认股书、公司、企业债券募集办法等发行文件中,隐瞒重要事实或者编造重大虚假内容,发行股票或者公司债券、存托凭证或者国务院依法认定的其他证券的行为。本款所说的"隐瞒重要事实或者编造虚假内容",是指违反公司法、证券法及有关法律、法规的规定,制作的招股说明书、认股书、公司、企业债券募集办法等发行文件的内容全部都是虚构的,或者对其中重要的事项和部分内容作虚假的陈述或记载,或者对某些重要事实进行夸大或者隐瞒,或者故意遗漏有关的重要事项等。

构成本罪,行为人还要实施了"发行股票或者公司、企业债券、存托凭证或者国务院依法认定的其他债券"的行为,即实际上已经发行了股票或者公司、企业债券、存托凭证或者国务院依法认定的其他债券,如果制作或者形成了虚假的招股书、认股书、公司、企业债券募集办法等发行文件,但只是放在公司的办公室,或者还没有来得及发行就被阻止、不予注册或者主动撤回注册申请,未实施向社会发行股票或公司、企业债券、存托凭证或者国务院依法认定的其他债券的行为,就不构成犯罪。此外,还要满足"数额巨大、后果严重或者有其他严重情节"的入罪条件,才构成本罪。

(4)犯罪的主观方面是故意,即明知隐瞒了重要事实或者编造了虚假内容,仍然积极追求结果的发生。过失不能构成本罪。

实践中,公司、企业的直接责任的主管人员和其他责任人员,将非法募集的资金中饱私囊,落入个人腰包的,则属于贪污行为或侵占行为。如果构成犯罪,应以贪污罪或者职务侵占罪定罪处罚。

根据《刑法修正案(十一)》第8条和《刑法》第160条的规定,在招股说明书、认股书、公司、企业债券募集办法等发行文件中隐瞒重要事实或者编造重大虚假内容,发行股票或者公司、企业债券、存托凭证或者国务院依法认定的其他债券,数额巨大、后果严重或者有其他严重情节的,处5年以下有期徒刑或者拘役,并处或者单处罚金;数额特别巨大的、后果特别严重或者有其他特别严重情节的,处5年以上有期徒刑,并处罚金。

控股股东、实际控制人组织、指使实施前款行为的,处5年以下有期徒刑或者拘役,并处或者单处非法募集资金金额20%以上1倍以下罚金;数额特别巨大、后果特别严重或者有其他特别严重情节的,处5年以上有期徒刑,并处非法募集资金金额20%以上1倍以下罚金。

单位犯前两款罪的,对单位判处非法募集资金金额20%以上1倍以下罚金,并对其直接负责的主管人员和其他直接责任人员,依照第1款的规定处罚。

十四、违规披露、不披露重要信息罪

这是指依法负有信息披露义务的公司、企业向股东和社会公众提供虚假的或者隐瞒重要事实的财务会计报告,或者对依法应当披露的其他重要信息不按

照规定披露,或者公司、企业的控股股东、实际控制人实施或者组织、指使实施相关行为,隐瞒相关事项,严重损害股东或者其他人利益,或者有其他严重情节的行为。它的主要特征是:

(1) 侵犯的客体是复杂客体,既侵犯了国家关于公司财务会计报告的管理制度,也损害了股东和其他人的利益。

(2) 犯罪主体是依法负有信息披露义务的公司、企业。依据《公司法》《证券法》《银行业监督管理法》《商业银行法》《证券投资基金法》《保险法》等法律、法规的规定,负有信息披露义务的公司、企业包括:公开发行证券的申请人、上市公司、公司、企业债券上市交易的单位以及其他信息披露义务人、商业银行、基金管理人、基金托管人和其他基金信息披露义务人、保险公司等。上市公司的收购及相关股份权益变动活动中的信息披露义务人,也应当充分披露其在上市公司中的权益及变动情况,依法严格履行报告、公告和其他法定义务。

(3) 在客观方面,行为人实施了向股东和社会公众提供虚假的或者隐瞒重要事实的财务会计报告或者对依法应当披露的其他重要信息不按照规定披露的行为。所谓"依法应当披露的其他重要信息不按规定披露",是指违反法律、法规和国务院证券管理部门等对信息披露的规定,对除财务会计报告以外的其他重要信息不披露或者进行虚假披露。如作虚假记载、误导性陈述或者有重大遗漏等。

本款规定严重损害股东或者其他人利益,或者有其他严重情节的,才承担刑事责任。例如造成股东、债权人或者其他人直接经济损失数额累计在50万以上的;指使公司发行的股票、公司债券或者国务院依法认定的其他证券被终止上市交易或者多次被暂停上市交易的等。关于"其他严重情节",主要是隐瞒多项应当披露的重要信息、多次虚假披露或者不按照规定披露、因不按照规定披露受到处罚后又违反等情形。

《刑法修正案(十一)》第9条,对《刑法》第161条增加了一款规定,控股股东、实际控制人实施或者组织、指使实施违规披露或者不披露重要信息的行为,或者隐瞒相关事项,致使他人利益受损或者具有其他严重情节的,应当追究刑事责任。这样,既可以保障以信息披露为核心的注册制改革的顺利实施,加大惩治力度,提高违法成本,又可以精准惩处"幕后"的控股股东、实际控制人。

(4) 在主观方面,只能由故意构成。

根据《刑法修正案(十一)》第9条和《刑法》第161条的规定,犯本罪的,处5年以下有期徒刑或者拘役,并处或者单处罚金;情节特别严重的,处5年以上10年以下有期徒刑,并处罚金。

公司、企业的控股股东、实际控制人实施或者组织、指使实施前款行为的,或者隐瞒相关事项导致前款规定的情形发生的,依照前款的规定处罚。

犯前款罪的控股股东、实际控制人是单位的,对单位判处罚金,并对其直接负责的主管人员和其他直接责任人员,依照第1款的规定处罚。

十五、妨害清算罪

这是指公司、企业进行清算时,隐匿财产,对资产负债表或者财产清单作虚伪记载或者在未清偿债务前分配公司、企业财产,严重损害债权人或者其他人利益的行为。它的主要特征是:

(1) 侵犯的客体是复杂客体,既侵犯了国家关于公司、企业清算的管理制度,同时也损害了债权人或者其他人的利益。

(2) 犯罪主体是特殊主体,必须是进行清算的公司、企业,但处罚的对象只限于公司直接负责的主管人员和其他直接责任人员,对公司不处以罚金。

(3) 在客观方面,表现为公司、企业在进行清算的过程中,必须具有隐匿财产,对资产负债表或财产清单作虚伪记载,或者在未清偿债务前分配公司、企业财产的行为,并且严重损害了债权人或者其他人的利益。

(4) 在主观方面,只能由故意构成。

根据《刑法》第162条的规定,犯本罪的,对公司、企业直接负责的主管人员和其他责任人员,处5年以下有期徒刑或者拘役,并处或者单处2万元以上20万元以下罚金。

十六、隐匿、故意销毁会计凭证、会计账簿、财务会计报告罪

这是指负有保存会计资料职责的人员,故意隐匿或者销毁依法应当保存的会计凭证、会计账簿、财务会计报告,情节严重的行为。其主要特征是:

(1) 客观方面表现为隐匿或者销毁应当依法保存的会计凭证、会计账簿、财务会计报告,并且情节严重的行为。

(2) 犯罪主体是一般主体,包括自然人和单位。

(3) 犯罪主观方面是故意。

根据《刑法》第162条之一的规定,犯本罪的,处5年以下有期徒刑或者拘役,并处或者单处2万元以上20万元以下罚金。单位犯本罪的,对单位判处罚金,并对其直接负责的主管人员和其他直接责任人员,依照自然人犯罪的规定处罚。

十七、虚假破产罪

虚假破产罪,是指公司、企业通过隐匿财产、承担虚构的债务或者以其他方式转移、处分财产,实施虚假破产,严重损害债权人或者其他人利益的行为。这是《刑法修正案(六)》增加的一个罪名。其主要特征是:

(1) 客观方面表现为通过隐匿财产、承担虚假的债务或者以其他方法转移财产、处分财产,实施虚假破产,严重损害债权人或者其他人利益的行为。

(2) 犯罪主体是公司,但处罚的对象只限于公司、企业直接负责的主管人员和其他责任人员,对公司不处以罚金。

(3) 犯罪主观方面是故意。

根据《刑法修正案(六)》第6条和《刑法》第162条之二的规定,犯本罪的,处5年以下有期徒刑或者拘役,并处或者单处2万元以上20万元以下罚金。

十八、非法经营同类营业罪

这是指国有公司、企业的董事、经理利用职务便利,自己经营或者为他人经营与其所任职公司、企业同类的营业,获取非法利益,数额巨大的行为。它的主要特征是:

(1) 侵犯的客体是国家对国有公司、企业的管理制度。

(2) 犯罪主体是特殊主体,只能由国有公司、企业的董事、经理构成。

(3) 在客观方面,行为人必须具有利用职务便利,自己经营或者为他人经营与其所任职公司、企业同类的营业,获取数额巨大的非法利益的行为。

(4) 在主观方面,只能由故意构成,并且以非法牟利为目的。

根据《刑法》第165条的规定,犯本罪的,处3年以下有期徒刑或者拘役,并处或者单处罚金;数额特别巨大的,处3年以上7年以下有期徒刑,并处罚金。

十九、为亲友非法牟利罪

这是指国有公司、企业、事业单位的工作人员,利用职务便利,将本单位的盈利业务交由自己的亲友进行经营,或者以明显高于市场的价格向自己的亲友经营管理的单位采购商品或者以明显低于市场的价格向自己的亲友经营管理的单位销售商品,或者向自己的亲友经营管理的单位采购不合格商品,致使国家利益遭受重大损失的行为。它的主要特征是:

(1) 侵犯的客体是国家对国有公司、企业、事业单位的管理制度和国家的财产利益。

(2) 犯罪主体是特殊主体,只能由国有公司、企业、事业单位的工作人员构成。

(3) 在客观方面,行为人必须具有利用职务便利,实施了下列情形之一,致使国家利益遭受重大损失的行为:第一,将本单位的盈利业务交由自己的亲友进行经营;第二,以明显高于市场的价格向自己的亲友经营管理的单位采购商品;第三,以明显低于市场的价格向自己的亲友经营管理的单位销售商品;第四,向自己的亲友经营管理的单位采购不合格的商品。

(4) 在主观方面,只能由故意构成。

根据《刑法》第 166 条的规定,犯本罪的,处 3 年以下有期徒刑或者拘役,并处或者单处罚金;致使国家利益遭受特别重大损失的,处 3 年以上 7 年以下有期徒刑,并处罚金。

二十、签订、履行合同失职被骗罪

这是指国有公司、企业、事业单位直接负责的主管人员,在签订、履行合同过程中,因严重不负责任被诈骗,致使国家利益遭受重大损失的行为。它的主要特征是:

(1) 侵犯的客体是国家关于国有公司、企业、事业单位的管理制度和国家的财产利益。

(2) 犯罪主体是特殊主体,只能由国有公司、企业、事业单位直接负责的主管人员构成。

(3) 在客观方面,表现为行为人在签订、履行合同的过程中,因严重不负责任,导致国家的财产被诈骗。同时,行为人的失职行为只有使国家利益遭受重大损失时,才构成本罪。

(4) 在主观方面,行为人必须是出于过失,故意不构成本罪。

根据《刑法》第 167 条的规定,犯本罪的,处 3 年以下有期徒刑或者拘役;致使国家利益遭受特别重大损失的,处 3 年以上 7 年以下有期徒刑。

二十一、国有公司、企业、事业单位人员失职罪

这是指国有公司、企业、事业单位的人员,由于严重不负责任,造成国有公司、企业破产或者严重损失,致使国家利益遭受重大损失的行为。它的主要特征是:

(1) 侵犯的客体是国家关于国有公司、企业的管理制度和国家的财产利益。

(2) 犯罪主体是特殊主体,只能由国有公司、企业、事业单位的工作人员构成。

(3) 在客观方面,行为人必须具有严重不负责任,造成国有公司、企业破产或者严重损失的行为。本罪在犯罪形态上属于结果犯。

(4) 在主观方面,行为人必须是过失。

根据《刑法》第 168 条的规定,犯本罪的,处 3 年以下有期徒刑或者拘役;致使国家利益遭受特别重大损失的,处 3 年以上 7 年以下有期徒刑。

二十二、国有公司、企业、事业单位人员滥用职权罪

这是指国有公司、企业、事业单位的工作人员滥用职权,造成国有公司、企业破产或者严重损失,致使国家利益遭受重大损失的行为。这是 1999 年 12 月 25 日《刑法修正案》第 2 条增设的一个罪名。其主要特征是:

(1) 客观方面表现为行为人滥用职权,造成国有公司、企业、事业单位破产或者严重损失的行为。

(2) 犯罪主体是特殊主体,即国有公司、企业、事业单位的工作人员。

(3) 犯罪主观方面是故意,即明知是滥用职权的行为而有意实施的主观心理状态。

根据《刑法》第 168 条的规定,犯本罪的,处 3 年以下有期徒刑或者拘役;致使国家利益遭受特别重大损失的,处 3 年以上 7 年以下有期徒刑。徇私舞弊犯本罪的,从重处罚。

二十三、徇私舞弊低价折股、出售国有资产罪

这是指国有公司、企业或者其上级主管部门直接负责的主管人员,徇私舞弊,将国有资产低价折股或者低价出售,致使国家利益遭受重大损失的行为。它的主要特征是:

(1) 侵犯的客体是国家对国有资产的管理制度和国家的财产利益。

(2) 犯罪主体是特殊主体,只能由国有公司、企业或者其上级主管部门直接负责的主管人员构成。

(3) 在客观方面,行为人必须具有徇私舞弊,将国有资产低价折股或者低价出售的行为。本罪属于结果犯,行为人的徇私舞弊行为,只有造成国家利益的重大损失时,才构成犯罪。

(4) 在主观方面,行为人必须是出于故意。如果行为人没有徇私舞弊的动机,而是因专业知识不足、业务能力低下等原因,导致国有资产在折股或者出售时发生错误,则不能构成犯罪。

根据《刑法》第 169 条的规定,犯本罪的,处 3 年以下有期徒刑或者拘役;致使国家利益遭受特别重大损失的,处 3 年以上 7 年以下有期徒刑。

二十四、背信损害上市公司利益罪

这是指上市公司的董事、监事、高级管理人员违背对公司的忠实义务,利用职务便利,操纵上市公司从事危害上市公司利益,造成重大损失的行为。这是《刑法修正案(六)》作为《刑法》第 169 条之一增设的罪名。其主要特征是:

(1) 客观方面,表现为行为人利用职务便利,操纵上市公司实施下列行为:无偿向其他单位或者个人提供资金、商品、服务或者其他资产的;以明显不公平的条件,提供或者接受资金、商品、服务或者其他资产的;向明显不具有清偿能力的单位或者个人提供担保,或者无正当理由为其他单位或者个人提供担保的;无

正当理由放弃债权、承担债务的；采用其他方式损害上市公司利益的。只要实施上述行为，使上市公司遭受重大损失的，即构成本罪。

(2) 犯罪主体是特殊主体，即上市公司的董事、监事、高级管理人员。上市公司的控股股东或者实际控制人，指使上市公司董事、监事、高级管理人员实施前述行为的，也以本罪定罪处罚。

(3) 犯罪主观方面是故意。

依照《刑法》第169条之一的规定，犯本罪的，处3年以下有期徒刑或者拘役，并处或者单处罚金；致使上市公司利益遭受重大损失的，处3年以上7年以下有期徒刑，并处罚金。

犯前款罪的上市公司的控股股东或者实际控制人是单位的，对单位判处罚金，并对其直接负责的主管人员和其他直接责任人员，依照第1款的规定处罚。

二十五、出售、购买、运输假币罪

这是指出售、购买伪造的货币或者明知是伪造的货币而运输，数额较大的行为。它的主要特征是：

(1) 侵犯的客体是国家对货币的管理制度。

(2) 犯罪主体是一般主体，但单位不能构成本罪。

(3) 在客观方面，行为人必须具有出售、购买或者运输数额较大的假币的行为。本罪为选择性罪名。

(4) 在主观方面，行为人必须是出于故意。

根据《刑法》第171条第1款的规定，犯本罪的，处3年以下有期徒刑或者拘役，并处2万元以上20万元以下罚金；数额巨大的，处3年以上10年以下有期徒刑，并处5万元以上50万元以下罚金；数额特别巨大的，处10年以上有期徒刑或者无期徒刑，并处5万元以上50万元以下罚金或者没收财产。伪造货币并出售或者运输伪造的货币的，以伪造货币罪定罪，从重处罚。

二十六、金融工作人员购买假币、以假币换取货币罪

这是指银行或者其他金融机构的工作人员购买伪造的货币，或者利用职务上的便利，以伪造的货币换取货币的行为。它的主要特征是：

(1) 侵犯的客体是国家关于货币的管理制度。

(2) 犯罪主体是特殊主体，必须是银行或者其他金融机构的工作人员。

(3) 在客观方面，行为人必须具有购买伪造的货币或者利用职务上的便利，以伪造的货币换取货币的行为。

(4) 在主观方面，行为人必须是出于故意，即明知是假币而购买、换取，过失不构成本罪。

根据《刑法》第 171 条第 2 款的规定,犯本罪的,处 3 年以上 10 年以下有期徒刑,并处 2 万元以上 20 万元以下罚金;数额巨大或者有其他严重情节的,处 10 年以上有期徒刑或者无期徒刑,并处 2 万元以上 20 万元以下罚金或者没收财产;情节较轻的,处 3 年以下有期徒刑或者拘役,并处或者单处 1 万元以上 10 万元以下罚金。

二十七、持有、使用假币罪

这是指明知是伪造的货币而持有、使用,数额较大的行为。它的主要特征是:

(1) 侵犯的客体是国家关于货币的管理制度。

(2) 犯罪主体是一般主体,但单位不能构成本罪。

(3) 在客观方面,行为人必须具有持有、使用数额较大的假币的行为。本罪为选择性罪名。

(4) 在主观方面,行为人必须是出于故意,即明知是伪造的货币而持有、使用,过失不构成本罪。

根据《刑法》第 172 条的规定,犯本罪的,处 3 年以下有期徒刑或者拘役,并处或者单处 1 万元以上 10 万元以下罚金;数额巨大的,处 3 年以上 10 年以下有期徒刑,并处 2 万元以上 20 万元以下罚金;数额特别巨大的,处 10 年以上有期徒刑,并处 5 万元以上 50 万元以下罚金或者没收财产。

二十八、变造货币罪

这是指变造货币、数额较大的行为。变造货币罪侵犯的对象,与伪造货币罪相同,都是行为人非法地改变货币的属性,使得经过改变后的货币不再是起初合法的货币。但是,在犯罪手法和社会危害性方面,"变造"与"伪造"不完全相同。变造货币是以真货币作为基本材料,在真币的基础上,采用剪贴、涂改、挖补、拼凑、揭层、修描、覆盖等处理方法,对真货币加工改造,以增多货币数量或增大票面面值。

根据《刑法》第 173 条的规定,犯本罪的,处 3 年以下有期徒刑或者拘役,并处或者单处 1 万元以上 10 万元以下罚金;数额巨大的,处 3 年以上 10 年以下有期徒刑,并处 2 万元以上 20 万元以下罚金。

二十九、擅自设立金融机构罪

这是指未经国家有关主管部门批准,擅自设立商业银行、证券交易所、期货交易所、证券公司、期货经纪公司、保险公司或者其他金融机构的行为。它的主要特征是:

（1）侵犯的客体是国家关于设立金融机构的审批管理制度。

（2）犯罪主体是一般主体，自然人与单位均可构成。

（3）在客观方面，行为人必须具有未经中国人民银行批准，擅自设立商业银行、证券交易所、期货交易所、证券公司、期货经纪公司、保险公司或者其他金融机构的行为，一般表现为作为的形式。

（4）在主观方面，行为人必须是出于故意。

根据《刑法》第174条第1款和《刑法修正案》第3条第1款的规定，犯本罪的，处3年以下有期徒刑或者拘役，并处或者单处2万元以上20万元以下罚金；情节严重的，处3年以上10年以下有期徒刑，并处5万元以上50万元以下罚金。第3款规定，单位犯本罪的，对单位判处罚金，并对其直接负责的主管人员和其他责任人员，按照自然人犯罪的规定处罚。

三十、伪造、变造、转让金融机构经营许可证、批准文件罪

这是指伪造、变造、转让商业银行、证券交易所、期货交易所、证券公司、期货经纪公司、保险公司或者其他金融机构经营许可证、批准文件的行为。本罪的犯罪客体、犯罪主体以及主观方面与擅自设立金融机构罪相同，所不同的是客观方面，表现为行为人伪造、变造、转让金融机构经营许可证、批准文件的行为。本罪为选择性罪名，行为人实施伪造、变造、转让其中之一行为的，即可构成犯罪。

根据《刑法》第174条第1款和《刑法修正案（二）》第3条第2款的规定，犯本罪的，处3年以下有期徒刑或者拘役，并处或者单处2万元以上20万元以下罚金；情节严重的，处3年以上10年以下有期徒刑，并处5万元以上50万元以下罚金。单位犯本罪的，对单位判处罚金，并对其直接负责的主管人员和其他直接责任人员，按照自然人犯罪的规定处罚。

三十一、高利转贷罪

这是指以转贷牟利为目的，套取金融机构信贷资金高利转贷他人，违法所得数额较大的行为。它的主要特征是：

（1）侵犯的客体是国家的金融管理秩序。

（2）犯罪主体是特殊主体，必须是已经从金融机构套取信贷资金的个人或者单位。

（3）在客观方面，行为人必须具有套取金融机构信贷资金高利转贷他人，违法所得数额较大的行为。

（4）在主观方面，只能由故意构成，并且具有转贷牟利的目的。

根据《刑法》第175条的规定，犯本罪的，处3年以下有期徒刑或者拘役，并处违法所得1倍以上5倍以下罚金；数额巨大的，处3年以上7年以下有期徒

刑,并处违法所得1倍以上5倍以下罚金。单位犯本罪的,对单位判处罚金,并对其直接负责的主管人员和其他直接责任人员,处3年以下有期徒刑或者拘役。

三十二、骗取贷款、票据承兑、金融票证罪

这是指行为人以欺骗手段取得银行或者其他金融机构贷款、票据承兑、信用证、保函等,给银行或者其他金融机构造成重大损失的行为。

(1) 侵害的客体是国家的金融管理秩序。本罪是《刑法修正案(六)》增加的罪名,2020年《刑法修正案(十一)》第11条,将原条文中"给银行或者其他金融机构造成重大损失或者有其他严重情节"修改为"造成重大损失",删除了"其他严重情节"的规定。作出这样的修改,主要是考虑民营企业在生产经营中融资比较困难,在融资过程中虽然有一些违规行为,但并没有诈骗的目的,也未给银行或者金融机构造成重大损失。从保护民营企业的角度考虑,对这种行为一般可以不作为犯罪处理。这一修改有利于正确区分违法与违约、违法与犯罪的关系,谨慎处理涉及民营企业的融资案件,以缩小打击面。但是,在第二档法定刑中,仍然保留了情节犯的规定,即给银行或者其他金融机构"造成特别重大损失"或者"有其他特别严重情节的",只要具备其中一种情况,就可以构成本罪,目的是维护重大的金融安全和信用安全。

本罪的犯罪对象是银行或者其他金融机构的贷款、票据承兑、信用证、保函等,由于这些犯罪对象分属不同的金融业务,无法用一个概念加以表述,所以采用"骗取贷款、票据承兑、金融票证罪"罪名。

(2) 在客观方面,表现为行为人以欺骗手段取得银行或者其他金融机构贷款、票据承兑、信用证、保函等,给银行或者其他金融机构造成重大损失的行为。犯罪人必须采用了欺骗手段。所谓"欺骗手段",是指行为人在取得银行或者其他金融机构的贷款、票据承兑、信用证、保函等信贷资金、信用时,采用的是虚构事实、隐瞒真相等手段,骗取了银行或者其他金融机构的信任。例如在申请贷款时,提供假证明、假材料等。但是,对于"欺骗手段"不能理解得过于宽泛,必须是严重影响银行、金融机构对借贷人资信状况、还款能力判断的实质性事项。例如编造虚假的资信证明、资金用途,导致上述机构高估其资信现状等行为。

(3) 犯罪主体是个人和单位。本条第1款是关于个人犯罪的规定。

(4) 犯罪的主观方面是故意,但不以非法占有为目的。这是本罪和贷款诈骗罪的主要区别。如果行为人以非法占有为目的,骗取银行贷款,应以贷款诈骗罪定罪处罚。

行为人给银行和其他金融机构造成重大损失,是区分罪与非罪的界限。银行等金融机构的工作人员明知他人实施骗贷行为,仍为其提供帮助或者出谋划策;担保人明知他人实施骗取贷款、票据承兑、金融票证行为,仍为其提供虚假担保,不履行担保责任,给银行等金融机构造成重大损失的,均可以按照共同犯罪的原则处理。

根据《刑法修正案(十一)》第 11 条和《刑法》第 175 条之一的规定,以欺骗手段取得银行或者其他金融机构贷款、票据承兑、信用证、保函等,给银行或者其他金融机构造成重大损失的,处 3 年以下有期徒刑或者拘役,并处或者单处罚金;给银行或者其他金融机构造成特别重大损失或者有其他特别严重情节的,处 3 年以上 7 年以下有期徒刑,并处罚金。

单位犯前款罪的,对单位判处罚金,并对其直接负责的主管人员和其他直接责任人员,依照前款的规定处罚。

三十三、非法吸收公众存款罪

这是指非法吸收公众存款或者变相吸收公众存款,扰乱金融秩序的行为。它的主要特征是:

(1) 侵犯的客体是国家的金融管理秩序。

(2) 犯罪主体是一般主体,可以由自然人和单位构成。

(3) 在客观方面,行为人必须具有非法吸收公众存款或者变相吸收公众存款,扰乱金融秩序的行为。非法吸收公众存款有两种情形,一是行为人不具有吸收存款的主体资格而吸收公众存款;二是行为人具有吸收存款的主体资格,但其吸收公众存款所采用的方法是违法的。例如,有的金融机构为争揽储户,违反中国人民银行关于利率的规定,采用擅自提高利率的方式吸收存款,扰乱金融秩序。对后一种情况,《商业银行法》已经规定了行政处罚,一般不宜以犯罪处理。

所谓"公众存款",是指不特定人群的存款,如果存款人只是少数个人或者属于特定范围,就不能认定为公众存款。例如本单位的人员、亲属之间的存款。

"变相吸收公众存款"是指行为人不以存款的名义而是通过其他形式吸收公众资金,从而达到吸收公众存款的目的的行为。例如,有些单位和个人,未经批准成立各种基金会吸收公众的资金,或者以投资、入股等名义吸收公众资金,但不按正常的投资比例分配利润、股息,而是仅支付一定的利息。

根据 2017 年最高人民检察院《关于办理涉互联网金融犯罪案件有关问题座谈会纪要》,对于涉互联网金融活动在未经有关部门依法批准的情形下,公开宣传并向不特定公众吸收资金,承诺在一定期限内还本付息的,应当依法追究刑事责任。

(4) 在主观方面,只能由故意构成。实践中,行为人一般都要千方百计冒充银行或者金融机构,或者谎称金融机构授权,或者变换手法、巧立名目,变相吸收公众存款。

根据《刑法修正案(十一)》第 12 条和《刑法》第 176 条的规定,非法吸收公众存款或者变相吸收公众存款,扰乱金融秩序的,处3年以下有期徒刑或者拘役,并处或者单处罚金;数额巨大或者有其他严重情节的,处3年以上10年以下有期徒刑,并处罚金;数额特别巨大或者有其他特别严重情节的,处10年以上有期徒刑,并处罚金。

单位犯前款罪的,对单位判处罚金,并对其直接负责的主管人员和其他直接责任人员,依照前款的规定处罚。

有前两款行为,在提起公诉前积极退赃退赔,减少损害结果发生的,可以从轻或者减轻处罚。

三十四、伪造、变造金融票证罪

这是指伪造、变造各种金融票证的行为。它的主要特征是:

(1)犯罪主体是一般主体,自然人和单位均可构成。

(2)在客观方面,行为人必须具有伪造、变造汇票、本票、支票,或者伪造、变造委托收款凭证、汇款凭证、银行存单等其他银行结算凭证,或者伪造、变造信用证或附随的单据、文件,或者伪造信用卡的行为。

(3)在主观方面,只能由故意构成。

根据《刑法》第177条的规定,犯本罪的,处5年以下有期徒刑或者拘役,并处或者单处2万元以上20万元以下罚金;情节严重的,处5年以上10年以下有期徒刑,并处5万元以上50万元以下罚金;情节特别严重的,处10年以上有期徒刑或者无期徒刑,并处5万元以上50万元以下罚金或者没收财产。单位犯本罪的,对单位判处罚金,并对其直接负责的主管人员和其他直接责任人员,按照自然人犯罪的规定处罚。

三十五、妨害信用卡管理罪

妨害信用卡管理罪,是指行为人妨害信用卡管理,破坏信用卡管理秩序的行为。本罪是《刑法修正案(五)》第1条在《刑法》第177条后增设的一个罪名。其主要特征是:

(1)犯罪客体是信用卡管理秩序,犯罪对象是信用卡。刑法规定的信用卡,是指由商业银行或者其他金融机构发行的具有消费支付、信用贷款、转账结算、存取现金等全部功能或者部分功能的电子支付卡。

(2)客观方面的表现体现在以下几点:(1)明知是伪造的信用卡而持有、运输的,或者明知是伪造的空白的信用卡而持有、运输,数额较大的;(2)非法持有他人信用卡,数量较大的;(3)使用虚假的身份证明骗领信用卡的;(4)出售、购买、为他人提供伪造的信用卡或者以虚假的身份证明骗领信用卡的。

(3)犯罪主体是一般主体。

(4) 犯罪主观方面是故意,并且必须明知是伪造的信用卡和空白信用卡而持有或者运输。

根据《刑法》第177条之一的规定,犯本罪的,处3年以下有期徒刑或者拘役,并处或者单处1万元以上10万元以下罚金;数量巨大或者有其他严重情节的,处3年以上10年以下有期徒刑,并处2万元以上20万元以下罚金。银行或者其他金融机构的工作人员利用职务上的便利犯本罪的,从重处罚。

三十六、窃取、收买、非法提供信用卡信息罪

本罪是《刑法修正案(五)》增加的罪名,是指行为人窃取、收买、非法提供信用卡信息,数量较大的行为。其主要特征是:

(1) 客观方面表现为窃取、收买、非法提供信用卡信息的行为。本罪是选择性罪名,不实行数罪并罚。

(2) 犯罪主体是一般主体,即年满16周岁、具有刑事责任能力的人。

(3) 犯罪主观方面是故意,即明知是他人的信用卡信息,而窃取、收买或者提供给他人。

根据《刑法》第177条之一的规定,犯本罪的,处3年以下有期徒刑或者拘役,并处或者单处1万元以上10万元以下罚金;数量巨大或者有其他严重情节的,处3年以上10年以下有期徒刑,并处2万元以上20万元以下罚金。银行或者其他金融机构工作人员利用职务上的便利犯本罪的,从重处罚。

三十七、伪造、变造国家有价证券罪

这是指伪造、变造国库券或者国家发行的其他有价证券,数额较大的行为。它的主要特征是:

(1) 本罪的犯罪对象是国库券或者国家发行的其他有价证券。如果行为人伪造或变造货币、股票、公司或企业的债券、金融票证、增值税专用发票以及用于出口退税、抵扣税款的其他发票,则不构成本罪。

(2) 犯罪主体是一般主体,自然人与单位均可构成。

(3) 在客观方面,行为人必须具有伪造、变造国家有价证券,而且数额较大的行为。

(4) 在主观方面,只能由故意构成。

根据《刑法》第178条第1款的规定,犯本罪的,处3年以下有期徒刑或者拘役,并处或者单处2万元以上20万元以下罚金;数额巨大的,处3年以上10年以下有期徒刑,并处5万元以上50万元以下罚金;数额特别巨大的,处10年以上有期徒刑或者无期徒刑,并处5万元以上50万元以下罚金或者没收财产。单位犯本罪的,对单位判处罚金,并对其直接负责的主管人员和其他直接责任人

员,按照自然人犯罪的规定处罚。

三十八、伪造、变造股票、公司、企业债券罪

这是指伪造、变造股票或者公司、企业债券,数额较大的行为。本罪的犯罪主体、主观方面以及客观行为与伪造、变造国家有价证券罪相同,所不同的是犯罪对象。本罪的犯罪对象只限股票、公司或企业的债券。

根据《刑法》第178条第2款的规定,犯本罪的,处3年以下有期徒刑或者拘役,并处或者单处1万元以上10万元以下罚金;数额巨大的,处3年以上10年以下有期徒刑,并处2万元以上20万元以下罚金。单位犯本罪的,对单位判处罚金,并对其直接负责的主管人员和其他直接责任人员,按照自然人犯罪处罚。

三十九、擅自发行股票、公司、企业债券罪

这是指未经国家有关主管部门批准,擅自发行股票或者公司、企业债券,数额巨大、后果严重或者有其他严重情节的行为。它的主要特征是:

(1)侵犯的客体是国家关于股票或者公司、企业债券发行的审批制度。

(2)犯罪主体是一般主体,自然人和单位均可构成。

(3)在客观方面,表现为行为人在未经国家有关主管部门批准的情况下,实施了擅自发行股票或公司、企业债券的行为。而且,行为人擅自发行的行为,必须达到数额巨大、后果严重或者有其他严重情节的程度,才构成犯罪。

(4)在主观方面,只能由故意构成。

根据《刑法》第179条的规定,犯本罪的,处5年以下有期徒刑或者拘役,并处或者单处非法募集资金金额1%以上5%以下罚金。单位犯本罪的,对单位判处罚金,并对其直接负责的主管人员和其他直接责任人员,处5年以下有期徒刑或者拘役。

四十、利用未公开信息交易罪

这是指证券交易所、期货交易所、证券公司、期货经纪公司、基金管理公司、商业银行、保险公司等金融机构的从业人员以及有关监管部门或者行业协会的工作人员,利用因职务便利获取的内幕信息以外的其他未公开的信息,违反规定,从事与该信息相关的证券、期货交易活动,或者明示、暗示他人从事相关交易活动,情节严重的行为。

(1)本罪的行为对象是"内幕信息以外的其他未公开的信息"。"其他未公开的信息",是指对证券、期货交易价格有重要影响的、非公开的、内幕信息以外的信息。

(2)客观方面表现为利用职务便利获取的内幕信息以外的其他未公开的信

息,违反规定,从事与该信息相关的证券、期货交易活动,或者明示、暗示他人从事相关交易活动,情节严重的行为。

(3) 犯罪主体是从事证券、期货交易的从业和工作人员以及有关监管部门或者行业协会的工作人员。

(4) 犯罪的主观方面是故意。

根据2019年最高人民法院、最高人民检察院《关于办理利用未公开信息交易刑事案件适用法律若干问题的解释》的规定,"内幕信息以外的其他未公开的信息",是指:证券、期货的投资决策、交易执行信息;证券持仓数量及变化、资金数量及变化、交易动向信息;其他可能影响证券、期货交易活动的信息。"明示、暗示他人从事相关交易活动",应当综合考虑以下情况:行为人具有获取未公开信息的职务便利;行为人获取未公开信息的初始时间与他人从事相关交易活动的初始时间具有关联性;行为人与他人之间具有亲友关系、利益关联、交易终端关联等关联关系;他人从事相关交易的证券、期货品种、交易时间与未公开信息所涉证券、期货品种、交易时间等方面基本一致;他人从事的相关交易活动明显不具有符合交易习惯、专业判断等正当理由;行为人对明示、暗示他人从事相关交易活动没有合理解释。

根据《刑法》第180条第1款的规定,犯本罪,情节严重的,处5年以下有期徒刑或者拘役,并处或者单处违法所得1倍以上5倍以下罚金;情节特别严重的,处5年以上10年以下有期徒刑,并处违法所得1倍以上5倍以下罚金。

四十一、编造并传播证券、期货交易虚假信息罪

这是指编造并且传播影响证券、期货交易的虚假信息,扰乱证券、期货交易市场,造成严重后果的行为。它的主要特征是:

(1) 侵犯的客体是国家对证券、期货交易市场的正常管理秩序以及投资者的合法权益。

(2) 犯罪主体是一般主体,既可以是自然人,也包括单位。

(3) 在客观方面,本罪表现为作为形式,即行为人以积极的行为方式,编造并且传播影响证券、期货交易的虚假信息。而且,行为人编造并且传播的行为,只有造成严重的后果时,才构成犯罪。

(4) 在主观方面,只能由故意构成。

根据《刑法》第181条第1款的规定,犯本罪的,处5年以下有期徒刑或者拘役,并处或者单处1万元以上10万元以下罚金。第2款规定,单位犯本罪的,对单位判处罚金,并对其直接负责的主管人员和其他责任人员,处5年以下有期徒刑或者拘役。

四十二、诱骗投资者买卖证券、期货合约罪

这是指证券交易所、期货交易所、证券公司、期货经纪公司的从业人员,证券业协会、期货业协会或者证券期货监督管理部门的工作人员,故意提供虚假信息,或者伪造、变造、销毁交易记录,诱骗投资者买卖证券、期货合约,造成严重后果的行为。它的主要特征是:

(1) 侵犯的客体是国家对证券、期货交易市场的正常管理秩序以及投资者的合法权益。

(2) 犯罪主体为特殊主体,必须是证券交易所、期货交易所、证券公司、期货经纪公司的从业人员,证券业协会、期货业协会或者证券期货监督管理部门的工作人员,其他人不能成为本罪的主体。而且,单位也可构成本罪。

(3) 在客观方面,行为人必须具有提供虚假信息,或者伪造、变造、销毁交易记录,诱骗投资者买卖证券和期货的行为。本罪属于结果犯,行为人的诱骗行为,只有造成严重的后果时,才构成犯罪。具有下列情形之一的,应当追诉:获利或者避免损失数额在5万元以上的;造成投资者直接经济损失数额在5万元以上的;致使交易价格和交易量异常波动的;其他造成严重后果的情形。

(4) 在主观方面,只能由故意构成。

根据《刑法修正案(六)》第11条和《刑法》第181条第2款的规定,犯本罪的,处5年以下有期徒刑或者拘役,并处或者单处1万元以上10万元以下罚金;情节特别恶劣的,处5年以上10年以下有期徒刑,并处2万元以上20万元以下罚金。单位犯本罪的,对单位判处罚金,并对其直接负责的主管人员和其他直接责任人员,处5年以下有期徒刑或者拘役。

四十三、操纵证券、期货市场罪

这是指行为人以获取不正当利益或者转嫁风险为目的,操纵证券、期货市场,影响证券、期货交易价格或者证券、期货交易量,情节严重的行为。

(1) 侵犯的客体是国家对证券、期货市场的管理制度以及投资者的合法利益。

(2) 犯罪主体是一般主体,既可以是自然人,也可以是单位。

(3) 在客观方面,行为人必须实施了以下行为之一:单独或者合谋,集中资金优势、持股或者持仓优势或者利用信息优势联合或者连续买卖的;与他人串通,以事先约定的时间、价格、和方式相互进行证券、期货交易的;在自己实际控制的账户之间进行证券交易,或者以自己为交易对象,自买自卖期货合约的;不以成交为目的,频繁或者大量申报买入、卖出证券、期货合约并撤销申报的;利用虚假或者不确定的重大信息,诱导投资者进行证券、期货交易的;对证券、证券发

行人、期货交易标的公开作出评价、预测或者投资建议,同时进行反向证券交易或者相关期货交易的;以其他方法操纵证券、期货市场的。

构成本罪,在客观方面要具备三个条件:第一,具有《刑法》第182条第1款规定的7种行为之一;第二,操纵行为要符合"影响证券、期货交易价格或者证券、期货交易量";第三,行为人有操纵证券、期货市场的行为,并且情节严重。

(4)在主观方面,只能由故意构成,并且具有获取不正当利益或者转嫁风险的目的。

根据《刑法修正案(十一)》和《刑法》第182条的规定,犯本罪的,处5年以下有期徒刑或者拘役,并处或者单处罚金;情节特别严重的,处5年以上10年以下有期徒刑,并处罚金。

单位犯前款罪的,对单位判处罚金,并对其直接负责的主管人员和其他直接责任人员,依照前款的规定处罚。

四十四、背信运用受托财产罪

背信运用受托财产罪,是指商业银行、证券交易所、期货交易所、证券公司、期货经纪公司、保险公司或者其他金融机构,违背受托义务,擅自运用客户资金或者其他委托、信托的财产,情节严重的行为。这是《刑法修正案(六)》第12条作为《刑法》第185条之一第1款新增设的罪名。其主要特征是:

(1)客观方面,表现为上述金融机构,违背受托义务,擅自运用客户资金或者其他委托、信托的财产,情节严重的行为。

(2)犯罪主体是特殊主体,即只能是商业银行等金融机构。非金融机构和个人,都不能独立构成本罪。

(3)主观方面是故意。

根据《刑法》第185条之一第1款,对单位判处罚金,并对其直接负责的主管人员和其他直接责任人员,处3年以下有期徒刑或者拘役,并处3万元以上30万元以下罚金;情节特别严重的,处3年以上10年以下有期徒刑,并处5万元以上50万元以下罚金。

四十五、违法运用资金罪

违法运用资金罪,是指社会保障基金管理机构、住房公积金管理机构等公众资金管理机构,以及保险公司、保险资产管理公司、证券投资基金管理公司,违反国家规定运用资金的行为。这是《刑法修正案(六)》第12条作为《刑法》第185条之一第2款新增设的一个罪名。其主要特征是:

(1)客观方面表现为社会保障基金管理机构、住房公积金管理机构等公众资金管理机构,以及保险公司、保险资产管理公司、证券投资基金管理公司,违反国家规定,运用其管理下的社会保障基金、住房公积金等公众资金,以及其他公众资金的行为。

(2)犯罪主体是特殊主体,即只能是社会保障基金管理机构、住房公积金管理机构等公众资金管理机构,以及保险公司、保险资产管理公司、证券投资基金管理公司。

(3)犯罪主观方面是故意。

根据《刑法》第185条之一第2款的规定,犯本罪的,对单位判处罚金,并对其直接负责的主管人员和其他直接责任人员,处3年以下有期徒刑或者拘役,并处3万元以上30万元以下罚金;情节特别严重的,处3年以上10年以下有期徒刑,并处5万元以上50万元以下罚金。

四十六、违法发放贷款罪

这是指银行或者其他金融机构的工作人员违反国家规定发放贷款,数额巨大或者造成重大损失的行为。它的主要特征是:

(1)侵犯的客体是国家关于银行或者其他金融机构贷款的管理制度。

(2)犯罪主体是特殊主体,必须是银行或其他金融机构的工作人员,单位也可构成本罪。

(3)在客观方面,行为人必须具有违反国家规定,发放信用贷款的行为。本罪发放贷款的对象不再限于关系人,对任何人违法发放贷款,造成重大损失的,都构成犯罪。

(4)在主观方面,行为人是出于故意。

根据《刑法修正案(六)》第13条和《刑法》第186条的规定,犯本罪的,处5年以下有期徒刑或者拘役,并处1万元以上10万元以下罚金;数额特别巨大或者造成特别重大损失的,处5年以上有期徒刑,并处2万元以上20万元以下罚金。向关系人发放贷款的,从重处罚。单位犯本罪的,对单位判处罚金,并对其直接负责的主管人员和其他直接责任人员,依照自然人犯罪处罚。

四十七、吸收客户资金不入账罪

这是指银行或者其他金融机构及其工作人员,吸收客户资金不入账,数额巨大或者造成重大损失的行为。它的主要特征是:

(1)侵犯的客体是复杂客体。由于银行或者其他金融机构及其工作人员未将所吸收的客户资金如实地记入账户,因而在账户上反映不出新增加的资金,中国人民银行和上级金融机构就根本无法进行稽核、检查监督,其结果形成了巨额资金的"体外循环",往往给国家、金融机构及其客户造成重大的经济损失,严重扰乱了国家的金融管理秩序。

(2) 犯罪主体是特殊主体,既包括银行或者其他金融机构的工作人员,也包括银行或者其他金融机构等单位,非上述人员和单位不能构成本罪。

(3) 在客观方面,行为人必须具有吸收客户资金不入账,数额巨大或者造成重大损失的行为。《刑法修正案(六)》删去了"将资金用于非法拆借、发放贷款"的客观要件。

(4) 在主观方面,必须是出自故意,《刑法修正案(六)》删去了"以牟利为目的"的主观要件。

根据《刑法修正案(六)》和《刑法》第187条的规定,犯本罪的,处5年以下有期徒刑或者拘役,并处2万元以上20万元以下罚金;造成特别重大损失的,处5年以上有期徒刑,并处5万元以上50万元以下罚金。

四十八、违规出具金融票证罪

这是指银行或者其他金融机构及其工作人员违反规定,为他人出具信用证或者其他保函、票据、存单、资信证明,情节严重的行为。它的主要特征是:

(1) 侵犯的客体是国家的金融管理秩序。

(2) 犯罪主体是特殊主体,只限于银行或者其他金融机构的工作人员,单位也可构成本罪。

(3) 在客观方面,行为人必须具有违反规定,为他人出具信用证或者其他保函、票据、存单、资信证明的行为。同时,行为人的非法出具行为,只有情节严重时,才能构成犯罪。

(4) 在主观方面,行为人是出于故意,出于何种动机,不影响本罪之成立。

根据《刑法修正案(六)》第15条和《刑法》第188条的规定,犯本罪的,处5年以下有期徒刑或者拘役;情节特别严重的,处5年以上有期徒刑。单位犯本罪的,对单位判处罚金,并对其直接负责的主管人员和其他责任人员,依照自然人犯罪的规定处罚。

四十九、对违法票据承兑、付款、保证罪

这是指银行或者其他金融机构及其工作人员在票据业务中,对违反票据法规定的票据予以承兑、付款或者保证,造成重大损失的行为。它的主要特征是:

(1) 侵犯的客体是国家的金融管理秩序。

(2) 犯罪主体是特殊主体,既包括银行或者其他金融机构的工作人员,也包括银行或者其他金融机构等单位,非上述人员和单位不能构成本罪。

(3) 在客观方面,行为人必须具有在票据业务中,对违反票据法规定的票据予以承兑、付款或者保证,造成重大损失的行为。本罪属于选择性罪名。

(4) 行为人在主观上是出于过失。从性质上看,本罪是属于玩忽职守性质

的犯罪。

根据《刑法》第189条第1条的规定,犯本罪的,处5年以下有期徒刑或者拘役;造成特别重大损失的,处5年以上有期徒刑。第2款规定,单位犯本罪的,对单位判处罚金,并对其直接负责的主管人员和其他直接责任人员,依照自然人犯罪的规定处罚。

五十、逃汇罪

这是指公司、企业或者其他单位,违反国家规定,擅自将外汇存放境外,或者将境内的外汇非法转移到境外,情节严重的行为。它的主要特征是:

(1) 侵犯的客体是国家的外汇管理制度。

(2) 犯罪主体是特殊主体,只能由公司、企业或者其他单位构成。

(3) 在客观方面,行为人必须具有违反国家规定,擅自将外汇存放境外,或者将境内的外汇非法转移到境外的行为。而且,行为人的逃汇行为,必须达到情节严重的程度,才能构成犯罪。

(4) 在主观方面,只能由故意构成。

根据《刑法》第190条的规定,犯本罪的,对单位判处逃汇数额5%以上30%以下罚金,并对其直接负责的主管人员和其他直接责任人员处5年以下有期徒刑或者拘役;数额巨大或者有其他严重情节的,对单位判处逃汇数额5%以上30%以下罚金,并对其直接负责的主管人员和其他直接责任人员处5年以上有期徒刑。

五十一、骗购外汇罪

骗购外汇罪是指采用各种欺骗手段,骗取外汇,数额较大的行为。其主要特征是:

(1) 客观方面的表现形式有三种:一是使用伪造、变造的海关签发的报关单、进口证明、外汇管理部门核准件等凭证和单据,骗取外汇;二是重复使用海关签发的报关单、进口证明、外汇管理部门核准件等凭证和单据骗取外汇;三是以其他方式骗取外汇。

(2) 犯罪主体是一般主体,包括个人和单位。

(3) 犯罪主观方面是故意。明知用于骗取外汇而提供人民币资金的,以共犯论处。

根据1998年12月全国人大常委会《关于惩治骗购外汇、逃汇和非法买卖外汇犯罪的决定》第1条的规定,犯本罪的,处5年以下有期徒刑或者拘役,并处骗购外汇数额5%以上30%以下罚金;数额巨大或者有其他严重情节的,处5年以上10年以下有期徒刑,并处骗取外汇数额5%以上30%以下罚金;数额特别巨大或者有其他特别严重情节的,处 10 年以上有期徒刑或者无期徒刑,并处骗取外汇数额 5% 以上 30% 以下罚金或者没收财产。第 4 款规定,单位犯本罪的,对单位依照第 1 款的规定判处罚金,并对其直接负责的主管人员和其他直接责任人员,处 5 年以下有期徒刑或者拘役;数额巨大或者有其他严重情节的,处 5 年以上 10 年以下有期徒刑;数额特别巨大或者有其他特别严重情节的,处 10 年以上有期徒刑或者无期徒刑。

五十二、集资诈骗罪

这是指以非法占有为目的,使用诈骗方法非法集资,数额较大的行为。它的主要特征是:

(1) 侵犯的客体是国家的金融管理秩序以及公私财产的所有权。

(2) 犯罪主体是一般主体,自然人与单位均可构成。

(3) 在客观方面,行为人必须具有使用诈骗方法非法集资,数额较大的行为。从一定意义上讲,本罪在客观上由"非法集资"和"诈骗他人的钱财"这两种行为结合而成。

(4) 在主观方面,只能由故意构成,而且必须具有非法占有的目的。

根据《刑法修正案(十一)》第 15 条和《刑法》第 192 条的规定,犯本罪的,处 3 年以上 7 年以下有期徒刑,并处罚金;数额巨大或者有其他严重情节的,处 7 年以上有期徒刑或者无期徒刑,并处罚金或者没收财产。

"单位犯前款罪的,对单位判处罚金,并对其直接负责的主管人员和其他直接责任人员,依照前款的规定处罚。"本次修改,增加了第 2 款,将本条单位犯罪的内容专门加以规定,不再与金融诈骗罪一节中其他几种金融诈骗罪的单位犯罪共同规定在《刑法》第 200 条。

五十三、贷款诈骗罪

这是指以非法占有为目的,诈骗银行或者其他金融机构的贷款,数额较大的行为。它的主要特征是:

(1) 犯罪主体是一般主体。

(2) 在客观方面,行为人必须具有编造引进资金、项目等虚假理由,或者使用虚假的经济合同,或者使用虚假的证明文件,或者使用虚假的产权证明作担保或超出抵押物价值重复担保,或者以其他方法诈骗银行或者其他金融机构的贷款,而且数额较大的行为。

(3) 在主观方面,只能由故意构成,而且必须以非法占有为目的。

根据《刑法》第 193 条的规定,犯本罪的,处 5 年以下有期徒刑或者拘役,并处 2 万元以上 20 万元以下罚金;数额巨大或者有其他严重情节的,处 5 年以上

10年以下有期徒刑,并处5万元以上50万元以下罚金;数额特别巨大或者有其他特别严重情节的,处10年以上有期徒刑或者无期徒刑,并处5万元以上50万元以下罚金或者没收财产。

五十四、金融凭证诈骗罪

这是指使用伪造、变造的委托收款凭证、汇款凭证、银行存单等其他银行结算凭证进行诈骗活动,数额较大的行为。它的主要特征是:

(1)犯罪主体是一般主体。

(2)主观方面是故意。

(3)客观方面表现为使用其他金融结算凭证进行诈骗活动,数额较大的行为。

《刑法》第194条将金融凭证诈骗罪的刑事处罚划分为三个档次:第一,犯金融凭证诈骗罪的,处5年以下有期徒刑,并处2万元以上20万元以下罚金;第二,数额巨大或者有其他严重情节的,处5年以上10年以下有期徒刑,并处5万元以上50万元以下罚金;第三,数额特别巨大或者有其他特别严重情节的,处10年以上有期徒刑或者无期徒刑,并处5万元以上50万元以下罚金或者没收财产。

根据《刑法修正案(十一)》第16条和修改后的《刑法》第200条的规定,单位犯金融凭证诈骗罪的,对单位判处罚金,并对其直接负责的主管人员和其他直接责任人员,处5年以下有期徒刑或者拘役,可以并处罚金;数额巨大或者有其他严重情节的,处5年以上10年以下有期徒刑,并处罚金;数额特别巨大或者有其他特别严重情节的,处10年以上有期徒刑或者无期徒刑,并处罚金。

五十五、信用卡诈骗罪

这是指利用信用卡进行诈骗活动,数额较大的行为。它的主要特征是:

(1)犯罪主体是一般主体,但只能由自然人构成。

(2)在客观方面,行为人必须具有使用伪造的信用卡,或者使用作废的信用卡,或者冒用他人信用卡,或者恶意透支,进行诈骗活动,而且数额较大的行为。

(3)在主观方面,只能由故意构成,而且必须以非法占有公私财物为目的。

根据《刑法》第196条的规定,犯本罪的,处5年以下有期徒刑或者拘役,并处2万元以上20万元以下罚金;数额巨大或者有其他严重情节的,处5年以上10年以下有期徒刑,并处5万元以上50万元以下罚金;数额特别巨大或者有其他特别严重情节的,处10年以上有期徒刑或者无期徒刑,并处5万元以上50万元以下罚金或者没收财产。盗窃信用卡并使用的,依照《刑法》第264条的规定定罪处罚。

五十六、有价证券诈骗罪

这是指使用伪造、变造的国库券或者国家发行的其他有价证券,进行诈骗活动,数额较大的行为。它的主要特征是:

(1) 侵害的客体是国家关于国家有价证券的管理制度以及他人的财产所有权关系。

(2) 犯罪主体是一般主体,但只能由自然人构成。

(3) 在客观方面,行为人必须具有使用伪造、变造的国库券或者国家发行的其他有价证券,进行诈骗活动,数额较大的行为。本罪的犯罪对象仅限于伪造、变造的国库券和国家发行的其他有价证券。如果行为人使用伪造、变造的股票或者公司、企业债券等普通有价证券,进行诈骗活动,则不构成本罪,而只能按照《刑法》第266条关于普通诈骗罪的规定,去追究其刑事责任。

(4) 在主观方面,必须是出于故意。

根据《刑法》第197条的规定,犯本罪的,处5年以下有期徒刑或者拘役,并处2万元以上20万元以下罚金;数额巨大或者有其他严重情节的,处5年以上10年以下有期徒刑,并处5万元以上50万元以下罚金;数额特别巨大或者有其他特别严重情节的,处10年以上有期徒刑或者无期徒刑,并处5万元以上50万元以下罚金或者没收财产。

五十七、抗税罪

这是指以暴力、威胁方法拒不缴纳税款的行为。它的主要特征是:

(1) 侵犯的客体是复杂客体,既包括国家的税收征管制度,也包含执行征税活动的税务人员的人身权利。

(2) 犯罪主体是特殊主体,只能由纳税义务人和扣缴税款义务人构成,但不包括单位。

(3) 在客观方面,行为人必须具有以暴力、威胁方法拒不缴纳税款的行为。

(4) 在主观方面,必须是出于故意。

根据《刑法》第202条的规定,犯本罪的,处3年以下有期徒刑或者拘役,并处拒缴税款1倍以上5倍以下罚金;情节严重的,处3年以上7年以下有期徒刑,并处拒缴税款1倍以上5倍以下罚金。

五十八、逃避追缴欠税罪

这是指纳税人欠缴应纳税款,采取转移或者隐匿财产的手段,致使税务机关无法追缴欠缴的税款,数额较大的行为。它的主要特征是:

(1) 侵犯的客体是国家的税收征管制度。

(2) 犯罪主体是特殊主体,只能由纳税人构成,包括自然人和单位。

(3) 在客观方面,行为人必须具有在欠缴应纳税款的情况下,实施了采取转移或者隐匿财产的手段,致使税务机关无法追缴欠缴税款的行为。构成本罪的前提是纳税人存在欠缴应纳的税款。而且,行为人致使税务机关无法追缴欠缴的税款数额必须在1万元以上,才构成犯罪。

(4) 在主观方面,必须是出于故意。

根据《刑法》第203条的规定,犯本罪的,处3年以下有期徒刑或者拘役,并处或者单处欠缴税款1倍以上5倍以下罚金;数额在10万元以上的,处3年以上7年以下有期徒刑,并处欠缴税款1倍以上5倍以下罚金。《刑法》第211条规定,单位犯本罪的,对单位判处罚金,并对其直接负责的主管人员和其他直接责任人员,依照自然人犯罪的规定处罚。

五十九、骗取出口退税罪

这是指以假报出口或者其他欺骗手段,骗取国家出口退税款,数额较大的行为。它的主要特征是:

(1) 侵犯的客体是国家关于出口退税的管理制度。

(2) 犯罪主体是一般主体,包括自然人和单位。

(3) 在客观方面,行为人必须具有在从事出口业务的过程中,以假报出口或者其他欺骗手段,骗取国家的出口退税款,而且数额较大的行为。

(4) 在主观方面,必须是出于故意,并且具有骗取出口退税款的目的。

根据《刑法》第204条、第211条的规定,犯本罪的,处5年以下有期徒刑或者拘役,并处骗取税款1倍以上5倍以下罚金;数额巨大或者有其他严重情节的,处5年以上10年以下有期徒刑,并处骗取税款1倍以上5倍以下罚金;数额特别巨大的或者有其他特别严重情节的,处10年以上有期徒刑或者无期徒刑,并处骗取税款1倍以上5倍以下罚金或者没收财产。单位犯本罪的,对单位判处罚金,并对其直接负责的主管人员和其他直接责任人员,依照自然人犯罪的规定处罚。

六十、伪造、出售伪造的增值税专用发票罪

这是指违反国家的发票管理法规,伪造增值税专用发票,或者出售伪造的增值税专用发票的行为。它的主要特征是:

(1) 侵犯的客体是国家对增值税专用发票管理制度。

(2) 犯罪主体是一般主体,既可以是自然人,也可以是单位。

(3) 在客观方面,行为人必须具有伪造增值税专用发票,或者出售伪造的增值税专用发票的行为。本罪是选择性罪名,行为人只要实施了伪造或者出售行

为之一的,即可构成犯罪。

(4) 在主观方面,必须是出于故意。

根据《刑法》第 206 条的规定,犯本罪的,处 3 年以下有期徒刑、拘役或者管制,并处 2 万元以上 20 万元以下罚金;数量较大或者有其他严重情节的,处 3 年以上 10 年以下有期徒刑,并处 5 万元以上 50 万元以下罚金;数量巨大或者有其他特别严重情节的,处 10 年以上有期徒刑或者无期徒刑,并处 5 万元以上 50 万元以下罚金或者没收财产。单位犯本罪的,对单位判处罚金,并对其直接负责的主管人员和其他直接责任人员,处 3 年以下有期徒刑、拘役或者管制;数量较大或者有其他严重情节的,处 3 年以上 10 年以下有期徒刑;数量巨大或者有其他特别严重情节的,处 10 年以上有期徒刑或者无期徒刑。

六十一、非法出售增值税专用发票罪

这是指违反国家的发票管理法规,故意将增值税专用发票非法出售给他人的行为。它的主要特征是:

(1) 侵犯的客体是国家对增值税专用发票的管理制度。

(2) 犯罪主体是一般主体,自然人和单位均可构成。

(3) 在客观方面,行为人必须具有非法出售增值税专用发票的行为。但是,本罪的犯罪对象必须是国家统一印制的增值税专用发票,即真实的增值税专用发票,而不是伪造的,否则构成"出售伪造的增值税专用发票罪。"

(4) 在主观方面,必须是出于故意。

根据《刑法》第 207 条、第 211 条的规定,犯本罪的,处 3 年以下有期徒刑、拘役或者管制,并处 2 万元以上 20 万元以下罚金;数量较大的,处 3 年以上 10 年以下有期徒刑,并处 5 万元以上 50 万元以下罚金;数量巨大的,处 10 年以上有期徒刑或者无期徒刑,并处 5 万元以上 50 万元以下罚金或者没收财产。单位犯本罪的,对单位判处罚金,并对其直接负责的主管人员和其他直接责任人员,依照自然人犯罪的规定处罚。

六十二、非法购买增值税专用发票、购买伪造的增值税专用发票罪

这是指违反国家的发票管理法规,非法购买增值税专用发票,或者购买伪造的增值税专用发票的行为。它的主要特征是:

(1) 侵犯的客体是国家对增值税专用发票的管理制度。

(2) 犯罪主体是一般主体,自然人和单位均可构成。

(3) 在客观方面,行为人必须具有非法购买增值税专用发票,或者明知是伪造的增值税专用发票而非法购买的行为。本罪是选择性罪名,行为人只要实施了上述行为之一,即构成本罪成立的客观基础。但是,如果行为人非法购买增值税专用发票或者购买伪造的增值税专用发票之后,又虚开或者出售的,则分别依照虚开增值税专用发票罪,或者出售伪造的增值税专用发票罪,或者非法出售增值税专用发票罪定罪处罚。

(4) 在主观方面,必须是出于故意。

根据《刑法》第 208 条第 1 款、第 211 条的规定,犯本罪的,处 5 年以下有期徒刑或者拘役,并处或者单处 2 万元以上 20 万元以下罚金。单位犯本罪的,对单位判处罚金,并对其直接负责的主管人员和其他直接责任人员,依照自然人犯罪的规定处罚。

六十三、非法制造、出售非法制造的用于骗取出口退税、抵扣税款发票罪

这是指违反国家的发票管理法规,伪造、擅自制造或者出售伪造、擅自制造的可以用于骗取出口退税、抵扣税款的其他发票的行为。它的主要特征是:

(1) 侵犯的客体是国家对发票的监督管理制度。其犯罪对象是特定的,必须是可以用于出口退税、抵扣税款的专用发票,例如农林牧水产品收购发票、运输发票、废旧物品收购发票等。

(2) 犯罪主体是一般主体,自然人和单位均可构成。

(3) 在客观方面,行为人必须具有非法制造、出售非法制造的可以用于骗取出口退税、抵扣税款发票的行为。这里所说的"非法制造",包括伪造和擅自制造两种行为方式;而"出售",是指行为人明知是伪造、擅自制造的可以用于骗取出口退税、抵扣税款的发票,而出售给他人的行为。本罪为选择性罪名,行为人只实施了伪造、擅自制造或者出售行为之一的,即可构成犯罪。

(4) 主观方面,必须是出于故意。

根据《刑法》第 209 条第 1 款、第 211 条的规定,犯本罪的,处 3 年以下有期徒刑、拘役或者管制,并处 2 万元以上 20 万元以下罚金;数量巨大的,处 3 年以上 7 年以下有期徒刑,并处 5 万元以上 50 万元以下罚金;数量特别巨大的,处 7 年以上有期徒刑,并处 5 万元以上 50 万元以下罚金或者没收财产。单位犯本罪的,对单位判处罚金,并对其直接负责的主管人员和其他直接责任人员,依照自然人犯罪的规定处罚。

六十四、非法制造、出售非法制造的发票罪

这是指违反国家的发票管理法规,伪造、擅自制造或者出售伪造、擅自制造的普通发票的行为。它的主要特征是:

(1) 侵犯的客体是国家对普通发票的管理制度。本罪的犯罪对象既不是增值税专用发票,也不是可以用于出口退税、抵扣税款的专用发票,而是上述两种发票以外的普通发票,例如零售业、餐饮业、旅馆业发票等。

（2）犯罪主体是一般主体，自然人和单位均可构成。

（3）在客观方面，行为人必须具有伪造、擅自制造普通发票的行为，或者明知是伪造、擅自制造的普通发票，而出售给他人的行为。本罪为选择性罪名，行为人只要实施了伪造、擅自制造或者出售行为之一的，即可构成犯罪。

（4）在主观方面，必须是出于故意。

根据《刑法》第209条第2款、第211条的规定，犯本罪的，处2年以下有期徒刑、拘役或者管制，并处或者单处1万元以上5万元以下罚金；情节严重的，处2年以上7年以下有期徒刑，并处5万元以上50万元以下罚金。单位犯本罪的，对其直接负责的主管人员和其他直接责任人员，依照自然人犯罪的规定处罚。

六十五、非法出售用于骗取出口退税、抵扣税款发票罪

这是指违反国家的发票管理规定，非法出售可以用于骗取出口退税、抵扣税款的其他发票的行为。但是，本罪的犯罪对象必须是国家统一印制的可以用于出口退税、抵扣税款的专用发票，即真实的、有效的专用发票，而不是伪造或者擅自制造的，否则构成"出售非法制造的用于骗取出口退税、抵扣税款发票罪"。

根据《刑法》第209条第3款、第211条的规定，犯本罪的，依照第1款的规定处罚，即处3年以下有期徒刑、拘役或者管制，并处2万元以上20万元以下罚金；数量巨大的，处3年以上7年以下有期徒刑，并处5万元以上50万元以下罚金；数量特别巨大的，处7年以上有期徒刑，并处5万元以上50万元以下罚金或者没收财产。单位犯本罪的，对单位判处罚金，并对其直接负责的主管人员和其他直接责任人员，依照自然人犯罪的规定处罚。

六十六、非法出售发票罪

这是指违反国家的发票管理规定，非法出售普通发票的行为。然而，本罪的犯罪对象只限国家统一印制的普通发票，即真实的、有效的普通发票，而不是伪造或者擅自制造的，否则构成"出售非法制造的发票罪"。

根据《刑法》第209条第4款、第211条的规定，犯本罪的，按照第209条第2款的规定处罚。单位犯本罪的，对单位判处罚金，并对其直接负责的主管人员和其他直接责任人员，依照自然人犯罪的规定处罚。

六十七、销售假冒注册商标的商品罪

这是指销售明知是假冒注册商标的商品，违法所得数额较大或者有其他严重情节的行为。本罪的主要特征是：

（1）侵犯的客体是国家的商标管理制度以及注册商标所有人的商标专有

权。本罪的犯罪对象必须是假冒注册商标的商品。

(2) 犯罪主体是一般主体,自然人和单位均可构成。

(3) 在客观方面,行为人必须具有销售明知是假冒注册商标的商品,而且销售金额数额较大的行为。

(4) 在主观方面,必须是出于故意,过失不能构成本罪。

根据《刑法修正案(十一)》第18条和《刑法》第214条、第220条的规定,销售明知是假冒注册商标的商品,违法所得数额较大或者有其他严重情节的,处3年以下有期徒刑,并处或者单处罚金;违法所得数额巨大或者有其他特别严重情节的,处3年以上10年以下有期徒刑,并处罚金。单位犯本罪的,对单位判处罚金,并对其直接负责的主管人员和其他直接责任人员,依照自然人犯罪的规定处罚。

六十八、非法制造、销售非法制造的注册商标标识罪

这是指伪造、擅自制造他人注册商标标识或者销售伪造、擅自制造的注册商标标识,情节严重的行为。它的主要特征是:

(1) 侵犯的客体是国家的商标印制管理制度以及注册商标所有人的商标专有权。本罪的犯罪对象必须是他人已经注册的商标标识。

(2) 犯罪主体是一般主体,自然人和单位均可构成。

(3) 在客观方面,行为人必须具有伪造、擅自制造他人注册商标标识的行为,或者明知是伪造、擅自制造的注册商标标识,而销售给他人的行为。而且,行为人伪造、擅自制造或者销售他人注册商标标识的行为,必须达到情节严重的程度,才能构成犯罪。本罪为选择性罪名,行为人只要实施了伪造、擅自制造或者销售行为之一的,即可构成犯罪。

(4) 在主观方面,只能是出于故意。

根据《刑法修正案(十一)》第19条和《刑法》第215条、第220条的规定,伪造、擅自制造他人注册商标标识或者销售伪造、擅自制造的注册商标标识,情节严重的,处3年以下有期徒刑,并处或者单处罚金;情节特别严重的,处3年以上10年以下有期徒刑,并处罚金。单位犯本罪的,对单位判处罚金,并对其直接负责的主管人员和其他直接责任人员,依照自然人犯罪的规定处罚。

六十九、假冒专利罪

这是指违反国家的专利管理法规,假冒他人专利,情节严重的行为。它的主要特征是:

(1) 侵犯的客体是国家的专利管理制度以及专利权人的合法利益。本罪的犯罪对象是特定的,必须是他人已经向国家专利管理机关提出申请并经专利管理机关审核批准的专利,包括发明、实用新型和外观设计。

(2) 犯罪主体是一般主体,自然人和单位均可构成。

(3) 在客观方面,行为人必须具有在法定的专利权期限内,未经专利权人的许可,以生产经营为目的而非法制造、使用或者销售其专利产品,或者使用其专利方法的行为。而且,行为人假冒他人专利的行为,必须达到情节严重的程度,才能构成犯罪。

(4) 在主观方面,只能是出于故意,过失不能构成本罪。

根据《刑法》第216条、第220条的规定,犯本罪的,处3年以下有期徒刑或者拘役,并处或者单处罚金。单位犯本罪的,对单位判处罚金,并对其直接负责的主管人员和其他直接责任人员,依照自然人犯罪的规定处罚。

七十、销售侵权复制品罪

这是指以营利为目的,销售明知是侵犯他人著作权的侵权复制品,违法所得数额巨大或者有其他严重情节的行为。它的主要特征是:

(1) 侵犯的客体是国家的著作权管理制度和著作权人的合法利益。

(2) 犯罪主体是一般主体,自然人和单位均可构成。

(3) 在客观方面,行为人必须具有销售侵权复制品的行为。所谓侵权复制品,是指未经著作权人许可而复制发行的文字作品、音乐、电影、电视、录像、计算机软件及其他作品,或者擅自出版的他人享有专有出版权的图书,或者未经录音录像制作者许可而复制发行其制作的录音录像,或者假冒他人署名的美术作品。而且,行为人销售侵权复制品的行为,必须达到违法所得数额巨大或者有其他严重情节的程度才能构成犯罪。

(4) 在主观方面,只能是出于故意。如果行为人出于过失而予以销售的,则不能构成本罪。

根据《刑法修正案(十一)》第21条和《刑法》第218条和220条的规定,以营利为目的,销售明知是本法第217条规定的侵权复制品,违法所得数额巨大或者有其他严重情节的,处5年以下有期徒刑,并处或者单处罚金。单位犯本罪的,对单位判处罚金,并对其直接负责的主管人员和其他直接责任人员,依照自然人犯罪的规定处罚。

七十一、侵犯商业秘密罪

这是指违反《刑法》第219条的规定,侵犯商业秘密,情节严重的行为。它的主要特征是:

(1) 侵犯的客体是商业秘密权利人对其商业秘密所拥有的合法利益。所谓商业秘密权利人,是指商业秘密的所有人和经商业秘密所有人许可的商业秘密使用人。本罪的犯罪对象必须是商业秘密。在过去,它是指不为公众所知悉、能为权利人带来经济利益、具有实用性并经权利人采取保密措施的技术信息和经济信息。这次修改,《刑法修正案(十一)》第22条删除了原条文中关于商业秘密概念的规定,主要是为了与其他相关法律中商业秘密的规定保持一致。根据立法精神,刑法中商业秘密的规定,可以与《反不正当竞争法》中商业秘密的概念保持一致。根据《反不正当竞争法》第9条的规定,商业秘密是指不为公众所知悉、具有商业价值并经权利人采取相应保密措施的技术信息、经营信息等商业信息。商业秘密有以下特点:第一,不为公众所知悉、具有秘密性。第二,商业秘密应当具有商业价值,该秘密信息能够给经营者带来经济利益或者竞争优势,包括直接的或者间接的经济利益或者竞争优势。第三,权利人对商业秘密采取了相应的保密措施,以防止他人未经授权获取。例如制定保密规则,签订保密协议、对涉密信息采取加密、加锁、限定知悉范围等。第四,商业秘密是指技术信息、经营信息等商业信息。

(2) 犯罪主体是一般主体,自然人和单位均可以构成本罪。

(3) 在客观方面,行为人必须具有违反刑法和有关法规,侵犯商业秘密权利人的商业秘密的行为。具体体现为以下三种表现形式:第一,以盗窃、贿赂、欺诈、胁迫、电子侵入或者其他不正当手段获取权利人的商业秘密。盗窃、贿赂、欺诈、胁迫容易理解,"电子侵入",是指通过技术手段侵入计算机网络等信息系统,非法获取他人的商业秘密。"以其他不正当手段",是兜底性规定,指行为人采取以上明确列举的行为以外的其他不正当竞争行为的方式。第二,披露、使用或者允许他人使用以前项手段获取的权利人的商业秘密。"披露",是指行为人向他人透露其通过非法手段获取的商业秘密;"使用",是指自己使用;"允许他人使用",是指将以非法手段获取的商业秘密,提供给其他人使用的行为。第三,违反保密义务或者违反了权利人有关保守商业秘密的要求,披露、使用或者允许他人使用其所掌握的商业秘密。主要指行为人合法获取商业秘密以后,违反保密义务或者违反了权利人关于保守商业秘密的要求,向第三人披露、使用或者允许第三人使用其所获取的商业秘密。

侵犯商业秘密,必须是情节严重的行为才构成犯罪。

行为人虽然没有实施上述侵权行为,但明知他人具有上述三种侵犯商业秘密的行为,仍然从他那里获取、披露、使用或者允许他人使用该商业秘密的,以侵犯商业秘密论。第三人不是非法获取商业秘密的直接责任人,只有主观上有明知,才能构成犯罪。

(4) 在主观方面,只能是出于故意,过失不能构成本罪。本条规定的"明知",是指行为人主观上知道或者根据各方面情况足以认定行为人主观上应当是知道的。实践中,应当根据行为人的客观行为,主观心理状态等因素综合作出判断。

根据本条第 3 款的规定,所谓权利人是指商业秘密所有人和经商业秘密所有人许可的商业秘密使用人。商业秘密使用人,是指与商业秘密所有人订立商业秘密使用许可合同的人。

根据《刑法修正案(十一)》第 22 条和《刑法》第 219 条的规定,犯侵犯商业秘密罪,情节严重的,处 3 年以下有期徒刑,并处或者单处罚金;情节特别严重的,处 3 年以上 10 年以下有期徒刑,并处罚金。"情节严重""情节特别严重",目前应当结合案件的情况,比如是否多次实施侵犯商业秘密的行为,非法所得的数额等情况综合加以认定。以后可由最高人民法院和最高人民检察院作出司法解释。《刑法》第 220 条规定,单位犯本罪的,对单位判处罚金,并对其直接负责的主管人员和其他直接责任人员,依照自然人犯罪的规定处罚。

七十二、为境外窃取、刺探、收买、非法提供商业秘密罪

这是指行为人以非法手段,为境外的机构、组织、人员窃取、刺探、收买、非法提供商业秘密,危害国家经济安全和市场竞争秩序的行为。它的主要特征是:

(1) 侵犯的客体是国家的经济安全和市场竞争秩序。改革开放以来,国内外交流日益增多,境外机构、组织、个人在我国进行了大量的投资,通过并购、合资等形式在我国开展经济活动,也获取了许多经济利益。但是,需要指出的是,在中国境内进行投资活动的外国投资者、外商投资企业,应当遵守中国的法律法规,不得从事危害中国国家安全、损害社会公共利益的行为。近年来,有少数外国机构、组织、个人在从事投资活动时,以各种手段非法获取竞争对手的商业秘密,严重危害我国的经济安全和相关权利人的正当利益。因此,对这些行为必须予以重视,应当通过刑事手段,打击这些非法的商业间谍行为。《刑法修正案(十一)》第 23 条增设了为境外窃取、刺探、收买、非法提供商业秘密罪。

(2) 犯罪主体是一般主体,自然人和单位均可以构成,无论是中国公民还是非中国公民,只要实施了窃取、刺探、收买、非法提供商业秘密的行为,都可以构成本罪。

(3) 在客观方面,行为人表现为为境外机构、组织和人员实施窃取、刺探、收买、非法提供商业秘密的行为。所谓"窃取",是指行为人以各种秘密手段非法获取商业秘密;"刺探",是指行为人通过各种途径和手段非法打探商业秘密的行为;"收买",是指通过给与财物或者其他财产性利益,或者通过提供工作机会、拉拢人心的手段非法获取商业秘密的行为;"非法提供",是指知悉、保管、持有商业秘密的人,将自己知悉、保管、持有的商业秘密非法出售、交付、披露给其他不应知悉该秘密的境外机构、组织和人员的行为。

构成本罪还应当具备的一个条件是,行为人是为境外机构、组织和人员窃

取、刺探、收买、非法提供商业秘密。"境外的机构、组织",包括境外机构、组织及其在中国境内设立的分支(代表)机构和分支组织;"境外的人员",包括该个人身处境外,也包括虽然身处境内但身份属于外国人或者其他境外个人的情况。如果是为境内的公司、企业实施窃取、刺探、收买、非法提供商业秘密,构成犯罪的,应以《刑法》第219条规定的侵犯商业秘密罪定罪处罚。

本罪为选择性罪名,行为人实施其中一项行为即构成本罪,行为人实施了两种或者两种以上的行为的,仍为一罪,不实行数罪并罚。同时,应当根据行为人实施的具体行为,确定相应的罪名。例如,行为人实施了窃取行为,罪名即为"为境外窃取商业秘密罪",如果实施了窃取、刺探、收买的行为,罪名就确定为"为境外窃取、刺探、收买商业秘密罪"。

(4)犯罪的主观方面是故意,过失不构成本罪。

根据《刑法修正案(十一)》第23条和《刑法》第219条之一的规定,为境外机构、组织、人员窃取、刺探、收买、非法提供商业秘密的,处5年以下有期徒刑,并处或者单处罚金;情节严重的,处5年以上有期徒刑,并处罚金。根据《刑法》第220条的规定,单位犯本罪的,对单位判处罚金,并对其直接负责的主管人员和其他责任人员,依照本条的规定处罚。

七十三、损害商业信誉、商品声誉罪

这是指捏造并散布虚伪事实,损害他人的商业信誉、商品声誉,给他人造成重大损失或者有其他严重情节的行为,也可称为商业诽谤罪。它的主要特征是:

(1)侵犯的客体是市场秩序以及商业信誉、商品声誉的权利人的合法权益。本罪的犯罪对象是特定的,必须是商业信誉或者商品声誉。

(2)犯罪主体是一般主体,自然人和单位均可构成。

(3)在客观方面,行为人必须具有捏造并散布虚伪事实,损害他人的商业信誉、商品声誉的行为。而且,行为人损害他人商业信誉、商品声誉的行为,必须达到给他人造成重大损失或者有其他严重情节的程度,才能构成犯罪。

(4)在主观方面,只能是出于故意,过失不能构成本罪。

根据《刑法》第221条、第231条的规定,犯本罪的,处2年以下有期徒刑或者拘役,并处或者单处罚金。单位犯本罪的,对单位判处罚金,并对其直接负责的主管人员和其他直接责任人员,依照自然人犯罪的规定处罚。

七十四、虚假广告罪

这是指广告主、广告经营者、广告发布者违法国家规定,利用广告对商品或者服务作虚假宣传,情节严重的行为。它的主要特征是:

(1)侵犯的客体是国家对广告的管理制度。

(2) 犯罪主体是特殊主体,必须是广告主、广告经营者和广告发布者,自然人和单位均可构成。

(3) 在客观方面,行为人必须具有违法国家规定,利用广告对商品或者服务作虚假宣传的行为。而且,行为人作虚假广告的行为,必须达到情节严重的程度,才能构成犯罪。

(4) 在主观方面,只能是出于故意,过失不能构成本罪。

根据《刑法》第222条、第231条的规定,犯本罪的,处2年以下有期徒刑或者拘役,并处或者单处罚金。单位犯本罪的,对单位判处罚金,并对其直接负责的主管人员和其他直接责任人员,依照自然人犯罪的规定处罚。

七十五、串通投标罪

这是指投标人相互串通投标报价,损害招标人或者其他投标人利益,或者投标人与招标人串通投标,损害国家、集体、公民的合法利益,情节严重的行为。它的主要特征是:

(1) 侵犯的客体是市场秩序以及招标人或者其他投标人的合法利益。

(2) 犯罪主体是特殊主体,必须是投标人,自然人和单位均可构成。本罪属于共同犯罪的形式,而且是必要共同犯罪。

(3) 在客观方面,行为人必须具有相互串通投标报价,损害招标人或者其他投标人利益;或者投标人与招标人串通投标,损害国家、集体、公民的合法利益的行为。而且,行为人串通投标的行为,只有在情节严重时,才能构成犯罪。

(4) 在主观方面,只能是出于故意,过失不能构成本罪。

根据《刑法》第223条、第231条的规定,犯本罪的,处3年以下有期徒刑或者拘役,并处或者单处罚金。单位犯本罪的,对单位判处罚金,并对其直接负责的主管人员和其他直接责任人员,依照自然人犯罪的规定处罚。

七十六、组织、领导传销罪

根据《刑法修正案(七)》第4条和《刑法》第224条之一的规定,组织、领导传销罪,是指组织、领导以推销商品、提供服务等经营活动为名,要求参加者以缴纳费用或者购买商品、服务等方式获得加入资格,并按照一定顺序组成层级,直接或者间接以发展人员的数量作为计酬或者返利依据,引诱、胁迫参加者继续发展他人参加,骗取财物,扰乱经济社会秩序的传销活动的行为。它的主要特征是:

(1) 侵害的客体是复杂客体,即市场经济秩序和社会公共秩序以及参与者的财产利益。

(2) 客观方面,表现为组织、领导传销活动的行为。本罪为行为犯,只要行为人实施了组织、领导传销活动的行为,就可以构成本罪。

(3) 犯罪主体是一般主体,即组织、领导传销活动的人,一般的传销人员可以给予行政处罚,但不宜作为犯罪处理。

(4) 犯罪的主观方面是直接故意,并且具有获得非法利益的目的。

根据《刑法》第 224 条之一的规定,犯本罪的,处 5 年以下有期徒刑或者拘役,并处罚金;情节严重的,处 5 年以上有期徒刑,并处罚金。

七十七、强迫交易罪

这是指以暴力、威胁手段强迫交易,情节严重的行为。它的主要特征是:

(1) 侵犯的客体是商品交易市场秩序以及他人的合法权益。

(2) 犯罪主体是自然人。

(3) 在客观方面,行为人必须具有以下五种行为:以暴力、威胁手段强买强卖商品;以暴力、威胁手段强迫他人提供或者接受服务;以暴力、威胁手段强迫他人参与或者退出投标、拍卖;以暴力、威胁手段强迫他人转让或者收购公司、企业的股份、债券或者其他资产;以暴力、威胁手段强迫他人参与或退出特定的经营活动。强迫交易的行为,只有在情节严重时,才能构成犯罪。

(4) 在主观方面,只能是出于故意,过失不能构成本罪。

根据《刑法》第 226 条和《刑法修正案(八)》第 36 条的规定,强迫交易、情节严重的,处 3 年以下有期徒刑或者拘役,并处或者单处罚金;情节特别严重的,处 3 年以上 7 年以下有期徒刑,并处罚金。其中,"情节特别严重",主要指采用的强迫交易手段特别恶劣、非法牟利数额特别巨大、造成特别严重后果等情形。

七十八、伪造、倒卖伪造的有价票证罪

这是指伪造或者倒卖伪造的车票、船票、邮票或者其他有价票证,数额较大的行为。它的主要特征是:

(1) 侵犯的客体是国家对有价票证的管理制度。本罪的犯罪对象必须是车票、船票、邮票或者其他有价票证,这是本罪区别于其他伪造型犯罪的界限之一。

(2) 犯罪主体是一般主体,自然人和单位均可构成。

(3) 在客观方面,行为人必须具有伪造或者倒卖伪造的车票、船票、邮票或者其他有价票证的行为。而且,行为人伪造或者倒卖的行为,只有达到数额较大的程度,才能构成犯罪。本罪为选择性罪名,行为人只要实施伪造有价票证、倒卖伪造的有价票证行为之一的,即可构成本罪。

(4) 在主观方面,只能是出于故意,并且具有非法牟利的目的。

根据《刑法》第 227 条第 1 款、第 231 条的规定,犯本罪的,处 2 年以下有期徒刑、拘役或者管制,并处或者单处票证价额 1 倍以上 5 倍以下罚金;数额巨

的,处2年以上7年以下有期徒刑,并处票证价额1倍以上5倍以下罚金。单位犯本罪的,对单位判处罚金,并对其直接负责的主管人员和其他直接责任人员,依照自然人犯罪的规定处罚。

七十九、倒卖车票、船票罪

这是指倒卖车票、船票,情节严重的行为。本罪在客观方面、主观方面、犯罪主体等方面,与倒卖伪造的有价票证罪基本相同,所不同的是犯罪对象。本罪犯罪对象必须是真实的车票、船票,而对于倒卖伪造的有价票证罪而言,其犯罪对象是各种伪造的有价票证。

根据《刑法》第227条第2款的规定,犯本罪的,处3年以下有期徒刑、拘役或者管制,并处或者单处票证价额1倍以上5倍以下罚金。单位犯本罪的,对单位判处罚金,并对其直接负责的主管人员和其他直接责任人员,依照自然人犯罪的规定处罚。

八十、非法转让、倒卖土地使用权罪

这是指以牟利为目的,违反土地管理法规,非法转让、倒卖土地使用权,情节严重的行为。它的主要特征是:

(1) 侵犯的客体是国家对土地的管理制度。

(2) 犯罪主体是一般主体,自然人和单位均可构成。

(3) 在客观方面,行为人必须具有违反土地管理法规,非法转让、倒卖土地使用权的行为。而且,行为人非法转让、倒卖土地使用权的行为,只有达到情节严重的程度,才能构成犯罪。本罪为选择性罪名,行为人只要实施非法转让、倒卖土地使用权行为之一的,即可构成本罪。

(4) 在主观方面,只能是出于故意,并且具有牟利的目的。

根据《刑法》第228条的规定,犯本罪的,处3年以下有期徒刑或者拘役,并处或者单处非法转让、倒卖土地使用权价额5%以上20%以下的罚金;情节特别严重的,处3年以上7年以下有期徒刑,并处非法转让、倒卖土地使用权价额的5%以上20%以下罚金。《刑法》第231条规定,单位犯本罪的,对单位判处罚金,并对其直接负责的主管人员和其他直接责任人员,依照自然人犯罪的规定处罚。

八十一、提供虚假证明文件罪

这是指承担资产评估、验资、验证、会计、审计、法律服务、保荐、安全评估、环境影响评价、环境监测等职责的中介组织的人员,故意提供虚假证明文件,情节严重的行为。

(1) 侵犯的客体是国家对市场经济的正常管理秩序。随着市场经济的发

展,中介组织发挥着越来越重要的作用。其主体资格的取得,对从事市场行为有重要影响,也关系到市场秩序。一些法律法规都对中介组织的权利、义务、行为规范、法律责任进行了规定。1995年全国人大常委会《关于惩治违反公司法的犯罪的决定》,将资产评估、验资、验证、审计职责的人员故意提供虚假证明文件,情节严重的行为规定为犯罪。1997年修订的《刑法》对此做了具体规定,将会计、法律服务人员增列其中。《刑法修正案(十一)》第25条进一步增加了一些中介组织,明确适用本罪的主体范围,对从事保荐、安全评估、环境影响评价、环境监测职责的中介组织的人员作了明确规定,加大对此类犯罪的处罚力度。

(2)犯罪的主体是特殊主体,必须是承担资产评估、验资、验证、会计、审计、法律服务、保荐、安全评估、环境影响评价、环境监测等职责的人员或者单位。

(3)在客观方面,行为人实施了提供虚假证明文件的行为。所谓虚假证明文件,是指伪造的或者内容虚假、有重大遗漏、误导性内容的文件。例如资产评估报告、验资报告、安全评价报告、环境影响报告书等。有些虚假文件还附上一些材料以佐证其结论,如数据、材料、资料、样本等。此外,情节严重的行为才构成本罪。例如给国家、公众或者其他投资者造成直接经济损失50万元以上的;违法所得数额在10万以上的;虚假证明文件虚构数额在100万元且占实际数额30%以上的等。

根据《刑法》第229条的规定,"情节特别严重",是指:提供与证券发行相关的虚假的资产评估、会计、审计、法律服务、保荐等证明文件;提供与重大资产交易相关的虚假的资产评估、会计、审计等证明文件;在涉及公共安全的重大工程、项目中提供虚假的安全评价、环境影响评价等证明文件,致使公共财产、国家和人民利益遭受特别重大损失的。

本条第2款还规定了中介组织的人员有第1款行为,同时还有索取他人财物或者非法收受他人财物行为的情况。其行为特征与第1款基本一致,不同的是,增加了"索取他人财物或者非法收受他人财物"的客观要件。对中介组织人员利用职务便利进行利益交换以后再出具虚假的证明文件的情况,予以刑事处罚。

(4)在主观方面,只能是出于故意,过失不构成本罪。

根据《刑法修正案(十一)》第25条和《刑法》第229条的规定,犯本罪,情节严重的,处5年以下有期徒刑或者拘役,并处罚金;情节特别严重的,处5年以上10年以下有期徒刑,并处罚金。有前款行为,同时索取他人财物或者非法收受他人财物构成犯罪的,依照处罚较重的规定定罪处罚。单位犯本罪的,对单位判处罚金,并对其直接负责的主管人员和其他直接责任人员,依照自然人犯罪的规定处罚。

八十二、出具证明文件重大失实罪

这是指承担资产评估、验资、验证、会计、审计、法律服务、保荐、安全评价、环境影响评价、环境监测等职责的中介组织人员,严重不负责任,出具的证明文件有重大失实,造成严重后果的行为。本罪在犯罪客体、犯罪主体等方面,与提供虚假证明文件罪相同。在客观方面,是严重不负责任,出具的证明文件有重大失实的行为。"出具的证明文件有重大失实",是指所出具的证明文件,在内容上存在重大的不符合实际的错误或者内容虚假。本罪与第1款提供虚假证明文件罪不同的主要是主观方面。本罪在主观方面是过失,而提供虚假证明文件罪的主观方面是故意。而且,本罪属于结果犯,"造成严重后果的",才负刑事责任。如果出具证明文件有重大失实,但未造成严重后果的,不构成犯罪。行为人给国家、公众或者其他投资者造成直接经济损失数额在100万元以上的,应当立案追诉。

根据《刑法修正案(十一)》第25条和《刑法》第229条第3款、第231条的规定,犯本罪的,处3年以下有期徒刑或者拘役,并处或者单处罚金。单位犯本罪的,对单位判处罚金,并对其直接负责的主管人员和其他直接责任人员,依照自然人犯罪的规定处罚。

八十三、逃避商检罪

这是指违反进出口商品检验法的规定,逃避商品检验,将必须经商检机构检验的进口商品未报经检验而擅自销售、使用,或者将必须经商检机构检验的出口商品未报经检验合格而擅自出口,情节严重的行为。它的主要特征是:

(1) 侵犯的客体是国家对进出口商品检验的管理制度。

(2) 犯罪主体是一般主体,自然人和单位均可构成。

(3) 在客观方面,行为人必须具有违反进出口商品检验的规定,逃避进出口商品检验的行为。其具体的行为方式主要有:将必须经商检机构检验的进口商品未报经检验而擅自销售、使用;将必须经商检机构检验的出口商品未报经检验合格而擅自出口。而且,行为人逃避进出口商品检验的行为,只有在情节严重时,才能构成犯罪。

(4) 在主观方面,只能是出于故意,过失不能构成本罪。

根据《刑法》第230条、第231条的规定,犯本罪的,处3年以下有期徒刑或者拘役,并处或者单处罚金。单位犯本罪的,对单位判处罚金,并对其直接负责的主管人员和其他直接责任人员,依照自然人犯罪的规定处罚。

第二十一章　侵犯公民人身权利、民主权利罪

第一节　侵犯公民人身权利、民主权利罪的概念和特征

侵犯公民人身权利、民主权利罪,是指侵犯公民人身和与人身直接有关的权利,非法剥夺或者妨害公民自由行使依法享有的管理国家事务和参加社会政治活动的权利,以及妨害婚姻家庭的行为。从这一概念的内容可以看出,侵犯公民人身权利、民主权利罪可分为三类:第一类是侵犯公民人身权利方面的犯罪;第二类是侵犯公民民主权利方面的犯罪;第三类是妨害婚姻家庭方面的犯罪。由于这三类犯罪关系非常密切,所以我国《刑法》分则将其规定为一章罪。

侵犯公民人身权利、民主权利罪具有以下几个特征:

(1) 这类犯罪侵犯的客体,是公民的人身权利、民主权利和与人身有关的其他权利。特定的犯罪客体,是这类犯罪区别于其他各类犯罪的基本特征。人身权利包括的内容比较广泛,但主要是指人的生命、健康、人格、名誉和自由的权利。公民的民主权利,是指宪法、法律规定公民依法享有的选举权和被选举权;对任何国家工作人员的违法失职行为,向有关国家机关进行检举、控告或者申诉的权利。与人身有关的其他权利,是指除人身权利、民主权利以外的与人身直接有关的婚姻家庭、宗教信仰自由、通信自由等权利。

公民的人身权利和民主权利是紧密联系、互为条件的。只有人身权利得到切实保障,宪法所赋予的民主权利和其他权利的行使才有必要的前提。如果公民的人身安全受到威胁,人身自由受到限制,宪法规定公民享有的政治、经济、文化等项权利,就会成为一纸空文。我国《刑法》对侵犯公民的人身权利和民主权利的犯罪,在分则第四章专章作了规定,通过惩罚这些犯罪,从法律上切实保障我国公民享有的人身权利和民主权利,这对于巩固安定团结,促进社会生产力的发展,保障社会主义现代化建设顺利进行,都具有重要的意义。

(2) 这类犯罪在客观方面,表现为侵犯公民人身权利、民主权利的行为。这里所说的侵犯公民人身权利、民主权利的行为,具有特定的内容,这个特定的内容,就是《刑法》分则第四章所规定的各种犯罪行为。例如,故意杀人、故意伤害、强奸妇女、奸淫幼女、拐卖妇女儿童、非法拘禁他人、刑讯逼供、诬告陷害、破坏选举、侵犯公民通信自由等犯罪行为。从行为表现形式看,有些犯罪既可以由

作为形式构成,也可以由不作为形式构成。

(3) 这类犯罪的主体,多数为一般主体,少数犯罪为特殊主体。例如,刑讯逼供罪只能由司法工作人员构成;报复陷害罪、非法剥夺宗教信仰自由罪、侵犯少数民族风俗习惯罪等,其主体只能由国家机关工作人员构成;而私自开拆、隐匿、毁弃邮件、电报罪的主体,则只能是邮电工作人员。如果行为人不具有法律规定的这些特定身份,就不能构成上述各种犯罪。

(4) 这类犯罪在主观方面,除过失致人死亡、过失重伤外,其他各种犯罪都只能由故意构成。其故意的内容是多种多样的,有的是为了非法剥夺他人生命权,有的是为了损害他人健康权,有的是为了使他人受刑事惩罚,有的是为了贬低他人的人格和名誉,等等。

我国《刑法》分则第四章从第 232 条至第 262 条,共 30 个条文,具体规定了三十多个罪名,我们重点讲以下几种犯罪。

第二节 侵犯他人生命权、健康权的犯罪

一、故意杀人罪

(一) 故意杀人罪的概念与特征

故意杀人罪,是指故意非法剥夺他人生命权利的行为。本罪的主要特征是:

(1) 本罪侵犯的客体是他人的生命权利。这一客体反映了故意杀人罪的严重社会危害性,也是本罪区别于其他侵犯公民人身权利罪的本质特征。本罪的对象是有生命的人。关于生命期间的界定,在刑法理论上说法不同,认识不尽一致。概括起来,主要有两个问题:第一,人的生命开始的标志。对此问题有阵痛说、一部露出说、全部露出说、断带说、发声说、独立呼吸说等。在我国,一般认为,胎儿从母体分离后能够独立进行呼吸,即为人的生命开始的标志。因此,终止妊娠或者致母腹内胎儿死亡,不属于杀人;而杀害出生后的婴儿就是杀害有生命的人,构成杀人罪。在西方国家,受天主教的影响,认为生命始于受孕,精子和卵子的染色体一结合,就算生命的开始。堕胎是一种刑事犯罪。美国一直到 1973 年才正式确定妇女享有堕胎的权利,但附加了严格的限制条件。美国最高法院将妇女怀孕的时间分为 9 个月三个阶段,前 3 个月,妇女有权自由地选择堕胎,中间 3 个月就要受到一定的限制,最后 3 个月,只有在继续怀孕会危及母亲生命的情况下,才允许堕胎。美国最高法院的判决,实际上是将子宫外存活作为一个非常重要的强制点。但这种将生命的起点和子宫外存活联系在一起的做法,在法律上要承担很大的风险。在 20 世纪 70 年代,子宫外存活以妇女怀孕 28 周为分界线,此后随着医学的进步,又将这一时间提前到 24 周,科学家已经

预言,终有一天,人们可以使受孕 2 周的胎儿在子宫外独立存活。那么人的生命究竟从何开始呢？应当说,这的确是一个难以回答的医学和法律难题。第二,人的死亡的标志。通说以人的心脏停止跳动或者停止呼吸为死亡的标志。但是,随着医学科学的发展,理论上又提出脑死亡的概念,主张应以人的全脑功能不可逆转地丧失为人的死亡的标志;只要脑功能没有消失,即使心脏已经停止跳动或者呼吸已经停止,仍视为有生命的人;反之,只要脑功能已经丧失,即使心脏仍在跳动,呼吸仍然存在,也应认为是无生命的人。1968 年美国哈佛大学医学院对脑死亡的概念有过经典的论述,即脑死亡就是整个中枢神经系统的全部死亡,包括脑干在内的全脑机能丧失的不可逆转的状态。具体的标准是：无感受性和无反应性;无动作或无呼吸;无生理反射作用;脑电波图平坦。目前世界上已经有八十多个国家在法律上采取脑死亡标准,多数国家,包括我国在内,仍以心脏是否停止跳动,呼吸是否存在,作为识别是否死亡的标志。人的生命权利都受法律保护,因此,只要确定行为人是故意非法剥夺他人生命权利,那就不管被害人的生活能力如何,是年轻力壮的人,还是年老多病的人,都应成立故意杀人罪。

（2）本罪在客观方面,表现为非法剥夺他人生命的行为。这种行为绝大多数表现为作为的形式,很少数表现为不作为的形式。不作为形式的杀人,要以行为人对防止被害人的死亡负有特定的义务为前提。至于使用什么方法杀人,是徒手,还是利用工具,都不影响本罪的成立。

构成故意杀人罪的行为,必须是非法的,即是说,这种剥夺他人生命的行为是我国法律所禁止的。因此,合法剥夺他人生命的行为,例如,司法人员执行命令的行为,正当防卫中杀人的行为,都不能构成本罪。

（3）本罪的主体是一般主体,凡年满 14 周岁,具有刑事责任能力的自然人,都可成为本罪的主体。已满 12 周岁不满 14 周岁的人,犯故意杀人、故意伤害罪,致人死亡或者以特别残忍手段致人重伤造成严重残疾,情节恶劣,经最高人民检察院核准追诉的,应当负刑事责任。

（4）在主观方面,行为人必须具有非法剥夺他人生命的故意,即行为人明知自己的行为会造成他人死亡的结果,并且希望或者放任死亡结果的发生。这就是说,行为人可以是出于直接故意,也可以出于间接故意。故意杀人的动机多种多样,动机不同不影响本罪的成立,但在量刑时应作为一个情节加以考虑。

(二) **处理故意杀人案件应划清的几个界限**

（1）划清故意杀人罪与用放火、爆炸、投放危险物质等危害公共安全方法造成他人死亡犯罪的界限。在危害公共安全罪中有放火罪、爆炸罪、投放危险物质罪,但不能把任何情况下使用放火、爆炸、投放危险物质的方法所实施的犯罪都认定为这三种犯罪。因为,这三种犯罪的基本特征是危害公共安全,也就是使用这些方法所危及的是不特定的多数人的生命、健康或者大批公私财产。如果使用的是上述几种方法,但行为是针对特定的人的生命,而不危及公共安全,就只能以故意杀人罪惩罚。

(2) 划清故意杀人与逼人自杀的界限。前面已经提出,故意杀人罪是故意非法剥夺他人的生命权利,如果行为人出于自愿,自己剥夺自己的生命(也称自杀),则不构成犯罪。但是,在自杀情况中,有一种情况是犯罪人凭借某种权势,以暴力、胁迫的方法,把被害人置于没有自由决定自己意志的状态,或者使被害人生路断绝而被迫自杀。这种情况的自杀,从表面上看,是被害人自杀而死,但实际上,是犯罪分子借被害人的手,以达到杀死被害人的目的。对类似这种情况的逼人自杀,应按故意杀人罪论处。

(3) 划清故意杀人和帮助他人自杀的界限。帮助他人自杀,是应死者要求而协助其实现自杀的行为。我国刑法对此未作具体规定,遇此情况如何处理,大家看法不尽一致。概括起来主要有两种意见:一种意见认为都应追究刑事责任。另一种意见认为应作具体分析。我们同意后一种意见。因为自杀情况是相当复杂的,大致有三种情况:第一种情况是应被害人的请求,直接动手杀死被害人的,符合杀人罪的特征,应按故意杀人罪论处。第二种情况是应自杀者的请求而为其提供自杀条件的,例如提供毒药、绳索等,就不一定按故意杀人罪论处。第三种情况是相约共同自杀过程中,每个人都是独立进行,不存在帮助自杀的情况,即使其中有人自杀未遂,也不应按故意杀人罪论处。

(4) 根据《刑法》第238条、第247条、第248条、第289条、第292条的规定,对非法拘禁使用暴力致人死亡的,刑讯逼供或暴力取证致人死亡的,虐待被监管人致人死亡的,聚众"打砸抢"致人死亡的,聚众斗殴致人死亡的,应以故意杀人罪论处。

(5) 对于安乐死的案件,应以故意杀人罪论处。目前,世界上除了荷兰等少数国家以外,都不承认安乐死的合法性。在法律没有明确规定的情况下,对于实施安乐死的人,仍应以故意杀人罪论处,也不宜以《刑法》第13条的但书规定,宣告被告人无罪。但在量刑时,可以根据案件的情况,尽可能从宽处罚。

(三) 对故意杀人罪的处罚

我国《刑法》第232条对故意杀人罪规定两个情节适用的法定刑。一个是情节严重的故意杀人罪,法定刑是死刑、无期徒刑或者10年以上有期徒刑;另一个是情节较轻的故意杀人罪,处3年以上10年以下有期徒刑。这里所说的情节严重和情节较轻的内容,刑法没有作具体规定。在司法实践中,情节严重的故意杀人一般是指:动机卑鄙、手段残忍、后果严重、影响极坏的杀人。情节较轻的故意杀人一般是指:因遭受迫害或者侮辱,激于义愤而杀人;防卫过当杀人;经被害人同意的杀人;故意杀人的预备、未遂、中止行为等。

二、过失致人死亡罪

(一) 过失致人死亡罪的概念和特征

过失致人死亡罪,是指因过失而致人死亡的行为。本罪的主要特征是:

(1) 本罪侵犯的客体同故意杀人罪是相同的,即都是他人的生命权利。过失致人死亡罪的对象只能是有生命的人,至于被害者是男人还是女人,老人还是小孩,健康人还是生重病的人,精神正常的人还是先天痴呆的人,都不影响本罪的成立。

(2) 本罪在客观方面具有因过失致使他人死亡的行为。这种行为要具备三个要素:第一,必须发生致他人死亡的实际结果,否则,就不能构成犯罪。第二,行为人的行为可能是故意的,但对致使他人死亡结果的发生是没有预见的,即因过失而造成的。过失致使他人死亡的行为可以由作为形式构成,也可以由不作为形式构成。第三,行为人的过失行为与被害人死亡的结果之间必须具有因果关系。如果行为人过失行为致人重伤,但由于其他人为因素的介入致使被害人死亡的,只应追究行为人过失重伤的刑事责任。

(3) 本罪的主体必须是年满16周岁的人。我国《刑法》第17条第2款的规定不包括过失致人死亡在内。因为已满14周岁不满16周岁的未成年人,属于限制行为能力和责任能力的人,法律不要求他们对过失致人死亡行为负刑事责任。

(4) 本罪在主观方面只能是出于过失,即行为人对行为的结果抱有过失的心理状态(包括疏忽大意的过失和过于自信的过失)。也就是说,这里所说的过失,是指行为人对造成死亡严重结果的心理状态而言的,至于对引起死亡的行为,则可能是出于故意,也可能是出于过失。

(二) 认定过失致人死亡罪应划清的界限

(1) 划清过于自信的过失致人死亡与间接故意杀人的界限。这两者之间的共同点是:客观上行为人的行为都引起了他人死亡的结果,主观上事前都对可能发生死亡结果有所预见,也都不希望这种结果发生。两者区别的关键在于:要查明行为人在当时条件下,对死亡结果的发生,究竟抱着什么态度。如果行为人凭自己的能力、技术、经验或者其他有利条件,轻信可以避免死亡结果的发生,但未能避免,就属于过失致人死亡。如果行为人主观上对他人死亡结果的意图是不确定的,对他人死活持无所谓的放任态度,他人死活都不违背其意愿,就属于间接故意杀人。

(2) 划清疏忽大意过失致人死亡和意外事件的界限。两者的共同点是:客观上行为人的行为都引起了他人死亡的结果,主观上都没有预见死亡结果的发生。两者区别的关键在于,要查明行为人在当时的条件下,对死亡结果的发生,是否应当预见。如果应当预见,而由于疏忽大意没有预见,则属于过失致人死亡。如果是由于不能预见的原因而造成死亡的,就属于刑法上的意外事件,行为人对此不负刑事责任。

(3) 划清本罪与刑法特别规定的涉及致人死亡的其他过失犯罪的界限。我国《刑法》第233条规定犯过失致人死亡罪的,处3年以上7年以下有期徒刑;情节较轻的,处3年以下有期徒刑。在规定罪名和法定刑以后明确指出:"本法另有规定的,依照规定。"这一规定是指实施其他犯罪而造成他人死亡的,即刑法分则条文中专门规定"致人死亡的",应依照该条文的专门规定定罪量刑,不再适用第233条的规定。例如,《刑法》第115条第2款规定的失火、过失决水、过失爆炸、过失投放危险物质罪中致人死亡的,第133条规定的交通肇事罪中致人死亡的,第134条规定的重大责任事故罪中致人死亡的,第136条规定的危险物品肇事罪中致人死亡的,以及其他法律中规定的涉及致人死亡的犯罪等,都应按照刑法分则有关条款规定的法定刑进行惩罚,不应再按照过失致人死亡定罪判刑。

三、故意伤害罪

(一) 故意伤害罪的概念与特征

故意伤害罪,是指故意非法损害他人身体健康的行为。本罪的主要特征是:

(1) 侵犯的客体是他人的身体健康权利。这是本罪区别于其他侵犯人身权利罪的本质特征。这里所说的身体健康,是指人体组织的完整和人体器官机能的正常活动。所谓损害身体健康,既可能表现为对人体组织完整性的破坏,如砍掉一只手、断掉一只足等,也可能表现为对人体器官正常活动机能的破坏,如有手不能拿东西,有腿不能走路等。如果不是损害他人的身体健康,而是贬低他人的人格、名誉或者非法限制他人的人身自由,则不能构成本罪,情节严重构成犯罪的,应按刑法分则有关条款的规定定罪量刑。

构成故意伤害罪必须是伤害他人的身体健康,如果不是损害他人的身体健康,而是故意伤害自己身体健康的,一般不认为是犯罪,只有当伤害自己的身体是为逃避履行国家某种特定义务时,才按法律的有关规定的犯罪处罚。例如,我国《刑法》第434条规定,现役军人战时自伤身体,逃避军事义务的,就构成战时自伤罪,要依照该条的规定追究刑事责任。

(2) 本罪在客观方面表现为非法损害他人身体健康的行为。这种损害他人身体健康的行为,一般是直接加害于被害人的身体,如打伤、刺伤、烧伤等。也可以间接地利用未成年人、精神病患者及动物等伤害他人。伤害行为的方法,可以借助工具,也可以不借助工具,如拳打脚踢等。不论使用什么方法,都必须以外力直接作用于他人的身体组织,致使他人的身体组织完整和器官的正常功能受到破坏。伤害他人身体健康的行为一般表现为积极的作为形式,也可以表现为消极的不作为形式。例如,甲同乙有私仇,一天甲牵带恶犬上街,恶犬咬乙,甲不加制止,结果乙被咬伤,甲就属不作为的伤害行为,行为人应负伤害他人身体健康的法律责任。

故意伤害行为的结果是多种多样的,可能是致人轻伤,也可以是致人重伤,还可能是致人死亡,但只要行为人主观上没有杀人的故意,就仍然属于故意伤害的性质。伤害结果的程度,对伤害罪的构成无影响,但对量刑轻重有重要作用。

(3)本罪的主体是一般主体,但是,已满14周岁不满16周岁的人实施伤害行为,只对故意重伤害负刑事责任。

(4)本罪在主观方面,只能由故意构成,包括直接故意与间接故意。故意伤害的动机多种多样,但不影响本罪的成立。从处理故意伤害犯罪情况来看,行为人对造成的伤害结果,有的事先有明确打算,例如,打断一条腿,挖掉一只眼睛等。但大多数情况下,行为人只打算要给他人造成伤害,对于造成什么样的伤害并不明确。类似这种情况,造成轻伤的,就按轻伤害处罚,造成重伤的,就按重伤害处罚。因为造成轻伤或者造成重伤,都包括在行为人的犯意之内。

(二) 处理故意伤害罪应划清的界限

(1)划清重伤害与轻伤害的界限。《刑法》第95条对重伤害的内容作了原则规定。为了给轻伤、重伤鉴定提供科学依据和统一标准,最高人民法院、最高人民检察院、公安部、司法部于1990年3月29日联合发布了《人体重伤鉴定标准》,同年4月2日,又联合印发《人体轻伤鉴定标准(试行)》,2013年又发布了《人体损伤程度鉴定标准》。这些鉴定标准,是依照《刑法》第95条规定,以医学和法医学的理论和技术为基础,结合我国法医检案的实践经验而制定的,是法医评定轻、重伤的统一标准,也是确定伤害程度及其适用法律裁量刑罚的基本依据。据此,重伤害(包括重伤一级和重伤二级)是指以下三种情形:

第一,使人肢体残废或者毁人容貌的。所谓肢体残废,是指由于各种因素造成他人某一肢体丧失或者虽未丧失,但已失去正常活动机能。例如,砍断一只手,或者掌指骨骨折影响一手功能,不能对指和握物。如果肢体只是受到部分损害,但未完全地、永久地丧失其功能的,则不能认为是肢体残废。所谓毁人容貌,是指损害他人面容,致使容貌变形、丑陋及功能障碍。例如,外鼻缺损、严重塌陷变形等。

第二,使人丧失听觉、视觉或者其他器官机能的。所谓丧失听觉,是指使一耳语音听力减退在91分贝以上,或者对耳语音听力减退在60分贝以上。所谓丧失视觉,是指损伤后一眼盲,或者两眼低视力,其中一眼低视力为二级。所谓丧失其他器官机能,是指丧失听觉、视觉之外的其他器官的功能或者功能严重障碍,例如,喉损伤后引起不能恢复的失音;妇女两侧乳房损伤丧失哺乳能力;颅脑损伤致使颅内血肿;膀胱破裂;等等。

第三，其他对于人身健康有重大伤害的。主要是指上述几种重伤以外的，在受伤当时危及生命或者在损伤过程中能够引起威胁生命的并发症，以及其他严重影响人体健康的损伤。例如，开放性颅脑损伤；颅脑损伤引起颅内感染；胃、肠、胆道系统穿孔、破裂；烧、烫伤总面积，成人在30%以上或者三度在10%以上，儿童总面积在10%以上或者三度在5%以上；损伤引起创伤性休克、失血性休克或者感染性休克，以及致使人体内脏、各器官功能严重障碍或者严重后遗症；等等。

轻伤害，是指使人肢体或者容貌损害，听觉、视觉或者其他器官功能部分障碍或者其他对于人身健康有中度伤害的损伤，包括轻伤一级和轻伤二级。重伤害和轻伤害的主要区别是伤害的程度。以伤害听觉来说，一耳被损伤后，语音听力减退在91分贝以上，或者两耳被损伤后，语音听力减退在61分贝以上，就属于重伤，未达上述标准的，就是轻伤。

轻微伤，是指各种致伤因素所致的原发性损伤，造成组织器官结构轻微损害或者轻微功能障碍。轻微伤，不构成故意伤害罪。

评定损伤的轻重，一般应当依据受伤当时的伤情来确定。但是，有些伤情，致伤的当时不容易作出诊断，审判前治疗的情况，也要予以适当考虑。

(2) 划清故意伤害致死与故意杀人既遂的界限。这两种犯罪在主观方面都是出于故意，后果都造成他人死亡。但这是两种性质不同的犯罪。区别的关键在于故意的内容不同。故意伤害致死，行为人在主观上只具有损害他人身体健康的故意，死亡结果的发生是出于过失；而故意杀人既遂的行为人，其故意的内容是剥夺他人的生命权利，对死亡结果的发生行为人抱希望或者放任的态度。在刑法理论上，有人主张应以有无杀人目的来区分故意伤害致死和故意杀人既遂，这种观点是不正确的，因为故意杀人既遂包括直接故意杀人和间接故意杀人两种情况，直接故意杀人具有杀人目的，间接故意杀人不存在这种目的，坚持上述观点，就无异于否定间接故意杀人的存在。

(3) 划清故意伤害与故意杀人未遂的界限。这两种犯罪区别的关键也在于故意的内容。如果行为人故意的内容，只是损害他人身体健康，而不是剥夺他人生命权利，就属于故意伤害；如果行为人故意的内容是剥夺他人生命权利，只是由于意志以外的原因而未能得逞，就应按故意杀人未遂处罚。

(三) 对故意伤害罪的处罚

依照我国《刑法》第234条规定：故意伤害他人身体，处3年以下有期徒刑、拘役或管制。故意伤害他人身体致人重伤的，处3年以上10年以下有期徒刑；致人死亡的或者以特别残忍手段致人重伤造成严重残疾的，处10年以上有期徒刑、无期徒刑或者死刑。本法另有规定的，依照规定。

上述"本法另有规定的，依照规定"，是指实施其他犯罪而造成他人伤害的，即《刑法》分则条文中专门规定"致人重伤的",应依照该条文的专门规定定罪量刑,不再适用《刑法》第234条的规定。《刑法》分则条文专门规定致人重伤是与死亡并列规定在一起的,例如,《刑法》第115条第1款规定放火、决水、爆炸、投放危险物质致人重伤、死亡的,第236条第3款规定强奸妇女或者奸淫幼女致人重伤、死亡的,第263条第5项规定抢劫致人重伤、死亡的,等等,上述这些规定都应按各该条款的规定定罪判刑,不再定故意伤害罪或者故意杀人罪。

四、组织出卖人体器官罪

(一)组织出卖人体器官罪的概念和特征

组织出卖人体器官罪,是指违反国家有关规定,组织他人出卖人体器官的行为。

(1)侵害的客体,是国家对人体器官移植的正常管理秩序和他人的身体健康权利。根据国务院2007年颁布的《人体器官移植条例》第3条的规定,"任何组织或者个人不得以任何形式买卖人体器官,不得从事与买卖人体器官有关的活动"。近些年来,一些不法之徒利用我国人体器官移植需求量大,而器官来源较少的情况,组织他人出卖人体器官,从中获取利润。他们采取种种恶劣的手段和方法,进行人体器官的买卖和交易,甚至采用强迫、欺骗的手段,多方串通、联系,组织所谓的"器官捐献者"出卖人体器官。这些行为严重侵犯了社会管理秩序和公民的生命、健康权利,因此必须运用刑法武器,对组织出卖人体器官的犯罪行为予以坚决打击! 2011年2月颁布的《刑法修正案(八)》第37条对此作了专门规定。

(2)客观方面,行为人必须具有组织出卖人体器官的行为。其中,"情节严重的"是指,多次组织他人出卖人体器官或者获利数额较大的等情况。该条第2款还规定,未经本人同意摘取其器官,或者摘取不满18周岁的人的器官,或者强迫、欺骗他人捐献器官的,依照本法第234条、第232条的规定定罪处罚。这里所说的"摘取",是指违反国家有关规定,非医学治疗需要的摘取人体器官。"未经本人同意摘取其器官",是指在没有得到被摘取器官者本人的同意,而摘取其器官的行为,包括在本人不明真相的情况下摘取其器官和未经本人同意,采取强制手段摘取其器官两种情况。"摘取未满18周岁的人的器官",是指摘取未满18周岁的未成年人的器官,体现了对社会弱势群体的特殊的法律保护。"强迫、欺骗他人捐献器官",是指采用强迫、欺骗的手段,使他人捐献器官的行为。

根据本条第3款的规定,违背本人生前意愿摘取其尸体器官,或者本人生前未表示同意,违反国家规定,违背其近亲属意愿摘取其尸体器官的,也要定罪处罚。其中,"违背本人生前遗愿摘取其器官",是指公民在生前已经明确表示死后不愿捐献自己的器官,但仍违背其遗愿而摘取器官的行为;"违反国家规定,违背其近亲属意愿摘取其尸体器官的",是指违反国务院《人体器官移植条例》的规定,未经其近亲属同意而摘取死者器官的行为。

(3) 本罪的主体是一般主体,年满16周岁、具有刑事责任能力的自然人,均可成为本罪的主体。

(4) 主观方面只能是故意,过失不构成本罪。这就是说,行为人在组织他人出卖人体器官时,必须具有组织行为的故意。行为人犯罪的动机则多种多样,例如牟利,报复等等。犯罪动机对定罪没有影响,可能会对量刑产生一定的影响。至于行为人在组织出卖人体器官时,是否具有伤害的故意,可能会有争议。一般认为,尽管组织者的目的不是伤害他人身体,而是为了牟取经济利益,但只要客观上对被害人造成了伤害,即使不具有伤害的故意也要定罪处罚。

(二) 对组织出卖人体器官罪的处罚

根据《刑法修正案(八)》第37条和《刑法》第234条之一的规定,组织他人出卖人体器官的,处5年以下有期徒刑,并处罚金;情节严重的,处5年以上有期徒刑,并处罚金或者没收财产。

未经本人同意摘取其器官,或者摘取不满18周岁的人的器官,或者强迫、欺骗他人捐献器官的,依照本法第234条、第232条的规定定罪处罚,即可依照故意伤害罪、故意杀人罪定罪处罚。

违背本人生前意愿摘取其尸体器官,或者本人生前未表示同意,违反国家规定,违背其近亲属意愿摘取其尸体器官的,依照本法第302条的规定定罪处罚,即可依照盗窃、侮辱尸体罪定罪处罚。

五、过失致人重伤罪

(一) 过失致人重伤罪的概念和特征

过失致人重伤罪,是指行为人过失伤害他人身体,致人重伤的行为。本罪的主要特征:

(1) 在客观方面,行为人具有非法损害他人身体健康的行为。这里所说的非法损害他人身体健康的行为,包括以下两点内容:其一,构成过失致人重伤罪,法律不仅要求行为人的行为必须造成他人实际的伤害结果,而且要求这种伤害只有达到重伤的程度,才构成犯罪。如果过失致人轻伤,则不构成犯罪,行为人可以承担民事赔偿责任。其二,构成过失致人重伤罪,还要求行为人的行为与他身体重伤的结果之间,必须具有因果关系,如果重伤结果的产生,不是由行为人的行为所直接造成的,行为人的行为不构成过失致人重伤罪。

(2) 本罪在主观方面,只能由过失构成。这里所说的过失,包括疏忽大意的过失和过于自信的过失。过失致人重伤罪的本质特征在于:行为人既没有杀人的故意,也没有伤人的故意,被害人重伤结果的发生,是由于行为人主观上的过失造成的。如果行为人对重伤结果的发生,并没有预见,而且根据当时的实际情况也不可能预见,行为人主观上就没有罪过,刑法理论上称为意外事件,不构成犯罪。

(二) 对过失致人重伤罪的处罚

依照《刑法》第235条规定,犯过失致人重伤罪的,处3年以下有期徒刑或者拘役。本法另有规定的,依照规定。所谓"本法另有规定的,依照规定",是指其他犯罪行为造成被害人重伤的,按《刑法》有关条文规定定罪量刑,不按《刑法》第235条的规定处罚。

第三节 侵犯妇女性的不可侵犯的权利和身心健康的犯罪

一、强奸罪

(一) 强奸罪的概念和特征

强奸罪,是指违背妇女意志,使用暴力、胁迫或者其他手段,强行与其性交的行为。本罪的主要特征:

(1) 本罪侵犯的客体,是妇女性的不可侵犯的权利,即妇女按照自己的意志决定正当性交行为的权利。妇女的性权利是妇女的一种特有的人身权利。强奸犯罪虽然也对妇女的身心健康、人格、名誉等方面的人身权造成侵害,但从本质特征上看,还是妇女性的不可侵犯的权利。这里所说的妇女,包括18周岁以上成年妇女和14周岁以上不满18周岁的少女,至于妇女作风是否正派、是否患病、是否老年,均不影响强奸罪的成立。

(2) 本罪在客观方面,表现为使用暴力、胁迫或者其他手段,强行与妇女发生性交的行为。所谓暴力,是指对被害妇女的人身实施强制,例如,使用殴打、伤害、捆绑、掐脖子、堵嘴等方法使妇女处于不能抗拒的情况下,强行与其发生性交行为。所谓胁迫,是指对被害妇女实施精神上的强制。这种强制可能是以殴打、杀害相威胁;也可能是以揭发隐私、破坏名誉相要挟;还可能利用教养关系、从属关系等手段,使妇女忍辱屈从,不敢反抗而强行与妇女发生性交关系。所谓其他手段,是指除暴力、胁迫之外的使妇女不知抗拒或者无法抗拒的各种手段。例如,利用妇女患重病或者熟睡进行奸淫;利用或者假冒治病对妇女进行奸淫;用酒将妇女灌醉或者用药物麻醉而进行奸淫等。上述其他手段,从表现上看,犯罪分子并未直接使用暴力或者胁迫手段,但性交行为的发生实质上都是违背妇女的意志的。因此,使用暴力、胁迫手段固然是构成强奸罪的重要特征,但不是唯一特征,性交行为违背妇女意志,也是构成强奸的特征之一。

（3）本罪的主体，法律上未作明确规定，但是，这种犯罪的性质，决定其主体只能是男子。有的论著中称强奸共同犯罪中的执行犯只能是男子，这就是说，共同强奸中不是执行犯，就可能是妇女。例如，妇女教唆或者帮助男子强奸其他妇女的，可以构成强奸妇女罪的共犯。按处理共犯的原则，分别以强奸罪中的教唆犯或者从犯处罚。

丈夫能否成为强奸妻子的主体，这是近些年来引起广泛争议的问题。一种观点认为，我国《刑法》并未将丈夫排除在强奸罪的主体之外，司法实践中也已经有婚内强奸的判例。笔者认为这种看法和做法都是没有法律根据的。在过去，由于历史的原因，妻子就是丈夫的私有财产，她必须对丈夫的性要求言听计从。结婚被认为是男女双方家长达成的契约，根本不需要考虑男女双方的意愿，因此也就不存在妻子对丈夫的性要求是否同意的法律问题。可见，在一个男性占主导地位的社会里，法律是不可能承认婚内强奸的，强奸这个罪名本身就预设了女性的被害地位，千百年来的刑事司法实践已经充分证明了这一点。因此，承认婚内强奸，将丈夫作为强奸妻子的主体，只能通过修改刑法的方法加以解决，在刑法没有修改之前，任何将丈夫作为强奸罪主体的做法，都是不恰当的。

在西方，随着女权运动的兴起，很多国家已经抛弃了"婚内强奸豁免"的陈腐规定。美国自1981年新泽西州最高法院判处的第一个婚内强奸的案件以来，大多数州已经修改了刑法，任何人都不能再因婚姻关系而被推定为不能犯强奸罪。在英国、加拿大、澳大利亚、新西兰，甚至大陆法系的德国，都通过修改法律，承认了婚内强奸，明确规定丈夫可以成为强奸罪的主体，丈夫无权强迫妻子发生性关系。

但是，考虑到婚内强奸的特殊性，它是发生在夫妻之间的事，毕竟与从黑暗中跳出来实施强奸行为的陌生人不同，在收集证据上也存在着很大困难。因此，许多国家虽然在法律上承认了婚内强奸，但却附加了严格的限制条件，比如必须是在夫妻分居期间或离婚诉讼期间，丈夫强迫妻子发生性行为，才可以认定为婚内强奸。这些做法值得我们借鉴。

（4）本罪在主观方面，只能由故意构成，并且具有奸淫的目的。因为犯罪目的只存在于直接故意中，所以有些教材和文章中，称强奸罪在主观方面只能由直接故意构成。所谓奸淫的目的，是指行为人希望与被害妇女发生性交行为。不具有奸淫目的，而是以性交以外的行为满足性欲的，也不能构成强奸罪，如抠摸、搂抱妇女的猥亵行为等，如果构成犯罪，应按强制猥亵、侮辱罪处罚。

行为人明知妇女是不能正确表达自己意志、无自我防卫能力的精神病人而与之发生性交行为的，不论行为人采取什么手段，被害人是否表示同意，有没有反抗表示，均为违背妇女意志，以强奸罪论处；行为人与患有间歇性精神病的妇女在未发病期间发生性交行为，妇女本人自愿的，不构成强奸罪；行为人与患有轻微的精神病,尚未丧失辨别和控制自己行为能力的妇女,或者精神病已基本痊愈的妇女,在双方自愿的情况下发生性交行为的,不能以强奸罪论处。

(二) 认定强奸罪应划清的界限

(1) 划清强奸与通奸。所谓通奸,是指一方或者双方均有配偶的男女,自愿发生性交的行为。通奸行为有两个特征:第一,男女一方或者双方均有配偶,这是构成通奸的前提;如男女双方均无配偶,是不能构成通奸的。因为通奸是妨害他人婚姻家庭关系,如果男女均无配偶,就不存在婚姻家庭关系。第二,性交行为的发生是出于双方自愿,因此并不违背妇女意志。

区分强奸与通奸,大多数情况下并不困难,但在实践中有三种情况容易混淆:其一,有的妇女本来是与人通奸,一旦关系变化,或者在事情败露后,为了洗刷自己,保全名誉,就虚构事实,把通奸说成强奸。对这种情况,在查清事实的基础上,如果性交行为确属自愿发生,不管女方事后如何辩解,仍应认定为通奸。其二,第一次性交行为是违背妇女意志的,具有强奸性质,但以后女方就顺从了,并与男方多次发生性交行为,发展成为通奸。对此种情况,由于妇女意志的转化,使行为性质有了变化,因而不应再认定为强奸。其三,男女双方原来是通奸,之后女方悔悟,坚决提出不再往来,而男方继续对女方纠缠,并要求发生性交行为,当遭到女方拒绝时,又使用暴力或者胁迫手段,强行与女方发生性交行为。这种性交行为显然违背妇女意志,应按强奸罪论处。

(2) 划清强奸与未婚男女在恋爱过程中发生不正当性交行为的界限。如果男女双方确有一定感情,在恋爱过程中发生性交行为的,即使女方当时有点勉强,一般也不应以强奸罪论处。如果女方已表示断绝恋爱关系,感情已经破裂,此时男方违背女方意志,强行与其发生性交行为的,则应以强奸罪论处。

(3) 划清强奸与基于互相利用的性交行为的界限。对于利用教养关系、从属关系,或者利用职权与妇女发生性交行为的,是否构成强奸罪,要作具体分析,不能一概而论。如果行为人利用与被害妇女之间的特定关系,迫使其就范,例如,养父或者生父以打骂、虐待、克扣生活费或者断绝生活供给等方法,迫使其养女或者亲生女忍辱屈从成奸的,或者利用职权、乘人之危,威逼成奸的,都属于违背妇女意志,构成强奸罪;如果行为人利用招工、分房、提级、提职等职权引诱,讲条件,女方为了谋取私利,同意以身相许,而与其发生性交行为的,属于互相利用,各有所图,不应认定为强奸罪。

(三) 对强奸罪的处罚

根据《刑法修正案(十一)》第 26 条和《刑法》第 236 条的规定,犯强奸罪的,处 3 年以上 10 年以下有期徒刑。强奸、奸淫幼女,有下列情形之一的,处 10 年以上有期徒刑、无期徒刑或者死刑:(1) 强奸妇女、奸淫幼女情节恶劣的;(2) 强奸妇女、奸淫幼女多人的;(3) 在公共场所当众强奸妇女、奸淫幼女的;(4) 二人以上轮奸的;(5)奸淫不满十周岁的幼女或者造成幼女伤害的;(6)致使被害人重伤、死亡或者造成其他严重后果的。其中的"情节恶劣",主要是指强奸妇女手段残酷,多次强奸妇女,在公共场劫持并强奸妇女,多次利用淫秽物品引诱妇女强行奸淫等。其中的致人重伤、死亡,是指行为人在实施强奸犯罪过程中,直接导致被害妇女性器官严重损伤或者其他严重伤害,甚至当场死亡或者经治疗无效而死亡。如果行为人在强奸犯罪完成以后,为了报复或者灭口等动机,而将被害妇女打伤或者杀死的,那就构成强奸罪与故意伤害罪或者故意杀人罪,按数罪并罚的原则进行处罚。

二、奸淫幼女①

(一) 奸淫幼女的概念和特征

奸淫幼女属于强奸罪的一种表现形式,是指同不满14周岁的幼女发生性交的行为。它的主要特征是:

(1) 侵犯的客体是幼女的身心健康。侵害的对象是不满14周岁的幼女。不满14周岁是区别奸淫幼女与强奸妇女罪的法定临界年龄。如果行为人强行与14周岁以上的少女发生性交行为的,则构成一般强奸罪。根据人体生理和心理的发育情况,不满14周岁的幼女其生殖器官、智力水平、思维能力均处于未成熟状态,对社会生活中的许多事物缺乏辨别能力,一般也没有性欲要求,也不知道性交行为的性质和可能产生的后果,因此不可能真正表达自己的意志,容易上当受骗。幼女被奸后,往往会引起严重后果,摧残幼女的身心健康,影响幼女的正常发育和成长。所以我国刑法把未满14周岁的幼女列为特殊保护对象。

(2) 客观方面表现为奸淫幼女的行为。由于幼女不可能真正表达自己的意志,法律对奸淫幼女的手段未作特定的限制。强奸罪在客观方面要求必须使用暴力、胁迫或者其他手段,对奸淫幼女没有这些要求。犯罪分子不论采取什么手段,不论是否使用暴力或者胁迫,只要对幼女实施奸淫行为,即具备构成本罪的客观基础。

(3) 犯罪主体和强奸罪的主体一样,也只能是男子。如果妇女教唆或者帮助男子奸淫幼女的,应以奸淫幼女的共犯论处。根据《刑法》第14条规定的精神,已满14周岁不满16周岁的男子也可以成为奸淫幼女的主体。

---

① 根据1997年12月4日最高人民法院《关于执行〈中华人民共和国刑法〉确定罪名的规定》,强奸罪与奸淫幼女罪是两个独立罪名。2002年3月15日最高人民法院、最高人民检察院《关于执行〈中华人民共和国刑法〉确定罪名的补充规定》取消了奸淫幼女罪的罪名,统称为强奸罪。

(4) 主观方面只能是故意,并且具有奸淫的目的。一般认为,本罪的成立必须以行为人明知侵害的对象是不满 14 周岁的幼女为条件。这里所说的"明知",既包括明知必然是幼女,也包括明知可能是幼女,只要希望发生奸淫的结果,都可以构成奸淫幼女。但是,如果由于女方谎报年龄,其外表也不像幼女,行为人又不具备知道其年龄的条件,在女方自愿的情况下与之发生性交行为的,就不能认定为奸淫幼女的行为,因为行为人缺乏构成本罪的主观要件。① 在英美刑法中,如果被害人未达到法定承诺年龄,则法律推定为没有自由表达意志的能力,只要与其发生性关系,就构成强奸罪。这种情况,称为"法定强奸",或者叫强奸幼女罪。笔者认为,这种规定是适当的,充分考虑到了幼女身体发育尚不成熟,欠缺自我保护能力的实际情况。我国的司法实践也应遵循这一原则,对于奸淫幼女的行为,不论行为人采用何种手段,也不论幼女是否同意,只要与幼女发生了性行为,就构成本罪。

(二) 认定奸淫幼女应注意的几个问题

(1) 已满 14 周岁不满 16 周岁的男少年,与不满 14 周岁的幼女交往密切,双方自愿发生性交行为的,或者因某些不良影响,与幼女发生性交行为,情节显著轻微,危害不大的,依照《刑法》第 13 条的规定,不认为是奸淫幼女,责成家长或者学校严加管教。但与多名幼女发生性交行为,情节严重的,可以奸淫幼女处理。

(2) 男青少年与染有淫乱恶习的幼女发生性交行为,且系后者主动,情节显著轻微,危害不大的,可以不以奸淫幼女论处。但是,多次与染有淫乱恶习的幼女发生性交行为,情节严重的,可按《刑法》分则有关规定定罪处理。

(3) 未婚男青年与发育较早、貌似成人、虚报年龄的不满 14 周岁幼女,在"交朋友""谈恋爱"的过程中,或者在确实不知道幼女真实年龄的情况下,双方自愿发生性交行为的,这种情况与青少年在恋爱过程中的越轨行为相似,不应认定为奸淫幼女。

(三) 对奸淫幼女的处罚

《刑法》第 236 条第 2 款规定:"奸淫不满 14 周岁的幼女的,以强奸论,从重处罚。"从这一规定可以看出,从重,是指与强奸罪比较而言的。一般情节的强奸罪,处 3 年以上 10 年以下有期徒刑。一般情节的奸淫幼女的从重,应在 3 年

---

① 2003 年 1 月 24 日最高人民法院《关于行为人不明知是不满 14 周岁的幼女,双方自愿发生性关系是否构成强奸罪问题的批复》指出:"行为人明知是不满 14 周岁的幼女而与其发生性关系,不论幼女是否自愿,均应依照《刑法》第 236 条第 2 款的规定,以强奸罪处罚;行为人确实不知对方是不满 14 周岁的幼女,双方自愿发生性关系,未造成严重后果,情节显著轻微的,不认为是犯罪。"这一司法解释将"明知"作为奸淫幼女的主观要件,但在社会上产生了极大争议,实践中并未执行这一司法解释。

以上10年以下的法定刑幅度内从重。如果奸淫幼女有下列情形之一的:(1) 奸淫幼女情节恶劣的;(2) 奸淫幼女多人的,司法实践中一般是3人以上;(3) 在公共场所当众奸淫幼女的;(4) 二人以上轮奸幼女的;(5) 致使被害幼女重伤、死亡或者造成其他严重后果的,就应当在10年以上有期徒刑、无期徒刑或者死刑的法定刑内从重处罚。

三、负有照护职责人员性侵罪

(一) 负有照护职责人员性侵罪的概念和特征

负有照护职责人员性侵罪,是指对已满14周岁不满16周岁的未成年女性负有监护、收养、看护、教育、医疗等特殊职责的人员,与该未成年女性发生性关系的行为。它的主要特征是:

(1) 侵犯的客体是未成年女性的身心健康。已满14周岁不满16周岁的未成年女性尚处于发育生长的阶段,没有多少生活经验和社会阅历,对性的认知能力尚存欠缺,在某些特定情况下,还不具备完全的自我保护能力,容易受到侵害。因此,对利用自己的特定地位、优势和影响力,与这些未成年女性发生性行为的,应当追究刑事责任,以保护未成年女性的身心健康。

(2) 客观方面,表现为行为人利用其监护、收养、看护、教育、医疗的优势地位和影响力,与未成年女性发生性关系的行为。

(3) 犯罪主体是特殊主体,即对已满14周岁不满16周岁的未成年女性负有监护、收养、看护、教育、医疗等特殊职责的人员。根据《民法典》第27条的规定,父母是未成年子女的监护人。未成年人的父母死亡或者没有监护能力的,依顺序,由祖父母、外祖父母、兄、姐和其他愿意担任监护人的个人或者组织进行监护,但是须经未成年人所在地的居民委员会、村民委员会或者民政部门同意。所谓收养,是指自然人依法领养他人子女为自己子女的民事法律行为。所谓看护,是指对未成年女性负有看护职责的人,如雇佣的服务人员、保安等。所谓教育、医疗,主要指对未成年女性负有教育、医疗职责的人,例如教师、医生、护士等。

(4) 犯罪的主观方面是故意。

认定负有照护职责人员性侵罪时,应注意划清与强奸罪的界限。一是犯罪主体不同,强奸罪是一般主体,而本罪是特殊主体,仅限于对已满14周岁不满16周岁的未成年女性负有监护、收养、看护、教育、医疗等特殊职责的人员,不负有上述职责的人与已满14周岁不满16周岁的未成年女性发生性关系的,不构成本罪。二是客观方面不同,强奸罪表现为违背妇女意志,以暴力、胁迫或者其他手段强行与女性发生性行为,本罪的行为人,未采用暴力、胁迫等手段。如果行为人利用其优势地位和影响力,违背其意愿,迫使被害人就范,与其发生性关系,应以强奸罪论处。

(二) 对负有照护职责人员性侵罪的处罚

根据《刑法修正案(十一)》第 27 条和《刑法》第 236 条之一的规定,对已满 14 周岁不满 16 周岁的未成年女性负有监护、收养、看护、教育、医疗等特殊职责的人员,与该未成年女性发生性关系的,处 3 年以下有期徒刑;情节恶劣的,处 3 年以上 10 年以下有期徒刑。

有前款行为,同时又构成本法第 236 条规定之罪的,依照处罚较重的规定定罪处罚。

第四节 侵犯他人人身自由、人格尊严的犯罪

一、绑架罪

(一) 绑架罪的概念和特征

绑架罪,是指以勒索财物为目的,使用暴力、胁迫或者麻醉方法,劫持他人,或者绑架他人作为人质的行为。本罪的主要特征:

(1) 侵犯的客体是复杂客体,即既侵犯被害人的财产所有权,又侵犯被害人的人身权利。以勒索财物为目的绑架他人的行为,俗称"绑票",又称掳人勒赎。犯罪分子绑架他人后,将人质长时间地捆绑虐待,拷打伤害,并勒令被害人亲属限期、定点交付相当数额的钱财赎人,如果得不到所要求的赎金数额,甚至杀害人质,俗称"撕票"。

(2) 本罪在客观方面,表现为使用暴力、胁迫或者麻醉的方法,劫持他人或者绑架他人作为人质的行为。这里所说的"他人",既包括妇女、儿童,又包括妇女、儿童以外的人。《刑法》第 239 条第 3 款规定,以勒索财物为目的,偷盗婴幼儿的,依照绑架罪处罚。这里所说的偷盗婴幼儿,是指秘密抱走或者哄骗领走、带走不满 6 周岁的婴、幼儿脱离家庭或者监护人,勒令以财物赎回人质的行为。因为不满 6 周岁的婴、幼儿缺乏认识事物的能力,也无反抗能力,犯罪分子使用偷盗的方法,可以达到绑架的目的,因此,《刑法》规定按绑架罪论处。

(3) 本罪的主体是一般主体,即年满 16 周岁,具备刑事责任能力的自然人均可构成。已满 14 周岁不满 16 周岁的人实施绑架行为不能追究刑事责任。但是,《刑法》第 17 条第 2 款又规定,已满 14 周岁不满 16 周岁的人,犯故意杀人、故意伤害致人重伤或死亡的,应当负刑事责任。《刑法》第 239 条还规定,在绑架中,杀害被绑架人的不另定故意杀人罪,而是适用绑架罪中的加重法定情节。

这样,在司法实践中就出现了这样一个问题:已满14周岁不满16周岁的人在绑架过程中杀害被绑架人的是否负刑事责任?我们认为,对于这种情况,应以故意杀人罪定罪处罚。绑架并杀害被绑架的人,是由两种行为构成的,是实质数罪。对于已满14周岁不满16周岁的人,不能以绑架罪定罪处罚,但对杀害被绑架人的,以故意杀人罪追究刑事责任是适当的。

(4) 本罪在主观方面,只能由故意构成,并且以非法勒索财物或者作为人质为目的。绑架与勒索财物,是犯罪的手段与目的的关系,两者相互依存,缺一不能构成犯罪。如果仅有绑架行为,而没有强行以钱财勒赎的行为,不能构成绑架罪,如果构成犯罪,可以非法拘禁罪论处;如果仅以威胁性语言勒令交付财物,而没有绑架他人的,可以构成敲诈勒索罪。

(二) 认定绑架罪应划清的界限

(1) 划清绑架罪与拐卖妇女、儿童罪的界限。这两种犯罪都是为了谋财而绑架他人,都侵犯了被害人的人身自由权利。二者的主要区别在于:第一,犯罪目的不同。前者以勒索财物为目的,后者以出卖为目的。第二,侵犯的客体不同。前者侵犯的是被绑架人的人身权利和财产权利,后者侵犯的只是被拐卖人的人身自由权利。第三,犯罪对象不同。前者绑架的对象是包括妇女、儿童在内的任何人,后者则只限于妇女和儿童。

(2) 划清绑架罪与抢劫罪的界限。这两种犯罪都以暴力、胁迫手段,强取他人财物,侵犯的客体也相同。根据2005年6月8日最高人民法院《关于审理抢劫、抢夺刑事案件适用法律若干问题的意见》,二者的主要区别是:第一,主观方面不尽相同。抢劫罪中,行为人一般出于非法占有他人财物的故意实施抢劫行为;绑架罪中,行为人既可能为勒索他人财物而实施绑架行为,也可能出于其他非经济目的实施绑架行为。第二,行为手段不尽相同。抢劫罪表现为行为人劫取财物一般应在同一时间、同一地点,具有"当场性";绑架罪表现为行为人以杀害、伤害等方式向被绑架人的亲属或者其他人或单位发出威胁,索取赎金或者提出其他非法要求,劫取财物一般不具有"当场性"。绑架过程中又劫取财物的,择一重罪定罪处罚。

(3) 划清绑架罪与为讨债而绑架人质的界限。除为勒索钱财外,为其他目的而绑架人质的行为,社会上时有发生,为讨还债务、追回借出物品而扣押人质的就是其中的一种。对于这种行为,如果情节较轻,危害不大,可不以犯罪论处;如果情节严重,危害较大,构成犯罪的,可定为非法拘禁罪。这里的"债务",既包括合法债务,也包括非法债务。根据2000年6月30日最高人民法院《关于对为索取法律不予保护的债务非法拘禁他人如何定罪问题的解释》的规定,对于行为人为索取高利贷、赌债等法律不予保护的债务,非法扣押、拘禁他人的,以《刑法》第238条的非法拘禁罪定罪处罚。

(三) 对绑架罪的处罚

依照《刑法修正案(九)》第 14 条和《刑法》第 239 条的规定,犯绑架罪的,处 10 年以上有期徒刑或者无期徒刑,并处罚金或者没收财产;情节较轻的,处 5 年以上 10 年以下有期徒刑,并处罚金。

犯前款罪,杀害被绑架人的,或者故意伤害被绑架人、致人重伤、死亡的,处无期徒刑或者死刑,并处没收财产。

以勒索财物为目的偷盗婴幼儿的,依照前两款的规定处罚。

二、强制猥亵、侮辱罪

(一) 强制猥亵、侮辱罪的概念和特征

强制猥亵、侮辱罪,是指以暴力、胁迫或者其他方法强制猥亵他人或者侮辱妇女的行为。本罪的主要特征:

(1) 本罪侵犯的客体是他人的人格尊严和名誉权利。这是本罪区别于其他侵犯公民人身权利罪的本质特征。本罪的犯罪对象原来主要是妇女,包括成年妇女和 14 周岁以上不满 18 周岁的少女。但是,《刑法修正案(九)》第 13 条将"猥亵妇女"修改为"猥亵他人",使该条保护的对象由妇女和儿童扩大到了年满 14 周岁的男性。

(2) 本罪在客观方面表现为以暴力、胁迫或者其他方法强制猥亵他人、侮辱妇女的行为,并且由于这种强制、侮辱行为致使被害人不能反抗、不敢反抗或者不知反抗。暴力、胁迫或者其他方法的含义和强奸罪中的暴力、胁迫或者其他方法相同。所谓猥亵,一般是指能够使行为人得到性欲上的刺激、兴奋和满足的各种下流行为,如抠摸、搂抱、舌舐、吸吮等。所谓侮辱,是指猥亵以外的为追求性刺激和性满足而实施的调戏妇女的行为,如追逐或拦截妇女,在公共场所向妇女显露生殖器或用生殖器顶擦妇女身体,偷剪妇女的发辫、衣服,向妇女身上涂抹污物等。上述猥亵和侮辱,都是性交以外的淫秽和其他下流行为,这两种行为有时不好区分,有时互相交叉,从本质上说这两种行为没有原则区别。

(3) 本罪的主体是一般主体,凡年满 16 周岁,具有刑事责任能力的自然人即可构成。

(4) 本罪的主观方面是出于故意,通常表现为刺激或满足行为人性欲的欲望,但不具有奸淫的目的。

(二) 认定强制猥亵、侮辱罪应划清的几个界限

(1) 划清罪与非罪的界限。强制猥亵、侮辱罪的基本内容,是从原 1979 年《刑法》第 160 条规定的"流氓罪"中分解出来的,它规定流氓行为必须是情节恶劣的才能构成犯罪。1997 年修订的《刑法》对强制猥亵、侮辱妇女的规定,虽然没有情节恶劣的规定,但不能由此得出结论说所有强制猥亵他人、侮辱妇女的行

为都构成犯罪,都必须追究刑事责任。对于情节显著轻微危害不大的,不应以犯罪论处。

(2) 划清强制猥亵、侮辱罪与强奸罪的界限。强制猥亵、侮辱罪在受害人均是妇女的情况下,与强奸罪都是侵犯妇女人身权利的犯罪,在客观方面都实施了暴力、胁迫或者其他方法的行为,二者的主要区别在于:第一,客观方面不完全相同:前者是对妇女强行实施性交以外的猥亵、侮辱行为;后者强行与妇女发生性交。第二,主观内容不同:前者不具有强行奸淫的目的;后者以强行奸淫为目的。第三,客体不同:前者侵犯的客体是妇女的人格尊严和名誉权利,后者侵犯的客体是妇女性的不可侵犯的自由权利。

(3) 划清强制猥亵、侮辱罪与侮辱罪的界限。当侮辱罪中的被害人是妇女时,二者有相同之处。但这两种犯罪有重要区别,其区别的主要之点在于:第一,前者实施的手段必须使用暴力、胁迫或者其他方法强制猥亵他人、侮辱妇女,后者则通常是采取语言或文字的方式进行。第二,前者的强制猥亵他人、侮辱妇女的行为,必须直接对被害人当场实施,后者则既可以对被害人当面实施,也可以是在被害人并不在场的情况下实施。第三,强制猥亵他人的犯罪对象,包括妇女和男子,侮辱妇女罪的犯罪对象只能是妇女,而侮辱罪的犯罪对象则既可以是妇女,也可以是男子。

(三) 对强制猥亵、侮辱罪的处罚

根据《刑法修正案(十一)》第28条和《刑法》第237条的规定,犯强制猥亵、侮辱罪的,处5年以下有期徒刑或者拘役;第2款规定,聚众或者在公共场所当众犯前款罪的,处5年以上有期徒刑。"聚众",是指聚集多人;"公共场所",是指群众进行公开活动的场所,如商店、影剧院、体育场、街道等,也包括各类单位,如机关、团体、事业单位的办公场所,企业生产经营场所,医院、学校、幼儿园等,还包括公共交通工具,如火车、轮船、长途客运汽车、公共电车、汽车、民用航空器等。

三、拐卖妇女、儿童罪

(一) 拐卖妇女、儿童罪的概念和特征

拐卖妇女、儿童罪,是指以出卖为目的,拐骗、收买、贩卖、接送或者中转妇女、儿童的行为。本罪的主要特征:

(1) 侵犯的客体是妇女、儿童的人身自由权利。本罪侵害的对象,仅限于妇女和儿童。按照最高人民法院1989年7月7日《关于拐卖人口案件中婴、幼儿、儿童年龄界限如何划分问题的批复》,不满1周岁的为婴儿;1周岁以上不满6周岁的为幼儿;6周岁以上不满14周岁的为儿童。本罪所侵害的对象儿童,按照立法精神,应理解包括婴儿、幼儿在内。原《刑法》第141条对拐卖人口罪作了规定。这里所说的人口,包括男人、女人、成人、儿童,所以,当时法律所规定的拐卖人口罪已包括了拐卖妇女、儿童的行为在内。可是,近几年来,拐卖妇女、儿童的犯罪活动十分猖獗,已经成了一个社会问题。因此,有必要将拐卖妇女、儿童的行为从拐卖人口罪中分出去,成为单独的罪名。1991年9月4日,全国人大常委会通过了《关于严惩拐卖、绑架妇女、儿童的犯罪分子的决定》,对刑法中规定的拐卖人口罪作了重大的修改和补充,把妇女和儿童作为特殊的保护对象。1997年修订的《刑法》取消了拐卖人口罪,只规定拐卖妇女、儿童罪,这对保护妇女、儿童的人身安全,维护社会治安秩序,有着重要意义。

(2)本罪在客观方面表现为实施拐骗、收买、贩卖、接送或者中转妇女、儿童的行为。所谓拐骗,是指用欺骗、利诱等手段使妇女、儿童脱离家庭或者监护人,以便贩卖的行为。所谓收买,是指为了再转手高价卖出而从拐卖、绑架妇女儿童的犯罪分子手中买来被害妇女、儿童的行为。所谓贩卖,是指拐卖妇女、儿童的犯罪分子将拐骗、收买来的妇女、儿童卖于他人的行为。所谓接送或者中转,是指在共同进行拐卖妇女、儿童的犯罪活动中,人工负责藏匿、移送、接转被拐卖妇女、儿童的行为。行为人明知是拐卖妇女、儿童的犯罪活动,只要实施了上述任何一个行为的,依照法律的规定就可以构成本罪。对于出卖亲生子女或者所收养的子女的行为,是否构成犯罪的问题,最高人民法院1999年10月27日《全国法院维护农村稳定刑事审判工作座谈会纪要》曾经指出:对那些迫于生活困难、受重男轻女思想影响出卖亲生子女或收养子女的,可不作为犯罪处理;对于出卖子女确属情节恶劣的,可按遗弃罪处罚。但是,根据最高人民法院、最高人民检察院、公安部、民政部、司法部、中华全国妇女联合会2000年3月20日发布的《关于打击拐卖妇女儿童犯罪有关问题的通知》,以营利为目的,出卖不满14周岁子女,情节恶劣的,借收养名义拐卖儿童的,以及出卖捡拾的儿童的,均应以拐卖妇女儿童罪处罚。出卖14周岁以上女性亲属或者其他不满14周岁亲属的,以拐卖妇女儿童罪处罚。

(3)本罪的主体是一般主体,任何公民单独或者共同实施拐卖妇女、儿童的,都可以构成拐卖妇女、儿童罪的主体。已满14周岁不满16周岁的人拐卖妇女、儿童的,不成立本罪。但在拐卖妇女、儿童的过程中强奸妇女或者奸淫幼女的,以强奸罪论处。

(4)本罪在主观方面,只能是直接故意,并且具有出卖的目的。即为了出卖而拐骗、收买、贩卖、接送、中转妇女、儿童的才具备构成本罪的主观要件。如果拐卖妇女、儿童不是为了出卖,而是为了收养,则不能构成本罪。

(二)认定拐卖妇女、儿童罪应划清的界限

(1)划清拐卖妇女、儿童罪与诈骗罪的界限。这两种犯罪容易混淆的情况有两种:一种是行为人与妇女合谋,以将妇女"卖"给第三者为妻的名义,向对方要钱,得款后行为人和该妇女双双溜走。另一种是行为人以"介绍婚姻"为名,向对方要钱要物,一旦钱物到手后,即携钱物潜逃。这两种情况都是行为人与妇女合谋制造的骗局,如果骗取钱物数额较大,应以诈骗罪论处,不能认定为拐卖妇女罪。在某些情况下,妇女可以成为诈骗罪的共犯。

(2) 划清拐卖儿童罪与拐骗儿童罪的界限。这两种犯罪所使用的手段、拐骗的对象和造成脱离家庭或者监护人的结果,都是基本相同的,两者的主要区别在于:第一,侵犯的客体不同。前者侵犯的客体是被拐卖儿童的人身自由权利,后者侵犯的是他人的家庭关系和儿童的合法权益。第二,目的不同。前者拐卖儿童的目的一般是为了图财,后者是为了收养、使唤或者奴役。

(三) 对拐卖妇女、儿童罪的处罚

我国《刑法》第240条根据拐卖妇女、儿童犯罪的实际情况,将法定刑划分为三个档次:一是拐卖妇女、儿童的,处5年以上10年以下有期徒刑,并处罚金。这一档次的法定刑,适用于构成拐卖妇女、儿童罪,不需要附加任何限制条件,只要实施了拐卖妇女、儿童的行为,构成了犯罪,就可以在这一档次的法定刑幅度内判处适当刑罚。二是拐卖妇女、儿童犯罪情节严重的,处10年以上有期徒刑或者无期徒刑,并处罚金或者没收财产。这里情节严重的具体内容是指:(1) 拐卖妇女、儿童集团的首要分子;(2) 拐卖妇女、儿童3人以上的;(3) 奸淫被拐卖的妇女的;(4) 诱骗、强迫被拐卖的妇女卖淫或者将拐卖的妇女卖给他人迫使其卖淫的;(5) 以出卖为目的,使用暴力、胁迫或者麻醉方法绑架妇女、儿童的;(6) 以出卖为目的,偷盗婴幼儿的;(7) 造成被拐卖的妇女、儿童或者其亲属重伤、死亡或者其他严重后果的;(8) 将妇女、儿童卖往境外的。具有上列情节之一的,就可以在此法定刑幅度内判处适当刑罚。三是情节特别严重的,处死刑,并处没收财产。情节特别严重的具体内容,法律本身没有作出规定。根据审判实践经验,大致包括下列内容:拐卖妇女、儿童集团的首要分子,罪行特别重大的;拐卖妇女、儿童8人以上的;强奸被拐卖妇女3人以上的;诱骗、强迫3名以上被拐卖的妇女卖淫的,或者将3名以上被拐卖的妇女卖给他人迫使其卖淫的;造成被拐卖的妇女、儿童死亡或者其他特别严重后果的;将妇女、儿童卖往境外5人以上的等。

四、收买被拐卖的妇女、儿童罪

(一) 收买被拐卖的妇女、儿童罪的概念与特征

收买被拐卖的妇女、儿童罪,是指不以出卖为目的,收买被拐卖的妇女、儿童的行为。本罪的主要特征是:

(1) 本罪侵犯的客体是被害妇女、儿童的人身自由权利。收买被拐卖的妇女、儿童的行为人,是将妇女、儿童作为特殊商品加以收买,达到以钱换人的目

的。在这种犯罪活动中,人贩子与收买人之间纯属商品交换关系,人贩子关心的是钱的多少,对商品(妇女、儿童)卖给谁,卖了以后情况如何,在所不问,漠不关心。从妇女、儿童被收买后的情况看,有的妇女被强奸、拘禁、殴打;有的妇女被收买后,买主将其当成私产,强迫同居,当成小妾;有的妇女受尽凌辱,被折磨致伤、致残或者致死;有的妇女不堪虐待,逃跑未成被抓回后被挖掉了双眼或者打断了双腿,甚至惨遭杀害。多数儿童被收买后成为养子女,少数成为童工被奴役;也有的被转手贩卖,遭受各种虐待。在我国,人不是商品,不能成为买卖的对象。收买被拐卖的妇女、儿童犯罪行为,将妇女、儿童作为特殊商品加以收买,这是一种严重侵犯妇女、儿童人身自由权利的犯罪,应当受到法律的惩罚。

以往打击拐卖妇女、儿童犯罪的斗争,只惩罚拐卖、绑架妇女、儿童的犯罪分子,而不处罚收买被拐卖的妇女、儿童的人。实践证明,这样做,要达到有效地制止拐卖妇女、儿童的犯罪活动的目的是不可能的。因此,为了有力地打击拐卖妇女、儿童的犯罪活动,不仅要严厉惩处拐卖妇女、儿童的犯罪分子,也要依法惩处收买被拐卖的妇女、儿童的犯罪分子。这一规定反映了近些年来与拐卖妇女、儿童犯罪活动作斗争的现实,代表了广大人民群众的呼声和意愿。

(2) 本罪在客观方面,表现为收买被拐卖妇女、儿童的行为。所谓收买,就是将妇女、儿童当做商品,以一定的价格购买的行为。但并不是所有收买妇女、儿童的行为都构成本罪,按照法律规定,构成本罪的必须是收买被他人拐骗、绑架后加以出卖的妇女、儿童;如果收买的不是被拐卖、绑架的妇女、儿童,例如,父母将自己亲生的婴幼儿卖给他人,对收买人不能以本罪论处。

(3) 本罪的主体是一般主体。任何公民单独或者共同实施收买被拐卖妇女、儿童的,都可以构成本罪的主体。在实践中,亲朋好友共同参与收买被拐卖妇女、儿童活动的,占有相当的比例。对这种情况应区别对待。一般是追究直接收买者的刑事责任,其他参与的家庭成员或者亲友,情节显著轻微的,不构成犯罪;但如果情节严重的也可以作为共犯论处。

(4) 本罪在主观方面,只能由故意构成,并明知所收买的是被拐卖的妇女、儿童。收买人事先如果确实不知道对方是被拐卖的妇女、儿童,则不能构成本罪。

(二) 认定收买被拐卖妇女、儿童罪应划清的界限

(1) 划清本罪与拐卖妇女、儿童罪的界限。这两种犯罪在侵犯的客体、犯罪的主体方面都是相同的。两者的主要区别:第一,侵害的对象不同。前者侵害的对象,仅限于被拐卖的妇女、儿童;后者侵害的对象,可以是任何妇女、儿童。第二,目的不同。前者的目的,有的收买妇女为了成婚,有的收买儿童是为了成为养子女,有的为了供役使等。这里的收买不具有出卖的目的。后者的目的是出卖。这种犯罪的行为人绝大多数是为贪利而犯罪的,但是,如果有个别人出于

"哥们儿"义气、亲戚关系,或者自己所进行的收买收留活动,不图财利而帮助他人拐卖妇女、儿童的,这类情况则可包括在"以出卖为目的"的内容中。(3)行为表现方式不同。前者是收买,后者是出卖。买卖妇女、儿童的行为,是由"买"和"卖"双方构成的,两者缺一不可。因此,为了有效地制止拐卖妇女、儿童的犯罪活动,既要严厉惩处拐卖妇女、儿童犯罪分子,又要依法惩办收买的犯罪分子。

(2)划清正当的领养儿童与收买儿童的界限。正当的领养关系,是指儿童的监护人出于非营利的目的,将儿童交由他人抚养,领养人付一定的抚养费给监护人的行为。从表面上看,两者都是收养他人的孩子,并向对方付出一定钱财,但二者存在着根本的不同:第一,前者的被领养人不是被拐卖的。第二,前者中的监护人与收养人之间不是"买"与"卖"的关系,而是一种正当的领养关系。第三,前者中收养人会给监护人一定的钱财,不是被领养人的身价钱,而是向监护人表示酬谢。

(三)对收买被拐卖妇女、儿童罪的处罚

我国《刑法》第241条第1款规定:收买被拐卖的妇女、儿童的,处3年以下有期徒刑、拘役或者管制。收买人在收买妇女、儿童后又犯其他罪的,一般应另定罪名,实行并罚。本条第2款规定:收买被拐卖的妇女,强行与其发生性关系的,依照收买被拐卖妇女罪与强奸罪并罚。第3款和第4款规定:收买被拐卖的妇女、儿童,非法剥夺、限制其人身自由或者有伤害、侮辱等犯罪行为的,依照《刑法》的有关规定定罪,并实行数罪并罚。第5款规定:收买被拐卖的妇女、儿童又出卖的,依照拐卖妇女、儿童罪定罪处罚。《刑法修正案(九)》第15条,将《刑法》第241条第6款修改为:"收买被拐卖的妇女、儿童,对被买儿童没有虐待行为,不阻碍对其进行解救的,可以从轻处罚;按照被买妇女的意愿,不阻碍其返回原居住地的,可以从轻或者减轻处罚。"最高人民法院、最高人民检察院《关于执行〈全国人大常委会关于严惩拐卖、绑架妇女、儿童的犯罪分子的决定〉的若干问题的解答》指出:"被卖妇女与收买人已成婚,并愿意留在当地共同生活的,对收买人可以视为'按照被买妇女意愿,不阻碍其返回原居住地',不追究刑事责任。"根据《刑法修正案(九)》第15条的规定,尽管不阻碍被买妇女返回原居住地,也要追究刑事责任,只不过可以从轻或者减轻处罚。

五、侮辱罪、诽谤罪

(一)侮辱罪、诽谤罪的概念与特征

侮辱罪、诽谤罪在侵犯的客体、犯罪主体和犯罪主观方面都相同,主要区别就在犯罪的客观方面,我国《刑法》第246条将这两种犯罪规定在一个条文中,适用同一法定刑。

侮辱罪,是指使用暴力或者其他方法,公然贬低他人人格,破坏他人名誉,情节严重的行为。

诽谤罪,是指捏造并散布某种虚构的事实,足以损害他人人格,破坏他人名誉,情节严重的行为。

这两种犯罪的主要特征是:

(1) 本罪侵犯的客体都是他人的人格和名誉权利。公民的人格和名誉权利,是公民人身权利的重要组成部分。我国《宪法》第38条规定:"中华人民共和国公民的人格尊严不受侵犯。禁止用任何方法对公民进行侮辱、诽谤和诬告陷害。"我国《民法典》第991条规定,民事主体的人格权受法律保护,任何组织或者个人不得侵害。刑法所指的人格权,包括姓名权与肖像权。姓名权是指公民依法决定、使用、改变自己姓名和保护自己姓名的权利。肖像权是指公民对自己的肖像加以认可、利用和保护的权利。肖像与人的人格不可分离,直接关系到公民形象的社会评价和人格尊严。因此,侮辱他人肖像的行为必然侵害他人的人格。名誉是公民在社会生活中所获得的名望声誉,是一个公民的品德、才干、信誉等在社会生活中所获得的社会评价。名誉权直接关系到公民的人格尊严,是公民进行社会活动的基本条件。因此,为了保障人们从事正常的社会生活,保护公民的人身权利,维护安定团结的局面,对侮辱、诽谤他人而情节严重的行为,追究其刑事责任是完全必要的。

(2) 本罪在客观方面,必须具有侮辱或者诽谤他人的行为。侮辱的行为主要表现为:行为人以暴力或者其他方法公然贬低他人人格,破坏他人名誉。这里所说的暴力,仅指作为侮辱的手段而言,而不包括殴打、伤害他人健康的暴力。如果行为人以伤害身体健康的手段进行侮辱,构成犯罪的,应以故意伤害罪处罚,如果其他侮辱行为也构成犯罪,应实行数罪并罚。所谓其他方法侮辱,是指除暴力侮辱外的其他各种侮辱方法,概括起来,这些方法主要有:肖像侮辱,即对被害人的照片、画像等加以涂划、玷污、践踏、毁损等;言语侮辱,即以言语对被害人进行嘲笑、辱骂;文字侮辱,即以大字报、小字报、漫画等形式对被害人进行侮辱。侮辱他人的行为,必须是公然进行的才构成犯罪。所谓"公然侮辱"就是在众多的人面前,或者用能够使众多的人知道或者看到的方法进行的侮辱。公然侮辱可能是当着被害人的面进行,也可能是背着被害人在群众中进行。只要侮辱的内容使众多的人得知,从而使被害人的人格、名誉受到损害,都应视为公然侮辱。

诽谤行为主要表现为捏造并散布某种虚假事实,足以损害他人的人格、名誉的行为。所谓捏造某种事实,即诽谤他人的内容完全是虚构的。所谓散布捏造事实的行为,就是在社会上公开地扩散。散布的方式主要有两种:一种是言语散布。一种是文字散布。只有捏造事实行为和散布捏造事实同时具备,才能构成犯罪。因为只有这样,才能使他人的人格、名誉受到损害。诽谤可能是当着被害人的面进行,也可能是背着被害人进行。

侮辱行为和诽谤行为都必须是针对特定的人实施。这里所说特定的人,可能是一个人,也可能是几个人。所谓特定,并不要求一定指名道姓,只要对被侮辱或者被诽谤的特定对象的特征描绘比较具体,使了解情况的一看就知道是针对何人的,就应视为有特定对象的侮辱或者诽谤。如果行为人只是在公共场所散布一般侮辱或者诽谤性言论,不是针对特定的人,就不能构成侮辱罪或者诽谤罪。

侮辱罪和诽谤罪在客观方面的区别主要有两点:第一,实施手段不同,侮辱行为是公然进行,包括可能使用暴力;而诽谤行为只能以言语或者文字进行。第二,实施方式不同。诽谤行为是用捏造事实并公开扩散方式进行,而侮辱行为则不要求捏造事实,只要公然进行侮辱就可以构成。

(3)本罪的主体是一般主体,但必须是自然人,法人不能成为本罪主体。

(4)本罪在主观方面,只能由故意构成,并且有贬低、破坏他人人格、名誉的目的。不具有上述目的,不能构成犯罪。如果是对他人进行正常的批评或者评论,即使批评或者评论不公正,与事实有所出入,也不能构成侮辱罪。如果行为人散布的虚假事实是误信他人传播的,而不是有意捏造的,也不能构成诽谤罪。

(二) 认定侮辱罪、诽谤罪应划清的界限

(1)划清犯罪与非犯罪的界限。这里所说的划清罪与非罪界限有两层意思:第一,划清侮辱罪、诽谤罪与一般侮辱、诽谤违法行为的界限。依照我国《刑法》第 246 条规定,侮辱、诽谤他人的行为,必须情节严重的,才构成犯罪。一般的侮辱、诽谤行为,情节较轻的,不以犯罪论处。根据《治安管理处罚条例》有关规定,尚不够刑事处罚,可处 15 日以下的拘留、200 元以下的罚款或者警告。第二,划清侮辱罪、诽谤罪与民事的侵权侮辱、诽谤行为的界限。《民法典》第 1024 条规定:"任何组织或者个人不得以侮辱、诽谤方式侵害他人的名誉权。"两者主要区别:其一,行为的危害性程度不同。构成侮辱罪、诽谤罪的行为必须是情节严重的;民事侵权中的侮辱、诽谤行为,只要造成一定影响就可以成立。其二,行为的对象不同。侮辱罪、诽谤罪的对象只能是自然人,而民事侵权中的侮辱、诽谤行为的对象可能是法人。其三,主观过错要求不同。侮辱罪、诽谤罪在主观方面只能由直接故意构成,而民事侵权中的侮辱、诽谤行为,主观上有故意,也有过失。

(2)划清诽谤罪与诬告陷害罪的界限。这两种犯罪的主要区别:第一,所捏造的事实内容不同。诬告陷害行为捏造的是犯罪事实,诽谤行为捏造的是足以损害他人的人格、名誉的事实。第二,行为方式不同。诬告陷害必须要向国家机关或者有关部门告发,诽谤是向社会扩散或者让众多的人知道。第三,主观方面不同。诬告陷害行为是意图使他人受刑事处分,诽谤是意图损害他人的人格、名誉。第四,犯罪侵犯的客体不同。诬告陷害行为侵犯的客体是公民的人身权利和司法机关的正常活动,而诽谤行为侵犯的客体是他人的人格和名誉权利。

(三) 对侮辱罪、诽谤罪的处罚

依照我国《刑法》第 246 条规定,犯侮辱罪、诽谤罪的,情节严重的,处 3 年以下有期徒刑、拘役、管制或者剥夺政治权利。本条第 2 款还规定,犯侮辱罪、诽谤罪,告诉的才处理,但是严重危害社会秩序和国家利益的除外。所谓告诉的才处理,是指被害人直接向人民法院告发的,人民法院才受理。这就是说,有些侮辱、诽谤行为,虽然情节严重,已构成犯罪,但究竟是否要追究侮辱者、诽谤者的刑事责任,还要看被侮辱、被诽谤者本人的意愿。但是如果犯罪人的侮辱、诽谤行为严重危害社会秩序和国家利益的除外,这主要是指侮辱、诽谤行为造成严重后果,或者侮辱、诽谤党和国家领导人,在国内、国际上造成极坏的政治影响等。对这种侮辱、诽谤行为则应当由人民检察院提起公诉。《刑法修正案(九)》第 16 条在《刑法》第 246 条中增加 1 款作为第 3 款:"通过信息网络实施第 1 款规定的行为,被害人向人民法院告诉,但提供证据确有困难的,人民法院可以要求公安机关提供协助。"这样修改,主要是针对在网络上侮辱、诽谤他人犯罪的新情况、新特点,适应惩治这类犯罪的实际需要。这种行为有一定的隐藏性,被害人由于难以确认行为人的真实身份、固定相应的证据,提起诉讼有一定困难。为了维护被害人权益,维护正常的网络秩序,《刑法修正案(九)》对此进行了修改,增加了第 3 款的规定。

第五节　借国家机关权力侵犯他人权利的犯罪

一、刑讯逼供罪

(一) 刑讯逼供罪的概念与特征

刑讯逼供罪,是指司法工作人员对犯罪嫌疑人、被告人使用肉刑或者变相肉刑,逼取口供的行为。本罪的主要特征:

(1) 本罪侵犯的客体是公民的人身权利和司法机关的正常活动。我国法律严格保护公民的人身权利。犯罪对象是人犯,包括犯罪嫌疑人,正在侦查起诉、审判过程中的刑事被告人和已经判决有罪、正在服刑中的罪犯。至于人犯是否确实有罪,以及罪恶的大小,对构成本罪没有关系。刑讯逼供不仅使受审人的肉体和精神受到严重摧残,直接侵犯公民的人身权利,而且按照刑讯逼供所取得的口供定案,又是造成冤假错案的重要原因,因而又妨害了司法机关的正常活动,破坏了社会主义法制,损害了司法机关的威信。因此,不断加强同这种犯罪作斗争,对保障公民人身权利和司法机关的正常活动都有着重要意义。

(2) 本罪在客观方面,表现为使用肉刑或者变相肉刑逼取口供的行为。所谓肉刑,是指使用捆绑、吊打、火烤、非法使用各种刑具或者器械,直接对人犯的肉体进行摧残。所谓变相肉刑,是指采用上述方法以外的对受审人进行身体上或者精神上折磨的方法。例如,长时间冻饿、罚跪、罚站、日晒、车轮战等。对人犯实施肉刑或者变相肉刑逼取口供的行为,是否要利用职权实施,刑法上没有明确规定,但从立法精神上分析,本罪的成立应当是利用职权进行,如果对人犯不是利用职权进行刑讯逼供,则不能构成刑讯逼供罪,如果构成犯罪,应按《刑法》分则的有关规定处罚。

(3) 本罪的主体只能是司法工作人员,主要是有审讯职权的司法工作人员,例如,具有侦讯、检察、审判、监管人犯职权的人员。除了司法工作人员外,其他国家机关、企业事业单位依法处理行政、经济、社会治安方面违法乱纪的工作人员,如保卫干部、监察干部、纪检干部以及工商、税务、海关的执法人员和治安保卫人员,不能成为本罪的主体。

(4) 本罪在主观方面,只能由故意构成,并具有逼取口供的目的。不具有这种目的,不能构成本罪。刑讯逼供的动机是多种多样的:有的是为了报功得奖;有的是为取得领导信任;有的是挟嫌报复;有的是急于结案;等等。动机如何,以及是否实际逼出口供,并不影响本罪的成立。

(二) 认定刑讯逼供罪应划清的界限

(1) 划清罪与非罪的界限。这里所说划清罪与非罪的界限,主要划清两种界限:其一,划清情节轻重的界限。《刑法》第247条规定刑讯逼供罪的内容中,没有情节轻重的要求,但这并不意味着这种犯罪的成立就不要求情节,只要实施了刑讯逼供的行为就一律构成犯罪。从司法实践情况看来,只对那些情节严重的刑讯逼供行为,才作为犯罪处理;如果情节较轻,一般进行批评教育,必要时给予纪律处分。其二,划清刑讯逼供与引供、诱供和指名问供的界限。前者的成立必须对人犯实施肉刑或者变相肉刑,后者对人犯未实施肉刑或者变相肉刑,因而不构成犯罪,而是批评教育问题,必要时可以给予纪律处分。

(2) 划清刑讯逼供罪与非法拘禁罪的界限。这两种犯罪都侵犯他人的人身权利,这一点两者是相同的。两者主要区别在于:第一,对象不同。非法拘禁罪的对象可以是任何公民,而刑讯逼供罪的对象主要是人犯,即犯罪嫌疑人、正在侦查起诉、审判过程中的刑事被告人和正在服刑中的罪犯。第二,犯罪的目的不同。刑讯逼供行为人的目的是逼取口供,非法拘禁罪行为人没有这种目的。第三,犯罪的主体不同。刑讯逼供罪的主体必须是司法工作人员,即特殊主体,而非法拘禁罪的主体是一般主体。

(三) 对刑讯逼供罪的处罚

依照我国《刑法》第247条规定,犯刑讯逼供罪的,处3年以下有期徒刑或者拘役。以肉刑致人伤残的,以故意伤害罪从重处罚。刑讯逼供如果致人死亡的,以故意杀人罪从重处罚。这里的"伤残"应理解为重伤或残废,不包括轻伤在内。刑讯逼供造成轻伤的,可以在刑讯逼供罪的法定刑内从重处罚;刑讯逼供致人死亡,是指由于暴力或者其他虐待行为,致使被害人当场死亡或者经抢救无效死亡。

二、诬告陷害罪

(一) 诬告陷害罪的概念与特征

诬告陷害罪,是指捏造事实,作虚假告发,意图使他人(包括犯人)受刑事处罚,情节严重的行为。本罪的主要特征:

(1) 本罪侵犯的客体,是公民的人身权利和司法机关的正常活动。在我国,司法机关的重要任务之一,是保护人民,惩罚犯罪,打击敌人。司法机关要实现上述任务,必须动员群众,依靠群众。因此,任何公民检举揭发犯罪或者提供足以证明犯罪的材料,都有利于同犯罪作斗争,因而是应当受到鼓励的行为。但是,如果捏造事实,伪造证据,作虚假检举或者揭发,就可能使被诬陷者受到错误的侦查、审讯和判刑。因此,这种犯罪不仅侵犯公民的人身权利,使无辜者的名誉受到损害,而且可能导致错捕、错判,甚至错杀的严重后果,造成冤假错案,干扰司法机关的正常活动,破坏司法机关的威信。所以,我国《宪法》第 38 条、《刑法》第 243 条明确规定,禁止用任何方法对公民进行诬告陷害,从而为我们同这种犯罪作斗争,提供了重要的法律武器。

(2) 本罪在客观方面,表现为捏造事实,作虚假告发的行为。首先,要有捏造事实的行为,这是诬告陷害罪区别于其他侵犯公民人身权利罪的本质特征。因为只有捏造事实,才能使被诬陷者受到错误的侦查、审判或者被判处刑罚。其次,要有虚假告发的行为,这是构成本罪的前提条件。诬告和陷害的关系,前者为手段,后者是目的。如果行为人虽有捏造事实的行为,而没有进行告发,其诬陷的目的就无法实现。所以,诬告和陷害必须同时具备,二者缺一就不可能构成犯罪。告发的形式是多种多样的,可以是书面的,也可以是口头的;可以署名,也可以匿名;可以投信告发,也可当面告发;可以是向公安、司法机关告发,也可以是向有关单位或者有关人员告发。不论采用哪种形式,只要可能导致被害人受到错误的刑事追究,就可构成诬告陷害罪。

诬告陷害罪是针对某一特定的人实施的,这里所说特定的人,应理解为自然人,可以是任何公民,也包括违法犯罪的人。被诬陷的特定对象必须是明确的,所谓明确,并非一定要具体地指名道姓,只要从所诬陷的内容中,能清楚地看出是在诬陷谁就可以了。如果行为人只是泛泛地捏造某种犯罪事实,例如,谎称被骗而报案,或者自己故意制造一个破坏事件,却谎称发现了案件,借口邀功请赏等,由于没有对任何人进行诬陷,则不能构成本罪。

(3) 本罪的主体是一般主体。只要达到法定责任年龄,并且具有刑事责任能力的人,就可成为本罪的主体。但是,如果是国家机关工作人员犯本罪,要从重处罚。

(4) 本罪在主观方面,只能由故意构成,并且具有使他人受刑事处罚的目的。不具有这种目的,不能构成本罪。目的是否实现,即被诬陷的人在实际上是否受到刑事处罚,不影响本罪的成立,只是在量刑时应作为一个情节予以考虑。诬陷他人的动机是多种多样的:有的是挟嫌报复,栽赃陷害,发泄私愤;有的是嫉贤妒能,邀功请赏;有的是居心叵测,排除异己;有的是出于私怨,诬陷对方;有的是自己犯了错误,嫁祸于人;等等。但只要目的是使他人受到刑事处罚,都不影响本罪的成立。

(二) 认定诬告陷害罪应划清的界限

(1) 划清诬告与错告的界限。我国《刑法》第 243 条第 3 款规定:"不是有意诬陷,而是错告,或者检举失实的,不适用前款规定。"从这一规定可以清楚地看出,诬告与错告、检举失实在性质上是有原则区别的。其区别的主要标志在于:前者是故意捏造事实,并作虚假告发,目的是使他人受刑事处罚,属于犯罪行为;后者则由于对情况不很清楚,或者认识片面而在控告、检举中发生差错。因此,是否具有诬陷的故意和使他人受刑事处罚的目的,是区分诬告与错告的主要标志。

(2) 划清诬告陷害罪与一般诬告陷害行为的界限。两者都具有捏造事实、陷害无辜的特征。但是,前者捏造事实,诬告陷害他人,必须情节严重的才构成犯罪;后者捏造事实,情节一般,不构成犯罪。因此,从性质上讲,一个是犯罪,一个是违法。对一般诬告陷害行为,可根据不同情况和后果,分别予以行政处罚、纪律处分或者批评教育。

(三) 对诬告陷害罪的处罚

我国《刑法》第 243 条规定:犯诬告陷害罪的,处 3 年以下有期徒刑、拘役或者管制;造成严重后果的,处 3 年以上 10 年以下有期徒刑,国家工作人员犯诬告陷害罪的,从重处罚。

三、报复陷害罪

(一) 报复陷害罪的概念与特征

报复陷害罪,是指国家机关工作人员滥用职权、假公济私,对控告人、申诉人、批评人、举报人实行报复陷害的行为。本罪的主要特征:

(1) 本罪侵犯的客体是公民民主权利和国家机关的正常活动。民主权利包括广泛的含义,但这里所说的民主权利,就是指公民的控告权、申诉权、批评监督权和举报权。这些权利是公民享有的重要的民主权利,是公民行使管理国家权利的一个重要方面,受到国家法律的严格保护。我国《宪法》第41条规定:"中华人民共和国公民对于任何国家机关和国家工作人员,有提出批评和建议的权利;对于任何国家机关和国家工作人员的违法失职行为,有向有关国家机关提出申诉、控告或者检举的权利,但是不得捏造或者歪曲事实进行诬告陷害。对于公民的申诉、控告或者检举,有关国家机关必须查清事实,负责处理。任何人不得压制和打击报复。"为了切实保障《宪法》赋予公民的上述权利的实现,《刑法》对侵犯上述权利的行为规定为犯罪,并规定相应的惩罚方法。

本罪侵害的对象,只限于控告人、申诉人、批评人、举报人四种。控告人是指向司法机关或者其他有关部门告发国家工作人员中违法失职的人。申诉人是指下列人员:对自己所受的处分不服,向原处理机关或者其上级机关提出申诉意见,要求改变原来处分的人;不服人民法院已经发生法律效力的判决或者裁定,向原审法院或者上级法院提出再审要求的人;为他人申诉的其他公民。批评人是指对国家机关或者国家工作人员工作上的缺点、错误提出批评意见的人。举报人是指对国家机关或者国家工作人员违法、犯罪行为进行检举揭发的人。

(2) 本罪在客观方面,表现为滥用职权、假公济私,对上述人员实行报复陷害的行为。所谓滥用职权,是指违反自己的职务权限或者在自己的职权范围内非法使用权力,对上述人员进行报复陷害。所谓假公济私,是指为了达到报复陷害的目的,假借国家机关的名义或者权力,对上述人员进行报复陷害。滥用职权和假公济私二者是紧密联系的。如果不是滥用职权、假公济私,而是按照国家有关规定,对上述对象作出处理的,就不是报复陷害;即使国家机关工作人员出于报复陷害的目的,但不是滥用职权进行的,也不能构成本罪。如果构成犯罪,应按《刑法》分则有关规定处罚。例如,行为人某甲对控告人某乙怀恨在心,伺机对其进行报复陷害。一天夜间,放火烧毁某乙的住房,企图将乙烧死在房内。某甲的报复行为所采用的手段与职权无关,因而不能构成报复陷害罪,只能构成故意杀人罪。

(3) 本罪主体只能是国家机关工作人员。非国家机关工作人员进行报复陷害的,可以构成其他犯罪。

(4) 本罪在主观方面,只能由故意构成,并且具有报复陷害他人的目的。如果没有这种目的,而是由于政策水平不高,工作作风简单粗暴,对事实未能查清等原因,对上列对象处理不当,因而使其遭受一定损失的,不能构成本罪。

(二) 认定报复陷害罪应划清的界限

(1) 划清报复陷害罪与一般打击报复行为的界限。国家机关工作人员报复陷害的行为常有发生,并具有一定数量,但作定罪判刑处理的较少,多数给予党纪、政纪处分,情节轻微的进行批评教育。司法实践中,一般对具有下列情形的报复陷害或者打击报复行为,才依法追究刑事责任:报复陷害,致使被害人的人身权利、民主权利受到严重损害的;对执法人员或者揭发检举人员、作证人员打击报复,情节较重的;报复陷害,致人精神失常或者自杀的;报复陷害,造成严重后果的。

(2)划清报复陷害罪与诬告陷害罪的界限。这两种犯罪在侵犯的客体和主观上具有故意方面,都是相同的。它们的主要区别在于:第一,犯罪主体不同。报复陷害罪的主体只能是国家机关工作人员,而诬告陷害罪的主体则可以是任何公民。第二,犯罪故意的内容不同。报复陷害罪的行为人有陷害他人的目的,但并非限于受刑事处罚,而诬告陷害罪的行为人,必须具有意图使他人受刑事处罚的目的。第三,犯罪对象的范围不同。诬告陷害罪的对象可以是包括犯人在内的任何公民,没有身份的限制;报复陷害罪的对象只限于控告人、申诉人、批评人、举报人。第四,犯罪的行为方式不同。报复陷害罪必须以滥用职权、假公济私为条件,而诬告陷害罪是否利用职权,对犯罪的成立没有影响。

(三)对报复陷害罪的处罚

我国《刑法》第254条规定,犯报复陷害罪的,处2年以下有期徒刑或者拘役;情节严重的,处2年以上7年以下有期徒刑。所谓情节严重,一般是指对多人进行报复陷害,报复陷害的手段恶劣,报复陷害造成严重后果等。

第六节 妨害婚姻家庭罪

一、暴力干涉婚姻自由罪

(一)暴力干涉婚姻自由罪的概念与特征

暴力干涉婚姻自由罪,是指以暴力手段干涉他人行使结婚和离婚自由权利的行为。

暴力干涉婚姻自由罪的主要特征:

(1)本罪侵犯的客体,是复杂客体,即这种犯罪主要侵犯他人的婚姻自由权利,同时也侵犯他人的人身权利。婚姻自由权利,包括结婚自由和离婚自由的权利。根据我国《民法典》第1046条的规定,结婚应当男女双方完全自愿,禁止任何一方对另一方加以强迫,禁止任何组织或者个人加以干涉。暴力干涉婚姻自由罪则是违反婚姻法的规定,侵犯了公民享有的婚姻自由权利,同时因采用暴力手段往往危害他人的人身权利。

(2)本罪在客观方面,表现为使用暴力方法干涉他人婚姻自由的行为。这里是否使用暴力方法是本罪构成的关键,也是罪与非罪区分的标志。暴力方法,是指殴打、捆绑、禁闭、强抢等手段,对他人的人身实行强制或打击,使婚姻当事人服从干涉者的意志,无法行使婚姻自由的权利。

虽有干涉他人婚姻自由的行为,但没有实施暴力手段的,不构成犯罪。暴力手段的具体认定,通常表现为达到一定严重程度,对他人的人身危害程度比较轻微,或对被干涉者争取婚姻自由的威胁不大的,不应作为本罪处理。因暴力行为致婚姻当事人轻伤害的,应包括在本罪的客观要件中。

(3)本罪在主观方面,只能是直接故意,过失不构成本罪。通常为某种动机所驱使,如贪图财礼、高攀权势、追求门当户对、维护封建礼教等,出于何种动机并不影响犯罪的成立,在量刑时应予适当考虑。

(4)本罪从法律上讲是一般主体。在实践中,犯罪主体多为受害人的家长或其他亲属。

(二)认定暴力干涉婚姻自由罪应注意的问题

(1)暴力干涉他人婚姻自由致被干涉者重伤或死亡的,与故意重伤被干涉者或故意杀死被干涉者的区别。前者属故意暴力干涉他人婚姻自由,过失致他人重伤或死亡,罪名仍是干涉婚姻自由罪,适用《刑法》第257条第2款的规定处罚;后者则构成故意伤害罪或故意杀人罪。

(2)干涉婚姻自由罪与虐待罪的区别。夫妻双方中的任何一方,为达干涉另一方离婚的目的,而经常实施殴打、冻饿等行为,这种行为可以构成虐待罪,不以暴力干涉婚姻自由罪论处。

(3)对实践中发生的"抢婚"案件,要具有分析,区别对待。有的不按犯罪对待(如少数民族的风俗习惯),有的构成干涉婚姻自由罪,有的甚至构成强奸罪。

(三)对暴力干涉婚姻自由罪的处罚

根据《刑法》第257条的规定,犯暴力干涉婚姻自由罪的,分以下两种情形处罚:(1)一般情节的,处2年以下有期徒刑或者拘役;(2)引起被害人死亡的,处2年以上7年以下有期徒刑。引起被害人死亡,包括因暴力干涉婚姻自由导致被干涉者自杀和过失致被干涉者死亡二种情况。

未引起被害人死亡的,被干涉者告诉的才处理。

二、重婚罪

(一)重婚罪的概念与特征

重婚罪,是指有配偶而又与他人结婚,或者明知他人有配偶而与之结婚的行为。

重婚罪的主要特征:

(1)本罪侵犯的客体,是我国一夫一妻制的社会主义婚姻制度。我国《民法典》第1041条规定,实行婚姻自由、一夫一妻、男女平等的婚姻制度;第1042条规定,禁止重婚,禁止有配偶者与他人同居。重婚罪则违背上述规定,直接破坏我国社会主义的婚姻制度,破坏合法婚姻关系,危害社会。

(2)本罪在客观方面,表现为有配偶而又重婚,或者明知他人有配偶而与之结婚的行为。"有配偶而重婚",是指已经结婚的男女双方中的任何一方,在没有依法解除婚姻关系之前,又与他人结婚的行为。我国《民法典》第1049条规定,要求结婚的男女双方,必须亲自到婚姻登记机关进行结婚登记,发给结婚证后即确立夫妻关系。而夫妻双方中的任何一方,在没有正式履行法律规定的解除婚姻关系的手续之前,即未取得离婚证之前,又与他人结婚从而形成了非法的婚姻关系,致使两个婚姻关系同时并存,就构成重婚。"明知他人有配偶而与之结婚",是指本人虽然没有结婚,但明知对方是有夫之妇或有妇之夫而与其结婚的行为。这种行为因为与有配偶的人共同形成了第二个婚姻关系,从而构成重婚。上述两种行为,只要具备其中之一的,即可构成本罪。重婚行为的方式可以是以非法手段骗取登记结婚成为合法婚姻关系,也可以是不经登记结婚而在事实上形成非法婚姻关系即事实婚姻关系,实践中以事实婚的方式重婚者居多。

(3)本罪在主观方面,只能是故意。本人已有配偶又与他人结婚的故意罪过是不言自明的。本人无配偶与有配偶的人结婚的,要求行为人必须是明知他人已经有配偶而故意与之结婚。对受有配偶的人欺骗而与之结婚,因主观上缺乏明知的法定要件而不构成重婚罪。

(4)重婚罪的主体,实际上有两种人:一种是已有配偶的人,在没有依法解除婚姻关系的情况下,又与他人结婚者;另一种是本人虽无配偶,但明知他人有配偶而与之结婚者。后一种人是以必要共犯的形式构成的,即与有配偶者共同构成重婚罪。

(二)认定重婚罪应注意的问题

(1)关于重婚行为的认定:第一,对已履行结婚登记手续,而尚未同居的男女一方又与他人结婚的,应认定为重婚行为。在我国,合法婚姻关系的确立,自男女双方自愿履行结婚登记手续之日起,而不以是否同居为界限。第二,对夫妻双方或其中任何一方虽提出离婚要求,但尚未办理解除婚姻关系即取得离婚证之前,又与他人结婚的,应认定为重婚行为。因为尚未解除的婚姻关系仍属法律保护的合法婚姻关系,不允许有第二个婚姻关系与之并存。第三,把事实上的重婚与临时姘居区别开来。实践中,未办理结婚登记手续即以夫妻名义同居生活,群众也认为是夫妻关系的,成为事实婚姻关系。有配偶的人与他人形成的事实婚,或无配偶的人与明知他人有配偶的人形成的事实婚,可以认定为重婚行为①,

---

① 最高人民法院1994年12月4日在一个司法解释中指出:"新的《婚姻登记管理条例》(1994年1月12日国务院批准,1994年2月1日民政部发布)发布施行后,有配偶的人与他人以夫妻名义同居生活的,或者明知他人有配偶而与之夫妻名义同居生活的,仍应按重婚罪定罪量刑。"

而不是以夫妻名义共同同居生活的临时姘居行为,不能成立重婚,因后者不具有婚姻关系之特征。

(2)处理重婚案件,注意结合具体情节综合考虑,区别对待:第一,对造成重婚的原因需要查明,并结合其他情节,确属破坏合法婚姻关系,对社会有严重危害,应受刑罚惩罚的,应依法按重婚罪惩处。对因反抗包办买卖婚姻外逃后重婚的,妇女因被拐卖后重婚的,因自然灾害或受到家庭成员的严重虐待外逃后而重婚的,一般应解除其重婚关系,不按重婚罪论处。第二,对去台湾的人员因历史原因造成的重婚问题,不认为是犯罪,不作为刑事案件追究行为人的刑事责任,司法机关不予主动干预和过问;法院根据当事人的起诉受理时,也属于民事诉讼。

(三)对重婚罪的处罚

根据我国《刑法》第258条的规定,犯重婚罪的,处2年以下有期徒刑或者拘役。

对因犯重婚罪而追究刑事责任的犯罪分子,在追究其刑事责任的同时,对因重婚形成的非法婚姻关系,应宣告予以解除。

三、虐待罪

(一)虐待罪的概念与特征

虐待罪,是指对共同生活的家庭成员,经常以打骂、冻饿、禁闭、有病不给医治或者强迫过度劳动等方法,从肉体上和精神上进行摧残迫害,情节恶劣的行为。

虐待罪的主要特征:

(1)本罪侵犯的客体,是复杂客体,既侵犯共同生活的家庭成员依法享有的合法权利,同时也侵犯被害人的人身权利。我国《民法典》第1042条规定,禁止家庭暴力,禁止家庭成员间的虐待和遗弃。虐待罪则违反上述法律规定,严重侵害家庭成员依法享有的合法权益和身心健康,破坏社会主义的家庭关系,妨害人民群众的正常生活秩序,危害社会的安定团结。

(2)本罪在客观方面,表现为实施虐待行为。虐待行为的实施方法多种多样,概括为肉体摧残和精神折磨两类。肉体摧残,指经常性的殴打、冻饿、有病不给医治、强迫过度劳动等。精神折磨,指经常性的侮辱人格、限制其行动自由、不让参加社会活动等。虐待行为既可以是积极的作为方式,也可以是消极的不作为方式。虐待行为具有在一定时间内经常实施、继续实施的特点,家庭成员偶尔发生的打骂行为不是虐待行为。

虐待行为情节恶劣的,构成虐待罪。"情节恶劣",是指虐待行为出于某种卑鄙的动机;虐待手段残酷;持续时间长;虐待对象是老人、儿童、患重病或残废而不能独立生活者、孕妇、产妇;虐待多人;因虐待先后受过多次批评教育而不思悔改;等等。

(3) 本罪在主观方面,只能是故意。故意的内容表现为行为人有意识地对被害人进行肉体摧残和精神折磨。至于犯罪动机可能多种多样,如为减轻经济负担而虐待老人,为达离婚目的而虐待配偶,因重男轻女思想作祟而虐待女孩等,无论出于什么动机,均不影响虐待罪的成立。如果行为人主观上不具有虐待的故意,则不能成立本罪。

(4) 虐待罪的主体,要求具有特定身份,即指与被虐待者具有一定的亲属关系或收养关系,并在一个家庭内部共同生活的成员。如夫妻间一方虐待另一方、子女与父母间一方虐待另一方、兄弟姐妹之间的虐待或其他共同生活的家庭成员之间的虐待。对非家庭成员之间发生的虐待行为,不成立本罪,有的可能构成其他犯罪,如虐待被监护、看护人罪,虐待被监管人罪,虐待俘虏罪等。

(二) 认定虐待罪应注意的问题

(1) 区分家庭成员间的不文明行为、一般违法行为与虐待罪的界限。在某些家庭成员之间,常因琐事发生纠纷和争吵,偶尔出现打骂行为,有的父母对孩子管教方法粗鲁等,因而造成家庭成员之间不和睦,但不属于经常性地摧残、折磨被害人的虐待罪。区别的关键,看行为人是否有故意虐待的罪过,是否实施了长期的、连续的虐待行为,是否达到了情节恶劣的程度。

(2) 区分家庭中发生的故意伤害罪、故意杀人罪与虐待罪的界限。对在实施虐待行为中,超出逐渐折磨、摧残被害人身心的虐待范围,故意重伤被害人或故意杀害家庭成员的,按虐待罪与故意伤害罪,或虐待罪与故意杀人罪实行数罪并罚。

(三) 对虐待罪的处罚

根据我国《刑法》第 260 条第 1 款之规定,虐待家庭成员,情节恶劣的,处 2 年以下有期徒刑、拘役或者管制。一般的虐待罪,告诉的才处理。

根据法律的上述规定,被害人不亲自告诉的,司法机关不主动追究行为人的刑事责任。这是因为,行为人与被害人之间具有特定的亲属关系或收养关系,是共同生活在一起的家庭成员,被害人依靠行为人生活扶养。在这种情况下,只要虐待行为尚未达到不堪忍受的程度,被虐待者并不要求司法机关对虐待者定罪处刑。

《刑法》第 260 条第 2 款规定,犯前款罪致被害人重伤、死亡的,处 2 年以上 7 年以下有期徒刑。这一规定,是指由于被害人长期受虐待逐渐造成身体的严重损伤或导致死亡,或者由于被害人不堪忍受长期虐待而自杀造成重伤或死亡的情况。被害人的重伤、死亡与虐待人的虐待行为之间具有刑法上的因果关系。在此情况下犯虐待罪,无须告诉才处理,适用加重了的法定刑,即处 2 年以上 7

年以下有期徒刑。

《刑法修正案(九)》第18条和《刑法》第260条第3款规定,第1款罪,告诉的才处理,但被害人没有能力告诉,或者因受到强制、威吓无法告诉的除外。这就是说,一般虐待罪,在没有致被害人重伤、死亡的情况下,只有被害人向司法机关提出控告的才处理。但是如果被害人没有能力告诉,或者因受到强制、威吓无法告诉的,不适用告诉才处理的规定,而应作为公诉案件处理。

四、虐待被监护、看护人罪

虐待被监护、看护人罪,是指负有监护、看护职责的人,对被监护、看护的人实施虐待,情节恶劣的行为。本罪的主要特征:

(1) 侵犯的客体是被监护、看护的人的人身权利和监护、看护职责。未成年人、老年人、患病的人、残疾人都是社会的弱势群体,行为人负有监护、看护职责,应尽职履责,做好照顾、服务工作,如果行为人对这些人实施虐待,会对他们的身心造成严重的伤害。这里的"未成年人",是指不满18周岁的人;"老年人"是指60周岁以上的人;"患病的人",是指因病而处于被监护、看护状态的人;"残疾人",是指在心理、生理、人体结构上,某种组织、功能丧失或者不正常,全部或者部分丧失以正常方式从事某种活动能力的人,包括视力残疾、听力残疾、言语残疾、肢体残疾、智力残疾、精神残疾、多种残疾和其他残疾的人。

(2) 客观方面表现为"虐待",即折磨、摧残被监护、看护人身心健康的行为。虐待行为具有经常性和连续性,即在相当长的时间内,持续或连续地对被害人进行肉体上的摧残、精神折磨,致使被害人的身心受到严重创伤。比如打骂、冻饿、捆绑、强迫劳动、限制自由、凌辱人格等等。"情节恶劣"是构成本罪的条件之一。所谓"情节恶劣",是指动机卑鄙、手段残忍,或者长期虐待被监护、看护的人等等。一般的虐待行为,不构成本罪。

(3) 犯罪主体是特殊主体,即负有监护、看护职责的人。例如幼儿园的教师,养老院的工作人员,等等。

(4) 主观方面是故意,即行为人故意对被害人进行肉体或精神上的折磨和摧残。故意实施虐待行为,不论出于何种动机,均不影响本罪的成立。

根据《刑法》第260条之一的规定,对未成年人、老年人、患病的人、残疾人等负有监护、看护职责的人虐待被监护、看护的人,情节恶劣的,处3年以下有期徒刑或者拘役。

单位犯前款罪的,对单位判处罚金,并对其直接负责的主管人员和其他直接责任人员,依照前款的规定处罚。

有第1款行为,同时构成其他犯罪的,依照处罚较重的规定定罪处罚。本款规定的其他犯罪,应是与虐待行为直接有关的罪名,如过失致人重伤罪、过失致人死亡罪等。如果行为人明显具有伤害、杀人的故意，造成被害人重伤或者死亡的，应以故意伤害罪或故意杀人罪定罪处罚或者与本罪实行数罪并罚。

第七节　本章其他犯罪

一、猥亵儿童罪

猥亵儿童罪，是指以寻求性刺激、性满足为目的，猥亵儿童，情节严重的行为。

猥亵儿童罪的主要特征：

（1）侵犯的客体是儿童的身心健康。所谓儿童，是指6周岁以上不满14周岁的未成年人，既包括男童也包括女童。

（2）客观方面表现为猥亵儿童，情节严重的行为。这里所说的猥亵，主要指以抠摸、指奸、鸡奸等下流手段猥亵儿童的行为。

（3）本罪主体为自然人一般主体。

（4）主观方面只能是故意，并具有寻求性刺激、性满足的目的。

根据《刑法》第237条的规定，犯本罪的，处5年以下有期徒刑或者拘役。有下列情形之一的，处5年以上有期徒刑：猥亵儿童多人或者多次的；聚众猥亵儿童的，或者在公共场所当众猥亵儿童，情节恶劣的；造成儿童伤害或者其他严重后果的；猥亵手段恶劣或者有其他恶劣情节的。"造成儿童伤害"，是指导致儿童自杀、严重残疾等后果的。"猥亵手段恶劣或者有其他恶劣情节的"，是指采取侵入身体等猥亵方式，以及猥亵过程中伴随对儿童进行摧残、凌辱等情况。

二、非法拘禁罪

非法拘禁罪，是指以拘留、禁闭或者其他强制方法，非法剥夺他人人身自由的行为。

非法拘禁罪的主要特征是：

（1）侵犯的客体是他人的人身自由权利。

（2）客观方面表现为采用拘留、禁闭或者其他强制方法，非法剥夺他人人身自由的行为。

（3）本罪主体为自然人一般主体。

（4）主观方面只能由故意构成。

根据《刑法》第238条第1款的规定，犯本罪的，处3年以下有期徒刑、拘役、管制或者剥夺政治权利。具有殴打、侮辱情节的，从重处罚。第2款规定，犯前款罪，致人重伤的，处3年以上10年以下有期徒刑；致人死亡的，处10年以上有期徒刑。非法拘禁他人又使用暴力致人伤残、死亡的,分别以故意伤害罪和故意杀人罪定罪处罚。第5款规定,国家工作人员利用职权犯本罪的,从重处罚。

三、聚众阻碍解救被收买的妇女、儿童罪

聚众阻碍解救被收买的妇女、儿童罪,是指纠集、组织、煽动、指挥多人,阻碍国家机关工作人员解救被收买的妇女、儿童的行为。

聚众阻碍解救被收买的妇女、儿童罪的主要特征:

(1)侵犯的客体是被收买的妇女、儿童的人身自由权利和国家机关工作人员的正常公务活动。

(2)客观方面表现为使用暴力、威胁方法聚众阻碍国家机关工作人员解救被收买的妇女、儿童的行为。

(3)本罪主体是特殊主体,即必须是聚众阻碍国家机关工作人员解救被收买的妇女、儿童的首要分子。

(4)主观方面只能是故意,即行为人明知对方是解救被收买的妇女、儿童的国家机关工作人员而聚众予以阻碍。

根据《刑法》第242条的规定,犯本罪的,根据行为人在犯罪中的地位和作用不同而处以不同的刑罚:对首要分子,处5年以下有期徒刑或者拘役;对使用暴力、威胁方法的其他参加者,处3年以下有期徒刑、拘役、管制或者罚金。

四、强迫劳动罪

强迫劳动罪,是指以暴力、威胁或者限制人身自由的方法强迫他人劳动的行为。

本罪的主要特征:

(1)侵犯的客体是劳动者的人身自由权利和用人单位与劳动者确立的劳动关系。

(2)客观方面表现为以暴力、威胁或者限制人身自由的方法强迫他人劳动以及协助强迫他人劳动的行为。所谓"暴力",是指直接对被害人实施殴打、伤害等危及其人身安全的行为,使其不能反抗或逃跑。"威胁",是指对被害人进行恫吓和精神强制,使其不敢反抗或逃跑。"限制人身自由的方法",是指以限制离厂、不让回家,甚至雇用打手看管等方法非法限制被害人的人身自由,强迫其参加劳动。"他人",既包括与用人单位订有劳动合同的职工,也包括犯罪分子非法招募的工人、智障人员等。

至于协助强迫他人劳动的行为,包括招募、运送人员和其他协助强迫他人劳动等情形。

(3)本罪主体是单位和用人单位的直接责任人员。

(4) 主观方面只能是故意。

根据《刑法》第 244 条的规定,犯本罪的,处 3 年以下有期徒刑或者拘役,并处罚金;情节严重的,处 3 年以上 10 年以下有期徒刑,并处罚金。

明知他人实施前款行为,为其招募、运送人员或者有其他协助强迫他人劳动行为的,依照前款的规定处罚。

单位犯前两款罪的,对单位判处罚金,并对其直接负责的主管人员和其他直接责任人员,依照第 1 款的规定处罚。

实践中,对于犯罪分子在强迫劳动过程中,使用暴力,致使被害人伤残、死亡的,应以强迫劳动罪、故意伤害罪或故意杀人罪数罪并罚。

五、雇用童工从事危重劳动罪

雇用童工从事危重劳动罪,是指违反劳动管理法规,雇用未满 16 周岁的未成年人从事超强度体力劳动,或者从事高空、井下作业的,或者在爆炸性、易燃性、放射性、毒害性等危险环境下从事劳动,情节严重的行为。这是《刑法修正案(四)》增设的一个罪名。其主要特征是:

(1) 犯罪的客体是未成年人的身心健康。

(2) 客观方面是雇用未满 16 周岁的未成年人从事超强度体力劳动,或者从事高空、井下作业,或者在爆炸性、易燃性、放射性、毒害性等危险环境下从事劳动。

(3) 犯罪主体是用人单位。

(4) 主观方面是故意。

根据《刑法》第 244 条之一的规定,犯本罪的,对直接责任人员,处 3 年以下有期徒刑或者拘役,并处罚金;情节特别严重的,处 3 年以上 7 年以下有期徒刑,并处罚金。第 2 款规定,有前款行为,造成事故,又构成其他犯罪的,依照数罪并罚的规定处罚。

六、非法搜查罪

非法搜查罪,是指非法对他人身体或者住宅进行搜查的行为。

本罪的主要特征:

(1) 侵犯的客体是他人的人身权利或者与人身权利有关的住宅权不受侵犯的权利。

(2) 客观方面表现为对他人身体或者住宅进行搜查的行为。

(3) 本罪主体是自然人一般主体。

(4) 主观方面只能是故意。

根据《刑法》第 245 条的规定,犯本罪的,处 3 年以下有期徒刑或者拘役。

司法工作人员滥用职权犯本罪的,从重处罚。

七、非法侵入住宅罪

非法侵入住宅罪,是指非法闯入他人住宅或者经要求退出仍拒不退出的行为。

本罪的主要特征:

(1) 侵犯的客体是公民住宅不受侵犯的权利。

(2) 客观方面表现为行为人实施非法侵入他人住宅的行为,或者经主人要求退出而拒不退出的行为。

(3) 本罪主体是自然人一般主体。

(4) 主观方面必须是故意。

根据《刑法》第 245 条的规定,犯本罪的,处 3 年以下有期徒刑或者拘役。司法工作人员滥用职权犯本罪的,从重处罚。

八、暴力取证罪

暴力取证罪,是指司法工作人员使用暴力,向证人逼取证言的行为。

本罪的主要特征是:

(1) 侵犯的客体是证人的人身权利和司法机关的正常活动。

(2) 客观方面表现为行为人采用暴力方法,向证人逼取证言的行为。

(3) 本罪主体是特殊主体,即必须是司法工作人员。

(4) 主观方面只能是故意,并且有逼取适合自己需要的证言的目的。

根据《刑法》第 247 条的规定,犯本罪的,处 3 年以下有期徒刑或者拘役。致人伤残、死亡的,以故意伤害罪、故意杀人罪定罪并从重处罚。

九、虐待被监管人罪

虐待被监管人罪,是指监狱、拘留所、看守所等监管机构的监管人员,对被管人进行殴打或者体罚虐待,情节严重的行为。

本罪的主要特征:

(1) 侵犯的客体是被监管人的人身权利和监管机构的正常秩序。

(2) 客观方面表现为监管人员,对被监管人进行殴打或者体罚虐待的行为。

(3) 本罪主体是特殊主体,即必须是监狱、拘留所、看守所等机构的监管人员。

(4) 主观方面只能是故意。

根据《刑法》第 248 条的规定,犯本罪的,处 3 年以下有期徒刑或者拘役;情节特别严重的,处 3 年以上 10 年以下有期徒刑。致人伤残、死亡的,依照《刑法》第 234 条、第 232 条的规定从重处罚。

十、煽动民族仇恨、民族歧视罪

煽动民族仇恨、民族歧视罪,是指公开煽动不同民族之间相互敌对或者相互歧视,情节严重的行为。

本罪的主要特征:

(1) 侵犯的客体是我国各民族平等、团结、互助的关系。

(2) 客观方面表现为公开煽动民族仇恨或者民族歧视,情节严重的行为。

(3) 本罪主体是自然人一般主体。

(4) 主观方面只能是故意。

根据《刑法》第 249 条的规定,犯本罪的,处 3 年以下有期徒刑、拘役、管制或者剥夺政治权利;情节特别严重的,处 3 年以上 10 年以下有期徒刑。

十一、出版歧视、侮辱少数民族作品罪

出版歧视、侮辱少数民族作品罪,是指在出版物中刊载歧视、侮辱少数民族内容,情节恶劣,造成严重后果的行为。

本罪的主要特征:

(1) 侵犯的客体是我国各民族平等、团结、互助的关系及少数民族的尊严。

(2) 客观方面表现为在出版物中刊载歧视、侮辱少数民族的内容,情节恶劣,造成严重后果的行为。

(3) 本罪主体是一般主体,一般只是对上述行为负有直接责任的人员。

(4) 主观方面必须是故意,过失不能构成本罪。

根据《刑法》第 250 条的规定,犯本罪的,对直接责任人员,处 3 年以下有期徒刑、拘役或者管制。

十二、非法剥夺宗教信仰自由罪

非法剥夺宗教信仰自由罪,是指国家机关工作人员非法剥夺公民的宗教信仰自由,情节严重的行为。

本罪的主要特征:

(1) 侵犯的客体,是公民的宗教信仰自由权利。

(2) 在客观方面,表现为实施了非法剥夺公民的宗教信仰自由的行为。

(3) 本罪主体为特殊主体,即必须是国家机关工作人员。

(4) 在主观方面,只能由故意构成。

根据《刑法》第 251 条的规定,犯本罪的,处 2 年以下有期徒刑或者拘役。

十三、侵犯少数民族风俗习惯罪

侵犯少数民族风俗习惯罪,是指国家机关工作人员以强制手段破坏少数民族风俗习惯,情节严重的行为。

本罪的主要特征:

(1) 侵犯的客体,是少数民族保持风俗习惯的自由权利。
(2) 在客观方面,表现为以强制手段破坏少数民族风俗习惯的行为。
(3) 本罪为特殊主体,即必须是国家机关工作人员。
(4) 在主观方面,只能由故意构成。

根据《刑法》第251条的规定,犯本罪的,处2年以下有期徒刑或者拘役。

十四、侵犯通信自由罪

侵犯通信自由罪,是指隐匿、毁弃或者非法开拆他人信件,情节严重的行为。
本罪的主要特征:

(1) 侵犯的客体是公民的通信自由权利。
(2) 客观方面表现为行为人实施了非法隐匿、毁弃或者非法开拆他人信件,情节严重的行为。
(3) 本罪主体是自然人一般主体。
(4) 主观方面是故意,即明知是他人信件,而加以隐匿、毁弃或者开拆。

根据《刑法》第252条的规定,犯本罪的,处1年以下有期徒刑或者拘役。

十五、私自开拆、隐匿、毁弃邮件、电报罪

私自开拆、隐匿、毁弃邮件、电报罪,是指邮电工作人员利用职务上的便利,私自开拆或者隐匿、毁弃邮件、电报的行为。

本罪的主要特征:

(1) 侵犯的客体是邮电部门的正常活动。
(2) 客观方面表现为邮电工作人员利用职务上的便利,私自开拆、隐匿、毁弃邮件、电报的行为。
(3) 本罪主体是特殊主体,即邮电工作人员。
(4) 主观方面只能是故意。

根据《刑法》第253条第1款的规定,犯本罪的,处2年以下有期徒刑或者拘役。犯本罪而窃取财物的,以盗窃罪定罪并从重处罚。

十六、侵犯公民个人信息罪

侵犯公民个人信息罪,是指违反国家规定,向他人出售或者提供公民个人信

息,以及将在履行职责或者提供服务过程中获得的公民个人信息,出售或者非法提供给他人,窃取或者以其他方式非法获取公民个人信息,情节严重的行为。

本罪的主要特征是:

(1) 侵害的客体是公民个人的信息自由和安全,犯罪对象是公民个人信息。《网络安全法》第76条规定:"个人信息,是指以电子或者其他方式记录的能够单独或者与其他信息结合识别自然人个人身份的各种信息,包括但不限于自然人的姓名、出生日期、身份证件号码、个人生物识别信息、住址、电话号码等。"2017年最高人民法院、最高人民检察院《关于办理侵犯公民个人信息刑事案件适用法律若干问题的解释》第1条规定:"刑法第二百五十三条之一规定的'公民个人信息',是指以电子或者其他方式记录的能够单独或者与其他信息结合识别特定自然人身份或者反映特定自然人活动情况的各种信息,包括姓名、身份证件号码、通信通讯联系方式、住址、账号密码、财产状况、行踪轨迹等。"

(2) 客观方面表现为违反国家规定,向他人出售或者提供公民个人信息,以及将在履行职责或者提供服务过程中获得的公民个人信息,出售或者非法提供给他人,窃取或者以其他方式非法获取公民个人信息,情节严重的行为。

(3) 犯罪主体是一般主体,即任何年满16周岁的人,违反国家规定,向他人出售或者非法提供公民个人信息的行为,不论来源如何,都可以定罪处罚。

(4) 主观方面是故意,即故意出售和非法提供公民个人信息。

情节严重的行为,才构成本罪。何谓情节严重,参考2017年最高人民法院、最高人民检察院《关于办理侵犯公民个人信息刑事案件适用法律若干问题的解释》第5条第1款的规定。

根据《刑法修正案(九)》第17条和《刑法》第253条之一的规定,犯本罪的,处3年以下有期徒刑或者拘役,并处或者单处罚金;情节特别严重的,处3年以上7年以下有期徒刑,并处罚金。

违反国家有关规定,将在履行职责或者提供服务过程中获得的公民个人信息,出售或者提供给他人的,依照前款的规定从重处罚。

窃取或者以其他方式非法获取公民个人信息的,依照第1款的规定处罚。

单位犯前3款罪的,对单位判处罚金,并对其直接负责的主管人员和其他直接责任人员,依照各该款的规定处罚。

十七、打击报复会计、统计人员罪

打击报复会计、统计人员罪,是指公司、企业、事业单位、机关、团体的领导人,对依法履行职责,抵制违反会计法、统计法行为的会计、统计人员实行打击报复,情节恶劣的行为。

本罪的主要特征是:

（1）侵犯的客体是会计、统计人员的人身权利和会计工作、统计工作的管理制度。

（2）客观方面表现为对依法履行职责、抵制违反会计法、统计法行为的会计、统计人员实行打击报复、情节恶劣的行为。

（3）本罪主体是特殊主体，即必须是公司、企业、事业单位、机关、团体的领导人员。

（4）主观方面只能是故意，并具有打击报复上列人员的目的。

根据《刑法》第255条的规定，犯本罪的，处3年以下有期徒刑或者拘役。

十八、破坏选举罪

破坏选举罪，是指违反选举法的规定，在选举各级人民代表大会代表和国家领导人员时，以暴力、威胁、欺骗、贿赂、伪造选举文件、虚报选举票数等非法手段，破坏选举或者妨害选民和代表自由行使选举权和被选举权，情节严重的行为。

本罪的主要特征是：

（1）侵犯的客体是公民的选举权和被选举权。

（2）客观方面表现为违反选举法规，以非法手段对选举活动进行破坏的行为。

（3）本罪主体为自然人一般主体。

（4）主观方面只能是故意。

根据《刑法》第256条的规定，犯本罪的，处3年以下有期徒刑、拘役或者剥夺政治权利。

十九、破坏军婚罪

破坏军婚罪，是指明知是现役军人的配偶而与之同居或者结婚的行为。

本罪的主要特征是：

（1）侵犯的客体，是现役军人的婚姻关系。"现役军人"，是指有军籍并正在中国人民解放军或者人民武装警察部队服役的军人。

（2）在客观方面，表现为与现役军人的配偶同居或者结婚的行为。"现役军人的配偶"，是指与现役军人履行正式登记结婚手续，建立了婚姻关系的人。与现役军人的配偶结婚，是指与现役军人的配偶形成法律婚姻或事实婚姻的情况。与现役军人的配偶同居，是指在一定时期内姘居且共同生活在一起的行为，包括在较长时间内公开或秘密地在一起生活，这种关系以非法的两性关系为基础，同时还伴随有经济上和其他生活方面的特殊关系。

（3）本罪主体为自然人一般主体。

（4）在主观方面，只能是故意，即明知是现役军人的配偶，而与之结婚或者同居。

根据《刑法》第259条的规定,犯本罪的,处3年以下有期徒刑或者拘役。

二十、遗弃罪

遗弃罪,是指对于年老、年幼、患病或者其他没有独立生活能力的人,负有扶养义务而拒绝扶养,情节恶劣的行为。

本罪的主要特征:

(1) 侵犯的客体是家庭成员在家庭生活中享有的合法权益。侵害的对象是年老、年幼、患病或其他没有独立生活能力的人。

(2) 在客观方面表现为对没有独立生活能力的家庭成员,具有扶养义务而拒绝扶养的行为。本罪以不作为的方式出现,即对丧失了劳动能力或者生活不能自理的家庭成员,不履行法律规定的扶养义务,包括不承担经济供给义务或生活照顾的义务。

(3) 在主观方面,只能是故意,即行为人明知自己应当履行扶养义务,也有实际履行扶养义务的能力而拒绝扶养。

(4) 本罪的主体要求具有特定的身份,即对被遗弃人员有法律上的扶养义务,而且具有履行义务能力的人。

根据《刑法》第261条的规定,犯本罪的,处5年以下有期徒刑、拘役或者管制。

二十一、拐骗儿童罪

拐骗儿童罪,是指以蒙骗、利诱或者其他方法,使不满14周岁的男、女儿童,脱离家庭或者监护人的行为。

本罪的主要特征:

(1) 侵犯的客体,是他人的家庭关系。犯罪对象,是不满14周岁的男、女儿童。

(2) 客观方面表现为对不满14周岁的儿童实行拐骗,使其脱离家庭或者监护人的行为。拐骗行为既可以直接对儿童实施,也可以对其家长或者监护人实施。

(3) 本罪主体为自然人,一般主体。

(4) 主观方面只能是故意,但不具有出卖儿童的目的。

根据《刑法》第262条的规定,犯本罪的,处5年以下有期徒刑或者拘役。

二十二、组织残疾人、儿童乞讨罪

组织残疾人、儿童乞讨罪,是指以暴力、胁迫手段组织残疾人或者不满14周岁的未成年人乞讨的行为。这是《刑法修正案(六)》作为《刑法》第262条之一增设的罪名。其主要特征是：

（1）客观方面表现为以暴力、胁迫手段组织残疾人或者不满14周岁的未成年人乞讨的行为。

（2）犯罪主体是一般主体。

（3）犯罪主观方面是故意，一般以牟利为目的。

根据《刑法》第262条之一的规定，犯本罪的，处3年以下有期徒刑或者拘役，并处罚金；情节严重的，处3年以上7年以下有期徒刑，并处罚金。

二十三、组织未成年人进行违反治安管理活动罪

组织未成年人进行违反治安管理活动罪，是指组织未成年人实施盗窃、诈骗、抢夺、敲诈勒索等违反治安管理活动的行为。其主要特征是：

（1）侵犯的客体是未成年人的人身自由、身心健康和社会治安管理秩序。

（2）客观方面表现为行为人实施了组织未成年人进行违反治安管理活动的行为。

（3）犯罪主体是自然人，为一般主体。

（4）主观方面是故意。

根据《刑法》第262条之二的规定，犯本罪的，处3年以下有期徒刑或者拘役，并处罚金；情节严重的，处3年以上7年以下有期徒刑，并处罚金。

第二十二章　侵犯财产罪

第一节　侵犯财产罪的概念和特征

侵犯财产罪，是指以非法占有为目的，攫取公私财物，或者故意毁坏公私财物的行为。

本类犯罪的主要特征：

(1) 这类犯罪侵犯的客体是公共财产和公民私人财产的所有权。这里所说的"公共财产"，根据我国《刑法》第91条的规定，是指：国有财产，包括《宪法》及《民法典》规定的属于国家所有的土地、矿藏及森林、山岭、草原、荒地、滩涂、水面等自然资源；劳动群众集体所有的财产，包括法律规定为集体所有的土地和森林、山岭、草原、荒地、滩涂以及集体所有的各种设施等；用于扶贫和其他公益事业的社会捐助或者专项基金的财产。此外，在国家机关、国有公司、企业、集体企业、人民团体管理、使用或者运输中的私人财产，以公共财产论。这里所说的"公民私人所有的财产"，是指：公民的合法收入、储蓄、房屋和其他生活资料；依法归个人、家庭所有的生产资料；个体户和私营企业的合法财产；依法归个人所有的股份、股票、债券和其他合法财产。

侵犯财产罪以侵犯财产所有权为基本特征，因此，被侵犯的财产，必须是依法归国家、集体或者公民个人所有的财物。如果占有无主物或者被自动放弃了所有权的物品，不发生非法侵犯财产所有权的问题。而遗忘物不是无主物，它们只是由于某种原因暂时脱离了所有者的控制与管理，其所有权仍然存在并受法律的保护，不允许他人非法占有。我国《文物保护法》第5条规定："中华人民共和国境内地下、内水和领海中遗存的一切文物，属于国家所有。""古文化遗址、古墓葬、石窟寺属于国家所有。"根据我国《民法典》第318条、第319条的规定，发现埋藏物、隐藏物的，如1年内无人认领的，归国家所有。因此，不能把这些自然资源、地下、地上的文物以及埋藏物、隐藏物视为无主物而非法侵占。

非法占有的财物，例如，赌博的赌资、贪污所得的赃款、赃物，贩运毒品者的毒品等，能否成为侵犯财产罪的对象，刑法学界和司法界有不同的主张。我们认为这些财物本来就属于国家、集体或者个人所有，而不能认为是被所有者抛弃的无主物，因而不允许任何人随意侵占这些财物。其中应当没收的，只能由国家有关机关依法追缴。如果有人用抢劫、盗窃等手段把这种应当返还原主或者没收上缴的财物据为己有，应当视为侵犯公私财产所有权的一种特殊形式，因此非法所得财物也可以成为侵犯财产罪的对象。

(2) 这类犯罪的客观方面,表现为攫取或者毁坏公私财物的行为。这里所说的"攫取行为",根据其行为的具体表现形式的不同,可以分为两种:一种是使公共财产或者他人所有的财产转变为自己所有的行为,这类犯罪包括抢劫罪、绑架罪、抢夺罪、盗窃罪、诈骗罪、敲诈勒索罪等。这类犯罪行为的特征,一般只改变公私财产的所有关系,并不损坏公私财物的使用价值;另一种是暂时非法占有、使用公共财产或者他人所有财产的行为,属于这类的犯罪,共有两个,即挪用资金罪和挪用特定款物罪。对于上述两种挪用型犯罪,应归属《刑法》分则哪一章,刑法理论界和司法界看法不一。概括起来主要有两种观点:一种观点认为,挪用资金罪、挪用特定款物罪,既侵犯了公私财物的使用权,又同时侵犯了国家财经管理制度,所以应归属于破坏社会主义市场经济秩序罪一章。另一种观点认为,挪用资金罪、挪用特定款物罪侵犯的客体是公私财物的所有关系。因为所有权的内容包括占有、使用、处分、收益等,这几项内容是相互联系,又具有相对独立性的部分。尽管占有权是所有权的基础与前提,但又不能说只有非法占有才侵犯所有权,非法使用与处分等也是侵犯所有权,所以,立法者将挪用资金罪、挪用特定款物罪归属到侵犯财产罪一章。毁坏公私财产行为也可分为两种:一种是直接使财产丧失或者减少使用价值的行为,属于这类犯罪的,只有一个故意毁坏公私财物罪。另一种是通过使生产资料的使用价值丧失或者减少来破坏生产经营。以上两种犯罪的结果,都使公私财产的所有权遭到损害。

除抢劫罪、挪用特定款物罪、破坏生产经营罪外,其他侵犯财产罪攫取财物的数额多少和损毁财物的价值大小,是表现其行为的社会危害性程度的重要标志。因此,根据《刑法》规定和司法实践经验,侵犯财产达到一定的数额,是构成犯罪的必要条件之一。当然,这并不是说,认定财产方面犯罪就不要考虑其他情节了,行为的情节也是认定财产方面犯罪的一个条件。按照我国《刑法》第13条的规定,有些侵犯财产的行为如果数额较小,情节较轻,则不构成犯罪,所以不能把数额作为认定财产罪的唯一根据。

(3) 这类犯罪主体,多数为一般主体,只有侵占罪、职务侵占罪、挪用资金罪是特殊主体。上述几种犯罪的主体必须具备一定的身份和条件才能构成。根据《刑法》第17条的规定,年满16周岁的人,可以成为侵犯财产罪的主体。已满14周岁不满16周岁的人,可以成为抢劫罪的主体。

(4) 这类犯罪在主观方面,只能由故意构成,并且多数犯罪是以非法占有公私财物为目的。这里所说的"非法占有",不是指行为人仅以非法取得占有权为满足,而是指其行为达到非法占有财物的程度,就认为侵犯财产罪已经构成。非法占有公私财物,不仅指据为己有,还包括转归第三者占有,这就是说,非法占有公私财物后,对财物如何处置,不影响非法占有的成立。

根据《刑法》分则第五章的规定,侵犯财产罪有好多种,我们重点讲以下几种。

第二节 抢劫罪和抢夺罪

一、抢劫罪

(一) 抢劫罪的概念与特征

抢劫罪,是指以非法占有为目的,当场使用暴力、胁迫或者其他方法劫取公私财物的行为。本罪的主要特征:

(1) 本罪侵犯的客体是复杂客体,即既侵犯公私财产的所有权,同时也侵犯被害人的人身权利。这是本罪区别于其他侵犯财产罪的重要特征。由于抢劫罪具有这一特征,所以,对本罪应放在刑法分则哪一章,刑法理论上有不同的主张,刑事立法中也有不同的规定,有些国家刑法规定在侵犯财产罪中,有的国家刑法规定在侵犯人身权利罪中。我国《刑法》将其规定在侵犯财产罪中,因为抢劫犯罪行为虽然具有既侵犯公私财产所有权,又侵犯被害人的人身权利的特点,但犯罪人的最终目的,是为了将公私财产据为己有,侵犯人身权利只是将公私财产据为己有的手段。所以,它同一般侵犯他人人身权利的犯罪是有所不同的。抢劫罪侵犯的财产,只限于动产,因为抢劫犯罪是当场劫取财物,非法侵占不动产的不能构成本罪。如果把不动产的一部分强行分离而抢走,这部分就变成了动产,因而也就构成抢劫罪。

(2) 本罪在客观方面,表现为行为人对财物的所有人、保管人或守护人使用暴力、胁迫或者其他方法,迫使其当场交出财物或者将财物抢走的行为。所谓暴力,是指对被害人的身体实施暴力,例如,以捆绑、殴打、伤害、杀害等暴力行为,使被害人不敢抗拒或者不能抗拒,而当场交出财物或者抢走财物。在多数场合下,犯罪人都持有凶器。另有的犯罪人虽然没有持有凶器,但采用突然袭击的方法将被害人推倒,或者用卡脖子、拳打、脚踢等方法加害被害人,有的还造成被害人的伤害或者死亡,这些都属于暴力范围。

所谓胁迫,是指以暴力相威胁,对被害人进行精神强制,使其产生恐惧,不敢反抗,被迫当场交出财物,或者不敢阻止犯罪人的行为而任其将财物劫走。如果被害人不是当场交出财物,或者不让犯罪人把财物劫走,人身就会立刻遭到损害,或伤或亡。抢劫犯罪的胁迫行为,一般是针对被害者本人实施,有时也可能是针对在场的被害人的亲属。但只要足以使被害人恐惧,而不得不当场交出财物或者任其将财物劫走,都可以构成抢劫罪。

所谓其他方法,是指除了暴力、胁迫方法以外,采用使被害人不知反抗或者丧失反抗能力的各种方法。例如,用酒灌醉、用药物麻醉等方法,使被害人处于昏睡、不能反抗的状态,而当场将财物劫走。但是,需要明确,这里所说的昏睡、不能反抗的状态,必须是由于犯罪人的行为直接造成的;如果不是由于犯罪人的行为使被害人处于昏睡、不能反抗的状态,而是犯罪人利用被害人昏睡或者不备之机,而当场窃走财物的,则不能以抢劫罪论处,而应以盗窃罪论处。

使用暴力、胁迫或者其他方法劫取财物,是构成抢劫罪必须具备的客观要件,也是抢劫罪的基本特征之一。但是,这里所说的暴力、胁迫或者其他方法,必须是犯罪人当场实施,才能构成抢劫罪。如果犯罪人在预备阶段,意图使用暴力进行抢劫财物,但由于客观情况的变化或者其他原因,在实施犯罪时,并未使用暴力或者胁迫方法,就非法取得了财物,对于这种情况,应按照犯罪人实际取得财物的手段、方法来定罪,而不应按犯罪人原来准备的手段、方法定罪;反之,也有的犯罪人原来不打算使用暴力、胁迫方法,想秘密窃取或者乘人不备夺走财物,但在实施犯罪过程中,由于被人发觉遭到阻止或者反抗,当场使用了暴力、胁迫方法,将财物劫走,对于这种情况,其行为就由盗窃或者抢夺而转化为抢劫了,应按抢劫罪论处。依照《刑法》第267条第2款的规定,携带凶器抢夺他人财物的,事实上是以暴力为后盾的胁迫行为,也应以抢劫罪处罚。根据最高人民法院2005年6月8日《关于审理抢劫、抢夺刑事案件适用法律若干问题的意见》第4条的规定,携带凶器抢夺,是指行为人随身携带枪支、爆炸物、管制刀具等国家禁止个人携带的器械进行抢夺或者为了实施犯罪而携带其他器械进行抢夺的行为。行为人随身携带国家禁止个人携带的器械以外的其他器械抢夺,但有证据证明该器械确实不是为了实施犯罪准备的,不以抢劫罪定罪;行为人将随身携带凶器有意加以显示,能为被害人察觉到的,直接以抢劫罪定罪处罚;行为人携带凶器抢夺后,在逃跑过程中为窝藏赃物,抗拒抓捕或者毁灭罪证而当场使用暴力或者以暴力相威胁的,以抢劫罪定罪处罚。

(3) 本罪的主体为一般主体。依照《刑法》第17条第2款的规定,已满14周岁不满16周岁的人犯抢劫罪的,应当负刑事责任。

(4) 本罪在主观方面,只能由故意构成,并且具有非法占有公私财物的目的。如果只是抢回自己被骗去或者赌输的财物,虽然使用了暴力或者胁迫方法,但不具有非法占有他人财物的目的,不构成抢劫罪。根据上述司法解释,抢劫赌资、犯罪所得的赃款赃物的,以抢劫罪定罪,但行为人仅以其所输赌资或所赢赌债为抢劫对象,一般不以抢劫罪定罪处罚。构成犯罪的,依照《刑法》的相关规定处罚。

为个人使用,以暴力、胁迫等手段取得家庭成员或近亲属财产的,一般不以抢劫罪定罪处罚,构成犯罪的,依照《刑法》的相关规定处理;教唆或者伙同他人采用暴力、胁迫等手段劫取家庭成员或近亲属财产的,可以抢劫罪定罪处罚。另外,以毒品、假币、淫秽物品等违禁品为对象,实施抢劫的,以抢劫罪定罪;抢劫的违禁品数量作为量刑情节予以考虑。抢劫违禁品后又以违禁品实施其他犯罪的,应实行数罪并罚。不以非法占有他人的财物为目的,进行其他抢劫犯罪活动,《刑法》分则另有专门规定的,应依照专门规定处理。例如,抢劫国家机关、军警、民兵的枪支、弹药的,按照《刑法》第 127 条规定,应定为抢劫枪支、弹药罪。

(二) 认定抢劫罪应划清的界限

(1) 划清罪与非罪的界限。这里有两层意思:其一,划清情节显著轻微、危害不大的抢劫行为与抢劫罪的界限。抢劫行为虽然是侵犯财产的一种严重的犯罪行为,但并非一切抢劫行为都构成抢劫罪。例如,有的青少年强索少量财物,抢吃少量食品等行为,情节显著轻微,危害不大,应视为一般违法行为,根据《刑法》第 13 条的但书规定,不构成抢劫罪。那种认为在立法上对抢劫罪没有数额和情节的限制性规定,因而凡是抢劫行为都构成抢劫罪的观点是不正确的。其二,划清民事纠纷中强行拿走或者扣留对方财物与抢劫犯罪的界限。在社会上,由于借贷或者其他民事纠纷,而强行拿走或者扣留对方财物,用以还债抵物,或者借以索还债款的,因无非法占有他人财物的目的,属于讨债、索还手段不当的行为,一般不构成抢劫罪。

(2) 划清抢劫罪与故意杀人罪的界限。《刑法》第 263 条第 2 款规定抢劫"致人死亡"是否包括故意杀人,法学界和司法界看法不尽一致。我们认为抢劫罪中的"致人死亡"包括故意杀人。因为使用暴力是构成抢劫必须具备的手段,而《刑法》第 263 条第 1 款对"使用暴力"只是一种概括性的规定。暴力有多种表现形式,它可以表现为殴打(包括拳打、脚踢)、捆绑等,也可以表现为伤害,还可以表现为杀害。这就是说,杀人是暴力手段最严重的表现。因此,对于在抢劫过程中当场使用暴力直接致人死亡的,不按故意杀人罪论处,也不按抢劫罪和故意杀人罪实行并罚,而应作为抢劫罪的严重情节,仍定抢劫罪,按《刑法》第 263 条的规定处罚。[①] 只有在抢劫行为完成以后,行为人出于灭口或者其他目的而杀死被害人的,才应认为构成抢劫和故意杀人两个独立犯罪,按数罪并罚原则处理。

根据最高人民法院《关于审理抢劫、抢夺刑事案件适用法律若干问题的意见》,行为人实施伤害、强奸等犯罪行为,在被害人未失去知觉时,利用被害人不能反抗、不敢反抗的处境,临时起意劫取他人财物的,应以故意伤害、强奸等具体犯罪与抢劫罪数罪并罚;在被害人失去知觉或者没有发觉的情形下,以及实施故

[①] 最高人民法院 2001 年 5 月 22 日《关于抢劫过程中故意杀人案件如何定罪问题的批复》指出:"行为人为劫取财物而预谋故意杀人,或者在劫取财物过程中,为制服被害人反抗而故意杀人的,以抢劫罪定罪处罚。"

意杀人犯罪行为以后,临时起意拿走他人财物的,应以故意杀人、故意伤害、强奸罪与盗窃罪实行数罪并罚。

(三) 对《刑法》第269条的理解和适用

我国《刑法》第269条规定:"犯盗窃、诈骗、抢夺罪,为窝藏赃物、抗拒抓捕或者毁灭罪证而当场使用暴力或者以暴力相威胁的,依照本法第263条的规定定罪处罚。"对这一条规定的实质和内容,法学界和司法界大多数人理解为原来的盗窃罪、诈骗罪、抢夺罪,因为情况发生了变化,犯罪性质也转化为抢劫罪,所以应按《刑法》第263条的规定定罪判刑。1988年3月16日,最高人民法院、最高人民检察院《关于如何适用刑法第153条(1997年修订的〈刑法〉为第263条——编者注)的批复》对本条内容作如下解释:(1) 行为人必须实施了盗窃、诈骗、抢夺犯罪行为,这是适用本条的前提。实施的上列行为虽未达到数额较大,但是,如果当场使用暴力或者以暴力相威胁,情节严重的,可以按照抢劫罪论处。但是,根据最高法院上述最新的司法解释,行为人实施盗窃、诈骗、抢夺行为,未达到"数额较大",为窝藏赃物、抗拒抓捕或者毁灭罪证当场使用暴力或者以暴力相威胁,情节较轻、危害不大的,一般不以犯罪论处;但盗窃、诈骗、抢夺接近"数额较大"的;入户或在公共交通工具上盗窃、诈骗、抢夺后在户外或交通工具外实施上述行为的;致人轻微伤以上后果的;使用凶器或以凶器相威胁的;具有其他严重情节的,应以抢劫罪定罪处罚。(2) 目的是窝藏赃物、抗拒逮捕或者毁灭罪证。"窝藏赃物"是指为防护已到手的赃物不被追回;"抗拒抓捕",是指抗拒公安机关或者任何公民,特别是失主对他的抓捕、扭送;"毁灭罪证"是指湮灭作案现场上遗留的痕迹、物品等免得被采取成为罪证。如果出于其他目的,不能构成本罪。(3) 必须是当场使用暴力或者以暴力相威胁。所谓当场,是指犯罪分子实施犯罪的现场,或者刚一离现场就被人发觉追捕的过程。如果在盗窃、诈骗、抢夺犯罪完成以后,没有被及时发觉或者抓获,而隔了一段时间,在其他地方发现犯罪分子,当对其抓捕时,犯罪分子行凶拒捕,则不属于本条处理的范围。其暴力行为构成犯罪的,应以原有的犯罪同行凶拒捕构成的罪,实行数罪并罚。所谓使用暴力或者以暴力相威胁,是指犯罪分子对抓捕他的人实施足以危及身体健康或者生命安全的行为,或者以将要实施这种行为相威胁。(4) 如何定罪判刑。由于原来犯的盗窃、诈骗、抢夺罪转化为抢劫罪,因此,不仅应按《刑法》第263条规定的法定刑处罚,罪名也应定抢劫罪。典型的抢劫罪应是先使用暴力或者以暴力相威胁而后取得财物,本条转化成的抢劫罪,则先谋财后使用暴力或者以暴力相威胁,二者虽有所不同,但并无本质区别。

(四) 对抢劫罪的处罚

依据《刑法》第263条的规定,犯抢劫罪的,处3年以上10年以下有期徒刑,并处罚金;犯抢劫罪有下列情形之一的,处10年以上有期徒刑、无期徒刑或者死刑,并处罚金或者没收财产:(1) 入户抢劫的;(2) 在公共交通工具上抢劫的;(3) 抢劫银行或者其他金融机构的;(4) 多次抢劫或者抢劫数额巨大的;(5) 抢劫致人重伤、死亡的;(6) 冒充军警人员抢劫的;(7) 持枪抢劫的;(8) 抢劫军用物资或者抢险、救灾、救济物资的。

根据最高人民法院2005年6月8日《关于审理抢劫、抢夺刑事案件适用法律若干问题的意见》第1条的规定,认定"入户抢劫",应当注意以下三个问题:一是户的范围。"户"是指住所,其特征表现为供他人家庭生活和与外界相对隔离两个方面,前者为功能特征,后者为场所特征。一般情况下,集体宿舍、旅店宾馆、临时搭建工棚等不应认定为"户",但在特定情况下,如果确实具有上述两个特征的,也可以认定为"户"。二是"入户"目的的非法性。进入他人住所须以实施抢劫等犯罪为目的。抢劫行为虽然发生在户内,但行为人不以实施抢劫等犯罪为目的进入他人住所,而是在户内临时起意实施抢劫的,不属于"入户抢劫"。三是暴力或者暴力胁迫行为必须发生在户内。入户实施盗窃被发现,行为人为窝藏赃物、抗拒抓捕或者毁灭罪证而当场使用暴力或者以暴力相威胁的,如果暴力或者暴力胁迫行为发生在户内,可以认定为"入户抢劫";如果发生在户外,不能认定为"入户抢劫。"

根据《意见》第2条的规定,"在公共交通工具上抢劫",主要是指在从事旅客运输的各种公共汽车,大、中型出租车,火车,船只,飞机等正在运营中的机动公共交通工具上对旅客、司售、乘务人员实施的抢劫。在未运营中的大、中型公共交通工具上针对司售、乘务人员抢劫的,或者在小型出租车上抢劫的,不属于"在公共交通工具上抢劫"。

关于"多次抢劫",是指抢劫三次以上。对于"多次"的认定,应以行为人实施的每一次抢劫行为均已构成犯罪为前提,综合考虑犯罪故意的产生及犯罪行为实施的时间、地点等因素,客观分析、认定。对于行为人基于一个犯意实施犯罪的,如在同一地点同时对在场的多人实施抢劫的,或基于同一犯意在同一地点实施连续抢劫犯罪的,如在同一地点连续对途经此地的多人进行抢劫的,或在一次犯罪中对一栋居民楼房中的几户居民连续实施入户抢劫的,一般应认定为一次犯罪。

根据最高人民法院2000年11月17日《关于审理抢劫案件具体应用法律若干问题的解释》的规定,"抢劫银行或者其他金融机构",是指抢劫银行或者其他金融机构的经营资金、有价证券和客户的资金。抢劫正在使用中的银行或者其他金融机构的运钞车的,视为"抢劫银行或者其他金融机构"。

"抢劫致人重伤、死亡",是指行为人在抢劫过程中过失致人重伤、死亡,为劫取财物而预谋故意杀人以及在抢劫过程中,为制服被害人的反抗而故意杀人。

"冒充军警人员抢劫",是指冒充现役军人、武装警察和公安机关的警察、司法警察进行抢劫。

"持枪抢劫",是指行为人使用枪支或者向被害人显示持有、佩带的枪支进行抢劫的行为。所谓枪支,是指符合《枪支管理法》的规定,能用于发射子弹的真枪,不包括仿真手枪和假枪。

"抢劫军用物资或者抢险、救灾、救济物资",是指抢劫武装部队使用的物资(不包括公安警察使用的物资),以及已经确定用于或者正在用于抢险、救灾、救济的物资。

根据最高人民法院2005年6月8日《关于审理抢劫、抢夺案件适用法律若干问题的意见》的规定,行为人冒充正在执行公务的人民警察"抓赌""抓嫖",没收赌资或者罚款的行为,构成犯罪的,以招摇撞骗罪从重处罚;在实施上述行为中使用暴力或者暴力威胁的,以抢劫罪定罪处罚。行为人冒充治安联防队员"抓赌""抓嫖"、没收赌资或者罚款的行为,构成犯罪的,以敲诈勒索罪定罪处罚;在实施上述行为中使用暴力或者暴力威胁的,以抢劫罪定罪处罚。

从事正常商品买卖、交易或者劳动服务的,以暴力、胁迫手段迫使他人交出与合理价钱、费用相差不大的钱物,情节严重的,以强迫交易罪定罪处罚;以非法占有为目的,以买卖交易、服务为幌子采用暴力、胁迫手段迫使他人交出与合理价钱、费用相差悬殊的钱物的,以抢劫罪定罪处罚。在具体认定时,既要考虑超出合理价钱、费用的绝对数额,还要考虑超出合理价钱、费用的比例,加以综合判断。

抢劫信用卡后使用、消费的,其实际使用、消费的数额为抢劫数额;抢劫信用卡后未实际使用、消费的,不计数额,根据情节轻重量刑。所抢信用卡数额巨大,但未实际使用、消费或者实际使用、消费的数额未达到巨大标准的,不适用"抢劫数额巨大"的法定刑。

为抢劫其他财物,劫取机动车辆当作犯罪工具或者逃跑工具的,被劫取机动车辆的价值计入抢劫数额;为实施抢劫以外的其他犯罪劫取机动车辆的,以抢劫罪和实施的其他犯罪实行数罪并罚。

最高人民法院《关于审理抢劫、抢夺案件适用法律若干问题的意见》认为,抢劫罪侵犯的是复杂客体,既侵犯财产权利又侵犯人身权利,具备劫取财物或者造成他人轻伤以上后果两者之一的,均属抢劫既遂;既未劫取财物,又未造成他人人身伤害后果的,属抢劫未遂。《刑法》第263条规定的八种处罚情节中除"抢劫致人重伤、死亡的"这一结果加重情节之外,其余七种处罚情节同样存在既遂、未遂问题,其中属抢劫未遂的,应当根据《刑法》关于加重情节的法定刑规定,结合未遂犯的处理原则量刑。

二、抢夺罪

（一）抢夺罪的概念与特征

抢夺罪，是指以非法占有为目的，乘人不备，公然夺取数额较大的公私财物或者多次抢夺的行为。本罪的主要特征：

（1）本罪侵犯的客体，是公私财物的所有权。其对象是公私财物。这种财物必须具有能抢走的移动的特点，故仅限于动产。不动产及有经济价值的无体物，例如，房屋、土地、电力等都是无法夺走的，不能成为本罪的侵害对象。《刑法》分则对抢夺另有特别规定的对象，例如，第127条规定的"枪支、弹药、爆炸物"，第280条规定的"公文、证件、印章"等，应按有关特别规定定罪量刑，不属于本罪侵害对象。

（2）本罪在客观方面，表现为乘人不备，公然夺取公私财物的行为。这里所说的公然夺取，包括两层意思：一是指行为人当着公私财物所有者或者保管者的面，乘其不备，公开夺取其财物。公开夺取是本罪区别于盗窃罪的秘密窃取的一个重要标志。二是指行为人闯入他人住宅，面对房屋主人夺走桌上电视机、收录机等财物，或者深夜在僻静小巷内抢走一个行人手中的财物，虽无他人在场，也是公然夺取。因此，抢夺罪的成立，以当着财物所有人或者保管人的面进行为必要。如果是乘财物所有人或者保管人不在之隙，纵使是不避他人耳目取走其财物，仍属秘密窃取性质。携带凶器抢夺的，依照《刑法》第263条关于抢劫罪的规定定罪处罚。

（3）本罪的主体为一般主体，即凡是已年满16周岁，并具有刑事责任能力的人，都可成为本罪主体。

（4）本罪在主观方面只能是故意，并以非法占有公私财物为目的。

（二）认定抢夺罪应划清的界限

（1）划清罪与非罪的界限。抢夺行为以抢夺数额较大的公私财物为构成犯罪的重要条件。抢夺的情节也是认定是否构成犯罪的依据之一。如果抢夺财物数额不大，情节轻微的，不构成抢夺罪，可以酌情给予批评教育或者予以治安管理处罚。根据《刑法修正案（九）》第20条的规定，没有达到数额较大，但多次抢夺的，也以抢夺罪定罪处罚。"多次抢夺"，是指一年内抢夺3次以上。

（2）划清抢夺罪与抢劫罪的界限。这两种犯罪都具有非法占有公私财物的目的，主体也基本相同，并都带有一个"抢"字。两者的主要区别在于：（1）侵犯的客体不完全相同。抢劫罪不仅侵犯公私财物所有权，而且侵犯被害人的人身权利，而抢夺罪只侵犯公私财物所有权。（2）犯罪的客观要件不同。抢劫罪是使用暴力、胁迫或者侵犯人身权利的方法，劫取公私财物，并且抢劫财物的数额在法律上没有限制；而抢夺罪则是乘财物持有人不备，公然从其手中夺走财物，并且抢夺财物的数额必须达到较大时,才构成犯罪。(3)法定刑不同。抢劫罪的法定刑比抢夺罪为重。

(三)对抢夺罪的处罚

《刑法》第267条规定,抢夺公私财物数额较大的,或者多次抢夺的,处3年以下有期徒刑、拘役或者管制,并处或者单处罚金;抢夺公私财物数额巨大或者有其他严重情节的,处3年以上10年以下有期徒刑,并处罚金;数额特别巨大或者有其他特别严重情节的,处10年以上有期徒刑或者无期徒刑,并处罚金或者没收财产。

根据最高人民法院、最高人民检察院2013年《关于办理抢夺刑事案件应用法律若干问题的解释》第1条的规定,"数额较大"是指抢夺公私财物价值人民币1000元至3000元以上的;"数额巨大",是指抢夺公私财物价值人民币3万元至8万元以上的;"数额特别巨大",是指抢夺公私财物价值人民币20万元至40万元以上的。根据该解释第2条的规定,抢夺公私财物,具有下列情形之一的,"数额较大"的标准按照前条规定标准的50%确定:(1)曾因抢劫、抢夺或者聚众哄抢受过刑事处罚的;(2)1年内曾因抢夺或者哄抢受过行政处罚的;(3)1年内抢夺3次以上的;(4)驾驶机动车、非机动车抢夺的;(5)组织、控制未成年人抢夺的;(6)抢夺老年人、未成年人、孕妇、携带婴幼儿的人、残疾人、丧失劳动能力人的财物的;(7)在医院抢夺病人或者其亲友财物的;(8)抢夺救灾抢险、防汛、优抚、扶贫、移民、救济款物的;(9)自然灾害、事故灾害、社会安全事件等突发事件期间,在事件发生地抢夺的;(10)导致他人轻伤或者精神失常等严重后果的。关于情节,该解释第3条规定,抢夺公私财物,具有下列情形之一的,应当认定为《刑法》第267条规定的"其他严重情节":(1)导致他人重伤的;(2)导致他人自杀的;(3)具有本解释第2条第3项至第10项规定的情形之一,数额达到本解释第1条规定的"数额巨大"50%的。第4条规定,抢夺公私财物,具有下列情形之一的,应当认定为《刑法》第267条规定的"其他特别严重情节":(1)导致他人死亡的;(2)具有本解释第2条第32至第10项规定的情形之一,数额达到本解释第1条规定的"数额特别巨大"50%的。

抢夺公私财物虽然达到"数额较大"的标准,但具有下列情形之一的:(1)已满16周岁不满18周岁的未成年人作案,属于初犯或者被教唆犯罪的;(2)主动投案、全部退赃或者退赔的;(3)被胁迫参加抢夺,没有分赃或者获赃较少的;(4)其他情节轻微、危害不大的,可以视为《刑法》第37条规定的"犯罪情节轻微不需要判处刑罚",免予刑事处罚。

根据最高人民法院、最高人民检察院2013年《关于办理抢夺刑事案件适用法律若干问题的解释》的规定,对于驾驶机动车、非机动车夺取他人财物的,一般以抢夺罪从重处罚。但是具有下列情形之一的,应当以抢劫罪定罪处罚:

(1)夺取他人财物时因被害人不放手而强行夺取的;(2)驾驶车辆逼挤、撞击或者强行逼倒他人夺取财物的;(3)明知会致人伤亡仍然强行夺取并放任造成财物持有人轻伤以上后果的。

第三节 盗窃罪和诈骗罪

一、盗窃罪

(一)盗窃罪的概念与特征

盗窃罪,是指以非法占有为目的,秘密窃取公私财物的行为。本罪的主要特征:

(1)本罪侵犯的客体是公私财物的所有权。侵犯的对象是财物。这里所说的财物,具有以下特点:第一,财产本身必须是具有一定的经济价值的物品或者是有权领取财产的物品。第二,人们能够控制和享有。否则,即使具有经济价值,例如,无线电波等,因不能为人们所控制,就不能视为盗窃意义上的财产。第三,一般是动产,不动产不能成为本罪对象。但与不动产可以分离,而又不丧失原物价值的附着物,仍可成为本罪侵犯的对象。根据法律规定,本罪对象还包括某些无形物,如电力、煤气、天然气、科技成果、长途电话账号、电信号码等。此外,信用卡、增值税专用发票等也可以成为盗窃罪的对象。第四,依照《刑法》的有关规定,盗窃某些特定对象,构成其他犯罪的,应按刑法分则的有关规定处罚。

(2)本罪在客观方面,表现为秘密窃取公私财物的行为。所谓窃取,是指在财物所有人、持有人或者经手人不察觉的情况下,把公私财物据为己有。窃取有两种情况:一种是乘财物的所有人、持有人或者经手人不在场时,将财物偷走。另一种是在公共场所乘人不备进行偷窃。秘密窃取财物,是盗窃罪区别于抢劫罪、抢夺罪、诈骗罪的重要标志。

《刑法修正案(八)》第39条,对盗窃罪的客观要件进行了详细的描述。数额较大,是构成盗窃罪的基本要件。如果盗窃的数额较小,一般应当依照《治安管理处罚法》的规定予以处罚,不作为刑事犯罪处理。但是有一些特定的盗窃行为,社会危害性比较大,即使没有达到数额较大的标准,也可以构成盗窃罪。第一,多次盗窃。根据最高人民法院的司法解释,2年内盗窃3次以上的,应当认定为"多次盗窃",以盗窃罪定罪处罚。第二,入户盗窃。这里所说的"户",是指公民日常生活的住所,包括用于生活的与外界相对隔离的封闭的院落、牧民的帐篷、渔民生活的渔船等,不包括办公场所。第三,携带凶器盗窃。"凶器",是指枪支、爆炸物、管制刀具等可用于实施暴力的器具。行为人携带凶器盗窃,是以暴力为后盾,一旦被发现或者被抓捕,就有可能使用暴力进行顽抗,对公民的人身安全构成严重威胁。因此,即使没有达到数额标准,也应以盗窃罪论处。这里所说的"携带凶器盗窃",是指行为人携带凶器进行盗窃而未使用的情况,如果行为人在携带凶器盗窃时,为窝藏赃物、抗拒抓捕或者毁灭罪证而当场使用凶器的,应以抢劫罪定罪处罚。第四,扒窃。"扒窃",是指在公共场所或者公共交通工具上窃取他人随身携带的财物。行为人往往采用掏兜、割包等手段进行扒窃,对公民财产和人身安全以及公共秩序都形成严重威胁,应当予以犯罪化。

(3) 本罪的主体是一般主体。即凡年满16周岁,并具有刑事责任能力的人,都可成为本罪主体。单位不能成为盗窃罪的主体,但单位集体盗窃公私财物,所盗财物由单位所有的,应以共同盗窃犯罪追究决定者和实施者的刑事责任。

(4) 本罪在主观方面,只能由故意构成,并且具有非法占有的目的。窃取的故意,是指明知是他人所有、持有或者经手之物,而有意窃为己有。同时,窃取的故意不一定限于盗窃某一既定的对象,在盗窃过程中,临时起意缩小或者扩大原来的故意范围,在所不论。所以本罪在主观方面的故意,是指概括的盗窃故意。非法占有的目的,是指事实上对财物的控制、支配,这既是一种状态,也是一种行为。本罪侵犯的客体是公私财物所有权,它包括占有、使用、收益和处分之权。但盗窃行为往往是从占有开始,破坏财物所有人、持有人或经手人对财物的合法控制,使之置于自己控制之下,进而行使其使用、收益、处分之权。所以,对占有应作广义的理解,不仅包括占为自己所有,而且包括占为第三人所有。

在研究盗窃罪的构成特征时,还涉及对《刑法》第265条的理解问题。《刑法》第265条是关于以牟利为目的,盗接他人通信线路、复制他人电信号码或者明知是盗接、复制的电信设备、设施而使用的行为,按盗窃罪定罪处罚的规定。本条规定的盗窃罪虽然不表现为直接窃取他人财物,但盗接通信线路、复制电信号码及使用盗接、复制的电信设备、设施的行为,均是在他人不知觉的情况下进行的,本质上仍然属于秘密窃取性质。在主观上,是以取得一定的非法经济利益作为犯罪故意的内容。所以,本条规定的行为完全符合一般盗窃罪的构成特征,这也是法律把这类行为规定为按盗窃罪定罪处罚的根据所在。

(二) 认定盗窃罪应划清的界限

(1) 划清罪与非罪的界限。对于小偷小摸行为、因受灾生活困难偶尔进行偷窃的行为,一般不作盗窃罪处理,必要时,给予治安管理处罚;要把偷窃自己家里或近亲属财物的行为与社会上的盗窃犯罪区别开来,对前者一般不作犯罪处理,对确有追究刑事责任必要的,在处理时也应同社会上的盗窃犯罪有所区别。

(2) 划清盗窃罪与其他犯罪的界限。主要有以下几种情况:第一,盗窃法律明文规定的属于危害公共安全的犯罪对象,如交通工具、交通设备、电力燃气设备、易燃易爆设备、通讯设备等。盗窃的上列设备如果是正在使用中的,足以危害公共安全已构成犯罪的,就应按《刑法》分则规定的有关危害公共安全的具体犯罪论处;但如果盗窃的上列设备是库存的或者是废置的设备,不足以危害公共安全,但已构成犯罪的,就应以盗窃罪论处。第二,盗窃墓葬,窃取财物数额较大的,应以盗窃罪论处;虽未窃得财物或窃得少量财物的,如果情节严重,也应以盗窃罪论处;如果窃取少量财物,情节轻微的,可由公安机关予以治安处罚。盗掘古文化遗址、古墓葬的,应以盗掘古文化遗址、古墓葬罪论处。第三,对偷开汽车的,如果以非法占有为目的,变卖或留用的,应定盗窃罪;如果为了进行其他犯罪活动,偷开汽车当犯罪工具使用,可以按行为人所实施的犯罪定罪处罚;如果在偷开汽车中确因过失撞死、撞伤了人或者撞坏了车辆的,应按交通肇事罪论处;如果为了游乐,多人多次偷开汽车,并将汽车遗弃,严重扰乱工作、生产秩序,造成严重损失的,对首要分子可以按妨害社会管理秩序罪论处;如果偶尔偷开汽车,情节轻微,可以不认为是犯罪,责令其赔偿损失,或者由公安机关予以治安处罚。第四,窃取他人购买的旅行支票,摹仿持有人签字,骗兑现款或者骗购物品的;窃取单位盖过章的空白支票,填写收款单位和金额,骗购物品的,如果数额较大,构成盗窃罪;参加骗取购货的人,如果知道支票是偷来的,就构成盗窃罪的共犯;如果不知道支票是偷来的,而冒充支票单位人员骗购货物的,则可定诈骗罪。第五,实施盗窃犯罪,造成公私财物损毁的,以盗窃罪从重处罚;又构成其他犯罪的,择一重罪从重处罚;盗窃公私财物未构成盗窃罪,但因采用破坏性手段造成公私财物损毁数额较大的,以故意毁坏财物罪定罪处罚。盗窃后,为掩盖盗窃罪行或者进行报复等,故意毁坏公私财物,构成犯罪的,应以盗窃罪和构成的其他罪实行数罪并罚。

(3) 正确认定盗窃罪的未遂和既遂问题。盗窃未遂的,难以计算数额,实际危害也不大,一般认为不构成犯罪。但是,对于盗窃银行、金融机构的资金和珍贵文物的,虽然未遂,但情节严重,也应作为盗窃罪处罚。对于盗窃既遂的标准,有不同意见。理论上有接触说、转移说、隐匿说、失控说、控制说、失控加控制说。我们认为,行为人使财物脱离物主的控制,实际置于自己的控制之下即为既遂。盗窃犯的目的,在于非法占有他人财物,只有实际控制了财物,使之脱离物主的控制,才算达到了盗窃的既遂状态。

(三) 对盗窃罪的处罚

根据《刑法》第264条的规定,盗窃公私财物,数额较大的,或者多次盗窃、入户盗窃、携带凶器盗窃、扒窃的,处3年以下有期徒刑、拘役或者管制,并处或者单处罚金;数额巨大或者有其他严重情节的,处3年以上10年以下有期徒刑,并处罚金;数额特别巨大或者有其他特别严重情节的,处10年以上有期徒刑或者无期徒刑,并处罚金或者没收财产。

根据《刑法》第264条的规定,追究盗窃罪刑事责任时,不能仅按盗窃财物数额大小来决定刑事责任的轻重,还要考虑其他情节。本条法律将"数额较大"与"多次盗窃""数额巨大"与"其他严重情节""数额特别巨大"与"其他特别严重情节"分别作为选择法定刑的标志,说明数额大小只是选择轻重法定刑的标志之一,而不是唯一的标志。例如,盗窃"数额较大"是构成盗窃罪的主要标志。何谓"数额较大",2013年最高人民法院、最高人民检察院《关于办理盗窃刑事案件适用法律若干问题的解释》第1条规定,盗窃公私财物价值1000元至3000元以上的,为数额较大。根据上述司法解释第2条的规定,盗窃公私财物,具有下列情形之一的,"数额较大"的标准可以按照前条规定标准的50%确定:(1)曾因盗窃受过刑事处罚的;(2)1年内曾因盗窃受过行政处罚的;(3)组织、控制未成年人盗窃的;(4)自然灾害、事故灾害、社会治安事件等突发事件期间,在事件发生地盗窃的;(5)盗窃残疾人、孤寡老人、丧失劳动能力人的财物的;(6)在医院盗窃病人或者其亲友财物的;(7)因盗窃造成严重后果的。

根据前述司法解释第6条的规定,"盗窃公私财物,具有本解释第二条第三项至第八项规定情形之一的,或者入户盗窃、携带凶器盗窃,数额达到本解释第一条规定的'数额巨大'、'数额特别巨大'百分之五十的,可以分别认定为刑法第二百六十四条规定的'其他严重情节'或者'其他特别严重情节'"。所谓"数额巨大",是指人民币3万元至10万元以上的;"数额特别巨大",是指人民币30万元至50万元以上的。

根据上述司法解释第7条的规定,盗窃公私财物数额较大,行为人认罪、悔罪、退赃、退赔,且具有下列情形之一,情节轻微的,可以不起诉或者免予刑事处罚;必要时,由有关部门予以行政处罚:(1)具有法定从宽处罚情节的;(2)没有参与分赃或者获赃较少且不是主犯的;(3)被害人谅解的;(4)其他情节轻微、危害不大的。对于偷拿家庭成员或者近亲属的财物,获得谅解的,一般可以不认为是犯罪;追究刑事责任的,应当酌情从宽。

由于我国地域辽阔,各地区的经济发展不平衡,各省、自治区、直辖市的高级人民法院可根据本地区的经济发展状况,参考上述最高人民法院的司法解释所确定的数额幅度,分别制定本地区执行的"数额较大""数额巨大""数额特别巨大"的标准。

以上所说"数额较大""数额巨大""数额特别巨大"都是指个人盗窃数额而言,在共同盗窃案件中的数额标准如何掌握呢?在共同盗窃案件中,各共同犯罪人的盗窃数额计算,直接影响着各共同犯罪人的刑事责任的轻重。根据《刑法》第26条、第27条的规定,对各共同犯罪人分别按下列原则处理:(1)对犯罪集团的首要分子,应当按照集团犯罪的总额处罚;(2)对共同犯罪中的其他主犯,应当按照其所参与的或者组织、指挥的共同盗窃的数额处罚;(3)对共同犯罪中的从犯,应当按照其所参与的共同盗窃的数额确定量刑幅度,并依照《刑法》第27条第2款的规定,从轻、减轻处罚或者免除处罚。

二、诈骗罪

（一）诈骗罪的概念与特征

诈骗罪，是指以非法占有为目的，使用虚构事实或者隐瞒真相的方法，骗取公私财物的行为。本罪的主要特征：

（1）本罪侵犯的客体是公私财物所有权。财物可以是属于被害人所有，也可以是被害人持有。如果行为人对其持有的他人之物，谎称属自己所有或者进而作为己有予以处分，因为没有直接对被害人实施诈骗，使之陷入错误认识而交付财物，就不能视为诈骗性质。本罪侵犯的对象，限于各种具体的公私财物。如果其骗取的是其他对象或者虽是财物，但通过其他对象作为媒介或其他方法行骗，其侵犯的客体也因之而变，就不能构成本罪，如果构成犯罪，应按《刑法》分则有关规定处罚。

（2）本罪在客观方面，表现为使用虚构事实或者隐瞒真相的方法，使财物的所有人、管理人或持有人陷入错误认识，从而"自愿"将财物交给犯罪人。这里所说的"自愿"，并不是建立在对真实情况了解的基础上，而是被犯罪人制造的假象所迷惑，绝非受害人的本意。这是本罪区别于盗窃罪、抢夺罪与抢劫罪的基本标志。所谓"虚构事实"，是指捏造客观上并不存在的事实，以骗取他人财物。虚构的事实，可以是全部虚构，也可以是部分虚构。所谓隐瞒真相，是指对受害人掩盖客观存在的某种事实，使之陷入错误认识，从而交出财物。在上述两种情况下，被害人由于上当受骗交出财物的，都构成诈骗罪。

（3）本罪的主体为一般主体。以企事业单位名义进行诈骗活动，构成犯罪的，应追究其主管人员或者直接责任人员的刑事责任。

（4）本罪在主观方面，只能由故意构成，并具有非法占有公私财物的目的。至于犯罪人骗取财物后，是自己挥霍享受、或使用、或转送第三人所有、使用，都不影响本罪的成立。

（二）认定诈骗罪应划清的界限

（1）划清罪与非罪的界限。根据《刑法》规定，诈骗公私财物数额较大的，才构成犯罪；骗取少量财物，情节显著轻微的，不应以犯罪论处，视其情节可予以批评教育或者治安行政处罚。诈骗未遂，以数额巨大的财物为诈骗目标的，或者具有其他严重情节的，应当定罪处罚。利用发送短信、拨打电话、互联网等电信技术手段对不特定多数人实施诈骗，诈骗数额难以查证，但具有下列情形之一的，应当认定为《刑法》第266条规定的"其他严重情节"，以诈骗罪（未遂）定罪处罚；第一，发送诈骗信息5000条以上的；第二，拨打诈骗电话500人次以上的；第三，诈骗手段恶劣、危害严重的。实施前款行为，数量达到前款第一、二项规定标准10倍以上的，或者诈骗手段特别恶劣、危害特别严重的，应当认定为刑法第

266 条规定的"其他特别严重情节",以诈骗(未遂)定罪处罚。

(2) 划清诈骗罪与借贷行为的界限。正常的借贷关系,没有非法占有的目的,如果不能按期偿还,与诈骗有原则区别。但是,如果以高息或先付息为诱饵骗借钱款,事后挥霍殆尽,又百般掩饰敷衍,久拖不还,这是以借贷为幌子的诈骗行为。

(3) 划清诈骗罪与代人购物而拖延偿还货款行为的界限。代人购买紧俏商品,没有买到货物,钱款又被挪用,只要确实打算偿还,不构成诈骗罪;如果行为人以代购之名,行诈骗之实,骗取大量财物后,根本未采购代购货物,而是把货款移作他用或大肆挥霍,无归还之意,类似这种情况,应以诈骗罪论处。

(4) 划清诈骗罪与其他罪的界限。《刑法》第 266 条规定:本法另有规定的,依照规定。所谓"本法另有规定的",主要是指《刑法》第 192 条至第 198 条规定的集资诈骗罪、贷款诈骗罪、票据诈骗罪、金融凭证诈骗罪、信用证诈骗罪、信用卡诈骗罪、有价证券诈骗罪、保险诈骗罪,以及第 224 条规定的合同诈骗罪等。这些犯罪虽然都使用了诈骗的手段,但由于行为人的目的、侵犯的客体、犯罪的对象不同,因而其罪名也就不同。对于上述行为都应按有关条文规定分别定罪量刑,而不能以诈骗罪论处。

(三) 对诈骗罪的处罚

根据《刑法》第 266 条的规定,犯诈骗罪的,处 3 年以下有期徒刑、拘役或者管制,并处或者单处罚金;数额巨大或者有其他严重情节的,处 3 年以上 10 年以下有期徒刑,并处罚金;数额特别巨大或者有其他特别严重情节的,处 10 年以上有期徒刑或者无期徒刑,并处罚金或者没收财产。根据 2011 年最高人民法院、最高人民检察院《关于办理诈骗刑事案件具体应用法律若干问题的解释》第 1 条的规定,诈骗公私财物价值 3000 元至 1 万元以上、3 万元至 10 万元以上、50 万元以上的,应当分别认定为刑法第 266 条规定的"数额较大""数额巨大""数额特别巨大"。但我国各地区经济发展不平衡,各省、自治区、直辖市应根据本地区实际情况,以此标准为大体依据确定执行数额。在选择法定刑和裁量刑罚时,数额大小只是量刑的情节之一,而不是量刑轻重的唯一情节。

根据上述司法解释第 2 条的规定,诈骗公私财物达到以上数额标准,具有下列情形之一的,可以依照《刑法》第 266 条的规定酌情从严惩处:(1) 通过发送短信、拨打电话或者利用互联网、广播电视、报刊杂志等发布虚假信息,对不特定多数人实施诈骗的;(2) 诈骗救灾、抢险、防汛、优抚、扶贫、移民、救济、医疗款物的;(3) 以赈灾募捐名义实施诈骗的;(4) 诈骗残疾人、老年人或者丧失劳动能力人的财物的;(5) 造成被害人自杀、精神失常或者其他严重后果的。诈骗数额接近上述"数额巨大""数额特别巨大"的标准,并具有前款规定的情形之一或者属于诈骗集团首要分子的,应当分别认定为《刑法》266 条规定的"其他严重情节"、"其他特别严重情节"。

但是,诈骗公私财物虽已达到"数额较大"的标准,但具有下列情形之一,且行为人认罪、悔罪的,可以根据《刑法》第 37 条、《刑事诉讼法》第 142 条的规定不起诉或者免予刑事处罚:(1) 具有法定从宽处罚情节的;(2) 一审宣判前全部退赃、退赔的;(3) 没有参与分赃或者获赃较少且不是主犯的;(4) 被害人谅解的;(5) 其他情节轻微、危害不大的。诈骗近亲属的财物,近亲属谅解的,一般可不按犯罪处理。

第四节 侵占罪和职务侵占罪

一、侵占罪

（一）侵占罪的概念和特征

侵占罪,是指以非法占有为目的,将为他人保管的财物或者他人的遗忘物、埋藏物占为己有,数额较大,且拒不交还的行为。

构成侵占罪的主要特征是:

(1) 本罪侵犯的客体是公民私人财产所有权。犯罪对象是代他人保管的财物或者是他人遗忘物、埋藏物。这里所说的"他人财物",仅限于公民私人财物,不包括国有财物,也不包括公司、企业或者其他单位的财物。如果是国家或者单位委托行为人保管财物,而行为人非法占为己有,则可能构成贪污罪或者职务侵占罪;如果行为人将其遗忘了,遗忘人应承担赔偿的责任。

(2) 本罪在客观方面表现为将为他人代为保管的财物,或者将他人的遗忘物、埋藏物占为己有,数额较大,且拒不退还或者拒不交出的行为。这里所说的"代为保管",是指行为人基于委托关系或者事实上的管理,而拥有对他人财物的持有和管理权。所以这里的代为保管,不属于民法上的占有,只要行为人对财物具有事实上或者法律上支配力,即可构成本罪,而不要求行为人必须事实上握有该项财物,才能构成本罪。所谓"遗忘物",是指由于财物所有人、持有人暂时遗忘而失去占有、控制的财物。其特点是遗忘时间短,失主发现遗忘后,会很快比较准确地回忆起财物在何时、何地脱离自己的控制,拾得者一般也能知道失主是谁。所谓"埋藏物",是指长期埋藏于地下,而不知其所有人的物品。埋藏物不同于地下的文物,地下文物属于国家所有,文物不能成为本罪侵犯的对象。

(3) 本罪的主体为一般主体,即凡是达到法定责任年龄,具有刑事责任能力的自然人,均可成为本罪的主体。

(4) 本罪在主观方面出自故意,并且具有非法占有他人财物的目的。

(二) 认定侵占罪应划清的几个界限

(1) 划清罪与非罪的界限。按照《刑法》第 270 条规定,侵占为他人代为保管的财物或者他人的遗忘物、埋藏物,必须是数额较大的,才构成侵占罪,否则不构成犯罪。何谓"数额较大",法律本身未加规定,此罪是刑法新设立的罪名,数额较大的具体标准,有待司法机关作出解释。

(2) 划清侵占罪与不当得利的界限。不当得利是指某人没有法律上或者合同上的根据,或者后来丧失了这种根据,使他人受到损害而得到的利益。如甲借乙 2000 元钱,借后不久甲将所借 2000 元钱还给了乙,但甲的妻子不知道甲已还了乙的借款,过了一段时间,甲的妻子又给了乙 2000 元,乙也收下了。乙后收的这 2000 元钱即为不当得利。不当得利和侵占虽然都表现为非法占有他人财物,但二者有重要区别:第一,故意形成的时间不同。后者的行为人在取得不当得利之前,并无非法占有他人财物的故意;前者的行为人在实施侵占行为之前,就产生了非法占有他人财物的故意。第二,行为方式不同。后者法律事实或合同事实的出现,是由于受害人的过错造成的,行为人获得利益是被动的;而前者的行为人非法占有他人财物的事实是积极促成的。第三,行为性质不同。后者是一种民事上的违法行为,行为人只承担返还不该获得利益的民事责任;前者是一种违反刑法的犯罪行为,行为人既要承担刑事责任,又要承担民事上的赔偿责任。

(3) 划清侵占罪和盗窃罪的界限。侵占罪与盗窃罪均为一般主体,主观上均有非法占有他人财物的目的。二者的主要区别有:第一,客观方面不同。前者的行为人在实施侵占他人财物行为时,所侵占的财物已在其实际控制之下;而后者的行为人在实施窃取他人财物时,所窃取的财物并不在其控制之下。第二,犯意形成的时间不同。前者非法占有的故意,产生在代为保管他人财物之后;而盗窃罪则是在窃取他人财物之前就产生非法占有他人财物的故意。第三,犯罪客体不同。前者只侵犯公民个人的财产所有权,而后者是侵犯公私财产所有权。

(三) 对侵占罪的处罚

依照《刑法》第 270 条的规定,犯侵占罪的,处 2 年以下有期徒刑、拘役或者罚金;数额巨大或者有其他严重情节的,处 2 年以上 5 年以下有期徒刑,并处罚金。本条第 3 款还规定,犯本罪,告诉的才处理。

二、职务侵占罪

(一) 职务侵占罪的概念和特征

职务侵占罪,是指公司、企业或者其他单位的人员,利用职务上的便利,将本单位财物占为己有,数额较大的行为。

职务侵占罪的主要特征:

(1) 本罪侵犯的客体是公司、企业或者其他单位的公私财物所有权。根据我国《公司法》的规定,公司分为有限责任公司和股份有限公司两类。这两类公司均为企业法人,公司法人的财产来源于股东的投资,它与股东的财产所有权存在着密切的联系。因此,对法人财产权的侵犯,也就是对公司财产权的侵犯。职务侵占罪的对象,是行为人所在的公司、企业及其他单位的财物,既包括动产和不动产,也包括有形和无形财产。

(2) 本罪在客观方面表现为利用职务上的便利,将本单位财物非法据为己有的行为。利用职务上的便利是构成本罪的必备要件之一,否则不能构成职务侵占罪。所谓"利用职务上的便利",是指行为人利用自己主管、管理、经营、经手单位财物的便利条件,这种便利条件是由行为人所担任的职务产生的,利用与职务无关的便利,如利用工作上的便利,侵占本单位财物的行为,不能构成本罪。利用职务之便侵占本单位财物,这里所说的"侵占",除了将代为保管的单位财物非法占为己有外,还包括利用职务之便的盗窃(监守自盗)、侵吞、骗取、私分或者其他方法,非法占有本单位财物。《刑法》第271条还规定有其他单位,这里所规定的"其他单位",不能理解为侵占外单位的财物,立法者的意图认为,把侵占公司、企业财物罪,仅限于公司、企业还不够,还有类似公司、企业的经济组织,因此,在公司、企业之外,又增加了其他单位来概括,这样使对单位财产的保护范围更加宽泛。

(3) 本罪的主体是特殊主体,即必须是公司、企业或者其他单位的人员。概括起来可以分为两类人员:一类是有限责任公司、股份有限公司的董事、监事及其他职工。另一类是有限责任公司、股份有限公司以外的企业职工,如联营企业、合资企业、合营企业、合伙企业、股份合作制企业、外商投资企业中的职工。依照《刑法》第271条第2款的规定:国有公司、企业或者其他国有单位中从事公务的人员,以及国有公司、企业或者其他国有单位委派到非国有公司、企业和其他单位从事公务的人员实施侵占行为的,不构成本罪,应当以贪污罪论处。最高人民法院2000年6月27日《关于审理贪污、职务侵占案件如何认定共同犯罪几个问题的解释》指出:"公司、企业或者其他单位中,不具有国家工作人员身份的人与国家工作人员相勾结,分别利用各自的职务便利,共同将本单位财物非法占为己有的,按照主犯的犯罪性质定罪。"这一解释与《刑法》第382条第3款的规定相矛盾。公司、企业或者其他单位的人员与国家工作人员相勾结,共同将本单位财物非法占为己有,只要所占有的财物为公共财物,就完全符合共同贪污的特征,应以贪污罪的共犯论处。如果一般公民与国家工作人员勾结,利用国家工作人员的职务便利,共同侵吞、窃取、骗取或者以其他手段非法占有公共财物,以贪污罪共犯论处,而公司、企业或者其他单位的人员与国家工作人员相勾结,也利用了职务上的便利,如果是主犯,则不能定贪污罪,只能以职务侵占罪论处,这显然是不合理的。

(4) 本罪在主观方面必须出自故意,并具有将本单位财物非法占为己有的目的。

(二) 认定职务侵占罪应划清的界限

(1) 划清罪与非罪的界限。利用职务侵占单位财物数额较大的,才构成犯罪;侵占单位少量财物,情节显著轻微危害不大的,不能当作犯罪处理,可视其情节予以批评教育或者给予党纪政纪处理。2016年最高人民法院、最高人民检察院《关于办理贪污贿赂刑事案件适用法律若干问题的解释》第11条第1款规定:"刑法第一百六十三条规定的非国家工作人员受贿罪、第二百七十一条规定的职务侵占罪中的'数额较大''数额巨大'的数额起点,按照本解释关于受贿罪、贪污罪相对应的数额标准规定的二倍、五倍执行。"上述司法解释第1条第1款规定,贪污数额在3万元以上不满20万元的,应当认定为刑法第383条第1款规定的"数额较大"。据此,职务侵占罪的数额较大标准应为6万元以上。该司法解释第2条第1款规定,贪污数额在20万元以上不满300万元的,应当认定为刑法第383条第1款规定的"数额巨大"。据此,职务侵占罪的数额巨大标准应为100万元以上。职务侵占罪"数额特别巨大"的标准则不明确。

(2) 划清职务侵占罪与侵占罪的界限。职务侵占罪和侵占罪都是侵占型的侵犯财产犯罪,主观方面都具有非法占有财产的故意,但二者有重要区别,其主要区别是:第一,侵犯的客体不同。前者侵犯的是公私财产所有权,后者侵犯的是公民个人财产所有权。第二,犯罪主体不同。前者是特殊主体,即公司、企业或者其他单位的人员,后者为一般主体。第三,客观方面表现不同。前者以利用职务上的便利为条件,后者与职务无关。第四,犯罪对象不同。前者的对象为本单位的财物,后者的对象则是代为保管的他人财物、他人的遗忘物或者埋藏物。

(三) 对职务侵占罪的处罚

根据《刑法修正案(十一)》第29条和《刑法》第271条的规定,公司、企业或者其他单位的工作人员,利用职务上的便利,将本单位财物非法占位己有,数额较大的,处3年以下有期徒刑或者拘役,并处罚金;数额巨大的,处3年以上10年以下有期徒刑,并处罚金;数额特别巨大的,处10年以上有期徒刑或者无期徒刑,并处罚金。

国有公司、企业或者其他国有单位中从事公务的人员和国有公司、企业或者其他国有单位委派到非国有公司、企业以及其他单位从事公务的人员有前款行为的,依照本法第382条、第383条的规定定罪处罚。

第五节 本章其他犯罪

根据《刑法》第268条和第272条至第276条规定,本章还有以下几种犯罪:

一、聚众哄抢罪

聚众哄抢罪,是指聚集多人,哄抢公私财物,数额较大或者情节严重的行为。

本罪的主要特征:

(1) 侵犯的客体是公私财产所有权,犯罪对象是动产。

(2) 客观方面表现为聚集多人哄抢公私财物,数额较大或者情节严重的行为。

(3) 本罪的主体是特殊主体,即聚众哄抢公私财物的首要分子和积极参加者。

(4) 犯罪的主观方面只能是故意,一般具有非法占有公私财物的目的。

根据《刑法》第268条的规定,犯本罪的,处3年以下有期徒刑、拘役或者管制,并处罚金;数额巨大或者有其他特别严重情节的,处3年以上10年以下有期徒刑,并处罚金。

二、挪用资金罪

挪用资金罪,是指公司、企业或者其他单位的工作人员,利用职务上的便利,挪用本单位资金归个人使用或者借贷给他人,数额较大,超过3个月未还的;或者数额较大,进行营利性活动的,或者进行非法活动的行为。

本罪的主要特征:

(1) 侵犯的客体是单位财产的使用权,包括集体所有和私营的各种公司、企业和单位的财产使用权。

(2) 在客观方面表现为利用职务上的便利,挪用本单位资金归个人使用或者借贷给他人,在此基础上具体分为三种情况:一是数额较大,超过3个月未还的;二是虽未超过3个月,但数额较大、进行营利活动的;三是挪用资金进行非法活动的。

(3) 本罪主体是特殊主体,即必须是公司、企业或者是其他单位的人员。

(4) 本罪主观方面只能是故意,并具有挪用资金归个人使用或者借贷给他人的目的。

根据《刑法修正案(十一)》第30条和《刑法》第272条的规定,公司、企业或者其他单位的工作人员,利用职务上的便利,挪用本单位资金归个人使用或者借贷给他人的,数额较大、超过3个月未还的,或者虽未超过3个月,但数额较大、进行营利活动的,或者进行非法活动的,处3年以下有期徒刑或者拘役;挪用本单位资金数额巨大的,处3年以上7年以下有期徒刑;数额特别巨大的,处7年以上有期徒刑。

国有公司、企业或者其他国有单位中从事公务的人员和国有公司、企业或者其他国有单位委派到非国有公司、企业以及其他单位从事公务的人员有前款行为的,依照本法第384条的规定定罪处罚。

有第1款行为,在提起公诉前将挪用的资金退还的,可以从轻或者减轻处罚。其中,犯罪较轻的,可以减轻或者免除处罚。

第3款是《刑法修正案(十一)》第30条新增加的内容,对挪用资金犯罪从宽处理,必须同时符合两个条件:第一,在提起公诉前。"提起公诉"是人民检察院经全面审查,对事实清楚、证据确实充分、依法应当判处刑罚的,提交人民法院审判的诉讼活动。第二,行为人必须将挪用的资金全部退还。当然,实践中也存在行为人因为经济状况,虽然积极退赔,但确实无力退还全部赃款的情况。人民法院可以结合案件的具体情况,行为人退赔金额对于减少损害结果的实际效果等,依法予以从宽处理。

三、挪用特定款物罪

挪用特定款物罪,是指违反国家财经制度,挪用用于救灾、抢险、防汛、优抚、扶贫、移民、救济款物,情节严重,致使国家和人民群众利益遭受重大损害的行为。

挪用特定款物罪的主要特征:

(1)侵犯的客体是特定款物的使用权和国家关于特定款物专用的财经管理制度。

(2)客观方面表现为挪用特定款物,情节严重,致使国家和人民群众利益遭受重大损害的行为。

(3)本罪的主体是特殊主体,即掌管、经手救灾、抢险、防汛、优抚、扶贫、移民、救济款物的直接责任人员。

(4)主观方面是出于故意,即明知是用于救灾、抢险、防汛、优抚、扶贫、移民、救济等特定款物而决意挪用。

根据《刑法》第273条的规定,犯本罪的,处3年以下有期徒刑或者拘役;情节特别严重的,处3年以上7年以下有期徒刑。

四、敲诈勒索罪

敲诈勒索罪,是指以非法占有为目的,对公私财物的所有人、管理人实施威胁或者要挟的方法,强行索取公私财物的行为。

敲诈勒索罪的主要特征:

(1)侵犯的客体是公私财物的所有权,同时侵犯他人的人身权利或者其他权益。

(2)客观方面表现为实施了威胁、要挟的方法逼使被害人交出财物的行为。

敲诈勒索的财物数额较大或者多次敲诈勒索的才构成犯罪。数额较大，是本罪的基本要件。如果没有达到数额较大的标准，应以《治安管理处罚法》的规定处罚。多次敲诈勒索，是《刑法修正案(八)》新规定的构成犯罪的条件。对多次敲诈勒索的行为，即使没有达到数额较大的标准，也应当定罪处罚。

(3) 本罪的主体为一般主体。

(4) 主观方面只能是直接故意，并具有非法占有公私财物的目的。

根据2013年最高人民法院、最高人民检察院《关于办理敲诈勒索刑事案件适用法律若干问题的解释》的规定，敲诈勒索公私财物价值2000元至5000元以上，应当认定为数额较大。敲诈勒索公私财物，具有下列情形之一的，"数额较大"的标准可以按照上述标准的50%确定：曾因敲诈勒索受过刑事处罚的；1年内曾因敲诈勒索受过行政处罚的；对未成年人、残疾人、老年人或者丧失劳动能力人敲诈勒索的；以将要实施放火、爆炸等危害公共安全犯罪或者故意杀人、绑架等严重侵犯公民人身权利犯罪相威胁敲诈勒索的；以黑恶势力名义敲诈勒索的；利用或者冒充国家机关工作人员、军人、新闻工作者等特殊身份敲诈勒索的；造成其他严重后果的。2年内敲诈勒索3次以上的，应当认定为多次敲诈勒索。

但是，敲诈勒索数额较大，行为人认罪、悔罪、退赃、退赔，并具有下列情形之一的，可以认定为犯罪情节轻微，不起诉或者免予刑事处罚，由有关部门依法予以行政处罚：具有法定从宽处罚情节的；没有参与分赃或者获赃较少且不是主犯的；被害人谅解的；其他情节轻微、危害不大的。敲诈勒索近亲属的财物，获得谅解的，一般不认为是犯罪；认定犯罪的，应当酌情从宽处理。被害人对敲诈勒索的发生存在过错的，根据被害人过错程度和案件其他情况，可以对行为人酌情从宽处理；情节显著轻微，危害不大的，不认为是犯罪。敲诈勒索未遂但情节严重的，可以敲诈勒索的未遂犯论处。

根据《刑法》第274条的规定，犯本罪的，处3年以下有期徒刑、拘役或者管制，并处或者单处罚金；数额巨大或者有其他严重情节的，处3年以上10年以下有期徒刑，并处罚金；数额特别巨大或者有其他特别严重情节的，处10年以上有期徒刑，并处罚金。

五、故意毁坏财物罪

故意毁坏财物罪，是指故意非法毁灭或者损坏公私财物，数额较大或者有其他严重情节的行为。

故意毁坏财物罪的主要特征：

(1) 侵犯的客体是公私财物的所有权。

(2) 客观方面表现为实施了毁灭或者损坏公私财物的行为。

(3) 本罪主体为一般主体。

(4) 主观方面只能由故意构成。

根据《刑法》第 275 条的规定,犯本罪的,处 3 年以下有期徒刑、拘役或者罚金;数额巨大或者有其他特别严重情节的,处 3 年以上 7 年以下有期徒刑。

六、破坏生产经营罪

破坏生产经营罪,是指由于泄愤报复或者其他个人目的,故意毁坏机器设备、残害耕畜或者以其他方法破坏生产经营的行为。

破坏生产经营罪的主要特征:

(1) 侵犯的客体是生产经营的正常活动。

(2) 客观方面表现为毁坏机器设备、残害耕畜或者以其他方法破坏生产经营的行为。

(3) 本罪主体是自然人,一般主体。

(4) 本罪主观方面只能是故意,并具有泄愤报复或者其他个人目的。

根据《刑法》第 276 条的规定,犯本罪的,处 3 年以下有期徒刑、拘役或者管制;情节严重的,处 3 年以上 7 年以下有期徒刑。

七、拒不支付劳动报酬罪

拒不支付劳动报酬罪,是指以转移财产、逃匿等方法逃避支付劳动者的劳动报酬或者有能力支付而不支付劳动者的劳动报酬,数额较大,经政府有关部门责令支付仍不支付的行为。

拒不支付劳动报酬罪的主要特征:

(1) 侵犯的客体是双重客体,既侵犯了劳动者的获得劳动报酬的权利,又扰乱了市场经济秩序。

(2) 客观方面,行为人实施了以转移财产或逃匿等手段,逃避支付劳动者的劳动报酬或者虽没有转移财产和逃匿等行为,但有能力支付而故意不支付劳动者的劳动报酬的行为。

(3) 犯罪主体是自然人。

(4) 主观方面必须具有逃避支付或者不支付劳动者的劳动报酬的故意。

根据《刑法修正案(八)》第 41 条和《刑法》第 276 条之一的规定,犯本罪的,处 3 年以下有期徒刑或者拘役,并处或者单处罚金;造成严重后果的,处 3 年以上 7 年以下有期徒刑,并处罚金。

单位犯前款罪的,对单位判处罚金,并对其直接负责的主管人员和其他直接责任人员,依照前款的规定处罚。这里所说的单位,是指《劳动合同法》中规定的用人单位,包括具备合法经营资格的用人单位和不具备合法经营资格的用人单位以及劳务派遣单位。对于个人承包经营者犯罪的,应当以个人犯罪追究其刑事责任。

　　有前两款行为,尚未造成严重后果的,在提起公诉前支付劳动者的劳动报酬,并依法承担相应赔偿责任的,可以减轻或者免除处罚。根据本款规定,对逃避支付或不支付劳动者的劳动报酬的个人或单位,可以减轻或者免除处罚必须同时具备以下三个条件,缺一不可:第一,在人民检察院提起公诉前全部支付了劳动者的劳动报酬;第二,在人民检察院提起公诉前依法承担了相应的赔偿责任;第三,欠薪行为尚未造成严重后果。所谓"尚未造成严重后果",是指:虽然没有支付或没有及时支付劳动者报酬,但没有严重影响到劳动者家庭的生活或生存;没有造成劳动者自伤、精神失常或者实施犯罪行为;没有引发群体性事件等严重后果。

第二十三章　妨害社会管理秩序罪

第一节　妨害社会管理秩序罪的概念和特征

妨害社会管理秩序罪,是指妨害国家机关对社会的管理活动,破坏社会秩序,情节严重的行为。

妨害社会管理秩序罪的主要特征是:

(1) 侵犯的客体是社会管理秩序,即国家机关依法对社会进行管理而形成的正常的社会秩序。国家机关依法对社会进行管理而形成的正常社会秩序涉及社会关系的一切方面、社会生活的各个领域。任何犯罪都会不同程度地破坏社会管理秩序,但并非所有犯罪都是本章规定的妨害社会管理秩序罪。本章妨害社会管理秩序罪只限于我国《刑法》分则其他各章规定的犯罪以外的犯罪。因此,作为本章犯罪侵犯客体的社会管理秩序,具有其特定的含义,不包括刑法分则其他各章规定的犯罪所侵犯的社会关系和社会秩序。尽管如此,本章犯罪侵犯的客体涉及的范围还是极其广泛的,从日常社会生活秩序、工作秩序、公共秩序、交通秩序、通讯秩序、司法秩序、国(边)境管理秩序,到文物管理、公共卫生、环境保护、毒品管制、社会风化等,都是本章犯罪侵犯的客体。

(2) 客观方面表现为妨害国家机关对社会的管理活动,破坏社会秩序,情节严重的行为。本章犯罪涉及的社会关系领域非常广泛,犯罪行为的具体表现形式也复杂多样,其中,绝大多数只能由作为构成,个别犯罪也可以由不作为(如拒绝提供间谍犯罪证据罪、拒不执行判决、裁定罪、医疗事故罪等)或者持有(如非法持有国家绝密、机密文件、资料、物品罪、非法持有毒品罪等)构成。但所有行为都具有妨害国家机关对某一方面社会关系进行依法管理、破坏社会秩序的共同本质。在犯罪构成上,本章犯罪除少部分属于自然犯外,其余多为法定犯,犯罪的构成以违反国家机关对各种社会关系进行管理所依据的法律、法规为前提,并且一般说来,只有情节严重或者造成严重社会危害后果的,才能构成犯罪。虽然违反社会秩序管理法律、法规,但情节轻微或者危害不大的,一般只能根据有关管理法律、法规进行行政处罚。

(3) 本章多数犯罪的主体只能是自然人,少数犯罪的主体既可以是自然人,也可以是单位(如扰乱无线电通讯管理秩序罪、骗取出境证件罪、倒卖文物罪、破坏环境资源保护罪等),个别犯罪则只能由单位实施(如采集、供应血液、制作、供应血液制品事故罪)。自然人犯罪中,多数犯罪的主体是一般主体,除贩毒罪的主体可以是已满14周岁的具有刑事责任能力的自然人外,其他犯罪的主体必须是已满16周岁的具有刑事责任能力的自然人。少数犯罪的主体则必须是特殊主体,如包庇、纵容黑社会性质组织罪,故意延误投递邮件罪,伪证罪,脱逃罪等。单位犯罪中,多数犯罪为一般主体,个别犯罪则为特殊主体,如非法出售、私赠文物藏品罪的犯罪主体只能是国有博物馆、图书馆等国有单位。

(4) 本章绝大多数犯罪在主观方面必须出于故意,只有个别犯罪,如过失损毁文物罪,采集、供应血液、制作、供应血液制品事故罪,为他人提供书号出版淫秽书刊罪,属于过失犯罪。在故意犯罪中,除赌博罪,倒卖文物罪,制作、复制、出版、贩卖、传播淫秽物品牟利罪等少数犯罪必须具有营利或者牟利的目的外,其他犯罪出于何种动机和目的,均不影响犯罪的构成。

根据《刑法》分则第六章的规定,妨害社会管理秩序罪共分为扰乱公共秩序罪,妨害司法罪,妨害国(边)境管理罪,妨害文物管理罪,危害公共卫生罪,破坏环境资源保护罪,走私、贩卖、运输、制造毒品罪,组织、强迫、引诱、容留、介绍卖淫罪,制造、贩卖、传播淫秽物品罪九节,计119个罪名。我们重点讲以下几种。

第二节 扰乱公共秩序罪

一、妨害公务罪

(一) 妨害公务罪的概念和特征

妨害公务罪,是指以暴力、威胁方法阻碍国家机关工作人员依法执行职务的行为。

本罪的主要特征是:

(1) 侵犯的客体主要是国家机关包括立法机关、行政机关和司法机关的正常管理活动,犯罪对象则是正在依法执行职务的上述国家机关的工作人员。阻碍军人执行职务的,不构成本罪,而构成《刑法》第368条所规定的阻碍军人执行职务罪。但是,从我国的实际情况出发,司法实践中一般认为,除国家立法机关、行政机关和司法机关的工作人员外,阻碍中国共产党的各级组织以及中国人民政治协商会议的各级机关的工作人员依法执行职务的,也应按本罪论处。根据最高人民检察院2000年3月21日《关于以暴力、威胁方法阻碍事业编制人员依法执行行政执法职务是否可对侵害人以妨害公务罪论处的批复》,对于以暴力、威胁方法阻碍国有事业单位人员依照法律、行政法规的规定执行行政执法职务的,或者以暴力、威胁方法阻碍国家机关中受委托从事行政执法活动的事业编制人员执行行政执法职务的,可以对侵害人以妨害公务罪追究刑事责任。此外,根据我国《刑法》第277条第2款、第3款之规定,以暴力、威胁方法阻碍全国人民代表大会和地方各级人民代表大会的代表依法执行代表职务的,或者在自然灾害和突发事件中,以暴力、威胁方法阻碍红十字会工作人员依法履行职责的,也可以构成本罪。

(2)客观方面一般表现为采用暴力或者威胁的方法,阻碍国家机关工作人员依法执行职务、阻碍人民代表依法执行代表职务,或者在自然灾害和突发事件中阻碍红十字会工作人员依法履行职责的行为。但是,故意阻碍国家安全机关、公安机关依法执行国家安全工作任务,造成严重后果的,即便未使用暴力、威胁方法,也构成本罪。所谓"暴力",一般是指以殴打、捆绑、强行禁闭或者其他类似方法,直接针对正在依法执行职务的国家机关工作人员本人的身体实施打击或者强制,但也可以是针对与正在依法执行职务的国家机关工作人员有关的物或人实施暴力损害或者打击强制,使国家机关工作人员不能继续执行职务。所谓"威胁",一般是指以侵犯人身、毁坏财产、破坏名誉等方式,对正在依法执行职务的国家机关工作人员进行精神强制,使其不敢继续依法履行职务。威胁的方式,既可以是口头的,也可以是书面的;既可以直接向国家机关工作人员本人发出,也可以通过国家机关工作人员的亲属或者其他第三人间接发出。行为人采用上述暴力或者威胁方法阻碍国家机关工作人员依法执行职务的,属于行为犯。行为人只要实施了以暴力、威胁方法阻碍国家机关工作人员依法执行职务的行为,即构成本罪。但是,如果是故意阻碍国家安全机关、公安机关依法执行国家安全工作任务,而又未使用暴力、威胁方法的,则必须造成严重后果,才能构成本罪。

(3)本罪的主体是一般主体,凡年满16周岁并且具有辨认和控制自己行为能力的自然人都可以成为本罪的主体。

(4)本罪在主观方面必须出于故意,即行为人明知国家机关工作人员正在依法执行职务,而故意予以阻碍。

(二)认定妨害公务罪应划清的界限

(1)划清妨害公务罪与非罪的界限。对于公民因正当合法的要求得不到适当满足而与国家机关工作人员发生顶撞、口角或者其他轻微冲突的,不能对公民以本罪论处。对于公民使用轻微的暴力、威胁方法阻碍国家机关工作人员依法执行公务的,情节显著轻微,客观上没有致使国家机关工作人员无法依法执行职务的,一般也不得认定为犯罪。

(2)正确区分一罪与数罪。如果行为人妨害公务的行为同时触犯其他罪名的,例如,以杀人、重伤的手段阻碍国家机关工作人员依法执行职务的,其行为就同时触犯妨害公务罪和故意杀人罪或故意伤害罪,应按想象竞合犯的处罚原则,从一重罪论处。此外,如果行为人阻碍国家机关工作人员依法执行职务的目的,是为了实施其他犯罪,妨害公务罪与所实施的其他犯罪就构成牵连犯,应按牵连犯从一重罪处断的原则论处。但是,在刑法分则有特别规定时,则应当按刑法分则的特别规定论处。例如根据《刑法》第157条的规定,以暴力、威胁方法抗拒缉私的,应当以走私罪和妨害公务罪实行数罪并罚。

(三) 对妨害公务罪的处罚

根据《刑法》第277条的规定,犯本罪的,处3年以下有期徒刑、拘役、管制或者罚金。

以暴力、威胁方法阻碍全国人民代表大会和各级人民代表大会代表依法执行代表职务的,依照前款的规定处罚。

在自然灾害和突发事件中,以暴力、威胁方法阻碍红十字会工作人员依法履行职责的,依照第1款的规定处罚。

故意阻碍国家安全机关、公安机关依法执行国家安全工作任务,未使用暴力、威胁方法,造成严重后果的,依照第1款的规定处罚。

二、袭警罪

(一) 袭警罪的概念和特征

袭警罪,是指行为人用暴力袭击正在依法执行职务的人民警察的行为。

本罪的主要特征是:

(1) 侵犯的客体是公安机关的正常管理活动和治安秩序。人民警察代表国家行使执法权,担负着维护社会治安,打击刑事犯罪,维护社会稳定、维持司法秩序的重要职责。近年来,人民警察遭受暴力袭击的案件不断发生,而且有上升的趋势,特别是执法第一线的民警,在处置突发事件和群体性事件时,更容易受到不法侵害。有的行为人用棍棒、凶器甚至驾驶交通工具撞击警察,对警察的执法活动和人身安全造成很大伤害,严重影响人民警察正常的执法活动,危害社会治安。因此,《刑法修正案(十一)》第31条增设了袭警罪的规定。

(2) 在客观方面必须是以暴力袭击正在依法执行职务的人民警察的行为。所谓"暴力袭击"人民警察,是指实施了以下行为:实施撕咬、踢打、抱摔、投掷等对民警人身进行攻击的行为;实施打砸、毁坏、抢夺民警正在使用的警用车辆、警械等警用装备,对民警人身进行攻击的行为。暴力袭击的对象,必须是正在依法执行职务的人民警察,如果行为人袭击的对象不是人民警察而是其他国家机关工作人员,或者袭击的人民警察不是正在依法执行职务,都不构成袭警罪。

(3) 犯罪主体是一般主体,只有自然人可以构成本罪主体,单位不能成为袭警罪的犯罪主体。

(4) 犯罪的主观方面必须是故意,即明知是正在依法执行公务的人民警察,而故意以暴力进行袭击。

（二）认定袭警罪应当注意的问题

（1）本款规定的人民警察，指公安机关、国家安全机关、监狱的人民警察，也包括人民法院、人民检察院的司法警察。

（2）行为人对正在依法执行职务的人民警察没有进行暴力袭击，但以实施暴力相威胁，或者采用其他方法阻碍人民警察执行职务的，不构成袭警罪，符合《刑法》第277条第1款规定的，应当以妨害公务罪定罪处罚。

（3）行为人仅是辱骂民警，或者实施抓挠、一般的肢体冲突等，由于情节轻微，尚不足以构成犯罪。如果必要时，可以进行治安管理处罚。

（4）行为人暴力袭击正在执行职务的警察，造成警察重伤、死亡或者其他严重后果的，应当以故意伤害罪、故意杀人罪定罪处罚。

（5）行为人以暴力方法抗拒缉私的，根据《刑法》第157条的规定，应当以走私罪和阻碍国家机关工作人员依法执行职务罪，数罪并罚。但是，如果是以暴力方法抗拒人民警察缉私的，就应当以走私罪和袭警罪数罪并罚。

（三）对袭警罪的处罚

根据《刑法修正案（十一）》第31条和《刑法》第277条第5款的规定，以暴力袭击正在依法执行职务的人民警察的，处3年以下有期徒刑、拘役或者管制；使用枪支、管制刀具，或者以驾驶机动车撞击等手段，严重危及人身安全的，处3年以上7年以下有期徒刑。这里所说的"严重危及人身安全"，是指行为人使用枪支、管制刀具，或者以驾驶机动车撞击等手段，达到了严重危及人民警察人身安全的程度。如果使用玩具枪或者一些杀伤力很低的仿真枪等，则不可能严重危及警察的人身安全，不能适用第二档法定刑。

三、招摇撞骗罪

（一）招摇撞骗罪的概念和特征

招摇撞骗罪，是指冒充国家机关工作人员进行招摇撞骗，谋取非法利益的行为。

本罪的主要特征是：

（1）侵犯的客体是国家机关的正常管理活动及其威信。国家机关工作人员是经过法定程序选举或任命产生的依法从事公务的人员，他们代表国家依法行使国家权力，管理社会经济、政治、文化和社会事务。冒充国家机关工作人员招摇撞骗，必然妨害国家机关的正常管理活动，同时损害国家机关及其工作人员的威信和名誉。

（2）在客观方面表现为实施了冒充国家机关工作人员招摇撞骗的行为。具体说，必须同时实施了冒充国家机关工作人员和招摇撞骗两个行为。国家机关包括我国各级国家权力机关、行政机关、司法机关和军事管理机关。此外，中国共产党的各级组织、中国人民政治协商会议的各级机关,也视为国家机关。所谓冒充国家机关工作人员,就是冒充这些国家机关或组织的依法从事公务的人员。具体包括两种情况:一是非国家机关工作人员冒充国家机关工作人员的身份或职务;二是具有某种身份或职务的国家机关工作人员冒充他种身份或职务的国家机关工作人员,一般是具有较低级别的身份或职务的国家机关工作人员,冒充具有较高级别的身份或职务的国家机关工作人员,或者冒充其他部门的国家机关工作人员的身份或职务。如果冒充的不是国家机关工作人员,而是其他企业事业单位、人民团体或社会组织的工作人员的,不能构成本罪。本罪在客观方面还要求有利用冒充的国家机关工作人员身份或职务招摇撞骗的行为。所谓招摇撞骗,是指以冒充的国家机关工作人员的身份或职务,到处炫耀,利用人们对国家机关工作人员的信任,骗取待遇、地位、荣誉或者少量财物等各种非法利益,或者玩弄妇女。仅仅实施了冒充国家机关工作人员的身份或地位一种行为,没有利用来招摇撞骗的,或者仅仅实施了招摇撞骗一种行为,但没有冒充国家机关工作人员的,均不能以本罪论处。

(3) 本罪的主体是一般主体,凡年满16周岁的具有刑事责任能力的自然人都可以成为本罪的主体。

(4) 在主观方面必须出于故意,即明知自己不具有特定国家机关工作人员的身份或地位而故意冒充,并利用来招摇撞骗,以谋取非法利益。如果不具有招摇撞骗,谋取非法利益的犯罪意图和犯罪目的,则不能构成本罪。

(二) 认定招摇撞骗罪应划清的界限

认定本罪时应当特别注意划清本罪与诈骗罪的界限。本罪与诈骗罪都可以表现为编造虚假的事实,骗取被害人的信任,非法占有其财物。两罪的主要区别在于:

(1) 侵犯的客体不同。本罪侵犯的客体主要是国家机关的正常管理活动及其威信,而诈骗罪侵犯的客体是公私财产权。

(2) 客观方面不同。本罪必须是冒充国家机关工作人员进行招摇撞骗,而诈骗罪则是利用虚构事实或掩盖真相的任何方法骗取他人财物。冒充国家机关工作人员进行招摇撞骗,骗取少量财物的,即构成本罪。而诈骗他人财物的,只有达到数额较大的程度的,才能构成诈骗罪。如果行为人利用冒充国家机关工作人员的方法骗取他人财物,数额较大的,则不构成本罪,而应当以诈骗罪论处。

(3) 主观方面不同。本罪的犯罪目的是谋取非法利益,包括待遇、地位、荣誉等非法利益,或者借以玩弄妇女,一般说来,财物不是招摇撞骗的主要目的,但行为人在骗取其他非法利益的过程中往往也会骗取一定数额的财物。而诈骗罪则专以非法占有他人财产为目的。

(三) 对招摇撞骗罪的处罚

根据《刑法》第279条之规定,犯本罪的,处3年以下有期徒刑、拘役、管制或者剥夺政治权利;情节严重的,处3年以上10年以下有期徒刑。冒充人民警察招摇撞骗的,依照上述规定从重处罚。所谓情节严重,一般是指如下情形:多次冒充国家机关工作人员招摇撞骗的;冒充国家重要部门的工作人员招摇撞骗,造成恶劣影响的;冒充国家机关工作人员招摇撞骗的手段特别恶劣的;招摇撞骗造成严重后果的,如严重妨害国家机关正常管理活动,造成公私财产重大损失,或者导致被害人自杀或精神失常等严重后果的,等等。

四、冒名顶替罪

(一) 冒名顶替罪的概念和特征

冒名顶替罪,是指行为人盗用、冒用他人身份,顶替他人取得的高等学历教育入学资格、公务员录用资格、就业安置待遇的行为。

本罪的主要特征是:

(1) 侵犯的客体是国家对身份证件的管理秩序和他人的相关利益。犯罪对象是身份证、出生证明、户口簿、护照、军官证、学籍档案、录取通知书、教学证件等。2020年6月,山东省发生冒名顶替上大学的事件,以后又陆续曝光多起此类事件,引起社会舆论和各方面的高度关注。这些冒名顶替行为,严重损害了国家机关和高等院校的公信力,侵犯了相关当事人的利益,造成了恶劣的社会影响。因此,立法机关在调查研究和听取社会各界意见的基础上,增设了冒名顶替罪,以有效遏制此类犯罪行为。

(2) 客观方面表现为盗用、冒用他人身份,顶替他人取得的高等教育入学资格、公务员录用资格、就业安置待遇的行为。所谓"盗用、冒用他人身份",是指盗用、冒用能够证明他人身份的证件、证明文件、身份档案、材料信息以达到自己顶替他人的社会或法律地位,行使他人相关权利的目的。行为人的手段是多种多样的,例如以伪造、变造、盗窃、骗取、收买、胁迫的方式获取他人的身份证件、证明文件、身份档案、材料信息,然后加以使用;捡拾他人的身份证件或者其他相关文件、材料或信息以后,以他人名义进行活动;受他人委托代为保管或因职责保管身份证件、证明文件、档案、信息材料,未经他人同意而使用;经与他人交易或者串通,使用他人的能够证明他人身份的证件、证明文件、身份档案和信息材料;等等。

这里的"高等学历教育入学资格",是指经过考试合格等程序依法获取的高等学历教育(专科教育、本科教育和研究生教育)的入学资格;"公务员录用资格",是指根据《公务员法》规定的公务员录用程序取得的公务员录用资格;"就业安置待遇",是指根据法律法规和相关政策规定的由各级人民政府对特殊主体予以安排就业、照顾就业等优待。行为人实施了"顶替"他人取得的资格和待遇的行为,才能构成本罪。

本条第2款规定,对组织、指使实施冒名顶替行为的,从重处罚。实践中主要是组织、指使他人帮助实现冒名顶替,即构成冒名顶替行为的共同犯罪,如伪造、变造、买卖国家机关公文、证件、印章、身份证等。

第3款是关于国家工作人员实施冒名顶替相关行为的规定。根据本款规定,国家工作人员实施冒名顶替犯罪或者组织、指使他人实施冒名顶替犯罪,同时构成其他犯罪的,依照数罪并罚的规定处罚。例如,行贿受贿的,可能构成"行贿罪"和"受贿罪";伪造学籍档案、公文、证件、印章的,可能"构成伪造、变造、买卖国家机关公文、证件、印章罪";截留、隐匿他人录取通知书的,可能构成"侵犯通信自由罪"和"私自开拆、隐匿、毁弃邮件、电报罪";等等。对上述行为,应当依照数罪并罚的原则处罚。

(3) 犯罪主体是一般主体,年满16周岁的自然人都可以构成。

(4) 犯罪主观方面是故意,过失不构成本罪。

(二) 处理冒名顶替罪时,要注意划清罪与非罪的界限

在处理冒名顶替罪时,要特别注意划清罪与非罪的界限。实践中,有些人是顶替他人主动放弃的入学资格或者将该入学资格加以交易、赠送的,当事人的受教育权未受到直接损害。有的观点认为,由于当事人知悉自己的入学资格被他人占用,有的还从中获利,这种情况不构成犯罪;有的观点认为,虽然当事人的入学资格未受到侵害,但损害了国家的考试招录制度,也可能损害其他参考人员的利益,具有一定的社会危害性,应以犯罪处罚。此外,还有一种情况,即冒名但未顶替的。比如冒用他人学籍和身份参加高考,冒名者自己通过正常考试入学、升学,没有顶替他人的入学资格,也没有考试作弊、招录舞弊的行为。这些情况,一般不宜作为犯罪处理,可以视情况予以行政处罚。

(三) 冒名顶替罪的刑事责任

根据《刑法修正案(十一)》第32条和《刑法》第280条之二的规定,盗用、冒用他人身份,顶替他人取得的高等学历教育入学资格、公务员录用资格、就业安置待遇的,处3年以下有期徒刑、拘役或者管制,并处罚金。

组织、指使他人实施前款行为的,依照前款的规定从重处罚。

国家工作人员有前两款行为,又构成其他犯罪的,依照数罪并罚的规定处罚。

五、非法获取国家秘密罪

(一) 非法获取国家秘密罪的概念和特征

非法获取国家秘密罪,是指以窃取、刺探、收买方法,非法获取国家秘密的

行为。

本罪的主要特征是：

(1) 侵犯的客体是国家对国家秘密的管理制度。国家秘密,是关系国家的安全和利益,依照法定程序确定,在一定时间内只限一定范围的人员知悉的事项。根据我国《保守国家秘密法》的规定,具体包括下列事项:国家事务的重大决策中的秘密事项;国防建设和武装力量活动中的秘密事项;外交和外事活动中的秘密事项以及对外承担保密义务的事项;国民经济和社会发展中的秘密事项;科学技术中的秘密事项;维护国家安全活动和追查刑事犯罪中的秘密事项;其他经国家保密工作部门确定应当保守的国家秘密事项。此外,鉴于中国共产党的执政党地位,实践中一般将执政党的秘密事项中符合《保守国家秘密法》规定的部分,也认定为国家秘密。我国《保守国家秘密法》将国家秘密分为秘密、机密和绝密三级,本罪所称的国家秘密应当包括秘密、机密和绝密。凡非法获取国家秘密的,均可以构成本罪。

(2) 本罪在客观方面表现为以窃取、刺探、收买的方法非法获取国家秘密。所谓窃取,一般是指通过秘密窃取国家秘密载体的方法非法获取国家秘密;所谓刺探,一般是指通过秘密探听、蓄意套取涉密人员所知悉的秘密或者使用窃听等技术手段,非法知悉国家秘密;所谓收买,是指用金钱、物质利诱或者其他利益向涉密人员换取国家秘密。行为人以上述方法非法获取了国家秘密的,即构成本罪。

(3) 本罪的主体是一般主体,凡年满16周岁的具有刑事责任能力的自然人,都可以成为本罪的主体。

(4) 本罪在主观方面必须出于故意,即必须明知是国家秘密并且本人依法不应接触或者知悉该秘密,而故意采用窃取、刺探或者收买的方法非法获取国家秘密。

(二) 认定非法获取国家秘密罪应划清的界限

(1) 划清非法获取国家秘密罪与非罪的界限。如果行为人不知是国家秘密或者虽然知悉是国家秘密但误认为本人依法可以接触、知悉该国家秘密,因而接触或者知悉了该国家秘密的,则不构成本罪。

(2) 划清非法获取国家秘密罪与侵犯商业秘密罪的界限。商业秘密,是指不为公众所知悉,能为权利人带来经济利益,具有实用性并经权利人采取保密措施的技术信息和经营信息。根据《刑法》第219条之规定,以窃取、刺探或者收买的方法非法获取他人商业秘密,给商业秘密的权利人造成重大损失的,构成侵犯商业秘密罪。划清非法获取国家秘密罪与侵犯商业秘密罪的界限的关键,是正确地区分国家秘密和商业秘密的界限。

(3) 划清非法获取国家秘密罪与为境外非法提供国家秘密、情报罪的界限。

同样是窃取、刺探或者收买国家秘密的行为,如果行为人是出于为境外的机构、组织或者个人窃取、刺探、收买国家秘密的故意,则构成《刑法》第111条规定的为境外窃取、刺探、收买、非法提供国家秘密、情报罪。如果行为人在窃取、刺探或者收买国家秘密时没有非法提供给境外的机构、组织或者个人的故意,但在非法获取国家秘密后,又将之非法提供给境外的机构、组织或者个人的,则同时构成非法获取国家秘密罪和为境外非法提供国家秘密罪,应当实行数罪并罚。

(三)对非法获取国家秘密罪的处罚

根据《刑法》第282条第1款之规定,犯本罪的,处3年以下有期徒刑、拘役、管制或者剥夺政治权利;情节严重的,处3年以上7年以下有期徒刑。

六、破坏计算机信息系统罪

(一)破坏计算机信息系统罪的概念和特征

破坏计算机信息系统罪,是指违反国家规定,对计算机信息系统功能进行删除、修改、增加、干扰,造成计算机信息系统不能正常运行,或者对计算机信息系统中存储、处理或者传输的数据和应用程序进行删改、修改、增加的操作,或者故意制作、传播计算机病毒等破坏性程序,影响计算机信息系统正常运行,后果严重的行为。

本罪的主要特征是:

(1)侵犯的客体是计算机信息系统的安全。

(2)客观方面表现为违反国家规定,实施破坏计算机信息系统功能、破坏计算机信息系统数据和应用程序或者制作、传播计算机病毒等破坏性程序三种行为之一,并且造成严重后果。所谓违反国家规定,主要是指违反国务院发布的《计算机信息系统安全保护条例》和《计算机软件保护条例》的规定。所谓计算机信息系统功能,是指计算机信息系统,按照一定的应用目标和规则,对信息进行采集、加工、存储、传输、检索的功能。破坏计算机信息系统功能的方法主要是进行删改、修改、增加或者干扰,使计算机信息系统失去正常功能,不能运行或者不能按原来设计要求正常运行。所谓计算机信息系统中存储、处理或者传输的数据,是指在计算机信息系统中实际处理的一切文字、符号、声音、图像等内容的有意义的组合。所谓计算机程序,是指为了得到某种结果而可以由计算机等具有信息处理能力的装置执行的代码化指令序列,或者可被自动转换成代码化指令序列的符号化指令序列或符号化语句序列。而计算机应用程序,则是指用户使用数据库的一种方式,是用户按数据库授予的子模式的逻辑结构,书写对数据进行操作和运算的程序。破坏计算机信息系统的数据和应用程序的方法为对其进行删除、修改、增加的操作。删除,是指将计算机信息系统的数据和应用程序全部或者部分删除。修改,是指对计算机信息系统的数据和应用程序进行改动。

增加,是指在计算机信息系统中增加新的数据和应用程序。所谓计算机破坏性程序,是指隐藏在可执行程序中或数据文件中,在计算机内部运行的一种干扰性程序,其典型就是计算机病毒。计算机病毒,是在计算机中编制或者在计算机程序中插入的破坏计算机功能或者毁坏数据,影响计算机使用,并能自我复制的一组计算机指令或者程序代码,其本质是非程序的加载,具有可传播、可激发性和可潜伏性。计算机病毒对于各种型号的计算机和计算机网络都具有极大的危害,不仅可能掠夺大量的资金、技术和信息资源,而且可能造成计算机或者整个网络瘫痪。犯罪分子利用这种方法破坏计算机系统的方法主要是制作或者传播计算机病毒等破坏性程序。所谓制作,是指在计算机信息系统中故意设计、编制计算机病毒等破坏性程序。所谓传播,是指向计算机输入破坏性程序,或者将已输入破坏性程序的软件予以派送、散发、销售。根据《刑法》第286条的规定,行为人实施上述破坏计算机信息系统的行为,只有造成严重后果的,才能构成本罪。所谓严重后果,一般是指使国家重要计算机信息系统的功能受到破坏,或者严重妨害国家重要计算机信息系统的正常运行,使正常的工作秩序受到破坏,或者使国家、集体、其他社会组织、个人遭受重大经济损失,或者造成恶劣的社会影响的,等等。

(3) 本罪的主体是一般主体,凡年满16周岁的具有刑事责任能力的自然人都可以成为本罪的主体。但是,实践中,一般只有那些具有计算机专业知识和技能的计算机专业人员,才能实施本罪。根据《刑法修正案(九)》第27条的规定,单位也可以构成本罪。

(4) 本罪的主观方面必须出于故意,即行为人必须明知自己违反国家规定,对计算机信息系统功能进行删除、修改、增加、干扰,可能造成计算机信息系统不能正常运行的严重后果,或者明知自己违反国家规定,对计算机信息系统中存储、处理或者传输的数据和应用程序进行删除、修改、增加的操作,可能造成严重后果,或者明知是制作、传播计算机病毒等破坏性程序可能会造成计算机系统不能正常运行的严重后果,而希望或者放任上述严重后果发生。过失不能构成本罪。

(二) 对破坏计算机信息系统罪的处罚

根据《刑法》第286条的规定,犯本罪的,处5年以下有期徒刑或者拘役;后果特别严重的,处5年以上有期徒刑。所谓后果特别严重,一般是指使国家特别重要的计算机信息系统的功能受到破坏,或者使国家、集体、其他社会组织或个人遭受特别重大的损失等。根据《刑法修正案(九)》第27条的规定,单位犯本罪的,判处罚金,并对其直接负责的主管人员和其他直接责任人员,依照第1款的规定处罚。

根据全国人大常委会《关于维护互联网安全的决定》,故意制作、传播计算机病毒等破坏性程序,攻击计算机系统及通信网络,致使计算机系统及通信网络遭受损害,以及违反国家规定,擅自中断计算机网络或者通讯服务,造成计算机网络或者通信系统不能正常运行的,依照《刑法》第286条的规定追究刑事责任。

对于利用计算机程序非法占有他人财物或者实施其他犯罪的,可以依照《刑法》的有关规定,分别以盗窃罪、诈骗罪定罪处罚。

七、拒不履行信息网络安全义务罪

拒不履行信息网络安全义务罪,是指网络提供者不履行法律、行政法规规定的信息网格安全管理义务,经监管部门责令采取改正措施而拒不改正,造成严重后果或者情节严重的行为。本罪的主要特征是:

(1) 在客观方面,行为人表现为不履行法律、行政法规规定的信息网络安全管理义务,经监管部门责令改正而拒不改正,造成严重后果的行为。司法实践中,认定行为人是否具有不履行相关安全管理义务的行为时,要结合相关法律、行政法规关于安全管理义务的具体规定和要求而加以认定。例如全国人民代表大会常务委员会《关于加强网络信息保护的决定》、国务院《互联网信息服务管理办法》《计算机信息网络国际联网安全保护管理办法》等。所谓监管部门,是指依据法律、行政法规的规定对网络服务提供者负有监督管理职责的各个部门。至于监管部门"责令采取改正错误"的形式和内容,往往要视具体情况而定。例如,在发现网络上出现违法信息时,要求网络服务者采取临时性补救措施,或者发现传播违法信息的网址、目录或者服务器时,通知网络提供者删除信息、关闭服务,防止信息进一步扩散,等等。构成本罪,还要求拒不改正,造成严重后果的发生。"拒不改正",是指明知而故意加以拒绝。"造成严重后果",是指导致违法信息大量传播的,致使用户信息泄露,造成严重后果的,致使刑事案件证据灭失,情节严重的,或有其他严重情节的情况。

(2) 犯罪主体是网络服务提供者,包括通过计算机互联网、广播电视网、固定通信网、移动通信网等信息网络,向公众提供网络服务的机构和个人。根据其提供的服务内容,可以分为互联网接入服务提供者和互联网内容服务提供者。其中,互联网接入服务提供者为终端用户提供专线、拨号上网或者其他接入互联网的服务,包括物理网络提供商和网络接口提供商;互联网内容服务提供者向用户提供新闻、信息、资料、音频视频等内容服务,如新浪、搜狐等互联网企业;等等。

(3) 主观方面是故意,至于行为人的动机如何,则不影响本罪的成立。

根据《刑法修正案(九)》第28条和《刑法》第286条之一的规定,犯本罪的,处3年以下有期徒刑、拘役或者管制,并处或者单处罚金;单位犯前款罪的,对单位判处罚金,并对其直接负责的主管人员和其他直接责任人员,依照前款的规定处罚。有前两款行为,同时构成其他犯罪的,依照处罚较重的规定定罪处罚。

八、聚众扰乱社会秩序罪

(一) 聚众扰乱社会秩序罪的概念和特征

聚众扰乱社会秩序罪,是指聚众扰乱社会秩序,情节严重,致使工作、生产、营业、教学、科研、医疗无法进行,造成严重损失的行为。

(1) 侵犯的客体是社会公共秩序。

(2) 客观方面表现为聚众扰乱社会秩序,情节严重,致使工作、生产、营业、教学、科研、医疗无法进行,造成严重损失的行为。所谓扰乱社会秩序,是指纠集多人扰乱国家机关、单位、团体的工作、生产、营业、教学、科研、医疗秩序。所谓情节严重,一般是指纠集的人数多,扰乱的时间长,经劝阻和制止而拒不解散,扰乱重要的机关、单位、团体的工作、生产、营业、教学、科研、医疗秩序等。根据《刑法》的规定,行为人扰乱社会秩序,情节严重,致使工作、生产、营业和教学、科研、医疗无法进行,造成严重损失的,才能构成本罪。如果虽然情节严重,但没有阻碍工作、生产、营业和教学、科研、医疗的正常进行,没有造成严重损失的,仍然不以犯罪论处。

(3) 主体是一般主体,凡年满16周岁的具有刑事责任能力的自然人都可以成为本罪的主体。但是,并非所有参与聚众扰乱社会秩序的人都应当受到刑事追究,《刑法》规定只处罚聚众扰乱社会秩序的首要分子和其他积极参加者,而不处罚一般的参加者。这里,所谓首要分子,是指在聚众扰乱社会秩序犯罪中起组织、策划和指挥作用的人;所谓其他积极参加者,是指积极、主动地参与聚众扰乱社会秩序活动或者起主要作用的人。

(4) 主观方面必须出于故意,即不仅有本人参与扰乱社会秩序的故意,而且还要有纠集他人共同扰乱社会秩序的故意。

(二) 对聚众扰乱社会秩序罪的处罚

根据《刑法》第290条第1款之规定,犯本罪的,对首要分子,处3年以上7年以下有期徒刑;对其他积极参加者,处3年以下有期徒刑、拘役、管制或者剥夺政治权利。

九、高空抛物罪

(一) 高空抛物罪的概念和特征

高空抛物罪,是指行为人从建筑物或者其他高空抛掷物品,情节严重的行为。

本罪的主要特征是:

(1) 侵犯的客体是社会管理秩序。随着城市化的发展,也出现了不少以前没有遇到的新情况。例如高空抛物的问题,一些人安全意识薄弱,为了一些家庭琐事,或者为了发泄一时的不满情绪,就将物品从高空抛出,严重危害了路上行人和楼下居民的人身和财产安全,也破坏了社会管理秩序,影响了社会的和谐和稳定。为此,《刑法修正案(十一)》第33条,规定了高空抛物罪,以回应社会各界的关切。

(2)客观方面表现为从建筑物或者其他高空抛掷物品,破坏社会秩序,情节严重的行为。构成高空抛物罪,行为人必须是从建筑物或者其他高空抛掷物品,如果不是从建筑物或者其他高空抛掷物品的,不构成本罪。这里所说的"建筑物",是指人工建筑而成的东西,包括居住建筑、公共建筑和构筑物。居住建筑,是指供人们居住使用的建筑;公共建筑,是指供人们购物、办公、学习、就医、娱乐、参加体育活动等使用的建筑;构筑物,是指不具备、不包含或不提供人类居住功能的人工建筑,如桥梁、堤坝、隧道、水塔、电塔、纪念碑、围墙、水泥杆等。"其他高空",是指距离地面有一定高度的空间,如飞机、热气球、脚手架、井架、施工电梯、吊装机械等。"抛掷物品",是指向外投、扔、丢弃物品的行为。如果没有实施这些行为,而是由于刮风、下雨,致使物品从高空坠落的,也不构成本罪。造成损害的,可依照《民法典》的规定处理。

此外,必须是情节严重的高空抛物行为,才能构成本罪。情节一般,危害不大的,可以进行行政处罚。所谓"情节严重",是指多次实施高空抛物行为;高空抛物数量较大;在人员密集场所实施高空抛物行为;造成一定损害;等等。

(3)犯罪主体是一般主体,年满16周岁、具有刑事责任能力的自然人都可以成为高空抛物罪的犯罪主体。

(4)犯罪的主观方面是故意,过失不构成本罪。

(二)认定高空抛物罪应当注意的问题

(1)注意划清高空抛物罪和以危险方法危害公共安全罪的界限。首先,前罪侵害的客体是社会管理秩序,而后罪侵害的是公共安全。其次,两个罪的行为性质不同,前罪虽然也存在危害公共安全的可能性,但一般情况下不具有现实危险性,大多数高空抛物的行为并未造成严重后果,即使造成了一定的危害后果,但也不太严重。后罪的性质和放火、决水、爆炸、投放危险物质罪的性质相当,都是危害公共安全的行为,犯罪性质严重,社会危害性大。最后,前罪要求情节严重的,才构成犯罪,而后罪不要求以情节严重和造成严重后果为构成犯罪的条件。

(2)根据最高人民法院《关于依法妥善审理高空抛物、坠物案件的意见》,审理高空抛物案件,应当根据案件的具体情况加以认定,比如犯罪的动机,抛物场所、抛掷物的数量和重量以及造成的后果等。人民法院只有全面考虑行为的社会危害性、行为的性质,才能做到正确的定罪和量刑。

（三）对高空抛物罪的处罚

根据《刑法修正案（十一）》第33条和《刑法》第291条之二的规定，从建筑物或者其他高空抛掷物品，情节严重的，处1年以下有期徒刑、拘役或者管制，并处或者单处罚金。

十、寻衅滋事罪

（一）寻衅滋事罪的概念和特征

寻衅滋事罪，是指在公共场所寻衅滋事，破坏社会秩序，情节恶劣或者后果严重的行为。

本罪的主要特征是：

(1) 侵犯的客体是社会公共秩序。

(2) 客观方面表现为实施下列寻衅滋事、破坏社会秩序行为之一：第一，随意殴打他人，情节恶劣的。具体指出于耍威风、取乐等流氓动机，无故或者无理殴打相识或素不相识的他人，手段残忍，或者多次随意殴打他人等。第二，追逐、拦截、辱骂、恐吓他人，情节恶劣的。具体是指出于取乐、寻求精神刺激等流氓动机，无故、无理追赶、拦截、侮辱、恐吓、漫骂他人，特别是妇女，造成严重后果的，或者影响恶劣，引起民愤的，或者多次追逐、拦截、辱骂、恐吓他人等。第三，强拿硬要或者任意损毁、占用公私财物，情节严重的。具体指蛮不讲理，强行索要他人钱物或者随心所欲地损毁、强占公私财物，次数多，数量大，使公私财产遭受严重损失，或者造成恶劣影响等。第四，在公共场所起哄闹事，造成公共场所秩序严重混乱的。具体指出于发泄、取乐或者寻求精神刺激等流氓动机，在公共场所无事生非，制造事端，起哄闹事，致使群众慌乱不堪，公共场所秩序严重混乱等。

(3) 犯罪主体是一般主体，凡年满16周岁的具有刑事责任能力的自然人都可以成为本罪的主体。

(4) 主观方面必须出于故意，而且一般是出于发泄、耍威风、取乐或者寻求精神刺激等流氓动机。

（二）认定寻衅滋事罪应划清的界限

(1) 划清寻衅滋事罪与非罪的界限。根据《刑法》规定，寻衅滋事，破坏社会秩序，情节恶劣、情节严重或者造成公共场所秩序严重混乱的，才能构成犯罪。情节轻微、危害不大的，不构成犯罪，而只能以一般违法行为论处。

(2) 划清本罪与抢劫罪的界限。本罪中强拿硬要或者任意占用公私财产的寻衅滋事行为，客观上与以暴力、威胁或者其他方法非法占有公私财产的抢劫罪具有某种相似性，但两者的暴力或者威胁方法仍具有本质的区别，寻衅滋事罪中强拿硬要行为尽管具有一定强制性，但一般不使用暴力或者威胁方法。此外，在犯罪主观方面，强拿硬要行为主要是出于蛮不讲理、逞强显狠的动机，非法占有公私财产的目的不是其主要特征,而抢劫罪则必须是出于非法占有公私财产的犯罪目的。强拿硬要的寻衅滋事侵犯的主要是社会公共秩序,而抢劫罪侵犯的则主要是公私财产权利。根据最高人民法院 2005 年 6 月 8 日《关于审理抢劫、抢夺刑事案件适用法律若干问题的意见》,对于未成年人使用或威胁使用轻微暴力强抢少量财物的行为,一般不宜认定为抢劫罪,其行为符合寻衅滋事罪特征的,可以以寻衅滋事罪定罪处罚。

(三) 对寻衅滋事罪的处罚

根据《刑法》第 293 条的规定,犯寻衅滋事罪的,处 5 年以下有期徒刑、拘役或者管制。纠集他人多次实施前款行为,严重破坏社会秩序的,处 5 年以上 10 年以下有期徒刑,可以并处罚金。本款规定主要是打击以团伙或集团形式犯寻衅滋事罪的首要分子或主犯。"多次",一般是指 3 次以上。

十一、催收非法债务罪

(一) 催收非法债务罪的概念和特征

催收非法债务罪,是指行为人使用暴力、胁迫,限制他人人身自由或者侵入他人住宅以及恐吓、跟踪、骚扰他人的方法,催收高利放贷等产生的非法债务,情节严重的行为。

本罪的主要特征是:

(1) 侵害的客体是社会管理秩序和被害人的财产权和人身权利。这种催收行为,是企图将违法犯罪行为产生的非法利益落实、固定下来,特别是高利放贷、赌博等违法犯罪行为,常常伴随后续的催收行为。催收行为不仅破坏了社会公共秩序,而且对受害人的人身和财产权构成了严重威胁和损害,具有严重的社会危害性。这些催收行为,往往还会演变为有组织、职业团伙犯罪集团,有的地方甚至形成所谓的一条龙服务,成为一种职业。他们通过各种包装、伪装和掩饰,逃避法律的制裁。还有的通过虚假诉讼、虚假公证为催收行为披上所谓合法的外衣,制造合法讨债的假象,甚至采用暴力、威胁、限制人身自由和非法侵入住宅的行为,对抗执法机关,破坏社会秩序。为此,《刑法修正案(十一)》第 34 条规定了催收非法债务罪,以处罚此类犯罪行为。

(2) 客观方面行为人表现为采用暴力、威胁、限制他人人身自由或者侵入他人住宅以及恐吓、跟踪、骚扰的方法,催收高利放贷等产生的非法债务,情节严重的行为。第一,行为人实施了以暴力、威胁的方法,"催收高利放贷产生的非法债务"的行为。所谓"产生",是指因高利放贷等非法行为直接产生或者非法债务产生、延伸的所谓孳息、利息等,包括赌债、毒债等非法行为产生的债务。所谓使用暴力、威胁方法。"暴力",是指以殴打、伤害他人身体的方法,使被害人不能抗拒;"胁迫",是指对被害人施以威胁、压迫,进行精神上的强制,迫使被害人就范,不敢抗拒,例如,威胁伤害被害人或者其亲属,以披露被害人及其亲属的隐私相威胁,利用被害人危难或者孤立无援的境地迫使其屈服,等等。行为人使用暴力、威胁的方法是为了催收高利放贷等产生的非法债务,如果是为了其他目的,则可能涉及刑法中其他罪名,例如抢劫罪等。第二,限制他人人身自由或者侵入他人住宅。"限制他人人身自由",是指实施捆绑、关押、扣留身份证不让随意外出或者与外界联系的行为,但需要情节严重才构成犯罪。如果非法限制他人人身自由,只造成一般危害的,可给予治安处罚。如果不是以催收非法债务为目的而拘禁他人,可能构成非法拘禁罪。"侵入他人住宅",是指未经住宅内用户同意,非法强行闯入他人住宅的行为,或者无正当理由进入他人住宅,经住宅用户要求其退出仍拒不退出的行为。第三,恐吓、跟踪、骚扰他人。"恐吓"有多种表现形式,例如以邮寄恐吓物、子弹等威胁他人人身安全;展示携带的管制刀具、枪械;使用凶猛的动物;发送恐吓信息;以统一标记、服装、阵式等方法威吓他人等。"跟踪",即对他人及其近亲属实施尾随、守候、贴靠、盯梢等行为,使被害人在内心产生恐惧不安。"骚扰",有多种形式,如以破坏生活设施、拉挂横幅、燃放鞭炮、泼洒污物、断水断电、聚众哄闹滋扰、拦路闹事、驱赶从业人员等行为,破坏他人正常生活、工作、生产、经营秩序。这种行为,会对当事人心理上产生强制,影响他人的正常生活。但是,如果情节一般,没有达到情节严重的程度,可给予治安处罚。如果行为人的目的不是催收非法债务,构成犯罪的,可以按寻衅滋事罪定罪处罚。

(3) 犯罪主体是一般主体,而且必须是自然人,单位不能成为本罪主体。

(4) 犯罪主观方面必须是故意,过失不构成本罪。

在实践中,有的受害人通过签订虚假的借款协议"自愿"将财产性利益让与、抵押、交付、承兑给他人;有的是通过诉讼、仲裁、公证的手段确认债务;有的是通过保证金、中介费、服务费、违约金等名目扣除或者收取额外费用;等等。这几种情况基本上都是披着合法的外衣以实现非法的目的,其实质都是高利放贷的行为,应认定为高利放贷所产生的非法债务。司法机关应结合具体情节和相关证据加以认定。

(二) 对催收非法债务罪的处罚

根据《刑法修正案(十一)》第 34 条和《刑法》第 293 条之一的规定,有下列情形之一,催收高利放贷等产生的非法债务,情节严重的,处 3 年以下有期徒刑、拘役或者管制,并处或者单处罚金:

(1) 使用暴力、胁迫方法的;

(2) 限制他人人身自由或者侵入他人住宅的;

(3) 恐吓、跟踪、骚扰他人的。

十二、组织、领导、参加黑社会性质组织罪

（一）组织、领导、参加黑社会性质组织罪的概念和特征

组织、领导、参加黑社会性质组织罪，是指组织、领导或者参加以暴力、威胁或者其他手段，有组织地进行违法犯罪活动，称霸一方，为非作恶，欺压、残害群众，严重破坏经济、社会生活秩序的黑社会性质组织的行为。

本罪的主要特征是：

(1) 侵犯的客体是社会公共生活秩序。

(2) 客观方面表现为组织、领导、积极参加黑社会性质的组织。黑社会组织犯罪是有组织犯罪的极端形式。它除了具有犯罪集团的一般特征外，还具有犯罪组织结构的严密性、犯罪种类的多样性、行为方式的残忍性、地域分布上的势力性、非法行为与合法行为的混杂性等特点，并且往往还具有官匪勾结的特点。这些特征决定了黑社会组织犯罪，是和平时期对国家政权、社会秩序和人民生命、财产安全危害最大的一种犯罪。当今世界各国无不将黑社会组织犯罪作为危害性最大的犯罪予以严厉惩治。迄今为止，我国尚未发现意大利黑手党那样的典型的黑社会犯罪组织，但具有黑社会性质的犯罪组织在一些地方已经出现。为防患于未然，将我国的黑社会组织犯罪消灭在萌芽状态，《刑法》规定了组织、领导、参加黑社会性质组织罪。根据第九届全国人大常委会 2002 年 4 月 28 日通过的《关于〈中华人民共和国刑法〉第二百九十四条第一款的解释》和《刑法修正案（八）》第 43 条的规定，"黑社会性质的组织"，应当同时具备下列特征：第一，形成较稳定的犯罪组织，人数较多，有明确的组织者、领导者，骨干成员基本固定；第二，有组织地通过违法犯罪活动或者其他手段获取经济利益，具有一定的经济实力，以支持该组织的活动；第三，以暴力、威胁或者其他手段，有组织地多次进行违法犯罪活动，为非作恶，欺压、残害群众；第四，通过实施违法犯罪活动，或者利用国家工作人员的包庇或者纵容，称霸一方，在一定区域或者行业内，形成非法控制或者重大影响，严重破坏经济、社会生活秩序。本罪属于行为犯，组织、领导或者参加这种黑社会性质的犯罪组织的行为本身就构成犯罪。如果行为人在组织、领导或者参加黑社会性质组织后，又积极实施其他犯罪行为的，则应当将组织、领导、参加黑社会性质组织罪和所实施的其他犯罪进行数罪并罚。

(3) 犯罪主体为一般主体，凡年满 16 周岁的具有刑事责任能力的自然人均可以成为本罪的主体。

(4) 主观方面必须出于故意，即明知是黑社会性质的犯罪组织而决意组织、领导或者参加。如果因受骗上当而误入黑社会性质组织，了解实情后及时退出的，则不能以本罪论处。如果参加时虽然不知是黑社会性质组织，但了解实情后

仍不退出的,则构成本罪。

(二) 对组织、领导、参加黑社会性质组织罪的处罚

根据《刑法修正案(八)》第43条和《刑法》第294条的规定,组织、领导黑社会性质的组织的,处7年以上有期徒刑,并处没收财产;积极参加的,处3年以上7年以下有期徒刑,可以并处罚金或者没收财产;其他参加的,处3年以下有期徒刑、拘役、管制或者剥夺政治权利,可以并处罚金。

犯本罪又有其他犯罪行为的,依照数罪并罚的规定处罚。

十三、传授犯罪方法罪

(一) 传授犯罪方法罪的概念和特征

传授犯罪方法罪,是指故意向他人传授实施某种具体犯罪的方法、技术、经验或者有关的反侦查方法的行为。

本罪的主要特征是:

(1) 侵犯的客体是社会治安秩序。

(2) 客观方面表现为向他人传授犯罪方法的行为。所谓犯罪方法,是指实施某种具体犯罪的方法、技术、经验或者有关的反侦查方法。传授犯罪方法,一般是指用言语、文字、图画、动作、声像材料等形式,向他人讲解、演示实施某种具体犯罪的方法、技术、经验或与该犯罪有关的反侦查措施的行为。本罪是行为犯,行为人只要实施了传授犯罪方法的行为,不论被传授人是否掌握了所传授的犯罪方法,也不论被传授人是否运用所掌握的犯罪方法实施了该种具体犯罪或其他犯罪,一律构成本罪。

(3) 犯罪主体是一般主体,凡年满16周岁具有刑事责任能力的自然人都可以成为本罪的主体。但司法实践中,本罪的主体一般是那些主观恶性和人身危险性较大的累犯、惯犯、常业犯。

(4) 在主观方面必须出于故意,即明知是犯罪方法而故意向他人传授,但行为人主观上并不具有使他人立即产生实施与该犯罪方法有关的具体犯罪的直接目的。因过失而泄露了可以用于实施犯罪的技术或方法的,不能以本罪论处。

(二) 认定传授犯罪方法罪应划清的界限

认定本罪的关键是划清本罪与共同犯罪中教唆犯罪行为的界限。其区别主要是:(1) 侵犯的客体不同。本罪侵犯的客体是社会治安管理秩序,而教唆犯罪侵犯的客体则依其教唆实施的犯罪的性质而定,教唆实施的犯罪侵犯的客体就是教唆犯罪侵犯的客体。(2) 客观方面不同。本罪表现为向他人传授犯罪方法,是传术行为,而教唆犯罪则是使他人产生犯罪意图,是造意行为。(3) 主观方面的内容不同。本罪是明知是犯罪方法而故意向他人传授,目的是希望被传授人掌握犯罪方法,但行为人主观上并没有明确的使被传授人立即产生实施具

体犯罪意图的想法。而教唆犯罪行为则使被教唆人立即产生实施某个具体犯罪的意图。(4)犯罪既遂的标准不同。本罪是行为犯,只要行为人实施完毕传授犯罪方法行为,即构成既遂。而教唆犯罪则以被教唆人实施了被教唆的罪并且达到既遂状态为标准确定教唆犯罪的既遂,被教唆人没有实施被教唆的罪或者没有完成实施被教唆的罪的,对教唆犯罪只能以未遂论处。(5)犯罪形态和对象条件不同。本罪不是共同犯罪,传授的对象可以是任何人,不必限于有刑事责任能力的人。而教唆犯罪则是共同犯罪的一种形式,教唆的对象必须是具有刑事责任能力的人。(6)定罪量刑的根据不同。本罪直接按《刑法》分则有关条文规定定罪量刑,而教唆犯罪则应当同时根据《刑法》总则关于教唆犯罪的规定和《刑法》分则关于所教唆的犯罪的条文定罪量刑。当然,在司法实践中,本罪和教唆犯罪往往交织在一起,有的行为人在传授犯罪方法的同时又教唆他人实施与该犯罪方法有关的某种具体犯罪,或者在教唆他人实施某种具体犯罪的过程中又向其传授实施该种犯罪的犯罪方法,在这种情况下,传授犯罪方法行为与教唆犯罪行为存在牵连或者吸收关系,一般可以按从一重罪处断的原则论处。但是,如果行为人对同一对象传授的犯罪方法与所教唆的犯罪没有直接关系,或者是对不同的对象分别传授犯罪方法和教唆犯罪的,则不能按从一重罪处断的原则论处,而应当实行数罪并罚。

(三) 对传授犯罪方法罪的处罚

根据《刑法修正案(八)》第44条和《刑法》第295条的规定,犯本罪的,处5年以下有期徒刑、拘役或者管制;情节严重的,处5年以上10年以下有期徒刑;情节特别严重的,处10年以上有期徒刑或者无期徒刑。

第三节 妨害司法罪

一、伪证罪

(一) 伪证罪的概念和特征

伪证罪,是指在刑事诉讼中,证人、鉴定人、记录人、翻译人对与案件有重要关系的情节,故意作虚假的证明、鉴定、记录、翻译,意图陷害他人或者隐匿罪证的行为。本罪的主要特征是:

(1)侵犯的客体是国家司法机关的正常活动。司法机关追究刑事责任、确定有罪和判处刑罚的活动,是国家行使刑罚权的具体体现,其结果既关系到社会秩序的维护,也关系到犯罪嫌疑人、被告人的财产、自由乃至生命。因此,司法机关处理刑事案件,必须以根据真实可靠的证据查明的客观事实为依据。否则,就可能导致出入人罪。在刑事诉讼过程中向司法机关提供伪证,则可能使司法机关对案件事实作出错误的判断,从而对案件作出错误的处理。

(2) 在客观方面表现为在刑事诉讼中,对与案件有重要关系的情节,作虚假的证明、鉴定、记录、翻译的行为。首先,行为人必须实施了虚假的证明、鉴定、记录、翻译的行为。所谓虚假,一种形式指无中生有,虚构犯罪事实或者捏造证据或者夸大犯罪事实,以陷害他人;另一种形式则是将有说成无,掩盖事实真相,隐匿证据或者缩小犯罪事实,以包庇罪犯。所谓虚假的证明、鉴定、记录、翻译,具体表现为在依法作证时提供虚假的证据、在被指定或被聘任进行鉴定时作虚假的鉴定、在作记录时故意改变所记录的内容或者对录音录像的内容进行删改处理,或者在进行笔译或口译时作虚假的翻译。其次,行为人必须对与案件有重要关系的情节作虚假的证明、鉴定、记录、翻译。所谓与案件有重要关系的情节,是指对被告人的行为是否构成犯罪、构成何罪以及罪行轻重具有重要影响的情节,即对定罪量刑有重要影响的情节。如果行为人只是就与案件的定罪量刑这一实体处理结果关系不大的情节作了虚假的证明、鉴定、记录、翻译的,则不构成伪证罪。最后,行为人必须在刑事诉讼中对与案件有重要关系的情节作虚假的证明、鉴定、记录、翻译。所谓刑事诉讼中,是指从公安机关立案,经过侦查、起诉、一审、二审,到终审判决生效时为止的诉讼全过程。只有在此过程中对与案件有重要关系的情节作虚假的证明、鉴定、记录、翻译的,才能构成伪证罪。在立案之前或者判决生效之后实施上述行为的,或者在非刑事诉讼中提供虚假的证明、鉴定、记录、翻译的,均不能以伪证罪论处。本罪属于行为犯。行为人只要在刑事诉讼中对与案件有重要关系的情节作了虚假的证明、鉴定、记录、翻译,不论司法机关是否据此对案件作出了错误的处理,均构成本罪。

(3) 本罪的主体是特殊主体,只有证人、鉴定人、记录人、翻译人才能成为本罪的主体。所谓证人,是指依法负有义务将所知悉的案件的全部或者部分真实情况提供给司法机关的诉讼参与人。所谓鉴定人,是指在刑事诉讼中应司法机关的指派或聘请,对案件的专门性问题进行科学鉴定和判断的具有专门知识的诉讼参与人。所谓记录人,是指在刑事诉讼中对案件诉讼参与人的陈述以及刑事诉讼活动进行客观记录的人,包括侦查人员和书记人员。所谓翻译人,是指受司法机关的指派或者聘请,在刑事诉讼中担任不同民族、国家的语言文字或者聋哑语言翻译工作的诉讼参与人。这四种人员在刑事诉讼中均负有如实、客观地陈述、提供、记录案件真实情况的义务。违反这一义务提供虚假的证明、鉴定、记录、翻译的,即成为本罪的主体。

(4) 在主观方面必须出于故意,即明知是虚假的证明、鉴定、记录、翻译而故意向司法机关提供,目的是陷害他人或者隐匿证据包庇罪犯。对证人因记忆不清而提供了不真实的证明,鉴定人因业务水平、技术条件或者疏忽大意而提供了错误的鉴定结论,记录人因记录水平或疏忽大意而漏记、错记以及翻译人因翻译水平或过失而错译、漏译的,均不得以本罪论处。

(二) 认定伪证罪应划清的界限

认定伪证罪时,应当特别注意划清本罪与诬告陷害罪的界限。两罪的主要区别是:(1) 侵犯的客体不同。两者虽然都可能同时侵犯司法机关的正常工作秩序和公民的人身权利,但伪证罪侵犯的客体主要是司法机关的正常工作秩序,诬告陷害罪侵犯的客体则主要是公民的人身权利。(2) 伪证罪发生在刑事诉讼过程中,诬告陷害罪则发生在刑事诉讼开始以前,并且往往是引起刑事诉讼的原因。(3) 伪证罪是就与案件有重要关系的情节作虚假的证明、鉴定、记录、翻译,而诬告陷害罪则是捏造整个犯罪事实。(4) 伪证罪的主体是特殊主体,仅限于证人、鉴定人、记录人和翻译人,而诬告陷害罪的主体则是一般主体。(5) 伪证罪在主观方面既可以是出于陷害他人的犯罪目的,也可以是出于隐匿罪证为他人开脱罪责的目的,而诬告陷害罪的目的则是意图使他人受到错误的刑事追究。

(三) 对伪证罪的处罚

根据《刑法》第305条之规定,犯本罪的,处3年以下有期徒刑或者拘役;情节严重的,处3年以上7年以下有期徒刑。所谓情节严重,一般是指伪证行为造成严重后果,使司法机关对案件作出错误的处理,如使罪恶重大的犯罪分子逃避制裁、使无辜的人受到错误的刑事追究,或者伪证的手段极其恶劣、影响极坏等。

二、扰乱法庭秩序罪

(一) 扰乱法庭秩序罪的概念和特征

扰乱法庭秩序罪,是指聚众哄闹、冲击法庭,殴打司法工作人员或者诉讼参与人,侮辱、诽谤、威胁司法工作人员或者诉讼参与人,毁坏法庭设施,抢夺、损毁诉讼文书、证据,严重扰乱法庭秩序,情节严重的行为。本罪的主要特征是:

(1) 侵犯的客体是人民法院的审判秩序。

(2) 在客观方面表现为实施了聚众哄闹法庭,聚众冲击法庭,殴打司法工作人员,侮辱、诽谤、威胁司法工作人员或者诉讼参与人,不听法庭制止,毁坏法庭设施,抢夺、损毁诉讼文书、证据等扰乱法庭秩序,情节严重的行为。所谓聚众哄闹法庭,是指纠集众人在法庭上故意大声喧哗、吵闹、谩骂、起哄,干扰法庭秩序;所谓聚众冲击法庭,是指未经许可,纠集众人强行进入法庭,干扰法庭秩序;所谓殴打司法工作人员,是指在法庭上公然殴打参与法庭审判的审判人员、公诉人员、维护法庭秩序的司法警察等;所谓侮辱、诽谤、威胁司法工作人员或者诉讼参与人,是指公开诋毁上述人员的人格、破坏其名誉或者对其进行威胁等。根据《刑法》规定,行为人实施上述行为,严重扰乱法庭秩序的,才能构成本罪。所谓严重扰乱法庭秩序,一般是指不听劝阻、制止,多次扰乱法庭秩序,或者扰乱法庭秩序,情节恶劣,影响极坏,或者致使法庭秩序大乱、法庭审判难以继续进行的等。行为人毁坏法庭设施,抢夺、损毁诉讼文书、证据等扰乱法庭秩序的行为,情节严重的才构成犯罪。

(3)本罪的主体是一般主体,主要是参加法庭审判活动的人员,包括当事人、辩护人、诉讼代理人、鉴定人等,也包括法庭上的旁听人员和非法进入法庭的人员。

(4)在主观方面必须出于故意,即明知自己的行为会严重扰乱法庭秩序,并且希望或者放任这种危害结果的发生。

(二)认定扰乱法庭秩序罪应划清的界限

认定本罪时应当特别注意划清罪与非罪的界限,其关键在于正确认定行为人的行为是否造成了严重扰乱法庭秩序的后果。对于扰乱法庭秩序情节轻微,影响不大,或者经劝阻即停止扰乱法庭秩序的,或者因一时情绪激动而言语过激、行为冲动但主观上确无意扰乱法庭秩序的,只能按一般扰乱法庭秩序行为予以制止或者教育处理,而不能按扰乱法庭秩序罪论处。

(三)对扰乱法庭秩序罪的处罚

根据《刑法修正案(九)》第37条和《刑法》第309条之规定,犯本罪的,处3年以下有期徒刑、拘役、管制或者罚金。

三、窝藏罪

(一)窝藏罪的概念和特征

窝藏罪,是指明知是犯罪的人而为其提供隐藏处所、财物,帮助其逃匿的行为。本罪的主要特征是:

(1)侵犯的客体是国家司法机关追究犯罪、惩罚犯罪的正常工作秩序,窝藏的对象必须是已经实施了犯罪的人,包括犯罪后潜逃尚未归案的犯罪分子以及被司法机关依法羁押后又脱逃的已决犯和未决犯。

(2)在客观方面表现为为犯罪分子提供隐藏处所、财物,帮助其逃匿的行为。提供隐匿处所、财物的目的是帮助犯罪分子逃匿。此外,根据《刑法》第362条之规定,本罪在客观方面也可以表现为旅馆业、饮食服务业、文化娱乐业、出租汽车业等单位的人员,在公安机关查处卖淫、嫖娼活动时,为违法犯罪分子通风报信,情节严重的行为。

(3)本罪的主体是一般主体,凡年满16周岁具有刑事责任能力的自然人都可以成为本罪的主体。

(4)在主观方面必须出于故意,即明知是犯罪的人而故意为其提供隐匿处所或财物,目的是帮助其逃匿。如果不知是犯罪人的而出于善意为其提供住所或财物,则不构成本罪。

(二)认定窝藏罪应划清的界限

(1)划清本罪与非罪的界限。本罪是作为犯,行为人只有积极地实施了为犯罪的人提供隐匿处所、财物,帮助其逃跑、隐匿的行为的,才能构成犯罪。如果行为人没有积极地实施提供隐匿处所、财物,帮助犯罪分子逃跑的行为,而只是消极地不予检举揭发的,一般不能以本罪论处。行为人提供隐匿处所、财物,帮助犯罪分子逃匿必须出于其本人的意志。如果是在犯罪分子的威逼、胁迫之下被迫为其提供隐匿处所、财物,帮助其逃匿的,一般也不能按本罪论处。

(2)划清本罪与事前通谋的共同犯罪的界限。构成本罪的窝藏行为发生在犯罪分子实施犯罪之后,窝藏的犯罪故意也产生于犯罪分子实施犯罪之后。如果在犯罪分子实施犯罪之前即约定好在其犯罪后为其提供隐匿处所、财物,帮助其逃匿的,不能以本罪论处,而应当以犯罪分子所实施的犯罪的共同犯罪论处。

(三)对窝藏罪的处罚

根据《刑法》第310条之规定,犯本罪的,处3年以下有期徒刑、拘役或者管制;情节严重的,处3年以上10年以下有期徒刑。

四、包庇罪

(一)包庇罪的概念和特征

包庇罪,是指明知是犯罪的人而以作假证明的方式掩盖其罪行的行为。本罪的主要特征是:

(1)侵犯的客体是国家司法机关追究犯罪、惩罚犯罪的正常工作秩序。包庇的对象是已经犯罪的人,既包括犯罪后潜逃尚未归案的犯罪分子,也包括已被司法机关依法羁押的已决犯和未决犯。

(2)在客观方面表现为以作假证明的方式掩盖犯罪分子的罪行。即向司法机关提供虚假的证明帮助犯罪分子掩盖罪行,逃避司法机关的追究,如提供虚假的证词证明犯罪分子不在犯罪现场或者没有作案时间等。

(3)本罪主体是一般主体,凡年满16周岁具有刑事责任能力的自然人都可以成为本罪的主体。

(4)本罪在主观方面必须出于故意,即明知是实施了犯罪的人而故意作虚假的证明,帮助其掩盖罪行、逃避刑事追究。如果因过失而误将犯罪的人当作未犯罪的人,或者因过失而提供了有关犯罪人的不实的证词的,不能以本罪论处。

(二)认定包庇罪应划清的界限

认定本罪时应当特别注意划清本罪与伪证罪的界限。本罪与伪证罪一样,在客观方面都可以表现为向司法机关提供虚假的证言。但两种犯罪存在以下区别:(1)犯罪主体不同。本罪主体是一般主体,任何年满16周岁的具有刑事责任能力的自然人都可以构成本罪。伪证罪的主体是特殊主体,只有证人、鉴定人、记录人、翻译人才能成为伪证罪的主体。(2)犯罪的时间不同。本罪可以发生在犯罪分子被追究刑事责任之前,也可以发生在刑事诉讼过程中,甚至也可以发生在判决生效后的执行过程中。而伪证罪则只能发生在从立案侦查到判决生效为止的刑事诉讼过程中。(3)本罪是通过向司法机关作假证明的方法,掩盖犯罪分子的全部犯罪事实或重要罪行,使其逃避刑事追究;而伪证罪则是就与案件有重要关系的情节向司法机关作虚假的证明。(4)本罪包庇的对象可以是未决犯,也可以是已决犯,而伪证罪所包庇的对象只能是正在被追究刑事责任的未决犯。

(三)对包庇罪的处罚

根据《刑法》第310条第1款的规定,犯本罪的,处3年以下有期徒刑、拘役或者管制;情节严重的,处3年以上10年以下有期徒刑。

五、拒不执行判决、裁定罪

(一)拒不执行判决、裁定罪的概念和特征

拒不执行判决、裁定罪,是指对人民法院的判决、裁定有能力执行而拒不执行,情节严重的行为。本罪的主要特征是:

(1)侵犯的客体是人民法院判决、裁定的权威性和严肃性。犯罪对象是人民法院已经发生法律效力的判决或裁定,具体包括人民法院在刑事诉讼、民事诉讼、经济诉讼、行政诉讼中对案件的实体或程序问题所作出的判决或裁定。但是,根据司法实践,行为人拒不执行的判决、裁定主要不是刑事判决、裁定,而是民事、经济和行政判决、裁定。

(2)本罪在客观方面表现为对人民法院的生效判决、裁定有能力执行而拒不执行,情节严重的行为。根据全国人大常委会2002年8月29日《关于〈中华人民共和国刑法〉第三百一十三条的解释》,"人民法院的判决、裁定",是指人民法院依法作出的具有执行内容并已发生法律效力的判决、裁定;既包括刑事判决与裁定,也包括民事、经济、行政等方面的判决与裁定。人民法院为依法执行支付令、生效的调解书、仲裁裁决、公证债权文书等所作的裁定属于该条规定的裁定。本罪是不作为犯。构成本罪的前提条件是行为人必须有能力执行判决、裁定。如果行为人因确实不具备执行判决、裁定的主、客观能力,而未能执行判决、裁定的,则不能以本罪论处。在有能力执行的前提下,行为人必须拒不执行判决、裁定,达到情节严重程度。根据上述司法解释,所谓"有能力执行而拒不执行,情节严重",是指:被执行人隐藏、转移、故意毁损财产或者无偿转让财产、以明显不合理的低价转让财产,致使判决、裁定无法执行的;担保人或者被执行人隐藏、转移、故意毁损或者转让已向人民法院提供担保的财产,致使判决、裁定无法执行的;协助执行义务人接到人民法院协助执行通知书后,拒不协助执行,致使判决、裁定无法执行的;被执行人、担保人、协助执行义务人与国家机关工作人员通谋,利用国家机关工作人员的职权妨害执行,致使判决、裁定无法执行的;其他有能力执行而拒不执行,情节严重的情形。行为人虽然有抗拒执行判决、裁定的行为,但经人民法院批评后即予执行或者没有造成严重后果或影响的,一般不能按本罪论处。

(3) 本罪的主体是特殊主体,即必须是依法负有执行判决、裁定义务的人,具体包括两种人:一是判决、裁定确定的应当履行执行义务的当事人,一是对判决、裁定确定的负有执行义务的当事人承担协助执行义务的人。不具有执行义务或协助执行义务的其他人不能独立实施本罪,而只能成为本罪的共犯。单位也可以构成本罪。所谓"单位",包括公司、企业、事业单位、机关、团体。

(4) 本罪在主观方面必须出于故意,即行为人明知本人负有执行人民法院已经发生法律效力的判决、裁定的义务而故意抗拒执行。暴力抗拒人民法院执行判决、裁定,杀害、重伤执行人员的,应以故意杀人罪和故意伤害罪论处。

(二) 认定拒不执行判决、裁定罪应划清的界限

认定本罪时应当注意划清本罪与妨害公务罪的界限。两罪的主要区别是:(1) 侵犯的客体不同。本罪侵犯的是人民法院判决、裁定的权威性和严肃性,而妨害公务罪侵犯的是国家机关的正常管理活动。(2) 行为方式不同。本罪是不作为犯,不以暴力、威胁方法为客观要件。但是,如果行为人以暴力、威胁方式抗拒人民法院依法执行判决、裁定的,则可能同时触犯本罪与妨害公务罪,这种情况属于法条竞合。而妨害公务罪则是作为犯,并且以实施暴力、威胁为其构成要件。(3) 犯罪主体不同。本罪的主体是特殊主体,必须是依法负有执行判决、裁定义务的人;而妨害公务罪的主体则是一般主体。

(三) 对拒不执行判决、裁定罪的处罚

根据《刑法修正案(九)》第39条和《刑法》第313条之规定,犯本罪的,处3年以下有期徒刑、拘役或者罚金;情节特别严重的,处3年以上7年以下有期徒刑,并处罚金。

单位犯前款罪的,对单位判处罚金,并对其直接负责的主管人员和其他直接责任人员,依照前款的规定处罚。

六、脱逃罪

(一) 脱逃罪的概念和特征

脱逃罪,是指依法被关押的罪犯、被告人、犯罪嫌疑人逃脱司法机关羁押和

监管的行为。本罪的主要特征是：

(1) 侵犯的客体是国家司法机关对罪犯、被告人、犯罪嫌疑人的羁押和监管秩序。

(2) 客观方面表现为脱逃的行为，即从监狱、看守所、拘留所以及其他合法羁押场所和押解途中脱逃的行为。脱逃的方式可以是乘监管人员不备而秘密逃跑，乘外出劳动而逃离羁押场所，也可以是在对监管人员使用贿赂手段后逃离羁押场所，或者强行打破、损坏监管设施后逃离羁押场所等。

(3) 本罪的主体是特殊主体，即必须是依法被关押的罪犯、被告人、犯罪嫌疑人。具体包括依法被判处拘役、有期徒刑、无期徒刑、死刑（在执行死刑前）和死刑缓期二年执行，正在被羁押或执行劳动改造的已决犯和依法被拘留、逮捕后正在接受审查和审判的被告人、犯罪嫌疑人这两种未决犯。应当注意的是，所谓依法被关押的被告人、犯罪嫌疑人，并不必然是依法应当被定罪量刑的罪犯。本罪侵犯的客体是国家司法机关对罪犯、被告人、犯罪嫌疑人的羁押和监管秩序。确实没有犯罪的被告人、犯罪嫌疑人被司法机关依照法定程序拘留、逮捕后，不经正当程序为自己做无罪申辩，而擅自从羁押和监管场所脱逃的，同样破坏了国家对罪犯、被告人、犯罪嫌疑人的羁押和监管秩序，因而同样可以成为本罪的主体。但是，依法被行政拘留的人从行政拘留所脱逃的，被判处管制、缓刑、假释的犯罪分子逃避监管的，被拘传、取保候审、监视居住的未决犯逃避强制措施的限制的，均不能构成本罪。

(4) 本罪在主观方面必须出于故意，并且具有逃避司法机关羁押和监管的目的。

(二) 认定脱逃罪应划清的界限

认定本罪时应当注意本罪的既遂与未遂的界限。在此问题上存在不同见解。有的学者认为应以行为人是否逃离监管场所这一特定的地理范围为标准划分本罪的既遂与未遂；有的学者认为应当以行为人是否脱离监管机关与监管人员的实际控制为标准划分本罪的既遂与未遂；还有的学者认为应以行为人是否同时逃离了监管场所、摆脱了监管人员的实际控制为标准划分本罪的既遂与未遂。多数学者认为，脱逃罪的本质在于摆脱监管机关与监管人员的羁押和监管，只要行为人的脱逃行为达到了使其实际摆脱监管机关与监管人员的控制的程度，就可以认为脱逃达到了既遂。否则，就是脱逃未遂。

(三) 对脱逃罪的处罚

根据《刑法》第316条第1款之规定，犯本罪的，处5年以下有期徒刑或者拘役。

第四节 妨害国(边)境管理罪

一、组织他人偷越国(边)境罪

(一) 组织他人偷越国(边)境罪的概念和特征

组织他人偷越国(边)境罪,是指违反国(边)境管理法规,组织他人偷越国(边)境的行为。本罪的主要特征是:

(1) 侵犯的客体是国家对国(边)境的管理秩序。国家对国(边)境的管理秩序是维护国家主权、领土完整和国(边)境的安全所必不可少的。非法组织他人偷越国(边)境必然破坏国家对国(边)境的管理秩序,进而危害国家主权、领土完整和国(边)境的安全。

(2) 在客观方面表现为违反国(边)境管理法规,组织他人偷越国(边)境的行为。所谓违反国(边)境管理法规,具体是指违反《中华人民共和国出境入境管理法》及其实施细则的规定。这些法律、法规对中国公民和外国人出入我国国(边)境必须履行的必要的申请手续、必须办理的必要的通行证件以及出入境的时间、地点和法律责任,均作了明确的规定。本罪在客观方面就表现为违反这些法律、法规的规定,组织他人偷越国(边)境。组织他人偷越国(边)境,具体是指未经办理有关出国、出境手续和证件,策划、动员、拉拢、组织、联络、指挥他人非法秘密出入我国国境、边境的行为,包括组织他人非法出境和组织他人非法入境两种情况。这里所谓国境,是指我国与相邻外国的国界;所谓边境,是指我国内地与香港、澳门、台湾地区的交界。偷越国(边)境的地点,既可以是国(边)境口岸,也可以是非国(边)境口岸,既可以是从陆路偷越,也可以是从海上或空中偷越。

(3) 本罪的主体是一般主体,凡年满16周岁的具有刑事责任能力的自然人,都可以成为本罪的主体。作为本罪主体的组织者,既可以是中国公民,也可以是外国人;既可以是一个人,也可以是多人,甚至可以是专门从事偷越国(边)境的犯罪组织。

(4) 在主观方面必须出于故意,即明知自己的行为违反了国(边)境管理法规而故意实施非法组织他人偷越国(边)境的行为。

(二) 对组织他人偷越国(边)境罪的处罚

根据《刑法》第318条的规定,犯本罪的,处2年以上7年以下有期徒刑,并处罚金;有下列情形之一的,处7年以上有期徒刑或者无期徒刑,并处罚金或者没收财产:(1) 组织他人偷越国(边)境集团的首要分子;(2) 多次组织他人偷越国(边)境或者组织他人偷越国(边)境人数众多的;(3) 造成被组织人重伤、死亡的;(4)剥夺或者限制被组织人人身自由的;(5)以暴力、威胁方法抗拒检查的;(6)违法所得数额巨大的;(7)有其他特别严重情节的。《刑法》第318条同时规定,犯本罪,对被组织人有杀害、伤害、强奸、拐卖等犯罪行为,或者对检查人员有杀害、伤害等犯罪行为的,应当依照数罪并罚的规定进行处罚。

二、偷越国(边)境罪

(一)偷越国(边)境罪的概念和特征

偷越国(边)境罪,是指违反国(边)境管理法规,偷越国(边)境,情节严重的行为。本罪的主要特征是:

(1)侵犯的客体是国(边)境的管理秩序。

(2)客观方面表现为违反国(边)境管理法规,偷越国(边)境的行为。所谓违反国(边)境管理法规,具体是指违反我国《出境入境管理法》及其实施细则、《中国公民因私事往来香港地区或者澳门地区的暂行管理办法》《出境入境边防检查条例》等法律、法规关于出入境的规定。偷越国(边)境的表现形式,既可以是在不设边境口岸、边防检查站的海上或陆路秘密出入境,也可以表现为持伪造、变造、冒用的出入境证件欺骗海关检查人员,蒙混过关。偷越国(边)境,情节严重的,才能构成本罪。所谓情节严重,参照最高人民法院有关司法解释,一般是指在境外实施损害国家利益行为的,为逃避法律制裁而偷越国(边)境的,偷越国(边)境时对边防、公安人员等使用暴力相威胁的,介绍、引诱多人一起偷渡的,在偷越国(边)境时有其他违法行为造成严重后果的,或者造成恶劣社会影响的,等等。不具有上述严重情节的,或者边境地区居民出于探亲、访友、赶集或过境耕种等目的而擅自出入境的,一般不能以本罪论处。《刑法修正案(九)》第40条,对为参加恐怖活动组织、接受恐怖活动培训或者实施恐怖活动而偷越国(边)境的行为,作出了专门规定,将法定最高刑提高到3年。

(3)本罪的主体是一般主体,中国公民和外国人都可以成为本罪的主体。但是,如果是国家机关工作人员或者掌握国家秘密的国家工作人员偷越国(边)境叛逃的,则不能以本罪论处,而应当以叛逃罪论处。

(4)本罪在主观方面必须出于故意,即明知是非法出入国(边)境而故意为之。

(二)对偷越国(边)境罪的处罚

根据《刑法修正案(九)》第40条和《刑法》第322条的规定,犯本罪的,处1年以下有期徒刑、拘役或者管制,并处罚金;为参加恐怖活动组织、接受恐怖活动培训或者实施恐怖活动,偷越国(边)境的,处1年以上3年以下有期徒刑,并处罚金。

第五节 妨害文物管理罪

一、故意损毁文物罪

（一）故意损毁文物罪的概念和特征

故意损毁文物罪，是指故意损毁国家保护的珍贵文物或者被确定为全国重点文物保护单位、省级文物保护单位的文物的行为。本罪的主要特征是：

（1）侵犯的客体是国家对文物的保护和管理。犯罪对象是珍贵文物和全国重点文物保护单位、省级文物保护单位的文物。所谓文物，是指下列具有历史、艺术、科学价值的遗址或者遗物：具有历史、艺术、科学价值的古文化遗址、古墓葬、古建筑、石窟寺和石刻；与重大历史事件、革命运动和著名人物有关的具有重要纪念意义、教育意义和史料价值的建筑物、遗址、纪念物；历史上各个时代珍贵的艺术品、工艺美术品；重要的革命文献以及具有历史、艺术、科学价值的手稿、古旧图书资料等；反映历史上各时代、各民族社会制度、社会生产、社会生活的代表性实物。但并非所有文物都是本罪的犯罪对象，而是只有被国家确定为珍贵文物的文物和全国重点文物保护单位及省级文物保护单位的文物才能成为本罪的犯罪对象。所谓珍贵文物，是指具有较高历史、艺术、科学价值的遗址或遗物。我国《文物保护法》和《文物藏品定级标准》将文物分为一、二、三级，凡属国家一、二级文物的均为珍贵文物，部分三级文物经国家文物鉴定委员会鉴定确认的也可以是珍贵文物。珍贵文物一般是可移动的文物。所谓文物保护单位，则是经人民政府按照法定程序确定的具有历史、艺术、科学价值的革命遗址、纪念建筑物、古文化遗址、古墓葬、古建筑、石窟寺、石刻等不可移动的文物。我国文物保护单位分为国家重点文物保护单位、省级文物保护单位和县（市）级文物保护单位三级。因此，不属于珍贵文物的三级文物以及县（市）级文物保护单位的文物就不能成为本罪的犯罪对象。

（2）客观方面表现为以捣毁、拆除、污损、焚烧等方式损毁珍贵文物或者被确定为国家重点文物保护单位、省级文物保护单位的文物的行为。

（3）主体是一般主体，凡年满16周岁的具有刑事责任能力的自然人都可以成为本罪的主体。

（4）主观方面必须出于故意，即明知是珍贵文物或国家、省级文物保护单位的文物而故意实施损毁行为，希望或者放任文物被毁坏结果的发生。不知是珍贵文物或国家、省级文物保护单位的文物而当作一般的遗址、遗物予以损毁或者无意中损毁珍贵文物、国家、省级文物保护单位的文物的，不能以本罪论处。

（二）对故意损毁文物罪的处罚

根据《刑法》第324条第1款之规定，犯本罪的，处3年以下有期徒刑或者拘役，并处或者单处罚金；情节严重的，处3年以上10年以下有期徒刑，并处罚金。所谓情节严重，一般是指损毁特别珍贵的文物或有特别重要价值的文物保护单位的文物的，损毁多件或者多次损毁珍贵文物的，多次损毁或者损毁多处国家、省级文物保护单位，使被损毁的文物难以恢复的，等等。

二、倒卖文物罪

（一）倒卖文物罪的概念和特征

倒卖文物罪，是指以牟利为目的，倒卖国家禁止经营的文物，情节严重的行为。本罪的主要特征是：

（1）侵犯的客体是国家对文物的保护和管理秩序。

（2）客观方面表现为倒卖国家禁止经营的文物，情节严重的行为。所谓倒卖国家禁止经营的文物，是指以出卖为目的，非法收买、运输、转手买卖国家禁止经营的珍贵文物或一般文物，既包括无权从事文物经营活动的单位或个人非法经营上述文物的行为，也包括有权经营文物的单位或个人非法经营上述国家禁止经营的文物的行为。倒卖国家禁止经营的文物，情节严重的，才能构成倒卖文物罪。所谓情节严重，一般是指多次倒卖文物或倒卖文物数量较大的，倒卖国家珍贵文物的，或者倒卖文物非法获利数额较大的。偶尔倒卖一般文物，或者倒卖文物获利不大的，一般不以犯罪论处。

（3）本罪的主体是一般主体，自然人和单位都可以成为本罪的主体。

（4）在主观方面必须出于故意，而且具有牟利的目的。

（二）对倒卖文物罪的处罚

根据《刑法》第326条之规定，犯本罪的，处5年以下有期徒刑或者拘役，并处罚金；情节特别严重的，处5年以上10年以下有期徒刑，并处罚金。单位犯本罪的，对单位判处罚金，并对其直接负责的主管人员和其他直接责任人员，依照上述规定处罚。这里所谓情节特别严重，是指一贯倒卖文物或者倒卖文物数量特别巨大的，倒卖特别珍贵文物的，或者倒卖文物非法获利数额特别巨大的，等等。

第六节 危害公共卫生罪

一、妨害传染病防治罪

（一）妨害传染病防治罪的概念和特征

妨害传染病防治罪，是指违反传染病防治法的规定，引起甲类传染病以及依法确定采取甲类传染病预防、控制措施的传染病传播或者有传播严重危险的行为。本罪的主要特征是：

(1) 侵犯的客体是国家对传染病的防治和人民群众的身体健康。

(2) 客观方面表现为实施了下列违反传染病防治法规定的行为,引起甲类传染病以及依法确定采取甲类传染病预防、控制措施的传染病传播或者有传播严重危险的情形：第一,供水单位供应的饮用水不符合国家规定的卫生标准的；第二,拒绝按照疾病预防控制机构提出的卫生要求,对传染病病原体污染的污水、污物、场所和物品进行消毒处理的；第三,准许或者纵容传染病病人、病原携带者和疑似传染病病人从事国务院卫生行政部门规定禁止从事的易使该传染病扩散的工作的；第四,出售、运输疫区中被传染病病原体污染或者可能被传染病病原体污染的物品,未进行消毒处理的；第五,拒绝执行县级以上人民政府、疾病预防控制机构依照传染病防治法提出的预防、控制措施的。本罪属于结果犯,行为人实施了上述五种行为之一,并且引起甲类传染病以及依法确定采取甲类传染病预防、控制措施的传染病传播或者有传播危险的严重后果的,才能以本罪论处。

"甲类传染病",是指鼠疫、霍乱。依据《国际卫生条例》的规定,世界卫生组织将鼠疫、霍乱和黄热病3种烈性传染病列为国际检疫传染病,一经发现,必须及时向世界卫生组织通报。我国境内没有黄热病,仅将鼠疫、霍乱列为甲类传染病。"依法确定采取甲类传染病预防、控制措施的传染病",根据《传染病防治法》第4条的规定,对乙类传染病中传染性非典型肺炎、炭疽中肺炭疽和人感染高致病性禽流感,采取本法所称甲类传染病的预防、控制措施。新冠肺炎暴发后,经国务院批准,将新型冠状病毒感染的肺炎纳入乙类传染病,并采取甲类传染病的预防、控制措施,对于拒绝执行卫生防疫机构依照《传染病防治法》提出的防控措施,引起新型冠状病毒传播或者有传播严重危险的,可以以本罪定罪处罚。

(3) 犯罪主体是一般主体,凡年满16周岁的具有刑事责任能力的自然人和单位都可以成为本罪的主体。

(4) 犯罪的主观方面必须出于过失,即应当预见行为可能引起甲类传染病以及依法确定采取甲类传染病预防、控制措施的传染病传播或者有传播严重危险,因为疏忽大意而没有预见,或者虽然已经预见,但是轻信能够避免。

实践中应当注意,传播新型冠状病毒感染肺炎病原体的突发传染病病原体,一般情况下应当定为妨害传染病防治罪,在有些情况下也可能构成以危险方法危害公共安全罪。例如已经明确诊断的新型冠状病毒感染肺炎病人、病原携带者,拒绝隔离治疗或者隔离期未满擅自脱离隔离治疗,并且进入公共场所或者公共交通工具的,或者新型冠状病毒感染肺炎疑似病人拒绝隔离治疗或者隔离期未满擅自脱离隔离治疗,并进入公共场所或者公共交通工具,造成新型冠状病毒传播的,都可能以以危险方法危害公共安全罪定罪处罚。对于其他拒绝执行卫生防疫机构依照传染病防治法提出的防控措施,引起新型冠状病毒传播或者有传播严重危险的,应以妨害传染病防治罪定罪处罚。

(二) 对妨害传染病防治罪的处罚

根据《刑法修正案(十一)》第37条和《刑法》第330条的规定,犯本罪的,处3年以下有期徒刑或者拘役;后果特别严重的,处3年以上7年以下有期徒刑。"后果特别严重",是指造成众多的人感染甲类传染病以及依法确定采取甲类传染病预防、控制措施的传染病,多人死亡等特别严重后果的。

单位犯前款罪的,对单位判处罚金,并对其直接负责的主管人员和其他直接责任人员,依照前款的规定处罚。"单位犯前款罪的",是指单位违反传染病防治法的有关规定,有本条第1款所列的5项行为之一,引起甲类传染病以及依法确定采取甲类传染病预防、控制措施的传染病传播或者有传播严重危险的犯罪行为。

甲类传染病的范围,依照《中华人民共和国传染病防治法》和国务院有关规定确定。

二、医疗事故罪

(一) 医疗事故罪的概念和特征

医疗事故罪,是指由于医务人员严重不负责任,造成就诊人死亡或者严重损害就诊人身体健康的行为。本罪的主要特征是:

(1) 侵犯的客体是就诊人的身体健康和医疗单位的正常工作秩序。医务人员负有救死扶伤的神圣使命,他们如果严重不负责任,轻则可能造成就诊人伤病不能及时康复,重则可能严重损害就诊人身体健康甚至致人死亡,并严重破坏医疗单位的正常工作秩序。本罪侵害的对象是就诊人,即到医疗单位接受治疗、体检的人。

(2) 在客观方面表现为严重不负责任,造成就诊人死亡或者严重损害其身体健康的行为,即在对就诊人进行医疗护理或体检的过程中,粗心大意,玩忽职守,不履行或不正确、不及时履行医疗护理职责,因而造成就诊人死亡或严重损害其身体健康。本罪的行为方式既可以是作为,如医师错误诊断病情、开错处方、药师配错药、护士打错针、用错药等;也可以是不作为,如医务人员对危重病人不及时进行抢救,或者值班医师擅自离岗,致使病人得不到及时救治等。本罪是结果犯,医务人员的严重不负责任的行为只有造成了就诊人死亡或者严重损害就诊人身体健康的后果的,才能构成本罪。

(3) 本罪的主体必须是医务人员,即必须是在国有、集体医疗机构中从事诊疗、救治、护理工作的医师、药师和护士以及经国家主管部门批准开业的个体诊所的行医人员。其他不具有行医资格的人非法行医造成就诊人死亡或者严重损害就诊人身体健康的，不能以本罪论处。

（4）在主观方面必须出于过失，即行为人应当预见自己的不负责任行为可能造成就诊人死亡或者严重损害就诊人身体健康的后果，因为疏忽大意而没有预见，或者虽然已经预见，但轻信能够避免。

（二）认定医疗事故罪应划清的界限

认定本罪的关键是划清罪与非罪的界限：首先，必须划清医疗事故与医疗意外的界限。所谓医疗事故，是指在诊疗护理中，由于医务人员的诊疗护理过失，直接造成就诊人死亡、残疾、组织器官损伤导致功能障碍。而医疗意外，则是由于医务人员不能预见或不能抗拒的原因而使就诊人在医疗护理的过程中死亡或者严重损害就诊人的身体健康的情况。在医疗意外中，医务人员不存在过失，即使造成了就诊人死亡的严重后果的，也不能以本罪论处。其次，必须划清医疗责任事故与医疗技术事故的界限。医疗实践中，医疗事故分为医疗责任事故与医疗技术事故。医疗责任事故，是指医务人员因违反规章制度、诊疗护理常规等失职行为所致的事故。医疗技术事故，是指医务人员的专业技术水平不高、缺乏临床经验等技术过失所致的事故。构成本罪基础的是医疗责任事故，而不是医疗技术事故。如果因医疗技术事故致就诊人死亡或者严重损害就诊人身体健康的，不能构成本罪。最后，还必须划清本罪与一般医疗责任事故的界限。本罪是因严重不负责任而造成就诊人死亡或者严重损害就诊人身体健康的行为，如果医务人员虽然有不负责任的行为，也造成了一定的危害后果，如耽误了就诊人的治疗、使就诊人额外地承受了病痛或额外地支付了诊疗护理费用，但没有造成就诊人死亡、残疾、组织器官严重损伤导致功能障碍等严重后果的，则只能按一般医疗责任事故处理，而不能按本罪论处。

（三）对医疗事故罪的处罚

根据《刑法》第335条之规定，犯本罪的，处3年以下有期徒刑或者拘役。

第七节 破坏环境资源保护罪

一、污染环境罪

（一）污染环境罪的概念和特征

污染环境罪，是指违反国家规定，排放、倾倒或者处置有放射性的废物、含传染病病原体的废物、有毒物质或者其他有害物质，严重污染环境的行为。本罪的主要特征是：

(1) 侵犯的客体是国家对环境保护和污染防治的管理。环境是影响人类生存和发展的各种天然的和经过人工改造的自然因素的总体,包括大气、水、海洋、土地、矿藏、森林、草原、野生生物、自然遗迹、人文遗迹、自然保护区、风景名胜区、城市和乡村等。长期以来,人类从环境汲取生存和发展的资源,但是过量地汲取却不断地破坏着我们赖以生存的环境。在当代社会,保护环境资源、防治污染、维护生态平衡,已经成为人类共同面临的直接关系自身生存和发展的根本问题。在我国,保护环境资源更是国家的基本国策。非法排放、倾倒、处置危险废物则必然严重污染环境,破坏生态资源,使人类的生存条件更加恶化,使社会的进步和发展受到阻碍。因此,对造成重大环境污染事故的非法排放、倾倒、处置危险废物行为必须动用刑法手段予以制裁。

(2) 在客观方面表现为违反国家规定,排放、倾倒或者处置有放射性的废物、含传染病病原体的废物、有毒物质或者其他有害物质,严重污染环境的行为。具体说来,本罪在客观方面具有三个特征:首先,必须违反国家规定。所谓违反国家规定,具体是指违反我国《环境保护法》《大气污染防治法》《水污染防治法》《海洋环境保护法》《固体废物污染环境防治法》等法律以及《放射性同位素与射线装置安全和防护条例》《工业"三废"排放试行标准》《农药安全使用标准》等法规关于向大气、水体、土地排放、倾倒、处置危险废物的规定。其次,必须实施了向土地、水体、大气排放、倾倒、处置含放射性的危险废物、含传染病病原体的危险废物、有毒物质以及其他危险废物的行为。这里,所谓土地,具体是指耕地、林地、草地、荒地、山岭、滩涂、河滩地以及其他陆地。所谓水体,是指我国领域的江河、湖泊、运河、渠道、水库等地表水体、地下水体、我国内海、领海以及我国管辖的一切其他海域,如专属经济区的海域。所谓大气,是指包围地球的空气层总体。所谓危险废物,是指列入《国家危险废物名录》或者根据国家规定的危险废物鉴别标准和鉴别方法认定的具有危险特性的废弃物,其种类包括含放射性的废物、含传染病病原体的废物、有毒物质以及其他危险废物,其存在形态包括废气、废渣、废水、污水等。本罪的行为表现形式包括排放、倾倒和处置三种。所谓排放,是指将各种危险废物排入土地、大气或水体的行为,包括泵出、溢出、泄出、喷出等;所谓倾倒,是指通过船舶、航空器、平台或者其他运载工具向土地、水体处置各种危险废物的行为。所谓处置,是指以改变危险废物的物理、化学、生物性能的方法处理废物的行为,如焚烧、填埋、储存危险废物等。最后,本罪在客观方面还必须严重污染了环境。"严重污染环境",既包括发生了造成财产损失或者人身伤亡的环境事故,也包括虽然还未造成环境污染事故,但是已使环境受到严重污染或者破坏的情形。这样的修改,降低了本罪的犯罪构成的门槛,将原来规定的"造成重大环境污染事故,致使公私财产遭受重大损失或者人身伤亡的严重后果"修改为"严重污染环境",从而将虽未造成重大环境污染事故,但长期违反国家规定,超标准排放、倾倒、处置有害物质,严重污染环境的行为规定为犯罪。

(3) 本罪的主体是一般主体,即凡年满16周岁的具有刑事责任能力的自然人和单位都可以成为本罪的主体。

(4) 在主观方面必须出于过失,即行为人应当认识到自己非法排放、倾倒、处置危险废物的行为可能会严重污染环境,由于疏忽大意而没有预见,或者虽然已经认识到,但是轻信能够避免。也就是说,行为人对危害结果的发生持过失的心理态度,但行为人对非法排放、倾倒、处置危险废物的行为则一般持故意的心理态度。如果行为人既对非法排放、倾倒、处置危险废物的行为持故意的心理态度,又对该行为可能造成的危害后果持希望或放任的心理态度,则不能构成本罪。

(二) 处理污染环境罪应当划清罪与非罪的界限

实践中,有些是单位违法排放污染物,污染环境的案件。对这类案件应当根据《刑法》和2016年最高人民法院、最高人民检察院《关于办理环境污染刑事案件适用法律若干问题的解释》(以下简称《解释》),结合案件的具体情况加以认定。例如《解释》第1条第4项规定,排放、倾倒、处置含镍、铜、锌、银、钒、锰、钴的污染物,超过国家或者地方污染物排放标准10倍以上的,构成污染环境罪。但是,如何确定超过国家或者地方排放标准10倍以上呢?这就需要结合国家《污水综合排放标准》的规定予以认定。根据《污水综合排放标准》的规定,第一类污染物(汞、镉、铅等),不分行业和污水排放方式,也不分受纳水体的功能类别,一律在车间或车间处理设施排放口采样;第二类污染物(铜、锌、锰等),在排污单位排放口采样,其最高允许排放浓度必须达到本标准要求。这也就是说,一类污染物的采样点设在车间或者车间处理设施排放口,一旦超过国家标准10倍以上就构成污染环境罪;二类污染物则应在排污单位排放口采样,超过国家标准10倍以上也构成污染环境罪。法律作出这样的区分,主要是考虑一类污染物和二类污染物的污染性质和危害后果不同,采样点也不同。我国司法和行政执法实践都是按这一标准确定采样点和排放浓度的。例如江苏省苏州市某公司,违法向雨水管网排放含二类污染物锌的废水,单位总排口排放水总锌23.7 mg/L,超过《解释》的10倍以上,被当地生态环境局以涉嫌污染环境犯罪移送公安机关。而某市司法机关,在处理当地一家公司排放含锌污水的案件中,却既不将采样点选择在车间处理设施排放口,也不选择在单位排放口,而是在两者之间选择了一个采样点。然后认为该采样点锌含量为66 mg/L,超过国家标准30倍以上,构成污染环境罪(该公司单位排放口的锌浓度仅为1.42 mg/L,完全符合国家的排放标准)。这显然没有法律根据,使该公司和其负责人许某受到不应有的刑事处罚,是一起典型的错案。由此可以看出,在处理污染环境的案件中,正确认定事实和适用法律,对于划清罪与非罪的界限是何等的重要。

（三）对污染环境罪的处罚

根据《刑法修正案（十一）》第 40 条和《刑法》第 338 条、第 346 条的规定，犯本罪的，处 3 年以下有期徒刑或者拘役，并处或者单处罚金；情节严重的，处 3 年以上 7 年以下有期徒刑，并处罚金；有下列情形之一的，处 7 年以上有期徒刑，并处罚金：（1）在饮用水水源保护区、自然保护地核心保护区等依法确定的重点保护区域排放、倾倒、处置有放射性的废物、含传染病病原体的废物、有毒物质，情节特别严重的；（2）向国家确定的重要江河、湖泊水域排放、倾倒、处置有放射性的废物、含传染病病原体的废物、有毒物质，情节特别严重的；（3）致使大量永久基本农田基本功能丧失或者遭受永久性破坏的；（4）致使多人重伤、严重疾病，或者致人严重残疾、死亡的。

有前款行为，同时构成其他犯罪的，依照处罚较重的规定定罪处罚。

单位犯本罪的，对单位判处罚金，并对其直接负责的主管人员和其他直接责任人员依照上述自然人犯本罪的规定处罚。

《刑法修正案（十一）》第 40 条，将第二档法定刑中的"后果特别严重的"修改为"情节严重的"，这是一个重大修改，进一步降低了入罪的门槛，将虽未造成重大环境污染后果，但长期违反国家规定，超标准排放、倾倒、处置有害物质，严重污染环境的行为规定为犯罪。这里的"情节严重"，是指在"严重污染环境"的基础上，情节更为严重的污染环境行为，包括造成严重后果和虽然尚未造成严重后果或者严重后果不易查证，但非法排放、倾倒、处置有害物质时间长、数量大等严重情节。

二、危害珍贵、濒危野生动物罪

（一）危害珍贵、濒危野生动物罪的概念和特征

危害珍贵、濒危野生动物罪，是指危害国家重点保护的珍贵、濒危野生动物或者非法收购、运输、出售国家重点保护的珍贵、濒危野生动物及其制品的行为。本罪的主要特征是：

（1）侵犯的客体是对国家保护的珍贵、濒危野生动物的保护和管理秩序。侵犯的对象是国家重点保护的珍贵、濒危野生动物及其制品。根据 2021 年 12 月 13 日最高人民法院、最高人民检察院《关于办理破坏野生动物资源刑事案件适用法律若干问题的解释》第 1 条和第 4 条的规定，珍贵、濒危野生动物，是指列入国家重点保护野生动物名录的国家一、二级保护野生动物、列入《濒危野生动植物种国际贸易公约》附录一、附录二的野生动物以及驯养繁殖的上述物种。根据《中华人民共和国野生动物保护法》的规定，国家重点保护的野生动物，按其级别分为一级保护野生动物和二级保护野生动物。一级保护野生动物，是指中国特产的稀有或者濒于灭绝的野生动物，如大熊猫、金丝猴等；二级保护野生

动物,是指数量稀少或者分布地域狭窄,若不采取保护措施将有灭绝危险的野生动物,如猕猴等。如按栖息地划分,国家重点保护的野生动物,则可以分为陆生野生动物和水生野生动物。陆生野生动物,是指生长在陆地特别是森林中的野生动物,水生野生动物,则是生长在水域中的野生动物。因此,非法捕杀珍贵、濒危水生野生动物如中华鲟的,应当按本罪论处,而不应当以非法捕捞水产品罪论处。所谓珍贵、濒危野生动物制品,是指珍贵、濒危野生动物的肉、骨、皮、毛、血等组织或器官的制成品。国家重点保护的野生动物的范围,由国务院 1989 年 1 月 14 日发布的《国家重点保护野生动物名录》具体确定。

(2) 在客观方面表现为违反野生动物保护法规,实施了非法猎捕、杀害国家重点保护的珍贵、濒危野生动物或者非法收购、运输、出售国家重点保护的珍贵、濒危野生动物及其制品的行为。根据《关于办理破坏野生动物资源刑事案件适用法律若干问题的解释》第 5 条的规定,《刑法》第 341 条第 1 款规定的"收购"包括以营利、自用等为目的的购买行为;"运输"包括采用携带、邮寄、利用他人、使用交通工具等方法进行运送的行为;"出售"包括出卖和以营利为目的的加工利用行为。《刑法》第 341 条第 3 款规定的"收购""运输""出售",是指以食用为目的的,实施前款规定的相应行为。违反野生动物保护法规,是指违反《中华人民共和国野生动物保护法》等有关法规,这是构成本罪的必要前提。根据我国《野生动物保护法》,因科学研究、驯养繁殖、展览或者其他特殊情况,需要捕捉、捕捞国家重点保护的野生动物的,在依法申请取得国家或省、自治区、直辖市野生动物行政主管部门特许猎捕证后,进行捕捉或捕捞的,不构成犯罪。本罪是选择性罪名,其中,既包括行为方式的选择,又包括行为对象的选择。可以选择的行为方式包括非法猎捕、非法杀害。行为人只要以上述行为方式之一实施了危害珍贵、濒危野生动物的行为的,即构成本罪。

(3) 本罪的主体是一般主体,凡年满 16 周岁的具有刑事责任能力的自然人和单位都可以成为本罪的主体。

(4) 在主观方面必须出于故意,即明知是国家重点保护的珍贵、濒危野生动物而故意非法猎捕、杀害。如果明知是国家重点保护的珍贵、濒危野生动物而误捕、误杀的,或者不知是国家重点保护的珍贵、濒危野生动物及其制品而误购、误运、误售的,不构成本罪。

(二) 对危害珍贵、濒危野生动物罪的处罚

根据《刑法》第 341 条第 1 款之规定,犯本罪的,处 5 年以下有期徒刑或者拘役,并处罚金;情节严重的,处 5 年以上 10 年以下有期徒刑,并处罚金;情节特别严重的,处 10 年以上有期徒刑,并处罚金或者没收财产。根据《刑法》第 346 条的规定,单位犯本罪的,对单位判处罚金,并对其直接负责的主管人员和其他直接责任人员,依照个人犯罪的规定处罚。

根据《关于办理破坏野生动物资源刑事案件适用法律若干问题的解释》第6条的规定,非法捕猎、杀害国家重点保护的珍贵、濒危野生动物,或者非法收购、运输、出售国家重点保护的珍贵、濒危野生动物及其制品,价值2万元以上不满20万的,应当依照《刑法》第341条第1款的规定,以危害珍贵、濒危野生动物罪处5年以下有期徒刑或者拘役,并处罚金;价值20万元以上不满200万元的,应当认定为"情节严重",处5年以上10年以下有期徒刑,并处罚金;价值200万元以上的,应当认定为"情节特别严重",处10年以上有期徒刑,并处罚金或者没收财产。对于犯罪集团的首要分子,为逃避监管使用特种交通工具实施的,严重影响野生动物科研工作的,2年内曾因破坏野生动物资源受过行政处罚的,应从重处罚。

实施《刑法》第341条第1款行为,不具有第2款规定的情形,且未造成动物死亡或者动物、动物制品无法追回,行为人全部退赔、退赃,确有悔改表现的,按照下列规定处理:(1)珍贵、濒危野生动物及其制品价值200万元以上的,可以认定为"情节严重",处5年以上10年以下有期徒刑,并处罚金;(2)珍贵、濒危野生动物及其制品价值20万元以上不满200万元的,可以处5年以下有期徒刑或者拘役,并处罚金;(3)珍贵、濒危野生动物及其制品价值2万元以上不满20万元的,可以认定为犯罪情节轻微,不起诉或者免予刑事处罚;情节显著轻微危害不大的,不作为犯罪处理。

三、非法猎捕、收购、运输、出售陆生野生动物罪

(一)非法猎捕、收购、运输、出售陆生野生动物罪的概念和特征

非法猎捕、收购、运输、出售陆生野生动物罪,是指违反野生动物保护管理法规,以食用为目的非法猎捕、收购、运输、出售《刑法》341条第1款规定以外的在野外环境自然生长繁殖的陆生野生动物,情节严重的行为。本罪的主要特征是:

(1)侵犯的客体是国家对野生动物保护管理的法规和公共卫生秩序。2020年以来,新型冠状病毒的大流行,在世界范围内产生了灾难性影响,也给我国的公共卫生工作带来了巨大的挑战。出于疫情防控的需要,为从源头上切断病毒从野生动物向人类的传播途径,防范公共卫生风险,保障人民群众的生命和健康,《刑法修正案(十一)》第41条增设了本罪名。

(2)在客观方面表现为违反野生动物保护管理法规,实施了非法猎捕、收购、运输、出售《刑法》第341条第1款规定以外的在野外环境自然生长繁殖的陆生野生动物,情节严重的行为。这里所说的"野外环境自然生长繁殖的陆生野生动物",是指珍贵、濒危野生动物以外的其他野生动物,而且是真正的纯陆生野生动物,不包括驯养繁殖的情况,也不包括水生野生动物。另外,从本款的立法目的看,主要是为了防范公共卫生风险,防止病毒从野生动物向人类传播。

因此,这里的陆生野生动物主要是指陆生脊椎野生动物,一般的昆虫不包括在本款规定的野生动物之中。有些野外环境自然生长繁殖的动物,如梅花鹿、马鹿、雉鸡、鸵鸟、鹧鸪、绿头鸭等,由于已被2020年的《国家畜禽遗传资源目录》明确为特殊畜禽,即使食用和为食用而猎捕、交易的,也不构成本罪。对于人工繁育的动物,如果已经列入《人工繁育国家重点保护陆生野生动物目录》,人工繁育技术成熟、已成规模,作为宠物买卖、运输的,一般不作为犯罪处理;需要追究刑事责任的,应当从宽处理。

非法猎捕、收购、运输、出售行为,情节严重的,才构成本罪。所谓"情节严重",应当结合非法获利数额、涉及野生动物数量以及是否具有传染动物疫病重要风险等加以认定。根据2021年最高人民法院、最高人民检察院《关于办理破坏野生动物资源刑事案件适用法律若干问题的解释》第8条的规定,具有下列情形之一的,应认定为情节严重:非法捕猎、收购、运输、出售有重要生态、科学、社会价值的陆生野生动物或者地方重点保护陆生野生动物价值1万元以上的;非法捕猎、收购、运输、出售第1项规定以外的其他陆生野生动物价值5万元以上的;其他情节严重的情形。

(3) 犯罪主体是一般主体,自然人和单位都可以成为本罪主体。

(4) 犯罪主观方面必须是故意,即明知是国家保护的在野外环境自然生长繁殖的陆生野生动物而故意猎捕、收购、运输、出售,过失不构成本罪。根据本款规定,行为人还必须"以食用为目的",以驯养、观赏、皮毛利用等目的而非法猎捕、收购、运输、出售的,可以给予行政处罚,或者以非法狩猎罪追究其刑事责任。行为人是否已经"食用",对于构成本罪没有影响,只要行为人不能说明正当理由和合理用途,即可认定为"以食用为目的"。

根据2021年最高人民法院、最高人民检察院《关于办理破坏野生动物资源刑事案件适用法律若干问题的解释》第11条的规定,对于"以食用为目的",应当综合涉案动物及其制品的特征,被查获的地点,加工、包装情况,以及可以证明来源、用途的标识、证明等证据作出认定。具有下列情形之一的,可以认定为"以食用为目的":将相关野生动物及其制品在餐饮单位、饮食摊点、超市等场所作为食品销售或者运往上述场所的;通过包装、说明书、广告等介绍相关野生动物及其制品的食用价值或者方法的;其他足以认定以食用为目的的情形。

需要注意的是,本罪的重点是处罚以食用为目的而进行的规模化、手段恶劣的猎捕行为,以及针对野生动物的市场化、经营化、组织化的运输、交易行为,要求情节严重。对于为自己食用而猎捕、购买一般的野生动物,或者对于个人在日常劳作生活中捕捉到少量野生动物并食用的,如个人捕捉的野兔、野猪、麻雀并食用的,不宜以本罪论处。

(二)对非法猎捕、收购、运输、出售陆生野生动物罪的处罚

根据《刑法修正案(十一)》第41条和《刑法》第341条第3款的规定,犯本罪的,处3年以下有期徒刑、拘役、管制或者罚金。根据《刑法》第346条的规定,单位犯本罪的,对单位判处罚金,并对其直接负责的主管人员和其他直接责任人员,依照个人犯罪的规定处罚。

四、盗伐林木罪

(一)盗伐林木罪的概念和特征

盗伐林木罪,是指盗伐森林或者其他林木,数量较大的行为。本罪的主要特征是:

(1)侵犯的客体是国家对林木资源的保护和管理制度,同时也侵犯国家、集体或公民个人对林木资源的所有权。侵犯的对象是国家、集体所有的森林和其他林木(包括本人或他人承包经营管理国家、集体所有的森林和其他林木)以及宜林荒山荒地由个人承包、所有权归承包人个人的林木和个人自留山上的成片树林。个人在房前屋后种植的零星树木,不是本罪侵犯的对象。

(2)客观方面表现为盗伐森林或者其他林木,情节严重的行为。所谓盗伐,一般是指以非法占有为目的,擅自砍伐森林或者其他林木的行为。根据最高人民法院2000年11月17日《关于审理破坏森林资源刑事案件具体应用法律若干问题的解释》,盗伐行为包括:擅自砍伐国家、集体、他人所有或者他人承包经营管理的森林或者其他林木的;擅自砍伐本单位或者本人承包经营管理的森林或者其他林木的;在林木采伐许可证规定的地点以外采伐国家、集体、他人所有或者他人承包经营管理的森林或者其他林木的。盗伐森林或者其他林木,数量较大的,才构成本罪。所谓数量较大,一般可掌握在2—5立方米或幼树100—200株。对于1年内多次盗伐少量林木未经处罚的,累计其盗伐林木的数量,构成犯罪的,依法追究刑事责任。

(3)本罪的主体是一般主体,凡年满16周岁的具有刑事责任能力的自然人和单位都可以成为本罪的主体。

(4)主观方面必须出于故意,而且具有非法占有国家、集体或者他人林木的犯罪目的。

(二)对盗伐林木罪的处罚

根据《刑法》第345条第1款和第346条之规定,犯本罪的,处3年以下有期徒刑、拘役或者管制,并处或者单处罚金;数量巨大的,处3年以上7年以下有期徒刑,并处罚金;数量特别巨大的,处7年以上有期徒刑,并处罚金。盗伐国家级自然保护区内的森林或者其他林木的,从重处罚。单位犯本罪的,对单位判处罚金,并对其直接负责的主管人员和其他直接责任人员,依照上述自然人犯本罪的

规定处罚。参照最高人民法院的相关司法解释,数量巨大,是指盗伐林木20—50立方米或者幼树1000—2000株。数量特别巨大,是指盗伐林木100—200立方米或者幼树5000—10000株。根据《刑法修正案(四)》第7条第4款的规定,盗伐国家及自然保护区内的森林或者其他林木的,从重处罚。

五、滥伐林木罪

(一) 滥伐林木罪的概念和特征

滥伐林木罪,是指违反《森林法》的规定,滥伐森林或者其他林木,数量较大的行为。本罪的主观特征是:

(1) 侵犯的客体是国家对林木资源的保护和管理制度。侵犯的对象只限于本单位所有或管理的森林或者其他林木、本人在承包的宜林荒山荒地种植的归本人所有的林木以及本人自留山上的成片树林。如果擅自采伐其他单位所有或管理的森林或林木或者他人所有的林木的,不构成本罪,而应当以盗伐林木罪论处。

(2) 客观方面表现为违反森林保护法规,滥伐森林或者其他林木,数量较大的行为。所谓滥伐,是指违反森林保护法的规定,未经林业行政主管部门以及法律规定的其他主管部门批准并核发采伐许可证,或者虽持有许可证,但不按许可证所规定的地点、数量、树种、方式而任意采伐本单位所有或管理的、本人承包种植的归本人所有的森林或其他林木的行为。滥伐森林或者其他林木,数量较大的,即构成本罪。参照最高人民法院的相关司法解释,数量较大的起点,一般可掌握在滥伐林木10—20立方米或幼树500—1000株。对于1年内多次滥伐少量林木未经处罚的,累计其滥伐林木的数量,构成犯罪的,应当追究刑事责任。

(3) 本罪的主体是一般主体,凡年满16周岁的具有刑事责任能力的自然人和单位都可以成为本罪的主体。

(4) 在主观方面必须出于故意,因过失而误伐了许可证规定以外的林木的,不构成本罪。

(二) 认定滥伐林木罪应划清的界限

认定本罪时,应当特别注意划清本罪与盗伐林木罪的界限。两罪的主要区别在于:(1) 侵犯的客体不同。本罪仅破坏国家对林业资源的保护和管理,而盗伐林木罪不仅破坏了国家对林业资源的保护和管理,而且侵犯了国家、集体或者他人对森林或其他林木的所有。(2) 侵犯的对象不同。本罪的对象仅限于本单位所有或管理的或归本人所有的森林或其他林木,不涉及侵犯他人的林木;而盗伐林木罪的对象则是他单位所有或管理的森林或其他林木以及他人所有的林木。因此,对明知林木权属不清,在争议未解决前擅自采伐,数量较大的,应当先确定林木权属,然后再分别根据具体情况,按本罪或盗伐林木罪论处。林木权属确定难以确实的,一般应当按本罪论处。(3) 行为方式不同。本罪一般是公开采伐,既可以是未取得采伐许可证而擅自采伐,也可以是不按采伐许可证而任意采伐。(4) 主观故意不同。本罪只具有违反森林保护法规或采伐许可证规定任意采伐的故意,不具有非法占有的目的,而盗伐林木罪则具有非法占有的目的。

(三) 对滥伐林木罪的处罚

根据《刑法》第345条第2款和第346条之规定,犯本罪的,处3年以下有期徒刑、拘役或者管制,并处或者单处罚金;数量巨大的,处3年以上7年以下有期徒刑,并处罚金。滥伐国家级自然保护区内的森林或者其他林木的,从重处罚。单位犯本罪的,对单位判处罚金,并对其直接负责的主管人员和其他直接责任人员,依照上述自然人犯本罪的规定处罚。参照最高人民法院的相关司法解释,数量巨大,是指滥伐林木50—100立方米或者幼树2500—5000株。根据《刑法修正案(四)》第7条第4款的规定,滥伐国家及自然保护区内的森林或者树木的,从重处罚。

第八节　走私、贩卖、运输、制造毒品罪

一、走私、贩卖、运输、制造毒品罪

(一) 走私、贩卖、运输、制造毒品罪的概念和特征

走私、贩卖、运输、制造毒品罪,是指违反国家毒品管制法规,走私、贩卖、运输、制造毒品的行为。本罪的主要特征是:

(1) 本罪侵犯的客体是国家对毒品的管制,犯罪对象是毒品。所谓毒品,是指鸦片、海洛因、甲基苯丙胺(冰毒)、吗啡、大麻、可卡因以及国家规定管制的其他能够使人形成瘾癖的麻醉药品和精神药品。根据2005年国务院颁布的《麻醉药品和精神药品管理条例》第3条的规定,麻醉药品和精神药品是指列入麻醉药品目录、精神药品目录的药品和其他物质。所谓麻醉药品,是指连续使用后易产生生理依赖性、易形成瘾癖的药品,包括吗啡类药品(如鸦片、海洛因、吗啡等)、大麻类药品(如大麻草、大麻树脂、大麻油等)、可卡类药品(如可卡叶、可卡因及其制剂)和合成类药品(美沙酮、杜冷丁等)。所谓精神药品,是指直接作用于中枢神经系统,使之兴奋或抑制,连续使用后能使人产生依赖性的药品,包括抑制剂类药品(如巴比妥酸盐类药品、安眠酮、眠尔通、利眠宁等非巴比妥酸盐类药品)、兴奋剂类药品(如苯丙胺、右旋苯丙胺、甲基苯丙胺、麻黄素等)和致幻剂类药品(如麦角酰二乙胺、二甲基色胺、苯环己派碇、西洛西宾等)。

(2) 在客观方面表现为实施了走私、贩卖、运输、制造毒品的行为。本罪是选择性罪名,行为人只要实施了走私、贩卖、运输、制造毒品的行为之一的,即构

成本罪,如制造毒品的,构成制造毒品罪。但是,如果行为人在制造毒品后又实施了走私、运输、贩卖毒品的行为,其行为构成一个完整的毒品犯罪过程的,则无须实行数罪并罚,而应当直接以制造、走私、运输、贩卖毒品罪论处。所谓走私毒品,一般是指非法运输、携带、邮寄毒品进出国(边)境的行为。直接向走私分子非法收购走私进口的毒品以及在我国领海、内海运输、收购、贩卖国家禁止进出口的毒品的,也认为是走私毒品。贩卖毒品,是指以出卖为目的收购毒品或者以批发、零售方式非法销售毒品的行为。所谓运输毒品,是指利用车辆、船只、航空器等交通工具或者随身携带的方法将毒品从我国境内的某一地点运往另一地点的行为。制造毒品,是指非法从毒品原植物中提炼毒品或者利用化学分解、合成方法制成毒品。由于毒品的严重危害性,行为人只要实施了走私、贩卖、运输、制造毒品行为之一,无论数量多少和纯度高低,一律构成本罪。

(3) 本罪的主体是一般主体,自然人和单位都可以成为本罪的主体。自然人实施本罪时,犯罪主体的具体范围因犯罪的具体种类而有所区别。根据《刑法》第17条之规定,凡年满14周岁的具有刑事责任能力的自然人都可以成为贩卖毒品罪的犯罪主体,而走私、运输、制造毒品罪的犯罪主体则必须是年满16周岁的具有刑事责任能力的自然人。

(4) 在主观方面必须出于故意,即明知自己的行为是走私、贩卖、运输、制造毒品而故意实施。不知是毒品而误带、误运、误售的,不构成犯罪。但是,本罪在主观方面只要求行为人认识到自己的行为是非法走私、贩卖、运输、制造毒品的行为,至于所走私、贩卖、运输、制造的是否确实是毒品,则不影响本罪的构成。如果行为人出于走私、贩卖、运输、制造毒品的认识和故意而走私、贩卖、运输、制造了主观认为是毒品的药品,但事实上不是毒品,属于刑法上的事实认识错误,应当按走私、贩卖、运输、制造毒品罪的未遂论处。如果行为人明知不是毒品却冒充毒品向他人贩卖,骗取钱财的,则不能构成本罪,而应当以诈骗罪论处。行为人实施本罪一般是出于非法牟利的目的,但牟利并不是本罪的构成要件。出于其他目的或动机走私、贩卖、运输、制造毒品的,不影响本罪的构成。

(二) 认定走私、贩卖、运输、制造毒品罪应划清的界限

(1) 划清罪与非罪的界限。《刑法》第347条第1款规定,走私、贩卖、运输、制造毒品,无论数量多少,都应当追究刑事责任,予以刑事处罚。但是,如果是出于医疗、科研、教学目的,依照法律规定,在取得国家卫生行政主管部门批准或特许后,进口、生产、运输或者销售麻醉药品、精神药品的,则不构成本罪。但是,医疗、科研、教学单位或其工作人员打着医疗、科研、教学的名义,骗取国家卫生行政主管部门的批准或特许,进口、生产、运输或者销售麻醉药品、精神药品,牟取非法利益的,则构成本罪。

(2) 划清本罪中的走私毒品罪与走私罪的界限。两罪的主要区别是犯罪对

象不同。走私毒品罪的犯罪对象仅限于毒品,而走私罪的对象则是毒品以外的国家禁止或者限制进出口的物品。但是,如果行为人走私的物品中既有毒品,又有其他货物、物品的,则应当按走私毒品罪和所构成的其他走私罪进行数罪并罚。

(3) 划清本罪既遂与未遂的界限。本罪具有四种犯罪行为形式,每一种犯罪行为形式具有不同的既遂与未遂的标准。在走私毒品中,应以是否将毒品非法运输、携带、邮寄出境或入境为标准。在贩卖毒品中,如果是为出卖而收购毒品,应以毒品是否已经从卖方转移至行为人的实际控制之下为标准区分既遂与未遂;如果是非法销售毒品,则应当以毒品是否实际转移至买方控制之下为标准区分既遂与未遂。在运输毒品中,应以毒品是否已经运抵目的地为标准区分既遂与未遂,但也有人认为应以毒品是否实际启运为标准区分既遂与未遂。在制造毒品中,应以毒品是否实际制成为标准区分既遂与未遂。

(三) 对走私、贩卖、运输、制造毒品罪的处罚

根据《刑法》第 347 条、第 356 条和第 357 条之规定,犯本罪的,根据以下不同情况分别处罚:

(1) 走私、贩卖、运输、制造毒品,有下列情形之一的,处 15 年以上有期徒刑、无期徒刑或者死刑,并处没收财产:走私、贩卖、运输、制造鸦片 1000 克以上、海洛因或者甲基苯丙胺 50 克以上或者其他毒品数量大的;走私、贩卖、运输、制造毒品集团的首要分子;武装掩护走私、贩卖、运输、制造毒品的;以暴力抗拒检查、拘留、逮捕,情节严重的;参与有组织的国际贩毒活动的。

(2) 走私、贩卖、运输、制造鸦片 200 克以上不满 1000 克、海洛因或者甲基苯丙胺 10 克以上不满 50 克或者其他毒品数量较大的,处 7 年以上有期徒刑,并处罚金;

(3) 走私、贩卖、运输、制造鸦片不满 200 克、海洛因或者甲基苯丙胺不满 10 克或者其他少量毒品的,处 3 年以下有期徒刑、拘役或者管制,并处罚金;情节严重的,处 3 年以上 7 年以下有期徒刑,并处罚金。

(4) 单位犯上述罪的,对单位判处罚金,并对其直接负责的主管人员和其他直接责任人员,依照上述自然人犯本罪的规定处罚。

(5) 利用、教唆未成年人走私、贩卖、运输、制造毒品或者向未成年人出售毒品的,从重处罚。

(6) 对多次走私、贩卖、运输、制造毒品,未经处理的,毒品数量累计计算。在计算毒品的数量时,毒品的数量以查证属实的走私、贩卖、运输、制造毒品的数量计算,不以纯度折算。

(7) 因犯走私、贩卖、运输、制造、非法持有毒品罪被判过刑,又犯本罪的,从重处罚。

二、非法持有毒品罪

(一) 非法持有毒品罪的概念和特征

非法持有毒品罪,是指违反国家毒品管制法规,非法持有毒品数量较大的行为。本罪的主要特征是:

(1) 侵犯的客体是国家对毒品的管制。

(2) 客观方面表现为非法持有毒品数量较大的行为。所谓持有是介于作为和不作为之间的一种行为形式,持有毒品具体表现为占有、携带、私藏,或者以其他方式拥有毒品。只有当行为人持有毒品缺乏法律依据时,其行为才能构成本罪。如果是依照法律法规的规定或者根据国家卫生行政主管部门的批准或特许,在进口、生产、运输、销售麻醉药品或精神药品的过程中持有麻醉药品或精神药品的,不构成本罪。即使是非法持有毒品的行为,也不像走私、贩卖、运输、制造毒品罪那样,不论数量多少,一律构成犯罪。根据《刑法》规定,非法持有毒品鸦片200克以上、海洛因或甲基苯丙胺10克以上或者其他毒品数量较大的,才能构成本罪。非法持有毒品数量不大的,不构成犯罪。

(3) 主观方面表现为明知是毒品而故意非法持有。确实不知是毒品而持有的,不构成本罪。

(二) 认定非法持有毒品罪应注意的问题

认定本罪时应当特别注意,本罪作为持有型犯罪,是在难以证明犯罪分子持有的毒品的来龙去脉、难以根据《刑法》其他有关毒品犯罪规定追究持有人刑事责任的情况下,为严密刑事法网、不让犯罪分子逃避惩罚、减轻公诉机关的证明责任而设置的一种堵漏型、补充性的犯罪。因此,凡是能够证明犯罪分子持有的毒品的来源、持有的目的以及去向的,均应直接根据《刑法》各有关罪名定罪,而不能以本罪论处。例如,如果证明犯罪分子持有的毒品来源于走私,则应以走私毒品罪论处;如果能够证明犯罪分子持有的毒品的去向是出卖,则应以贩卖毒品罪论处;如果能够证明犯罪分子持有的毒品是为他人窝藏的毒品,则应以窝藏毒品罪论处。

(三) 对非法持有毒品罪的处罚

根据《刑法》第348条和第356条之规定,犯本罪的,根据以下情况分别处罚:

(1) 非法持有鸦片1000克以上、海洛因或者甲基苯丙胺50克以上或者其他毒品数量大的,处7年以上有期徒刑或者无期徒刑,并处罚金;

(2) 非法持有鸦片200克以上不满1000克、海洛因或者甲基苯丙胺10克以上不满50克或者其他毒品数量较大的,处3年以下有期徒刑、拘役或者管制,并处罚金;情节严重的,处3年以上7年以下有期徒刑,并处罚金。因犯走私、贩卖、运输、制造、非法持有毒品罪被判过刑，又犯本罪的，从重处罚。

三、非法种植毒品原植物罪

（一）非法种植毒品原植物罪的概念和特征

非法种植毒品原植物罪，是指非法种植罂粟、大麻等毒品原植物，数量较大或者具有其他严重情节的行为。本罪的主要特征是：

（1）侵犯的客体是国家对毒品原植物种植的管制。犯罪对象是毒品原植物。所谓毒品原植物，是指用以提炼、加工和制成毒品的原生植物。具体包括罂粟、大麻、古柯等。对毒品原植物的种植进行管制是国家对毒品的提炼、加工、制成进行管制的重要前提。非法种植毒品原植物的行为，则破坏了国家对毒品原植物的种植的管制，为非法制造和贩卖毒品提供原料。

（2）在客观方面表现为实施了非法种植毒品原植物，并具有下列情形之一的行为：种植罂粟 500 株以上不满 3000 株或者其他毒品原植物数量较大的；经公安机关处理后又种植的；抗拒铲除的。其中，所谓经公安机关处理后又种植的，具体是指过去因为种植毒品原植物受到公安机关治安管理处罚或被强制铲除所种植的毒品原植物，或者因此而受过刑事追究，不思悔改，又种植毒品原植物。所谓抗拒铲除，是指非法种植毒品原植物，在公安机关或者有关主管部门强制铲除时，以暴力、威胁、设置障碍等方法抗拒铲除。不具有上述三种情形之一的非法种植毒品原植物行为，不能以非法种植毒品原植物罪论处。

（3）本罪的主体是一般主体，凡年满 16 周岁的具有刑事责任能力的自然人都可以成为本罪的主体。

（4）在主观方面必须出于故意，即明知是毒品原植物而故意非法种植，其目的一般是用于出卖牟取非法利益，或者用于自己制造毒品。如果仅仅是出于自我观赏而种植少量的毒品原植物的，不能以本罪论处。

（二）认定非法种植毒品原植物罪应划清的界限

认定本罪时，应当特别注意划清本罪与制造毒品罪的界限。毒品原植物是提炼、加工、制成毒品的原料来源，但毒品原植物本身不等于毒品。非法种植毒品原植物罪与制造毒品罪既有联系又有区别。非法种植毒品原植物的目的一般是出卖牟利或者用于制造毒品。如果行为人以出卖牟利为目的非法种植毒品原植物的，应当以本罪论处。如果行为人出于制造毒品的目的非法种植了毒品原植物，又以自己种植的毒品原植物提炼、加工、制成了毒品的，则应当认为非法种植毒品原植物的行为是制造毒品这一目的行为的手段行为，这两者之间具有牵连关系，应按牵连犯从一重罪的原则论处，即按制造毒品罪论处。

（三）对非法种植毒品原植物罪的处罚

根据《刑法》第 351 条和第 356 条之规定，非法种植罂粟、大麻等毒品原植物的,一律强制铲除。非法种植毒品原植物构成本罪的,处 5 年以下有期徒刑、拘役或管制,并处罚金;非法种植罂粟 3000 株以上或者其他毒品原植物数量大的,处 5 年以上有期徒刑,并处罚金或者没收财产。根据最高人民法院的司法解释,非法种植大麻 5000 株以上不满 3 万株的,是"数量较大";非法种植大麻 3 万株以上的,是"数量巨大"。但是,非法种植罂粟或者其他毒品原植物,在收获前自动铲除的,可以免除处罚。因犯走私、贩卖、运输、制造、非法持有毒品罪被判过刑,又犯本罪的,从重处罚。

四、强迫他人吸毒罪

(一) 强迫他人吸毒罪的概念和特征

强迫他人吸毒罪,是指以暴力、威胁或者其他强制方法,强迫他人吸食、注射毒品的行为。本罪的主要特征是:

(1) 侵犯的客体是国家对毒品的管制和被迫吸食、注射毒品的人的身心健康。

(2) 在客观方面表现为违背他人意志,以暴力、威胁或者其他强制方法强迫他人吸食、注射毒品的行为。所谓暴力,是指以暴力殴打、捆绑甚至伤害等方法,强制他人同意吸食、注射或者直接给他人吸食、注射毒品。所谓威胁,是指以实施暴力、揭发隐私、打击报复等相威胁,逼迫他人同意吸食、注射毒品或者直接给他人吸食、注射毒品。所谓其他强制方法,是指以其他违背他人意志和意愿的方法,强迫他人吸食、注射毒品,如在他人丧失知觉和判断能力的状态下给他人吸食、注射毒品。所谓吸食,是指用鼻吸、口服的方法吸入或吞服毒品的行为。所谓注射,是指用皮下或静脉注射的方法向体内注射毒品的行为。行为人采用上述方法之一,违背他人意志,强迫他人吸食、注射的,即构成本罪。

(3) 主体是一般主体,凡年满 16 周岁的具有刑事责任能力的自然人都可以成为本罪的主体。

(4) 主观方面必须出于故意,即明知是毒品而故意非法强迫他人吸食、注射。至于其动机和目的如何,则不影响本罪的构成。当然,如果是出于医疗的目的,医生在其职责范围内强迫就诊人吸食、注射麻醉药品或精神药品的,则不构成本罪。

(二) 认定强迫他人吸食毒品罪应划清的界限

(1) 划清本罪与引诱、教唆、欺骗他人吸毒罪的界限。区别的关键就在于行为的方法和他人吸食、注射毒品是否出于本人的意志。如果行为人采取暴力、威胁或者其他强制方法,在违背他人意志的情况下,迫使他人吸食或注射毒品的,就构成本罪。如果行为人没有采取强制方法,而是采取劝说、示范、诱导、哄骗、隐瞒真相的方法,使他人产生吸食、注射毒品的意愿的,则应当以引诱、教唆、欺骗他人吸毒罪论处。

(2) 划清本罪与相关犯罪的界限。如果行为人在强迫他人吸食、注射毒品的过程中非法剥夺他人人身自由的,应当以本罪和非法拘禁罪进行数罪并罚。如果以强迫他人吸食、注射过量毒品为手段,使其中毒身亡的,其行为则构成故意杀人罪。如果以强迫他人吸食、注射毒品为手段,使他人处于昏厥、神志不清的状态,然后又实施盗窃、抢劫、强奸等犯罪的,则构成本罪与盗窃、抢劫或强奸罪的牵连犯,应当按牵连犯从一重罪处罚的原则论处。

(三) 对强迫他人吸毒罪的处罚

根据《刑法》第353条第2款、第3款和第356条之规定,犯本罪的,处3年以上10年以下有期徒刑,并处罚金。强迫未成年人吸食、注射毒品的,从重处罚。因犯走私、贩卖、运输、制造、非法持有毒品罪被判过刑,又犯本罪的,从重处罚。

第九节 组织、强迫、引诱、容留、介绍卖淫罪

一、组织卖淫罪

(一) 组织卖淫罪的概念和特征

组织卖淫罪,是指以招募、雇佣、强迫、引诱、容留等手段,为首策划、组织和控制多人从事卖淫活动的行为。本罪的主要特征是:

(1) 侵犯的客体是社会风化和治安管理秩序。组织他人卖淫的行为,不仅严重败坏了社会伦理道德,妨害了社会风化,使性病蔓延,而且严重妨害了社会治安管理秩序。本罪的对象是他人,而且必须是多人即3人或3人以上,一般是女性,但也可以是男性。

(2) 客观方面表现为实施了组织他人卖淫的行为。所谓组织他人卖淫,是指以招募、雇佣、引诱、容留等手段,为首策划、组织和控制多人从事卖淫活动。其具体形式一般包括两种:一是设置专门的卖淫场所或者以旅店、饭店、酒店、发廊、康乐中心、按摩房为掩护设置变相卖淫场所,招募、雇佣、容留他人进行卖淫活动。二是虽不设置固定的卖淫场所,但暗中组织、操作、控制他人在不确定的场所从事卖淫活动。所谓卖淫活动,并不仅仅指以牟利为目的的非法性交,也包括其他以牟利为目的的以满足顾客性需求为内容的性服务。

(3) 主体是一般主体,即凡年满16周岁的具有刑事责任能力的自然人都可以成为本罪的主体。

(4) 主观方面必须出于故意,即明知自己的行为是在组织他人卖淫而故意实施,其目的一般是牟取非法利益,但《刑法》并未规定牟利为本罪构成的必备

要件。非出于牟利目的而组织他人卖淫的,同样构成本罪。

(二) 认定组织卖淫罪应划清的界限

(1) 本罪与聚众淫乱罪的界限。本罪与聚众淫乱罪都有淫乱行为,而且可能都有集体淫乱的行为。但是,本罪在客观方面表现为组织他人卖淫,犯罪构成并不要求行为人参与淫乱。而聚众淫乱则是为首组织进行集体淫乱,行为人直接参与集体淫乱。本罪的淫乱以卖淫嫖娼为内容,性交易的目的一般是非法牟利。而聚众淫乱罪的淫乱则不具有非法牟利的目的。凡参与组织他人卖淫的都是本罪的主体,依法都应追究刑事责任。而聚众淫乱罪的主体并非都是参与聚众淫乱者,只限于首要分子和多次参加者。

(2) 本罪与强迫他人卖淫罪的界限。本罪在客观方面可以表现为以强迫他人卖淫的方式组织他人卖淫,因此,如果行为人在组织他人卖淫的过程中,对被组织人实施了强迫卖淫的行为的,应当以本罪论处。但是,行为人在组织他人卖淫罪以外又实施了与组织他人卖淫无关的强迫他人卖淫的行为的,则应当以组织他人卖淫罪和强迫他人卖淫罪进行数罪并罚。

(3) 本罪与引诱、容留、介绍卖淫罪的界限。在组织他人卖淫的过程中,对被组织的他人实施了引诱、容留、介绍卖淫的行为的,应当视为是组织他人卖淫罪的行为的必要组成部分,不宜另定引诱、容留、介绍他人卖淫罪。但是,如果在组织他人卖淫的犯罪活动之外,另行引诱、容留、介绍他人卖淫,与组织他人卖淫行为没有关系的,则应当分别以组织他人卖淫罪和引诱、容留、介绍他人卖淫罪论处,实行数罪并罚。

(4) 组织他人卖淫过程中一罪与数罪的界限。在组织他人卖淫过程中,以非法拘禁、暴力侮辱等方法强迫被组织的他人从事卖淫活动的,其非法拘禁、暴力侮辱行为应视为组织他人卖淫罪的组织行为的一个表现,不宜在组织他人卖淫罪之外另定非法拘禁罪或侮辱罪。在组织他人卖淫过程中对被组织的他人造成轻微的伤害的,一般也应视为组织他人卖淫罪组织行为的一个表现。但是,如果在组织卖淫过程中故意重伤害被组织的他人,则单独构成了故意伤害罪,应当按本罪和故意伤害罪进行数罪并罚。

(三) 对组织卖淫罪的处罚

根据《刑法修正案(九)》第42条和《刑法》第358条之规定,犯本罪的,处5年以上10年以下有期徒刑,并处罚金;情节严重的,处10年以上有期徒刑或者无期徒刑,并处罚金或者没收财产。

组织、强迫未成年人卖淫的,依照前款的规定从重处罚。

犯前两款罪,并有杀害、伤害、强奸、绑架等犯罪行为的,依照数罪并罚的规定处罚。

二、传播性病罪

(一) 传播性病罪的概念和特征

传播性病罪,是指明知自己患有梅毒、淋病等严重性病而卖淫、嫖娼的行为。本罪的主要特征是:

(1) 侵犯的客体是复杂客体,既妨害了社会风化,又侵犯了卖淫、嫖娼的相对人的身体健康。

(2) 客观方面表现为患有梅毒、淋病等严重性病而卖淫、嫖娼。所谓卖淫,是指以牟利为目的,与特定、不特定的异性非法进行性交或者进行其他淫乱活动。所谓嫖娼,是指以给付钱财为条件与卖淫者非法进行性交或者进行其他淫乱活动。本罪是行为犯,只要患有梅毒、淋病等严重性病的人实施了卖淫、嫖娼的行为,不论是否将性病传染给相对人,都构成本罪。

(3) 主体仅限于患有梅毒、淋病等严重性病的人员,没有患性病的人员、仅患普通性病的人员都不能成为本罪的主体。梅毒是指由梅毒螺旋体引起的慢性传染病,淋病是指由淋病双球菌感染所引起的泌尿生殖器官的传染病。梅毒和淋病是两种最常见的严重性病。除此以外,其他与梅毒、淋病的性质和危害相当并且可能通过性接触渠道传染的性病,如软下疳、尖锐湿疣、生殖器疱疹和艾滋病等,也属于本罪所指的严重性病。患有上述严重性病的人都可能成为本罪的主体。

(4) 主观方面必须出于故意,即明知自己患有梅毒、淋病等严重性病而故意卖淫、嫖娼。不知自己患有严重性病而卖淫、嫖娼的,不构成本罪。但本罪的构成并不要求行为人具有将自己患有的严重性病传染给他人的故意,行为人对自己卖淫、嫖娼的行为可能会发生传播性病的结果,既可以是出于故意,如明知自己患有严重性病,而在卖淫、嫖娼时放任其传播,也可以是出于过失,如虽然知道自己患有性病,但以为在卖淫、嫖娼时采取卫生预防措施即可避免传播的,结果却未能避免传播。行为人明知自己患有性病,并希望通过卖淫、嫖娼向他人传播性病的,不论是否发生了传播性病的实际结果的,一般均应按本罪论处。

(二) 对传播性病罪的处罚

根据《刑法》第360条第1款之规定,犯本罪的,处5年以下有期徒刑、拘役或者管制,并处罚金。

第十节 制作、贩卖、传播淫秽物品罪

一、制作、复制、出版、贩卖、传播淫秽物品牟利罪

(一) 制作、复制、出版、贩卖、传播淫秽物品牟利罪的概念和特征

制作、复制、出版、贩卖、传播淫秽物品牟利罪,是指以牟利为目的,制作、复

制、出版、贩卖、传播淫秽物品牟利的行为。本罪的主要特征是：

（1）侵犯的客体是国家对文化市场的管理秩序和社会风化。犯罪对象是淫秽物品。所谓淫秽物品，是指具体描绘性行为或者露骨宣扬色情的诲淫性书刊、影片、录像带、录音带、图片及其他淫秽物品。淫秽出版物是最常见的淫秽物品。根据1988年12月27日国家新闻出版署发布的《关于认定淫秽及色情出版物的暂行规定》，淫秽出版物是指"在整体上宣扬淫秽行为，具有下列内容之一，挑动人们的性欲，足以导致普通人腐化堕落，而又没有艺术价值或者科学价值的出版物：淫亵性地具体描写性行为、性交及其心理感受；公然宣扬色情淫荡形象；淫亵性地描述或者传授性技巧；具体描写乱伦、强奸或者其他性犯罪的手段、过程或者细节，足以诱发犯罪的；具体描写少年儿童的性行为；淫亵性地具体描写同性恋的性行为或者其他变态性行为，或者具体描写与性变态有关的暴力、虐待、侮辱行为；其他令普通人不能容忍的对性行为的淫亵性描写"。该《暂行规定》包括了大部分种类的淫秽物品，如书籍、报纸、杂志、图片、画册、挂历、音像制品以及宣传品等，是我国认定淫秽物品的主要具体法律依据。除此之外，其他以具体描绘性行为、无端挑起人的性欲，露骨宣扬色情为内容的物品，如淫秽玩具、用具、淫药、淫具等，也是淫秽物品。但是，有关人体生理、医学知识的科学著作不是淫秽物品，包含有色情内容的有艺术价值的文学、艺术作品不能视为淫秽物品。淫秽物品是腐蚀人们灵魂的精神鸦片。制作、复制、出版、贩卖、传播淫秽物品，必然严重败坏人们的性道德观念，助长颓废淫靡的社会风气，破坏社会风化，刺激性犯罪，严重危害社会治安。

（2）客观方面表现为实施了制作、复制、出版、贩卖、传播淫秽物品的行为之一。所谓制作，是指通过生产、录制、编写、译著、绘画、印刷、印刻、洗印、摄制等方法制成新的淫秽物品的行为。所谓复制，是指通过翻印、翻拍、复印、复写、复录等方法对已经制成的淫秽物品进行重复制作的行为。所谓出版，是指将淫秽物品进行编辑、加工、复制并向公众发行的行为。所谓贩卖，是指销售淫秽物品的行为，包括发行、批发、零售、转手倒卖等。所谓传播，是指通过播放、出租、出借、承运、邮寄、携带等方式散布、传播淫秽物品的行为。本罪是选择性罪名，行为人只要以牟利为目的，实施了制作、复制、出版、贩卖、传播的行为之一的，即构成本罪。但是，如果行为人同时实施上述几种行为的，也只能以本罪一罪论处，而不能实行数罪并罚。

（3）本罪的主体是一般主体，凡年满16周岁的具有刑事责任能力的自然人和单位都可以成为本罪主体。

（4）在主观方面必须出于故意，并且具有牟利的目的。所谓必须出于故意，是指行为人明知是淫秽物品而故意制作、复制、出版、贩卖、传播。确实不知是淫秽物品而制作、复制、出版、贩卖或传播的，不能构成本罪。本罪还必须出于牟利即谋取钱财或者其他物质利益的目的。出于教学、科研、艺术等正当目的制作、复制、出版、贩卖或传播描写性行为、性体验、性技巧的物品的,不能以本罪论处。

(二) 对制作、复制、出版、贩卖、传播淫秽物品牟利罪的处罚

根据《刑法》第363条和第366条之规定,犯本罪的,处3年以下有期徒刑、拘役或者管制,并处罚金;情节严重的,处3年以上10年以下有期徒刑,并处罚金;情节特别严重的,处10年以上有期徒刑或者无期徒刑,并处罚金或者没收财产。单位犯本罪的,对单位判处罚金,并对其直接负责的主管人员和其他直接责任人员,依照上述自然人犯本罪的规定处罚。何谓情节严重、情节特别严重,刑法典无明文规定。参照最高人民法院1998年12月11日《关于审理非法出版物刑事案件具体应用法律若干问题的解释》,一般可以按以下原则确定对本罪的处罚:

(1) 有下列情形之一的,处3年以下有期徒刑、拘役或者管制,并处罚金:制作、复制、出版淫秽影碟、软件、录像带50至100张(盒)以上,淫秽音碟、录音带100至200张(盒)以上,淫秽扑克、书刊、画册100至200副(册)以上,淫秽照片、画片500至1000张以上的;贩卖淫秽影碟、软件、录像带100至200张(盒)以上,淫秽音碟、录音带200至400张(盒)以上,淫秽扑克、书刊、画册200至400副(册)以上,淫秽照片、画片1000至2000张以上的;向他人传播淫秽物品达200至500人次以上,或者组织播放淫秽影、像达10至20场次以上的;制作、复制、出版、贩卖、传播淫秽物品,获利5000至1万元以上的。

(2) 有下列情形之一的,属于情节严重,处3年以上10年以下有期徒刑,并处罚金:制作、复制、出版淫秽影碟、软件、录像带250至500张(盒)以上,淫秽音碟、录音带500至1000盒以上,淫秽扑克、书刊、画册500至1000副(册)以上,或者淫秽照片、画片2500至5000张以上的;贩卖、传播淫秽影碟、软件、录像带500至1000张(盒)以上,淫秽音碟、录音带1000至2000张(盒)以上,淫秽扑克、书刊、画册1000至2000副(册)以上,或者淫秽照片、画片5000至1万张以上的;向他人传播淫秽物品达1000至2000人次以上,或者组织播放淫秽影、像达50至100场次以上的;制作、复制、出版、贩卖、传播淫秽物品,获利3—5万元以上的。

(3) 制作、复制、出版、贩卖、传播淫秽物品牟利的数量、非法经营的数额或者非法获利的数额达到前述规定的数量或者数额5倍以上的,属于情节特别严重,处10年以上有期徒刑或者无期徒刑,并处罚金或者没收财产。

二、为他人提供书号出版淫秽书刊罪

(一) 为他人提供书号出版淫秽书刊罪的概念和特征

为他人提供书号出版淫秽书刊罪,是指违反国家关于书号管理的规定,为他

人提供书号,致使他人出版淫秽书刊的行为。本罪的主要特征是:

(1) 侵犯的客体是国家对书刊出版的管理和社会风化。犯罪的对象是书号,即国家新闻出版主管部门为了对书刊出版进行管理而统一编制的图书编号。擅自向他人提供书号,致使他人出版淫秽书刊,不仅违反了国家对书刊出版的管理规定,扰乱了书刊出版管理秩序,而且造成淫秽书刊的广泛传播,严重腐蚀人们的灵魂,败坏社会风化。

(2) 客观方面表现为违反国家规定擅自为他人提供书号,致使他人利用书号出版淫秽书刊。根据国家规定,书号一般只能由出版单位自己使用,只有在为了解决学术著作、自然科学和工程技术方面的图书出版难的问题时,才可以与国家科研、教学单位、机关和国有企业事业单位进行协作出版,为其提供书号进行合作出版,而且必须由出版单位对书稿进行终审终校。本罪则严重违反这一规定,非法向为解决学术著作、自然科学和工程技术图书出版难而进行协作出版的国家科研、教学单位、机关、国有企业事业单位以外的其他单位或个人提供书号,并且严重不负责任,不对他人利用书号出版的图书进行终审终校,致使他人利用书号出版了淫秽书刊。

(3) 本罪的主体是特殊主体,即依法成立的出版单位及其工作人员。其他单位或者其他人员不可能合法拥有并向他人提供书号,故不可能成为本罪的主体。

(4) 本罪的主观方面必须出于过失,即应当预见自己向他人提供书号的行为可能会被他人利用来出版淫秽书刊,因为疏忽大意而没有预见,或者虽然已经预见但轻信能够避免,以致发生了利用书号出版淫秽书刊的严重后果。但行为人对提供书号的行为则是出于故意。如果行为人明知他人将利用所提供的书号出版淫秽书刊而仍然向其提供书号的,则不以本罪论处,而应当直接以出版淫秽物品罪论处。

(二) 认定为他人提供书号出版淫秽书刊罪应划清的界限

(1) 划清罪与非罪的界限。一方面,必须查明行为人的主观过失。如果出版单位或个人按照国家规定,在经过必要的审查后,同意提供书号协作出版学术著作、自然科学和工程技术方面的著作,对书稿也进行了终审、终校,但在最后付印时被打着国家科研、教学机关、国有企业事业单位招牌的犯罪分子偷梁换柱,换上淫秽书刊予以出版的,虽然发生了淫秽书刊出版的严重后果,但出版单位或个人主观上没有过失,不能以本罪论处。另一方面,必须准确地认定利用书号出版的书刊是否为淫秽书刊。淫秽书刊不同于色情出版物,色情出版物是指在整体上不是淫秽的,但其中有一部分有淫秽内容,对普通人特别是未成年人的身心健康有毒害,而又缺乏艺术价值或科学价值的出版物,它与淫秽出版物存在淫秽程度和艺术、科学价值的重要区别,不能将两者等同混淆。淫秽书刊也不同于有关人体生理、医学知识的科学著作和包含色情内容的有艺术价值的文学艺术作品。如果书号被他人用以非法出版色情出版物或者其他夹杂性知识、色情内容的书刊的,不能以本罪论处。

(2) 划清本罪与出版淫秽物品罪的界限。本罪和出版淫秽物品罪在客观方面都可能表现为出版了淫秽书刊,但本罪是过失犯罪,出版淫秽物品罪是故意犯罪。本罪在客观方面仅仅表现为行为人违反国家规定提供了书号,出版淫秽书刊则是他人所为,但行为人对他人利用书号出版淫秽书刊又存在过失。而出版淫秽物品罪则具体实施了制作、编辑、出版、发行淫秽物品的行为,当然,如果出版单位或其工作人员明知他人出版淫秽书刊而为其提供书号的,即使没有具体参与出版淫秽书刊的,也应当以出版淫秽物品罪论处。

(三) 对为他人提供书号出版淫秽书刊罪的处罚

根据《刑法》第363条和第366条之规定,犯本罪的,处3年以下有期徒刑、拘役或者管制,并处罚金或者单处罚金。明知他人用于出版淫秽书刊而提供书号的,依照出版淫秽物品罪的规定处罚。单位犯本罪的,对单位判处罚金,并对其直接负责的主管人员和其他直接责任人员,依照上述自然人犯本罪的规定处罚。

第十一节 本章其他犯罪

一、煽动暴力抗拒法律实施罪

煽动暴力抗拒法律实施罪,是指煽动群众暴力抗拒国家法律、行政法规实施的行为。本罪的主要特征是:

(1) 侵犯的客体是国家法律的实施秩序。

(2) 客观方面表现为煽动不特定的群众以暴力方法抗拒国家法律、行政法规的实施,扰乱社会秩序的行为。

(3) 主体是一般主体。

(4) 主观方面必须出于故意。

根据《刑法》第278条的规定,犯本罪的,处3年以下有期徒刑、拘役、管制或者剥夺政治权利;造成严重后果的,处3年以上7年以下有期徒刑。

二、伪造、变造、买卖国家机关公文、证件、印章罪

伪造、变造、买卖国家机关公文、证件、印章罪,是指伪造、变造、买卖国家机关的公文、证件、印章的行为。本罪的主要特征是:

(1) 侵犯的客体是对国家机关的公文、证件、印章的管理秩序,犯罪对象是国家机关的公文、证件或印章。

(2) 客观方面表现为实施了伪造、变造、买卖国家机关的公文、证件、印章的行为。本罪属于选择性罪名,既包括犯罪对象的选择,也包括犯罪行为的选择。行为人只要对上述任一犯罪对象,实施了上述任何一种行为的,即构成本罪。如果同时针对上述几种犯罪对象实施一种犯罪行为的,或者对一种犯罪对象同时实施了几种犯罪行为的,均只能按一罪论处,而不能以数罪并罚。

(3) 犯罪主体是一般主体。

(4) 主观方面必须出于故意。

根据《刑法》第280条第1款的规定,犯本罪的,处3年以下有期徒刑、拘役、管制或者剥夺政治权利;情节严重的,处3年以上10年以下有期徒刑。

三、盗窃、抢夺、毁灭国家机关公文、证件、印章罪

盗窃、抢夺、毁灭国家机关公文、证件、印章罪,是指盗窃、抢夺、毁灭国家机关公文、证件、印章的行为。本罪的主要特征是:

(1) 侵犯的客体是对国家机关的公文、证件、印章的管理秩序,犯罪对象是国家机关的公文、证件或印章。

(2) 客观方面表现为实施了盗窃、抢夺或者毁灭国家机关的公文、证件、印章的行为。

(3) 主体是一般主体。

(4) 主观方面必须出于故意。

根据《刑法》第280条第1款的规定,犯本罪的,法定刑与前罪相同。

四、伪造公司、企业、事业单位、人民团体印章罪

伪造公司、企业、事业单位、人民团体印章罪,是指没有刻制印章权限的人擅自伪造公司、企业、事业单位、人民团体印章的行为。本罪的主要特征是:

(1) 侵犯的客体是公司、企业、事业单位、人民团体对印章的管理秩序,犯罪对象是公司、企业、事业单位、人民团体的印章。

(2) 客观方面表现为伪造印章的行为,即擅自模仿公司、企业、事业单位、人民团体印章的印形而予以私刻或者在纸张文件上描绘印章的印影的行为。

(3) 主观方面必须出于故意。

根据《刑法》第280条第2款的规定,犯本罪的,处3年以下有期徒刑、拘役、管制或者剥夺政治权利。

五、伪造、变造、买卖身份证件罪

伪造、变造、买卖身份证件罪,是指非法伪造、变造、买卖身份证件的行为。本罪的主要特征是:

（1）侵犯的客体是国家对居民身份证件的管理秩序，犯罪对象是居民身份证、护照、社会保障卡、驾驶证等可以用于证明身份的证件。

（2）客观方面表现为伪造、变造、买卖居民身份证、护照、社会保障卡、驾驶证的行为。

（3）主观方面必须出于故意。

根据《刑法》第280条第3款的规定，犯本罪的，处3年以下有期徒刑、拘役、管制或者剥夺政治权利，并处罚金；情节严重的，处3年以上7年以下有期徒刑，并处罚金。

六、使用虚假身份证件、盗用身份证件罪

使用虚假身份证件、盗用身份证件罪，是指在依照国家规定应当提供身份证明的活动中，使用伪造、变造的或者盗用他人的居民身份证、护照、社会保障卡、驾驶证等依法可以用以证明身份的证件，情节严重的行为。

（1）侵犯的客体是国家对身份证件的管理秩序。犯罪对象是居民身份证、护照、社会保障卡、驾驶证等依法可以用以证明身份的证件。

（2）客观方面表现为行为人在依照国家规定应当提供身份证明的活动中，实施了使用伪造、变造的或者盗用他人的居民身份证、护照、社会保障卡、驾驶证等依法可以用以证明身份的证件的行为。

（3）主观方面是故意，至于行为人出于何种动机不影响本罪成立。包括两种情形：一种是行为人明知这些身份证件是伪造、变造的或者可能是伪造、变造的，依然予以使用；另外一种是行为人明知是他人的身份证件，仍然盗用他人名义予以使用。

（4）情节严重。只有情节严重才构成犯罪；情节一般、危害不大的，不作为犯罪处理。所谓情节严重，是指使用伪造、变造的身份证件或者盗用身份证件的次数多、数量大，非法牟利数额大，严重扰乱相关事项的管理秩序，严重损害第三人的人身或者财产权益等。

根据《刑法修正案（九）》第23条和《刑法》第280条之一的规定，在依照国家规定应当提供身份证明的活动中，使用伪造、变造的或者盗用他人的居民身份证、护照、社会保障卡、驾驶证等依法可以用以证明身份的证件，情节严重的，处拘役或者管制，并处或者单处罚金。

有前款行为，同时构成其他犯罪的，依照处罚较重的规定定罪处罚。

很多情况下，行为人的上述行为，往往是其实施诈骗、洗钱、非法经营犯罪的手段，行为人的行为同时构成本款规定的犯罪和相关犯罪。因此，根据本款规定，对行为人应当依照处罚较重的规定定罪处罚。

七、非法生产、买卖警用装备罪

非法生产、买卖警用装备罪,是指非法生产、买卖人民警察制式服装、车辆号牌等专用标志、警械,情节严重的行为。本罪的主要特征是:

(1) 本罪侵犯的对象是人民警察的警用装备,包括人民警察的制式服装、车辆号牌等专用标志和警械。

(2) 客观方面表现为非法生产或非法买卖上述警用装备。

(3) 主体可以是个人,也可以是单位。

(4) 主观方面必须出于故意,并且一般具有牟取非法利益的犯罪目的。

根据《刑法》第281条第1款的规定,犯本罪的,处3年以下有期徒刑、拘役或者管制,并处或者单处罚金。第2款规定,单位犯本罪的,对单位判处罚金,并对其直接负责的主管人员和其他直接责任人员,依照自然人犯罪的规定处罚。

八、非法持有国家绝密、机密文件、资料、物品罪

非法持有国家绝密、机密文件、资料、物品罪,是指非法持有属于国家绝密、机密的文件、资料或者其他物品,拒不说明其来源和用途的行为。本罪的主要特征是:

(1) 侵犯的客体是国家保密制度,犯罪对象是属于国家绝密、机密的文件、资料、物品。

(2) 客观方面表现为非法持有属于国家绝密、机密的文件、资料或者其他物品,拒不说明其来源和用途的行为。本罪属于持有型犯罪,行为人必须同时具有非法持有绝密、机密文件、资料、物品和拒不说明来源和用途两方面的行为。

(3) 主观方面必须出于故意。

根据《刑法》第282条第2款的规定,犯本罪的,处3年以下有期徒刑、拘役或者管制。

九、非法生产、销售专用间谍器材、窃听、窃照专用器材罪

非法生产、销售专用间谍器材、窃听、窃照专用器材罪,是指非法生产、销售专用间谍器材和窃听、窃照专用器材的行为。本罪的主要特征是:

(1) 侵犯的客体是社会管理秩序,犯罪对象是专用间谍器材或者窃听、窃照专用器材。

(2) 客观方面表现为非法生产、销售专用间谍器材或者窃听、窃照专用器材的行为。所谓非法生产,包括无资格生产而擅自生产和有资格生产而不按规定

生产两种情况。所谓非法销售,也包括无资格销售而擅自销售和有资格销售而不按规定销售两种情况。

(3) 主观方面必须出于故意。

根据《刑法修正案(九)》第 24 条和《刑法》第 283 条的规定,犯本罪的,处 3 年以下有期徒刑、拘役或者管制,并处或者单处罚金;情节严重的,处 3 年以上 7 年以下有期徒刑,并处罚金。

十、非法使用窃听、窃照专用器材罪

非法使用窃听、窃照专用器材罪,是指非法使用窃听、窃照专用器材,造成严重后果的行为。本罪的主要特征是:

(1) 侵犯的客体是社会管理秩序,犯罪对象是窃听、窃照等专用间谍器材。

(2) 客观方面表现为非法使用窃听、窃照专用器材,造成严重后果的行为。本罪属于结果犯,只有当行为人非法使用窃听、窃照器材,窃取、刺探国家秘密、商业秘密、工作秘密、个人隐私或者其他秘密情报,给国家和人民利益造成严重损害,或者使被窃听、窃照人的权利遭受严重侵害时,才能构成本罪。

(3) 主观方面必须出于故意。

根据《刑法》第 284 条的规定,犯本罪的,处 2 年以下有期徒刑、拘役或者管制。

十一、组织考试作弊罪

组织考试作弊罪,是指在法律规定的国家考试中,组织作弊或者为他人组织作弊提供作弊器材以及其他帮助的行为。

(1) 侵犯的客体是国家考试的管理秩序。

(2) 客观上表现为行为人实施了组织作弊的行为,或者为他人组织作弊提供作弊器材以及其他帮助的行为。所谓"组织作弊",是指组织、指挥、策划进行考试作弊的行为,既可能是犯罪集团,也可能是比较松散的犯罪团伙,还可以是个人组织他人进行作弊的情况。除此之外,为他人实施组织作弊提供作弊器材或者其他帮助的,也是本罪的一种客观上的表现形式。

考试的范围,根据本条的规定,仅限定在"法律规定的国家考试",即在法律中明确规定的国家考试的范围。

(3) 主观上是故意,动机如何不影响本罪的成立。

根据《刑法修正案(九)》第 25 条和《刑法》第 284 条之一第 1 款的规定:在法律规定的国家考试中,组织作弊的,处 3 年以下有期徒刑或者拘役,并处或者单处罚金;情节严重的,处 3 年以上 7 年以下有期徒刑,并处罚金。

为他人实施前款犯罪提供作弊器材或者其他帮助的,依照前款的规定处罚。

《刑法修正案(九)》第25条和《刑法》第284条之一第3款,新增加了"非法出售、提供试题、答案罪",即为实施考试作弊行为,向他人非法出售或者提供法律规定的国家考试的试题、答案的,处3年以下有期徒刑或者拘役,并处或者单处罚金;情节严重的,处3年以上7年以下有期徒刑,并处罚金。需要强调的是,行为人提供试题、答案的对象不限于组织作弊的团伙或个人,也包括参加考试的人员及其亲友。

《刑法修正案(九)》第25条和《刑法》284条之第4款,新增加了"代替考试罪",即代替他人或者让他人代替自己参加法律规定的国家考试的,处拘役或者管制,并处或者单处罚金。这些规定,对于维护社会诚信,惩治失信、背信行为都具有非常重要的现实意义。

十二、非法侵入计算机信息系统罪

非法侵入计算机信息系统罪,是指违反国家规定,侵入国家事务、国防建设、尖端科学技术领域的计算机信息系统的行为。本罪的主要特征是:

(1) 侵犯的客体是国家事务、国防建设、尖端科学技术的重要计算机信息系统的安全保护。所谓计算机信息系统,是指由计算机及其相关的和配套的设备、设施(含网络)构成的,按照一定的应用目标和规则对信息进行采集、加工、存储、传输、检索等处理的人机系统。

(2) 客观方面表现为违反国家规定,侵入国家事务、国防建设、尖端科技领域的计算机信息系统的行为。

(3) 主体是一般主体,既可以是自然人,也可以是单位。

(4) 主观方面必须出于故意。

根据《刑法》第285条的规定,犯本罪的,处3年以下有期徒刑或者拘役。

十三、非法获取计算机信息系统数据罪

非法获取计算机信息系统数据罪,是指违反国家规定,侵入《刑法》第285条第1款规定以外的计算机信息系统或者采用其他技术手段,获取该计算机信息系统中存储、处理或者传输的数据,情节严重的行为。其主要特征是:

(1) 侵犯的客体是计算机信息系统的安全。

(2) 客观方面表现为违反国家规定,侵入《刑法》第285条第1款规定以外的计算机信息系统或者采用其他技术手段,获取该计算机信息系统中存储、处理或者传输的数据,情节严重的行为。

(3) 犯罪主体是一般主体,既可以是自然人,也可以是单位。

(4) 主观方面是故意。

根据《刑法》第285条第2款的规定,犯本罪,情节严重的,处3年以下有期

徒刑或者拘役,并处或者单处罚金;情节特别严重的,处 3 年以上 7 年以下有期徒刑,并处罚金。

十四、非法控制计算机信息系统罪

非法控制计算机信息系统罪,是指违反国家规定,对于《刑法》第 285 条第 1 款规定以外的计算机信息系统实施非法控制,情节严重的行为。其主要特征是:

(1) 侵害的客体是计算机信息系统的安全。

(2) 客观方面表现为对《刑法》第 285 条第 1 款规定以外的计算机信息系统实施非法控制,情节严重的行为。

(3) 犯罪主体为一般主体,既可以是自然人,也可以是单位。

(4) 主观方面是故意。

根据《刑法》第 285 条第 2 款的规定,犯本罪,情节严重的,处 3 年以下有期徒刑或者拘役,并处或者单处罚金;情节特别严重的,处 3 年以上 7 年以下有期徒刑,并处罚金。

十五、提供侵入、非法控制计算机信息系统程序、工具罪

提供侵入、非法控制计算机信息系统程序、工具罪,是指提供专门用于侵入、非法控制计算机信息系统的程序、工具,或者明知他人实施侵入、非法控制计算机信息系统的违法犯罪行为而为其提供程序、工具,情节严重的行为。其主要特征是:

(1) 侵害的客体是计算机信息系统的安全。

(2) 客观方面表现为提供专门用于侵入、非法控制计算机信息系统的程序、工具,或者明知他人实施侵入、非法控制计算机信息系统的违法犯罪行为而为其提供程序、工具,情节严重的行为。

(3) 犯罪主体为一般主体,既可以是自然人,也可以是单位。

(4) 犯罪的主观方面是故意。

根据《刑法》第 285 条第 3 款的规定,犯本罪,情节严重的,处 3 年以下有期徒刑或者拘役,并处或者单处罚金;情节特别严重的,处 3 年以上 7 年以下有期徒刑,并处罚金。

根据《刑法修正案(九)》第 26 条和《刑法》第 285 条第 4 款的规定,单位犯前三款罪的,对单位判处罚金,并对其直接负责的主管人员和其他直接责任人员,依照各该款的规定处罚。

十六、非法利用信息网络罪

非法利用信息网络罪,是指利用信息网络,设立用于实施诈骗、传播犯罪方法、制作或者销售违禁物品、管制物品等违法犯罪的网站、通讯群组,发布有关制作或者销售毒品、枪支、淫秽物品等违禁物品、管制物品或者其他违法犯罪信息,以及为实施诈骗等违法犯罪活动发布信息,情节严重的行为。本罪的主要特征是:

(1)客观方面表现为三种形式:第一,设立用于实施诈骗、传授犯罪方法、制作或者销售违禁物品、管制物品等违法犯罪活动的网站、通讯群组;第二,发布有关制作或者销售毒品、枪支、淫秽物品等违禁物品、管制物品或者其他违法犯罪信息;第三,为实施诈骗等违法犯罪活动发布信息。

根据法律规定,实施上述行为,"情节严重"的,才构成犯罪。关于"情节严重"的认定,可以结合行为人所发布信息的具体内容、数量、扩散范围、获取非法利益的数额、受害人的多少、造成的社会影响等因素综合考虑。

(2)犯罪主体是一般主体,既可以是自然人,也可以是单位。

(3)主观方面是故意。

根据《刑法修正案(九)》第29条和《刑法》第287条之一的规定,犯本罪的,处3年以下有期徒刑或者拘役,并处或者单处罚金。单位犯前款罪的,对单位判处罚金,并对其直接负责的主管人员和其他直接责任人员,依照第1款的规定处罚。有前款行为,同时构成其他犯罪的,依照处罚较重的规定定罪处罚。

十七、帮助信息网络犯罪活动罪

帮助信息网络犯罪活动罪,是指行为人明知他人利用信息网络实施犯罪,为其犯罪提供互联网接入、服务器托管、网络存储、通讯传输器等技术支持,或者提供广告推广、支付结算等帮助,情节严重的行为。本罪的特征是:

(1)客观方面,行为人实施了帮助他人利用信息网络实施犯罪的行为。第一,为他人实施网络犯罪提供互联网接入、服务器托管、网络存储、通讯传输等技术支持;第二,为他人利用信息网络实施犯罪提供广告推广。第三,为他人利用信息网络实施犯罪提供支付结算帮助。上述三种行为,情节严重的,才构成犯罪。

(2)犯罪主体是一般主体,既可以由自然人构成,也可以由单位构成。

(3)主观方面是故意,即明知他人利用信息网络实施犯罪,而为其提供帮助和支持。

根据《刑法修正案(九)》第29条和《刑法》第287条之二的规定,犯本罪的,处3年以下有期徒刑或者拘役,并处或者单处罚金。单位犯前款罪的,对单位判处罚金,并对其直接负责的主管人员和其他直接责任人员,依照第1款的规定处罚。有前两款行为,同时构成其他犯罪的,依照处罚较重的规定定罪处罚。

十八、扰乱无线电通讯管理秩序罪

扰乱无线电通讯管理秩序罪,是指违反国家规定,擅自设置、使用无线电台(站),或者擅自使用无线电频率,干扰无线电通讯秩序,情节严重的行为。本罪的主要特征是:

(1)侵犯的客体是国家对无线电通讯的管理秩序。

(2)客观方面表现为违反国家规定,擅自设置、使用无线电台(站),或者擅自使用无线电频率,干扰无线电通讯秩序,情节严重的行为。

(3)主体是一般主体,可以是自然人,也可以是单位。

(4)主观方面必须出于故意。

根据《刑法修正案(九)》第 30 条和《刑法》第 288 条第 1 款的规定,犯本罪的,处 3 年以下有期徒刑、拘役或者管制,并处或者单处罚金;情节特别严重的,处 3 年以上 7 年以下有期徒刑,并处罚金。根据第 2 款的规定,单位犯本罪的,对单位判处罚金,并对其直接负责的主管人员和其他直接责任人员,依照自然人犯罪的规定处罚。

十九、聚众冲击国家机关罪

聚众冲击国家机关罪,是指聚众冲击国家机关,致使国家机关工作无法进行,造成严重损失的行为。本罪的主要特征是:

(1)侵犯的客体是国家机关的正常工作秩序。

(2)客观方面必须为聚众冲击国家机关,致使国家机关工作无法进行,造成严重损失的行为。

(3)主观方面必须出于故意。

根据《刑法》第 290 条第 2 款的规定,对犯本罪的首要分子,处 5 年以上 10 年以下有期徒刑;对其他积极参加者,处 5 年以下有期徒刑、拘役、管制或者剥夺政治权利。

二十、扰乱国家机关工作秩序罪

扰乱国家机关工作秩序罪,是指行为人多次扰乱国家机关工作秩序,经行政处罚后仍不改正,造成严重后果的行为。本罪的主要特征是:

(1)侵犯的客体是国家机关的正常工作秩序。

(2)客观方面是多次扰乱国家机关工作秩序,经行政处罚后仍不改正,造成严重后果的行为。

(3)主观方面必须出于故意。

根据《刑法修正案(九)》第 31 条第 2 款和《刑法》第 290 条第 3 款的规定,

犯本罪的,处 3 年以下有期徒刑、拘役或者管制。

二十一、组织、资助非法聚集罪

组织、资助非法聚集罪,是指行为人多次组织、资助他人非法聚集,扰乱社会秩序的行为。本罪的主要特征是:

(1) 侵犯的客体是社会秩序。

(2) 客观方面是多次组织、资助他人非法聚集,扰乱社会秩序的行为。

(3) 主观方面是故意。

根据《刑法修正案(九)》第 31 条第 3 款和《刑法》第 290 条第 4 款的规定,对多次组织、资助他人非法聚集,扰乱社会秩序,情节严重的,处 3 年以下有期徒刑、拘役或者管制。

二十二、聚众扰乱公共场所秩序、交通秩序罪

聚众扰乱公共场所秩序、交通秩序罪,是指聚众扰乱车站、码头、民用航空站、商场、公园、影剧院、展览会、运动场或者其他公共场所秩序,聚众堵塞交通或者破坏交通秩序,抗拒、阻碍国家治安管理工作人员依法执行职务,情节严重的行为。本罪的主要特征是:

(1) 侵犯的客体是国家对公共场所的管理秩序和交通管理秩序。

(2) 客观方面表现为聚众扰乱车站、码头、民用航空站、商场、公园、影剧院、展览会、运动场或者其他公共场所秩序,聚众堵塞交通或者破坏交通秩序,抗拒、阻碍国家治安管理工作人员依法执行职务,情节严重的行为。

(3) 主观方面必须出于故意。

根据《刑法》第 291 条的规定,犯本罪的,对首要分子处 5 年以下有期徒刑、拘役或者管制。

二十三、投放虚假危险物质罪

投放虚假危险物质罪,是指投放虚假的爆炸性、毒害性、放射性、传染病病原体等危险物质,严重扰乱社会秩序的行为。这是《刑法修正案(三)》第 8 条增设的罪名,其主要特征是:

(1) 客观方面表现为投放虚假的危险物质,严重扰乱社会秩序的行为。

(2) 犯罪主体是一般主体。

(3) 犯罪主观方面是故意。

根据《刑法》第 291 条之一第 1 款的规定,犯本罪的,处 5 年以下有期徒刑、拘役或者管制;造成严重后果的,处 5 年以上有期徒刑。

二十四、编造、故意传播虚假恐怖信息罪

编造、故意传播虚假恐怖信息罪,是指编造爆炸威胁、生物威胁、放射威胁等恐怖信息,或者明知是编造的恐怖信息而故意传播,严重扰乱社会秩序的行为。本罪也是《刑法修正案(三)》第 8 条增设的罪名,其主要特征是:

(1)客观方面表现为编造恐怖信息,或者明知是编造的恐怖信息而故意传播的行为。

(2)犯罪主体是一般主体。

(3)主观方面是故意。

根据《刑法》第 291 条之一第 1 款的规定,犯本罪的,处 5 年以下有期徒刑、拘役或者管制;造成严重后果的,处 5 年以上有期徒刑。

二十五、编造、故意传播虚假信息罪

编造、故意传播虚假信息罪,是指行为人编造虚假的险情、疫情、灾情、警情,在信息网络或者其他媒体上传播,或者明知是上述虚假信息,故意在信息网络或者其他媒体上传播,严重扰乱社会秩序的行为。本罪的特征是:

(1)侵犯的客体是社会秩序。

(2)客观方面表现为行为人编造虚假信息,在信息网络或者其他媒体上传播,或者明知是虚假信息,故意在信息网络或者其他媒体上传播,严重扰乱社会秩序的行为。

(3)犯罪主体是一般主体。

(4)犯罪主观方面是故意。

根据《刑法修正案(九)》第 32 条和《刑法》第 291 条之一第 2 款的规定,犯本罪的,处 3 年以下有期徒刑、拘役或者管制;造成严重后果的,处 3 年以上 7 年以下有期徒刑。

二十六、聚众斗殴罪

聚众斗殴罪,是指出于私仇宿怨、争霸一方或者其他动机,聚众结伙进行殴斗,破坏公共秩序的行为。本罪的主要特征是:

(1)侵犯的客体是社会治安管理秩序。

(2)客观方面表现为聚众结伙进行殴斗,破坏公共秩序的行为。本罪属于行为犯,行为人只要实施了聚众斗殴行为,即构成本罪。如果在斗殴过程中造成轻微伤害的,可以直接按本罪论处。但是,如果聚众斗殴,致人重伤、死亡的,应当直接以故意伤害罪或者故意杀人罪论处。

(3)主体是一般主体,但《刑法》规定只有聚众斗殴的首要分子和其他积极

参加者,才能成为本罪的主体。

(4) 主观方面必须出于故意,行为人一般是出于私仇宿怨、争霸一方或者其他个人利害冲突。

根据《刑法》第 292 条第 1 款的规定,犯本罪的,对首要分子和其他积极参加的,处 3 年以下有期徒刑、拘役或者管制。有下列情形之一的,对首要分子和其他积极参加的,处 3 年以上 10 年以下有期徒刑:(1) 多次聚众斗殴的;(2) 聚众斗殴人数多,规模大,社会影响恶劣的;(3) 在公共场所或者交通要道聚众斗殴,造成社会秩序严重混乱的;(4) 持械聚众斗殴的。第 2 款规定,聚众斗殴,致人重伤、死亡的,依照《刑法》第 234 条、第 232 条的规定定罪处罚。

二十七、入境发展黑社会组织罪

入境发展黑社会组织罪,是指境外的黑社会组织的人员到中华人民共和国境内发展组织成员的行为。本罪的主要特征是:

(1) 侵犯的客体是社会治安管理秩序。

(2) 客观方面表现为到中华人民共和国境内发展组织成员,即通过引诱、腐蚀、拉拢、威胁、强迫、贿赂等非法手段,在我国进行吸收组织成员、发展黑社会组织的行为。

(3) 主体是特殊主体,限于境外的黑社会组织的人员,即被境外的国家和地区确定为黑社会组织的成员。

(4) 主观方面必须出于故意。

根据《刑法》第 294 条第 2 款和第 4 款的规定,犯本罪的,处 3 年以上 10 年以下有期徒刑;犯本罪又有其他犯罪行为的,依照数罪并罚的规定处罚。

二十八、包庇、纵容黑社会性质组织罪

包庇、纵容黑社会性质组织罪,是指国家机关工作人员包庇黑社会性质的组织或者纵容黑社会性质的组织进行违法犯罪活动的行为。本罪的主要特征是:

(1) 侵犯的客体是社会治安管理秩序。

(2) 客观方面表现为包庇黑社会性质的组织或者纵容黑社会性质的组织进行违法犯罪活动的行为。

(3) 主体是特殊主体,只能限于国家机关工作人员。

(4) 主观方面必须出于故意。

根据《刑法》第 294 条第 3 款的规定,犯本罪的,处 5 年以下有期徒刑;情节严重的,处 5 年以上有期徒刑。

二十九、非法集会、游行、示威罪

非法集会、游行、示威罪,是指举行集会、游行、示威,未依照法律的程序申请或者申请未获许可,或者未按照主管机关许可的起止时间、地点、路线进行,又拒不服从解散命令,严重破坏社会秩序的行为。本罪的主要特征是:

(1) 侵犯的客体是国家对集会、游行、示威活动的管理秩序。

(2) 客观方面表现为举行集会、游行、示威,未依照法律规定的程序申请或者申请未获许可,或者未按照主管机关许可的起止时间、地点、路线进行,又拒不服从解散命令,严重破坏社会秩序的行为。

(3) 主体是一般主体,但法律规定只处罚集会、游行、示威的负责人和直接责任人员。

(4) 主观方面必须出于故意。

根据《刑法》第 296 条的规定,犯本罪的,对集会、游行、示威的负责人和直接责任人员处 5 年以下有期徒刑、拘役、管制或者剥夺政治权利。

三十、非法携带武器、管制刀具、爆炸物参加集会、游行、示威罪

非法携带武器、管制刀具、爆炸物参加集会、游行、示威罪,是指违反法律规定,携带武器、管制刀具或者爆炸物参加集会、游行、示威的行为。本罪的主要特征是:

(1) 侵犯的客体是国家对集会、游行、示威活动的管理秩序。

(2) 客观方面表现为违反法律规定,携带武器、管制刀具或者爆炸物参加集会、游行、示威的行为。

(3) 主观方面必须出于故意。

根据《刑法》第 297 条的规定,犯本罪的,处 3 年以下有期徒刑、拘役、管制或者剥夺政治权利。

三十一、破坏集会、游行、示威罪

破坏集会、游行、示威罪,是指扰乱、冲击或者以其他方法破坏依法举行的集会、游行、示威,造成公共秩序混乱的行为。本罪的主要特征是:

(1) 侵犯的客体是国家对集会、游行、示威活动的管理秩序和公民的集会、游行、示威权利,犯罪对象必须是依法举行的集会、游行、示威。

(2) 客观方面表现为扰乱、冲击或者以其他方法破坏依法举行的集会、游行、示威,并且造成公共秩序混乱的行为。

(3) 主观方面必须出于故意。

根据《刑法》第 298 条的规定,犯本罪的,处 5 年以下有期徒刑、拘役、管制

或者剥夺政治权利。

三十二、侮辱国旗、国徽、国歌罪

侮辱国旗、国徽、国歌罪,是指在公共场合故意以焚烧、毁损、涂划、玷污、践踏等方式侮辱中华人民共和国国旗、国徽,或者在公共场合,故意篡改中华人民共和国国歌歌词、曲谱,以歪曲、贬损方式奏唱国歌,或者以其他方式侮辱国歌,情节严重的行为。

(1) 侵犯的客体,是国家对国旗、国徽、国歌的管理和国家的尊严,犯罪对象是中华人民共和国的国旗、国徽和国歌。

(2) 客观方面表现为在公共场合以焚烧、毁损、涂划、玷污、践踏的方式侮辱中华人民共和国国旗、国徽,或者在公共场合,故意篡改中华人民共和国国歌歌词、曲谱,以歪曲、贬损方式奏唱国歌,或者以其他方式侮辱国歌,情节严重的行为。

(3) 犯罪主体是一般主体。

(4) 主观方面必须出于使中华人民共和国国旗、国徽、国歌当众受辱的故意。

根据《刑法修正案(十)》和《刑法》第299条的规定,在公共场合,故意以焚烧、毁损、涂划、玷污、践踏等方式侮辱中华人民共和国国旗、国徽的,处3年以下有期徒刑、拘役、管制或者剥夺政治权利。

在公共场合,故意篡改中华人民共和国国歌歌词、曲谱,以歪曲、贬损方式奏唱国歌,或者以其他方式侮辱国歌,情节严重的,依照前款的规定定罪处罚。

三十三、侵害英雄烈士名誉、荣誉罪

侵害英雄烈士名誉、荣誉罪,是指侮辱、诽谤或者以其他方式侵害英雄烈士的名誉、荣誉,损害社会公共利益,情节严重的行为。本罪的主要特征是:

(1) 侵犯的客体是英雄烈士的人格利益和英雄烈士近亲属的合法利益以及社会公共利益。

(2) 客观方面表现为侮辱、诽谤或者以其他方式侵害英雄烈士的名誉、荣誉,损害社会公共利益,情节严重的行为。"英雄烈士",包括近代以来,为国家、民族、为人民作出牺牲和贡献的英烈先驱和革命先行者,重点是中国共产党、人民军队和中华人民共和国历史上涌现出的无数英雄烈士。英雄烈士既包括个人也包括群体,既包括有名英烈也包括无名英烈。

这里的"侮辱",是指通过语言、文字或者其他方式辱骂、贬低、嘲讽英雄烈士的行为;"诽谤",是指针对英雄烈士,捏造事实并进行散播,公然丑化、贬损英雄烈士,损害英雄烈士名誉、荣誉的行为;"以其他方式侵害英雄烈士的名誉、荣

誉",是指采用侮辱、诽谤以外的其他方式侵害英雄烈士的名誉、荣誉的行为。"损害社会公共利益",是构成本罪的要件之一,也是侮辱、诽谤或者以其他方式侵害英雄烈士的名誉、荣誉可能导致的后果。"情节严重",是指侮辱、诽谤或者以其他方式侵害英雄烈士的名誉、荣誉,损害社会公共利益,造成严重的不良影响或者侵害行为持续时间长、范围广等情形。

(3) 犯罪主体是一般主体。

(4) 主观方面是故意,过失不构成本罪。

根据《刑法修正案(十一)》第35条和《刑法》第299条之一的规定,以侮辱、诽谤或者以其他方式侵害英雄烈士的名誉、荣誉,损害社会公共利益,情节严重的,处3年以下有期徒刑、拘役、管制或者剥夺政治权利。

三十四、组织、利用会道门、邪教组织、利用迷信破坏法律实施罪

组织、利用会道门、邪教组织、利用迷信破坏法律实施罪,是指组织、利用会道门、邪教组织或者利用迷信破坏国家法律、行政法规实施的行为。本罪的主要特征是:

(1) 侵犯的客体是社会管理秩序。

(2) 客观方面表现为实施组织、利用会道门、邪教组织破坏国家法律、行政法规实施或者利用迷信破坏国家法律、行政法规实施的行为。如果行为人组织利用会道门、邪教组织或者利用封建迷信奸淫妇女或者诈骗钱财,符合强奸罪或诈骗罪特征的,则应当分别以强奸罪或诈骗罪论处。

(3) 主观方面必须出于故意。

根据《刑法修正案(九)》第33条和《刑法》第300条第1款的规定,犯本罪的,处3年以上7年以下有期徒刑,并处罚金;情节特别严重的,处7年以上有期徒刑或者无期徒刑,并处罚金或者没收财产;情节较轻的,处3年以下有期徒刑、拘役、管制或者剥夺政治权利,并处或者单处罚金。犯第1款罪又有奸淫妇女、诈骗财物等犯罪行为的,依照数罪并罚的规定处罚。

三十五、组织、利用会道门、邪教组织、利用迷信致人重伤、死亡罪

组织、利用会道门、邪教组织、利用迷信致人重伤、死亡罪,是指组织、利用会道门、邪教组织或者利用封建迷信愚弄、蒙骗他人,致人重伤、死亡的行为。本罪的主要特征是:

(1) 侵犯的客体是社会公共秩序。

(2) 客观方面表现为组织、利用会道门、邪教组织或者封建迷信蒙骗他人,致人重伤、死亡的行为。

(3) 主观方面必须出于故意。

根据《刑法修正案(九)》第33条和《刑法》第300条第2款的规定,犯本罪的,处3年以上7年以下有期徒刑,并处罚金;情节特别严重的,处7年以上有期徒刑或者无期徒刑,并处罚金或者没收财产;情节较轻的,处3年以下有期徒刑、拘役、管制或者剥夺政治权利,并处或者单处罚金。

三十六、聚众淫乱罪

聚众淫乱罪,是指聚集多人进行淫乱活动,破坏社会风化的行为。本罪的主要特征是:

(1) 侵犯的客体是社会风化。

(2) 客观方面表现为聚众淫乱,有伤风化的行为。

(3) 主体为一般主体,但并非所有参与集体淫乱活动的人都可以成为本罪的主体。只有聚众淫乱的首要分子或者多次参加的人,才能成为本罪的主体。对其他偶尔参加聚众淫乱活动的人,不能按本罪论处。

(4) 主观方面必须出于故意。

根据《刑法》第301条第1款的规定,犯本罪的,对首要分子或者多次参加者,处5年以下有期徒刑、拘役或者管制。

三十七、引诱未成年人聚众淫乱罪

引诱未成年人聚众淫乱罪,是指引诱未成年人参加聚众淫乱活动的行为。本罪的主要特征是:

(1) 侵犯的客体是社会风化。

(2) 客观方面表现为引诱未成年人参加聚众淫乱活动的行为。

(3) 主体为一般主体。

(4) 主观方面是故意。

根据《刑法》第301条第2款的规定,犯本罪的,依照前款的规定从重处罚,即处5年以下有期徒刑、拘役或者管制,并从重处罚。

三十八、盗窃、侮辱、故意毁坏尸体、尸骨、骨灰罪

盗窃、侮辱、故意毁坏尸体、尸骨、骨灰罪,是指秘密窃取、公开侮辱、故意毁坏他人尸体、尸骨、骨灰,破坏社会风化的行为。本罪的主要特征是:

(1) 犯罪对象是尸体,侵犯的客体是社会风化。但是,如果盗窃的是古墓葬里埋葬的古尸或者博物馆作为文物陈列、展览的古尸,则不构成本罪。

(2) 客观方面表现为实施了盗窃、侮辱、故意毁坏尸体、尸骨、骨灰的行为。本罪属于选择性罪名,行为人只要实施了其中一种行为的,即构成本罪。

(3) 主体是一般主体。

(4) 主观方面必须出于故意。

根据《刑法修正案(九)》第 34 条和《刑法》第 302 条的规定,犯本罪的,处 3 年以下有期徒刑、拘役或者管制。

三十九、赌博罪

赌博罪,是指以营利为目的,聚众赌博或者以赌博为常业的行为。本罪的主要特征是:

(1) 侵犯的客体是社会公共秩序。

(2) 客观方面表现为实施了聚众赌博或者以赌博为常业的行为。

(3) 主观方面必须出于故意,并且具有营利目的。非出于营利的赌博行为,如亲朋好友聚会时出于娱乐目的赌博的,即便有少量的金钱输赢,也不能以犯罪论处。根据最高人民法院、最高人民检察院 2005 年 5 月 13 日《关于办理赌博刑事案件具体应用法律若干问题的解释》,所谓"聚众赌博"是指:组织 3 人以上赌博,抽头渔利数额累计达到 5000 元以上的;组织 3 人以上赌博,赌资数额累计达到 5 万元以上的;组织 3 人以上赌博,参赌人数累计达到 20 人以上的;组织中华人民共和国公民 10 人以上赴境外赌博,从中收取回扣、介绍费的。另外,中国公民在我国领域外周边地区聚众赌博,开设赌场,以中国公民为主要客源的,以赌博罪追究刑事责任。具有国家工作人员身份,组织国家工作人员赴境外赌博的,组织未成年人参与赌博,或者开设赌场吸引未成年人参与赌博的,从重处罚。

根据《刑法修正案(六)》第 18 条和《刑法》第 303 条第 1 款的规定,以营利为目的,聚众赌博或者以赌博为业的,处 3 年以下有期徒刑、拘役或者管制,并处罚金。

四十、开设赌场罪

开设赌场罪,是指以营利为目的,开设赌场的行为。这是《刑法修正案(六)》新增设的一个罪名,其主要特征是:

(1) 侵犯的客体是社会公共秩序。

(2) 客观方面表现为开设赌场的行为,根据 2005 年最高人民法院、最高人民检察院《关于办理赌博刑事案件具体应用法律若干问题的解释》的规定,以营利为目的,在计算机网络上建立赌博网站,或者为赌博网站担任代理,接受投注的,属于"开设赌场"。

(3) 主观方面是故意,一般以营利为目的。

(4) 犯罪主体是一般主体。

根据《刑法修正案(十一)》第 36 条和《刑法》第 303 条第 2 款的规定,犯本罪的,处 5 年以下有期徒刑、拘役或者管制,并处罚金;情节严重的,处 5 年以上

10 年以下有期徒刑,并处罚金。

四十一、组织参与国(境)外赌博罪

组织参与国(境)外赌博罪,是指组织中华人民共和国公民参与国(境)外赌博,数额巨大或者有其他严重情节的行为。本罪的主要特征是:

(1) 侵犯的客体是国家的经济秩序和社会公共秩序。犯罪对象是中华人民共和国公民,仅限于中国大陆具有中华人民共和国国籍的人。

(2) 客观方面表现为组织中华人民共和国公民参与国(境)外赌博的行为。这里的"组织中华人民共和国公民参与国(境)外赌博",包括直接组织中国公民赴国(境)外赌博或者以旅游、公务的名义组织中国公民赴国(境)外赌博,或者以提供赌博场所、提供赌资、设定赌博方式等组织中国公民赴国(境)外赌博,或者利用信息网络、通信终端等传输赌博视频、数据,组织中国公民参与国(境)外赌博等。此外,必须达到数额巨大或者有其他严重情节的,才构成本罪。所谓"数额巨大",主要指赌资数额巨大,可能造成大量外汇流失的情形,具体数额由最高人民法院的司法解释确定。"赌资",是指赌博犯罪中用作赌注的款物、换取筹码的款物和通过赌博赢取的款物。"其他严重情节",是指赌资虽然未达到数额巨大,但接近数额巨大的条件,有其他严重情节的情形,如抽头渔利较多,参赌人数较多,组织、胁迫、引诱、教唆、容留未成年人参与赌博,强迫他人赌博或者结算赌资等情形。

(3) 犯罪主体是组织者。这里的"组织者",是指组织、召集中国公民参与国(境)外赌博的人员,既包括犯罪集团也包括比较松散的犯罪团伙,还可以是个人组织他人参与国(境)外赌博的情况;组织者可以是一个人,也可以是多人;可以有比较严密的组织结构,也可以是为了进行一次赌博行为临时纠结在一起。

(4) 犯罪的主观方面是故意,过失不构成本罪。

根据《刑法修正案(十一)》第 36 条和《刑法》第 303 条第 3 款的规定,"组织中华人民共和国公民参与国(境)外赌博、数额巨大或者有其他严重情节的,依照前款的规定处罚"。这里的"依照前款",是指依照《刑法》第 303 条第 2 款,开设赌场罪的刑罚予以处罚,即处 5 年以下有期徒刑、拘役或者管制,并处罚金;情节严重的,处 5 年以上 10 年以下有期徒刑,并处罚金。这里所说的"情节严重",并不是一般意义上的情节严重,而是在本罪入罪条件的基础上,具有更加严重的情节,主要是组织中国公民赴国(境)外参与赌博,数额特别巨大或者有其他特别严重情节的情形。

四十二、故意延误投递邮件罪

故意延误投递邮件罪,是指邮政工作人员严重不负责任,故意延误投递邮

件,致使公共财产、国家和人民利益遭受重大损失的行为。本罪的主要特征是:

(1) 侵犯的客体是国家邮政部门的正常工作秩序和交邮人的合法权益。

(2) 客观方面表现为严重不负责任,故意延误投递邮件,致使公共财产、国家和人民利益遭受重大损失的行为。

(3) 主体是特殊主体,仅限于邮政工作人员。

(4) 主观方面必须出于故意。

根据《刑法》第304条的规定,犯本罪的,处2年以下有期徒刑或者拘役。

四十三、辩护人、诉讼代理人毁灭证据、伪造证据、妨害作证罪

辩护人、诉讼代理人毁灭证据、伪造证据、妨害作证罪,是指在刑事诉讼中,辩护人、诉讼代理人毁灭、伪造证据,帮助当事人毁灭、伪造证据,威胁、引诱证人违背事实改变证言或者作伪证的行为。本罪的主要特征是:

(1) 侵犯的客体是国家司法机关的正常工作秩序。

(2) 客观方面表现为实施了毁灭、伪造证据、帮助当事人毁灭、伪造证据以及威胁、引诱证人违背事实改变证言或者作伪证三种行为之一。

(3) 主体是特殊主体,即必须是辩护人和诉讼代理人。

(4) 主观方面只能出于故意,如果辩护人、诉讼代理人提供、出示、引用的证人证言或者其他证据失实,但不是有意伪造的,不属于伪造证据。

根据《刑法》第306条的规定,犯本罪的,处3年以下有期徒刑或者拘役;情节严重的,处3年以上7年以下有期徒刑。

四十四、妨害作证罪

妨害作证罪,是指以暴力、威胁、贿买等方法阻止证人作证或者指使他人作伪证的行为。本罪的主要特征是:

(1) 侵犯的客体是国家司法机关正常的工作秩序,且不限于刑事诉讼中,在民事诉讼和行政诉讼中阻止证人作证或者指使他人作伪证,破坏人民法院诉讼秩序的,同样可以构成本罪。

(2) 客观方面表现为以暴力、威胁、贿买等方法阻止证人作证或者指使他人作伪证的行为。本罪属于行为犯,只要行为人实施了阻止证人作证或指使他人作伪证的行为,不论证人是否实际被阻止作证,或者他人是否被指使作了伪证,均构成本罪。

(3) 主体是一般主体。

(4) 主观方面必须出于故意。

根据《刑法》第307条第1款的规定,犯本罪的,处3年以下有期徒刑或者拘役;情节严重的,处3年以上7年以下有期徒刑;第3款规定,司法工作人员犯本

罪的,从重处罚。

四十五、帮助毁灭、伪造证据罪

帮助毁灭、伪造证据罪,是指帮助诉讼当事人毁灭、伪造证据,情节严重的行为。本罪的主要特征是:

(1) 侵犯的客体是国家司法机关的工作秩序。

(2) 客观方面表现为与诉讼当事人合谋,或者在当事人的指使下为当事人毁灭、伪造证据,情节严重的行为。这里所谓的当事人不仅限于刑事诉讼的当事人,也包括民事诉讼和行政诉讼的当事人。

(3) 主体是一般主体,可以是包括辩护人、诉讼代理人、司法工作人员在内的所有具有刑事责任能力的自然人。

(4) 主观方面必须出于故意。

根据《刑法》第307条第2款的规定,犯本罪的,处3年以下有期徒刑或者拘役。第3款规定,司法工作人员犯本罪的,从重处罚。

四十六、虚假诉讼罪

虚假诉讼罪,是指以捏造的事实提起民事诉讼,妨害司法秩序或者严重侵害他人合法权益的行为。本罪的主要特征是:

(1) 侵犯的客体是国家司法秩序和他人的财产权等合法权益。

(2) 客观方面表现为以捏造的事实提起民事诉讼,妨害司法秩序或者严重侵害他人合法权益的行为。

(3) 犯罪主体是一般主体,包括个人和单位。

(4) 主观方面是故意犯罪,即行为人具有提起虚假的民事诉讼,欺骗国家司法机关,通过获得司法机关的裁判文书实现其非法目的的主观故意。

根据《刑法修正案(九)》第35条和《刑法》第307条之一的规定,以捏造的事实提起民事诉讼,妨害司法秩序或者严重侵害他人合法权益的,处3年以下有期徒刑、拘役或者管制,并处或者单处罚金;情节严重的,处3年以上7年以下有期徒刑,并处罚金。

单位犯前款罪的,对单位判处罚金,并对其直接负责的主管人员和其他直接责任人员,依照前款的规定处罚。

有第1款行为,非法占有他人财产或者逃避合法债务,又构成其他犯罪的,依照处罚较重的规定定罪处罚。

司法工作人员利用职权,与他人共同实施前3款行为的,从重处罚;同时构成其他犯罪的,依照处罚较重的规定定罪处罚。本款规定有二层意思:一是司法工作人员利用职权,与他人共同实施前3款规定的虚假诉讼行为的,从重处罚;

二是司法工作人员利用职权,与他人共同实施前3款规定的虚假诉讼行为,同是构成其他犯罪的,依照处罚较重的规定定罪从重处罚。例如司法工作人员同时构成本罪和民事枉法裁判、滥用职权等犯罪,依照本款规定,这种情况下应当依照处罚较重的规定定罪从重处罚。

四十七、打击报复证人罪

打击报复证人罪,是指对证人进行打击报复的行为。本罪的主要特征是:

(1)侵犯的客体是国家司法机关的正常工作秩序和证人的合法权利,犯罪对象则是在各类诉讼案件中履行过作证义务的证人。

(2)客观方面表现为对证人进行打击报复的行为。

(3)主体是一般主体,但实践中一般是与证人作证的诉讼案件有利害关系的人,主要是诉讼当事人本人或其亲友。

(4)主观方面必须出于故意。

根据《刑法》第308条的规定,犯本罪的,处3年以下有期徒刑或者拘役;情节严重的,处3年以上7年以下有期徒刑。

四十八、泄露不应公开的案件信息罪

泄露不应公开的案件信息罪,是指司法工作人员、辩护人、诉讼代理人或者其他诉讼参与人,泄露依法不公开审理的案件中不应当公开的信息,造成信息公开传播或者其他严重后果的行为。本罪的主要特征是:

(1)侵害的客体是国家的司法秩序和他人的合法权益。

(2)客观方面,一是泄露依法不公开审理的案件中不应当公开的信息,二是造成信息公开传播或者其他严重后果。"其他严重后果",是指信息公开传播以外的其他严重的危害后果,如造成被害人不堪受辱而自杀等等。

(3)犯罪主体是司法工作人员、辩护人、诉讼代理人或者其他诉讼参与人。

(4)主观方面是故意或者过失,即故意泄露和过失泄露案件信息都可以构成本罪。

根据《刑法修正案(九)》第36条和《刑法》第308条之一的规定,犯本罪的,处3年以下有期徒刑、拘役或者管制,并处或者单处罚金。

有前款行为,泄露国家秘密的,依照本法第398条的规定定罪处罚。

公开披露、报道第1款规定的案件信息,情节严重的,依照第1款的规定处罚。

单位犯前款罪的,对单位判处罚金,并对其直接负责的主管人员和其他直接责任人员,依照第1款的规定处罚。

四十九、拒绝提供间谍犯罪、恐怖犯罪、极端主义犯罪证据罪

拒绝提供间谍犯罪、恐怖主义犯罪、极端主义犯罪证据罪,是指明知他人有间谍犯罪行为或者恐怖主义犯罪行为、极端主义犯罪行为,在司法机关向其调查有关情况、收集有关证据时,拒绝提供,情节严重的行为。本罪的主要特征是:

(1) 侵犯的客体是国家安全机关的正常工作秩序。

(2) 客观方面表现为明知他人有间谍犯罪行为,在国家安全机关向其调查有关情况、收集有关证据时,拒绝提供,情节严重的行为。

(3) 主观方面必须出于故意,即明知他人有间谍犯罪、恐怖主义犯罪和极端主义犯罪行为。这里的"明知",是指行为人主观上知道,既包括知道他人实施上述犯罪行为的全部情况,也包括知道部分情况。

根据《刑法修正案(九)》第 38 条和《刑法》第 311 条的规定,犯本罪的,处 3 年以下有期徒刑、拘役或者管制。

五十、掩饰、隐瞒犯罪所得、犯罪所得收益罪

掩饰、隐瞒犯罪所得、犯罪所得收益罪,是指明知是犯罪所得及其产生的收益而予以窝藏、转移、收购、代为销售或者以其他方法掩饰、隐瞒的行为。本罪的主要特征是:

(1) 侵犯的客体是司法机关的正常活动,犯罪对象是犯罪所得的赃物。

(2) 客观方面表现为实施了窝藏、转移、收购、代为销售赃物或者以其他方法掩饰、隐瞒犯罪所得及其产生的收益的行为。

(3) 主体是一般主体,包括自然人和单位。

(4) 主观方面必须出于故意。如果事先即与他人约定,在其犯罪得逞后将负责窝藏、转移、收购或代销赃物的,应当按所实施的犯罪的共同犯罪论处。

根据《刑法修正案(六)》和《刑法》第 312 条的规定,犯本罪的,处 3 年以下有期徒刑、拘役或者管制,并处或者单处罚金;情节严重的,处 3 年以上 7 年以下有期徒刑,并处罚金。《刑法修正案(七)》第 10 条增加了单位犯罪的条款,单位犯本罪的,对单位判处罚金,并对其直接负责的主管人员和其他直接责任人员,依照上述规定处罚。

五十一、非法处置查封、扣押、冻结的财产罪

非法处置查封、扣押、冻结的财产罪,是指隐藏、转移、变卖、故意毁损已被司法机关查封、扣押、冻结的财产,情节严重的行为。本罪的主要特征是:

(1) 犯罪对象是被司法机关依法查封、扣押、冻结的财产。

(2) 客观方面表现为隐藏、转移、变卖或者故意毁损已被司法机关查封、扣

押、冻结的财产,情节严重的行为。

(3) 主体是一般主体,但一般是与被查封、扣押、冻结的财产有利害关系的人。

(4) 主观方面必须出于故意。

根据《刑法》第 314 条的规定,犯本罪的,处 3 年以下有期徒刑、拘役或者罚金。

五十二、破坏监管秩序罪

破坏监管秩序罪,是指依法被关押的罪犯,违反监管法规,破坏监管秩序,情节严重的行为。本罪的主要特征是:

(1) 侵犯的客体是国家监狱管理机关对监狱的管理秩序。

(2) 客观方面表现为违反监管法规,实施了殴打监管人员、组织其他被监管人员破坏监管秩序、聚众闹事、扰乱正常监管秩序、殴打、体罚或者指使他人殴打、体罚其他被监管人,情节严重的行为。

(3) 主体是特殊主体,即必须是依法被关押的罪犯。

(4) 主观方面必须出于故意。

根据《刑法》第 315 条的规定,犯本罪的,处 3 年以下有期徒刑。

五十三、劫夺被押解人员罪

劫夺被押解人员罪,是指劫夺押解途中的罪犯、被告人、犯罪嫌疑人的行为。本罪的主要特征是:

(1) 侵犯的客体是司法机关的对罪犯、被告人和犯罪嫌疑人的监管秩序。

(2) 客观方面表现为劫夺押解途中的罪犯、被告人、犯罪嫌疑人的行为。

(3) 主观方面必须出于故意。

根据《刑法》第 316 条第 2 款的规定,犯本罪的,处 3 年以上 7 年以下有期徒刑;情节严重的,处 7 年以上有期徒刑。

五十四、组织越狱罪

组织越狱罪,是指依法被关押的罪犯、被告人、犯罪嫌疑人,在首要分子的策划、组织、指挥下,有组织地从羁押场所集体逃跑的行为。本罪的主要特征是:

(1) 侵犯的客体是国家司法机关对依法被羁押的罪犯、被告人、犯罪嫌疑人的监管秩序。

(2) 客观方面表现为在首要分子的策划、组织、指挥下,进行周密准备和分工,选择一定的方法、手段和时机,集体从监狱、看守所、拘留所等羁押场所逃跑的行为。

（3）主体是特殊主体，即必须是依法被关押的罪犯、被告人、犯罪嫌疑人。

（4）主观方面必须出于故意，而且一般事先都经过精心的策划、周密的准备。

根据《刑法》第317条第1款的规定，犯本罪的，对首要分子和积极参加者处5年以上有期徒刑；对其他参加的，处5年以下有期徒刑或者拘役。

五十五、暴动越狱罪

暴动越狱罪，是指依法被关押的罪犯、被告人、犯罪嫌疑人，在首要分子的策划、组织、指挥下，采用暴动的方法集体越狱逃跑的行为。本罪的主要特征是：

（1）侵犯的客体是司法机关对在押人员的监管秩序。

（2）客观方面表现为在首要分子的策划、组织、指挥下，采用暴力方法，集体越狱逃跑的行为。

（3）主体是特殊主体，限于依法被关押的罪犯、被告人和犯罪嫌疑人。

（4）主观方面必须出于故意。

根据《刑法》第317条第2款的规定，犯本罪的，对首要分子和积极参加的，处10年以上有期徒刑或者无期徒刑；情节特别严重的，处死刑；其他参加的，处3年以上10年以下有期徒刑。

五十六、聚众持械劫狱罪

聚众持械劫狱罪，是指纠集多人，有组织、有计划地持械劫夺在押的罪犯、被告人、犯罪嫌疑人的行为。本罪的主要特征是：

（1）侵犯的客体是司法机关对在押人员的监管秩序。

（2）客观方面表现为在首要分子的策划、组织和指挥下，持械暴力劫夺在押的罪犯、被告人、犯罪嫌疑人的行为。

（3）主体是一般主体，限于狱外的具有刑事责任能力的人。

（4）主观方面必须出于故意，目的是劫夺在押的罪犯、被告人、犯罪嫌疑人，使其逃避监管和法律制裁。

根据《刑法》第317条第2款的规定，犯本罪的，对首要分子和积极参加者，处10年以上有期徒刑或者无期徒刑；情节特别严重的，处死刑；其他参加的，处3年以上10年以下有期徒刑。

五十七、骗取出境证件罪

骗取出境证件罪，是指以劳务输出、经贸往来或者其他名义，弄虚作假，骗取护照、签证等出境证件，为组织他人偷越国（边）境使用的行为。本罪的主要特征是：

(1) 侵犯的客体是国家对出境证件和出境秩序的管理,犯罪对象是护照、签证等出境证件。

(2) 客观方面表现为以劳务输出、经贸往来或者其他名义,弄虚作假,骗取护照、签证等出境证件的行为。

(3) 主体是一般主体,自然人和单位都可以成为本罪的主体。

(4) 主观方面必须出于故意,而且具有骗取出境证件为组织他人偷越国(边)境使用的目的。

根据《刑法》第319条的规定,犯本罪的,处3年以下有期徒刑,并处罚金;情节严重的,处3年以上10年以下有期徒刑,并处罚金。单位犯本罪的,对单位判处罚金,并对其直接负责的主管人员和其他直接责任人员,依照个人犯罪处罚。

五十八、提供伪造、变造的出入境证件罪

提供伪造、变造的出入境证件罪,是指为他人提供伪造、变造的护照、签证等出入境证件的行为。本罪的主要特征是:

(1) 侵犯的客体是国家对出入境证件和出入境秩序的管理。

(2) 客观方面表现为为他人提供伪造、变造的护照、签证等出入境证件的行为。

(3) 主观方面必须出于故意。

根据《刑法》第320条的规定,犯本罪的,处5年以下有期徒刑,并处罚金;情节严重的,处5年以上有期徒刑,并处罚金。

五十九、出售出入境证件罪

出售出入境证件罪,是指出售护照、签证等出入境证件的行为。本罪的主要特征是:

(1) 侵犯的客体是国家对出入境证件和出入境秩序的管理。

(2) 客观方面表现为出售护照、签证等出入境证件的行为。

(3) 主观方面必须出于故意,并且具有牟利的目的。

根据《刑法》第320条的规定,犯本罪的,处5年以下有期徒刑,并处罚金;情节严重的,处5年以上有期徒刑,并处罚金。

六十、运送他人偷越国(边)境罪

运送他人偷越国(边)境罪,是指违反国(边)境管理法规,运送他人偷越国(边)境的行为。本罪的主要特征是:

(1) 侵犯的客体是国家对出入国(边)境的管理秩序。

（2）客观方面表现为违反国（边）境管理法规，运送他人偷越国（边）境的行为。

（3）主观方面必须出于故意。

根据《刑法》第321条的规定，犯本罪的，处5年以下有期徒刑、拘役或者管制，并处罚金；有下列情形之一的，处5年以上10年以下有期徒刑，并处罚金：（1）多次实施运送行为或者运送人数众多的；（2）所使用的船只、车辆等交通工具不具备必要的安全条件，足以造成严重后果的；（3）违法所得数额巨大的；（4）有其他特别严重情节的。在运送他人偷越国（边）境中造成被运送人重伤、死亡，或者以暴力、威胁方法抗拒检查的，处7年以上有期徒刑，并处罚金。犯本罪而对被运送人有杀害、伤害、强奸、拐卖等犯罪行为，或者对检查人员有杀害、伤害等犯罪行为的，依照数罪并罚的规定处罚。

六十一、破坏界碑、界桩罪

破坏界碑、界桩罪，是指故意破坏国家边境的界碑、界桩的行为。本罪的主要特征是：

（1）犯罪对象是国家边境的界碑、界桩，即我国政府与邻国政府根据国际条约的约定或者按照历史上实际形成的管辖范围，而在陆地接壤地区埋设的指示边境分界及其走向的标志物。

（2）客观方面表现为破坏界碑、界桩的行为，具体表现为以损毁、拆除、盗挖、移动等手段改变这些标志物的形状和埋设地点，使其丧失指示边境分界和走向的作用。

（3）主观方面必须出于故意。

根据《刑法》第323条的规定，犯本罪的，处3年以下有期徒刑或者拘役。

六十二、破坏永久性测量标志罪

破坏永久性测量标志罪，是指故意破坏永久性测量标志的行为。本罪的主要特征是：

（1）犯罪对象是永久性测量标志，即国家测绘部门进行测绘后在地上、地下或者水上建立的各种永久性的测量标志物。

（2）客观方面表现为破坏永久性测量标志的行为，具体表现为以毁损、拆除、盗挖、移动等方式改变测量标志物的形状或埋设地点，使其丧失作为测量标志物的性能和作用。

（3）主观方面必须出于故意。

根据《刑法》第323条的规定，犯本罪的，处3年以下有期徒刑或者拘役。

六十三、故意损毁名胜古迹罪

故意损毁名胜古迹罪,是指故意损毁国家保护的名胜古迹,情节严重的行为。本罪的主要特征是:

(1) 犯罪对象是名胜古迹,即可供人游览的著名的风景区以及虽未被人民政府确定为文物保护单位但具有一定历史意义的古建筑、雕塑、石窟、石刻等历史陈迹。

(2) 客观方面表现为以捣毁、拆除、私刻乱画、污损、挖掘、焚烧等方式损毁名胜古迹,情节严重的行为。

(3) 主观方面必须出于故意。

根据《刑法》第324条第2款的规定,犯本罪的,处5年以下有期徒刑或者拘役,并处或者单处罚金。

六十四、过失损毁文物罪

过失损毁文物罪,是指过失损毁国家保护的珍贵文物或者被确定为全国重点文物保护单位、省级文物保护单位的文物,造成严重后果的行为。本罪的主要特征是:

(1) 侵犯的客体是国家对文物资源的保护。

(2) 客观方面表现为过失损毁国家保护的珍贵文物或者被确定为全国重点文物保护单位、省级文物保护单位的文物,造成严重后果的行为。

(3) 主体是一般主体。

(4) 主观方面必须出于过失。

根据《刑法》第324条第3款的规定,犯本罪的,处3年以下有期徒刑或者拘役。

六十五、非法向外国人出售、赠送珍贵文物罪

非法向外国人出售、赠送珍贵文物罪,是指违反文物保护法规,将收藏的国家禁止出口的珍贵文物私自出售或者私自赠送给外国人的行为。本罪的主要特征是:

(1) 犯罪对象是国家禁止出口的珍贵文物,其范围由我国《文物进出境审核管理办法》确定。

(2) 客观方面表现为违反国家文物保护法规,将收藏的国家禁止出口的珍贵文物私自出售或私自赠送给外国人的行为。

(3) 主体是一般主体,自然人和单位都可以成为本罪的主体。

(4) 主观方面必须出于故意。

根据《刑法》第325条的规定,自然人犯本罪的,处5年以下有期徒刑或者拘役,可以并处罚金;单位犯本罪的,对单位判处罚金,并对其直接负责的主管人员和其他直接责任人员,依照自然人犯罪的规定处罚。

六十六、非法出售、私赠文物藏品罪

非法出售、私赠文物藏品罪,是指违反文物保护法规,国有博物馆、图书馆等单位,将国家保护的文物藏品出售或者私自送给非国有单位或者个人的行为。本罪的主要特征是:

(1)犯罪对象是馆藏的国家保护的文物藏品。

(2)客观方面表现为将馆藏的国家保护的文物藏品出售或者私自送给非国有单位或者个人的行为。

(3)主体是特殊主体,只能由国有博物馆、图书馆等收藏有国家保护的文物藏品的单位构成,自然人不能成为本罪的主体。

(4)主观方面必须出于故意。

根据《刑法》第327条的规定,犯本罪的,对单位判处罚金,并对其直接负责的主管人员和其他直接责任人员,处3年以下有期徒刑或者拘役。

六十七、盗掘古文化遗址、古墓葬罪

盗掘古文化遗址、古墓葬罪,是指盗掘具有历史、艺术、科学价值的古文化遗址、古墓葬的行为。本罪的主要特征是:

(1)犯罪对象是具有历史、艺术、科学价值的古文化遗址、古墓葬。

(2)客观方面表现为未经国家文物主管部门批准,私自挖掘古文化遗址、古墓葬的行为。

(3)主观方面必须出于故意。

根据《刑法》第328条第1款的规定,犯本罪的,处3年以上10年以下有期徒刑,并处罚金;情节较轻的,处3年以下有期徒刑、拘役或者管制,并处罚金;有下列情形之一的,处10年以上有期徒刑或者无期徒刑,并处罚金或者没收财产:(1)盗掘确定为全国重点文物保护单位和省级文物保护单位的古文化遗址、古墓葬;(2)盗掘古文化遗址、古墓葬集团的首要分子;(3)多次盗掘古文化遗址、古墓葬;(4)盗掘古文化遗址、古墓葬,并盗窃珍贵文物或者造成珍贵文物严重破坏的。

六十八、盗掘古人类化石、古脊椎动物化石罪

盗掘古人类化石、古脊椎动物化石罪,是指盗掘国家保护的具有科学价值的古人类化石和古脊椎动物化石的行为。本罪的主要特征是:

(1) 侵犯的客体是国家对古人类化石、古脊椎动物化石的管理秩序,犯罪对象是古人类化石和古脊椎动物化石。

(2) 客观方面表现为未经国家文物主管部门的批准,私自挖掘古人类化石或古脊椎动物化石的行为。

(3) 主观方面必须出于故意。

根据《刑法》第 328 条第 2 款的规定,犯本罪的,依照前款的规定处罚,即处 3 年以上 10 年以下有期徒刑,并处罚金;情节较轻的,处 3 年以下有期徒刑、拘役或者管制,并处罚金;有下列情形之一的,处 10 年以上有期徒刑或者无期徒刑,并处罚金或者没收财产:(1) 盗掘确定为全国重点文物保护单位和省级文物保护单位的古人类化石和古脊椎动物的;(2) 盗掘古人类化石和古脊椎动物化石集团的首要分子;(3) 多次盗掘古人类化石和古脊椎动物化石的;(4) 盗掘并盗窃古人类化石和古脊椎动物化石或者造成古人类化石和古脊椎动物化石严重破坏的。

六十九、抢夺、窃取国有档案罪

抢夺、窃取国有档案罪,是指以乘人不备公然夺取或者秘密窃取的方法非法占有国家所有的档案的行为。本罪的主要特征是:

(1) 侵犯的客体是对国有档案的所有权和管理秩序,犯罪对象是国有档案。国家所有的档案是国家机关、国有企业、事业单位、人民团体保存的具有重要保存价值的档案。

(2) 客观方面表现为以乘人不备公然夺取或者秘密窃取的方法非法占有国家所有的档案的行为。

(3) 主观方面必须出于故意。

根据《刑法》第 329 条第 1 款的规定,犯本罪的,处 5 年以下有期徒刑或者拘役。第 3 款规定,犯本罪,同时又构成其他犯罪的,依照处罚较重的规定定罪处罚。

七十、擅自出卖、转让国有档案罪

擅自出卖、转让国有档案罪,是指违反档案法的规定,擅自出卖、转让国家所有的档案,情节严重的行为。本罪的主要特征是:

(1) 侵犯的客体是对国有档案的管理。

(2) 客观方面表现为违反档案法的规定,擅自出卖、转让国家所有的档案,情节严重的行为。

(3) 主体是一般主体。

(4) 主观方面必须出于故意。

根据《刑法》第329条第2款的规定,犯本罪的,处3年以下有期徒刑或者拘役。第3款规定,犯本罪,同时又构成其他犯罪的,依照处罚较重的规定定罪处罚。

七十一、传染病菌种、毒种扩散事故罪

传染病菌种、毒种扩散事故罪,是指从事实验、保藏、携带、运输传染病菌种、毒种的人员,违反国务院卫生行政部门的有关规定,造成传染病菌种、毒种扩散,后果严重的行为。本罪的主要特征是:

(1)侵犯的客体是国家对卫生防疫的管理秩序。

(2)客观方面表现为违反国务院卫生行政部门的有关规定,造成传染病菌种、毒种扩散,后果严重的行为。

(3)主体是特殊主体,即必须是从事实验、保藏、携带、运输传染病菌种、毒种的人员。

(4)主观方面必须出于过失。

根据《刑法》第331条的规定,犯本罪的,处3年以下有期徒刑或者拘役;后果特别严重的,处3年以上7年以下有期徒刑。

七十二、妨害国境卫生检疫罪

妨害国境卫生检疫罪,是指违反国境卫生检疫规定,引起检疫传染病传播或者有传播严重危险的行为。本罪的主要特征是:

(1)侵犯的客体是国家的国境卫生检疫秩序。

(2)客观方面表现为违反国境卫生检疫规定,引起检疫传染病传播或有传播严重危险的行为。

(3)本罪的主体是一般主体,自然人和单位都能成为本罪的主体。

(4)主观方面可以是故意,也可以是过失。

根据《刑法》第332条的规定,犯本罪的,处3年以下有期徒刑或者拘役,并处或者单处罚金;单位犯本罪的,对单位判处罚金,并对其直接负责的主管人员和其他直接责任人员,依照自然人犯罪的规定处罚。

七十三、非法组织卖血罪

非法组织卖血罪,是指非法组织他人出卖血液的行为。本罪的主要特征是:

(1)侵犯的客体是国家对血液采集的管理秩序。

(2)客观方面表现为未经国家卫生行政主管部门批准或委托,擅自组织他人向血站、红十字会或者其他采集血液的医疗机构出卖血液的行为。

(3)主体是一般主体。

(4)主观方面必须出于故意,并且一般具有牟取非法利益的目的。

根据《刑法》第333条第1款的规定,犯本罪的,处5年以下有期徒刑,并处罚金。第2款规定,实施本罪行为,对他人造成伤害的,依照《刑法》第234条的故意伤害罪定罪处罚。

七十四、强迫卖血罪

强迫卖血罪,是指以暴力、威胁方法强迫他人出卖血液的行为。本罪的主要特征是:

(1)侵犯的客体是国家对血液采集、供应的管理秩序和被强迫人的人身权利。

(2)客观方面表现为采用暴力、威胁方法强制不愿意卖血的人被迫向血站、红十字会或其他采集血液的医疗机构出卖血液,从中牟取非法利益的行为。

(3)主体是一般主体。

(4)主观方面必须出于故意。

根据《刑法》第333条第1款的规定,犯本罪的,处5年以上10年以下有期徒刑,并处罚金。第2款规定,实施本罪行为,对他人造成伤害的,依照《刑法》第234条的故意伤害罪定罪处罚。

七十五、非法采集、供应血液、制作、供应血液制品罪

非法采集、供应血液、制作、供应血液制品罪,是指非法采集、供应血液或者制作、供应血液制品,不符合国家规定的标准,足以危害人体健康的行为。本罪的主要特征是:

(1)侵犯的客体是国家对血液的采集、供应或血液制品的制作、供应的管理秩序和人民群众的身体健康。

(2)客观方面表现为非法采集、供应血液或者制作、供应血液制品,不符合国家规定的标准,足以危害人体健康的行为。

(3)主体是一般主体。

(4)主观方面必须出于故意。

根据《刑法》第334条的规定,犯本罪的,处5年以下有期徒刑或者拘役,并处罚金;对人体健康造成严重危害的,处5年以上10年以下有期徒刑,并处罚金;造成特别严重后果的,处10年以上有期徒刑或者无期徒刑,并处罚金或者没收财产。

七十六、采集、供应血液、制作、供应血液制品事故罪

采集、供应血液、制作、供应血液制品事故罪,是指经国家主管部门批准采集、供应血液或者制作、供应血液制品的部门,不依照规定进行检测或者违背其他操作规定,造成危害他人身体健康后果的行为。本罪的主要特征是:

(1) 侵犯的客体是国家对血液的采集、供应或血液制品的制作、供应的管理秩序和人民群众的身体健康。

(2) 客观方面表现为不依照规定进行检测或者违背其他操作规定,造成危害他人身体健康后果的行为。

(3) 主体是特殊主体,只能是单位,而且必须是经国家主管部门批准采集、供应血液或者制作、供应血液制品的单位,如血站、红十字会、医疗机构、血液制品生产、经营企业等。

(4) 主观方面必须出于过失。

根据《刑法》第334条第2款的规定,犯本罪的,对单位判处罚金,并对其直接负责的主管人员和其他直接责任人员,处5年以下有期徒刑或者拘役。

七十七、非法采集人类遗传资源、走私人类遗传资源材料罪

非法采集人类遗传资源、走私人类遗传资源材料罪,是指违反国家有关规定,非法采集我国人类遗传资源或者非法运送、邮寄、携带我国人类遗传资源材料出境,危害公众健康或者社会公共利益,情节严重的行为。本罪的主要特征是:

(1) 侵犯的客体是公众健康和社会公共利益。随着生物医学技术的迅猛发展,人类的遗传资源和人类遗传资源材料,逐渐成为不法分子觊觎的对象。他们违反国家规定,非法采集和走私我国人类遗传资源和人类遗传资源材料,对我国的生物安全形成了严重威胁。因此,《刑法修正案(十一)》第38条增设了非法采集人类遗传资源、走私人类遗传资源材料罪。本罪保护的对象是"我国人类遗传资源""我国人类遗传资源材料",对在我国境内采集非我国种族的遗传资源的行为,不宜以本罪处罚。如果符合行政处罚的条件,可以给予行政处罚。这里的违反国家有关规定,除了《刑法》第96条规定的"违反国家规定"的情形以外,还包括主管部门制定的部门规章中的实体及程序规定,即我国人民代表大会及其常务委员会制定的法律和决定,国务院制定的行政法规、规定的行政措施、发表的决定和命令,相关主管部门制定的条例、办法、指导意见等部门规章。根据《生物安全法》第85条和《人类遗传资源管理条例》第2条的规定,人类遗传资源包括人类遗传资源材料和人类遗传资源信息。人类遗传资料材料是指含有人体基因组、基因等遗传物质的器官、组织、细胞等遗传材料,人类遗传资源信息是指利用人类遗传资源材料产生的数据等信息资料。

(2) 客观方面表现为违反国家有关规定,非法采集我国人类遗传资源或者非法运送、邮寄、携带我国人类遗传资源材料出境,危害公众健康或者社会公共

利益,情节严重的行为。具体包括两种情形:一是非法采集人类遗传资源的行为。根据相关法律规定,采集人类遗传资源,应经国务院科学技术行政部门批准,应当事先告知人类遗传资源提供者采集目的、采集用途、对健康可能产生的影响、个人隐私保护措施及其享有的自愿参与和随时无条件退出的权利,征得人类遗传资源提供者书面同意。必须全面、完整、真实、准确地告知人类遗传资源提供者相关信息,不得隐瞒、误导和欺骗。二是具有走私人类遗传资源材料出境的行为,即非法运送、邮寄、携带我国人类遗传资源材料出境。所谓携带,是指行为人亲自携带,可以是放置于衣服、背包甚至可以通过藏匿体内等方式;运送和邮寄,主要是借助交通工具或者其他载体。运送和邮寄的区别是,邮寄是通过第三方邮局或者快递公司等方式出境。

此外,非法采集我国遗传资源和非法运送、邮寄、携带我国人类遗传资源材料出境的行为,要达到"危害公众健康和社会公共利益,情节严重的程度"才构成本罪。这种行为具有特殊性,其危害后果通常在短时间内很难显现出来。因此,对于"危害公众健康和社会公共利益"的理解和判断,要结合案件的其他具体情形进行综合分析和判断,才能得出符合实际的结论。比如达到一定的数量,或者采集的方法、采集的设备或者程序等因素造成被采集人感染疾病,组织器官受到伤害、部分功能丧失或者造成我国特定地区或者种系的遗传资源遭到严重破坏等。对于"情节严重""情节特别严重"的理解,可以从行为方式和危害后果来考虑,如非法采集人类遗传资源和走私人类遗传资源材料的样本数量、采集地区、采集方式、采集目的和用途、采集的年龄阶段等,也包括造成被采集人身体伤害、感染疾病或身体功能异常、为境外非法组织或基于非法目的获取我国人类遗传资源信息而研制某些生物制剂等。以后,在总结经验的基础上,可由最高人民法院等作出司法解释。

(3) 犯罪主体是一般主体。

(4) 犯罪的主观方面是故意,过失不构成本罪。

根据《刑法修正案(十一)》第38条和《刑法》第334条之一的规定,犯本罪的,处3年以下有期徒刑、拘役或者管制,并处或者单处罚金;情节特别严重的,处3年以上7年以下有期徒刑,并处罚金。

七十八、非法行医罪

非法行医罪,是指未取得医生执业资格的人非法行医,情节严重的行为。本罪的主要特征是:

(1) 侵犯的客体是国家对医疗卫生活动的管理秩序和就诊者的人身权利。

(2) 客观方面表现为私设诊所、私自挂牌行医,并且情节严重的行为。

(3) 主体是没有取得国家卫生行政主管部门核发的医生执业资格或社会办

医许可证的人。

(4) 主观方面必须出于故意。

根据《刑法》第336条第1款的规定,犯本罪的,处3年以下有期徒刑、拘役或者管制,并处或者单处罚金;严重损害就诊人身体健康的,处3年以上10年以下有期徒刑,并处罚金;造成就诊人死亡的,处10年以上有期徒刑,并处罚金。

七十九、非法进行节育手术罪

非法进行节育手术罪,是指未取得医生执业资格的人擅自为他人进行节育复通手术、假节育手术、终止妊娠手术或者摘取宫内节育器,情节严重的行为。本罪的主要特征是:

(1) 侵犯的客体是国家对计划生育的管理秩序。

(2) 客观方面表现为未取得医生执业资格的人擅自为他人进行节育复通手术、假节育手术、终止妊娠手术或者摘取宫内节育器,情节严重的行为。

(3) 主体为未取得医生执业资格的人员。

(4) 主观方面必须出于故意。

根据《刑法》第336条第2款的规定,犯本罪的,法定刑和第336条第1款相同。

八十、非法植入基因编辑、克隆胚胎罪

非法植入基因编辑、克隆胚胎罪,是指将基因编辑、克隆的人类胚胎植入人体或者动物体内,或者将基因编辑、克隆的动物胚胎植入人体内,情节严重的行为。本罪的主要特征是:

(1) 侵犯的客体是国家对基因编辑、克隆人类胚胎的管理秩序和人的身体健康。基因编辑和克隆人类胚胎具有巨大的医学风险,可能会给人类带来灾难性后果。因此,禁止对人类胚胎进行基因编辑并将其植入母体是国际社会的共同认识。2020年的《刑法修正案(十一)》第39条,也根据我国的实际情况,增设了非法植入基因编辑、克隆胚胎罪。

(2) 犯罪的客观方面表现为行为人将基因编辑、克隆的人类胚胎植入人体或者动物体内,或者将基因编辑、克隆的动物胚胎植入人体,情节严重的行为。这里所说的"基因编辑",是指改变细胞或生物体的DNA,包括插入、删除或修改基因或者基因序列,以实现基因的沉默、增强或改变其特征的技术;"克隆技术",是指为了制造一个与某一个体遗传上相同的复制品或后代而使用的技术。根据我国《人胚胎干细胞研究伦理指导原则》第6条的规定,将基因编辑、克隆的人类胚胎植入人体或者动物体内,即经过基因编辑和克隆的人类胚胎不管是植入到动物还是人体都是被严格禁止的。但是,如果是为了科学研究和实验,将经过基因编辑或者克隆的动物胚胎植入动物体内,目前是允许的。

根据本条的规定,只有将基因编辑、克隆的胚胎植入体内才构成犯罪,出于试验或者研究在体外进行的基因编辑或者克隆不构成本罪。"植入",指将体外培养的受精卵或者胚胎移植到子宫内的过程,至于是否着床或植入成功不影响"植入"行为的完成。

(3)犯罪的主体是一般主体,年满16岁具有责任能力的自然人均可构成。但是,单位不能成为本罪主体。主要考虑在现阶段,非法基因编辑、克隆行为,都是少数人所为,没有形成规模和组织,其行为方式还不具备单位犯罪的典型特征。因此,《刑法修正案(十一)》第39条和《刑法》第336条之一,没有规定单位犯罪。

(4)犯罪的主观方面是故意。至于是否以生殖为目的,在理论和实践中存在争议。一种观点认为,在条文上写上以"生殖为目的",可以缩小一点刑法处罚的范围;另外一种观点认为,写上"以生殖为目的"会增加证明责任的难度,使一些人以此为借口逃脱刑法的制裁。立法机关经过研究,没有在刑法条文上写上"以生殖为目的"。

根据《刑法修正案(十一)》第39条和《刑法》336条之一的规定,犯本罪,情节严重的,处3年以下有期徒刑或者拘役,并处罚金;情节特别严重的,处3年以上7年以下有期徒刑,并处罚金。

八十一、妨害动植物防疫、检疫罪

妨害动植物防疫、检疫罪,是指违反进出境动植物防疫、检疫法的规定,逃避动植物检疫,引起重大动植物疫情,或者有引起重大动植物疫情的危险,情节严重的行为。本罪的主要特征是:

(1)侵犯的客体是国家对进出境动植物防疫、检疫的管理秩序。

(2)客观方面表现为违反进出境动植物防疫、检疫法的规定,逃避动植物检疫,引起重大动植物疫情,或者有引起重大动植物疫情的危险,情节严重的行为。

(3)主体是一般主体,可以是自然人,也可以是单位。

(4)主观方面一般出于过失,但也可以是故意。

根据《刑法》第337条的规定,犯本罪的,处3年以下有期徒刑或者拘役,并处或者单处罚金;单位犯本罪的,对单位判处罚金,并对其直接负责的主管人员和其他直接责任人员,依照自然人犯罪的规定处罚。

八十二、非法处置进口的固体废物罪

非法处置进口的固体废物罪,是指违反国家规定,将境外的固体废物运进境内倾倒、堆放、处置的行为。本罪的主要特征是:

(1) 侵犯的客体是国家对环境资源的保护。

(2) 客观方面表现为违反国家规定,将境外的固体废物运进境内倾倒、堆放、处置的行为。

(3) 主体是一般主体,可以是自然人,也可以是单位。

(4) 主观方面必须出于故意。

根据《刑法》第339条第1款的规定,犯本罪的,处5年以下有期徒刑或者拘役,并处罚金;造成重大环境污染事故,致使公私财产遭受重大损失或者严重危害人体健康的,处5年以上10年以下有期徒刑,并处罚金;后果特别严重的,处10年以上有期徒刑,并处罚金。根据《刑法》第346条的规定,单位犯本罪的,对单位判处罚金,并对其直接负责的主管人员和其他直接责任人员,依照自然人犯罪的规定处罚。

八十三、擅自进口固体废物罪

擅自进口固体废物罪,是指未经国务院有关主管部门许可,擅自进口固体废物用作原料,造成重大环境污染事故,致使公私财产遭受重大损失或者严重危害人体健康的行为。本罪的主要特征是:

(1) 侵犯的客体是国家对环境资源的保护。

(2) 客观方面表现为未经国务院有关主管部门许可,擅自进口固体废物用作原料,造成重大环境污染事故,致使公私财产遭受重大损失或者严重危害人体健康的行为。

(3) 主体是一般主体,可以是自然人,也可以是单位。

(4) 主观方面必须出于故意,而且具有将所进口的固体废物用作原料的目的。如果以原料利用为名,进口不能用作原料的固体废物的,则不能构成本罪,而应当依照《刑法》第155条规定的走私罪定罪处罚。

根据《刑法》第339条第2款的规定,犯本罪的,处5年以下有期徒刑或者拘役,并处罚金;后果特别严重的,处5年以上10年以下有期徒刑,并处罚金。根据第346条的规定,单位犯本罪的,对单位判处罚金,并对其直接负责的主管人员和其他直接责任人员,依照自然人犯罪的规定处罚。

八十四、非法捕捞水产品罪

非法捕捞水产品罪,是指违反保护水产资源法规,在禁渔区、禁渔期或者使用禁用的工具、方法捕捞水产品,情节严重的行为。本罪的主要特征是:

(1) 侵犯的客体是国家对水产资源的保护。

(2) 客观方面表现为违反保护水产资源法规,在禁渔区、禁渔期或者使用禁用的工具、方法捕捞水产品,情节严重的行为。根据2021年最高人民法院、最高人民检察院《关于办理破坏野生动物资源刑事案件适用法律若干问题的解释》第 3 条的规定，非法捕捞水产品 500 公斤以上或者价值 1 万元以上的，非法捕捞有重要经济价值的水生动物苗种、怀卵亲体或者在水产种质资源保护区捕捞水产品 50 公斤以上或者价值 1000 元以上的，在禁渔区使用电鱼、毒鱼、炸鱼等严重破坏渔业资源的禁用方法或者禁用工具捕捞的，在禁渔期使用电鱼、毒鱼、炸鱼等严重破坏渔业资源的禁用方法或者禁用工具捕捞的等，都属于情节严重。

（3）主体是一般主体，可以是自然人，也可以是单位。

（4）主观方面必须出于故意。

根据《刑法》第 340 条的规定，犯本罪的，处 3 年以下有期徒刑、拘役、管制或者罚金；根据第 346 条的规定，单位犯本罪的，对单位判处罚金，并对其直接负责的主管人员和其他直接责任人员，依照自然人犯罪的规定处罚。

八十五、非法狩猎罪

非法狩猎罪，是指违反狩猎法规，在禁猎区、禁猎期或者使用禁用的工具、方法进行狩猎，破坏野生动物资源，情节严重的行为。本罪的主要特征是：

（1）侵犯的客体是国家对野生动物资源的保护。

（2）客观方面表现为违反狩猎法规，在禁猎区、禁猎期或者使用禁用的工具、方法进行狩猎，破坏野生动物资源，情节严重的行为。根据 2021 年最高人民法院、最高人民检察院《关于办理破坏野生动物资源刑事案件适用法律若干问题的解释》第 7 条的规定，非法捕猎野生动物价值 1 万元以上的，在禁猎区使用禁用的工具或者方法狩猎的，在禁猎期使用禁用的工具或者方法狩猎的，以及其他情节严重的情形，都属于情节严重。

（3）主体是一般主体，可以是自然人，也可以是单位。

（4）主观方面必须出于故意。

根据《刑法》第 341 条第 2 款的规定，犯本罪的，处 3 年以下有期徒刑、拘役、管制或者罚金。根据《刑法》第 346 条的规定，单位犯本罪的，对单位判处罚金，并对其直接负责的主管人员和其他直接责任人员，依照自然人犯罪的规定处罚。

八十六、非法占用农用地罪

非法占用农用地罪，指违反土地管理法规，非法占用耕地、林地改作他用，数量较大，造成耕地、林地大量毁坏的行为。本罪的主要特征是：

（1）侵犯的客体是国家对土地资源的保护秩序。

（2）客观方面表现为违反土地管理法规，非法占用耕地、林地改作他用，数量较大，造成耕地、林地大量毁坏的行为。

（3）主体是一般主体，可以是自然人，也可以是单位。

(4) 主观方面必须出于故意。

根据《刑法》第 342 条的规定,犯本罪的,处 5 年以下有期徒刑或者拘役,并处或者单处罚金。根据《刑法》第 346 条的规定,单位犯本罪的,对单位判处罚金,并对其直接负责的主管人员和其他直接责任人员,依照自然人犯罪的规定处罚。

八十七、破坏自然保护地罪

破坏自然保护地罪,是指违反自然保护地管理法规,在国家公园、国家级自然保护区进行开垦、开发活动或者修建建筑物,造成严重后果或者有其他恶劣情节的行为。本罪的主要特征是:

(1) 侵犯的客体是国家对自然保护地的管理秩序。近年来,连续发生国家级自然保护区遭到严重破坏的事件,包括违法违规开发矿产资源,部分水电设施违法建设、违规运行,周边企业偷排偷放,以及违规建筑别墅等,对国家的生态平衡和生物多样性产生了重大的不良影响。因此,《刑法修正案(十一)》第 42 条,增设了破坏自然保护地罪。

(2) 客观方面表现为违反自然保护地管理法规,在国家公园、国家级自然保护区进行开垦、开发活动或者修建建筑物,造成严重后果或者有其他恶劣情节的行为。"违反自然保护地法规",是指违反有关自然保护地的管理、保护的法律、行政法规等,包括自然保护区条例以及将来拟制定的自然保护地立法等。"自然保护地",按照生态价值、保护强度高低分为国家公园、自然保护区和自然公园三类。所谓"开垦",是指对林地、农地等土地的开荒、种植、砍伐、放牧等活动;"开发",是指经济工程项目建设,如水电项目、矿山项目、挖沙等;"修建建筑物",包括开发房地产项目等。构成本罪,要求"造成严重后果或者有其他恶劣情节",包括行为手段、对生态环境的破坏程度、是否在核心保护区、非法开垦、开发的规模等情形。对于因生产、生活需要,非法开发建设一些设施,未对生态环境造成严重破坏后果的,不作为犯罪处罚。

(3) 犯罪主体是一般主体,既可以是自然人,也可以是单位。

(4) 主观方面必须是故意。

根据《刑法修正案(十一)》第 42 条和《刑法》第 342 条之一的规定,犯本罪的,处 5 年以下有期徒刑或者拘役,并处或者单处罚金。根据《刑法》第 346 条的规定,单位犯本罪的,对单位判处罚金,并对其直接负责的主管人员和其他直接责任人员,依照自然人犯罪的规定处罚。

"有前款行为,同时构成其他犯罪的,依照处罚较重的规定定罪处罚"。适用本条罪,需要注意与非法占用农用地罪、非法采矿罪的关系。在国家公园、国家级自然保护区内非法开垦的,如果同时属于非法占用耕地、林地等农用地,改变土地用途的,还可能构成非法占用农用地罪;在国家公园、国家级自然保护区内,进行非法开采矿山的活动,还可能构成非法采矿罪。对于上述情况,应当从一重罪处罚。

八十八、非法采矿罪

非法采矿罪,是指违反矿产资源法的规定,未取得采矿许可证擅自采矿,擅自进入国家规划矿区、对国民经济具有重要价值的矿区和他人矿区范围采矿,擅自开采国家规定实行保护性开采的特定矿种,情节严重的行为。本罪的主要特征是:

(1) 侵犯的客体是国家对矿产资源的保护秩序。
(2) 客观方面表现为非法采矿的行为。
(3) 主体是一般主体,可以是自然人,也可以是单位。
(4) 主观方面必须出于故意。

根据修改后的《刑法》第343条第1款的规定,犯本罪的,处3年以下有期徒刑、拘役或者管制,并处或者单处罚金;情节特别严重的,处3年以上7年以下有期徒刑,并处罚金。根据《刑法》第346条的规定,单位犯本罪的,对单位判处罚金,并对其直接负责的主管人员和其他直接责任人员,依照自然人犯罪的规定处罚。

八十九、破坏性采矿罪

破坏性采矿罪,是指违反矿产资源法的规定,采取破坏性的开采方法开采矿产资源,造成矿产资源严重破坏的行为。本罪的主要特征是:

(1) 侵犯的客体是国家对矿产资源的保护秩序。
(2) 客观方面表现为违反矿产资源法的规定,采取破坏性的开采方法开采矿产资源,造成矿产资源严重破坏的行为。
(3) 主体是一般主体,可以是自然人,也可以是单位。
(4) 主观方面必须出于故意。

根据《刑法》第343条第2款的规定,犯本罪的,处5年以下有期徒刑或者拘役,并处罚金。根据《刑法》第346条的规定,单位犯本罪的,对单位判处罚金,并对其直接负责的主管人员和其他直接责任人员,依照自然人犯罪的规定处罚。

九十、危害国家重点保护植物罪

危害国家重点保护植物罪,是指违反国家规定,非法采伐、毁坏珍贵树木或者国家重点保护的其他植物,以及非法收购、运输、加工、出售珍贵树木或者国家重点保护的其他植物及其制品的行为。本罪的主要特征是:

(1) 侵犯的客体是国家对珍贵林木资源的保护秩序和国家对植物的保护制度,犯罪对象是珍贵林木和植物。这里的"珍贵林木",是指由省级以上林业主管部门或者其他部门确定的具有重大历史纪念意义、科学研究价值或者年代久远的古树名木,国家禁止、限制出口的珍贵树木以及列入《国家重点保护野生植物名录》的树木。"国家重点保护的其他植物",是指列入《国家重点保护野生植物名录》的其他植物。

(2)客观方面表现为违反国家规定,非法采伐、毁坏珍贵林木或者国家重点保护的其他植物,以及非法收购、运输、加工、出售珍贵树木或者国家重点保护的其他植物及其制品的行为。

(3)犯罪主体是一般主体,可以是自然人,也可以是单位。

(4)主观方面必须是故意,过失不构成本罪。

根据《刑法》第344条的规定,犯本罪的,处3年以下有期徒刑、拘役或者管制,并处罚金;情节严重的,处3年以上7年以下有期徒刑,并处罚金。根据《刑法》第346条的规定,单位犯本罪的,对单位判处罚金,并对其直接负责的主管人员和其他直接责任人员,依照自然人犯罪的规定处罚。

九十一、非法引进、释放、丢弃外来入侵物种罪

这是指违反国家规定,非法引进、释放或者丢弃外来入侵物种,情节严重的行为。本罪的主要特征是:

(1)侵犯的客体是国家对外来物种的管理制度。从人类发展的历史和动植物演化的过程中可以看出,外来物种对于生物多样性、生态环境的破坏往往是灾难性的,世界各国对这一问题都十分重视。《刑法修正案(十一)》在总结经验的基础上,规定了非法引进、释放、丢弃外来入侵物种罪,以保护我国的生物安全和生态平衡。

(2)客观方面表现为非法引进、释放或者丢弃外来入侵物种,情节严重的行为。根据调查,我国目前共有280多种外来入侵物种,其中陆生物种170种,其余为微生物、无脊椎动物、两栖爬行类、鱼类、哺乳类等。其中39.6%是有意引进的,49.3%是无意引进的,经自然扩散而进入我国境内的仅占3.1%。引进外来入侵物种应当按照有关法律法规进行,实行行政审批许可,处置外来入侵物种按照国家有关规定进行。任何单位和个人未经批准,不得擅自引进、释放、丢弃外来物种,构成犯罪的,应当依照本罪追究刑事责任。

(3)犯罪主体是一般主体,可以是自然人,也可以是单位。

(4)犯罪主观方面必须出于故意,过失不构成本罪。行为人在主观上要知道或者应当知道引进、释放或者丢弃的是外来入侵物种。判断行为人主观上是否有故意,应当根据外来入侵物种管理目录加以确认,不能将一切外来物种都认定为本罪的对象。

司法实践中,要注意区分罪与非罪的界限。应当考虑行为人的主观故意和

目的,具体的行为方式和情节,外来入侵物种是否已经在国内较大规模生存,是否造成了生态环境的严重破坏后果等情形,综合加以判断,确保罪刑相适应。

根据《刑法修正案(十一)》第43条和《刑法》第344条之一的规定,犯本罪的,处3年以下有期徒刑或者拘役,并处或者单处罚金。

九十二、非法收购、运输盗伐、滥伐的林木罪

非法收购、运输盗伐、滥伐的林木罪,是指以牟利为目的,在林区非法收购、运输明知是盗伐、滥伐的林木,情节严重的行为。本罪的主要特征是:

(1) 侵犯的客体是国家对林业资源的保护秩序。

(2) 客观方面表现为在林区非法收购、运输明知是盗伐、滥伐的林木,情节严重的行为。

(3) 主体是一般主体,可以是自然人,也可以是单位。

根据《刑法》第345条第3款的规定,犯本罪的,处3年以下有期徒刑、拘役或者管制,并处或者单处罚金;情节特别严重的,处3年以上7年以下有期徒刑,并处罚金。根据《刑法》第346条的规定,单位犯本罪的,对单位判处罚金,并对其直接负责的主管人员和其他直接责任人员,依照自然人犯罪的规定处罚。

九十三、包庇毒品犯罪分子罪

包庇毒品犯罪分子罪,是指包庇走私、贩卖、运输、制造毒品的犯罪分子的行为。本罪的主要特征是:

(1) 侵犯的客体是国家对毒品的管制和司法机关惩治毒品犯罪分子的工作秩序,包庇的对象仅限于犯走私、贩卖、运输、制造毒品罪的犯罪分子。

(2) 客观方面表现为明知是走私、贩卖、运输、制造毒品的犯罪分子,而向司法机关作虚假的证明以掩盖其罪行,或帮助其湮灭罪证。

(3) 主观方面必须出于故意。

根据《刑法》第349条第1款的规定,犯本罪的,处3年以下有期徒刑、拘役或者管制;情节严重的,处3年以上10年以下有期徒刑。第2款规定,缉毒人员或者其他国家机关工作人员掩护、包庇走私、贩卖、运输、制造毒品的犯罪分子的,依照前款的规定从重处罚。

九十四、窝藏、转移、隐瞒毒品、毒赃罪

窝藏、转移、隐瞒毒品、毒赃罪,是指为毒品犯罪分子窝藏、转移、隐瞒毒品或者犯罪所得的财物的行为。本罪的主要特征是:

(1) 侵犯的客体是国家对毒品的管制和司法机关惩治毒品犯罪的工作秩序。

(2) 客观方面表现为为毒品犯罪分子窝藏、转移、隐瞒毒品或者犯罪所得的财物的行为。本罪是一种特殊的窝赃罪。窝赃的对象仅限于毒品或者毒品犯罪所得的财物。

(3) 主观方面必须出于故意,即明知是毒品、毒赃而予以窝藏、转移、隐瞒。

根据《刑法》第 349 条第 1 款的规定,犯本罪的,处 3 年以下有期徒刑、拘役或者管制;情节严重的,处 3 年以上 10 年以下有期徒刑。

九十五、非法生产、买卖、运输制毒物品、走私制毒物品罪

非法生产、买卖、运输制毒物品、走私制毒物品罪,是指违反国家规定,非法生产、买卖、运输醋酸酐、乙醚、三氯甲烷或者其他用于制造毒品的原料、配剂,或者携带上述物品进出境的行为。本罪的主要特征是:

(1) 侵犯的客体是国家对毒品的管制,犯罪对象是制毒物品。

(2) 客观方面表现为非法生产、买卖、运输醋酸酐、乙醚、三氯甲烷或者其他用于制造毒品的原料、配剂,或者携带上述物品进出境的行为。

(3) 主观方面必须出于故意,即明知醋酸酐、乙醚、三氯甲烷等原料或者配剂可以用于制造毒品而故意非法生产、买卖、运输、携带进出境。

根据《刑法》第 350 条第 1 款的规定,犯本罪情节较重的,处 3 年以下有期徒刑、拘役或者管制,并处罚金;情节严重的,处 3 年以上 7 年以下有期徒刑,并处罚金;情节特别严重的,处 7 年以上有期徒刑,并处罚金或者没收财产。

明知他人制造毒品而为其生产、买卖、运输前款规定的物品的,以制造毒品罪的共犯论处。这就是说,对于有证据证明行为人明知他人实施制造毒品犯罪,而为其生产、买卖、运输制毒物品的,应当依照《刑法》第 347 条的规定定罪处罚。

单位犯前两款罪的,对单位判处罚金,并对其直接负责的主管人员和其他直接责任人员,依照前两款的规定处罚。

九十六、非法买卖、运输、携带、持有毒品原植物种子、幼苗罪

非法买卖、运输、携带、持有毒品原植物种子、幼苗罪,是指非法买卖、运输、携带、持有未经灭活的罂粟等毒品原植物种子或者幼苗,数量较大的行为。本罪的主要特征是:

(1) 本罪的犯罪对象是未经灭活的罂粟等毒品原植物种子或幼苗,即没有经过烘烤、放射线照射处理,还能继续繁殖、发芽、生长的罂粟等毒品原植物种子或幼苗。

(2) 客观方面表现为实施非法买卖、运输、携带、持有未经灭活的罂粟等毒品原植物种子或者幼苗行为之一,并且数量较大。

(3) 主观方面必须出于故意。

根据《刑法》第352条的规定,犯本罪的,处3年以下有期徒刑、拘役或者管制,并处或者单处罚金。

九十七、引诱、教唆、欺骗他人吸毒罪

引诱、教唆、欺骗他人吸毒罪,是指引诱、教唆、欺骗他人吸食、注射毒品的行为。本罪的主要特征是:

(1) 侵犯的客体是国家对毒品的管制。

(2) 客观方面表现为实施引诱、教唆、欺骗他人吸食毒品行为之一。

(3) 主观方面必须出于故意。

根据《刑法》第353条第1款的规定,犯本罪的,处3年以下有期徒刑、拘役或者管制,并处罚金;情节严重的,处3年以上7年以下有期徒刑,并处罚金。第3款规定,引诱、教唆、欺骗或者强迫未成年人吸食、注射毒品的,从重处罚。

九十八、容留他人吸毒罪

容留他人吸毒罪,是指容留他人吸食、注射毒品的行为。本罪的主要特征是:

(1) 侵犯的客体是国家对毒品的管制。

(2) 客观方面表现为容留他人吸食、注射毒品的行为。

(3) 主观方面必须出于故意。

根据《刑法》第354条的规定,犯本罪的,处3年以下有期徒刑、拘役或者管制,并处罚金。

九十九、非法提供麻醉药品、精神药品罪

非法提供麻醉药品、精神药品罪,是指依法从事生产、运输、管理、使用国家管制的麻醉药品、精神药品的人员和单位,违反国家规定,向吸食、注射毒品的人提供国家规定管制的能够使人形成瘾癖的麻醉药品、精神药品的行为。本罪的主要特征是:

(1) 侵犯的客体是国家对麻醉药品、精神药品的管制。

(2) 客观方面表现为违反国家规定,向吸食、注射毒品的人提供国家规定管制的能够使人形成瘾癖的麻醉药品、精神药品的行为。

(3) 主观方面必须出于故意,但不以牟利为目的。

根据《刑法》第355条的规定,犯本罪的,处3年以下有期徒刑或者拘役,并处罚金;情节严重的,处3年以上7年以下有期徒刑,并处罚金。第3款规定,单位犯本罪的,对单位判处罚金,并对其直接负责的主管人员和其他直接责任人员,依照自然人犯罪的规定处罚。

一百、妨害兴奋剂管理罪

妨害兴奋剂管理罪,是指引诱、教唆、欺骗运动员使用兴奋剂参加国内、国际重大体育竞赛,或者明知运动员参加国内、国际重大体育竞赛而向其提供兴奋剂,情节严重的行为,以及组织、强迫运动员使用兴奋剂参加国内、国际重大体育竞赛的行为。本罪的主要特征是:

(1) 侵犯的客体是国家对兴奋剂的管理制度。近年来,我国出现了一些运动员非法使用兴奋剂的情况,在国内、国际上产生了不良影响,严重损害了国家形象和荣誉。我国一向反对在体育竞赛中使用兴奋剂,《体育法》和国务院《反兴奋剂条例》,对禁止使用兴奋剂的原则、兴奋剂的管理、检查与检测都作了具体规定。我国还签署了联合国教科文组织制定的《反对在体育运动中使用兴奋剂国际公约》,承诺执行《世界反兴奋剂条例》。为此,2020年《刑法修正案(十一)》,新增设了妨害兴奋剂管理罪。

(2) 客观方面表现为引诱、教唆、欺骗运动员使用兴奋剂参加国内、国际重大体育竞赛,或者明知运动员参加国内、国际重大体育竞赛而向其提供兴奋剂,情节严重的行为,以及组织、强迫运动员使用兴奋剂参加国内、国际重大体育竞赛的行为。本条第1款规定了两类犯罪行为,一是引诱、教唆、欺骗运动员使用兴奋剂参加国内、国际重大体育竞赛,情节严重的行为。"引诱",是指以提高比赛成绩、物质奖励等条件诱使运动员使用兴奋剂;"教唆",是指唆使运动员使用兴奋剂;"欺骗",是指使用欺诈手段使运动员在不知情的情况下使用兴奋剂,如谎称是服用正常药物等。"运动员"是指体育社会团体注册运动员以及参加政府举办、授权举办或资助的体育比赛或赛事的运动员。"兴奋剂",是指兴奋剂目录所列的禁用物质等,包括蛋白同化制剂、肽类激素、有关麻醉药品和刺激剂等。二是明知运动员参加国内、国际重大体育竞赛而向其提供兴奋剂,情节严重的行为。这是帮助运动员在重大体育竞赛中使用兴奋剂的情形。"向其提供",是指向运动员本人,或者通过运动员的教练员、队医等辅助人员向运动员提供兴奋剂。"情节严重",是指引诱、教唆、欺骗运动员使用兴奋剂或者提供兴奋剂的数量较大、涉及人数较多,给国家荣誉和形象造成不良影响,对运动员健康造成不良影响等。

《刑法》第355条之一第2款规定了组织、强迫运动员使用兴奋剂参加国内、国际重大体育竞赛的行为。"组织",是指利用管理、指导运动员的机会等,使多名运动员有组织地使用兴奋剂;"强迫",是指迫使运动员违反本人意愿使用兴奋剂。行为人只要实施了上述有关行为,就可以构成本罪,不需要"情节严重"的条件。

(3) 犯罪主体是一般主体,任何自然人和单位都可以成为本罪主体。司法和体育实践中,常见的是组织运动员参加体育竞赛的社会团体、运动员管理单位或者教练员、队医等运动员辅助人员。

(4)犯罪的主观方面是故意,而且要具有明知,即知道或者应当知道运动员参加国内、国际重大体育竞赛。

根据《刑法修正案(十一)》第44条和《刑法》第355条之一的规定,引诱、教唆、欺骗运动员使用兴奋剂参加国内、国际重大体育竞赛,或者明知运动员参加上述竞赛而向其提供兴奋剂,情节严重的,处3年以下有期徒刑或者拘役,并处罚金。

组织、强迫运动员使用兴奋剂参加国内、国际重大体育竞赛的,依照前款的规定从重处罚。

一百零一、强迫卖淫罪

强迫卖淫罪,是指以暴力、威胁或者其他强制方法,逼迫他人卖淫的行为。本罪的主要特征是:

(1)侵犯的客体是社会风化和他人人身权利,犯罪对象一般是女性,但也可以是男性。

(2)客观方面表现为违背他人意志,强迫他人卖淫的行为。

(3)本罪的主体是一般主体。

(4)主观方面必须出于故意。

根据《刑法》第358条第1款的规定,犯本罪的,处5年以上10年以下有期徒刑,并处罚金;情节严重的,处10年以上有期徒刑或者无期徒刑,并处罚金或者没收财产。根据2017年最高人民法院、最高人民检察院《关于办理组织、强迫、引诱、容留、介绍卖淫刑事案件适用法律若干问题的解释》第6条第1款的规定,强迫他人卖淫,具有下列情形之一的,应当认定为"情节严重":(1)卖淫人数累计达5人以上的;(2)卖淫人员中未成年人、孕妇、智障人员、患有严重性病的人累计达3人以上的;(3)强迫不满14周岁的幼女卖淫的;(4)造成被强迫卖淫的人自残、自杀或者其他严重后果的;(5)其他情节严重的情形。组织、强迫未成年人卖淫的,依照前款的规定从重处罚。犯前两款罪,并有杀害、伤害、强奸、绑架等犯罪行为的,依照数罪并罚的规定处罚。

一百零二、协助组织卖淫罪

协助组织卖淫罪,是指为组织卖淫的人招募、运送人员或者有其他协助组织他人卖淫的行为。本罪的主要特征是:

(1)侵犯的客体是社会风化。

(2)客观方面表现为为组织卖淫的人招募、运送人员或者提供其他帮助的行为,这种帮助行为本来是组织他人卖淫罪的帮助犯,但《刑法》将其规定为一个独立的罪名。

(3) 主观方面出于故意。

根据《刑法》第358条第4款的规定,犯本罪的,处5年以下有期徒刑,并处罚金;情节严重的,处5年以上10年以下有期徒刑,并处罚金。

一百零三、引诱、容留、介绍卖淫罪

引诱、容留、介绍卖淫罪,是指引诱、容留、介绍他人卖淫的行为。本罪的主要特征是:

(1) 侵犯的客体是社会风化。

(2) 客观方面表现为实施引诱、容留、介绍他人卖淫行为之一。

(3) 主观方面必须出于故意。

根据《刑法》第359条第1款的规定,犯本罪的,处5年以下有期徒刑、拘役或者管制,并处罚金;情节严重的,处5年以上有期徒刑,并处罚金。

一百零四、引诱幼女卖淫罪

引诱幼女卖淫罪,是指引诱不满14周岁的幼女卖淫的行为。本罪的主要特征是:

(1) 侵犯的客体是社会风化和幼女的身心健康,犯罪对象是不满14周岁的幼女。

(2) 客观方面表现为勾引、诱惑、劝说、唆使不满14周岁的幼女进行卖淫的行为。

(3) 主观方面必须出于故意。

根据《刑法》第359条第2款的规定,犯本罪的,处5年以上有期徒刑,并处罚金。

一百零五、传播淫秽物品罪

传播淫秽物品罪,是指非出于牟利目的,在社会上传播淫秽的书刊、影片、音像、图片或者其他淫秽物品,情节严重的行为。本罪的主要特征是:

(1) 侵犯的客体是社会风化,犯罪对象是淫秽物品。

(2) 客观方面表现为传播淫秽物品,情节严重的行为。

(3) 本罪在主观方面必须出于故意,即明知是淫秽物品而故意予以传播,但是,不能出于牟利的目的。如果出于牟利的目的而传播淫秽物品的,不能以本罪论处,而应当以传播淫秽物品牟利罪论处。根据最高人民法院的司法解释,向他人传播淫秽的书刊、影片、音像、图片等出版物达300至600人次以上或者造成

恶劣社会影响的,属于情节严重。

根据《刑法》第364条第1款的规定,犯本罪的,处2年以下有期徒刑、拘役或者管制。根据《刑法》第366条的规定,单位犯本罪的,对单位判处罚金,并对其直接负责的主管人员和其他直接责任人员,依照自然人犯罪的规定处罚。

一百零六、组织播放淫秽音像制品罪

组织播放淫秽音像制品罪,是指非出于牟利目的而组织播放淫秽的电影、录像等音像制品的行为。本罪的主要特征是:

(1)侵犯的客体是社会风化,犯罪对象是淫秽音像制品。

(2)客观方面表现为组织播放淫秽的音像制品的行为,即为首策划、组织多人观看、收听淫秽的音像制品所具体描绘的性行为或者露骨宣扬色情的画面、声音的行为。

(3)在主观方面必须出于故意,不知是淫秽的音像制品而播放,在发现后立即停止播放的,不构成本罪。

根据《刑法》第364条第2款的规定,犯本罪的,处3年以下有期徒刑、拘役或者管制,并处罚金;情节严重的,处3年以上10年以下有期徒刑,并处罚金。第3款规定,制作、复制淫秽的电影、录像等音像制品组织播放的,依照组织播放淫秽音像制品罪的规定,从重处罚。第4款规定,向不满18周岁的未成年人传播淫秽物品的,从重处罚。根据《刑法》第366条的规定,单位犯本罪的,对单位判处罚金,并对其直接负责的主管人员和其他直接责任人员,依照自然人犯罪的规定处罚。

一百零七、组织淫秽表演罪

组织淫秽表演罪,是指为首策划、组织进行淫秽表演的行为。本罪的主要特征是:

(1)侵犯的客体是社会风化。

(2)客观方面表现为为首策划、组织淫秽表演,即为首策划、组织、安排淫秽表演的内容、场地,物色淫秽表演者,操纵和控制淫秽表演过程,招徕观众等行为。仅仅参与淫秽表演而没有实施上述组织淫秽表演行为的,不构成犯罪。

(3)主观方面必须出于故意。

(4)犯罪主体是一般主体,既可以是个人,也可以是单位。

根据《刑法》第365条的规定,犯本罪的,处3年以下有期徒刑、拘役或者管制,并处罚金;情节严重的,处3年以上10年以下有期徒刑,并处罚金。第366条规定,单位犯本罪的,对单位判处罚金,并对其直接负责的主管人员和其他直接责任人员,依照自然人犯罪的规定处罚。

第二十四章 危害国防利益罪

第一节 危害国防利益罪的概念和特征

危害国防利益罪,是指公民或者单位危害国防利益,依法应受刑罚处罚的行为。

危害国防利益罪具有以下几个特征:

(1) 本类犯罪侵犯的客体是国防利益。国防,简言之就是国家的防务,是指国家为防备和抵抗侵略,制止武装颠覆,保卫国家的主权、统一、领土完整和安全所进行的军事活动,以及与军事有关的政治、经济、外交、科技、教育等方面的活动。国防是国家生存与发展的安全保障。国防利益主要是国家的军事利益,同时也包括与军事有关的政治、经济、外交、科技、教育等方面的利益。具体说,国防利益主要有武装力量建设,边防、海防和空防建设,国防科研生产和军事订货,国防经费和国防资产,国防教育,国防动员,公民、组织、军人的国防义务和权利(益),对外军事关系等方面的利益。国防的主体是国家。国防利益是国家的重要利益。

(2) 本类犯罪在客观方面表现为危害国防利益的行为。危害国防利益行为的表现形式是多种多样的,概括起来,就是《刑法》第368条至第381条规定的各种犯罪行为,包括:

第一,危害作战和军事行动的行为,如以暴力、威胁方法阻碍军人执行职务,故意阻碍武装部队军事行动,战时故意向武装部队提供虚假敌情,战时造谣惑众、扰乱军心等。

第二,危害国防和武装部队建设的行为,如破坏武器装备、军事设施、军事通信,提供不合格的武器装备、军事设施给武装部队,煽动军人逃离部队,明知是逃离部队的军人而雇用,接送不合格兵员,战时明知是逃离部队的军人而为其提供隐蔽处所、财物等。

第三,危害国防管理秩序的行为,如聚众冲击军事禁区,聚众扰乱军事管理区秩序,冒充军人招摇撞骗,伪造、变造、买卖或者盗窃、抢夺武装部队公文、证件、印章,非法生产、买卖军用标志等。

第四,有国防义务责任能力的公民、组织拒不履行法定的国防义务的行为,如预备役人员战时拒绝、逃避征召、军事训练,公民战时拒绝、逃避服役,战时拒绝或者故意延误军事订货,战时拒绝军事征收、征用等。

（3）本类犯罪的主体多数为一般主体，既可由非军人构成，也可由军人构成，有些犯罪还可由单位构成。有几种犯罪为特殊主体。其中，拒绝、逃避征召、军事训练罪只能由预备役人员构成；拒绝、逃避服役罪只能由应征公民，即经过兵役登记和初审合格的公民构成；拒绝、故意延误军事订货罪只能由应当接受或者已经接受军事订货任务的科研、生产、销售等单位及其直接负责的主管人员和其他直接责任人员构成。

（4）本类犯罪在主观方面绝大多数都是故意，只有提供不合格武器装备、军事设施罪既可由故意构成，也可由过失构成。

（5）本类犯罪中有几种罪的构成有特定的时间要求，即这几种罪只有在战时才构成，在平时即使有法律规定的行为也不构成犯罪。这几种只有在战时才能构成的犯罪由《刑法》第376条至第381条规定，分别是：战时拒绝、逃避征召、军事训练罪，战时拒绝、逃避服役罪，战时提供虚假敌情罪，战时造谣扰乱军心罪，战时窝藏逃离部队军人罪，战时拒绝、故意延误军事订货罪，战时拒绝军事征收、征用罪。

我国现行《刑法》分则第七章从第368条至第381条共14个条文，规定了危害国防利益罪的23种罪名。本章重点讲以下几种犯罪。

第二节　阻碍军人执行职务罪

一、阻碍军人执行职务罪的概念和特征

阻碍军人执行职务罪，是指以暴力、威胁方法阻碍军人依法执行职务的行为。

阻碍军人执行职务罪的主要特征：

（1）侵犯的客体是复杂客体，包括军人依法执行职务的正常秩序和军人的人身权利。执行职务的正常秩序是本罪的主要客体。"执行职务"，指军职人员依法行使职权或履行职责的行为，它包括三方面的要素：一是执行职务的行为是合法的行为，既包括依照国家法律、法规执行职务的行为，也包括依照上级首长和机关的命令、指示执行职务的行为；二是执行职务的行为是在执行职务过程中和执行职务范围内的行为，不在执行职务过程中和超出执行职务范围的行为，不属执行职务的行为；三是执行职务的行为有一定的判定标准和标识，如执行职务的指示或命令、执行职务的证明文件、执行职务的人员穿着制式服装或携带执行职务所需的武器装备等。侵害的对象是正在依法执行职务的军人。

（2）客观方面表现为以暴力、威胁方法阻碍军人依法执行职务的行为。"暴力"，指对依法执行职务的军人的身体实行强制或者打击，如殴打、捆绑、拘

禁等。"威胁",指以杀害、伤害、加害亲属等进行要挟,进行精神上的恫吓,造成心理上的压制,迫使军人放弃执行自己的职务。如果没有使用暴力、威胁方法,而只是对依法执行职务的军人进行顶撞、谩骂、不服从命令和指挥,不构成本罪。依法执行职务,通常指军人依法执行值勤、守卫、巡逻、押运、作战等职务。"阻碍军人依法执行职务",指使军人不能正常地履行法律赋予的职责或上级授予的任务。阻碍行为的表现形式多种多样,有的表现为使军人停止依法执行职务;有的表现为使军人被迫改变依法应当从事或者执行的职务内容。

(3) 主体是非军人。如果军人以暴力、威胁方法阻碍军人执行职务的,应当依照《刑法》第 426 条规定的阻碍执行军事职务罪定罪处罚。

(4) 主观方面是故意,过失不能构成本罪。

二、认定阻碍军人执行职务罪应注意区分的界限

(1) 注意区分罪与非罪的界限。如果行为人主观上没有故意阻碍军人执行职务或是不知道对方是正在执行职务的军职人员,或是没有使用暴力、威胁方法,只是态度蛮横、方法过激,均不构成犯罪。

(2) 注意区分本罪与阻碍执行军事职务罪的界限。两罪在客观上都是实施了暴力、威胁方法,在主观上都是故意。其区别是:(1) 主体不同。阻碍执行军事职务罪的主体是军人。(2) 犯罪对象不同。本罪的犯罪对象是军职人员;阻碍执行军事职务罪的犯罪对象仅限于正在执行职务的军事指挥员或者值班、值勤人员。

(3) 注意区分本罪与故意伤害罪的界限。两罪的主要区别是:第一,客体不同。本罪的客体主要是军人依法执行职务的正常秩序;后罪的客体是人身权利。第二,客观方面行为表现不同。两罪虽然都使用暴力,但阻碍军人执行职务罪并不要求有造成轻伤或者重伤的结果发生;而故意伤害罪则必须有轻伤或者重伤的结果出现。如果在阻碍军人执行职务的过程中,使用暴力造成了军人伤亡结果的发生,则对行为人应以故意伤害罪或者故意杀人罪定罪处罚。

三、对阻碍军人执行职务罪的处罚

依照《刑法》第 368 条第 1 款的规定,犯阻碍军人执行职务罪的,处 3 年以下有期徒刑、拘役、管制或者罚金。

第三节 阻碍军事行动罪

一、阻碍军事行动罪的概念和特征

阻碍军事行动罪,是指故意阻碍武装部队军事行动,造成严重后果的行为。

阻碍军事行动罪的主要特征:

(1) 侵犯的客体是武装部队的军事行动。"军事行动",是国家为达到一定的政治目的而有组织地使用武装力量的活动。其表现形式,在和平时期是进行战争准备活动,包括兵力、兵器的部署及调动,预定战场的建设,军事训练和演习等,以及平定叛乱、暴乱和戒严行动;在战争时期就是实施战争、战役和战斗。

(2) 客观方面表现为故意阻碍武装部队军事行动,造成严重后果的行为。"故意阻碍武装部队军事行动",指故意在武装部队军事行动的地区(包括陆地、空中、水域),以设置障碍、制造困难、煽动不明真相群众围困部队等手段拖延、破坏、阻碍武装部队执行军事任务的行为。这些阻碍行为表现为两种形式:一是以暴力、威胁方法直接危及军事行动人员和武器装备的安全,如围攻、殴打军事行动人员,抢夺或公然破坏武器装备等;二是使用非暴力对抗形式,如以躺卧、静坐、设障方式阻拦,在空域或水域设置影响飞行、航行或观察的障碍物等。行为人故意阻碍武装部队军事行动的行为,必须造成严重后果才构成犯罪。"造成严重后果",是指直接造成武装部队军事行动失利,或者直接造成武装部队人员伤亡,或者直接造成武装部队重要武器装备毁损、丢失,等等。如果没有造成严重后果,不构成犯罪。

(3) 主体是一般主体。

(4) 主观方面是故意,即明知是武装部队的军事行动而阻碍。

二、认定阻碍军事行动罪应注意区分的界限

(1) 注意区分罪与非罪的界限。主要有以下几种情况:一是要注意把群众的不满情绪与本罪行为区别开来。部队在军事行动过程中,因损害群众的合法权益,引起群众的不满,要求部队妥善处理、予以赔偿,因此而延误部队行动的不宜以本罪论处。二是要注意把群众的过失行为与本罪区别开来。由于群众的过失行为,在客观上阻碍了部队军事行动造成严重后果的,不能以本罪论处。三是虽有故意阻碍武装部队军事行动的行为,但尚未造成严重后果的,也不构成本罪。

(2) 注意区分本罪与阻碍军人执行职务罪的界限。主要区别是:第一,犯罪客体与对象不同。第二,犯罪既遂形态不同。本罪是结果犯,阻碍军人执行职务罪是行为犯。

(3) 注意区分本罪与阻碍执行军事职务罪的界限。主要区别是:第一,主体不同;第二,犯罪客体与对象不同;第三,犯罪既遂形态不同。

三、对阻碍军事行动罪的处罚

依照《刑法》第368条第2款的规定,犯阻碍军事行动罪的,处5年以下有期徒刑或者拘役。

第四节 破坏武器装备、军事设施、军事通信罪

一、破坏武器装备、军事设施、军事通信罪的概念和特征

破坏武器装备、军事设施、军事通信罪,是指故意破坏武器装备、军事设施、军事通信的行为。

破坏武器装备、军事设施、军事通信罪的主要特征:

(1) 侵犯的客体是国防和武装部队的物质保障。其直接客体是武装部队战斗力的物质基础。武器装备、军事设施、军事通信是武装部队战斗力的重要组成部分,是本罪侵犯的对象。"武器装备",是武装部队直接用于实施和保障作战行动的武器、武器系统和军事技术器材的统称,包括轻武器、火箭、导弹、火炮、坦克装甲车辆、舰艇、生物武器、化学武器,还有工程装备、通信装备、电子对抗装备、雷达、防化装备等。"军事设施",指国家直接用于军事目的的建筑、场地和设备,包括指挥机关、地面和地下的指挥工程、作战工程;军用机场、港口、码头;营区、训练场、试验场;军用洞、仓库;军用通信、侦察、导航、观测台站和测量、导航、助航标志;军用公路、铁路专用线、军用通信、输电线路、军用输油、输水管道等。"军事通信",指武装部队为实施指挥和武器控制运用通信手段或其他方法进行的信息传递。

(2) 客观方面表现为破坏武器装备、军事设施、军事通信的行为。"破坏",指故意毁坏、损坏。这种破坏行为无论是公开的,还是秘密的,无论是发生了危害结果,还是没有引起或没有立即引起危害结果,只要实施了破坏行为,即构成本罪。破坏行为无论破坏的是正在使用的还是已经封存、尚未使用的武器装备、军事设施、军事通信;破坏后果无论是使用效能的全部或部分丧失,完全、永久的破坏或部分、暂时的毁损,只要使其无法保持正常状态和发挥应有的效能,均构成本罪。

(3) 本罪的主体是一般主体。

(4) 主观方面是故意,并有破坏目的。如果行为人由于对武器装备性能不了解,或者由于使用、维护不当,而造成损坏,不构成本罪。

二、认定破坏武器装备、军事设施、军事通信罪应注意区分的界限

(1) 注意区分本罪与盗窃武器装备罪的界限。两罪的主要区别是:

第一,客观方面的行为表现不同。本罪目的为破坏行为,盗窃武器装备罪目的为盗窃行为。第二,目的不同。本罪目的为毁损对象,盗窃武器装备罪目的为

非法占有对象。

(2) 注意区分本罪与危害公共安全罪中以"破坏"为危害行为特征的若干种犯罪的界限。主要区别是:第一,侵犯的客体不同。第二,侵犯的对象不同。

三、对破坏武器装备、军事设施、军事通信罪的处罚

依照《刑法》第369条的规定,犯破坏武器装备、军事设施、军事通信罪的,处3年以下有期徒刑、拘役或者管制;破坏重要武器装备、军事设施、军事通信的,处3年以上10年以下有期徒刑;情节特别严重的,处10年以上有期徒刑、无期徒刑或者死刑。战时从重处罚。"重要武器装备",指战略导弹及其他导弹武器系统、飞机、直升机、作战舰艇、登陆舰和1000吨以上辅助船、坦克、装甲车辆、85毫米以上口径的地面火炮、岸炮、高炮、雷达、声呐、指挥仪、15瓦以上电台和电子对抗装备、舟桥、60千瓦以上的工程机械、汽车、陆军船艇等。"重要军事设施",指指挥中心、大型作战工程、各类通信、导航、观测枢纽、导弹基地、机场、港口、大型仓库、重要管线等。所谓"情节特别严重",一般是指破坏大量重要武器装备、军事设施、军事通信,造成无法挽回重大损失的;影响部队完成重要任务的;造成人员重大伤亡的;导致重大军事行动失利的;给国家和武装部队声誉造成恶劣影响的;等等。考虑到战时犯本罪所造成的危害比平时更大,因此,战时犯本罪的,从重处罚。

第五节 冒充军人招摇撞骗罪

一、冒充军人招摇撞骗罪的概念和特征

冒充军人招摇撞骗罪,是指以谋取非法利益为目的,冒充军人招摇撞骗,损害军队形象、威信和正常活动的行为。

冒充军人招摇撞骗罪的主要特征:

(1) 侵犯的客体是军人的声誉及其正常活动。军人在国家和社会具有较高的威望,受到人民的信任和国家的优待。冒充军人进行招摇撞骗,有很大的欺骗性和社会危害性。

(2) 客观上表现为冒充军人招摇撞骗的行为。"招摇撞骗",指打着军人的招牌,假借军人名义,在社会上进行欺骗活动。

(3) 本罪的主体是一般主体。

(4) 主观方面是直接故意,并有冒充军人谋取非法利益的目的。这里所说的非法利益,既包括物质利益,也包括非物质利益,如骗取政治待遇或者荣誉等。

二、认定冒充军人招摇撞骗罪应注意区分的界限

(1) 注意区分本罪与招摇撞骗罪的界限。两罪的主要区别是：第一，客体不同。本罪的客体是军人的声誉及其正常活动，招摇撞骗罪的客体是国家机关的威信及其正常活动。第二，对象不同。本罪冒充的对象是军人，招摇撞骗罪冒充的对象为国家机关工作人员。

(2) 注意区分本罪与诈骗罪的界限。两罪的主要区别是：第一，客体不同。本罪的客体是军人的声誉，诈骗罪的客体是财产所有权。第二，客观表现形式不同。本罪所采用的手段仅限于冒充军人进行欺骗，诈骗罪表现为采用虚构事实、隐瞒真相的任何手段。第三，目的不同。本罪的目的不仅限于追求财物，还包括获取各种非物质利益；诈骗罪的目的仅限于骗取公私财物。第四，财物数额上的要求不同。本罪不要求以骗取财产的数额作为构成犯罪的要件之一，诈骗罪要求以骗取财物数额较大作为构成犯罪的要件。

三、对冒充军人招摇撞骗罪的处罚

依照《刑法》第 372 条的规定，犯冒充军人招摇撞骗罪的，处 3 年以下有期徒刑、拘役、管制或者剥夺政治权利；情节严重的，处 3 年以上 10 年以下有期徒刑。所谓"情节严重"，一般是指多次冒充军人的，冒充军队高级干部的，冒充军人造成严重后果的，如造成恶劣影响、严重损害部队声誉和正常活动的，等等。

第六节 接送不合格兵员罪

一、接送不合格兵员罪的概念和特征

接送不合格兵员罪，是指在征兵工作中徇私舞弊，接送不合格兵员，情节严重的行为。

接送不合格兵员罪的主要特征：

(1) 侵犯的客体是国家的兵役制度和武装部队的战斗力。兵员是武装部队建设的基础，兵员质量不合格，将直接影响武装部队的稳定，直接损害武装部队的战斗力。

(2) 客观方面表现为在征兵工作中徇私舞弊，接送不合格兵员，情节严重的行为。"征兵"，指按兵役法规定，征集应征公民到武装部队包括中国人民解放军以及中国人民武装警察部队服现役。"徇私舞弊"，指为谋取私利，弄虚作假，例如：冒名顶替，在体检表上不如实填写或涂改，在政治审查中隐瞒不符合政治条件的情况，隐瞒真实年龄和文化程度，伪造、变造、涂改入伍登记表，等等。

"不合格兵员",指不符合征兵条件的兵员,包括身体不合格、政治不合格、年龄和文化程度不合格等。"身体不合格",指有严重生理缺陷或严重残疾等;"政治不合格",指依照法律被剥夺政治权利的人和被羁押正在受侦查、起诉、审判或者被判处徒刑、拘役、管制正在服刑的人,以及征兵政审规定明确不得征集的其他人;"年龄不合格"和"文化程度不合格",指未达到法律规定的征兵年龄和文化程度。"情节严重",指由于接送不合格兵员,严重影响部队建设或者造成其他严重后果的,包括接送多名不合格兵员的,因接送不合格兵员影响部队作战、训练等任务完成的,影响部队的管理秩序和稳定的,因接送不合格兵员在征集地造成恶劣影响的等。

(3) 主体是特殊主体,即负责征兵的国家兵役机关工作人员和部队军职人员,以及其他参加征兵工作的人员。如征集地负责和参加征兵工作的兵役机关和地方政府的工作人员,负责接兵的军职人员等。

(4) 主观方面必须是故意,即行为人明知应征青年不符合征集条件,而故意让其应征入伍服现役。犯罪动机多种多样,不影响本罪成立。过失不构成本罪。

二、认定接送不合格兵员罪应注意区分的界限

(1) 注意区分本罪与非罪的界限。行为人由于过失而误将不合格兵员接送到部队的或虽有徇私舞弊行为,所接送的兵员素质不高,但基本符合兵员条件的,或兵员到部队后发生了严重问题,但入伍时符合征集条件的,或徇私舞弊接送了不合格兵员,但尚未达到情节严重程度的,都不构成本罪。

(2) 注意区分本罪与玩忽职守罪的界限。主要区别是:第一,犯罪主体不同。本罪的主体是国家兵役机关负责征兵工作的人员和其他参加征兵工作的人员,玩忽职守罪的主体是国家机关工作人员。第二,犯罪主观方面不同。本罪必须是故意,玩忽职守罪只能是过失。第三,犯罪客体不同。本罪的客体是国家的兵役制度和武装部队的战斗力,玩忽职守罪的客体是国家机关的正常活动。

三、对接送不合格兵员罪的处罚

依照《刑法》第 374 条的规定,犯接送不合格兵员罪的,处 3 年以下有期徒刑或者拘役;造成特别严重后果的,处 3 年以上 7 年以下有期徒刑。所谓"特别严重后果",一般是指接送的不合格兵员中有犯罪分子或者犯罪嫌疑人的;不合格兵员到部队后多次进行犯罪活动或者实施严重犯罪,造成生命财产重大损失的;或者因接送不合格兵员严重影响作战和其他重要军事任务完成的;等等。

第七节 伪造、变造、买卖武装部队公文、证件、印章罪

一、伪造、变造、买卖武装部队公文、证件、印章罪的概念和特征

伪造、变造、买卖武装部队公文、证件、印章罪,是指故意伪造、变造、买卖武装部队公文、证件、印章的行为。

伪造、变造、买卖武装部队公文、证件、印章罪的主要特征:

(1) 侵犯的客体是武装部队公文、证件、印章的管理秩序和武装部队的声誉。侵犯的对象是武装部队的公文、证件、印章。"武装部队公文",即军用公文,指武装部队及其各级机关在处理公务中形成和使用的具有法定效力和规范体式的文书,它是武装部队各级机关行使领导和指挥职能的重要手段。"武装部队证件",即军用证件,指由武装部队制发并由武装部队人员使用的,用以证明武装部队人员身份、授权范围或其他有关事实的文件,如军官证、文职干部证、士兵证、学员证、军人通行证、工作证、执行公务证、车辆驾驶证等。"武装部队印章",即军用印章,指武装部队一级行政单位(组织)的专用印章、业务专用章,以及刻有姓名具有公章性质的个人印章,如各级首长印章和签名章。

(2) 客观方面表现为伪造、变造、买卖武装部队公文、证件、印章的行为。"伪造",指无权制作者制造假的公文、证件、印章。模仿有权签发公文、证件、印章的负责人的手迹,制作假公文、证件、印章的,也以伪造公文、证件、印章论。对于构成犯罪来说,并不要求伪造的公文、证件、印章与真实的公文、证件、印章完全一致,只要是能使人信假为真即可。"变造",指用涂改、抹擦、拼接等方法,对真实的公文、证件、印章进行改制,改变其真实内容或外观,使之适合犯罪的需要。"买卖",指购买或出卖公文、证件、印章。这三种行为可以单独实施,也可以结合实施,但是只要实施上述任何一种行为,即可构成本罪。如果行为人将上述三种行为作为犯罪手段,用于进行其他犯罪活动,触犯了其他罪名,应按牵连犯的处理原则,从一重罪处断。

(3) 主体是一般主体。

(4) 主观方面是故意。犯罪动机多种多样,有的为了图财,有的为了获得职务或荣誉,不论何种动机,不影响本罪成立。

二、认定伪造、变造、买卖武装部队公文、证件、印章罪应注意区分的界限

(1) 注意区分本罪与非罪的界限。伪造、变造或者买卖虚构的武装部队的公文、证件、印章,不构成本罪。

(2) 注意区分本罪同伪造、变造、买卖国家机关公文、证件、印章罪的界限。两罪的主要区别是侵害的客体不同,本罪侵害的客体是武装部队公文、证件、印章的管理秩序和武装部队的声誉;而伪造、变造、买卖国家机关公文、证件、印章罪侵害的客体是国家机关、企业事业单位、人民团体的正常管理活动和信誉。

三、对伪造、变造、买卖武装部队公文、证件、印章罪的处罚

依照《刑法》第 375 条第 1 款的规定,犯伪造、变造、买卖武装部队公文、证件、印章罪的,处 3 年以下有期徒刑、拘役、管制或者剥夺政治权利;情节严重的,处 3 年以上 10 年以下有期徒刑。所谓"情节严重",一般是指伪造、变造、买卖武装部队重要机关的公文、证件、印章的;多次伪造、变造、买卖或者伪造、变造、买卖大量武装部队公文、证件、印章的;因实施上述犯罪行为而严重损害武装部队声誉或者危害后果严重、政治影响很坏、经济损失很大的;犯罪动机目的恶劣的,等等。

第八节 战时拒绝、逃避征召、军事训练罪

一、战时拒绝、逃避征召、军事训练罪的概念和特征

战时拒绝、逃避征召、军事训练罪,是指预备役人员在战时拒绝、逃避征召、军事训练,情节严重的行为。

战时拒绝、逃避征召、军事训练罪的主要特征:

(1) 本罪侵犯的客体是国家兵役制度。"兵役制度",指国家关于公民参加武装组织或者在武装组织之外承担军事任务、接受军事训练的制度。兵役制度是国家重要的军事制度,它对于保障武装部队现役兵员的更替和后备兵员储备,加强国家武装力量建设,建立战时兵员动员基础,具有重大意义。我国的兵役制度,是由《宪法》《兵役法》《预备役军官法》等法律规定的。其中,对预备役人员接受征召、军事训练作了明确规定。

(2) 客观方面表现为在战时拒绝、逃避征召、军事训练,情节严重的行为。"战时",指国家宣布进入战争状态、全国总动员或者局部动员。"征召",指兵役机关依法向预备役人员发出通知,要求其按规定时间和地点报到,准备转服现役。"军事训练",指军事理论教育和作战技能训练的活动。"拒绝征召、军事训练",指接到征召、军事训练通知后拒不报到或报到后拒不参加军事训练。"逃避征召、军事训练",指有意躲避征召、军事训练,其手段包括隐瞒真相、故意自伤、外出藏匿等。"情节严重",一般指因拒绝、逃避征召、军事训练影响军事任务完成的;以暴力方法抗拒征召、军事训练的;煽动他人拒绝、逃避征召、军事训

练的;经多次教育仍拒绝、逃避征召、军事训练的,等等。只有战时实施上述行为,才构成本罪。

（3）主体是特殊主体,即预备役人员。"预备役人员",指编入民兵组织或者经过登记服预备役的人员。

（4）主观方面是故意,即行为人明知自己依法负有接受征召、参加军训的义务,而有意拒绝、逃避。

二、对战时拒绝、逃避征召、军事训练罪的处罚

依照《刑法》第 376 条第 1 款的规定,犯战时拒绝、逃避征召、军事训练罪的,处 3 年以下有期徒刑或者拘役。

第九节 本章其他犯罪

根据《刑法》分则第七章的规定,本章还有以下几种犯罪：

一、过失损坏武器装备、军事设施、军事通信罪

过失损坏武器装备、军事设施、军事通信罪,是指过失损坏武器装备、军事设施、军事通信,造成严重后果的行为。本罪是《刑法修正案（五）》第 3 条增设的一个罪名,其主要特征是：

（1）客观方面表现为损毁武器装备、军事设施、军事通信设施,并造成严重后果的行为。

（2）犯罪主体是一般主体。

（3）主观上是过失。

根据《刑法》第 369 条的规定,犯本罪,造成严重后果的,处 3 年以下有期徒刑或者拘役;造成特别严重后果的,处 3 年以上 7 年以下有期徒刑。

造成严重后果,是指造成重要军事通信中断或者严重障碍的情形;造成特别严重后果,是指造成重要军事通信中断或者严重障碍,严重影响部队完成作战任务或者导致部队在作战中遭受损失的;造成部队执行抢险救灾、军事演习或者处置突发性事件等任务的通信中断或者严重障碍,并因此贻误部队行动,致使死亡 3 人以上、重伤 10 人以上或者财产损失 100 万元以上的;其他后果特别严重的情形。战时犯本罪的,从重处罚。

二、故意提供不合格武器装备、军事设施罪

故意提供不合格武器装备、军事设施罪,是指故意将不合格的武器装备、军事设施提供给武装部队的行为。

本罪的主要特征是：

（1）侵犯的客体是复杂客体，包括军品和国防工程质量管理与监督制度，军事订货制度和验收制度，以及武装部队人员的人身安全。

（2）客观方面表现为向武装部队提供不合格的武器装备、军事设施的行为。

（3）本罪的主体，既可以由自然人也可以由单位构成。

（4）主观方面只能由故意构成，即明知是不合格的武器装备、军事设施而提供给武装部队。

根据《刑法》第370条第1款与第3款的规定，犯本罪的，处5年以下有期徒刑或者拘役；情节严重的，处5年以上10年以下有期徒刑；情节特别严重的，处10年以上有期徒刑、无期徒刑或者死刑。单位犯本罪的，对单位判处罚金，并对其直接负责的主管人员和其他直接责任人员，依照上述规定处罚。

三、过失提供不合格武器装备、军事设施罪

过失提供不合格武器装备、军事设施罪，是指过失将不合格的武器装备、军事设施提供给武装部队，造成严重后果的行为。

本罪的主要特征是：

（1）侵犯的客体是复杂客体，包括军品和国防工程质量管理与监督制度，军事订货制度和验收制度，以及武装部队人员的人身安全。

（2）客观方面表现为向武装部队提供不合格武器装备、军事设施，造成严重后果的行为。

（3）主体是一般主体，单位不构成本罪。

（4）主观方面是过失，包括疏忽大意的过失和过于自信的过失。

根据《刑法》第370条第2款的规定，犯本罪的，处3年以下有期徒刑或者拘役；造成特别严重后果的，处3年以上7年以下有期徒刑。

四、聚众冲击军事禁区罪

聚众冲击军事禁区罪，是指聚众冲击军事禁区，严重扰乱军事禁区秩序的行为。

本罪的主要特征是：

（1）侵犯的客体是军事禁区的管理秩序。

（2）客观上表现为聚众冲击军事禁区，严重扰乱军事禁区秩序的行为。

（3）主体是一般主体，是扰乱军事禁区的首要分子和其他积极参加的人员。

（4）主观方面只能由故意构成，即行为人明知是军事禁区而聚众冲击。

根据《刑法》第371条的规定，犯本罪的，对首要分子，处5年以上10年以下有期徒刑；对其他积极参加的，处5年以下有期徒刑、拘役、管制或者剥夺政治

权利。

五、聚众扰乱军事管理区秩序罪

聚众扰乱军事管理区秩序罪,是指聚众扰乱军事管理区秩序,情节严重,致使军事管理区工作无法进行,造成严重损失的行为。

本罪的主要特征是:

(1) 侵犯的客体是军事管理区的管理秩序。

(2) 客观方面表现为聚众扰乱军事管理区秩序,情节严重,致使军事管理区工作无法进行,造成严重损失的行为。

(3) 主体是一般主体,是扰乱军事管理区的首要分子和其他积极参加的人员。

(4) 主观方面是故意,即行为人明知聚众扰乱军事管理区秩序会造成危害后果,而希望或者放任这种结果发生。

根据《刑法》第371条的规定,犯本罪的,对首要分子,处3年以上7年以下有期徒刑;对其他积极参加的,处3年以下有期徒刑、拘役、管制或者剥夺政治权利。

六、煽动军人逃离部队罪

煽动军人逃离部队罪,是指以语言、文字等形式鼓动军人逃离部队,情节严重的行为。

本罪的主要特征是:

(1) 侵犯的客体是国家的兵役制度和武装部队的战斗力。

(2) 客观方面表现为煽动军人逃离部队,情节严重的行为。

(3) 主体是一般主体。

(4) 主观方面只能由故意构成。

根据《刑法》第373条的规定,犯本罪的,处3年以下有期徒刑、拘役或者管制。

七、雇用逃离部队军人罪

雇用逃离部队军人罪,是指明知是逃离部队的军人而雇用,情节严重的行为。

本罪的主要特征是:

(1) 侵犯的客体是国家的兵役制度和武装部队战斗力。

(2) 客观方面表现为明知是逃离部队的军人而雇用,情节严重的行为。

(3) 主体是一般主体。

(4) 主观方面只能由故意构成。

根据《刑法》第 373 条的规定,犯本罪的,处 3 年以下有期徒刑、拘役或者管制。

八、盗窃、抢夺武装部队公文、证件、印章罪

盗窃、抢夺武器部队公文、证件、印章罪,是指故意盗窃、抢夺武装部队公文、证件、印章的行为。本罪的主要特征是:

(1) 侵犯的客体是武装部队公文、证件、印章管理秩序。

(2) 客观方面表现为盗窃、抢夺武装部队公文、证件、印章的行为。根据 2011 年最高人民法院、最高人民检察院《关于办理妨害武装部队制式服装、车辆号牌管理秩序等刑事案件具体适用法律若干问题的解释》第 1 条的规定,盗窃、抢夺武装部队军官证、士兵证、车辆行驶证、车辆驾驶证或者其他证件 2 本以上的,以盗窃、抢夺武装部队公文、证件、印章罪论处。

(3) 主体是一般主体。

(4) 主观方面只能由故意构成。

根据《刑法》第 375 条第 1 款的规定,犯本罪的,处 3 年以下有期徒刑、拘役、管制或者剥夺政治权利;情节严重的,处 3 年以上 10 年以下有期徒刑。

九、非法生产、买卖武装部队制式服装罪

非法生产、买卖武装部队制式服装罪,是指非法生产、买卖武装部队制式服装,情节严重的行为。其主要特征是:

(1) 侵犯的客体是武装部队的正常管理活动和信誉。

(2) 客观方面表现为有关单位或个人实施了非法生产、买卖武装部队制式服装,情节严重的行为。

(3) 犯罪主体是一般主体,包括自然人和单位。

(4) 主观方面是故意。

根据《刑法》第 375 条第 2 款的规定,犯本罪的,处 3 年以下有期徒刑、拘役或者管制,并处或者单处罚金。单位犯本罪的,对单位判处罚金,并对其直接负责的主管人员和其他直接责任人员,依照上述规定处罚。

十、伪造、盗窃、买卖、非法提供、非法使用武装部队专用标志罪

伪造、盗窃、买卖、非法提供、非法使用武装部队专用标志罪,是指伪造、盗窃、买卖、非法提供、非法使用武装部队车辆号牌等专用标志,情节严重的行为。

本罪的主要特征是:

(1) 侵犯的客体是军用标志的管理秩序。

（2）客观方面表现为伪造、盗窃、买卖、非法提供、非法使用上述军用标志，情节严重的行为。

（3）本罪主体是自然人和单位。

（4）主观方面只能是故意。

根据《刑法》第375条第3款的规定，犯本罪的，处3年以下有期徒刑、拘役或者管制，并处或者单处罚金；情节特别严重的，处3年以上7年以下有期徒刑，并处罚金。单位犯本罪的，对单位判处罚金，并对其直接负责的主管人员和其他直接责任人员依照上述法定刑处罚。

十一、战时拒绝、逃避服役罪

战时拒绝、逃避服役罪，是指战时拒绝、逃避履行兵役义务，情节严重的行为。

本罪的主要特征是：

（1）侵犯的客体是国家兵役制度。

（2）客观方面表现为战时拒绝、逃避服兵役，情节严重的行为。

（3）主体是特殊主体，即具备服兵役条件的应征公民。

（4）主观方面必须是故意，即行为人明知自己应该依法应征服兵役，而故意拒绝、逃避服兵役。

根据《刑法》第376条第2款的规定，犯本罪的，处2年以下有期徒刑或者拘役。

十二、战时故意提供虚假敌情罪

战时故意提供虚假敌情罪，是指战时故意向武装部队提供虚假敌情、造成严重后果的行为。

本罪的主要特征是：

（1）侵犯的客体是武装部队的作战利益。

（2）客观方面表现为向武装部队提供虚假敌情，造成严重后果的行为。

（3）主体是一般主体。

（4）主观方面必须是故意，即行为人明知是虚假的敌情，而故意向武装部队提供。

根据《刑法》第377条的规定，犯本罪的，处3年以上10年以下有期徒刑；造成特别严重后果的，处10年以上有期徒刑或者无期徒刑。

十三、战时造谣扰乱军心罪

战时造谣扰乱军心罪，是指战时造谣惑众、故意扰乱军心的行为。

本罪的主要特征是：

(1) 侵犯的客体是武装部队的战斗力。

(2) 客观方面表现为战时造谣惑众、扰乱军心的行为。

(3) 主体是一般主体，即军人以外的自然人。

(4) 主观方面必须是故意，即行为人明知自己散布的"情况"是虚假的，并且明知自己散布的"情况"会在部队扰乱军心而仍然为之。

根据《刑法》第378条的规定，犯本罪的，处3年以下有期徒刑、拘役或者管制；情节严重的，处3年以上10年以下有期徒刑。

十四、战时窝藏逃离部队军人罪

战时窝藏逃离部队军人罪，是指战时明知是逃离武装部队的军人而为其提供隐蔽处所、财物，情节严重的行为。

本罪的主要特征是：

(1) 侵犯的客体是武装部队的战斗力和管理秩序。

(2) 客观方面表现为明知是逃离部队的军人而为其提供隐蔽处所、财物，情节严重的行为。

(3) 主体是一般主体。

(4) 主观方面只能由故意构成。

根据《刑法》第379条的规定，犯本罪的，处3年以下有期徒刑或者拘役。

十五、战时拒绝、故意延误军事订货罪

战时拒绝、故意延误军事订货罪，是指战时拒绝、故意延误军事订货，情节严重的行为。

本罪的主要特征是：

(1) 侵犯的客体是国家军事订货管理秩序。

(2) 客观方面表现为战时无正当理由拒绝、故意延误军事订货，情节严重的行为。

(3) 主体是特殊主体，即依法应当承担或已经承担军事订货任务的单位。自然人不能独立成为本罪的主体。

(4) 主观方面是故意，即行为人明知是军事订货而拒绝接受，或者虽然接受却故意延误交货期限。

根据《刑法》第380条的规定，犯本罪的，对单位判处罚金，并对其直接负责的主管人员和其他直接责任人员，处5年以下有期徒刑或者拘役；造成严重后果的，处5年以上有期徒刑。

十六、战时拒绝军事征收、征用罪

战时拒绝军事征收、征用罪,是指战时拒绝军事征收、征用,情节严重的行为。

本罪的主要特征是:

(1)侵犯的客体是国家战争动员制度。

(2)客观方面表现为拒绝军事征收、征用,情节严重的行为。

(3)主体是一般主体。

(4)主观方面必须是故意,即明知是根据军事需要的征收、征用而予以拒绝。

根据《刑法》第381条的规定,犯本罪的,处3年以下有期徒刑或者拘役。

第二十五章 贪污贿赂罪

第一节 贪污贿赂罪的概念和特征

贪污贿赂罪,是指国家工作人员利用职务上的便利,非法占有、使用公共财物、收受贿赂或者取得其他非法利益,破坏职务的廉洁性的行为。

贪污贿赂罪的主要特征是:

(1) 侵犯的客体是国家公务机构和公务人员的廉洁性,以及公务机构和公务人员的信誉。贪污贿赂犯罪侵犯客体的特殊性,决定了其社会危害的严重性。贪污贿赂犯罪的蔓延,使国家公务机构、公务人员腐败加剧。如果一个国家的公务机构、公务人员普遍腐败,必将影响到国家的政治稳定和经济发展,人民群众就会对党和政府失去信心,进而可能诱发社会的不稳定因素。1997年修订的《刑法》为了突出对这类犯罪的有效惩治,将其规定为独立的一章罪。

(2) 在客观方面表现主要有两种行为:第一,国家单位、国家工作人员或者其他担任公务职责的人员,违背职务的宗旨,利用职务的便利或者职权的影响,实施贪污、受贿等非法取得财物或者其他非法利益的行为。这里所说的"利用职务便利",包括两种情况:一是利用经营、管理的便利;二是利用担任职务产生的权利,为别人谋取非法利益,自己从中取得利益,即一般所称的权钱交易。第二,非国家单位或者非国家工作人员为获得利益,实施向国家单位或者国家工作人员行贿或者介绍贿赂等非法行为。

(3) 本类犯罪的主体除行贿罪和介绍贿赂罪是一般主体外,其他各种犯罪都是特殊主体,即国家工作人员,具体包括国家机关工作人员,国有公司、企业、事业单位、人民团体中从事公务的人员,国家机关、国有公司、企业、事业单位委派到非国有公司、企业、事业单位、社会团体从事公务的人员,其他依照法律从事公务的人员。

(4) 在主观方面都是由故意构成。由于本类犯罪都属于贪利性经济犯罪,所以一般都具有非法占有公私财产或者获取非法利益的目的。

本章规定的贪污贿赂罪自第382条至第396条共15个条文,14个罪名,我们重点讲以下几种犯罪。

第二节 贪 污 罪

一、贪污罪的概念和特征

贪污罪,是指国家工作人员利用职务上的便利,侵吞、窃取、骗取或者以其他手段非法占有公共财物的行为。

贪污罪的主要特征是:

(1) 侵犯的客体是国家工作人员职务行为的廉洁性和公共财物的所有权。国家工作人员的职务行为应是为公的、廉洁的,贪污犯罪实质是以权谋私,是权力腐败的典型表现。贪污罪侵害的对象是公共财物。所谓公共财物,是指国家所有、劳动群众集体所有和用于扶贫及其他公益事业的社会捐助或专项基金的财产。贪污私人委托国家、集体保管和运输中的财物,以公共财产论。承包、租赁企业中的生产资料及分别列账的国家资金和集体资金,应保证上交国家的各项税金、依据承包租赁合同应上交给发包者的利润、应上交出租方的租金等,也属于公共财产。

(2) 本罪在客观方面,表现为利用职务上的便利,实施了侵吞、窃取、骗取或者以其他方法非法占有公共财物的行为。所谓"利用职务上的便利",是指利用在其职务范围内的权力和地位所形成的有利条件,即所享有的主管、经管和经手公共财物的便利,而不是利用与职务无关的一般熟悉作案的环境、凭借工作人员身份便于接近作案目标等方便条件。利用职务上的便利是构成贪污罪的一个重要特征,也是贪污罪区别于其他侵犯财产罪的主要标志。所谓"侵吞",是指行为人利用职务上的便利,将自己合法管理、使用的公共财产,非法据为己有。例如,将自己合法管理、使用的公共财产加以扣留,应上交而隐匿不交,应支付而不支付或者收款不入账;也有的将自己合法管理、使用的公共财产,非法转卖或者擅自赠送他人。根据《刑法》第394条的规定,国家工作人员在国内公务活动或者对外交往中接受礼物,依照国家规定应当交公而不交公,数额较大的,以贪污罪论处。这种行为应属于侵吞公共财物。所谓"窃取",是指行为人利用职务上的便利,将自己合法管理、经手的公共财物,采用秘密窃取方法据为己有,即通常所说的监守自盗。所谓"骗取",是指行为人利用职务上的便利,使用欺骗的手段,将公共财产据为己有。骗取的公共财物,有的属于自己管理、使用,有的不是属于自己管理、使用,例如,会计人员开出假支票,到银行提取现金等。国有保险公司工作人员和国有保险公司委派到非国有保险公司从事公务的人员,利用职务上的便利,故意编造未曾发生的保险事故进行虚假理赔,骗取保险金归自己所有的,属于骗取形式的贪污。所谓其他方法,是指除了侵吞、窃取、骗取以外,利用职权实施其他假公济私、违法占有公共财产的行为。例如,以贷款名义,将他人存款私放贷出,骗取利息;巧立名目,私分公款等。

(3) 本罪的主体是特殊主体,即必须是国家工作人员。国家工作人员包括国家机关中从事公务的人员,国有公司、企业、事业单位、人民团体中从事公务的人员和上列机关单位委派到非国有公司、企业、事业单位、人民团体从事公务的人员,以及其他依照法律从事公务的人员。所谓公务,是指从事组织、监督、管理事务性质的活动,但不包括直接从事生产劳动的人员、机关勤杂人员和部队战士。根据全国人大常委会《关于〈中华人民共和国刑法〉第九十三条第二款的解释》,村民委员会等基层组织人员协助人民政府从事行政管理工作,利用职务上的便利贪污公共财产的,以贪污罪论处。根据《刑法》第 382 条第 2 款的规定,受国家机关、国有公司、企业、事业单位、人民团体委托管理、经营国有财产的人员,可以成为本罪的主体。本款的适用的条件是:第一,被委托人原来不是管理、经营国有财产的人员;第二,委托单位必须是国家机关、国有公司、企业、事业单位、人民团体;第三,委托的内容是以承包、租赁等方式管理、经营国有财产;第四,委托具有合法性。

(4) 本罪在主观方面,只能由故意构成,并具有非法占有公共财物的目的。如果不具有这一目的,只是由于工作上的疏忽大意,造成错账、错款过失行为,不能构成本罪。

二、认定贪污罪应划清的界限

(1) 划清贪污罪与一般贪污行为的界限。有贪污行为的人,不一定都构成贪污罪。一般私拿公款数额不大的,虚报冒领小额补助费、加班费的,占用小量福利款物的,利用职权削价购买某些商品的等,属于违反纪律行为,应予批评教育,必要时由其所在单位或者上级主管机关酌情予以纪律处分。对于多次贪污未经处理的,应当累计计算贪污数额。所谓多次贪污未经处理,是指两次以上的贪污行为,以前既没有受过刑事处罚,也没有受过行政处理。

(2) 划清贪污罪与盗窃罪、诈骗罪的界限。这三种犯罪都属于侵犯财产性罪,贪污罪的手段中也有窃取、诈骗手段,三者的主要区别是:第一,贪污罪是特殊主体,后两种犯罪是一般主体。第二,贪污罪中的窃取、诈骗手段,都是利用职务上的便利实施的,后两种犯罪没有这一条件。第三,贪污罪侵犯的客体只能是公共财物的所有权,后两种犯罪侵犯的是公私财物的所有权。

(3) 划清贪污罪与原因不明的短款的界限。在实践中,某些单位时有发生原因不明的短款现象,有的短款几百元、几千元甚至几万元以上。对此问题一般不要急于处理,应当进行深入的调查研究,全面分析各种情况,搞清楚短款的原因后,再酌情处理。对于有证据证明短款是由于贪污造成的,可按贪污罪处理。

对于查不清原因的,如果短款数额不大,可按工作上的失职行为,由主管部门予以党纪、政纪处分或者予以批评教育;如果短款数额巨大,认为需要追究刑事责任的,可按《刑法》分则的有关规定定罪判刑。

(4) 划清本罪与职务侵占罪的界限。两罪的相似之处,都是故意将财物占为己有。其主要区别是:第一,主体不同。本罪的主体是国家工作人员和受委托管理、经营国有财产的人员。职务侵占罪的主体是公司、企业或者其他单位的人员,包括公司、企业和其他单位中的主管人员、职工和工人。第二,犯罪对象不同。本罪的犯罪对象是公共财物;职务侵占罪的犯罪对象不限于国有财物,还包括集体所有和个体所有的财物。第三,客观方面不同。本罪在客观方面是利用职务上的便利,侵吞、窃取、骗取或者以其他手段非法占有公共财物;而职务侵占罪在客观方面是利用职务上的便利,侵占本单位财物的行为。

(5) 关于内外勾结,利用国家工作人员职务上的便利共同贪污公共财物的行为的定罪问题。根据《刑法》第 382 条第 3 款的规定,与国家工作人员和受委托管理、经营国有财产的人员相勾结,伙同贪污的,以共犯论处。即只要有特殊主体参加,构成了贪污罪,外部与其相勾结的一般主体,不论是主犯还是从犯,均应以贪污罪共犯论处,不应以主犯的犯罪特征来确定其他共同犯罪人的犯罪性质。如某国有公司出纳员李某,在其男朋友,某工厂工人刘某的指使和策划下,涂改单据,将该公司由李某经管的公款 10 万元从银行取出据为己有,并在刘某的带领下潜逃。本案主犯是刘某,虽不属贪污罪的主体,但他伙同国家工作人员李某,利用其经管财物的职务之便,将国有财产据为己有,李某构成贪污罪,刘某亦应按贪污罪的共犯论处。

三、贪污罪的刑事责任

根据《刑法修正案(九)》第 44 条和《刑法》第 383 条的规定,对犯贪污罪的,根据情节轻重,分别依照下列规定处罚:

(1) 贪污数额较大或者有其他较重情节的,处 3 年以下有期徒刑或者拘役,并处罚金。

(2) 贪污数额巨大或者有其他严重情节的,处 3 年以上 10 年以下有期徒刑,并处罚金或者没收财产。

(3) 贪污数额特别巨大或者有其他特别严重情节的,处 10 年以上有期徒刑或者无期徒刑,并处罚金或者没收财产;数额特别巨大,并使国家和人民利益遭受特别重大损失的,处无期徒刑或者死刑,并处没收财产。

对多次贪污未经处理的,按照累计贪污数额处罚。

犯第 1 款罪,在提起公诉前如实供述自己罪行,真诚悔罪、积极退赃,避免、减少损害结果的发生,有第 1 项规定情形的,可以从轻、减轻或者免除处罚;有第

2项、第3项规定情形的,可以从轻处罚。

犯第1款罪,有第3项规定情形被判处死刑缓期执行的,人民法院根据犯罪情节等情况可以同时决定在其死刑缓期执行二年期满依法减为无期徒刑后,终身监禁,不得减刑、假释。

这里规定的"终身监禁"不是独立的刑种,它是对罪当判处死刑的贪污受贿犯罪分子的一种不执行死刑的刑罚执行措施。

第三节 挪用公款罪

一、挪用公款罪的概念和特征

挪用公款罪是指国家工作人员利用职务上的便利,挪用公款归个人使用,进行非法活动,或者挪用公款数额较大,进行营利活动,或者挪用公款数额较大,超过3个月未还的行为。

挪用公款罪的主要特征是：

（1）侵犯的客体是国家财经管理制度和公共财物的使用权。其对象是公款。所谓"公款",是指国家和集体所有的货币资金,它同公共财产的实物有所区别。人民币是公款的主要表现形式；国家或者集体所有的外汇,也应属于公款；其他支票、股票、国库券等有价证券,是货币财产的书面表现形式,也可以成为挪用公款罪的对象。

挪用公款罪的对象是公款,对于挪用公物能否构成挪用公款罪,刑法理论界和司法界认识不尽一致。我们认为,从字面上看,挪用公款罪的罪名,本身就说明犯罪对象是公款。从实际上看,挪用方面的犯罪,一般都是公款,很少有公物。但不能由此得出结论说,挪用公款罪的侵害对象只能是公款,就不包括公物。《刑法》第384条第1款规定了挪用公款罪,第2款又规定："挪用用于救灾、抢险、防汛、优抚、扶贫、移民、救济款物归个人使用的,从重处罚。"这里把款物并列,由此可以看出,无论是挪用公款或者公物归个人使用,都要按挪用公款罪从重处罚。这就足以说明,法律并未把公物排除在本罪侵犯的对象之外。最高司法机关在有关司法解释中曾明确指出："挪用公物归个人使用,一般应由主管部门按政纪处理,情节严重,需要追究刑事责任的,可以折价按挪用公款罪处罚。"

（2）本罪在客观方面,表现为利用职务上的便利,实施了挪用公款归个人使用,进行非法活动；或者挪用公款数额较大,进行营利活动；或者挪用公款数额较大,超过3个月未归还的行为。根据全国人大常委会2002年4月28日《关于〈中华人民共和国刑法〉第三百八十四条第一款的解释》,有下列情形之一的,属于挪用公款"归个人使用"：将公款供本人、亲友或者其他自然人使用的；以个人名义将公款供其他单位使用的;个人决定以单位名义将公款供其他单位使用,谋取个人利益的。这里的"个人"并不限于一个人,而是相对于单位、集体而言。如果没有经过单位领导集体研究,只是少数领导违反规定将公款供其他单位使用,为单位少数人谋取利益的,也属于"谋取个人利益"。所谓利用职务上的便利,主要是指利用在职务上经手、管理或者主管公共财物的便利。所谓挪用公款归个人使用,进行非法活动的,主要是指进行走私、赌博、放高利贷等违法犯罪活动。这里没有挪用数额和期限的限制,即不管时间长短,也不论数额多少,都构成挪用公款罪,这体现了立法上对此类挪用行为从严惩治的精神。如果其非法活动构成独立犯罪的,应依法实行数罪并罚。但是根据最高人民法院的司法解释,"挪用公款归个人使用,进行非法活动的",以挪用公款 5000 元至 1 万元为追究刑事责任的起点。所谓挪用公款数额较大,进行营利活动,也是要求以个人使用为前提。这里仅要求达到数额较大,但无挪用期限的限制。"营利活动"只包括合法的营利活动,不包括非法的营利活动。所谓挪用公款数额较大,超过 3 个月未还的,是指除了挪用公款进行非法活动和营利活动以外的用途,例如,挪用公款用于生活费用、偿还债务、外出旅游等。这种挪用构成犯罪,既要求挪用数额要达到较大,又要求挪用期限超过 3 个月未归还。根据最高司法机关的有关解释,这里所说的"未还",是指案发前未还。如果挪用公款数额较大,虽然超过 3 个月,但在案发前已全部归还本息的,可不认为是犯罪;挪用公款 5 万元以上,超过 3 个月,无论案发前归还本息与否,都认为是犯罪。①

(3) 本罪的主体是特殊主体,即只能是国家工作人员。关于本罪主体的具体认定,与贪污罪主体的内容相同。

(4) 本罪在主观方面,只能由故意构成,其目的是挪用公款,即非法取得使用权。至于挪用的动机,可能是多种多样的,动机的不同,不影响本罪的成立。

二、认定挪用公款罪应划清的界限

(1) 划清挪用公款与用单位名义为个人贷款担保的界限。在实践中,有的经手、管理公共财物的人员违反规定,擅自用单位名义为个人贷款提供书面担保。按照我国《民法典》的有关规定,担保人向债权人保证债务人履行债务,债务人不履行债务时,担保人应当按照约定履行或者承担连带责任。这里要分清三种情况:第一,约定未到期之前的担保期间是否属于挪用。由书面形式表示承担保证责任,并不先行支付现金,公款事实上只是处于一种可能抵偿的风险之中,在担保过程中,公款仍在原单位控制之下,其占有权、使用权、收益权都不因

---

① 根据司法解释,挪用公款归个人使用,进行营利活动,或者挪用公款归个人使用,超过 3 个月未还的,均以 1 万元至 3 万元"为数额较大"的起点。

担保而有所改变。所以,在这种情况下,上述担保行为似是挪用公款行为,实际上不符合挪用公款罪的特征,因而不能以挪用公款罪论处。第二,个人贷款到期无力偿还,公款被银行划拨抵偿到期个人贷款,符合挪用公款罪特征的,应按挪用公款罪论处。因为这种担保行为造成的结果,是公款被用于抵偿个人的贷款,公款使用权受到了侵犯,其危害的性质和程度与挪用公款相同。第三,没有发生单位公款被抵偿到期个人贷款的事实,则构不成挪用公款的行为。因为在这种情况下,公款仍在原单位控制下,其使用权并没有受到侵犯,因而不具备挪用公款的特征。

(2) 划清挪用公款罪与挪用特定款物罪的界限。这两种犯罪在犯罪主体、犯罪的主观方面和客观方面基本相同,其重要区别是:第一,侵害的对象不同。挪用公款罪侵害的对象是公款,挪用特定款物罪侵害的对象只能是国家特定的用于救灾、抢险、防汛、优抚、扶贫、移民、救济的专项款物。第二,挪用的用途不同。挪用公款罪的挪用公款是归个人使用,挪用特定款物罪挪用的特定款物是作其他公用。如果挪用特定款物归个人使用,应以挪用公款罪,从重处罚。第三,主体不完全相同。挪用公款罪的主体是国家工作人员,挪用特定款物罪的主体,一般是国家工作人员,主要是掌管特定款物的主管人员或直接责任人员。

(3) 划清挪用公款罪与贪污罪的界限。这两种犯罪在犯罪主体、侵害对象和客观方面都基本相同或相似。二者的主要区别是:第一,侵犯的客体不同。虽然这两种犯罪侵犯的客体,都是公共财产的所有权,但挪用公款罪只侵犯公款的占有权、使用权和收益权,而没有侵犯处分权。而贪污罪则侵犯了公共财物的全部权能。第二,具体犯罪行为与手段不同。贪污罪表现为侵吞、窃取、骗取或者以其他方法占有公共财物,其往往采用伪造单据、涂改账目、销毁凭证等手段。而挪用公款罪因为准备归还,所以一般不采取上述手段来掩盖公款被挪用的事实。第三,目的不同。贪污罪目的是非法占有公共财物,而挪用公款罪的目的,是挪用公款准备以后归还。但是,当挪用人在挪用公款后,具有下列情形之一,在提起公诉前未退还的,应当认定具有"非法占有公共财物"的故意,按照贪污罪定罪处罚:携带公款潜逃的;挥霍公款,致使公款不能退还的;使用公款进行违法犯罪活动,致使公款不能退还的;使用公款进行股票、期货等高风险投资,致使公款不能退还的。

(4) 划清挪用公款罪与合法借贷行为的界限。挪用公款归个人使用,是行为人利用职务上的便利,私自将自己经手或管理的公款,挪作个人使用,使公共财物所有权的完整性受到了侵害;而合法借贷则有正常借贷手续,债权人和债务人都有明确的权利义务,与私自挪用公款的性质完全不同。司法实践中,应注意以借贷为幌子,实质是挪用公款归个人使用的违法犯罪行为。

(5) 划清本罪与挪用资金罪的界限。两罪主观方面均为故意犯罪,客观行为方式相同,均为挪用。其区别是:第一,主体不同。本罪的主体是国家工作人员;而挪用资金罪的主体则是公司、企业或者其他单位的人员,不包括国家工作人员。第二,犯罪对象不同。本罪的犯罪对象是公款,包括国有或者集体所有的公款;而挪用资金罪的犯罪对象则是本单位的资金,资金的性质包括国有资金、集体资金和个体资金。

三、挪用公款罪的刑事责任

《刑法》第384条规定本罪的法定刑为:5年以下有期徒刑或者拘役;情节严重的,处5年以上有期徒刑。挪用公款数额巨大不退还的,处10年以上有期徒刑或者无期徒刑。挪用用于救灾、抢险、防汛、优抚、扶贫、移民、救济款物归个人使用的,从重处罚。在挪用案件中,使用人与挪用人共谋、指使或者参与策划取得挪用款的,按挪用公款共同犯罪论处。根据最高人民法院的司法解释,"数额巨大",是指挪用公款15万元至20万元。

第四节 受贿方面的犯罪

一、受贿罪

(一) 受贿罪的概念和特征

受贿罪,是指国家工作人员利用职务上的便利,索取他人财物,或者非法收受他人财物,为他人谋取利益的行为。

受贿罪的主要特征是:

(1) 本罪侵犯的客体是复杂客体,即国家机关的正常活动和国家工作人员职务行为的廉洁性。受贿罪的本质在于,受贿人以其职务行为与行贿人的贿赂进行交易。国家工作人员的职务行为具有公正性和不可收买性,或者称为廉洁性。受贿人图谋贿赂而违法失职,则直接侵犯了职务行为的廉洁性。这种犯罪的危害表现为侵蚀国家肌体,国家意志因此受阻挠或者窜改,败坏国家机关之声誉,损害人民群众对公职人员及其行为的信赖,致使国家和人民利益遭受重大损失。

受贿罪的客体总是通过其犯罪对象——贿赂体现出来的。《刑法》第385条将贿赂的内容限定为财物。这里的"财物"既包括可以用金钱计量的钱物,也包括可以用金钱计量的物质性利益,有的亦称财产性利益,例如,债权的设立、债务的免除以及其他形式的物质性利益。因为财产性利益可以通过金钱估价,而且许多财产性利益的价值超出了一般物品的经济价值,所以将财产性利益包括在财产范围内是适当的。受贿罪是以权换利的肮脏交易,将能够转移占有与使用的财产性利益视为财物,是完全符合受贿罪本质特征的。有人认为非财产性利益也可以成为受贿罪的对象,例如,提升职务、迁移户口、升学就业、提供女色等,这样解释过于扩大受贿罪的处罚范围,实践中也很难操作,因而是不可取的。

(2) 在客观方面,表现为行为人利用职务上的便利,索取、收受贿赂的行为。利用职务上的便利是构成受贿罪的必备要件,这是受贿罪之所以称为职务型犯罪的理由所在。对利用职务上的便利作限制性解释还是扩张性解释,在我国学术界历来有不同看法。主张限制性解释的人认为,利用职务上的便利,是指利用本人现时职务上主管、经管、负责某项工作的便利条件。主张扩张性解释的人认为,利用职务上的便利,不仅是指利用本人现任职务之便利,也包括利用过去或未来之职务上的便利;不仅指直接利用本人职务之便利,也包括通过本人职务上的便利而利用他人职务上的便利。根据《刑法》第 385 条的规定,我们认为前者的解释是适当的。

受贿罪的具体行为方式有两种,即索取贿赂和收受贿赂。所谓索取贿赂,是指行为人在从事公务的时候,利用自己的职权或者与职务有关的便利条件,在当事人有求于己或者有困难时,主动地向对方索要财物。对于索取贿赂的,不论是否"为他人谋取利益",均构成受贿罪。所谓收受贿赂,是指行为人在从事公务的时候,利用职务上的便利,接受他人主动送予的财物而为他人谋利益的行为。这种被动接受他人财物的行为,同时具备"为他人谋取利益"的,才构成受贿罪。至于为他人谋取的利益是否正当,为他人谋取的利益是否实现,都不影响受贿罪的成立。

根据《刑法》第 388 条的规定,国家工作人员利用本人职权或者地位形成的便利条件,通过其他国家工作人员职务上的行为,为请托人谋取不正当利益,索取请托人财物或者收受请托人财物的,以受贿罪论处。这在刑法理论上称为斡旋受贿。斡旋受贿的表现形式为:行为人利用本人职权或者地位形成的便利条件;通过其他国家工作人员职务上的行为,为请托人谋取不正当利益;向请托人索取或者收受请托人的财物。对于斡旋受贿的行为,以受贿罪定罪处罚。

(3) 本罪的主体是特殊主体,即国家工作人员。这里所说的国家工作人员,仅限于在职的国家工作人员。但是 2000 年 6 月 30 日最高人民法院《关于国家工作人员利用职务上的便利为他人谋取利益退休后收受财物行为如何处理问题的批复》指出:"国家工作人员利用职务上的便利为请托人谋取利益,并与请托人事先约定,在其离退休后收受财物,构成犯罪的,以受贿罪定罪处罚。"这种情况下,事先约定是构成受贿罪的必要条件。如果没有事先约定,在职时利用职务之便为请托人谋取利益,而在退休后收受请托人财物的,不能定受贿罪。另外,村民委员会等基层组织人员协助人民政府从事行政管理工作,利用职务上的便利实施本罪行为的,应以受贿罪论处。

(4) 本罪在主观方面只能由故意构成。

(二) 处理受贿案件应注意的问题

1. 划清罪与非罪的界限

(1) 把受贿罪与接受亲友给予财物的行为相区别。接受亲友给予财物通常有两种情况：一为亲友出于私人的亲情友谊，单方面、无条件地赠与财物；二为单纯利用亲友关系，为请托人办事，收受了请托人的答谢礼物。前一种情况属于直接的馈赠行为，是一种公开的、正常的合法行为。赠与人不图谋利益，受赠人无须利用职务之便。后一种情况属于亲友之间的礼尚往来，不存在利用职务为请托人谋取利益，而本人从中接受财物的问题。受贿罪则不论是否在亲友间，只要利用职务上的便利，索取他人财物的，或者非法收受他人财物为他人谋取利益的，均成立受贿罪。这里区分的关键是看：行为人接受财物是否与职务活动有关。

(2) 把受贿罪与取得合理报酬的行为相区别。合理报酬，是指在法律、政策允许的范围内，行为人用自己的劳动和知识，为他人提供服务，而从中获得的劳动报酬。按国家有关规定，在职的专业技术人员，在完成本职工作和不侵犯本单位技术经济利益的前提下，利用业余时间，向社会提供知识或技术服务，因而取得报酬的，是合法收入，归己所有。离、退休的专业技术人员发挥余热，向社会提供知识或技术服务的，取得相应的劳动报酬是合理的。合理报酬是社会主义多劳多得分配原则的体现，同利用职务上的便利，为他人谋取利益，从中收受财物的受贿罪是根本不同的。区分的关键在实质上表现为是否利用职务行为为他人谋利益从而获得了"酬谢"或"好处"。

(3) 划清回扣、手续费这种经济现象中的罪与非罪的界限：社会上存在的回扣、手续费是一种经济现象，含有复杂多样的性质。《刑法》第 385 条第 2 款规定"国家工作人员在经济往来中，违反国家规定，收受各种名义的回扣、手续费，归个人所有的，以受贿论处"。这一法律规定，为界定回扣、手续费中的受贿罪与非罪行为提供了一个基本依据，即符合受贿罪主体身份的人员，私自收受回扣、手续费，中饱私囊的行为，成立受贿罪；而收受回扣、手续费后，如实向单位申报上缴或归本单位集体福利所用，本人按规定获得提成或奖励的，不构成受贿罪。

(4) 划清受贿罪与受贿行为的界限。《刑法》第 386 条规定，对个人受贿行为构成受贿罪，依据受贿所得数额及情节，按照贪污罪处罚，即个人受贿数额不满 5000 元，情节较重的，即负受贿罪的刑事责任；情节较轻的，即不认为是受贿罪，只给予行政处分。区分受贿行为与受贿罪之关键是看：受贿的数额和情节。

2. 划清受贿罪与其他相近犯罪的界限

(1) 将受贿罪与贪污罪区分开来。从犯罪构成的角度，二罪的区别是：① 侵犯客体不同，犯罪对象不同。贪污罪侵犯公共财物所有权，犯罪对象是公共财物;受贿罪侵犯的是行为人职务行为的廉洁性,犯罪对象是贿赂,即他人的财物(包含公私财物在内)。② 客观方面的行为表现形式不同。贪污罪采用侵吞、盗窃、骗取等行为形式,非法占有自己主管、经管的公共财物;受贿罪则以索取他人财物或非法收受他人财物,为他人谋利益的行为形式出现。③ 主观方面表现出不同的犯罪目的。贪污罪出于非法占有自己主管、经管的公共财物的目的,受贿罪出于获得贿赂——他人的财物(含公私财物)的目的。

(2) 将受贿罪与敲诈勒索罪区分开来。以索贿形式出现的受贿罪与敲诈勒索罪,除了在侵犯客体、犯罪主体等要件上有区别外,在客观方面也是不同的。敲诈勒索罪中的勒索行为,是以暴力威胁或其他加害行为,使被害人产生精神恐惧,被迫交出财物;受贿罪中的索贿行为,是以职务之便,在当事人有求于己或者有困难时,主动向对方索要财物,并不采取暴力威胁等强行手段勒索。

(三) 对受贿罪的处罚

依照《刑法》第385条规定,对自然人犯受贿罪的,按本法第383条规定的贪污罪的处罚原则处罚。

二、单位受贿罪

(一) 单位受贿罪的概念和特征

单位受贿罪,是指国家机关、国有公司、企业、事业单位、人民团体索取、非法收受他人财物,为他人谋取利益,情节严重的行为。

单位受贿罪的主要特征是:

(1) 本罪侵犯的客体是上述国家机关和其他单位的正常活动。

(2) 本罪客观方面表现为上述国家机关和其他单位索取、非法收受他人财物,为他人谋取利益,情节严重的行为。

(3) 本罪的主体是上述国家机关和其他单位。

(4) 本罪主观方面只能由故意构成。单位的这种故意必须通过其直接负责的主管人员和其他直接责任人员故意索取、收受贿赂的行为体现出来。

(二) 单位受贿罪适用中应注意的问题

(1) 构成本罪必须同时具备为他人谋取利益及情节严重两个条件,缺一即不构成犯罪。在经济交往和公务活动中,国家机关、国有公司、企业、事业单位、人民团体违反国家有关政策和组织纪律,单位之间、单位与个人之间相互请客送礼,巧立名目向基层和有关单位或个人索取赞助费等,对此可由主管部门对有上述行为的单位直接责任人员给予必要的纪律处分,责令退还财物。只有数额较大,情节严重,造成一定社会危害的才以犯罪论处。《刑法》第387条第2款规定的以受贿罪论处的,是在经济往来中,国家机关、国有企事业单位和人民团体在账外收受各种名义的回扣、手续费,并为行贿方谋取利益的行为。

（2）本罪是通过直接负责的主管人员和其他直接责任人员来实施的,它很容易和《刑法》第 385 条的受贿罪、第 163 条及第 184 条的非国家工作人员受贿罪、第 229 条提供虚假证明文件罪中的中介受贿行为等相混淆。区分的关键在两个方面：一是本罪是在单位意志的支配下,以单位名义实施的；而个人受贿则是个人利用自身职务的便利,以个人名义实施的。单位受贿是法人犯罪,其意志形成过程可能是领导个别决定的,也可能是由决策机构集体决定的,但其直接责任人员的行为都是在单位意志支配下,以单位名义实施的；而个人受贿在主观方面则纯属个人意志。二是受贿所得,本罪归单位所有,即直接责任人员的行为是为了给单位带来非法利益；而个人受贿则不然,如果是单位成员（包括领导成员）假借单位名义索取、收受他人财物,但把财物收归己有,则应按个人受贿罪处理。

（三）单位受贿罪的刑事责任

《刑法》第 387 条规定单位受贿罪的法定刑为：对单位判处罚金,并对其直接负责的主管人员和其他直接责任人员,处 5 年以下有期徒刑或者拘役。

第五节　行贿方面的犯罪

一、行贿罪

（一）行贿罪的概念和特征

行贿罪是指为谋取不正当利益,给予国家工作人员以财物的行为。行贿罪的主要特征是：

（1）侵犯的客体应从与受贿罪密切关联的角度去考虑,即侵害到国家机关的正常活动和公职人员职务的廉洁性。行贿的对象是本罪概念中所列特定的人员,即国家工作人员。

（2）在客观方面,表现为行为人给予国家工作人员以财物的行为。行贿是用财物与行贿对象的职务作交易的行为,目的是谋取不正当利益。行贿人为谋取不正当利益,主动给行贿对象财物的是行贿罪,因对方要求而被动提供财物的也是行贿罪。但是,《刑法》第 389 条第 3 款规定："因被勒索给予国家工作人员以财物,没有获得不正当利益的,不是行贿。"这一规定把有的人本来应当得到某种正当利益,而被勒索送财物的行为排除在行贿之外。

本条第 2 款还规定,在经济往来中,违反国家规定给予国家工作人员以财物,数额较大的,或者违反国家规定,给予国家工作人员以各种名义的回扣、手续费的,以行贿论处。

（3）行贿罪的主体,是具备刑事责任能力的自然人。

(4) 在主观方面,只能是故意,目的是谋取不正当利益。"谋取不正当利益"是行贿罪构成的必要条件。至于谋取的不正当利益是为个人还是为本单位,或者谋取的不正当利益是否实现,均不影响行贿罪的成立。

(二) 认定行贿罪应注意的问题

(1) 将行贿罪与社会上请客送礼风气区分开来。主要有两种情况:一种是有的人的某种正当利益,由于长期得不到解决,而送钱送物的,这种行为不构成行贿罪,责任在受贿方。另一种是有的人为了答谢他人的帮助,出于友情送少量礼物的,不具有为谋取不正当利益而收买他人的职务行为为自己服务的特点,不是行贿罪。

(2) 划清经济往来中回扣、手续费的罪与非罪的界限。这里区分行贿罪与非罪行为的关键是看行为人是否为谋取不正当利益而给予对方回扣、手续费。为搞活经济,维持企业正常经营,按政府的有关规定给予回扣、手续费的,不构成行贿罪。

(3) 认定本罪,应与对公司、企业行贿罪区别开来。两罪的犯罪主体都是一般主体,主观方面都是故意犯罪,都具有谋取不正当利益的目的,客观方面都实施了给予他人以财物的行为。所不同的是:第一,犯罪对象不同,本罪行贿的对象是国家工作人员,而商业行贿罪的行贿对象则是公司、企业的工作人员。第二,犯罪主体的范围不同,本罪的主体只能是自然人,而商业行贿罪的主体既可以是自然人,也可以是企事业单位、机关、团体等法人。

(三) 行贿罪的刑事责任

根据《刑法修正案(九)》第 45 条和《刑法》第 390 条的规定,对犯行贿罪的,处 5 年以下有期徒刑或者拘役,并处罚金;因行贿谋取不正当利益,情节严重的,或者使国家利益遭受重大损失的,处 5 年以上 10 年以下有期徒刑,并处罚金;情节特别严重的,或者使国家利益遭受特别重大损失的,处 10 年以上有期徒刑或者无期徒刑,并处罚金或者没收财产。同时,该条第 2 款规定,行贿人在被追诉前主动交待行贿行为的,可以从轻或者减轻处罚。其中,犯罪较轻的,对侦破重大案件起关键作用的,或者有重大立功表现的,可以减轻或者免除处罚。

因行贿进行违法犯罪活动构成其他犯罪的,依照数罪并罚的规定处罚。

二、对有影响力的人行贿罪

对有影响力的人行贿罪,是指行为人为谋取不正当利益,向国家工作人员的近亲属或者其他与该国家工作人员关系密切的人,或者向离职的国家工作人员或者其近亲属以及其他与其关系密切的人行贿的行为。本罪的主要特征是:

(1) 侵害的客体是国家机关的正常活动和公职人员职务的廉洁性。行贿的对象有五类:第一类是国家工作人员的近亲属,包括夫、妻、父、母、子、女、同胞兄弟姐妹、祖父母、外祖父母、孙子女、外孙子女;第二类是与国家工作人员关系密切的人;第三类是离职的国家工作人员;第四类是离职的国家工作人员的近亲属;第五类是其他与离职的国家工作人员关系密切的人。至于"关系密切的人"具体指哪些人,需要由司法机关作出司法解释和根据案件的实际情况加以确定。

(2) 客观方面表现为谋取不正常利益,向国家工作人员的近亲属或者其他与该国家工作人员关系密切的人,或者向离职的国家工作人员或者其近亲属以及其他与之关系密切的人行贿的行为。惩治这类行贿行为,对于从源头上遏制和预防贿赂犯罪具有重要意义。

(3) 犯罪主体是一般主体,自然人和单位都可以构成本罪。

(4) 主观方面是故意。

根据《刑法修正案(九)》第46条和《刑法》第390条之一的规定,犯本罪的,处3年以下有期徒刑或者拘役,并处罚金;情节严重的,或者使国家利益遭受重大损失的,处3年以上7年以下有期徒刑,并处罚金;情节特别严重的,或者使国家利益遭受特别重大损失的,处7年以上10年以下有期徒刑,并处罚金。

单位犯前款罪的,对单位判处罚金,并对其直接负责的主管人员和其他直接责任人员,处3年以下有期徒刑或者拘役,并处罚金。

《刑法修正案(九)》已对行贿犯罪进行了修改,对行贿人在被追诉前主动交待行贿行为的,可以从轻或者减轻处罚。其中,犯罪较轻的,对侦破重大案件起关键作用的,或者有重大立功表现的,可以减轻或者免除处罚。这一规定,也应适用《刑法》第390条第2款的情况,以体现宽严相济的刑事政策。

三、对(国有)单位行贿罪

(一) 对(国有)单位行贿罪的概念和特征

对(国有)单位行贿罪,是指为谋取不正当利益,给予国家机关、国有公司、企业、事业单位、人民团体以财物,或者在经济往来中,违反国家规定,给予各种名义的回扣、手续费的行为。本罪的主要特征是:

(1) 本罪所侵犯的客体是国家单位的工作秩序和廉洁性。

(2) 本罪在客观方面表现为给予国家机关、国有公司、企业、事业单位、人民团体以财物,或者在经济往来中,违反国家规定,给予各种名义的回扣、手续费的行为。

(3) 本罪的主体是一般主体,包括自然人和单位。

(4) 本罪在主观方面只能是故意,目的是使上述国家机关和其他单位利用职务上的便利,为自己谋取不正当的利益。

(二) 适用对(国有)单位行贿罪时应注意的问题

(1) 本罪的构成并不以对方承诺或者一定实现其不正当利益要求为构成要件,即使行为人所追求的不正当利益没有达到,也不影响该罪的成立。如本来应得的用电、用水、住房或办理营业执照、户口转移等手续,即依照法律和政策规定应当或者可以获得的利益,由于长期得不到解决,或者为了及早得到解决而采取送钱送物的手段,或者被勒索而被迫给付国家机关、国有公司、企业、事业单位、人民团体以财物的,则不构成对单位行贿罪。如果为谋取不正当的非法利益,即使行为人在被勒索的情况下向有关单位给付财物,仍应以对单位行贿罪论处。

(2) 本罪与馈赠行为的界限。一是两者的目的不同。向单位行贿的人给予国家机关、国有公司、企业、事业单位、人民团体以财物,是为了谋取不正当的非法利益,属于权钱交易;而向单位的馈赠行为则是一种加深友谊、争取支持、表现谢意的举动。二是两者的方式和内容不同。向单位行贿一般是以隐蔽的方式进行,且贿赂的数额比较大;而向单位的馈赠,其财物数额较小,大多是一种象征性的表示。

(3) 要把本罪与一般行贿行为区分开来。行贿只有达到一定数额,情节较为严重的才以本罪论处。但是,行贿虽然没有达到一定数额标准,如果是为谋取非法利益而行贿,或因其行贿行为致使国家或者社会利益遭受重大损失,均应以本罪论处。

(4) 要把本罪与行贿罪和对公司、企业人员行贿罪区分开来。本罪与这两种罪的相同点是:犯罪主体都是一般主体;主观方面都有谋取不正当利益的目的;客观方面都实施了给付钱物的行为。所不同的主要是犯罪对象,本罪行贿的对象是国家机关、国有公司、企业、事业单位、人民团体,行贿罪的对象是国家工作人员,对公司、企业人员行贿罪的对象则是公司、企业的工作人员。

(三) 对(国有)单位行贿罪的刑事责任

根据《刑法修正案(九)》第47条和《刑法》第391条第1款的规定:犯本罪的,处3年以下有期徒刑或者拘役,并处罚金。

四、单位行贿罪

(一) 单位行贿罪的概念和特征

单位行贿罪,是指单位为谋取不正当利益而行贿,或者违反国家规定,给予国家工作人员以回扣、手续费,情节严重的行为。本罪的主要特征是:

(1) 本罪所侵犯的客体是国家机构的工作秩序和国家工作人员职务的廉洁性。

(2) 本罪的客观行为方式是作为,具体表现为单位为谋取不正当利益而行贿,或者违反国家规定,给予国家工作人员以回扣、手续费,情节严重的行为。

(3) 本罪的主体是单位,包括公司、企业、事业单位、机关、团体,且不仅仅局限于国有的企业、事业单位、机关、团体,也包括集体所有制企业、事业单位,还包括中外合资、合作企业、有限公司、外资公司、私营企业等,是单位犯罪中的一般主体。

（4）本罪的主观方面是故意犯罪，即单位为谋取不正当利益而故意实施行贿，这种故意是通过单位直接负责的主管人员和其他直接责任人员的故意反映出来的。

（二）适用单位行贿罪时应注意的问题

（1）本罪与给予国家工作人员正常报酬的界限。给予国家工作人员正常报酬是单位根据国家法律、政策规定，对向其提供科技服务、经济项目服务、法律咨询服务或利用业余时间为其提供业务协作的国家工作人员相应的奖励和报酬，这种奖励和报酬与接受者所付出的脑力和体力劳动密切相关；而以单位名义行贿则纯属于拿单位的钱物与国家工作人员所拥有的权力作交换，以此为本单位谋取不正当利益，其所给予的钱物只与接受者的职务行为有关。

（2）本罪与经济往来中的不正之风的界限。经济往来中的不正之风，一般是指以单位名义请客送礼，巧立名目向有关人员赠送纪念品等。这些一般数额较小，接受的人员对象比较分散；其目的可能是为本单位谋取不正当利益，也可能是为了本单位将来办事方便进行所谓"感情投资"；如果是为了本单位谋取不正当利益而向国家工作人员给付钱物，达到如前所述的数额，情节严重，则应以单位行贿罪论处。

（3）本罪与行贿罪的界限。本罪的主体是单位；而行贿罪的主体则是自然人，除此不同外，其他方面基本相同。在实践中要注意把那些名义上为单位，实际上是为个人谋取不正当利益而行贿的个人行贿犯罪同本罪区分开来，区别的关键是看所谋取的不正当利益实际属于本单位还是属于行为人个人。

（4）本罪与对公司、企业人员行贿罪的界限。首先是主体不同。本罪的主体是单位，而对公司、企业人员行贿罪的主体既包括单位，也包括个人。其次是犯罪对象不同。本罪行贿的对象是国家工作人员，而对公司、企业人员行贿罪的对象则是公司、企业的工作人员。

（三）单位行贿罪的刑事责任

根据《刑法修正案（九）》第49条和《刑法》第393条的规定，犯单位行贿罪的，对单位判处罚金，并对其直接负责的主管人员和其他直接责任人员，处5年以下有期徒刑或者拘役，并处罚金。因行贿取得的违法所得归个人所有的，依照《刑法》第389条、第390条的规定定罪处罚。

第六节 介绍贿赂罪

一、介绍贿赂罪的概念和特征

介绍贿赂罪，是指向国家工作人员介绍贿赂，情节严重的行为。

本罪的主要特征是：

（1）本罪所侵犯的客体是公共机构的工作秩序和公务活动的廉洁性。

（2）本罪在客观方面表现为行为人在行贿人和受贿人之间沟通、引荐、撮合、促使行贿与受贿得以实现的行为。

（3）本罪的主体是一般主体，即任何达到法定责任年龄且有刑事责任能力的公民，包括国家工作人员。

（4）本罪的主观方面是直接故意，且故意的内容是以促成行贿、受贿双方建立贿赂联系为目的，有的行为人具有从中谋取私利的目的；也有的出于朋友、亲戚或熟人的关系而进行帮助；还有的是慑于行贿人、受贿人一方或双方的权势或阿谀奉承而从中卖力。

二、适用介绍贿赂罪时应注意的问题

（1）本罪的成立以行贿、受贿得以实现为条件，如果仅有介绍贿赂行为，但行贿、受贿因某种原因未能成交的则不构成本罪。如果有以下几种情况，则属于情节较轻：第一，介绍贿赂数额较小；第二，行为人虽然从中起了介绍作用，但没有从中谋取私利；第三，行为人出于对行贿人的同情作一般介绍，没有具体参加贿赂活动；第四，行为人所介绍的贿赂，行贿人谋取的不是非法利益。在以上情况下，一般不作犯罪处理。"情节严重"是构成本罪的必备条件。何谓"情节严重"，是指介绍贿赂达到一定数额；或者介绍贿赂虽然未达到一定数额，但具有下列情形之一：为使行贿人获取非法利益而介绍贿赂；多次或者为多人介绍贿赂；国家工作人员、刑事诉讼中的辩护人、代理人介绍贿赂；介绍贿赂而收受财物；因介绍贿赂行为使国家或者社会利益遭受重大损失；等等。在具备上述严重情节的情况下，应以介绍贿赂罪论处。

（2）行为人在被蒙蔽的情况下介绍贿赂，其主观上并无介绍贿赂的故意；或者只有说情的行为，并无介绍贿赂的故意，则不构成本罪。只有在介绍贿赂的目的明确，并从中积极撮合，使贿赂双方得以成交，并造成一定危害的情况下，才以本罪论处。

（3）本罪与经济交往中居间提供信息咨询服务行为的界限。居间提供信息咨询服务，行为人主观方面的目的是使正常的业务成交，从中获取应得的报酬，至于一方是否向另一方给付钱物，使对方为自己谋取不正当利益，则并非居间人的主观意愿。居间人介绍成交的是正常的经济交往业务；介绍贿赂罪的行为人介绍的则是权钱交易的犯罪行为，这是二者的本质区别。

（4）本罪与斡旋受贿罪的区别为：第一，本罪的主体为一般主体，而斡旋受贿罪的主体只能是国家工作人员。第二，在客观方面，本罪行为人并不利用本人职权或地位形成的便利条件，而往往是利用亲友和熟人之间的关系为他人的贿赂行为起沟通、引荐和撮合作用;而斡旋受贿罪行为人则是利用本人职权或地位形成的便利条件,通过他人的职务行为为请托人谋取利益。第三,在犯罪的动机和目的上,本罪行为人既可能是为了谋取本人私利,也可能只是为朋友、熟人或上级帮忙,从而加深相互感情;而斡旋受贿罪行为人为他人谋取利益的目的纯属是为了获取非法钱财。

三、对介绍贿赂罪的处罚

根据《刑法修正案(九)》第48条和《刑法》第392条第1款的规定,向国家工作人员介绍贿赂,情节严重的,处3年以下有期徒刑或者拘役,并处罚金。

介绍贿赂人在被追诉前主动交待介绍贿赂行为的,可以减轻或者免除处罚。

第七节 本章其他犯罪

一、利用影响力受贿罪

利用影响力受贿罪,是指国家工作人员的近亲属或者其他与该国家工作人员关系密切的人,通过该国家工作人员职务上的行为,或者利用该国家工作人员职权或者地位形成的便利条件,以及离职的国家工作人员或者其近亲属以及其他与其关系密切的人,利用该离职的国家工作人员原职权或者地位形成的便利条件,通过其他国家工作人员职务上的行为,为请托人谋取不正当利益,索取请托人财物或者收受请托人财物,数额较大或者有其他较重情节的行为。其主要特征是:

(1)侵犯的客体是国家工作人员职务的正当性。

(2)客观方面表现为特定人员通过该国家工作人员职务上的行为,或者利用该国家工作人员职权或者地位形成的便利条件,通过其他国家工作人员职务上的行为,为请托人谋取不正当利益,索取请托人财物或者收受请托人财物,数额较大或者有其他较重情节的行为。

(3)犯罪主体是国家工作人员的近亲属或者其他与该国家工作人员关系密切的人,以及离职的国家工作人员或者其近亲属以及其他与其关系密切的人。

(4)主观方面是故意。

根据《刑法》第388条之一的规定。犯本罪的,处3年以下有期徒刑或者拘役,并处罚金;数额巨大或者有其他严重情节的,处3年以上7年以下有期徒刑,并处罚金;数额特别巨大或者有其他特别严重情节的,处7年以上有期徒刑,并处罚金或者没收财产。

二、巨额财产来源不明罪

巨额财产来源不明罪,是指国家工作人员的财产或者支出明显超过合法收入,差额巨大,本人不能说明其来源是合法的行为。

本罪的主要特征是:

(1) 本罪所侵犯的客体是国家机构的工作秩序和国家工作人员职务的廉洁性。

(2) 本罪在客观方面表现为行为人拥有的财产或支出明显超过合法收入,差额巨大,本人不能说明其合法来源。

(3) 本罪的主体是特殊主体,即国家工作人员。

(4) 本罪的主观方面是故意,即行为人明知其财产不合法而故意占有和支配。

根据《刑法》第 395 条第 1 款的规定,犯本罪的,处 5 年以下有期徒刑或者拘役;差额特别巨大的,处 5 年以上 10 年以下有期徒刑。财产的差额部分予以追缴。[①]

三、隐瞒境外存款罪

隐瞒境外存款罪,是指国家工作人员在境外的存款,应当依照国家规定申报,数额较大,隐瞒不报的行为。

本罪的主要特征是:

(1) 本罪所侵犯的客体是国家工作人员职务的廉洁性。

(2) 本罪在客观方面表现为不作为,即对自己在境外数额较大的存款不按国家规定申报。所谓"境外的存款",是指在我国国境、边境以外的国家和地区的存款。

(3) 本罪的主体是特殊主体,即国家工作人员。

(4) 本罪的主观方面是故意,即明知应当申报自己在境外的存款却不申报。

根据《刑法》第 395 条第 2 款的规定,犯本罪的,处 2 年以下有期徒刑或者拘役;情节较轻的,由其所在单位或者上级主管机关酌情给予行政处分。

四、私分国有资产罪

私分国有资产罪,是指国家机关、国有公司、企业、事业单位、人民团体,违反国家规定,以单位名义将国有资产集体私分给个人,数额较大的行为。

---

① 参见《刑法修正案(七)》第 14 条的规定。

本罪的主要特征是：

(1) 本罪所侵犯的客体是国家机构的工作秩序和廉洁性。

(2) 本罪的客观行为方式是作为，具体表现为违反国家规定，以单位名义将国有资产私分给个人，数额较大的行为。

(3) 本罪的主体是国有单位，即国家机关、国有公司、企业、事业单位、人民团体。

(4) 本罪的主观方面，由故意构成，且具有非法占有国有资产的目的，其犯罪故意是一种群体意志。

根据《刑法》第396条第1款的规定，犯本罪的，对其直接负责的主管人员和其他直接责任人员，处3年以下有期徒刑或者拘役，并处或者单处罚金；数额巨大的，处3年以上7年以下有期徒刑，并处罚金。

五、私分罚没财物罪

私分罚没财物罪，是指司法机关、行政执法机关违反国家规定，将应当上缴国家的罚没财物，以单位名义集体私分给个人的行为。

本罪的主要特征是：

(1) 本罪所侵犯的客体是司法机关、行政执法机关的廉洁性。

(2) 本罪的客观行为方式是作为，具体表现为违反国家规定，以单位名义将应当上缴国家的罚没财物私分给个人，数额较大的行为。

(3) 本罪的主体是特殊主体，即国家司法机关和行政执法机关。

(4) 本罪的主观方面，由故意构成，且具有非法占有的目的，其犯罪故意是一种群体意志。

根据《刑法》第396条第2款的规定，犯本罪的，对其直接负责的主管人员和其他直接责任人员，处3年以下有期徒刑或者拘役，并处或者单处罚金；数额巨大的，处3年以上7年以下有期徒刑，并处罚金。

第二十六章 渎 职 罪

第一节 渎职罪的概念和特征

渎职罪,是指国家机关工作人员滥用职权、玩忽职守、徇私舞弊,妨害国家机关的正常活动,致使国家和人民的利益遭受重大损失的行为。

渎职罪的主要特征是:

(1) 侵犯的客体,是国家机关的正常活动。这里所说的国家机关,包括各级国家立法机关、行政机关、司法机关、军事机关以及中国共产党的各级机关、中国人民政治协商会议的各级机关。所谓国家机关的正常活动,是指上述国家机关,为实现国家对内、对外的基本职能而进行的正常工作活动。国家机关的正常工作活动,是通过国家机关本身及其工作人员从事公务活动来实现的。在公务活动中,要求国家工作人员依法公正地、忠诚地履行其职责。如果国家机关工作人员滥用职权、玩忽职守、徇私舞弊,必然危害国家机关的正常活动,致使国家和人民的利益遭受重大损失,则成立渎职犯罪。是否直接危害国家机关的正常活动,是渎职犯罪与其他类犯罪,以及渎职罪与以国家机关工作人员为主体构成的有关犯罪相区别的主要标志。

(2) 在客观方面,表现为滥用职权、玩忽职守,徇私舞弊的行为。滥用职权、玩忽职守、徇私舞弊都与国家机关工作人员的职务活动有直接关系,是亵渎职务的行为。亵渎职务的行为表现形式可以是作为,如滥用职权、徇私枉法、私放在押人员等;也可以是不作为形式,如玩忽职守,签订、履行合同失职等。

对国家机关工作人员的渎职行为,除应负行政责任即受处分外,对于给国家和人民利益造成重大损失的,以渎职犯罪追究其刑事责任。

(3) 本类犯罪的主体,是特殊主体,即国家机关工作人员。国家机关工作人员,是指在各级国家立法机关、行政机关、司法机关、军事机关中依法从事公务的人员以及在中国共产党的各级机关、中国人民政治协商会议的各级机关中依法从事公务的人员。根据全国人大常委会2002年12月28日《关于〈中华人民共和国刑法〉第九章渎职罪主体适用问题的解释》,在依照法律、法规规定行使国家行政管理职权的组织中从事公务的人员,或者在受国家机关委托代表国家机关行使职权的组织中从事公务的人员,或者虽未列入国家机关人员编制但在国家机关中从事公务的人员,在代表国家机关行使职权时,有渎职行为,构成犯罪的,依照刑法关于渎职罪的规定追究刑事责任。依法从事公务是国家机关工作人员的本质特征。

在渎职犯罪中,有一部分罪只要是一般国家机关工作人员即可以成为其犯罪主体,如滥用职权罪,玩忽职守罪,故意泄露国家秘密罪,过失泄露国家秘密罪,国家机关工作人员签订、履行合同失职被骗罪,非法批准征收、征用、占用土地罪,非法低价出让国有土地使用权罪,招收公务员、学生徇私舞弊罪,失职造成珍贵文物损毁、流失罪等;而大部分罪则必须负有特定职责的国家机关工作人员才能成立其犯罪主体,如徇私枉法罪、枉法裁判罪等要求由司法工作人员构成,徇私舞弊不征、少征税款罪,徇私舞弊发售发票、抵扣税款、出口退税罪等要求由税务机关的工作人员构成,放纵走私罪要求海关工作人员构成,等等。

本类犯罪中涉及的故意泄露国家秘密罪、过失泄露国家秘密罪可以由非国家机关工作人员构成,他们的行为性质并不是渎职的行为,只是因为关于泄露国家秘密的犯罪多为国家机关工作人员构成,但并不排除由非国家工作人员构成的实际情况存在,这是刑法为避免遗漏犯罪而设立,是严密刑事法网的体现。

(4)在主观方面,多数犯罪为故意构成;少数犯罪过失可以构成,如过失泄露国家秘密罪,失职致使在押人员脱逃罪,国家机关工作人员签订、履行合同失职被骗罪等。

《刑法》分则第九章规定了渎职罪的33个罪名。本章重点讲以下几种犯罪。

第二节 滥用职权罪

一、滥用职权罪的概念与特征

滥用职权罪,是指国家机关工作人员滥用职权,致使公共财产、国家和人民利益遭受重大损失的行为。

滥用职权罪的主要特征是:

(1)侵犯的客体,是国家机关的正常管理活动。国家机关的正常管理活动通过国家机关工作人员依法行使其职权来体现。国家机关工作人员的职权的正当实施,会使国家机关的各项管理活动正常有序,从而确保公共财产、国家和人民的利益不受损失。反之,如国家机关工作人员滥用其职权,则必然破坏国家机关的正常管理活动,从而造成公共财产受损失以及国家和人民利益受损失的危害后果。

(2)在客观方面,表现为行为人滥用职权,致使公共财产、国家和人民利益遭受重大损失的行为。所谓滥用职权,即指不应行使其职权而行使。通常表现为两种情况:一是行为人超越职权,擅自决定或处理其没有决定权限和处理权限的事项,称为越权行为。二是行为人违法地行使其职权范围内的权力,或表现为以不正当目的进行违反职务权限的事项,或表现为以非法的方法进行违反职务权限的事项,称为滥权行为。本罪在行为表现形式上可以是作为,也可以是不作为。按照《刑法》的规定,滥用职权致使公共财产、国家和人民利益遭受重大损失的行为方构成滥用职权罪,即本罪在犯罪形态上是结果犯。"重大损失"包括伤亡人数、财产数额、其他恶劣情节和影响等内容,依照最高司法机关的司法解释具体确定。滥用职权的行为与造成重大损失的结果之间应具有因果关系。

(3)滥用职权罪由特殊主体构成,即国家机关工作人员。非国家机关工作人员滥用其职务权限,造成损失的,不成立本罪,构成其他犯罪的依照其他犯罪论处。例如,银行或者其他金融机构的工作人员违反其职务权限,违反银行法的规定,为他人出具信用证或者其他保函、票据、存单、资信证明,造成较大损失的,构成非法出具金融票证罪。

(4)在主观方面,只能由故意构成。本罪行为人实施超越其职权的行为和不法行使其职权的行为通常出自直接故意,即明知故犯,而对公共财产、国家和人民利益遭受重大损失结果的发生往往持希望或放任的态度。

二、处理滥用职权案件应注意的问题

(1)划清罪与非罪的界限。滥用职权罪的成立必须具备滥用职权的行为和致使公共财产、国家和人民利益遭受重大损失结果的发生两个条件。实践中国家机关工作人员有时有滥用职权的行为,但是并没有造成公共财产、国家和人民利益重大损失结果的发生,则属于一般违法行为,不成立滥用职权罪。因此,滥用职权的行为是否导致重大损失的发生是区分罪与非罪的基本标志。

(2)划清滥用职权罪与其他相近犯罪的界限。将滥用职权罪与本章罪中规定的特殊的滥用职权的犯罪区分开来。例如,司法工作人员在审判活动中违背事实和法律作枉法裁判、私放在押人员,有关主管部门的国家机关工作人员滥用职权管理公司证券,林业主管部门的工作人员违法发放林木采伐许可证,国家机关工作人员滥用职权非法批准征用、占用土地等行为,情节严重的,各自构成有关的犯罪,虽然实施了滥用职权的行为,却不成立滥用职权罪。这是涉及特别法条已将有关特殊的滥用职权犯罪独立予以规定,根据特别法优于普通法之原则,不再以普通法条规定的滥用职权罪论处。

三、对滥用职权罪的处罚

按照《刑法》第397条第1款的规定,犯滥用职权罪,处3年以下有期徒刑或者拘役;情节特别严重的,处3年以上7年以下有期徒刑。这里的"情节特别严重"所包含的内容,应依赖于司法解释具体指出,例如造成的损失特别重大,造成的影响特别恶劣等。此外,《刑法》第397条第2款还规定了滥用职权罪具备"徇私舞弊"这一法定加重情节的刑罚,亦即国家机关工作人员徇私舞弊犯滥用职权罪的,处5年以下有期徒刑或者拘役;情节特别严重的,处5年以上10年以下有期徒刑。这里的"情节特别严重"所含内容仍应依赖于司法解释具体作出规定,例如出于卑劣的动机目的、造成的损失特别重大、造成的影响特别恶劣等。

第三节 玩忽职守罪

一、玩忽职守罪的概念与特征

玩忽职守罪,是指国家机关工作人员玩忽职守,致使公共财产、国家和人民利益遭受重大损失的行为。

玩忽职守罪的主要特征是:

(1) 侵犯的客体是国家机关的正常管理活动。玩忽职守行为违背国家机关工作人员必须依法忠诚地履行其职责的要求,致使国家机关的正常管理活动受阻,导致公共财产、国家和人民利益遭受重大损失的危害后果发生。

(2) 在客观方面,表现为国家机关工作人员具有玩忽职守的行为,并因玩忽职守造成公共财产、国家和人民利益的重大损失。所谓玩忽职守,指国家机关工作人员严重不负责任,不履行或不正确履行职责的行为。玩忽职守的行为方式,通常表现为不作为,即应当认真负责地履行其职责而未尽其职务上所应尽之责,往往表现为擅离职守或对职责范围内的事项不传达、不布置、不检查、不报告、不执行等。当然,不正确履行其职责的行为也有作为形式。因行为人玩忽职守而导致决策失误、差错严重,从而造成公共财产、国家和人民利益的重大损失的结果发生的,构成玩忽职守罪。本罪在犯罪形态上是结果犯。玩忽职守与造成重大损失之间具有因果关系。"重大损失"同滥用职权罪的理解。

(3) 玩忽职守罪的主体是特殊主体,即国家机关工作人员。2000年10月9日,最高人民检察院《关于合同制民警能否成为玩忽职守罪主体问题的批复》规定,根据《刑法》第93条第2款的规定,合同制民警在依法执行公务期间,属其他依照法律从事公务的人员,应以国家工作人员论。对合同制民警在依法执行公务活动中的玩忽职守行为,符合《刑法》第397条规定的玩忽职守构成要件的,应以玩忽职守罪追究刑事责任。非国家机关工作人员玩忽职守,造成损失的,不成立本罪,构成其他犯罪的依照其他犯罪论处。例如国有公司、企业、事业单位直接负责的主管人员,在签订、履行合同过程中,因严重不负责任被诈骗,致使国家利益遭受重大损失的,构成签订、履行合同失职被骗罪。

(4) 在主观方面由过失构成,即行为人应当预见自己不履行或不正确履行其职责的行为会导致公共财产、国家和人民的利益遭受重大损失,因为疏忽大意而没有预见或因过于自信,致使危害结果发生。

二、认定玩忽职守罪应注意的问题

1. 划清玩忽职守罪与非罪的界限

根据法律规定的精神,玩忽职守行为必须导致实际的危害结果发生,即致使公共财产、国家和人民的利益遭受重大损失的结果发生,才构成犯罪。因此,玩忽职守行为是否造成重大损失,是区分罪与非罪的主要标志。

2. 划清玩忽职守罪与其他有关犯罪的界限

（1）将玩忽职守罪与滥用职权罪相区别。二罪在侵犯客体、犯罪主体上相同,其主要区别在于:① 主观方面不同,滥用职权罪由故意构成,玩忽职守罪出于过失而构成。② 客观方面不同,二罪虽然都是结果犯,但是行为表现不一样,滥用职权的行为是指不应行使其职权而行使,是作为形式;玩忽职守的行为是指应履行其职责而不履行或不正确履行其职责的行为,多为不作为形式。

（2）将玩忽职守罪与重大责任事故罪相区别。二罪在主观上都是过失构成。但二罪的区别是明显的:① 二者侵犯的客体不同。重大责任事故罪侵犯的直接客体是厂矿等企事业单位的生产作业安全,属危害公共安全的范畴;玩忽职守罪侵犯的是国家机关的正常管理活动,属渎职的范畴。② 二者的客观要件也不同。重大责任事故罪发生在生产、作业中或直接指挥生产、作业的过程中;玩忽职守罪发生在国家机关工作人员执行管理国家事务的职务活动中。③ 二者的主体不同。重大责任事故罪由法律规定的工厂、矿山、林场、建筑企业或者其他企业、事业单位的职工构成;玩忽职守罪由国家机关工作人员构成。

（3）将玩忽职守罪与本章罪中规定的特殊的玩忽职守的犯罪区分开来。例如,司法工作人员失职致使在押人员脱逃,国家机关工作人员签订、履行合同失职被骗,负有环境保护监督管理职责的国家机关工作人员环境监管失职,从事传染病防治的政府卫生行政部门的工作人员传染病防治失职,国家商检部门、商检机构的工作人员商检失职,动植物检疫机关的检疫人员动植物检疫失职,国家机关工作人员失职造成珍贵文物损毁、流失等行为,各自构成有关的犯罪,虽然实施了玩忽职守的行为,都不成立玩忽职守罪。这涉及特别法条已将有关特殊的玩忽职守犯罪独立予以规定,根据特别法优于普通法之原则,不再以普通法条规定的玩忽职守罪论处。

三、对玩忽职守罪的处罚

按照《刑法》第397条第1款的规定,犯玩忽职守罪的,处3年以下有期徒刑或者拘役;情节特别严重的,处3年以上7年以下有期徒刑。第2款规定,国家机关工作人员徇私舞弊犯本罪的,处 5 年以下有期徒刑或者拘役;情节严重的,处 5 年以上 10 年以下有期徒刑。

第四节　故意泄露国家秘密罪

一、故意泄露国家秘密罪的概念与特征

故意泄露国家秘密罪,是指国家机关工作人员违反国家保守秘密法的规定,故意泄露国家秘密,情节严重的行为。

故意泄露国家秘密罪的主要特征是:

(1) 侵犯的客体,是国家的保密制度。保密制度,是指国家保守秘密法所规定的有关保守秘密、防止泄露秘密的制度,涉及秘密种类、秘密等级、保密措施的一系列规定等制度。本罪的对象是国家秘密。所谓国家秘密,是指关系国家的安全和利益,依照法定程序确定,在一定时间内仅限一定范围的人员知悉的事项。泄露国家秘密的行为,直接构成对国家保密制度的侵犯,危害到国家的安全和利益,危害到社会主义建设的顺利进行。

(2) 在客观方面,表现为违反国家保密法的规定,泄露国家秘密,情节严重的行为。违反国家保密法的规定,主要指违反《保守国家秘密法》和《保守国家秘密法实施条例》的规定。关于国家秘密的内容,上述法律法规作了具体规定。关于国家秘密的级别,含绝密、机密、秘密三级。绝密是指最重要的国家秘密,泄露会使国家的安全和利益遭受特别严重的损害。机密,是指重要的国家秘密,泄露会使国家的安全和利益遭受严重的损害。秘密,是指一般的国家秘密,泄露会使国家的安全和利益遭受损害。泄露国家秘密指泄露上述三个级别的秘密。泄露行为,是指使国家秘密让不该知悉的人知悉的行为。泄露行为可以是作为,也可以是不作为。泄露的方法有多种:口头的、书面的;提供原件的、准予复制的;公开的、秘密的;等等。泄露国家秘密情节严重的,构成犯罪。

(3) 故意泄露国家秘密罪的主体一般是国家机关工作人员,因为他们的职务行为特点决定了他们掌握国家秘密的机会多于非国家机关工作人员,所以成为本罪的主体的可能性大。但是,非国家机关工作人员也可能由于某种原因知悉国家秘密事项,因而也可能泄露国家秘密。《刑法》第 398 条第 2 款规定,非国家机关工作人员泄露国家秘密的,也可以成立故意泄露国家秘密罪。

(4) 在主观方面,只能由故意构成。故意泄露国家秘密罪中,出于何种动机是确定情节严重与否的重要根据之一。

二、认定故意泄露国家秘密罪应注意的问题

1. 划清故意泄露国家秘密罪与非罪的界限

根据法律的规定,泄露国家秘密,情节严重的才构成犯罪。一般泄密行为,则不具备情节严重的法定条件,故不应认定为犯罪行为,应按一般的违法行为,给予行为人适当的行政处分,即不追究刑事责任。情节严重与否的认定,应根据具体泄露的秘密事项、密级、造成后果以及泄密的时间、地点等方面综合分析确定。

2. 划清故意泄露国家秘密罪与其他有关犯罪的界限

(1) 将故意泄露国家秘密罪与为境外窃取、刺探、收买、非法提供国家秘密、情报罪相区别。这两个罪在涉及犯罪对象方面均有国家秘密,这是相似之处,但其主要区别是:① 侵犯的客体不同。前者侵犯的直接客体是国家的保密制度,归渎职罪范畴;后者侵犯的直接客体是国家的安全和利益,归危害国家安全罪范畴。② 犯罪对象不完全相同。前者的对象只能是国家秘密,后者的对象包括国家秘密和情报。③ 行为表现不同。前者只是泄露国家秘密的行为,后者表现为为境外机构、组织、人员窃取、刺探、收买、非法提供国家秘密或者情报的行为。④ 构成犯罪的法定情节不同。前者要求泄露国家秘密情节严重的才成立犯罪;后者无情节严重的要求,只要实施窃取、刺探、收买、非法提供国家秘密、情报的行为即可成立犯罪。⑤ 犯罪主体不同。前者主体主要是国家机关工作人员,是特殊主体;后者的主体是一般主体。

(2) 将故意泄露国家秘密罪与内幕交易、泄露内幕信息罪相区别。内幕信息也是一种秘密,在泄露这种秘密时,有类似泄露国家秘密的行为。但是它们之间的区别是明显的:① 秘密的内容、范围有很大不同。② 行为发生的场合不同。③ 犯罪的主观方面不完全相同。此外,侵犯的客体、犯罪主体也有重要区别。

(3) 将故意泄露国家秘密罪与侵犯商业秘密罪相区别。商业秘密也是一种秘密,披露商业秘密的行为,与泄露国家秘密的行为有类似之处。但其主要区别在于:① 犯罪对象——秘密的内容、范围有很大不同。② 行为发生的场合不同。③ 犯罪的主观方面不完全一样。此外,在侵犯客体、犯罪主体等方面也有重要区别。如果国家机关工作人员违反国家保守秘密法之规定,披露属于国家秘密的商业秘密,则属于法条竞合犯,按照特别法优于普通法之原则,应以泄露国家秘密罪论处。

(4) 将故意泄露国家秘密罪与非法获取国家秘密罪相区别。在犯罪对象——国家秘密这一点上是共同的。但它们之间除了在侵犯客体、犯罪主体上有根本不同和犯罪主观方面有所不同外,区别的关键是具体实施的行为不同,前

者是行为人将知悉的国家秘密向不应知悉的人泄露的行为,是由内向外的行为动向;后者是行为人通过窃取、刺探、收买的方法非法获取国家秘密的行为,是从外向内的行为动向。如果一个人出于泄露国家秘密的罪过心理,先非法获取国家秘密而又实施泄露国家秘密行为的,成立吸收犯,从一重罪处断。

三、对故意泄露国家秘密罪的处罚

按照《刑法》第398条第1款的规定,国家机关工作人员犯故意泄露国家秘密罪,处3年以下有期徒刑或者拘役;情节特别严重的,处3年以上7年以下有期徒刑。《刑法》第398条第1款将故意泄露国家秘密罪和过失泄露国家秘密罪规定在一起,适用同一法定刑。但这是两种不同的犯罪。

此外,《刑法》第398条第2款规定,非国家机关工作人员犯前款罪的,依照前款的规定酌情处罚。这里的"酌情"二字,应理解为与国家机关工作人员犯同样轻重的泄露国家秘密罪相比,对非国家工作人员处罚上酌情轻一些,相反对国家机关工作人员就会重一些,体现渎职犯罪吏治从严之精神。

第五节 徇私枉法罪

一、徇私枉法罪的概念与特征

徇私枉法罪,是指司法工作人员徇私枉法、徇情枉法,对明知是无罪的人而使他受追诉、对明知是有罪的人而故意包庇不使他受追诉,或者在刑事审判活动中故意违背事实和法律作枉法裁判的行为。

徇私枉法罪的主要特征是:

(1)徇私枉法罪侵犯的客体,是国家司法机关的正常活动。司法机关是指人民法院、人民检察院、公安机关、国家安全机关。司法机关依法具有侦查、检察、审判、监管的职能活动。司法机关应当严格依照法律的规定追诉、审判犯罪嫌疑人、被告人,依法惩处犯罪分子,保护无罪的人不受侵害,公正裁判。如果司法工作人员徇私枉法,就会不公正地进行追诉、审判活动,破坏司法机关的正常活动,有时还会使无辜公民的人身权利受到侵害。

(2)在客观方面,表现为因徇私、徇情而枉法追诉的行为。为个人私利、为个人私情而枉法是本罪的特点。枉法追诉的行为常表现在以下两种情况中:第一,对明知是无罪的人而使他受追诉。这往往发生在刑事案件的侦查、审查起诉阶段,司法工作人员对明知是无辜之人或依法不负刑事责任的人,采取伪造有罪证据、违背法律的手段,追究其刑事责任。第二,对明知是有罪的人而故意包庇不使他受追诉。这往往发生在刑事案件的立案侦查、审查起诉阶段,司法工作人员对明知是犯有罪行的人,采用隐匿、毁灭罪证,伪造无罪证据或者隐瞒其犯罪事实、违背法律的手段,故意包庇不使其受追诉。

(3) 徇私枉法罪的主体是特殊主体,即司法工作人员。根据《刑法》第94条的规定,司法工作人员,是指有侦查、检察、审判、监管职责的工作人员。

(4) 在主观方面出自故意。徇私枉法罪在主观上出于徇私利、徇私情的动机,对明知是无罪的人而使他受刑事追诉,对明知是有罪的人而故意包庇不使他受刑事追诉。

二、认定徇私枉法罪应注意的问题

1. 划清徇私枉法罪与非罪的界限

区分徇私枉法罪与非罪的关键是看司法工作人员主观上是否具有故意,过失导致误判、错判案件的不以犯罪论处。

2. 划清徇私枉法罪与枉法裁判罪的界限

徇私枉法罪与枉法裁判罪在侵犯客体、犯罪主体、主观方面均有相同之处。二罪的主要区别有两个:(1) 徇私枉法罪发生在刑事案件的追诉、审判活动中;枉法裁判罪发生在民事案件、行政案件的审判活动中。(2) 情节严重是构成枉法裁判罪的法定条件,而徇私枉法罪不要求情节严重这一条件作为犯罪构成的必备内容。

3. 划清徇私枉法罪与其他有关犯罪的界限

(1) 划清徇私枉法罪与报复陷害罪的界限:它们在利用职权实施犯罪行为方面有相似之处,且主观上都是故意犯罪。其区别在于:① 侵害的客体不同。前者侵害司法机关的正常活动,后者侵犯公民的民主权利。② 犯罪主体不同。前者仅是司法工作人员,后者是国家机关工作人员。司法工作人员徇私情打击报复控告人、申诉人、批评人、举报人,明知他们无罪而追究他们的刑事责任的,应以徇私枉法罪论处,不成立报复陷害罪,以法条竞合原则处理。③ 客观行为不同。报复陷害罪针对特定对象(控告人、申诉人、批评人、举报人)采取各种打击报复手段进行陷害;徇私枉法罪则是发生在案件的追诉过程中的枉法行为,有陷害、报复,也有包庇、偏袒。

(2) 划清徇私枉法罪与伪证罪的界限:两者都发生在刑事案件的诉讼过程中,导致的危害后果也有相似之处。但两者的区别在于:① 侵犯的客体不同。徇私枉法罪只侵犯司法机关的正常活动,属渎职罪范畴;伪证罪则是复杂客体,妨害司法机关的正常管理秩序和侵犯公民的人身权利,属妨害社会管理秩序罪范畴。② 犯罪主体不同。徇私枉法罪的主体是司法工作人员,伪证罪的主体是刑事诉讼中的证人、鉴定人、记录人、翻译人。③ 客观方面表现不同。徇私枉法罪表现为枉法追究的行为,伪证罪只表现为作虚假证明、鉴定、记录、翻译的行为。

（3）划清徇私枉法罪与包庇罪的界限：两者都是故意犯罪，在包庇有罪的人使其不受刑事追诉方面有相似之处。二者的区别主要是：① 犯罪主体不同。徇私枉法罪是特殊主体，即司法工作人员；而包庇罪是一般主体。② 发生的场合不同。徇私枉法罪发生在刑事案件的侦查、审查起诉、审判过程中，包庇罪则没有上述限制。

三、对徇私枉法罪的处罚

按照《刑法》第399条第1款的规定，犯徇私枉法罪，处5年以下有期徒刑或者拘役；情节严重的，处5年以上10年以下有期徒刑；情节特别严重的，处10年以上有期徒刑。

《刑法》第399条第4款规定，司法工作人员贪赃枉法构成徇私枉法罪同时又构成受贿罪的，依照处罚较重的规定定罪处罚。

第六节 本章其他犯罪

《刑法》分则第九章自第397条至第419条，共23个条文，规定了30多个罪名。除了以上所写重点罪外，还有以下一些犯罪。

一、过失泄露国家秘密罪

过失泄露国家秘密罪，是指过失泄露国家秘密情节严重的行为。

本罪的主要特征是：

（1）客体是国家的保密制度。

（2）客观方面表现为泄露国家秘密情节严重的行为。

（3）犯罪主体一般是国家工作人员，根据刑法规定，非国家工作人员也可以成为本罪的主体。

（4）主观方面是过失。

根据《刑法》第398条的规定，犯本罪的，处3年以下有期徒刑或者拘役；情节特别严重的，处3年以上7年以下有期徒刑。

二、民事、行政枉法裁判罪

民事、行政枉法裁判罪，是指在民事、行政审判活动中，故意违背事实和法律作枉法裁判，情节严重的行为。

本罪的主要特征是：

（1）侵犯的客体是国家机关的正常活动和公民的合法权益。

(2) 客观方面表现为故意违背事实和法律作枉法裁判,情节严重的行为。

(3) 本罪主体为特殊主体,限于民事、行政审判活动中的人员。

(4) 主观方面只能由故意构成,即行为人明知违背事实和法律,而故意作枉法裁判。

根据《刑法》第399条第2款的规定,犯本罪,情节严重的,处5年以下有期徒刑或者拘役;情节特别严重的,处5年以上10年以下有期徒刑。第4款规定,犯本罪,同时又构成受贿罪的,依照处罚较重的规定定罪处罚。

三、执行判决、裁定失职罪

执行判决、裁定失职罪,是指司法工作人员在执行判决、裁定活动中,严重不负责,不依法采取诉讼保全措施,不履行法定职责,致使当事人或者其他人的利益遭受重大损失的行为。这是《刑法修正案(四)》增设的一个罪名,其主要特征是:

(1) 犯罪客体是复杂客体,既侵犯了人民法院的正常司法秩序,又侵犯了司法人员职务的公正性,同时还侵犯了有关当事人的合法权益。

(2) 客观方面表现为行为人严重不负责任,不依法采取诉讼保全措施、不履行法定职责,致使当事人或者其他人的利益遭受重大损失的行为。

(3) 犯罪主体是人民法院中具有执行判决、裁定职权的人员。

(4) 犯罪主观方面是过失。

根据《刑法》第399条第3款的规定,犯本罪的,处5年以下有期徒刑或者拘役;致使当事人或者其他人的利益遭受特别重大损失的,处5年以上10年以下有期徒刑。第4款规定,犯本罪的,同时又构成受贿罪的,依照处罚较重的规定定罪处罚。

四、执行判决、裁定滥用职权罪

执行判决、裁定滥用职权罪,是指司法人员在执行民事、行政判决、裁定中,滥用职权,违法采用诉讼保全措施、强制执行措施,致使当事人或者其他人的利益遭受重大损失的行为。这也是《刑法修正案(四)》增设的一个罪名。

本罪的主要特征是:

(1) 犯罪客体是复杂客体,与前罪相同。

(2) 客观方面表现为在执行民事、行政判决、裁定中违法采用诉讼保全措施、强制执行措施,致使当事人或者其他人的利益遭受重大损失的行为。

(3) 犯罪主体是人民法院中具有执行判决、裁定职权的人员。

(4) 犯罪的主观方面是故意。

根据《刑法》第399条第3款的规定,犯本罪的,处5年以下有期徒刑或者拘役;致使当事人或者其他人的利益遭受特别重大损失的,处5年以上10年以下有期徒刑。第4款规定,犯本罪,同时又构成受贿罪的,依照处罚较重的规定定罪处罚。

五、枉法仲裁罪

枉法仲裁罪,是指依法承担仲裁职责的人员,在仲裁活动中故意违背事实和法律作枉法裁决,情节严重的行为。这是《刑法修正案(六)》增设的罪名,其主要特征是:

(1) 侵犯的客体是仲裁机关的正常活动。
(2) 客观方面表现为违背客观事实和法律作枉法裁判的行为。
(3) 犯罪主体是特殊主体,仅限于依法承担仲裁职责的人员。
(4) 犯罪主观方面是故意。

根据《刑法》第399条之一的规定,犯本罪的,处3年以下有期徒刑或者拘役;情节特别严重的,处3年以上7年以下有期徒刑。犯本罪,同时又构成受贿罪的,依照处罚较重的规定定罪处罚。

六、私放在押人员罪

私放在押人员罪,是指司法工作人员利用职务上的便利,私放在押的犯罪嫌疑人、被告人或者罪犯的行为。

本罪的主要特征是:

(1) 侵犯的客体是司法机关的监管秩序。
(2) 在客观方面,表现为行为人利用职务上的便利,将在押的犯罪嫌疑人、被告人、罪犯予以非法释放的行为。"私放"行为可以是将关押在监管场所、押解途中的犯罪嫌疑人、被告人、罪犯非法放走,也可以是给上述人员脱逃提供便利条件。
(3) 本罪主体,是司法工作人员。
(4) 在主观方面,只能是故意。

根据《刑法》第400条第1款的规定,犯本罪的,处5年以下有期徒刑或者拘役;情节严重的,处5年以上10年以下有期徒刑;情节特别严重的,处10年以上有期徒刑。

七、失职致使在押人员脱逃罪

失职致使在押人员脱逃罪,是指司法工作人员由于严重不负责任,致使在押的犯罪嫌疑人、被告人或罪犯脱逃,造成严重后果的行为。

本罪的主要特征是:

(1) 侵犯的客体是司法机关的监管秩序。

(2) 在客观方面,表现为行为人不履行或不正确履行监管职责,致使在押的犯罪嫌疑人、被告人、罪犯脱逃,造成严重后果的行为。

(3) 本罪的主体是司法工作人员。

(4) 在主观方面是过失。

根据《刑法》第400条第2款的规定,犯本罪的,处3年以下有期徒刑或者拘役;造成特别严重后果的,处3年以上10年以下有期徒刑。

八、徇私舞弊减刑、假释、暂予监外执行罪

徇私舞弊减刑、假释、暂予监外执行罪,是指司法工作人员徇私舞弊,对不符合减刑、假释、暂予监外执行条件的罪犯,予以减刑、假释、暂予监外执行的行为。

本罪的主要特征是:

(1) 侵犯的客体是司法机关的正常活动。

(2) 在客观方面,表现为行为人徇私情、徇私利,对于刑罚执行期间没有认真遵守监规,接受教育改造,不具有悔改表现以及其他法律规定,不符合减刑、假释条件的罪犯予以减刑、假释,或者对不符合《刑事诉讼法》第214条规定的暂予监外执行条件的罪犯暂予监外执行的行为。

(3) 本罪主体是司法工作人员。

(4) 在主观方面,只能是故意。

根据《刑法》第401条的规定,犯本罪的,处3年以下有期徒刑或者拘役;情节严重的,处3年以上7年以下有期徒刑。

九、徇私舞弊不移交刑事案件罪

徇私舞弊不移交刑事案件罪,是指行政执法人员徇私舞弊,对依法应当移交司法机关追究刑事责任的案件不移交,情节严重的行为。

本罪的主要特征是:

(1) 侵犯的客体是国家行政机关的行政执法活动和司法机关的正常活动。

(2) 在客观方面,表现为行为人徇私情、徇私利,在查处违法案件中,对依法应当追究刑事责任的案件,通过弄虚作假使犯罪嫌疑人逃避刑事法律的追究,不将案件移送司法机关处理,情节严重的行为。

(3) 本罪主体是行政执法人员。它包括:公安机关治安执法人员、工商行政管理机关执法人员、海关执法人员、税务机关执法人员、环保管理机关执法人员、卫生检疫机关执法人员等。

(4) 在主观方面是故意。

根据《刑法》第402条的规定,犯本罪的,处3年以下有期徒刑或者拘役;造

成严重后果的,处3年以上7年以下有期徒刑。

十、滥用管理公司、证券职权罪

滥用管理公司、证券职权罪,是指国家有关主管部门的国家机关工作人员,徇私舞弊,滥用职权,对不符合法律规定条件的公司设立、登记申请或者股票、债券发行、上市申请,予以批准或者登记,致使公共财产、国家和人民利益遭受重大损失的行为或者上级部门强令登记机关及其工作人员实施上述行为。

本罪的主要特征是:

(1)侵犯的客体是国家对公司设立、登记和股票、债券的发行、上市的管理制度。

(2)在客观方面,表现为对公司、证券活动实施管理的主管部门的国家机关工作人员,在不符合法律规定条件的情况下,徇私舞弊、滥用职权,批准公司的设立、登记申请、股票、债券的发行、上市或者强令登记机关及其工作人员批准公司的设立、登记申请、股票、债券的发行,致使公共财产、国家和人民的利益遭受重大损失的行为。

(3)本罪主体是国家有关主管部门的国家机关工作人员,即负责公司设立、登记申请、股票、债券的发行、上市的批准的国家有关主管机关的工作人员。

(4)在主观方面是故意,即明知不符合法律规定而徇私情、私利、滥用职权而去批准或强令批准公司的设立、登记申请、股票、债券的发行、上市。

根据《刑法》第403条第1款的规定,犯本罪的,处5年以下有期徒刑或者拘役。第2款规定,上级部门强令登记机关及其工作人员实施前款行为的,对直接负责的主管人员,依照前款规定处罚。

十一、徇私舞弊不征、少征税款罪

徇私舞弊不征、少征税款罪,是指税务机关的工作人员徇私舞弊,不征或少征应征税款,致使国家税收遭受重大损失的行为。

本罪的主要特征是:

(1)侵犯的客体是国家的税收征管制度。

(2)在客观方面,表现为行为人徇私情、为私利,弄虚作假,对应当征收的税款停征、免征或减征,致使国家税收遭受重大损失的行为。

(3)本罪主体是税务机关的工作人员。

(4)在主观方面是故意,即行为人出于私利或为私情,故意不履行征税的职责,少征收或不征收应征税款,希望或放任国家税收遭受重大损失的后果发生。

根据《刑法》第404条的规定,犯本罪的,处5年以下有期徒刑或者拘役;造成特别重大损失的,处5年以上有期徒刑。

十二、徇私舞弊发售发票、抵扣税款、出口退税罪

徇私舞弊发售发票、抵扣税款、出口退税罪,是指税务机关的工作人员违反法律、行政法规的规定,在办理发售发票、抵扣税款、出口退税工作中,徇私舞弊,致使国家利益遭受重大损失的行为。

本罪的主要特征是:

(1) 侵犯的客体是国家的税收征管制度。

(2) 在客观方面,表现为行为人违反法律、行政法规关于发售发票、抵扣税款、出口退税的办理条件、标准、程序等方面的规定,为徇私情、私利而弄虚作假办理发售发票、抵扣税款、出口退税业务,致使国家利益遭受重大损失的行为。

(3) 本罪的主体是特殊主体,即税务机关的工作人员。

(4) 在主观方面是故意,即行为人明知违法办理发售发票、抵扣税款、出口退税,会导致国家利益遭受重大损失,并且希望或放任这种结果的发生。

根据《刑法》第405条第1款的规定,犯本罪的,处5年以下有期徒刑或者拘役;致使国家利益遭受特别重大损失的,处5年以上有期徒刑。

十三、违法提供出口退税凭证罪

违法提供出口退税凭证罪,是指税务机关工作人员以外的其他国家机关工作人员违反国家规定,在提供出口货物报关单、出口收汇核销单等出口退税凭证的工作中,徇私舞弊,致使国家利益遭受重大损失的行为。

本罪的主要特征是:

(1) 侵犯的客体是国家办理出口退税的管理制度。

(2) 在客观方面,表现为行为人违反国家有关办理出口退税凭证的法律规定,在提供出口货物报关单、出口收汇核销单等出口退税凭证的工作中,为徇个人私情而弄虚作假,为没有出口货物者提供出口货物报关单、为没有出口收汇者提供出口收汇凭证或者多填报出口货物数量、出口收汇数量,致使国家利益蒙受重大损失的行为。

(3) 本罪的主体是税务机关以外的其他国家机关的工作人员,即负责办理出口货物报关单、出口收汇核销单等出口退税凭证的国家机关的工作人员。

(4) 在主观方面是故意。

根据《刑法》第405条第2款的规定,犯本罪的,处5年以下有期徒刑或者拘役;致使国家利益遭受特别重大损失的,处5年以上有期徒刑。

十四、国家机关工作人员签订、履行合同失职被骗罪

国家机关工作人员签订、履行合同失职被骗罪是指国家机关工作人员在签

订、履行合同过程中,因严重不负责任被诈骗,致使国家利益遭受重大损失的行为。

本罪的主要特征是：

(1) 侵犯的客体是国家机关的正常活动。

(2) 在客观方面,表现为行为人在行使签订、履行合同职责的过程中,因严重不负责任而受骗,导致国家利益遭受重大损失的行为。

(3) 本罪的主体是国家机关工作人员。

(4) 在主观方面是过失。

根据《刑法》第406条的规定,犯本罪的,处3年以下有期徒刑或者拘役;致使国家利益遭受特别重大损失的,处3年以上7年以下有期徒刑。

十五、违法发放林木采伐许可证罪

违法发放林木采伐许可证罪,是指林业主管部门的工作人员违反森林法的规定,超过批准的年采伐限额发放林木采伐许可证或者违反规定滥发林木采伐许可证,情节严重,致使森林遭受严重破坏的行为。

本罪的主要特征是：

(1) 侵犯的客体是国家的林木采伐管理制度。

(2) 在客观方面,表现为行为人违反森林法的有关规定,滥发林木采伐许可证或者超过批准的年采伐限额发放林木采伐许可证,情节严重,导致森林遭受破坏的行为。

(3) 本罪的主体是林业主管部门的工作人员。

(4) 在主观方面是故意,即明知森林法规定禁止滥发林木采伐许可证而故意滥发,导致森林遭受破坏的结果发生。

根据《刑法》第407条的规定,犯本罪的,处3年以下有期徒刑或者拘役。

十六、环境监管失职罪

环境监管失职罪,是指负责环境保护监督管理职责的国家机关工作人员严重不负责任,导致发生重大环境污染事故,致使公私财产遭受重大损失或者造成人身伤亡的严重后果的行为。

本罪的主要特征是：

(1) 侵犯的客体是国家关于环境保护监督的正常活动。

(2) 在客观方面,表现为行为人在行使环境监管的职责时,严重不负责任,导致重大环境污染事故的发生,造成公私财产的重大损失或者人身伤亡的严重后果的行为。

(3) 本罪的主体是对环境保护负有监督管理职责的国家机关工作人员。

(4) 在主观方面是过失。

根据《刑法》第 408 条的规定,犯本罪的,处 3 年以下有期徒刑或者拘役。

十七、食品、药品监管渎职罪

食品、药品监管渎职罪,是指负有食品药品安全监督管理职责的国家机关工作人员,滥用职权或者玩忽职守,有《刑法》第 408 条之一第 1 款规定的五种情形之一,造成严重后果或者有其他严重情节的行为。

本罪的主要特征是:

(1) 侵犯的客体是国家关于食品药品安全监督的管理活动。食品药品的安全,关系到人民群众的生命安全和健康,必须给予最严格的监督管理。国家机关工作人员在食品的生产、经营,药品和疫苗的研发、生产、经营和使用等环节负有广泛的监管职责,行使一系列行政许可、行政处罚职权。如果由于滥用职权或者玩忽职守,造成严重后果或者有其他严重情节,就应当承担相应的刑事责任。

(2) 客观方面表现为负有食品药品安全监督管理职责的国家机关工作人员,滥用职权或者玩忽职守,有《刑法》第 408 条之一第 1 款规定的五种情形之一,造成严重后果或者有其他严重情节的行为。第一,瞒报、谎报食品安全事故、药品安全事件的。这里的"瞒报",是指隐瞒事实不报。"谎报",是指不真实的报告,如对事故、事件的危害后果避重就轻地报告等。"食品安全事故",是指食源性疾病、食品污染等源于食品,对人体健康有危害或者可能有危害的事故。"药品安全事件",是指在药品研发、生产、经营、使用中发生的,对人体健康造成或者可能造成危害的事件。第二,对发现的严重食品药品安全违法行为未按规定查处的。"严重食品药品安全违法行为",是指严重违反《食品安全法》《药品管理法》《疫苗管理法》及其配套规定的行为。第三,在药品和特殊食品审批审评过程中,对不符合条件的申请准予许可的;这里的"药品",是指用于预防、治疗、诊断人的疾病,有目的地调节人的生理机能并规定有适应症或者功能主治、用法和用量的物质,包括中药、化学药和生物制品等。"特殊食品",根据《食品安全法》的规定,包括保健食品、特殊医学用途配方食品和婴幼儿配方食品。第四,依法应当移交司法机关追究刑事责任不移交的。第五,有其他滥用职权或者玩忽职守行为的。这里的"其他滥用职权或者玩忽职守行为",是指本款第 1 项至第 4 项规定以外的对食品药品安全造成危害,应当追究刑事责任的滥用职权、玩忽职守行为。

(3) 犯罪主体是负有食品药品安全监督管理职责的国家机关工作人员,主要包括在国务院和各级地方人民政府及卫生行政、农业行政、质量监督、工商行政管理、食品药品监督管理等部门负有食品药品安全监管职责的工作人员。

(4) 在主观方面是过失。但是,本罪的主观方面也存在争议,有各种不同的观点。其中,也可能有人主张本罪的主观方面是复合罪过,即如果是滥用职权造成严重后果的,行为人的主观罪过是间接故意;如果是玩忽职守造成严重后果的,行为人的主观罪过是过于自信的过失。对此问题可以进一步讨论,以达成一致。

根据《刑法修正案(十一)》第45条、《刑法修正案(八)》第49条和《刑法》第408条之一的规定,犯本罪的,处5年以下有期徒刑或者拘役;造成特别严重后果或者有其他特别严重情节的,处5年以上10年以下有期徒刑。徇私舞弊犯前款罪的,在前款规定的法定量刑幅度内从重处罚。这里的"徇私舞弊",是指为个人私利或者亲友私情的行为。

十八、传染病防治失职罪

传染病防治失职罪,是指从事传染病防治的政府卫生行政部门的工作人员严重不负责任,导致传染病传播或者流行,情节严重的行为。

本罪的主要特征是:

(1) 侵犯的客体是国家对传染病防治的管理活动。

(2) 在客观方面,表现为行为人在履行传染病防治的工作职责时严重不负责任,致使传染病传播或流行,情节严重的行为。

(3) 本罪的主体是负有防治传染病职责的政府卫生行政部门的工作人员。

(4) 在主观方面是过失,即行为人应当预见到由于不认真负责地履行传染病防治工作的职责,致使传染病传播或流行的严重后果发生,因为疏忽大意或过于自信的过失而导致危害结果的发生。

根据《刑法》第409条的规定,犯本罪的,处3年以下有期徒刑或者拘役。

十九、非法批准征收、征用、占有土地罪

非法批准征收、征用、占有土地罪,是指国家机关工作人员徇私舞弊,违反土地管理法规,滥用职权,非法批准征收、征用、占用土地,情节严重的行为。

本罪的主要特征是:

(1) 侵犯的客体是国家对土地的管理制度。

(2) 在客观方面,表现为行为人为徇私情、私利而违反土地管理法规的规定,弄虚作假,行使其不应行使的职权,非法批准征收、征用、占用土地,情节严重的行为。

(3) 本罪的主体是国家机关工作人员。

(4) 在主观方面是故意,即故意违反土地管理法规,非法批准征地、占地。

根据《刑法》第410条的规定,犯本罪的,处3年以下有期徒刑或者拘役;致使国家或者集体利益遭受特别重大损失的,处3年以上7年以下有期徒刑。

二十、非法低价出让国有土地使用权罪

非法低价出让国有土地使用权罪,是指国家机关工作人员徇私舞弊,违反土地管理法规,滥用职权,非法低价出让国有土地使用权,情节严重的行为。

本罪的主要特征是:

(1) 侵犯的客体是国家对土地的管理制度。

(2) 在客观方面,表现为行为人为徇私情、私利而违反土地管理法规,弄虚作假,行使他不应当行使的职权,非法低价出让国有土地使用权,情节严重的行为。

(3) 本罪的主体是国家机关工作人员。

(4) 在主观方面是故意,即故意违反土地管理法规,非法低价出让国有土地使用权。

根据《刑法》第410条的规定,犯本罪的,处3年以下有期徒刑或者拘役;致使国家或者集体利益遭受特别重大损失的,处3年以上7年以下有期徒刑。

二十一、放纵走私罪

放纵走私罪,是指海关工作人员徇私舞弊,放纵走私,情节严重的行为。

本罪的主要特征是:

(1) 侵犯的客体是海关的监管活动。

(2) 在客观方面,表现为行为人为徇私情、私利而弄虚作假,放任、纵容走私,情节严重的行为。

(3) 本罪的主体是海关工作人员。

(4) 在主观方面是故意,即故意放行走私罪犯,明知是走私货物、物品而不缉查、扣押、罚没,故意不征收关税。

根据《刑法》第411条的规定,犯本罪的,处5年以下有期徒刑或者拘役;情节特别严重的,处5年以上有期徒刑。

二十二、商检徇私舞弊罪

商检徇私舞弊罪,是指国家商检部门、商检机构的工作人员徇私舞弊,伪造检验结果的行为。

本罪的主要特征是:

(1) 侵犯的客体是国家商品检验的管理制度。

(2) 在客观方面,表现为行为人为徇私情、私利在商品检验工作中弄虚作假,提出与事实不相符合的商品检验结果的行为。通常是指在没有进行商品检验的情况下出具了商检的结果,对不合格商品出具合格商品检验结果,或者对合

格商品出具不合格商品检验结果。

(3) 本罪的主体是国家商检部门、商检机构的工作人员。

(4) 在主观方面是故意,即故意在商品检验中弄虚作假,伪造检验结果。

根据《刑法》第412条的规定,犯本罪的,处5年以下有期徒刑或者拘役;造成严重后果的,处5年以上10年以下有期徒刑。

二十三、商检失职罪

商检失职罪,是指国家商检部门、商检机构的工作人员严重不负责任,对应当检验的商品不检验,或者延误检验出证、错误出证,致使国家利益遭受重大损失的行为。

本罪的主要特征是:

(1) 侵犯的客体是国家商品检验的管理制度。

(2) 在客观方面,表现为行为人在履行商检职责时严重不负责任,对应当检验的物品不实行检验,或者虽经检验但出具检验证明延误、出具检验证明有错误,导致国家利益遭受重大损失的行为。

(3) 本罪的主体是国家商检部门、商检机构的工作人员。

(4) 在主观方面是过失。

根据《刑法》第412条第2款的规定,犯本罪的,处3年以下有期徒刑或者拘役。

二十四、动植物检疫徇私舞弊罪

动植物检疫徇私舞弊罪,是指动植物检疫机关的检疫人员徇私舞弊,伪造检疫结果的行为。

本罪的主要特征是:

(1) 侵犯的客体是国家动植物检疫管理制度。

(2) 在客观方面,表现为行为人为徇私情、私利在动植物检疫工作中弄虚作假,提出与事实不相符合的动植物检疫结果的行为。通常是指在没有进行检疫的情况下出具了检疫的结果,对有疫情的动植物出具合格的检疫结果,或者对合格的动植物出具有疫情的检疫结果。

(3) 本罪的主体是动植物检疫机关的检疫人员。

(4) 在主观方面是故意,即故意在动植物检疫工作中弄虚作假,伪造检疫结果。

根据《刑法》第413条第1款的规定,犯本罪的,处5年以下有期徒刑或者拘役;造成严重后果的,处5年以上10年以下有期徒刑。

二十五、动植物检疫失职罪

动植物检疫失职罪,是指动植物检疫机关的检疫人员严重不负责任,对应当检疫的检疫物不检疫,或者延误检疫出证、错误出证,致使国家利益遭受重大损失的行为。

本罪的主要特征是:

(1) 侵犯的客体是国家动植物检疫管理制度。

(2) 在客观方面,表现为行为人在履行动植物检疫职责时严重不负责任,对应当检疫的动植物不实行检疫,或者虽经检疫但出具检疫证明迟延、出具检疫证明有错误,导致国家利益遭受重大损失的行为。

(3) 本罪的主体是动植物检疫机关的检疫人员。

(4) 在主观方面是过失。

根据《刑法》第413条第2款的规定,犯本罪的,处3年以下有期徒刑或者拘役。

二十六、放纵制售伪劣商品犯罪行为罪

放纵制售伪劣商品犯罪行为罪,是指对生产、销售伪劣商品犯罪行为负有追究责任的国家机关工作人员,徇私舞弊,不履行法律规定的追究职责,情节严重的行为。

本罪的主要特征是:

(1) 侵犯的客体是国家有关查处伪劣商品案件的执法机关的正常活动。

(2) 在客观方面,表现为行为人为徇私情、私利而弄虚作假,不履行法律规定的追究生产、销售伪劣商品犯罪行为的职责,情节严重的行为。

(3) 本罪的主体是对生产、销售伪劣商品犯罪行为负有追究责任的国家机关工作人员,包括负这方面责任的行政执法人员和司法工作人员。本罪与《刑法》第399条规定的徇私枉法罪、第402条规定的徇私舞弊不移交刑事案件罪存在法条竞合,适用特别法条优于普通法条原则解决,《刑法》第414条对本罪的规定是特别法条。

(4) 在主观方面是故意,即行为人明知自己负有追究生产、销售伪劣商品犯罪的职责而故意不履行职责。

根据《刑法》第414条的规定,犯本罪的,处5年以下有期徒刑或者拘役。

二十七、办理偷越国(边)境人员出入境证件罪

办理偷越国(边)境人员出入境证件罪,是指负责办理护照、签证以及其他出入境证件的国家机关工作人员,对明知是企图偷越国(边)境的人员,予以办

理出入境证件的行为。

本罪的主要特征是：

(1) 侵犯的客体是国家机关对出入国(边)境的正常管理活动。

(2) 在客观方面,表现为行为人在履行办理出入国(边)境的护照、签证及其他出入境证件的职责时,对明知是企图偷越国(边)境的人员,给予办理出入境证件的行为。其他出入境证件,如边防证、海员证、香港特别行政区通行证、港澳台地区的探亲证、回乡证等。

(3) 本罪的主体是负责办理护照、签证以及其他出入境证件的国家机关工作人员,包括有关外事机关、港务监督机关、公安机关、港澳办等国家机关的工作人员。

(4) 在主观方面是故意,即明知申请办理出入境证件的人员是企图偷越国(边)境的人员而故意予以办理。

根据《刑法》第415条的规定,犯本罪的,处3年以下有期徒刑或者拘役;情节严重的,处3年以上7年以下有期徒刑。

二十八、放行偷越国(边)境人员罪

放行偷越国(边)境人员罪,是指边防、海关等国家机关工作人员,对明知是偷越国(边)境的人员,仍予以放行的行为。

本罪的主要特征是：

(1) 侵犯的客体是国家机关对出入国(边)境的正常管理活动。

(2) 在客观方面,表现为行为人在履行管理出入境人员的职责时,对明知是偷越国(边)境的人员,不予禁止和查处,仍然予以放行的行为。

(3) 本罪的主体是海关、边防等国家机关工作人员。

(4) 在主观方面是故意,即行为人明知是偷越国(边)境的人员仍予放行的。

根据《刑法》第415条的规定,犯本罪的,处3年以下有期徒刑或者拘役;情节严重的,处3年以上7年以下有期徒刑。

二十九、不解救被拐卖、绑架妇女、儿童罪

不解救被拐卖、绑架妇女、儿童罪,是指对被拐卖、绑架的妇女、儿童负有解救职责的国家机关工作人员,接到被拐卖、绑架的妇女、儿童及其家属的解救要求或者接到其他人的举报,而不进行解救,造成严重后果的行为。

本罪的主要特征是：

(1) 侵犯的客体是国家机关的正常管理活动。

(2) 在客观方面,表现为行为人不履行接到解救要求或举报应去解救被拐

卖、绑架妇女、儿童的职责,致使严重后果发生的行为。不履行解救职责,通常是指对解救要求、举报置之不理或推诿、拖延解救工作。造成严重后果,指因不解救致使被拐卖、绑架的妇女、儿童伤亡或造成恶劣的社会影响等。

(3) 本罪的主体是负有解救被拐卖、绑架的妇女、儿童职责的国家机关工作人员。

(4) 在主观方面是故意,即行为人已接到解救要求或举报而故意不履行解救职责。

根据《刑法》第416条第1款的规定,犯本罪的,处5年以下有期徒刑或者拘役。

三十、阻碍解救被拐卖、绑架妇女、儿童罪

阻碍解救被拐卖、绑架妇女、儿童罪,是指负有解救职责的国家机关工作人员利用职务阻碍解救的行为。

本罪的主要特征是:

(1) 侵犯的客体是国家机关的正常管理活动。

(2) 在客观方面,表现为行为人利用主管或协助解救被拐卖、绑架妇女、儿童工作的职务上的便利,设置障碍使执行解救任务的工作人员不能顺利解救受害者的行为。

(3) 本罪的主体是负有解救职责的国家机关工作人员。

(4) 在主观方面是故意,即行为人故意利用职务设置障碍阻止解救被拐卖、绑架的妇女、儿童。

根据《刑法》第416条第2款的规定,犯本罪的,处2年以上7年以下有期徒刑;情节较轻的,处2年以下有期徒刑或者拘役。

三十一、帮助犯罪分子逃避处罚罪

帮助犯罪分子逃避处罚罪,是指负有查禁犯罪活动职责的国家机关工作人员,向犯罪分子通风报信、提供便利,帮助犯罪分子逃避处罚的行为。

本罪的主要特征是:

(1) 侵犯的客体是国家机关的正常管理活动。

(2) 在客观方面,表现为行为人利用查禁犯罪活动的职权,向犯罪分子通风报信、提供便利条件,帮助犯罪分子逃避法律处罚的行为。

(3) 本罪的主体是负有查禁犯罪活动职责的国家机关工作人员,包括公安机关、国家安全机关、检察机关、审判机关中有查禁职责的人员。

(4) 在主观方面是故意,即为使犯罪分子逃避法律处罚而有意通风报信、提供便利条件。

根据《刑法》第 417 条的规定,犯本罪的,处 3 年以下有期徒刑或者拘役;情节严重的,处 3 年以上 10 年以下有期徒刑。

三十二、招收公务员、学生徇私舞弊罪

招收公务员、学生徇私舞弊罪,是指国家机关工作人员在招收公务员、学生工作中徇私舞弊,情节严重的行为。

本罪的主要特征是:

(1) 侵犯的客体是国家机关招收公务员、学生的正常管理活动。

(2) 在客观方面,表现为行为人为徇私情、私利,在招收公务员、学生的工作中弄虚作假,情节严重的行为。

(3) 本罪的主体是国家机关工作人员。

(4) 在主观方面是故意。

根据《刑法》第 418 条的规定,犯本罪的,处 3 年以下有期徒刑或者拘役。

三十三、失职造成珍贵文物损毁、流失罪

失职造成珍贵文物损毁、流失罪,是指国家机关工作人员严重不负责任,造成珍贵文物损毁或者流失,后果严重的行为。

本罪的主要特征是:

(1) 侵犯的客体是国家对文物管理的正常活动。

(2) 在客观方面,表现为行为人在履行文物管理的职责时严重不负责任,造成珍贵文物损毁、流失的严重后果的行为。

(3) 本罪的主体是国家机关工作人员。

(4) 在主观方面是过失。

根据《刑法》第 419 条的规定,犯本罪的,处 3 年以下有期徒刑或者拘役。

第二十七章 军人违反职责罪

第一节 军人违反职责罪概述

一、军人违反职责罪的概念

军人违反职责罪,是指危害国家军事利益,依照法律应该受到刑事处罚的行为。军人违反职责罪,最早是1981年6月第五届全国人民代表大会常务委员会第十九次会议通过的《中华人民共和国惩治军人违反职责罪暂行条例》规定的,该条例被认为是对1979年《刑法》分则内容的补充。及至1997年我国《刑法》的修订,将这一规定的内容加以修改补充,并作为专章,纳入修订后的《刑法》之中。

中国人民解放军、中国人民武装警察部队,担负着保卫祖国,保卫社会主义现代化建设的特殊使命。军队的良好素质、旺盛斗志,以及现代化的武器装备,是军队完成特殊使命的基本保障。军人违反职责罪,正是从内部危害了军队的肌体,损害了国家的军事利益,影响了军队履行职责。惩治和预防这一类犯罪,是维护国家军事利益所必需的。我国刑法关于军人违反职责罪的规定,为与这类犯罪作斗争提供了法律武器。

本章规定的军人违反职责罪,与《刑法》分则的其他条文中所规定的犯罪有竞合关系,例如故意、过失泄露军事秘密罪与第九章中规定的故意、过失泄露国家秘密罪,擅离、玩忽军事职守罪与第九章中规定的玩忽职守罪,盗窃、抢夺武器装备、军用物资罪与第五章规定的盗窃罪、抢夺罪等。军人违反职责罪属于特别法条规定的犯罪,而泄露国家秘密罪、玩忽职守罪、盗窃罪、抢夺罪等属于普通法条规定的犯罪,按照特别法优于普通法的原则,军人实施了上述竞合法条中规定的犯罪时,应适用军人违反职责罪的条文,而不适用分则的其他条文。

二、军人违反职责罪的主要特征

军人违反职责罪除具有一般刑事犯罪的特征外,还具备一般刑事犯罪不具备的某些特征,使军人违反职责罪与一般刑事犯罪区别开来。

(1) 军人违反职责罪所侵犯的客体。军人违反职责罪所侵犯的是国家的军事利益,包括国防、作战、后勤保障、军事科研等方面。国家的军事利益高于其他利益,如果国家军事利益得不到保障,国家本身受到威胁,就很难保障国家和社会以及人民群众的利益了。对于国家军事利益的危害,具体包括:破坏中国人民解放军、中国人民武装警察部队的军威、军纪、武器装备、作战部署、作战能力、泄露军事机密以及逃避军事义务等行为以及所造成的危害,从而使我国的国防能力受到削弱,影响军队完成保卫祖国的任务。

(2) 军人违反职责罪的客观方面。军人违反职责罪的行为人须具有违反军人职责、危害国家军事利益的行为。军人的职责可以分解为一般职责和具体职责。军人的一般职责是指每个军人都应该担负的职责,该职责主要规定在中国人民解放军内务条令中。军人的具体职责,是指军队中各种不同的军事人员在执行各种不同军务中的职责,该职责规定在中央军委、各总部、各军兵种发布的各种条例和条令中。军人的一般职责和具体职责是一般和特殊的关系。

军人违反职责罪的行为方式,多数表现为作为,如逃离部队罪、阻碍执行军事职务罪、非法出卖、转让武器装备罪等;也有少数由不作为构成,如遗弃伤病军人罪、拒传军令罪、玩忽军事职守罪等;还有少数既可以由作为构成,也可以由不作为构成,如战时违抗命令罪、违令作战消极罪等。

犯罪时间、地点,作为军人违反职责罪的选择要件,对于一些犯罪的定罪量刑,具有重要的影响:其一,一些时间、地点因素,是构成一部分军职罪的必要条件。例如"战时""在战场上""战时临阵""在履行公务期间""战时在军事行动区""战时在救护治疗职位上"等。这些条件是构成战时违抗命令罪、战时临阵脱逃罪、投降罪、战时拒不救治伤病军人罪、战时残害居民、掠夺居民财物罪的必要条件,不具备这些时间、地点条件,即不构成上述犯罪。其二,一些军职罪虽然不以特定的时间、情况为必要条件,但特定的时间、情况往往是影响量刑的重要情节。例如擅离、玩忽军事职守罪、阻碍执行军事职务罪等,立法规定"战时从重处罚"。再如,投降罪,如果投降后为敌人效劳的,最高法定刑为无期徒刑或者死刑,而一般投降罪的最高刑为10年以下有期徒刑。

(3) 军人违反职责罪的主体。军人违反职责罪的主体属于特殊主体的类型,即必须是现役军人或者军内在编职工。具体包括:

第一,中国人民解放军的现役军人,即参加中国人民解放军取得军籍并且正在服役的军人。公民从被批准入伍起,就取得了军籍,并成为现役军人。从被批准退出现役或者因犯罪、违反军纪被开除军籍时起,就失去了现役军人的资格,但一些军队的离退休人员、特殊军功人员在离开现役后仍保留军籍,属于特殊情况。军职罪主体之一是现役军人,退出现役的军人,即使保留着军籍,也不能成为军职罪的主体。

第二,中国人民武装警察部队的现役官兵。中国人民武装警察部队是我国武装力量的一部分,也采用兵役制。武警部队官兵在服役期间享有军籍,与中国人民解放军现役军人的待遇相同,只是所担负的职责略有不同。

第三,中国人民解放军和中国人民武装警察部队的文职干部、具有军籍的学员以及文职人员。中国人民解放军和中国人民武装警察部队编制序列内的,但没有军籍的文职干部,也属于我国军事力量的组成部分,这部分人虽然没有军籍,但担负着与军人一样的保卫祖国的职责,其违反职责的行为与现役军人违反职责的行为具有相同的性质,因此这部分人也属于军职罪的主体。具有军籍的学员,虽然还没有履行军事职务,但具有军籍,属于军人的一个部分,而且从广义上看,学员所担负的学习任务,也是军事任务的一个部分,因此,具有军籍的学员,也应成为军职罪的主体。这里的"文职人员",是指按照规定编制聘用到军队工作,履行现役军官(文职干部)同类岗位相应职责的非现役人员,工作岗位为教学、科研、工程、卫生、文体、图书、档案等专业技术岗位以及部分管理事务和服务保障等非专业技术岗位。

第四,执行军事任务的预备役人员和其他人员。预备役人员是我国军事力量的后备部分,预备役人员在平时进行军事训练,是准军事组织。在战时或者紧急状态下,预备役人员可以很快转入现役,投入保卫祖国的军事序列中。执行军事任务的预备役人员和其他人员,一般是在战时,但在平时也可能将一些特殊的、技术性较强的军事任务交由预备役人员或者其他人员去完成。这些人既然承担了军事任务,就具有了与军人一样的职责,如果违反职责,对于国家军事利益造成危害的,与现役军人违反职责的性质是一样的。因此,上述人员虽不具有军籍,也不是军内文职干部或者学员,但在执行军事任务时如果违背了职责,构成犯罪的,也应以军职罪处罚。在此要特别注意的是,上述人员构成军职罪的主体时,必须具备特定的先决条件,即"在执行军事任务时",否则不能成为军职罪主体。

如果现役军人或者军内文职干部在服役或者在职期间实施了违反军人职责犯罪,而在退役或者转业之后才被发现,且没有超过时效追诉期的,仍由军事法院依军职罪处理。反之,如果在服兵役或者担任军内文职干部之前实施了其他犯罪,在服役期间或者担任文职干部期间被发现,而且也没有超过时效追诉期的,应依《刑法》分则其他条文规定的犯罪论处,不发生构成军职罪的问题。

(4)军人违反职责罪的主观方面。军人违反职责罪的罪过,多数由故意构成,但也有少数由过失构成。由过失构成的军职罪有:过失泄露军事秘密罪、武器装备肇事罪、玩忽军事职守罪、遗失武器装备罪。其他各罪均由故意构成。其中个别罪在立法方面还对犯罪动机作了描述,如"在战场上贪生怕死"。

三、军人违反职责罪的分类

为研究和应用方便,理论上和实践中对于军人违反职责罪从不同角度进行了分类。通常的分类方式如下:

（1）将本章犯罪依据战时和平时分为两类。一类是在战时才能构成的军职罪，包括《刑法》第421条规定的战时违抗命令罪；第422条规定的隐瞒、谎报军情罪和拒传、假传军令罪；第423条规定的投降罪；第424条规定的战时临阵脱逃罪；第425条规定的擅离、玩忽军事职守罪；第428条规定的违令作战消极罪；第429条规定的拒不救援友邻部队罪；第433条规定的战时造谣惑众罪；第434条规定的战时自伤罪；第444条规定的遗弃伤病军人罪；第445条规定的战时拒不救治伤病军人罪；第446条规定的战时残害居民、掠夺居民财物罪。所谓战时，根据《刑法》第451条的规定，是指国家宣布进入战争状态、部队领受作战任务或者遭受突然袭击时。此外，部队执行戒严任务或者处置突发暴力事件时，也以战时论。另一类是平时、战时都能构成的军职罪，即上述列举之外的《刑法》第十章规定的其他军职罪。

（2）将本章犯罪依据行为特征的不同分为三个类型：

第一，危害作战方面的犯罪。包括《刑法》第421条至第435条规定的犯罪。这些罪的罪名分别是：战时违抗命令罪；隐瞒、谎报军情罪；拒传、假传军令罪；投降罪；战时临阵脱逃罪；擅离、玩忽军事职守罪；阻碍执行军事职务罪；指使部属违反职责罪；违令作战消极罪；拒不救援友邻部队罪；军人叛逃罪；非法获取军事秘密罪；为境外窃取、刺探、收买、提供军事秘密罪；故意泄露军事秘密罪；战时造谣惑众罪；战时自伤罪；逃离部队罪。

第二，破坏作战装备、物资方面的犯罪。包括《刑法》第436条至第442条规定的各罪，罪名分别是：武器装备肇事罪；擅自改变武器装备编配用途罪；盗窃、抢夺、武器装备、军用物资罪；非法出卖、转让武器装备罪；遗弃武器装备罪；遗失武器装备罪；擅自出卖、转让军队房地产罪。

第三，侵犯军人、平民、战俘和其他权利方面的犯罪。包括《刑法》第443条至第448条规定的犯罪，罪名是：虐待部属罪；遗弃伤病军人罪；战时拒不救治伤病军人罪；战时残害居民、掠夺居民财物罪；私放俘虏罪，虐待俘虏罪。

本章重点讲以下几种犯罪。

第二节　危害作战方面的犯罪

一、战时违抗命令罪

（一）战时违抗命令罪的概念和特征

战时违抗命令罪，是指军人在战时违抗命令，对作战造成危害的行为。本罪的主要特征是：

（1）本罪侵犯的客体，是军人的作战义务和国家的军事利益。

（2）本罪在客观方面表现为在战时违抗命令，对作战造成危害的行为。这里的"命令"，包括战斗命令和与战斗有关的命令，例如，战时军需物资调遣命令、救援友邻部队的命令、战时救治伤病军人的命令等。其行为表现形式可以是作为，也可以是不作为。所谓对作战造成了危害，是指由于行为人违抗作战命令而扰乱了战斗部署，贻误战机，使部队遭受较大损失，包括造成我军人员较大伤亡、武器装备和军用物资损失严重、引起战斗、战役失利等。

（3）本罪主体为特殊主体，即解放军指战员、武警官兵、文职干部和有军籍的学员，以及执行军事任务的预备役人员。

（4）本罪主观方面是故意，即明知是军事命令而故意违抗。

（二）适用战时违抗命令罪应注意的问题

（1）本罪只有在战时违抗命令才构成。对和平时期违抗命令，并造成危害的，属军事行政法调整的范围，不构成犯罪。

（2）本罪是结果犯。即战时违抗命令，对作战造成危害的，才构成本罪。虽在战时违抗命令，但尚未对作战造成危害的，在作战中因军情发生变化，在上级总的作战意图下，采取灵活机动战术的行为等，都不构成违抗命令罪。如上述行为造成危害的，可给予军纪处理。

（三）战时违抗命令罪的刑事责任

《刑法》第421条规定，犯战时违抗命令罪的，处3年以上10年以下有期徒刑；致使战斗、战役遭受重大损失的，处10年以上有期徒刑、无期徒刑或者死刑。

二、隐瞒、谎报军情罪

（一）隐瞒、谎报军情罪的概念和特征

隐瞒、谎报军情罪，是指军人在战时故意隐瞒、谎报军情，对作战造成危害的行为。本罪的主要特征是：

（1）本罪所侵犯的客体是军人的作战义务和国家的军事利益。

（2）本罪的客观方面表现为隐瞒军情及报告虚假的、不真实的军情，对作战造成危害的行为。隐瞒是指应报告而不报告。谎报是指故意报告捏造的或者篡改的军情。"报告"包括口头、书面、电话、电传、电报、录音、录像、视盘等形式。"军情"是指与作战有关的情况，包括我方和敌方的兵力部署、火力配备、工事强弱、道路好坏、军队士气等。

（3）本罪的主体是中国人民解放军、中国人民武装警察部队的人员及执行军事任务的预备役人员和其他人员中负有报告军情和传递军令职责的人员。

（4）本罪的主观方面是故意，并且明知是军情而故意隐瞒、谎报。

（二）适用隐瞒、谎报军情罪应注意的问题

（1）本罪是故意犯罪，并且要明知是军情而隐瞒、谎报。不知是军情而隐瞒、谎报的,虽对作战造成危害,也不构成本罪。

(2) 本罪是结果犯,即只有隐瞒、谎报军情,对作战造成危害的才构成本罪。虽有隐瞒、谎报军情的行为,尚未对作战造成危害的,不构成本罪。

(三) 隐瞒、谎报军情罪的刑事责任

根据《刑法》第422条的规定,犯隐瞒、谎报军情罪的,处3年以上10年以下有期徒刑;致使战斗、战役遭受重大损失的,处10年以上有期徒刑、无期徒刑或者死刑。

三、投降罪

(一) 投降罪的概念和特征

投降罪,是指军人在战场上贪生怕死,自动放下武器投降敌人,或者投降后为敌人效劳的行为。本罪的主要特征是:

(1) 本罪所侵犯的客体是军人的作战义务和国家的军事利益。

(2) 本罪的客观方面表现为在战场上贪生怕死,自动放下武器投降敌人的行为,或者投降后又为敌人效劳的行为。"战场"是指两军作战的空间,包括陆地、水域及其上空。"贪生怕死"是指贪图活命、畏惧战斗。"自动放下武器"是指自行放下武器、放弃抵抗。凡可以使用武器进行抵抗而不抵抗的,无论是自动抛弃了武器,还是武器仍然持在手中,甚至将武器砸毁等,都属于"自动放下武器"。"投降"是指军人停止抵抗,向敌人屈服。

(3) 本罪的主体是参战的军人,并是具有使用武器打击敌人行为能力的人。

(4) 本罪的主观方面是故意。其动机是贪生怕死,因而在能够继续打击敌人的情况下,自动放下武器投降敌人或束手就擒。

(二) 适用投降罪应注意的问题

(1) 本罪与违法行为的界限。在战场上因弹尽粮绝,被迫停止抵抗放下武器的,在战场上突然被敌人俘虏的,在战场上被叛徒出卖或误入敌阵地被俘的,都不构成本罪。

(2) 本罪与《刑法》第108条投敌叛变罪的界限。本罪与投敌叛变罪在投向敌方和主观故意方面相似。其界限在于:一是客观方面不同。本罪的客观方面表现为在战场上贪生怕死,自动放下武器投降敌人。投敌叛变罪没这种限制。二是主体是否限定于战场上的军人不同。本罪的主体仅限于战场上的军人,投敌叛变罪没此种限定。

(三) 投降罪的刑事责任

根据《刑法》第423条的规定,犯投降罪的,处3年以上10年以下有期徒刑;情节严重的,处10年以上有期徒刑或者无期徒刑。投降后为敌人效劳的,处10年以上有期徒刑、无期徒刑或者死刑。

四、战时临阵脱逃罪

(一) 战时临阵脱逃罪的概念和特征

战时临阵脱逃罪,是指军人在战时临阵脱逃的行为。本罪的主要特征是:

本罪所侵犯的客体是军人的作战义务和国家的军事利益。本罪的客观方面表现为战时脱离部队逃跑的行为。"战时"是指国家宣布进入战备状态、部队受领作战任务或遭敌突然袭击时。部队执行戒严任务或者处置突发性暴力事件时,以战时论。本罪的主体是军人。本罪的主观方面由故意构成。

(二) 适用战时临阵脱逃罪应注意的问题

(1) 战时临阵脱逃罪是指军人在战时脱离岗位、逃避战斗的行为,是行为犯,即只要军人在战时故意实施了临阵脱逃的行为,就构成本罪,不要求具体的后果。但对部队行进途中,因意外情况掉队的行为,不构成本罪。

(2) 战时临阵脱逃罪同《刑法》第435条战时逃离部队罪的界限。两罪在离开部队、主体、故意等方面相似。其界限一是地点是否限定于战场上不同。战时临阵脱逃罪限定于在战场逃跑、藏匿。战时逃离部队罪是在战时的非战场上,如休假、出差、住院后逾期不归队,调动后不及时到接收部队报到等。对在战场上逃离部队应认定为临阵脱逃罪。二是动机不同。战时临阵脱逃罪的动机一般是逃避战斗。战时逃离部队罪的动机一般是逃避服兵役。

(三) 战时临阵脱逃罪的刑事责任

《刑法》第424条规定:战时临阵脱逃的,处3年以下有期徒刑;情节严重的,处3年以上10年以下有期徒刑;致使战斗、战役遭受重大损失的,处10年以上有期徒刑、无期徒刑或者死刑。

五、战时自伤罪

(一) 战时自伤罪的概念和特征

战时自伤罪,是指军人在战时自伤身体,逃避军事义务的行为。本罪的主要特征是:

(1) 本罪所侵犯的客体是军人的作战义务和国家的军事利益。

(2) 本罪的客观方面表现为战时自伤身体,逃避军事义务的行为。自伤身体指有意识地伤害自己的身体或要他人伤害自己的身体。逃避军事义务是指逃避临战训练、作战、值班、值勤、战时保障的义务等。

(3) 本罪的主体是军人。

(4) 本罪的主观方面是故意。

(二) 适用战时自伤罪时应注意的问题

(1) 战时自伤罪必须是战时自伤身体,逃避军事义务的行为。对非战时自伤身体,逃避军事义务;战时自伤身体未达到逃避军事义务程度即仍能履行军事义务的;伪称自伤身体逃避军事义务的,这些行为,虽属违法,但都不构成本罪,可以军纪处理。

(2) 本罪与《刑法》第 376 条第 2 款战时拒绝、逃避服役罪的界限。两罪的界限是主体不同。战时自伤罪的主体是军人,战时拒绝逃避服役罪的主体是应征公民。

(三) 战时自伤罪的刑事责任

根据《刑法》第 434 条的规定,犯战时自伤罪的,处 3 年以下有期徒刑;情节严重的,处 3 年以上 7 年以下有期徒刑。

第三节 违反部队管理制度的犯罪

一、擅离、玩忽军事职守罪

(一) 擅离、玩忽军事职守罪的概念和特征

擅离、玩忽军事职守罪,是指军队指挥人员和值班、值勤人员擅离职守或者玩忽职守,造成严重后果的行为。本罪的主要特征是:

(1) 本罪侵犯的客体是军人的作战义务和国家的军事利益。

(2) 本罪的客观方面表现为擅离职守或者玩忽职守因而造成严重后果的行为。"擅离职守"是指擅自离开指挥、值班、值勤岗位。"玩忽职守"是指在履行职责的岗位上,严重不负责任,不履行职责,或者马虎草率,疏忽大意,不正确履行职责。"严重后果"包括贻误战机的;造成战役、战斗失利或重大损失的;致多人伤亡的;发生重大事故造成武器装备毁损的;给国家军事利益或其他财产造成重大损失;等等。

(3) 本罪的主体是中国人民解放军、中国人民武装警察部队的人员和执行军事任务的预备役人员及其他人员中的指挥、值班、值勤人员。指挥人员是指武装部队中负责对所属部队和人员的作战和其他行动实施组织指挥的各级领导干部。值班人员是指武装部队中在部队、机关、院校或营区正在值班的人员。值勤人员是指正在执行轮流担任勤务的人员。

(4) 本罪的主观方面出自过失。

(二) 适用擅离、玩忽军事职守罪时应注意的问题

(1) 本罪是结果犯,只有指挥人员、值班、值勤人员擅离职守、玩忽军事职守,造成严重后果的行为才构成本罪。指挥人员,值班、值勤人员虽擅离职守或者玩忽军事职守,但尚未造成严重后果的,不构成犯罪,可以军纪处理。

(2) 本罪与《刑法》第 397 条玩忽职守罪的界限。军人擅离职守、玩忽军事

职守罪同《刑法》第 397 条规定的玩忽职守罪,在违反国家有关管理规定,不认真履行职责,造成严重后果上相似。其主要区别是主体不同。军人擅离职守、玩忽军事职守罪的主体只限定为部队的指挥人员、值班、值勤人员,《刑法》第 397 条规定的玩忽职守罪的主体只要是国家工作人员即可。

(3) 本罪与《刑法》第 422 条谎报军情罪的界限。以漏报、错报军情,对作战造成危害为表现形式的玩忽军事职守罪,同指挥、值班、值勤人员谎报军情罪,在主体、对作战造成危害方面相似。其区别是主观方面不同。本罪的主观方面是过失,谎报军情罪的主观方面是故意。

(三) 擅离、玩忽军事职守罪的刑事责任

根据《刑法》第 425 条的规定,犯擅离职守或者玩忽军事职守罪的,处 3 年以下有期徒刑或者拘役;造成特别严重后果的,处 3 年以上 7 年以下有期徒刑。战时犯前款罪的,处 5 年以上有期徒刑。

二、阻碍执行军事职务罪

(一) 阻碍执行军事职务罪的概念和特征

阻碍执行军事职务罪,是指军人以暴力、威胁方法,阻碍指挥人员或者值班、值勤人员执行职务的行为。本罪的主要特征是:

(1) 本罪所侵犯的客体是军人的作战义务和国家的军事利益。

(2) 本罪的客观方面表现为以暴力、威胁方法,阻碍指挥、值班、值勤人员执行职务的行为。"暴力"指对人体殴打或者强制。"威胁"是指进行精神上的恐吓及其他精神强制,如以殴打、伤害进行威胁等。"阻碍"是指设置各种障碍使工作不能正常进行。"执行职务"指为履行职责而完成的任务。指挥人员、值班、值勤内容与擅离、玩忽军事职务罪相同。

(3) 本罪的主体是人民解放军、人民武装警察部队的人员、执行军事任务的预备役人员和其他人员。

(4) 本罪的主观方面是故意。即行为人明知被阻碍的人员是在执行指挥、值班、值勤职务的军人而故意阻碍其执行职务。

(二) 适用阻碍执行军事职务罪应注意的问题

(1) 本罪以暴力、威胁方法为构成要件,如果行为人虽阻碍指挥人员或者值班、值勤人员执行职务,但未用暴力、威胁方法的,不构成本罪。

(2) 本罪是故意犯罪,即必须明知被阻碍的是正在执行职务的指挥人员、值班、值勤人员。不知是正在执行职务的指挥人员、值班、值勤人员的,不构成阻碍执行职务罪。

(3) 本罪与《刑法》第 368 条第 1 款阻碍军人执行职务罪的区别。两罪在客观方面、主观方面相似。区别一是行为指向的对象不同。阻碍执行军事职务罪,其行为仅指向指挥人员或者值班、值勤人员。阻碍军人执行职务罪侵害的对象是所有执行职务的军人。二是主体不同。阻碍执行军事职务罪的主体仅限于军人,阻碍军人执行职务罪的主体是一般主体,主要是非军人。

(4) 本罪同《刑法》第277条妨害公务罪的界限。两罪在主客观方面相似。其区别是行为指向的对象不同。本罪的对象是武装力量中的指挥、值班、值勤人员,妨害公务罪的对象是国家工作人员。

(三) 阻碍执行军事职务罪的刑事责任

根据《刑法修正案(九)》第50条和《刑法》第426条的规定,犯阻碍执行军事职务罪的,处5年以下有期徒刑或者拘役;情节严重的,处5年以上10年以下有期徒刑;情节特别严重的,处10年以上有期徒刑或者无期徒刑。战时从重处罚。

三、军人叛逃罪

(一) 军人叛逃罪的概念和特征

军人叛逃罪,是指军人在履行公务期间,擅离岗位,叛逃境外或者在境外叛逃,危害国家军事利益的行为。本罪的主要特征:

(1) 本罪侵犯的客体是军人的作战义务和国家的军事利益。

(2) 本罪的客观方面表现为履行公务期间,擅离岗位,叛逃境外的非敌对国家、地区或者在境外叛逃向非敌对国家、地区,危害国家军事利益的行为。所谓履行公务是指接受组织的委托和指派履行公共事务的活动。所谓擅离岗位是指不经请示和允许擅自离开履行职责的位置。所谓叛逃是指逃往国外、境外不归或滞留国外、境外不归,以及逃往外国驻华使馆、领馆。

(3) 本罪的主体是军人。

(4) 本罪的主观方面是故意。

(二) 适用军人叛逃罪应该注意的问题

(1) 本罪同《刑法》第108条投敌叛变罪的界限。军人叛逃罪同投向境外的敌国、敌对组织和在境外投向敌国、敌对组织为表现形式的投敌叛变罪,在背叛及离开我方有关单位或组织上相近。两罪的主要区别:一是客观方面不同。前罪必须是叛逃往境外的非敌对国家、组织。后罪是必须投向敌国、境内外的敌对组织。二是主体不同。前罪必须是军人,后罪是一般主体,既包括军人,又包括非军人。三是主观方面不同。军人叛逃罪必须明知逃往的国家、地区为非敌对国家、地区,投敌叛变罪必须明知逃往的是敌国或境外的敌对组织。

(2) 本罪同《刑法》第109条叛逃罪的界限。两罪在主客观方面相似。其区别是主体不同。本罪的主体是军人,后罪的主体是国家机关工作人员。

(3) 本罪同《刑法》第423条投降罪的界限。军人叛逃罪同以投向境外敌人的投降罪,在主体和主观方面相同。两罪的主要区别在于:一是犯罪的地点不同。投降罪限定于战场上,军人叛逃罪无此限定。二是投向对象的性质不同。军人叛逃罪必须明知投向的是非敌对国家、地区,投降罪必须明知逃往的是敌对国家、地区或者组织。

(三) 军人叛逃罪的刑事责任

根据《刑法》第430条的规定,犯军人叛逃罪的,处5年以下有期徒刑或者拘役;情节严重的,处5年以上有期徒刑。驾驶航空器、舰船叛逃的,或者有其他特别严重情节的,处10年以上有期徒刑、无期徒刑或者死刑。

四、逃离部队罪

(一) 逃离部队罪的概念和特征

逃离部队罪,是指军人违反兵役法规,逃离部队,情节严重的行为。本罪的主要特征:

(1) 本罪所侵犯的客体是军人的作战义务和国家的军事利益。

(2) 本罪的客观方面表现为违反兵役法规,逃离部队,情节严重的行为。兵役法规指《宪法》和《国防法》中的有关兵役的内容及《兵役法》《征兵工作条例》等。逃离部队,指私自离开服役或服务的部队,包括不请假离队,逾假不归,离开部队执行任务完毕后不归,看病后不归,国家发布动员令后探亲、休假的军人不立即归队等。"情节严重"是指煽动、组织他人逃离部队的,多次逃离部队屡教不改的,逃离部队后经部队多次做工作仍不归队的,逃离部队时间较长的,接到回部队执行作战任务的命令或国家发布动员令后不归的等。

(3) 本罪的主体是军人。

(4) 本罪的主观方面是故意,目的是为逃避兵役。

(二) 适用逃离部队罪时应该注意的问题

(1) 本罪情节严重的才构成。虽逃离部队,但尚未达到情节严重程度的,不构成本罪。

(2) 本罪是故意犯罪,探亲、休假的军人,在国家发布动员令后,因意外原因或买不到飞机票、火车票、汽车票、轮船票而不能按时归队的,不构成本罪。

(3) 本罪与《刑法》第376条第1款规定的战时拒绝、逃避征召罪的界限。两罪在主观故意、逃避军事义务方面相似。其区别是主体不同。本罪的主体是现役官兵,后罪的主体是预备役人员。

(4) 本罪与《刑法》第376条第2款规定的战时拒绝逃避服役罪的界限。两罪在主观故意、逃避服役方面相似。其区别是主体不同。本罪的主体是现役军人,后罪的主体是公民。

(三) 逃离部队罪的刑事责任

根据《刑法》第 435 条的规定,犯逃离部队罪的,处 3 年以下有期徒刑或者拘役。战时犯前款罪的,处 3 年以上 7 年以下有期徒刑。

第四节 危害军事秘密的犯罪

一、为境外窃取、刺探、收买、非法提供军事秘密罪

(一) 为境外窃取、刺探、收买、非法提供军事秘密罪的概念和特征

为境外窃取、刺探、收买、非法提供军事秘密罪,是指军人为境外的机构、组织、人员窃取、刺探、收买、非法提供军事秘密的行为。

本罪的主要特征是:

(1) 本罪所侵犯的客体是国家的军事利益。

(2) 本罪的客观方面表现为为境外的机构、组织、人员窃取、刺探、收买、非法提供军事秘密的行为。本罪的犯罪对象是军事秘密,即在一定时间内限一定范围知悉,并不能公开的关系国防和军队安全与利益的事项。

(3) 本罪的主体是军人。

(4) 本罪的主观方面是故意,即明知是军事秘密和境外的机构、组织、人员而为其窃取、刺探、收买、非法提供。

(二) 适用本罪时应该注意的问题

(1) 本罪是故意犯罪,对不知是军事秘密而为境外的机构、组织、人员窃取、刺探、收买、非法提供的,以及不知是境外的机构、组织、人员而为其窃取、刺探、收买、非法提供军事秘密的,都不认定为本罪。

(2) 本罪与《刑法》第 111 条为境外窃取、刺探、收买、非法提供国家秘密、情报罪的界限。为境外窃取、刺探、收买、非法提供军事秘密罪同为境外窃取、刺探、收买、非法提供国家秘密、情报罪存在法律竞合关系。其区别在于:一是犯罪对象不同。本罪的犯罪对象是军事秘密,后罪的对象是国家秘密、情报。二是主体不同。本罪的主体是军人,后罪的主体是一般主体。当一行为同时触犯上述两个罪名时,根据特别法优于普通法的原则,适用本罪处罚。

(三) 本罪的刑事责任

根据《刑法修正案(十一)》第 46 条和《刑法》第 431 条第 2 款的规定,为境外的机构、组织、人员窃取、刺探、收买、非法提供军事秘密的,处 5 年以上 10 年以下有期徒刑;情节严重的,处 10 年以上有期徒刑、无期徒刑或者死刑。

二、故意泄露军事秘密罪

(一) 故意泄露军事秘密罪的概念和特征

故意泄露军事秘密罪,是指军人违反保守国家秘密法规,故意泄露国家军事秘密,情节严重的行为。

本罪的主要特征是:

(1) 本罪侵犯的客体是国家的军事利益。

(2) 本罪的客观方面表现为违反保守国家秘密法规,泄露国家军事秘密的行为。违反保守国家秘密法规,是指违反《中华人民共和国保守国家秘密法》《中国人民解放军保密条例》及《科学技术保密规定》等法规。"泄露",包括用口头、书面、实物、计算机软盘或光盘及其他方式,将军事秘密泄露给不应知道的人。"国家军事秘密",是指一定时间内只限一定范围的人员知悉,关系国防和军队安全与利益的事项。按其内容的重要程度和对国家建设的利益关系,分为绝密、机密、秘密三级。"情节严重",指因泄露国家军事秘密危害、影响作战或其他军事任务完成的;在危急情况下,只顾个人安危使国家军事秘密遭受损失的;利用军事秘密进行非法活动的;出卖军事秘密的等。

(3) 本罪的主体是军人。

(4) 本罪的主观方面出自故意。

(二) 适用本罪时应注意的问题

(1) 故意泄露军事秘密罪是指军人违反保守国家军事秘密法规,故意泄露军事秘密,情节严重的行为。故意泄露军事秘密,未达到情节严重程度的,不构成本罪。

(2) 划清本罪与泄露国家秘密罪的界限。两者存在法条竞合关系。其区别:一是犯罪对象不同。本罪的犯罪对象是军事秘密,泄露国家秘密罪的犯罪对象是国家秘密。二是主体不同。本罪的主体是军人,泄露国家秘密罪的主体是国家机关工作人员。当军人的一行为同时触犯上述两个法条时,根据特别法优先适用的原则,认定为本罪处罚。

(三) 本罪的刑事责任

根据《刑法》第432条规定,犯故意泄露军事秘密罪的,处5年以上10年以下有期徒刑。战时犯前款罪的,处5年以上10年以下有期徒刑;情节特别严重的,处10年以上有期徒刑或者无期徒刑。

三、非法获取军事秘密罪

(一) 非法获取军事秘密罪的概念和特征

非法获取军事秘密罪,是指军人以窃取、刺探、收买方法,非法获取军事秘密的行为。

本罪的主要特征是：

(1) 本罪侵犯的客体是国家的军事利益。

(2) 本罪的客观方面表现为以窃取、刺探、收买方法非法获取军事秘密的行为。本罪的犯罪对象是军事秘密。

(3) 本罪的主体是军人。

(4) 本罪的主观方面是故意，并且明知是军事秘密而窃取、刺探、收买，非法提供。

(二) 适用本罪应注意的问题

(1) 非法获取军事秘密罪是故意犯罪，并且要明知是军事秘密而非法获取。在窃取财物中窃取了军事秘密的行为，道听途说而获取军事秘密的行为，在购买其他物品时无意购买了军事秘密的行为，均不构成非法获取军事秘密罪。

(2) 本罪与非法获取国家秘密罪的界限。两罪是法条竞合关系。其主要区别是主体不同。本罪的主体是军人，后罪的主体是一般主体。当一行为同时触犯这两个罪名时，根据特别法优于普通法的原则，适用本罪处罚。

(三) 本罪的刑事责任

根据《刑法》第431条第1款的规定，犯非法获取军事秘密罪的，处5年以下有期徒刑；情节严重的，处5年以上10年以下有期徒刑；情节特别严重的，处10年以上有期徒刑。

第五节 破坏作战装备、物资方面的犯罪

一、武器装备肇事罪

(一) 武器装备肇事罪的概念和特征

武器装备肇事罪，是指军人违反武器装备使用规定，情节严重，因而发生责任事故，致人重伤、死亡或者造成其他严重后果的行为。

本罪的主要特征是：

(1) 本罪所侵犯的客体是军队的武器装备管理制度和国家的军事利益。

(2) 本罪的客观方面表现为违反了武器装备使用规定，情节严重，因而发生责任事故，致人重伤、死亡或者造成其他严重后果的行为。"武器装备"指用于实施和保障作战行动的武器、武器系统和军事技术器材。"情节严重"包括：故意违反武器装备的管理使用规定或在管理使用过程中严重不负责任的；经常违反屡教不改的；用武器装备开玩笑不听劝告和制止的；擅自动用不该动用的武器装备，逞能蛮干的；肇事后弄虚作假或者嫁祸于人的；等等。责任事故是指因行为人违反规定，主观上有过失而造成的事故。"严重后果"包括：造成主要武器

装备毁损的;造成人员重伤、死亡的;造成其他重大损失的;等等。

(3) 本罪的主体是军人。主要是武器装备的管理、使用、维护人员,其他重大违反武器装备使用规定,也构成本罪的主体。

(4) 本罪的主观方面是过失。行为人违反武器装备使用规定可能是故意的,对引起重大事故,致使重伤、死亡或造成其他严重后果,则属于过失。

(二) 适用本罪时应注意的问题

(1) 本罪是结果犯,即指违反武器装备使用规定,情节严重,因而发生重大责任事故,致人重伤、死亡或者造成其他严重后果的行为。虽违反武器装备使用规定,情节严重,但没有因之发生重大责任事故,致人重伤、死亡或者造成其他严重后果的行为,不构成本罪。

(2) 划清本罪与《刑法》第425条玩忽军事职守罪的界限。两罪在客观方面相似,其区别是主体不同。本罪的主体是武器装备的管理、使用、维护保养人员,后罪的主体是指挥、值班、值勤人员。

(三) 本罪的刑事责任

根据《刑法》第436条的规定,犯武器装备肇事罪的,处3年以下有期徒刑或者拘役;后果特别严重的,处3年以上7年以下有期徒刑。

二、擅自改变武器装备编配用途罪

(一) 擅自改变武器装备编配用途罪的概念和特征

擅自改变武器装备编配用途罪,是指军人违反武器装备管理规定,擅自改变武器装备的编配用途,造成严重后果的行为。

本罪的主要特征是:

(1) 本罪所侵犯的客体是部队的武器装备管理制度和国家的军事利益。

(2) 本罪的客观方面表现为违反武器装备管理规定,擅自改变武器装备的编配用途,造成严重后果的行为。违反武器装备管理规定,是指违反《中国人民解放军武器装备管理工作条例》等规定。擅自改变武器装备的编配用途,是指未经批准,将武器装备用于原编配用途以外的用途,包括:将军用运输机用于运送旅客,将直升机用于军事以外的用途;使用运输舰运非军用物品;将工程机械用于经济目的的建筑;将大型军用计算机用于经济目的的计算;等等。严重后果,是指引发严重的伤亡及其他重大事故的,造成武器毁损、被盗的,改变武器装备用途后被他人用来实施犯罪活动的,严重影响部队执行任务的等。武器装备是指部队用于实施和保障作战行动的武器、武器系统和军事技术装备,通常包括冷兵器、枪械火炮、火箭、导弹、弹药、爆破器材、坦克及其他装甲战斗车辆、作战飞机、战斗舰艇、鱼雷、水雷、核武器、通信指挥器材、侦察探测器材、军用测绘器材、气象保障器材、雷达、电子对抗装备、情报处理设备、军用电子计算机、野战工程机械、渡河器材、伪装器材、"三防"装备、辅助飞机、勤务舰船、军用车辆等。

(3) 本罪的主体为军队武器装备的管理人员。既包括主管人员,也包括保管人员。

(4) 本罪的主观方面表现为故意违反武器装备管理规定,过失造成严重后果。

(二) 适用本罪时应注意的问题

(1) 本罪是结果犯,即违反武器装备管理规定,擅自改变武器装备的编配用途,造成严重后果的行为。虽违反武器装备管理规定,擅自改变武器装备的编配用途,但尚未造成严重后果的,不构成犯罪。

(2) 本罪与《刑法》第436条武器装备肇事罪的界限。两罪在主客观方面相似。其区别是主体不同。前罪的主体是使用、维护、保养武器装备的军人,后罪的主体是武器装备的管理人员。

(三) 本罪的刑事责任

根据《刑法》第437条的规定,犯擅自改变武器装备编配用途罪的,处3年以下有期徒刑或者拘役;造成特别严重后果的,处3年以上7年以下有期徒刑。

三、盗窃、抢夺武器装备、军用物资罪

(一) 盗窃、抢夺武器装备、军用物资罪的概念和特征

盗窃、抢夺武器装备、军用物资罪,是指军人盗窃、抢夺武器装备、军用物资的行为。

本罪的主要特征是:

(1) 本罪侵犯的客体是军队武器装备、军用物资的所有权和国家的军事利益。

(2) 本罪的客观方面表现为秘密窃取和公然夺取武装力量的武器装备、军用物资的行为。

(3) 本罪的主体为军人。

(4) 本罪的主观方面出自故意。

(二) 适用本罪时应注意的问题

(1) 盗窃、抢夺武器装备罪与《刑法》第127条第1款盗窃、抢夺枪支、弹药、爆炸物、危险物质罪的界限。两罪在主客观和客体方面相似。其区别:一是对象不同。本罪的对象是武器装备、军用物资,后罪的对象是枪支、弹药、爆炸物。二是主体不同。本罪的主体是军人,后罪的主体是一般主体。

(2) 盗窃、抢夺军用物资罪与《刑法》第264条盗窃罪的界限。两罪在主客观方面相似。其区别:一是对象不同。本罪的对象是军用物资,后罪的对象是公私财物。二是主体不同。本罪的主体是军人,后罪的主体是一般主体。

(三) 本罪的刑事责任

根据《刑法》第 438 条规定,犯盗窃、抢夺武器装备、军用物资罪的,处 5 年以下有期徒刑或者拘役;情节严重的,处 5 年以上 10 年以下有期徒刑;情节特别严重的,处 10 年以上有期徒刑、无期徒刑或者死刑。

四、非法出卖、转让武器装备罪

(一) 非法出卖、转让武器装备罪的概念和特征

非法出卖、转让武器装备罪,是指军人非法出卖、转让武器装备的行为。

本罪的主要特征是:

(1) 本罪侵犯的客体是部队武器装备的所有权和国家的军事利益。

(2) 本罪的客观方面表现为非法出卖、转让军队武器装备的行为。

(3) 本罪的主体是军人,即武器装备的管理、使用、维护、保养人员。

(4) 本罪的主观方面是故意,即明知是军队的武器装备而非法转让、出卖。

(二) 适用本罪时应注意的问题

(1) 本罪是故意犯罪。对不知是军队的武器装备而出卖、转让的,不构成本罪。

(2) 本罪出卖、转让的武器装备必须是在编尚未列入非编的武器装备,对于不在编、已列入非编或报废的武器装备进行出卖、转让的不构成本罪。

(3) 划清以非法出卖枪支、弹药、爆炸物为表现形式的非法出卖武器装备罪与《刑法》第 125 条非法买卖枪支、弹药、爆炸物罪的界限。两罪在主客观方面相似。其区别是主体不同。本罪的主体是军人,后罪的主体是一般主体。

(三) 本罪的刑事责任

《刑法》第 439 条规定:非法出卖、转让军队武器装备的,处 3 年以上 10 年以下有期徒刑;出卖、转让大量武器装备或者有其他特别严重情节的,处 10 年以上有期徒刑、无期徒刑或者死刑。

第六节 侵犯部属、伤病军人、平民、战俘利益的犯罪

一、虐待部属罪

(一) 虐待部属罪的概念和特征

虐待部属罪,是指军人滥用职权,虐待部属,情节恶劣,致人重伤或者造成其他严重后果的行为。

本罪的主要特征是:

(1) 本罪侵犯的客体是军人的人身权利和国家的军事利益。

(2) 本罪的客观方面表现为滥用职权,虐待部属,情节恶劣,因而致人重伤或者造成其他严重后果的行为。"滥用职权"指超越职务权力范围。"虐待"指经常以打骂、体罚、捆绑、强迫干过重的体力劳动或值过长时间的勤务、限制自由、凌辱人格、冻饿、有病不给治等方法,从肉体和精神上进行摧残和折磨的行为。"部属"指在行政职务上有隶属关系的低职务者。"情节恶劣"指虐待时间长、次数多、对象多、屡教不改、手段毒辣、残忍,指令多人对被害人虐待等。"其他严重后果"指引起部属自杀的,引起重大事故的,引起官兵强烈不满的,引起其他刑事案件的,引起作战失利的,引起多人逃离部队的等。

(3) 本罪的主体是军队中副班长以上的士官和军官。

(4) 本罪的主观方面是故意,并明知是部属而虐待。

(二) 适用本罪时应注意的问题

(1) 本罪是结果犯。虽滥用职权,虐待部属,情节恶劣,但没有致人重伤或造成其他严重后果的行为,不构成本罪。

(2) 本罪与《刑法》第260条虐待罪的界限。两罪在主客观方面相似。其区别是主体不同。本罪的主体是军队中副班长以上职务的军人,后罪的主体是一般主体。

(三) 本罪的刑事责任

根据《刑法》第443条规定,犯虐待部属罪的,处5年以下有期徒刑或者拘役;致人死亡的,处5年以上有期徒刑。

二、遗弃伤病军人罪

(一) 遗弃伤病军人罪的概念和特征

遗弃伤病军人罪,是指军人在战场上故意遗弃伤病军人,情节恶劣的行为。本罪的主要特征是:

(1) 本罪所侵犯的客体是军人的职责和国家的军事利益。

(2) 本罪的客观方面表现为在战场上不履行职责,对有条件抢救、输送的伤病军人不予抢救、输送,或对抢救、输送的伤病军人无故遗弃,情节恶劣的行为。"战场"指两军作战的空间,包括陆地战场、海上战场和空中战场。"情节恶劣"指因贪生怕死而遗弃,因遗弃致伤病军人死亡、残废、被俘、被杀,因遗弃伤病军人引起军心涣散等。

(3) 本罪的主体是对抢救、输送伤病军人负有责任的军人。

(4) 本罪的主观方面是故意,并明知是伤病军人而故意遗弃。

(二) 适用本罪时应注意的问题

(1) 本罪须情节恶劣才构成。在战场上负有抢救、输送伤病军人职责的军人,因无能力抢救、输送而被迫遗弃伤病军人的;在战场上负有抢救、输送伤病军人职责的军人,虽故意遗弃了伤病军人,但情节尚未达到恶劣程度的不构成本罪。

(2) 本罪与《刑法》第 261 条遗弃罪的界限。两罪在主观故意、不履行义务方面相似。其区别:一是遗弃的对象不同。本罪遗弃的对象是战场上的伤病军人,后罪遗弃的对象是没有独立生活能力的人。二是主体不同。本罪的主体是在战场上负有抢救、输送伤病军人的军人,后罪的主体是对于年老、年幼、患病或者其他没有独立生活能力的人负有扶养义务的人。

(三) 本罪的刑事责任

根据《刑法》第 444 条的规定,犯遗弃伤病军人罪的,处 5 年以下有期徒刑。

三、战时残害居民、掠夺居民财物罪

(一) 战时残害居民、掠夺居民财物罪的概念和特征

战时残害居民、掠夺居民财物罪,是指军人战时在军事行动地区,残害无辜居民或者掠夺无辜居民财物的行为。

本罪的主要特征是:

(1) 本罪所侵犯的客体是军队的法纪和居民的人身、财物安全。

(2) 本罪的客观方面表现为战时在军事行动地区,背离我军宗旨,违反有关国际法,残害无辜居民或者掠夺无辜居民财物的行为。"军事行动地区",是指战区、军事演习地区。"残害",指对战区居民实施伤害、奸淫、烧杀等暴行。掠夺是指抢劫、抢夺。无辜居民是指对我无敌对行动的国内或国外战区居民。

(3) 本罪的主体是军人。

(4) 本罪的主观方面是故意,即明知是无辜居民而残害、掠夺。

(二) 适用本罪时应注意的问题

(1) 划清战时残害居民罪与《刑法》第 232 条、第 234 条、第 236 条故意杀人罪、故意伤害罪、强奸罪的界限。其区别:一是侵害的对象不同。前罪侵害的对象是战区的无辜居民,后罪侵害的对象是一般的自然人。二是主体不同。前罪的主体是特殊主体即军人,后罪的主体是一般主体。

(2) 划清战时掠夺居民财物罪与《刑法》第 263 条、第 267 条抢劫罪、抢夺罪的界限。其区别:一是限定的时间、地点不同。前罪限定于战时在军事行动地区,后罪无此种限定。二是侵害的对象不同。前罪侵害的对象是战区的无辜居民,后罪侵害的对象是一般的自然人。三是主体不同。前罪的主体是特殊主体即军人,后罪的主体是一般主体。

(三) 本罪的刑事责任

根据《刑法》第 446 条的规定,犯战时残害居民、掠夺居民财物罪的,处 5 年

以下有期徒刑;情节严重的,处 5 年以上 10 年以下有期徒刑;情节特别严重的,处 10 年以上有期徒刑、无期徒刑或者死刑。

第七节　本章其他犯罪

一、拒传、假传军令罪

拒传、假传军令罪,是指军职人员在战时故意拒传军令或假传军令,对作战造成危害的行为。

本罪的主要特征是:

(1) 侵犯的客体是军职人员的战场职责和部队的作战秩序。

(2) 在客观方面,行为人须具有拒传、假传军令,对作战造成危害的行为。

(3) 本罪的主体是军人。

(4) 在主观方面,只能由故意构成。

根据《刑法》第 422 条的规定,犯本罪的,处 3 年以上 10 年以下有期徒刑;致使战斗、战役遭受重大损失的,处 10 年以上有期徒刑、无期徒刑或者死刑。

二、指使部属违反职责罪

指使部属违反职责罪,是指军人滥用职权,指使部属进行违反职责的活动,造成严重后果的行为。

本罪的主要特征是:

(1) 本罪侵犯的客体是军职人员岗位职责的管理秩序。

(2) 本罪在客观方面表现为滥用职权,指使部属进行违反职责活动,造成严重后果的行为。

(3) 本罪的主体是军队副班长职务以上的指挥人员及可差遣下级人员的参谋、干事、助理员。

(4) 本罪在主观方面是故意。动机包括为本单位谋取非法利益、报复等。动机不影响定罪。

根据《刑法》第 427 条的规定,犯本罪的,处 5 年以下有期徒刑或者拘役;情节特别严重的,处 5 年以上 10 年以下有期徒刑。

三、违令作战消极罪

违令作战消极罪,是指军队指挥人员违抗命令,临阵畏缩,作战消极,造成严重后果的行为。

本罪的主要特征是:

(1) 本罪侵犯的客体是军人的作战义务和国家的军事利益。

(2) 本罪的客观方面表现为违背命令,临阵畏缩,作战消极,造成严重后果的行为。

(3) 本罪的主体是武装部队的指挥人员及执行军事任务的预备役军官中的指挥人员。

(4) 本罪的主观方面是故意。

根据《刑法》第 428 条的规定,犯本罪的,处 5 年以下有期徒刑;致使战斗、战役遭受重大损失的,或者有其他特别严重情节的,处 5 年以上有期徒刑。

四、拒不救援友邻部队罪

拒不救援友邻部队罪,是指军人在战场上明知友邻部队处境危急请求救援,能救援而不救援,致使友邻部队遭受重大损失的行为。

本罪的主要特征是:

(1) 本罪所侵犯的客体是军人的作战义务和国家的军事利益。

(2) 本罪的客观方面表现为在战场上明知友邻部队处境危急,请求救援,能救援而不救援,致使友邻部队遭受重大损失的行为。所谓战场是指两军作战的空间,包括陆地、海区及其上空。

(3) 本罪的主体是指挥人员。所谓指挥人员是指军队中对所属部队的作战和其他行动组织实施的副班长以上职务的军人。

(4) 本罪的主观方面是故意,并明知友邻部队处境危急,请求救援。

根据《刑法》第 429 条的规定,犯本罪的,处 5 年以下有期徒刑。

五、过失泄露军事秘密罪

过失泄露军事秘密罪,是指违反保守国家秘密法规,过失泄露国家军事秘密,情节严重的行为。

本罪的主要特征是:

(1) 本罪侵犯的客体是国家军事保密制度。

(2) 本罪在客观方面表现为违反保守国家秘密法规,过失泄露国家军事秘密,情节严重的行为。

(3) 本罪的主体是军人。

(4) 本罪在主观方面是过失。

根据《刑法》第 432 条第 1 款的规定,犯本罪的,处 5 年以下有期徒刑或者拘役;情节特别严重的,处 5 年以上 10 年以下有期徒刑。第 2 款规定,战时犯本罪的,处 5 年以上 10 年以下有期徒刑;情节特别严重的,处 10 年以上有期徒刑或者无期徒刑。

六、战时造谣惑众罪

战时造谣惑众罪,是指在战斗中或临战状况下,行为人由于贪生怕死或者出于其他个人目的,故意制造谣言,在部队中散布怯战、厌战或恐惧情绪,动摇军心的行为。

本罪的主要特征是:

(1) 侵犯的客体,是部队的作战能力和作战秩序。

(2) 在客观方面,行为人须具有在战时制造谣言或蛊惑人心,在部队中散布怯战、厌战或恐怖情绪,动摇军心的行为。

(3) 本罪的主体是参加作战的军职人员。

(4) 在主观方面,须出于故意。行为人往往怀有这样那样的个人目的。

根据《刑法修正案(九)》第51条和《刑法》第433条的规定,犯本罪的,处3年以下有期徒刑;情节严重的,处3年以上10年以下有期徒刑;情节特别严重的,处10年以上有期徒刑或者无期徒刑。

七、遗弃武器装备罪

遗弃武器装备罪,是指军人违抗命令,擅自遗弃武器装备的行为。

本罪的主要特征是:

(1) 本罪所侵犯的客体是军人保管武器装备的义务和国家的军事利益。

(2) 本罪的客观方面表现为违抗命令,遗弃武器装备的行为。

(3) 本罪的主体是军人。

(4) 本罪的主观方面是故意,即明知是武器装备而遗弃。

根据《刑法》第440条的规定,犯本罪的,处5年以下有期徒刑;遗弃重要或者大量武器装备的,或者有其他严重情节的,处5年以上有期徒刑。

八、遗失武器装备罪

遗失武器装备罪,是指军人遗失武器装备,不及时报告或者有其他严重情节的行为。

本罪的主要特征是:

(1) 本罪侵犯的客体是军人保管武器装备的义务和国家的军事利益。

(2) 本罪的客观方面表现为遗失武器装备不及时报告或有其他严重情节的行为。

(3) 本罪的主体是军人,即武器装备的管理、使用、维护、保养、保管人。

(4) 本罪的主观方面是过失。

根据《刑法》第441条的规定,犯本罪的,处3年以下有期徒刑或者拘役。

九、擅自出卖、转让军队房地产罪

擅自出卖、转让军队房地产罪,是指军人违反规定,擅自出卖、转让军队房地产,情节严重的行为。

本罪的主要特征是:

(1) 本罪所侵犯的客体是部队资产管理制度和国家的军事利益。

(2) 本罪的客观方面表现为违反规定,擅自出卖、转让军队房地产情节严重的行为。

(3) 本罪的主体是军人。

(4) 本罪的主观方面是故意。

根据《刑法》第 442 条的规定,犯本罪的,对直接责任人员,处 3 年以下有期徒刑或者拘役;情节特别严重的,处 3 年以上 10 年以下有期徒刑。

十、战时拒不救治伤病军人罪

战时拒不救治伤病军人罪,是指军人战时在救护治疗职位上,有条件救治而拒不救治危重伤病军人的行为。

本罪的主要特征是:

(1) 本罪侵犯的客体是军人的职责和国家的军事利益。

(2) 本罪的客观方面表现为战时在救护治疗职位上,有条件救治而拒不救治危重伤病军人的行为。

(3) 本罪的主体是正在上班和临时担负救护治疗任务的军队医生、护士、技师、卫生员等医务人员,还包括医院的行政值班人员和被征召的服预备役的医务人员。

(4) 本罪的主观方面是故意。

根据《刑法》第 445 条的规定,犯本罪的,处 5 年以下有期徒刑或者拘役;造成伤病军人重残、死亡的,或者有其他严重情节的,处 5 年以上 10 年以下有期徒刑。

十一、私放俘虏罪

私放俘虏罪,是指未经批准,擅自将俘虏放走的行为。

本罪的主要特征是:

(1) 本罪侵犯的客体是部队关于俘虏的管理制度。

(2) 本罪在客观方面表现为未经批准,擅自将俘虏放走的行为。本罪的对象是俘虏。

(3) 本罪的主体是关押俘虏的军人,既包括主管人员,又包括看押人员。

(4) 本罪在主观方面是故意。

根据《刑法》第 447 条的规定,犯本罪的,处 5 年以下有期徒刑;私放重要俘虏、私放俘虏多人或者有其他严重情节的,处 5 年以上有期徒刑。

十二、虐待俘虏罪

虐待俘虏罪,是指军职人员对战俘实施精神上、肉体上的折磨和摧残,情节恶劣的行为。

本罪的主要特征是:

(1) 侵犯的客体是部队的作战秩序和战俘的人身权利。

(2) 在客观方面,行为人须具有虐待战俘,情节恶劣的行为。

(3) 本罪的主体是军职人员及预备役人员、民兵组织管理、看押俘虏的人员。

(4) 在主观方面,只能由故意构成。

根据《刑法》第 448 条的规定,犯虐待俘虏罪的,处 3 年以下有期徒刑。

附录

最高人民法院　最高人民检察院　公安部　司法部
关于适用《中华人民共和国刑法修正案(十一)》有关问题的通知

法发〔2021〕16号

各省、自治区、直辖市高级人民法院、人民检察院、公安厅(局)、司法厅(局),解放军军事法院、军事检察院,新疆维吾尔自治区高级人民法院生产建设兵团分院、新疆生产建设兵团人民检察院、公安局、司法局:

为正确适用《中华人民共和国刑法修正案(十一)》(以下简称《刑法修正案(十一)》),根据《中华人民共和国刑法》第十二条等规定,现将有关问题通知如下:

一、《刑法修正案(十一)》生效后,下列司法解释、规范性文件中,与《刑法修正案(十一)》不一致的内容,不再适用;与《刑法修正案(十一)》不相冲突的内容,在新的司法解释颁行前,继续有效:

(一)《最高人民法院、最高人民检察院、公安部关于依法惩治妨害公共交通工具安全驾驶违法犯罪行为的指导意见》(公通字〔2019〕1号);

(二)《最高人民法院关于依法妥善审理高空抛物、坠物案件的意见》(法发〔2019〕25号);

(三)《最高人民法院、最高人民检察院、公安部、司法部关于办理黑恶势力犯罪案件若干问题的指导意见》(法发〔2018〕1号);

(四)《最高人民法院、最高人民检察院关于办理赌博刑事案件具体应用法律若干问题的解释》(法释〔2005〕3号);

(五)《最高人民法院、最高人民检察院、公安部关于依法惩治袭警违法犯罪行为的指导意见》(公通字〔2019〕32号);

(六)其他与《刑法修正案(十一)》不完全一致的司法解释、规范性文件。

二、2021年2月28日以前发生的行为,2021年3月1日以后尚未处理或者正在处理的,依照《中华人民共和国刑法》第十二条和相关司法解释办理。

办理前款规定的案件,适用经《刑法修正案(十一)》修正的《中华人民共和国刑法》规定的,依照《最高人民法院、最高人民检察院关于执行〈中华人民共和国刑法〉确定罪名的补充规定(七)》(法释〔2021〕2号)确定罪名。

三、修正前刑法规定的主刑较重但未规定附加刑,修正后刑法规定的主刑较轻但规定并处附加刑的,应当适用修正后刑法的有关规定,在判处主刑时并处附加刑,但应当妥当把握主刑、附加刑的幅度,确保体现从旧兼从轻的原则。

四、本通知自2021年5月20日起施行。执行过程中遇到的问题,请及时分别报告最高人民法院、最高人民检察院、公安部、司法部。

北大法学·教材书目·21世纪系列

"教材书目·21世纪系列"是北京大学出版社出版的法学全系列教材,包括"大白皮""博雅""博雅应用型"等精品法学系列教材。教材品质精良,皆由国内各大法学院优秀学者撰写,既有理论深度又贴合教学实践,是国内法学专业开展全系列课程教学的最佳选择。

教师反馈及教材、课件申请表

尊敬的老师:

您好!感谢您一直以来对北大出版社图书的关爱。北京大学出版社以"教材优先、学术为本"为宗旨,主要为广大高等院校师生服务。为了更有针对性地为广大教师服务,满足教师的教学需要、提升教学质量,在您确认将本书作为教学用书后,请您识别下方二维码,填写相关信息并提交,我们将为您提供相关的教材、思考练习题答案及教学课件。在您教学过程中,若有任何建议也都可以和我们联系。

我们的联系方式:

北京大学出版社法律事业部

地　　址:北京市海淀区成府路205号　　　联系人:孙嘉阳

电　　话:010-62757961　　　　　　　　传　真:010-62256201

电子邮件:bjdxcbs1979@163.com

网　　址:http://www.pup.cn

北大出版社市场营销中心网站:www.pupbook.com